SALZBURGER FESTSPIELE 1990–2001

In Zusammenarbeit mit
den Salzburger Festspielen
und mit Unterstützung des Vereins der
Freunde der Salzburger Festspiele

© 2012 Jung und Jung, Salzburg und Wien
Alle Rechte vorbehalten
Druck: PASSAVIA Druckservice GmbH & Co. KG, Passau
ISBN 978-3-902497-97-0

SALZBURGER FESTSPIELE 1990/2001

Ihre Geschichte von 1990 bis 2001
Die Ära Mortier/Landesmann
ROBERT KRIECHBAUMER

Inhaltsverzeichnis

Vorwort 9

TEIL A
1990–1991. DIE JAHRE DES ÜBERGANGS ODER DER SCHATTEN DES MAGIERS 13

I. 1989. Das Ende des „kurzen" 20. Jahrhunderts. Das Entstehen einer neuen politischen Landkarte, der Fall Waldheim und die Salzburger Festspiele 1989–1999 16
II. „Modischen Hässlichkeiten hat sich Salzburg verweigert ..." – Mozart als Kern des Opernprogramms 25
III. Der Orpheus-Zyklus 31
IV. Richard Strauss und die große Oper 34
V. Eine unvergleichliche internationale Leistungsschau – Die Orchesterkonzerte ... 36
VI. Zwischen Entdeckung und Magerkost – Die Moderne 38
VII. Das Theater: „Die vernachlässigte Stiefschwester der Oper." 43

TEIL B
1992–2001. DIE ÄRA MORTIER/LANDESMANN/WIESMÜLLER/RABL-STADLER

I. „Kunst ist untrennbar von der Politik." Die Wogen der Politik und die Salzburger Festspiele 49
I. 1. Eine Renaissance Mitteleuropas? 51
I. 2. Rücktritt und Rücktritt vom Rücktritt 55

II. Nicht nur der Kunst geweiht. Das Direktorium oder Der Kampf der Begehrlichkeiten 60
II. 1. Eine neue Präsidentin 60
II. 2. „Man darf ... nicht nett sein. Man muss angreifen."
Die Turbulenzen um die Vertragsverlängerung von Mortier und Landesmann 1995 64
II. 3. Der Anspruch Mortiers auf das Intendantenprinzip 72
II. 4. (Kultur-)Politische Positionskämpfe. Die Diskussion über die Strukturreform 1998/99 74
II. 5. Neuerliche Turbulenzen und der Rückzug Mortiers 1999/2000 77
II. 6. Auf der Suche nach einem neuen Direktorium 86

III. „Ich war also irgendwie das trojanische Pferd. Aber gekommen bin ich als Parsifal."
Die neue Dramaturgie und Philosophie der Festspiele 91
III. 1. Die neue kulturelle Landkarte – Tradition und Moderne 91
III. 2. Provokationen als Begleitmusik des Neuen 94
III. 3. „La Clemenza di Tito" 1992 als „prinzipielle Demarkationslinie in der Sphäre des Musiktheaters" 96
III. 4. „Eine neue Festspielgemeinde, die eine Gemeinde dieser Zeit ist." Die neue Vielfalt der Ästhetik 97
III. 5. „Darüber darf man aber die musikalische Qualität nicht vergessen."
Die zweite künstlerische Demarkationslinie: Der Rückzug von Nikolaus Harnoncourt 100
III. 6. „Ich werde mich auf keine Kompromisse einlassen." Die Krise der Reformagenda 1996/1997 . 103
III. 7. Breite statt Klasse? Die Diskussion über den Verlust des spezifischen Profils 105
III. 8. Die Lesart Hofmannsthals. Die Diskussion über die Festspielphilosophie 1999 106
III. 9. „Die Tradition ist keine Reliquie." Ein Abschied mit Aplomb. Die Sicht der Zeitgenossen 108

IV. „… bei der Planung der wirtschaftlichen Aspekte verstärkt zu berücksichtigen."
Das neue Programm und seine Kosten 112

V. „… dass ich diese Art von Terrorismus nicht akzeptiere."
Die spannungsgeladene Kooperation mit den Osterfestspielen 123

VI. „Wir sind keine Gegner der Reformen Mortiers."
Der (Dauer-)Konflikt der Wiener Philharmoniker mit Mortier 136

VII. Tradition und Moderne – Eine neue Sicht auf die Moderne und neue Schwerpunktsetzungen im Bereich der Moderne – Mortiers Opernthreater 146
VII. 1. Die (umstrittene) neue Sicht auf Mozart 146
VII. 1.1. Mozarts Jugendopern 162
VII. 2. Die Oper des 20. Jahrhunderts 164
VII. 3. Richard Strauss 196
VII. 4. Die Große Oper 200
VII. 4.1. Giuseppe Verdi 200
VII. 4.2. Die übrige Große Oper 205
VII. 5. Die Oper von Gluck über Rossini bis Donizetti 217
VII. 6. „Dieser Poppea muss man verfallen." Die Barockoper 218
VII. 7. „… ob das nicht den Tatbestand des Betruges bildet." Der „Sonderfall" Operette .. 221
VII. 8. Uraufführungen 224

VIII. Wegmarken des Wandels. Die Orchesterkonzerte 226

IX. Nicht nur die Klassiker der frühen Moderne, sondern auch der Gegenwart 238
IX. 1. „Ein Appell an die Revolutionierung der Wahrnehmungsfähigkeit." Das Projekt „Zeitfluss" 253
IX. 2. Die Sprache der musikalischen Avantgarde – „next generation" 262

X. Ein Gleichgewicht zur Oper. Das Schauspiel 266
X. 1. „… Stein, der Linke, hat sich gewandelt." Peter Stein als Schauspieldirektor 1992–1997 266
X. 1.1. Peter Steins Shakespeare-Zyklus 275
X. 1.2. „… das europäische Theater … als die beeindruckendste Manifestation der theatralischen Fähigkeiten des Menschen …" Europäisches Theater unter Peter Stein 284
X. 1.3. „Er … kennt den österreichischen Schmäh wie seine Westentasche."
Das österreichische Theater 291
X. 2. 1998 – Das Jahr des Ivan Nagel 295
X. 3. Das Schauspiel unter Frank Baumbauer 1999–2001 303
X. 3.1. Radikal und neu. Die Festspielwelt aus den Fugen. Das Schauspielprogramm 1999–2001 304
X. 4. Der literarische „composer in residence" – Dichter zu Gast 316
X. 5. Uraufführungen 323
X. 6. Ein Ritterschlag für jeden Schauspieler – Der „Jedermann" 327

XI. Die Festspiele als Wirtschaftsfaktor 336

Anmerkungen 340

Quellen-, Foto- und Literaturnachweis 348

Pesonenregister 350

Vorwort

Fest und Spiel fällt seit der Antike die Aufgabe zu, das alltägliche und gleichförmige Zeitkontinuum zu gliedern. Sie durchbrechen den linearen Fluss der Zeit durch ihre regelmäßige Wiederkehr. So war der griechische Kalender letztlich ein Verzeichnis von den Göttern gewidmeten Festtagen und gehörten im vorcaesarischen Kalender 235 Tage den Menschen und 109 den Göttern. Erst die Französische Revolution entkleidete das Fest seines dominant religiösen Charakters durch die Betonung säkularisierter Mythen und die Sakralisierung historischer Ereignisse. Die Geburt des öffentlich politischen Festes und der öffentlichen Feier schuf eine Vergesellschaftung sozialen Handelns und kollektiven Erinnerns und entsprach damit dem Bedürfnis nach Sinnstiftung. Durch ihren reflexiven Charakter verweist sie auf eine zu Grunde liegende Idee, die über spezielle Erzähl- und Wahrnehmungsweisen Traditionen schafft und sie damit zum Bestandteil kollektiver Identität macht. Keine Gemeinschaft ohne – auch emotional aufgeladene – Gedenkfeiern, Denkmäler, Mythen, Rituale, große Persönlichkeiten, Ereignisse oder Erinnerungsorte, wobei es sich bei letzteren um eine Metapher handelt. Ein Erinnerungsort umfasst die Skala der materiellen wie immateriellen Natur, d. h. Denkmäler, Gebäude, Landschaften, Institutionen, Feste oder Kunstwerke. Die Generationen überdauernde symbolische Funktion, nicht die materielle Gegenständlichkeit, definiert den Erinnerungsort. Der Erinnerungsort ist keine abgeschlossene, ahistorische Realität, sondern befindet sich im Umfeld gesellschaftlicher, kultureller und politischer Entwicklungen, die seine Wahrnehmung und damit seine Bedeutung zu beeinflussen und zu verändern vermögen. In diesem Sinne befindet sich ein Erinnerungsort stets in einem Raum, dessen Koordinaten durch soziale, politische, kulturelle Entwicklungen bestimmt sind.

In diesem Sinne sind Salzburg, Mozart und die Festspiele als Bestandteile der österreichischen Identität Erinnerungsorte. Salzburg als „schöne Stadt" wurde zum nationalen und internationalen Topos, Mozart neben Johann Strauß und Maria Theresia zu einer der zentralen regionalen und nationalen historischen Identifikationsfiguren, die Salzburger Festspiele zur Ikone kultureller Bedeutsamkeit, mit der rund drei Jahrzehnte der Name Herbert von Karajan verbunden war. In der öffentlichen Wahrnehmung ergab sich die Trias Festspiele – Mozart – Karajan, und eine Karikatur der „Washington Post" zeigte die beiden Kultfiguren Mozart und Karajan über dem Salzburger Dom.

Bei der Wahrnehmung Österreichs als Musikland sind Selbst- und Fremdwahrnehmung deckungsgleich, die damit verbundenen Institutionen sind die Wiener Philharmoniker, der Musikverein, die Wiener Staatsoper und die Salzburger Festspiele. So ergab z. B. eine Analyse der russischen Berichterstattung über das kulturelle Leben in Österreich 1996, dass dieses vorwiegend mit dem Musikgeschehen, vor allem der Oper, identifiziert wurde, wobei die Orte Wiener Staatsoper und das Festspielhaus in Salzburg dominierten. Die Wiener Philharmoniker, die Wiener Staatsoper und die Salzburger Festspiele symbolisieren in beinahe idealtypischer Weise zentrale Erinnerungsorte österreichischer Identität. Die Wiederaufnahme ihres Spielbetriebs unmittelbar nach Kriegsende 1945 wurde zu einem zentralen Bestandteil nationaler Wiedergeburt.

Die Salzburger Festspiele sind ein komplexer Erinnerungsort, mehr als ein weltweit einmaliger Standard musikalischer Aufführungen und mehr als Reinhardt, Hofmannsthal, Holzmeister, Toscanini, Furtwängler und Karajan. Sie sind nicht nur die Gebäude bzw. Spielstätten, die Hofstallgasse und der Max-Reinhardt-Platz mit ihrem einmaligen Ambiente der fürsterzbischöflichen Stadt, dessen Kaleidoskop von der Gotik bis zum Barock sich dem Festspielbesucher wie dem Touristen darbietet, sondern auch Ort des republikanischen Österreich und seiner von Brüchen, Katastrophen und Erfolgen gekennzeichneten Geschichte, seines Ringens um Selbstvergewisserung nach den Katastrophen zweier Weltkriege. Die Festspielhäuser und die Felsenreitschule waren und sind keineswegs Stätten der reinen Kunst, Rückzugsrefugien von den Mühen des Alltags, Erbauungstempel eines nach Entspannung lechzenden Publikums. Der Atem der Geschichte und des Zeitgeistes, die Kontroverse um die Gründungsidee und das Gesamtkunstwerk sowie die Moden des Ästhetischen prägten sie ebenso wie große Künstlerpersönlichkeiten.

Der Historiker hat, sofern er nicht als direkt Betroffener agiert, den Vorteil der zeitlichen Distanz, gleichsam die Sicht von oben, aus der die Kontinuitäten und Brüche Konturen gewinnen und die Tiefe der Spuren deutlich werden, die eine Ära konstituieren. Diese Distanz ermöglicht die Periodisierung entlang definierter Parameter, die sich nur selten mit der im allgemeinen Sprachgebrauch üblichen Einteilung in Jahrzehnte oder Jahrhunderte deckt. Nimmt man die für eine Periodisierung geeignete Trias von Kontinuitäten, Brüchen und tiefen (prägenden) Spuren, so ergeben sich für die Salzburger Festspiele sechs Abschnitte:

1. Die Ära Max Reinhardt und Hugo von Hofmannsthal 1920–1938 mit dem Sonderfall der Zeit zwischen 1933 und 1938 als kulturelle und politische Kampfansage gegen den Nationalsozialismus. Neben den Festspielgründern Max Reinhardt, Hugo von Hofmannsthal und Richard Strauss fungierten Clemens Krauss (bis 1934), Bruno Walter und Arturo Toscanini als prägende Persönlichkeiten.

2. Die die Gründungsidee ideologisch transformierende NS-Ära 1938 bis 1944, in der Clemens Krauss dominierte, Hans Knappertsbusch nach wie vor und Wilhelm Furtwängler und Karl Böhm erstmals in Salzburg als Operndirigenten wirkten.

3. Die Phase der Rekonstruktion und des Wiederaufbaus 1945 bis 1957, geprägt und dominiert von Wilhelm Furtwängler sowie bis zu dessen Ausscheiden aus dem Direktorium Gottfried von Einem.

4. Die Ära Herbert von Karajan 1957 bis 1989 mit einer dem Zeitgeist entsprechenden spezifischen interpretatorischen und inszenatorischen Ästhetik, die zu Theodor W. Adornos Charakterisierung Karajans als Dirigent des Wirtschaftswunders führte.

5. Die Ära Gérard Mortier/Hans Landesmann/Wiesmüller/Rabl-Stadler 1992 bis 2001, gekennzeichnet durch eine bewusste Abwendung von der Karajanschen Ästhetik und Interpretation, einer stärkeren Betonung programmatischer Leitlinien sowie der Verbindung von Moderne und Tradition. Wenngleich im Widerstreit der Meinungen, prägten und veränderten Mortier/Landesmann die Festspiele nachhaltig, hinterließen tiefe Spuren, sodass man zu Recht von einer Ära sprechen kann.

6. Die Intendanzen von Peter Ruzicka, Jürgen Flimm und Markus Hinterhäuser 2002 bis 2011, die die Programmlinie Mortiers und Landesmanns modifizierten und neu akzentuierten, jedoch keine neuen Positionslichter setzten.

Der vorliegende Band widmet sich den Jahren des Übergangs 1990/91 als Nachwirken der Ära Karajan und der Ära Mortier/Landesmann/Wiesmüller/Rabl-Stadler 1992 bis 2001. Die Frage, warum die Jahre zwischen 1992 und 2001 nicht als Ära Mortier/Landesmann, sondern als Ära Mortier/Landesmann/Wiesmüller/Rabl-Stadler charakterisiert werden, lässt sich mit dem Hinweis beantworten, dass die Entscheidungen vom Direktorium als Kollegialorgan getroffen wurden und die jeweiligen Präsidenten – Wiesmüller und Rabl-Stadler – erhebliche Anstrengungen unternahmen, um einerseits die neue Programmphilosophie gegen Angriffe zu verteidigen und andererseits die – auch auf Grund der Persönlichkeitsstruktur Mortiers – auftretenden Irritationen und Verstimmungen zu beseitigen oder zumindest zu glätten. Es war den Salzburger Entscheidungsträgern bei der Suche nach dem zukünftigen künstlerischen Leiter der Festspiele bewusst, dass es nach Karajan keine Karajan-Festspiele geben konnte. Das Ergebnis wäre eine langweilige Kopie ohne Inhalt gewesen. Die Entscheidung für Gérard Mortier fiel vor allem auf Grund seiner Aufsehen erregenden Mozart-Produktionen an der Brüsseler Oper. Er schien der richtige Mann zu sein, um das Schiff der Salzburger Festspiele zwischen Scylla und Charybdis sicher zu steuern, kein Bilderstürmer, sondern ein letztlich konservativer Modernisierer, ein Türöffner zu einer neuen Sicht auf Mozart und zur Musik des 20. Jahrhunderts. Aus der zeitlichen Distanz von nunmehr zehn Jahren kann festgestellt werden, dass Mortier diese Erwartungen im Bereich der Mozart-Interpretation kaum, in jener der klassischen Moderne jedoch in hohem Maß zu erfüllen vermochte. Maßgeblich unterstützt von Hans Landesmann erfolgte zwischen 1992 und 2001 eine folgenschwere Weichenstellung in der Geschichte der Salzburger Festspiele, die auf Grund ihrer Bedeutung die Bezeichnung „Ära" verdient. Die Frage, warum ein so relativ kurzer Zeitabschnitt mit einem eigenen, umfangreichen Band gewürdigt wird, kann mit einigen Hinweisen beantwortet werden: der zu heftigen Kontroversen Anlass gebenden neuen Programmphilosophie, dem erheblich erweiterten Angebot sowie der Vielzahl politischer Turbulenzen und ihrer Auswirkungen auf die Festspiele als österreichischer Erinnerungsort.

TEIL A

1990–1991
DIE JAHRE DES ÜBERGANGS ODER
DER SCHATTEN DES MAGIERS

Die APA bemerkte über die Festspiele des Jahres 1990: „Ein Jahr nach Karajans Tod und im Vorfeld des Mozart-Jahres 1991 und des Anbruchs der Ära Mortier boten die Salzburger Festspiele in diesem Sommer ein Bild des Friedens, der Eintracht und der kommerziellen Blüte. Von einem Verlust an Attraktivität konnte keine Rede sein, der Kartenverkauf florierte mehr denn je."[1]

Nach den Turbulenzen der späten Ära Karajan war Ruhe an der Salzach eingekehrt. Die Rufer nach Reformen in Programmatik und Ästhetik hatten mit der Berufung des neuen, ab 1. September 1991 voll verantwortlichen Direktoriums Gérard Mortier/Hans Landesmann/Heinrich Wiesmüller einen eindeutigen Erfolg verbucht, das noch im Amt befindliche um Präsident Albert Moser, Generalsekretär Franz Willnauer, Gerhard Wimberger und den mit 1. Jänner 1989 als neues Direktoriumsmitglied fungierenden Hans Landesmann sah seine Aufgabe vor allem darin, die noch von Karajan maßgeblich festgelegte Programmatik des bevorstehenden Mozart-Jahres 1991 zu exekutieren und der neuen künstlerischen Leitung ein finanziell gesundes Unternehmen zu übergeben. Auf Grund der nur mehr kurz bemessenen Zeit des Direktoriums konnte und wollte dieses keine neuen programmatischen Akzente setzen, sondern die Salzburger Festspiele auf dem bisher so erfolgreichen Pfad der Verbindung von Tradition – Mozart, Richard Strauss und die Große Oper, vor allem Verdi – und (gemäßigter) Moderne weiterführen. Dabei war man sich durchaus dessen bewusst, dass dieser Pfad schon etwas ausgetreten war und die Spurrinnen der Tradition eine Beweglichkeit oder gar Neuorientierung nur sehr eingeschränkt zuließen. Wollte man etwas Neues, so musste man den Pfad verlassen und ungewohnte Wege suchen. Für diese Aufgabe standen jedoch andere bereit, die sich in den beiden Jahren des Übergangs daran machten, das Gelände, auf dem die neuen künstlerischen Wege verlaufen sollten, zu erkunden und abzustecken.

Bis es so weit war, war Ruhe vor dem Sturm angesagt. Salzburg und seine Festspiele feierten zunächst sich selber und seinen Publikumsmagneten Wolfgang Amadeus Mozart. Die Festspiele begingen am 26. Juli 1990 mit einer Festveranstaltung in der Felsenreitschule ihr 70-jähriges Bestehen, und die Salzburger und internationale Festspielgesellschaft feierte am 13. August mit einem Empfang auf Schloss Leopoldskron das Jubiläum. Zudem wurde das Fest zur Kulisse für eine von Ricarda Reinisch, der Frau Helmuth Lohners, und dem ARD-Fernseh-Adabei „Leo" moderierten Sendung unter dem Titel „Salzburger Nockerl". Die Gesellschaftskolumnisten hatten zudem zu berichten, dass sich der Küchenchef des „Goldenen Hirschen", Herbert Pöcklhofer, eine spezielle, dem Anlass entsprechende Speisenfolge habe einfallen lassen. So den kleinen Vorspeisenteller „Jedermann", „Hofmannsthaler Wallerschüssel", „Gerstlsuppe Firmian" und „Krabbensemmel Big Max", „Bierfleisch Alexander Moissi mit Spinatnockerl", „Pinzgauer Lammeintopf Helene Thimig", „Eierschwammerln Johanna Terwin" und „Herrenpilze Heinrich George mit Erdäpfellaibchen". Plácido Domingo erzielte beim traditionellen Charity-Fußballspiel der durch Österreichs Paradefußballer Hans Krankl verstärkten Festspielkünstler gegen eine ORF-Auswahl in Anif drei Tore, und der Leukämiefonds von José Carreras sowie die Salzburger Kinderkrebshilfe konnten sich jeweils über einen Scheck in der Höhe von 100.000 Schilling freuen.

Im Mozart-Jahr 1991 folgte das designierte Direktorium der Einladung von Salzburgs legendärem Generalkonsul Dimitri Pappas in dessen Privathaus. Der von vielen gefürchtete, von manchen erhoffte Bruch der neuen Führung, vor allem Gérard Mortiers, auch mit dem gesellschaftlichen Ambiente der Ära Karajan, schien nicht einzutreten. Salzburg feierte sich und seinen berühmtesten Sohn im Abendglanz einer nunmehr endgültig zu Ende gehenden Ära. Noch dominierte der Schatten des Magiers Herbert von Karajan. Doch viele richteten bereits gespannt ihr Augenmerk auf das Kommende, dessen programmatische Konturen und eine neue Ästhetik.

I. 1989. Das Ende des „kurzen" 20. Jahrhunderts. Das Entstehen einer neuen politischen Landkarte, der Fall Waldheim und die Salzburger Festspiele 1989–1999

Am 21. Februar 1989 erklärte der tschechische Schriftsteller und Dissident Václav Havel vor einem Prager Gericht, das ihn zu neun Monaten Haft wegen antistaatlicher und antisozialistischer Agitation im Rahmen der „Charta 77" verurteilen sollte, über das politische Programm der Bürgerrechtsbewegung: „Die ‚Charta 77' entstand und wirkt als eine nichtformelle Gemeinschaft, die sich darum bemüht zu verfolgen, wie in unserem Land die Menschenrechte respektiert und wie die entsprechenden internationalen Abkommen beziehungsweise die Verfassung der ČSSR eingehalten werden. Seit zwölf Jahren macht die ‚Charta 77' die Organe des Staates auf den ernsten Widerspruch zwischen der übernommenen Verantwortung und der politischen Realität in unserer Gesellschaft aufmerksam. …
Seit zwölf Jahren bieten wir der Staatsmacht einen Dialog über diese Dinge an. Seit zwölf Jahren reagiert die Staatsmacht nicht auf unsere Initiative. Stattdessen verfolgt sie uns und sperrt uns ein. … Die ‚Charta' hat immer die Gewaltlosigkeit und die Rechtmäßigkeit ihres Wirkens betont. Ihr Programm war und ist nicht die Organisierung von Straßenunruhen. Nicht nur einmal habe ich öffentlich darauf hingewiesen, dass das Maß an Respekt gegenüber nichtkonformen und kritisch denkenden Bürgern ein Gradmesser für den Respekt vor der öffentlichen Meinung schlechthin ist. Ich habe schon oft gesagt, dass die dauerhafte Missachtung friedlicher Äußerungen der öffentlichen Meinung am Ende nur immer deutlichere und nachdrücklichere Proteste der Gesellschaft hervorrufen kann."[2]
Die Worte des Dichters sollten sich in den nächsten Monaten auf unvorhersehbare Weise bestätigen. Am 17. November 1989 eröffnete eine Demonstration von Prager Studenten und wenig später eine der Prager Theaterszene eine ständig an Dynamik gewinnende Demonstrationsbewegung, die schließlich mit einem Generalstreik im Dezember das Ende des kommunistischen Regimes bewirkte. Es entbehrte dabei nicht einer gewissen Ironie und Symbolik, dass Gustáv Husák am Tag der Menschenrechte das Amt des tschechoslowakischen Staatspräsidenten an Václav Havel, die bekannteste tschechoslowakische Personifizierung des Kampfes um Menschenrechte, abtreten musste.[3] Es waren letztlich die Havel verfolgenden Kommunisten, die angesichts des öffentlichen Drucks resignierend für den so lange Verfemten den Weg in die Prager Burg frei gaben. Mit Havel trat in der europäischen Geschichte nach dem Pianisten Ignacy Paderewski in Polen 1919 erstmals ein Künstler an die Spitze eines Staates. Künstler und Intellektuelle schlugen und schlagen in Europa kaum politische Spitzenkarrieren ein und wenn, dann höchstens als Kulturminister wie André Malraux und Jack Lang in Frankreich oder Jorge Semprún in Spanien. Doch auch außerhalb Europas waren Künstler kaum an der Spitze eines Staates zu finden. Léopold Senghor im Senegal repräsentierte die berühmte Ausnahme von der Regel.
Der Wandel in der Tschechoslowakei war letztlich nur ein Teil der umfassenden Transformation der politischen Landkarte Ost- und Südosteuropas nach 1945. In den folgenden Jahren verschwanden Staaten von der traditionellen Landkarte des Kontinents, entstanden zahlreiche neue oder – wie Estland, Lettland und Litauen – nahmen wieder ihre alte Gestalt an. Die Sowjetunion zerfiel ebenso wie die Tschechoslowakei und Jugoslawien. Diese revolutionäre Umgestaltung war in ihrer Bedeutung und Größenordnung, so der britische Historiker Tony Judt, „mit den Auswirkungen der Pariser Vorortverträge nach Ende des Ersten Weltkriegs vergleichbar – in gewisser Hinsicht noch dramatischer. Die Nationalstaaten, die sich in Versailles formierten, bildeten den Höhepunkt und Abschluss einer langwierigen Entwicklung, die in der Mitte des 19. Jahrhunderts und teilweise noch früher begonnen hatte, und ihr Entstehen war deshalb keine Überraschung. Doch dass sich am Ende des 20. Jahrhunderts Ähnliches ereignen könnte, wurde von niemandem vorausgesehen."[4] Die Dramatik der unvorhergesehenen Ereignisse und die verwirrend vielfältige Gemengelage der Probleme ließ das allgemeine Bewusstsein der Auflösung traditioneller,

scheinbar in Stein gemeißelter Strukturen und damit einer Zeitenwende entstehen, die jedoch Unsicherheit hervorrief und eine Vielzahl von Fragen aufwarf. „Zum ersten Mal seit zwei Jahrhunderten besaß die Welt in den neunziger Jahren kein internationales System und keine Struktur. Die Tatsache, dass nach 1989 Dutzende von neuen Territorialstaaten auftauchten, die über keinerlei unabhängige Mechanismen zur Bestimmung ihrer Grenzen verfügten, spricht für sich selbst – es gab ja nicht einmal dritte Parteien, deren Unparteilichkeit so weit akzeptiert worden wäre, um als Vermittler auftreten zu können. Wo war das Konsortium der Großmächte, das einst umstrittene Grenzen festgesetzt oder zumindest formell ratifiziert hat? Wo waren die Sieger des Ersten Weltkriegs, die die Neuzeichnung der europäischen Landkarte und der Welt überwacht hatten …?"[5] Von den universellen Akteuren des Kalten Krieges befand sich nur mehr einer, die USA, auf dem Feld, während sich andere wie etwa China anschickten, die von der Sowjetunion geräumten Positionen zu besetzen. Welche Rolle würde die Europäische Union im transformierten Feld der internationalen und globalisierten Politik einnehmen? Würde sie in der Lage sein, die transformierten Länder der Konkursmasse des ehemaligen Warschauer Paktes und des COMECON zu integrieren und ihre friedensstiftende Funktion im Zeitalter des neu erwachenden Nationalismus erfüllen? Und zahlreiche Historiker und Geschichtsphilosophen diskutierten die Frage, ob sich nicht am Beispiel des Zusammenbruchs der kommunistischen Regime in Ost- und Südosteuropa sowie der Implosion der Sowjetunion ein universeller Siegeszug der liberalen Demokratie, das Ende von Kriegen und Revolutionen und damit letztlich die Richtigkeit von Hegels Dialektik, d. h. des vernünftigen Laufs und damit auch des „Endes der Geschichte", zeige.[6]

Angesichts der Dramatik der Ereignisse und ihres offenen Ausgangs sowie der Vielzahl der Fragen schien sich die Gründungsphase der Salzburger Festspiele nach dem Ersten Weltkrieg zu wiederholen. Hugo von Hofmannsthal und Max Reinhardt hatten damals die Festspiele als kulturelles Friedensprojekt und Anker im Strom der säkularen Transformation der „Welt von gestern" gesehen, ihre völkerverbindende Funktion und kulturelle Deutungshoheit für die „Welt von morgen" betont. Bot sich den Festspielen nicht nunmehr neuerlich die Chance, diesem Anspruch nachzukommen, Begegnungsort und Seismograph der europäischen Entwicklung zu sein? Diese großen politischen Entwicklungslinien und Perspektiven kreuzten sich mit den Nachwehen der Waldheim-Affäre, der weitgehenden internationalen Isolation des österreichischen Bundespräsidenten und den Bemühungen vor allem von ÖVP-Politikern, diese als ungerecht und überzogen empfundene Behandlung Waldheims zu durchbrechen. Die Salzburger Festspiele sollten auf Grund ihres ideologischen Anspruchs und großen internationalen Renommees als Bühne für diese politische Inszenierung, mit Václav Havel in der Hauptrolle, dienen. Die österreichischen Atomkraft-Gegner wiederum instrumentalisierten den Besuch des tschechoslowakischen Dichterpräsidenten, um gegen die grenznahen Atomkraftwerke Bohunice und Temelin zu protestieren und die Tschechoslowakei zu veranlassen, generell vom Bau von Atomkraftwerken Abstand zu nehmen.

Die Salzburger Festspiele wurden damit, ohne darauf Einfluss nehmen zu können, neuerlich zum Inszenierungsort des Politischen und damit zum Politikum. Im September 1989, kurz vor der auch in der Tschechoslowakei erfolgenden samtenen Revolution, hatte Salzburgs Landeshauptmann Hans Katschthaler den tschechischen Dichter, Dissidenten und Mitglied der „Charta 77", Václav Havel, als Eröffnungsredner der Salzburger Festspiele 1990 eingeladen. Zu Jahresbeginn 1990 erneuerte Wissenschaftsminister Erhard Busek in Prag die Einladung an den inzwischen zum Präsidenten der Tschechoslowakei gewählten Havel, der diese annahm, wobei er jedoch in Vorahnung der damit verbundenen möglichen politischen Turbulenzen darauf hinwies, dass er als Dichter eingeladen worden sei und auch als solcher kommen werde. Gleichzeitig wurde Havel eine Einladung von Bundespräsident Kurt Waldheim zu einem Staatsbesuch in Österreich überbracht und von diesem – trotz ihrer politischen Brisanz – akzeptiert, ohne allerdings einen konkreten Zeitpunkt des Besuches zu nennen. Am 8. Februar 1990 bedankte sich der Salzburger Landeshauptmann mit einem offiziellen Schreiben bei Havel für dessen positive Reaktion auf die Einladung und betonte, die Eröffnungsfeierlichkeiten der Festspiele des Jahres 1990 würden die österreichisch-tschechischen Beziehungen sowie jene Salzburgs zu Böhmen und Mähren in den Mittelpunkt stellen. Zudem hätten sich die Salzburger Festspiele stets als völker- und kulturverbindende Institution verstanden und würden diesem Anspruch angesichts der epochalen Ereignisse in Osteuropa verstärkt nachkommen. Am 28. Februar gab Havel bei einem Besuch Katschthalers in Prag seine endgültige Zusage, wobei er betonte, er würde normalerweise solche Einladungen ablehnen. Salzburg bilde aber eine Ausnahme.

Dieser routinemäßige Vorgang im Rahmen der Bemühungen um einen Festspielredner war seit 1986 mit der Wahl Kurt Waldheims zum Bundespräsidenten zu einem politisch äußerst heiklen Thema geworden. Die Wahl Waldheims beendete keineswegs, wie von vielen seiner Unterstützer und vor allem ihm selbst gehofft, die Diskussion über seine Kriegsvergangenheit, seine Erinnerungslücken sowie seine Aussage, er habe „nur seine Pflicht getan". Der „Watchlist"-Entscheidung der US-Regierung im April 1987 folgte eine weitgehende internationale Isolation des österreichischen Bundespräsidenten sowie eine Belastung der österreichischen Außenpolitik, die von Alois Mock, einem der vehementesten Verteidiger Waldheims, geleitet wurde. Der von der internationalen Historikerkommission Mitte Februar 1988 vorgelegte – allerdings umstrittene – Bericht vermochte die Situation ebenfalls nicht zu entspannen. Wenngleich die Historikerkommission feststellte, dass Waldheim an keinerlei Kriegsverbrechen beteiligt gewesen, sein Wissensstand über widerrechtliche Handlungen jedoch größer gewesen sei, als er angegeben habe. Zudem sei er bemüht gewesen, seine militärische Vergangenheit in Vergessenheit geraten zu lassen oder zu verharmlosen.

Waldheims Sieg bei der Präsidentenwahl entpuppte sich für ihn und seine Unterstützer auf Grund der anhaltenden Skandalisierung zu einem Pyrrhussieg, der zunehmend die außenpolitische Position des Landes belastete und auch zu einer – manchmal subtil, manchmal offen ausgetragenen – Kontroverse zwischen SPÖ und ÖVP über die außenpolitische Repräsentanz des Landes sowie angesichts des Bedenkjahres 1988 die „Lebenslüge" Österreichs führte.

Auf Grund seiner weitgehenden internationalen Isolation beschränkten sich Waldheims Auslandsbesuche auf den arabischen Raum und den Vatikan-Staat. Kein westliches Staatsoberhaupt besuchte den österreichischen Bundespräsidenten in der Hofburg und es erfolgte auch keinerlei Einladung zu einem Staatsbesuch. Seitens der Hofburg und des Ballhausplatzes wurden daher alle Möglichkeiten ergriffen, Waldheim aus der internationalen Isolation und vom Vorwurf des rückgratlosen Angepassten und damit moralisch für das Amt nicht Geeigneten zu befreien. Dabei kam den Salzburger Festspielen eine zentrale Rolle zu. Das international bekannteste Festival wurde im Sommer zum Begegnungsort der internationalen Prominenz aus Kunst, Wirtschaft und Politik. Und die Festspiele wurden alljährlich vom amtierenden Bundespräsidenten eröffnet. Sie konnten damit als möglicher „Türöffner" für den isolierten Bundespräsidenten fungieren. Die Suche nach international renommierten Festrednern erwies sich jedoch als äußerst schwierig. So lehnten Ralf Dahrendorf, Erich Fried und Hilde Spiel Einladungen mit dem Hinweis auf den Bundespräsidenten ab.

Der Schachzug des Salzburger Landeshauptmanns, eine Einladung an einen der bekanntesten Dissidenten Osteuropas, der zudem auf Grund seiner Biografie als moralische Autorität galt und dessen Text „Versuch, in der Wahrheit zu leben" auf erhebliche internationale Resonanz gestoßen war, auszusprechen, war äußerst geschickt. Das unvermeidliche Zusammentreffen des österreichischen Bundespräsidenten mit dem gefeierten Dichter, der als moralische Instanz galt, konnte zu einer allmählichen Lockerung der teilweise völlig absurde Formen annehmenden Anti-Waldheim-Front führen. Als Havel Präsident der Tschechoslowakei wurde, ergab sich zudem die Chance der internationalen diplomatischen Anerkennung Waldheims, da im Rahmen von dessen Salzburg-Besuch ein Treffen mit Waldheim als Treffen zweier Präsidenten und damit auch als indirekter Staatsbesuch interpretiert werden konnte. In der Hofburg erkannte man die sich bietende Chance und lud den nunmehrigen Staatspräsidenten Havel durch Erhard Busek zu einem offiziellen Staatsbesuch nach Österreich ein. Dieser Einladung konnte sich Havel schwer entziehen, hatte doch die ÖVP, vor allem Erhard Busek, in der Zeit der KP-Herrschaft intensive Kontakte zur osteuropäischen Dissidentenszene gepflogen und diese nach Kräften unterstützt. Zudem hatte Österreich nach dem „Prager Frühling" zahlreichen tschechoslowakischen Dissidenten Asyl gewährt. Es musste als ein Akt der Undankbarkeit erscheinen, hätte Havel die Einladung zu einem Staatsbesuch abgelehnt. Er nahm sie an, fügte jedoch diplomatisch hinzu, sein angegriffener Gesundheitszustand sowie sein voller Terminkalender erlaube es ihm derzeit nicht, einen Zeitpunkt seines Besuches zu nennen. Nach Salzburg, so betonte er, komme er als Dichter und nicht als Staatsoberhaupt. Er könne daher nicht als offizieller Staatsgast empfangen werden.

Nach Bekanntwerden der Zusage Havels, die Festspiel-Eröffnungsrede am 26. Juli 1990 zu halten, gingen die Wogen der nationalen und internationalen Erregung hoch. Mitte Juli forderten Mitglieder der „Charta 77" den Präsidenten in einem offenen Brief auf, seinen Salzburg-Besuch abzusagen, und auch die österreichische „IG-Autoren" richtete Anfang August 1990 in einem offenen Brief an Havel die Bitte, seine Rede nicht in Anwesenheit Waldheims zu halten, wobei sie für ihre Aufforderung u. a. auch die Rolle Waldheims als österreichischer Außenminister während des „Prager Frühlings" als Begründung anführten. Waldheim sei als damaliger Außenminister für eine Weisung an die österreichische Botschaft in Prag verantwortlich gewesen, keinen Bürger der Tschechoslowakei in die Botschaft zu lassen. Peter Pelinka bemerkte in einem Kommentar, Kurt Waldheim würde bei der Festspieleröffnung „eine Chance" wittern: „Erstmalig nach altstalinistischen Vorreitern hochrangiger Besuch aus einem Nachbarland, noch dazu einer von der moralischen Autorität Havels. Dessen Prinzip ‚In der Wahrheit leben' als Kontrast zum Prinzip der Wahrheitsverdrängung? … Die tragikomischen Festspiele anderer Art zeigen die ganze Peinlichkeit um Kurt Waldheim. Und sollte ihm die letzten Zweifel rauben, sich bald in seinen Ruhestand zurückzuziehen, den wir uns alle redlich verdient haben."[7]

Havel antwortete der „Charta 77", seine Zusage sei Ausdruck seiner „Achtung vor dem Salzburger Festival und vor allem dem österreichischen Volk. … Die Österreicher sind unsere nahen Nachbarn, verbunden mit uns durch Tausende Bande, einschließlich der gemeinsamen Geschichte. Ich möchte alles, was in meinen Kräften liegt, für die Vertiefung unserer Freundschaft tun."[8] Wenige Tage später erklärte er in einem ORF-Interview, der Boykott Waldheims durch ausländische Staatsmänner sei offensichtlich „zu einer Art Spiel geworden … Es wurde eine Art Stereotyp, eine Art Ritual. Und es ist mir vorgekommen, dass Ihr Präsident eine Art stellvertretendes Opfer geworden ist. Viele Leute, die selber nicht das reinste Gewissen haben, brauchen ihr Opfer, sie brauchen einen Blitzableiter, auf dem sie etwas von ihrem eigenen schlechten Gewissen ableiten können.

Mir ist solches Spiel ein wenig unangenehm. Es kommt mir vor, als ob sich der ursprüngliche, sehr respektable moralische Inhalt ein wenig formalisiert, ritualisiert hat. Es gehört kein besonderer Mut mehr dazu, sondern es handelt sich eher um einen Ausdruck der Angst. Einer fürchtet sich vor dem anderen. Man sagt sich, der hat nicht mit ihm gesprochen, also spreche ich auch nicht mit ihm."[9] Unmittelbar vor seinem Salzburg-Besuch erklärte er in einem Interview mit den „Salzburger Nachrichten", er fühle sich in der Causa Waldheim „weder ausreichend qualifiziert", noch habe er „das Recht, ein letztes Wort zu sagen". Er habe die Einladung nach Salzburg noch vor seiner Präsidentschaft erhalten und angenommen. Er fahre daher „als Privatperson zu einer kulturellen Veranstaltung. Allerdings bin ich auch zur Zeit des Besuches Präsident, das ist etwas, was man nicht ablegen kann, d. h. dass ein gewisser Hauch des Offiziellen an jedem meiner Besuche haften bleibt. Ich würde Folgendes sagen: Wenn ich nicht nach Salzburg fahren würde, so ernte ich den Beifall derer, die mir ein strikt moralisches Verhalten empfehlen ohne Rücksicht auf politische Konsequenzen. Ich würde quasi einem Druck ihrerseits nachgeben aus Gründen der politischen Stabilität und einer guten Atmosphäre und Harmonie in unserem Lande. Aber dies ist politische Spekulation. Wo ist dann die Moral? Das ist eine utilitaristische Handlungsweise. Und umgekehrt: Ich meine, wenn ich gegen eine bestimmte Mode verstoße im Bewusstsein aller Risiken, die es mit sich bringt, dann kann das politisch zu etwas gut sein, aber gleichzeitig das Element eines moralischen Mutes in sich haben – gegen den Strom zu gehen.

Und das gehört schon zu meinen Eindrücken, die ich im Zusammenhang mit der ganzen Sache kurz erwähnen sollte. Mir scheint immer mehr, dass hier das Prinzip einer Art vom stellvertretenden Opfer zur Geltung kommt. In unserem geografischen Raum, zu dem ich auch Österreich und die Tschechoslowakei zähle, hat jeder von uns mehr oder weniger Flecken in seinem Lebenslauf. Es sieht so aus, als gäbe es hier eine Tendenz, immer einen zu finden und in den Vordergrund zu schieben und aus ihm eine symbolische Figur zu machen, eine Art stellvertretendes Opfer für alle unsere Schuld, und mit seiner Hilfe das eigene schlechte Gewissen loszuwerden."[10]

Mitte Juli wurde bekannt, dass Havel als offizieller Staatsgast des deutschen Bundespräsidenten Richard von Weizsäcker die Bayreuther Festspiele besuchen und beide anschließend auf Einladung des Salzburger Landeshauptmanns Katschthaler als Privatpersonen zur Eröffnung der Festspiele anreisen werden. Die Begegnung mit Waldheim werde im Rahmen eines von Landeshauptmann Katschthaler gegebenen Essens stattfinden, an dem auch Bundespräsident Weizsäcker teilnehme. Der Salzburg-Aufenthalt des tschechischen Präsidenten werde nur wenige Stunden dauern, in denen er vor seiner Eröffnungsrede auch einige bekannte Waldheim-Kritiker wie Peter Handke, Peter Turrini und Hilde Spiel treffe. Zudem erfolge ein Treffen mit Atomgegnern, an deren Spitze dem in Salzburg lebenden Zukunftsforscher Robert Jungk. Weizsäckers Bereitschaft, mit Havel gemeinsam an der Eröffnung der Festspiele und damit auch an einem Treffen mit Waldheim teilzunehmen, veranlasste den Vorsitzenden des Zentralrates der Juden in Deutschland, Heinz Galinski, zu der Erklärung, er sei über das geplante Treffen mit Waldheim ebenso „befremdet" wie über die Erklärung Weizsäckers, die PLO müsse an einer Nahostfriedenskonferenz teilnehmen.[11] Die „Deutsche Presseagentur" kommentierte den Schritt Weizsäckers, Waldheim erhalte damit eine „Anerkennung zweiter Klasse".[12]

In das Gewirr der Aufforderungen, Kommentare und moralisierenden Beschwörungen mischte sich auch die Stimme des Salzburger Kultur- und Umweltlandesrates Othmar Raus, der – wenn auch äußerst undiplomatisch – publikumswirksam den gekränkten österreichischen Nationalstolz mit der weit verbreiteten Ablehnung der Atomenergie verband. Wenn es Havel so schwer falle, nach Salzburg zu reisen, so ließ er wissen, solle „er besser zu Hause bleiben und sich um die desolaten ČSFR-Kernkraftwerke kümmern". Man könne ihn als Mitglied der SPÖ sicher nicht zum Lager der „Waldheim-Fans" rechnen, doch halte er „die Verwirrung um die Mitwirkung Havels an der Eröffnung der Festspiele für das Ansehen Salzburgs und Österreichs für entwürdigend und überflüssig". Es müsse dem tschechischen Präsidenten zudem klar gewesen sein, dass er bei seinem Salzburg-Besuch auch Waldheim treffen werde. Wenn er nunmehr ein solches Treffen um jeden Preis vermeiden wolle, sollte er besser zu Hause bleiben, statt in Salzburg „protokollarische Purzelbäume zu schlagen".[13] Bundeskanzler Franz Vranitzky sekundierte seinem Salzburger Parteifreund im Bereich der tschechoslowakischen Atomkraftwerke, indem er erklärte, er werde angesichts der alarmierenden Berichte über das Atomkraftwerk Bohunice bei den Salzburger Festspielen Präsident Havel über die berechtigten Atomängste der Österreicher informieren.

Auf dem Weg des tschechoslowakischen Präsidenten vom Flughafen in die Innenstadt formierten sich die von der Atomangst Bewegten hinter dem weltweit längsten Transparent gegen Atomkraftwerke und einem langen Protesttransparent vor dem Festspielhaus. Beim offiziellen Mittagessen im „Goldenen Hirschen" überreichte Salzburgs Landeshauptmann-Stellvertreter Gerhard Buchleitner Havel eine rund 1.900 Unterschriften umfassende Liste gegen die ČSFR-Atomkraftwerke, und um 15 Uhr traf der tschechische Präsident zu einem 15-minütigen Gespräch mit neun Mitgliedern der „Überparteilichen Plattform gegen Atomgefahren" und Greenpeace unter der Leitung des Zukunftsforschers Robert Jungk zusammen, die mit dem Hinweis auf eine notwendige Revolution in der Energiepolitik die sofortige Stilllegung von Bohunice und einen Baustopp für Temelin forderten. Havel blieb unverbindlich und versicherte seinen Gesprächspartnern, er werde „intensiv darüber nachdenken".[14]

Zum Zeitpunkt des Gesprächs hatte Havel das von tumultartigen Szenen begleitete Zusammentreffen mit Kurt Waldheim im Festspielhaus bereits hinter sich. Im Foyer des Festspielhauses kam es angesichts des enormen Medienandrangs sowie des demonstrativen Auftritts des New Yorker Rabbiners Ari Weiss und zweier seiner Begleiter, die sich als Journalisten hatten registrieren lassen, zu tumultartigen Szenen. Beim Zusammentreffen Havels mit Weizsäcker und Waldheim riefen diese medienwirksam „Schande wegen des Treffens mit Nazi-Waldheim" und wurden anschließend von Polizisten gewaltsam aus dem Foyer entfernt, wobei sie theatralisch und medienwirksam „Nazi-Mörder" schrieen.

Beim anschließenden offiziellen Eröffnungsakt in der Felsenreitschule sprach Václav Havel von der Angst, aus der einen die Wahrheit befreie. Dabei ging er unter Bezugnahme auf die Situation in Mitteleuropa und speziell in seiner Heimat auch indirekt auf die Affäre Waldheim ein. „Angst vor der Geschichte ist bei uns nicht nur Angst vor der Zukunft, sondern

Der tschechoslowakische Staatspräsident Václav Havel im Gespräch mit Plácido Domingo, 26. Juli 1990.

Sir Georg Solti und der deutsche Bundespräsident Richard von Weizsäcker im Goldenen Hirschen, 26. Juli 1990.

auch Angst vor der Vergangenheit. Ich würde sogar sagen, dass diese zwei Ängste sich gegenseitig bedingen: Wer das fürchtet, was sein wird, der fürchtet sich gewöhnlich auch davor, dem ins Gesicht zu sehen, was gewesen ist. Und wer sich fürchtet, seiner eigenen Vergangenheit ins Gesicht zu sehen, muss notwendigerweise auch das fürchten, was sein wird.
Allzu häufig gebiert in diesem Winkel der Welt die Angst vor der Lüge nur eine andere, eitel hoffend, dass sie als Rettung vor der ersten die Rettung vor der Lüge überhaupt sei. Doch kann uns die Lüge nie vor der Lüge retten. …
Die Annahme, straflos durch die Geschichte lavieren zu können und die eigene Biografie umschreiben zu können, gehört zu den traditionellen mitteleuropäischen Wahnideen.
Versucht jemand, dies zu tun, schadet er sich und seinen Mitbürgern. Denn es gibt keine volle Freiheit dort, wo nicht die volle Wahrheit freie Bahn bekommt.
In dieser oder jener Weise sind hier viele schuldig geworden. Es kann uns jedoch nicht vergeben werden, und in unseren Seelen kann nicht Friede herrschen, solange wir unsere Schuld nicht zumindest eingestehen. Das Eingeständnis befreit."[15]
Angesichts dieser indirekten Anspielung wurde Kurt Waldheim in einem Interview gefragt, wie er sich bei diesen auch auf seine Person bezogenen Passagen der Rede Havels gefühlt habe. Er antwortete, seiner bisherigen Argumentation und Verteidigung folgend, er habe seine Biografie weder umgeschrieben noch etwas geleugnet. Er sehe jedoch in diesem Besuch einen wichtigen Schritt zur Beendigung der internationalen Quarantäne gegen seine Person, das Terrain für kommende Staatsbesuche sei „geebnet".[16]
Waldheims Hoffnungen sollten sich nicht erfüllen. Er blieb vor allem für die jüdische amerikanische Presse der Lügner, während Havel massiv mit dem Vorwurf des Vergessens der Geschichte oder der Geschichtsverfälschung angegriffen wurde. Die „New York Post" bedauerte das Präsidententreffen anlässlich der Eröffnung der Salzburger Festspiele mit der Bemerkung, „it would have been far better if both Havel and von Weizsäcker hadn't undermined the Waldheim boycott".[17] Erheblich heftiger reagierte A. M. Rosenthal in einem Artikel in der „New York Times". Havel habe einen Präsidenten besucht, der wegen seiner ununterbrochenen Lügen über seine Vergangenheit boykottiert werde. „Seine Lügen über seine Vergangenheit machten ihn zum Symbol für all die Kampagnen der Falschheit, die dazu lanciert wurden, die Schrecken von Deutschlands Nazi-Ära zu verbergen, zu minimieren oder sogar in Abrede zu stellen." Waldheim sei lediglich von einigen moslemischen Herrschern, dem Papst und dem zypriotischen Präsidenten empfangen worden. Nunmehr habe Präsident Havel diesen Boykott durchbrochen.[18]
Die Festspieleröffnung des Mozart-Jahres 1991 verlief zwar weniger turbulent, hatte jedoch ebenfalls vor dem Hintergrund des Zerfalls Jugoslawiens einen deutlichen politischen Schwerpunkt. Vor allem Außenminister Alois Mock war – gegen den deutlichen Widerstand der SPÖ und Bundeskanzler Vranitzkys sowie eines Großteils der EG-Staaten – einer der vehementesten Befürworter der Unabhängigkeitsbestrebungen Sloweniens und Kroatiens.[19] Am 8. Juli 1991 wies er in einer Rede vor dem österreichischen Nationalrat darauf hin, dass die österreichische Außenpolitik die Maxime der Demokratie über jene der Einheit stelle und gegenüber dem südlichen Nachbarn vor allem von dem Interesse geleitet sei, dass dessen Völker ihre Zukunft auf Grund des Rechts auf Selbstbestimmung in Freiheit und der Entscheidung für Menschenrechte, Demokratie und Marktwirtschaft bestimmen können. Die Unabhängigkeitserklärungen Sloweniens und Kroatiens entsprächen dem demokratisch zum Ausdruck gebrachten Willen beider Völker und müssten daher anerkannt werden. Mock und die ÖVP, unterstützt vom deutschen Bundeskanzler Helmut Kohl und der CDU/CSU, bemühten sich im Sommer 1991 intensiv um eine diplomatische Anerkennung der Unabhängigkeit Sloweniens und Kroatiens durch die EG. Gegen den Widerstand von Bundeskanzler Vranitzky übernahm die österreichische Außenpolitik die – diplomatisch äußerst heikle, da noch nicht Mitglied der EG-Funktion – Rolle eines Vorreiters für die internationale und damit auch völkerrechtliche Anerkennung der beiden Staaten des ehemaligen Jugoslawien. Am 16./17. Dezember 1991 fasste die EG auf massiven Druck der Bundesrepublik Deutschland, die sich den österreichischen Argumenten angeschlossen hatte, den historischen Entschluss, alle jugoslawischen Teilrepubliken anzuerkennen, die dies ausdrücklich wünschten und die Voraussetzungen erfüllten. Die Anerkennung Sloweniens und Kroa-

tiens durch die EG-Staaten erfolgte schließlich am 15. Jänner 1992.

Im Zuge dieser Bemühungen kam den Salzburger Festspielen – ähnlich wie beim Fall des Eisernen Vorhangs zwei Jahre zuvor – neuerlich eine zentrale Rolle zu. Hatte man 1989 den Dissidenten und Noch-nicht-Präsidenten Václav Havel als Festredner zu den Festspielen 1990 eingeladen und zudem spontan einen programmatischen Schwerpunkt in Richtung ehemaliger DDR und ČSSR gesetzt, so wurden nunmehr der slowenische Ministerpräsident Lojze Peterle und der slowenische Kulturminister Andrej Capuder demonstrativ als Gäste von Vizekanzler Erhard Busek zu den Eröffnungsfeierlichkeiten eingeladen. Diese demonstrative Geste war als Signal in Richtung EG-Staaten gedacht und wurde diplomatisch zudem mit der Ideologie der Festspiele als Brücke der Völker und Kulturen im Herzen Europas und damit als europäisches Friedensprojekt begründet.

In diesem Zusammenhang erhielten die Reden anlässlich der Eröffnungsfeierlichkeiten besondere politische Bedeutung. Wenngleich im Mittelpunkt der Festspiele das 200. Todesjahr Mozarts stand, so lag der Schwerpunkt der Reden der politischen Spitzenrepräsentanten von Land und Bund nicht auf Mozart, der als Repräsentant europäischen Geistes und europäischer Kultur gesehen wurde, sondern auf den revolutionären Ereignissen in Osteuropa, vor allem in Jugoslawien. Bundespräsident Waldheim zog historische Parallelen zwischen Mozart und den gegenwärtigen politischen Umwälzungen in großen Teilen Europas. „Das Leben Mozarts fiel in eine Zeit des großen politischen Umbruchs. Amerika wurde unabhängig, die Französische Revolution erschütterte Europa, das Industriezeitalter begann. Wolfgang Amadeus Mozart hat diesen Aufbruch in seiner Musik mitgestaltet – sein zentrales Thema aber war immer der einzelne Mensch mit seinen Gefühlen und Konflikten, mit seinen Schwächen und Sehnsüchten. Für politische Botschaften lässt sich Mozarts Musik sicher nicht missbrauchen – dennoch wird auch aus seinem Leben und Werk die große Konstante europäischen Geistes spürbar, nämlich der unstillbare Drang nach Freiheit. …

200 Jahre nach Mozarts Tod erleben wir Europäer auch heute wieder eine Zeitenwende. Freiheit siegt über Zwang, Selbstverantwortung über Bevormundung. Die Nationen sind nicht mehr das Maß aller Dinge – gebannt verfolgen wir das Wachsen größerer und das Erwachen kleinerer politischer Einheiten. Wir beobachten gleichzeitig Integration und Desintegration auf unserem Kontinent. …

Der Nationalismus hat viele Gesichter – positive und bedrohliche. Der Wunsch nach Freiheit und Selbstbestimmung der Völker stößt unerbittlich gegen eine vertraut gewordene Stabilität und Ordnung. …

Wer etwa im Ringen der Völker Jugoslawiens zuallererst eine Rückkehr zu alten, längst überholten Konzepten zu erkennen glaubt, geht sicher fehl. Denn überall dort, wo sich heute mit Dringlichkeit die Frage nach der Zukunft von Vielvölkerstaaten stellt, geht es – bei allem Fortwirken historischer Traumata – zuerst einmal um Demokratie und Menschenrechte. Und die Sehnsüchte der Menschen dort gehören keineswegs einer Rückkehr in die Geschichte, sondern der Zukunft in einem größeren Europa."[20]

Der Festredner, der Komponist Wolfgang Rihm, hatte Pech. Der anhaltende revolutionäre Impetus der politischen Ereignisse, der zweite Golfkrieg und der drohende Beginn der militärischen Auseinandersetzungen in Jugoslawien überdeckten seine Überlegungen zum Thema: „Was ‚sagt' Musik?"

II. „Modischen Hässlichkeiten hat sich Salzburg verweigert …" – Mozart als Kern des Opernprogramms

Angesichts des bevorstehenden Mozart-Jahres 1991, in dem alle großen Mozart-Opern in vorbildlicher und richtungweisender Inszenierung und Interpretation gezeigt werden sollten, erfolgte am 27. Juli 1990 mit „Idomeneo" in der Felsenreitschule die musikalische Eröffnungspremiere der Festspiele in der Inszenierung des Salzburg-Debütanten Nikolaus Lehnhoff, der Ausstattung von Ezio Toffolutti und der musikalischen Leitung von Seiji Ozawa. Für die vier Hauptrollen war ein hochkarätiges Ensemble aufgeboten: Philip Langridge in der Titelrolle, Diana Montague als Idamante, Sylvia McNair als Ilia und Cheryl Studer als Elettra.

Die Oper hatte in Salzburg seit Bestehen der Festspiele insgesamt 37 Vorstellungen in fünf Inszenierungen erlebt und noch nie für Furore gesorgt. Sie sollte es auch diesmal nicht. Hatte die letzte Inszenierung der Oper in Salzburg durch Ponnelle das Statische und Wuchtige der Opera seria betont, so setzte Lehnhoff auf die aktionistische französische Tragedie Lyrique. Die Inszenierung wurde, so die überwiegende Meinung der Kritik, dem gestellten Anspruch nicht gerecht. Lehnhoffs Versuch, die Oper aus ihrem antiken Umfeld zu lösen und den zeitlosen Charakter des Stoffs zu betonen, verlegte die Handlung in das Zeitalter der Französischen Revolution und Napoleons und scheute auch vor Rückgriffen auf das Mittelalter nicht zurück. Für Klaus Adam prägte ein „unterschiedliches Stilgemenge … diese im Detail oft faszinierende, im Ganzen eher fragwürdige Inszenierung …"[21] Paul Kruntorad sah eine „bunte Stilmischung", der Lehnhoff „etliche spektakuläre Bebilderungen" abgewinnt, „die letztlich jedoch oberflächlich bleibt".[22] Musikalisch vermochte die Aufführung hingegen durchweg zu überzeugen.

Michael Hampes gefeierte Inszenierung von Mozarts „Così fan tutte" aus dem Jahr 1982 unter der musikalischen Leitung von Riccardo Muti wurde 1990 nach vierjähriger Pause mit Blick auf das bevorstehende Mozart-Jahr mit einem in fünf Positionen veränderten Ensemble wieder aufgenommen und erwies sich so frisch und hintergründig wie am ersten Tag. Michael Stenger bemühte in seiner Kritik Hofmannsthal: „Ist ein Traum, kann nicht wirklich sein. Die Bilder des so früh verstorbenen Mauro Pagano machen geradezu trunken. Und Hampe bricht den Schein des Schönen durchaus und lässt die Bitterkeit, die dieses Spiel der Geschlechter als gemischtes Doppel hinterlässt, nicht draußen vor der Tür. Überaus erlesen ist diese Produktion."[23] Pierre Petit berichtete von einem „schwelgerischen Herzklopfen"[24] und Hannes S. Macher von einem „brillant dargebotenen Gesamtkunstwerk".[25]

Zwölf Tage später dirigierte Riccardo Muti an Stelle Herbert von Karajans die Wiederaufnahme der heftig umstrittenen „Don Giovanni"-Inszenierung Michael Hampes in der Ausstattung Mauro Paganos aus dem Jahr 1987. Die Reaktionen der Kritik fielen diesmal erheblich freundlicher aus. Joachim Kaiser diagnostizierte „Don Giovannis Besserung". Die Aufführung habe sich verjüngt und verbessert, Entscheidendes habe sich gewandelt, viele Ungereimtheiten wie etwa die viel zu großen Distanzen seien beseitigt worden.[26] Allgemeine Zustimmung rief Riccardo Mutis musikalische Leitung hervor. War Karajans Dirigat 1987 von seinem Altersstil geprägt, so setzte Muti expressive und dramatische Akzente. Alfredo Gasponi berichtete von der Premiere: „Die Don Giovanni-Vorstellung war zu Ende, und das Publikum hatte den Sängern, die einzeln vor den Vorhang getreten waren, bereits heftig applaudiert. Als jedoch Riccardo Muti auf die Bühne kam, wurde aus dem Applaus eine Ovation, viele Zuschauer begannen zum Zeichen ihrer Begeisterung mit den Absätzen auf den Boden zu klopfen, und das Orchester (die Wiener Philharmoniker) klatschte dem Dirigenten Beifall. Insgesamt also ein großer persönlicher Erfolg für Muti, der zum ersten Mal eine Oper im Großen Festspielhaus leitete."[27]

Das Programm des Mozart-Jahres 1991, die Präsentation aller sieben großen Mozart-Opern, stammte noch von Karajan. Seiner Meinung nach sollten exemplarische Inszenierungen der achtziger Jahre – „Così fan tutte" (Michael Hampe), „Die Entführung aus dem Serail" (Johannes Schaaf), „Idomeneo" (Nikolaus Lehnhoff), „La Clemenza di Tito" (Peter

„Don Giovanni" im Großen Festspielhaus. Susanne Mentzer (Zerlina) und Natale De Carolis (Masetto), 3. August 1991.

Brenner) – sowie Koproduktionen mit den Osterfestspielen – „Don Giovanni" (Michael Hampe), „Die Hochzeit des Figaro" (Michael Hampe) – und, da sich die legendäre Ponnelle-Inszenierung der „Zauberflöte" nicht mehr reaktivieren ließ, eine Neuinszenierung von Mozarts letzter Oper den Mittelpunkt des Programms bilden. Das Mozart-Jahr 1991 wurde damit zur musikalischen und ästhetischen Leistungsschau der Ära Karajan.

Mit besonderer Spannung wurde die Premiere der „Zauberflöte" am 27. Juli 1991 im Großen Festspielhaus unter Georg Solti erwartet. Solti wurde nach seinem Ausscheiden aus der Funktion des Chefdirigenten des Chicago Symphony Orchestra der Nachfolger Karajans als Leiter der Osterfestspiele und galt als einer der zentralen Dirigenten der Sommerfestspiele. 1937 hatte er in der legendären „Zauberflöte"-Aufführung unter Arturo Toscanini mitgewirkt, 1955/56 die ebenfalls legendäre Inszenierung durch Herbert Graf in der Ausstattung von Oskar Kokoschka in der Felsenreitschule musikalisch verantwortet und die Oper zweimal (1969, 1991) mit den Wiener Philharmonikern für die Platte eingespielt. Nach 1945 waren lediglich zwei „Zauberflöte"-Inszenierungen auf ungeteilte Zustimmung gestoßen. Nunmehr unterzog sich Johannes Schaaf in der Ausstattung von Rolf und Marianne Glittenberg dieser schwierigen Aufgabe und konnte glänzend bestehen. Die internationale und die nationale Kritik waren sich einig: Schaaf war in den gelungenen Bühnenbildern von Rolf und den Kostümen von Marianne Glittenberg eine überzeugende Arbeit gelungen, Solti und die Wiener Philharmoniker seien nicht zu überbieten und das vorwiegend junge Sängerensemble – u. a. Deon van der Walt (Tamino), René Pape (Sarastro), Franz Grundheber (Sprecher), Luciana Serra (Königin der Nacht), Ruth Ziesak (Pamina), Anton Scharinger (Papageno), Edith Schmid-Lienbacher (Papagena), Heinz Zednik (Monostatos) – habe eine hervorragende Leistung geboten. Die „Zauberflöte" wurde zum sensationellen Erfolg.

Nikolaus Lehnhoffs von der Kritik 1990 kontroversiell beurteilte Inszenierung von Mozarts „Idomeneo" in der Ausstattung von Ezio Toffolutti und unter der musikalischen Leitung von Seiji Ozawa folgte am 28. Juli in der Felsenreitschule. Gegenüber dem Vorjahr blieben die Fronten der Kritik unverändert. Die im postmodernen Duktus konzipierte Regie spaltete nach wie vor die Reihen der Kritik. Das Urteil reichte von „verdrießlichen Modernismen"[28] bis zu schlüssig und spannend, „ein Ereignis"[29]. Auch Seiji Ozawas musikalische Deutung stieß keineswegs auf ungeteilte Zustimmung. Auch hier schieden sich die Geister, die Kommentare reichten von bloßem „Schönklang ohne Grenzen", der jedoch das Drama unter den Tisch kehre,[30] bis „packend, … voller Zwischentöne"[31].

Die Wiederaufnahme der heftig diskutierten Inszenierung von Mozarts „Die Entführung aus dem Serail" von Johannes Schaaf im kargen Bühnenbild von Andreas Reinhardt, den Kostümen von Peter Pabst und der musikalischen Leitung von Horst Stein erregte aus zwei Gründen das besondere Interesse der Kritik: 1. Würde Schaaf seine heftig diskutierte Inszenierung aus dem Jahr 1987 modifizieren? 2. Die Wiener Philharmoniker mussten auf Grund ihrer extremen Beanspruchung in diesem Festspielsommer Mozarts deutsches Singspiel an die Staatskapelle Dresden abgeben. Das deutsche Eliteorchester, Wagners „Zauberharfe", fungierte in Dresden, ebenso wie die Philharmoniker in Wien, vor allem als Orchester der Semper-Oper, war somit, anders als die Berliner Philharmoniker, ein „gelerntes" Opernorchester. In dieser Eigenschaft musste es sich nunmehr in Salzburg dem Vergleich mit den Wiener Philharmonikern stellen.

Schaaf hatte an seiner Inszenierung weiter gearbeitet, jedoch deren 1987 viel diskutierten Grundton nicht verändert. Mozarts deutsches Singspiel wurde seiner orientalischen Märchen-Phantasie weitgehend entkleidet, die einzelnen Figuren scharf und manchmal auch überdeutlich gezeichnet. Die Kritik reagierte überwiegend positiv. Karlheinz Roschitz bemerkte begeistert und gleichzeitig bedauernd: „Diese Oper sollte nicht verschwinden!"[32] Die Dresdner Staatskapelle vermochte unter der Leitung von Horst Stein, der sich in Anlehnung an Harnoncourts Zürcher Interpretation eines aufgerauten Orchesterklangs bediente, als Opernorchester zu reüssieren und erhielt durchwegs positive bis hervorragende Kritiken. Sie brauche sich nicht, so Volker Boser, „vor den ‚Wienern' zu verstecken …"[33]

Am folgenden Tag erfolgte die Wiederaufnahme von Mozarts „Don Giovanni" im Großen Festspielhaus. Michael Hampes Regie und die Ausstattung Mauro Paganos, 1987 von der Kritik noch als steril und

Wolfgang Amadeus Mozart: „Le nozze di Figaro", Großes Festspielhaus. Thomas Allen (Il conte Almaviva), Ferruccio Furlanetto (Figaro), Susanne (Dawn Upshaw).

Mozarts „La Clemenza di Tito" in der Felsenreitschule mit Francisco Araiza in der Titelrolle, 21. August 1991.

pompös abgelehnt, fand diesmal erheblich mehr Zuspruch. Und auch das gegenüber dem Vorjahr unveränderte Ensemble und vor allem die musikalische Leitung Riccardo Mutis erhielten zum Teil begeisterte Reaktionen.

Eine halbe Premiere war Mozarts „Hochzeit des Figaro" am 13. August im Großen Festspielhaus. Die Übernahme von den Osterfestspielen 1991 war neben „Così fan tutte" und „Don Giovanni" die dritte Mozart-Regie Michael Hampes bei den Festspielen. Bei der Premiere zu Ostern von der Kritik mit wenig freundlichen Kommentaren bedacht, stand die Inszenierung nunmehr mit einigen Modifikationen auf dem Programm der Sommerfestspiele. Die Kritik reagierte freundlicher, bemängelte allerdings den nach wie vor im Ästhetizismus verharrenden Ansatz, der zudem vom Bühnenbild John Gunters und den Kostümen Carlo Diappis unterstützt werde. Hampes Regie realisiere nicht seine im Programmheft durchaus treffend gegebene Analyse des gesellschaftlichen und politischen Hintergrunds des Stücks, sondern verharre im bloß Komödiantischen und damit im Harmlosen. Bernard Haitink, der in Glyndebourne eine Aufführungsserie der Oper geleitet und diese auch für EMI eingespielt hatte, war noch von Karajan für diese Produktion ausgewählt worden. Hatte er zu Ostern die Berliner Philharmoniker dirigiert, so nunmehr die Wiener Philharmoniker. Dadurch habe die musikalische Qualität der Aufführung, so die Kritik, gewonnen, wenngleich Haitink sich nach wie vor zu sehr auf eine glatt polierte und perfekte Oberfläche konzentriere, einen fein gezeichneten Klangteppich lege, jedoch den revolutionären Grundduktus und die im Stück auch enthaltene Erotik ausspare.

Aus dem gegenüber Ostern in zwei Punkten geänderten Ensemble – Pamela Coburn an Stelle der erkrankten russischen Sopranistin Ljuba Kazarnovskaya als Gräfin und Dimitri Kavrakos an Stelle von John Tomlinson als Bartolo – erhielt lediglich der Figaro Ferruccio Furlanettos ungeteilte Zustimmung. Thomas Allen (Graf Almaviva), Pamela Coburn (Gräfin Almaviva), Dawn Upshaw (Susanna), Susanne Mentzer (Cherubino), Klara Takacs (Marzelline), Dimitri Kavrakos (Bartolo) und Ugo Benelli (Basilio) seien hingegen die Protagonisten eines über weite Strecken ganz normalen Tages im Hause Almaviva.

Mozarts Krönungsoper für Leopold II. in Prag 1791, „La Clemenza di Tito", in der überarbeiteten Inszenierung von Peter Brenner und der Ausstattung von Enrico Job und Benito Persico aus dem Jahr 1988 in der Felsenreitschule bildete den Abschluss des Zyklus der sieben großen Mozart-Opern. Dabei konzentrierte sich das besondere Interesse auf Colin Davis, der die musikalische Leitung von Riccardo Muti übernommen hatte und damit in Salzburg als Operndirigent debütierte, sowie das mit Ausnahme von Delores Ziegler in der Rolle des Sesto völlig neue Ensemble: Francisco Araiza (Titus), Charlotte Margiono (Vitellia), Sylvia McNair (Servilia), die Salzburg-Debütantin Vesselina Kasarova (Annius) und Alexander Malta (Publius).

Peter Brenners 1988 teilweise heftig kritisierte Inszenierung sowie die monumentalen Tableaus von Enrico Job und Benito Persico fand auch bei der nunmehrigen Wiederaufnahme bei der Kritik wenig Zustimmung. Regie und Ausstattung seien altmodisch, protzig und langweilig. Im Gegensatz zu Regie und Ausstattung wurde die musikalische Realisierung der „Staatsstreich"-Oper Mozarts weitgehend mit positiven Rezensionen kommentiert. Das Drama, so der Tenor der Kritik, finde zwar nicht szenisch, jedoch musikalisch statt, dank Colin Davis und dem großteils sehr guten Ensemble, in dem Vesselina Kasarova als Versprechen für die Zukunft bezeichnet wurde.

III. Der Orpheus-Zyklus

Die Barockoper bildete, abgesehen von einer Aufführungsserie von Christoph Willibald Glucks „Orpheus und Eurydike" in den dreißiger Jahren durch Bruno Walter, keinen zentralen Bestandteil der praktizierten Salzburger Dramaturgie der Zwischenkriegszeit. Zwischen 1938 und 1944 erfolgte keine einzige Aufführung einer Barockoper, und in der Nachkriegszeit fand sie wiederum nur mit einer Aufführungsserie von Glucks „Orpheus und Eurydike" durch Herbert von Karajan (1948 und 1959) sowie Josef Krips (1949) Berücksichtigung. Erst die Entdeckung Emilio de' Cavalieris „Rappresentatione di Anima e di Corpo" durch Bernhard Paumgartner und deren sensationeller Erfolg in der Aufführungsserie 1968 bis 1973 bestätigte die Forderung Paumgartners nach einer stärkeren Berücksichtigung der Barockoper in der Salzburger Dramaturgie. Die Barockoper fand daher in den siebziger und achtziger Jahren eine stärkere programmatische Berücksichtigung. Im Zuge dieser programmatischen Erweiterung entwickelte Generalsekretär Franz Willnauer das Konzept, anlässlich des bevorstehenden 90. Geburtstages Ernst Kreneks nicht nur dessen Oper „Orpheus und Eurydike" konzertant aufzuführen, sondern diese in eine drei Jahrhunderte umfassende Aufführungsserie von Monteverdi bis Krenek einzubinden und dabei die Wandlungen des Mythos deutlich zu machen. Die Salzburger Festspiele unternahmen 1990 den ehrgeizigen Versuch eines musikologischen Exkurses zum Orpheus-Thema, dessen Bogen sich von Monteverdi über Gluck und Haydn bis in das 20. Jahrhundert spannte. Zwischen 30. Juli und 23. August 1990 erfolgte in der Felsenreitschule ein konzertanter Aufführungszyklus unter John Eliot Gardiner (Monteverdi, Gluck), Helmuth Rilling (Haydn) und Pinchas Steinberg (Krenek).

Claudio Monteverdis „L'Orfeo" aus dem Jahr 1607 bildete nicht nur den Anfang des Zyklus, sondern auch den idealen Bezugspunkt zu Salzburg, wurde doch die Oper zwischen 1613 und 1619 alljährlich während des Karnevals in der Bischofsstadt gespielt. Nunmehr erfolgte eine konzertante Aufführung in der dafür ideal geeigneten Felsenreitschule durch John Eliot Gardiner, die English Baroque Soloists, den Monteverdi Choir und Anthony Rolfe Johnson (Orfeo) und Lynn Dawson (Euridice, La Musica) in den Hauptrollen. Die Aufführung wurde zum Triumph für sämtliche Aufführenden. Albrecht Roeseler berichtete: „Nach zweieinhalb Stunden wohlklingender Demonstration einer konzertanten ‚Orfeo'-Aufführung durch die English Baroque Soloists, den Monteverdi Choir und bewährte Vokalsolisten erlebte die Felsenreitschule gewaltigen Applaus – frenetischer als für Domingo oder Muti, mit Jubel- und Bravo-Rufen und beifälligem Getrampel, als wenn es einen internationalen Virtuosen zu feiern gelte." Die Kritik war voll des Lobes über den Entschluss des Direktoriums, den Vertretern der Alten Musik und des Originalklangs eine diesen gebührende Bühne zu bieten.[34]

Vier Tage später folgte die konzertante Aufführung von Christoph Willibald Glucks „Orfeo ed Eurydice" in der Wiener Urfassung von 1762 durch Gardiner und seine English Baroque Soloists sowie den Monteverdi Choir mit Derek Lee Ragin (Orfeo), Sylvia McNair (Eurydice) und Cyndia Sieden (Amore). Auch diese Aufführung wurde zum uneingeschränkten Erfolg. Für Edith Jachimowicz war die „Aufführung … musikalisch so faszinierend gestaltet, dass jeder noch so leise Ton die ganze Weite des Raumes mit vibrierender Spannung zu erfüllen schien. Man folgte dem Geschehen mit angehaltenem Atem."[35]

Den dritten Abend am 14. August, Joseph Haydns 1791 in London für das Haymarket Theatre komponiertes fünfaktiges Dramma per musica „L'anima del filosofo ossia Orfeo ed Euridice" gestaltete Helmuth Rilling mit dem Kammerorchester Carl Philipp Emanuel Bach, der Gächinger Kantorei sowie Uwe Heilmann (Orfeo) und Pamela Coburn (Euridice) in den Titelrollen. Die Uraufführung der Oper konnte auf Grund organisatorischer Probleme zu Lebzeiten des Komponisten nicht erfolgen, sondern erst 1951 durch Erich Kleiber beim Maggio Musicale in Florenz. Eine Wiederbelebung gelang allerdings nicht. Haydns Oper endet, im Gegensatz zu jener Glucks, nicht mit der Wiedervereinigung der Gatten, sondern dem Tod des Orpheus, der der Liebe abschwört und den von den Bacchantinnen gereichten Giftbecher trinkt, um im Tod Erlösung zu finden. Haydns starke Berücksichtigung des Chores im Sinne der antiken

Empfang der Salzburger Festspiele für Ernst Krenek anlässlich dessen 90. Geburtstages. Es gratulieren Präsident Albert Moser und der Dirgent Pinchas Steinberg, 23. August 1990.

Tragödie wies bereits, obwohl die Komposition noch der italienischen Operntradition verpflichtet war, auf seine späteren Oratorien hin. Die Positionierung zwischen Oper und Oratorium bildet eine der Hauptschwierigkeiten des Werkes, die jedoch eine konzertante Aufführung wie in Salzburg begünstigen.

Trotz aller Bemühungen wurde auch die Salzburger Aufführung keine Wiederentdeckung. Das Werk blieb ein „reizvolles Problemkind"[36]; Haydns Orpheus-Oper sei nicht nur szenisch, sondern auch in konzertanter Wiedergabe „kaum zu retten", urteilte Reinhard Kriechbaum.[37]

Den Abschluss des Orpheus-Zyklus bildete am 23. August 1990, dem 90. Geburtstag des Komponisten, eine konzertante Aufführung von Ernst Kreneks Jugendoper „Orpheus und Eurydike" durch das ORF-Symphonieorchester und den ORF-Chor Wien unter der Leitung von Pinchas Steinberg sowie Ronald Hamilton (Orpheus), Dunja Vejzovic (Eurydice) und Celina Lindsley (Psyche) in den Hauptrollen.

Der damals 23-jährige Komponist hatte sich zu diesem Zeitpunkt von seinem Lehrer Franz Schreker bereits gelöst, doch waren die Einflüsse Anton Weberns und Alban Bergs noch nicht wirksam. Krenek begegnete dem Orpheus-Stoff in der Bearbeitung durch Oskar Kokoschka. Kokoschka, durch die schwierige Beziehung zu Alma Mahler-Werfel verstört und durch die Erlebnisse des Ersten Weltkriegs psychisch getroffen, sah den Stoff als Beispiel für die Unmöglichkeit eines dauernden Glücks zwischen Mann und Frau. Eurydike hat im Hades ihren Gatten vergessen und Orpheus muss die Vergeblichkeit einer Wiedervereinigung, eines Anknüpfens an eine vor fünf Jahren durch den Tod beendete Beziehung, erfahren. Orpheus tötet aus Eifersucht Eurydike und verfällt dem Wahnsinn.

Kreneks Vertonung des Dramas Kokoschkas bewältigte die Aufgabe der Vertonung des Textes sensibel und durchaus souverän, indem die Musik nie auftrumpft, sondern sensibel illustriert. Anklänge an Richard Strauss' „Schweigsame Frau" und „Ägyptische Helena" sind, trotz eines dominanten atonalen Duktus, unverkennbar.

Die Aufführung wurde vom Publikum und der Kritik akklamiert. Hans-Klaus Jungheinrich sprach von einer „Musteraufführung"[38], Leonardo Pinzauti von einer qualitativ hervorragenden Hommage an den Komponisten[39] und Wolfgang Schreiber von einer „bewundernswerten" Leistung, die dem Werk des anwesenden Komponisten den Applaus des Publikums bescherte.[40]

IV. Richard Strauss und die große Oper

Die programmatischen Markierungen im Bereich der Oper für die Jahre 1990 und 1991 – Orpheus-Zyklus in der Felsenreitschule, Wiederaufnahme der „Maskenball"-Produktion des Jahres 1989 und der „Capriccio"-Produktion des Jahres 1988 sowie Übernahme von Beethovens „Fidelio" von den Osterfestspielen 1990, Aufführung aller großen Mozart-Opern sowie einer Uraufführung 1991 – waren bereits 1988 erfolgt. Die neben Mozart dominanten Bereiche – Richard Strauss und große Oper – sollten angesichts des Mozart-Jahres 1991 nur im Festspielsommer 1990 Berücksichtigung finden, wobei man – vor allem aus Kostengründen – sich mit Wiederaufnahmen begnügte.

Nach zweijähriger Unterbrechung wurde 1990 Johannes Schaafs reizvolle, von der Kritik wegen ihres Jonglierens mit der Zeit jedoch kontroversiell kommentierte Inszenierung von Richard Strauss' „Capriccio" nochmals in das Programm aufgenommen. Horst Stein stand wiederum am Pult der Wiener Philharmoniker. Von der Premierenbesetzung des Jahres 1985 waren nur drei Protagonisten übrig geblieben: Anna Tomowa-Sintow (Gräfin), Wolfgang Schöne (Graf) und Eberhard Büchner (Flamand). Die Kritik feierte vor allem Tomowa-Sintows subtile Gestaltung der Gräfin, Theo Adams fulminante Charakterisierung des Theaterdirektors sowie Heinz Zednik als Souffleur Taupe.

Die Wiederaufnahme von Verdis „Maskenball" wurde zu einem musikalischen Triumph für Sir Georg Solti und das hochkarätige Sängerensemble, wobei die Regie John Schlesingers und das Bühnenbild William Dudleys nach wie vor unterschiedliche Beurteilungen erfuhren. Für viele Kritiker wurde die Aufführung, vor allem deren kontrovers diskutierte Ästhetik, zum Symbol für den Abschied von der Ära Karajan. Sie wurde, trotz des enormen Publikumserfolgs, vor allem auf Grund ihrer Ästhetik von Gérard Mortier nicht übernommen.

Beethovens „Fidelio" bildete einen festen Bestandteil des Festspielprogramms. Die beiden letzten Inszenierungen 1968 durch Günther Rennert und 1982 durch Leopold Lindtberg vermochten die Kritik nicht zu überzeugen. Und auch die Leistungen der beiden Dirigenten, Karl Böhm und Lorin Maazel, fanden lediglich zurückhaltende Zustimmung. Ähnlich erging es der Inszenierung des Darmstädter Intendanten Peter Brenner 1990, die von den Osterfestspielen übernommen wurde. Angesichts der dramatischen Ereignisse des Jahres 1989 hatte man bei den Osterfestspielen Kurt Masur und dem Gewandhausorchester Leipzig, den prominenten Protagonisten der „Wende" in der DDR, die musikalische Leitung überantwortet. Masur sollte auch im Sommer die Produktion mit den Wiener Philharmonikern und mit einer weitgehend geänderten Besetzung leiten, musste seine Mitwirkung jedoch krankheitsbedingt kurzfristig absagen. An Stelle Masurs konnte Horst Stein als Einspringer gewonnen werden.

Die Produktion hatte bereits zu Ostern sowohl im szenischen wie auch musikalischen Bereich überwiegend negative Kritiken hervorgerufen. Die Inszenierung sei zu pathetisch, gezwungen aktuell und auch provinziell, das Bühnenbild Günther Schneider-Siemssens zu protzig, Masurs Einfall, die Leonore-III-Ouvertüre an den Beginn zu stellen, nicht glücklich und die gesamte musikalische Leistung kaum festspielwürdig, so der Tenor der Kritik. An diesem Urteil sollte sich auch im Sommer, von den sängerischen Leistungen abgesehen, nur wenig ändern. Von der Besetzung der Osterfestspiele blieben lediglich Thomas Moser als Florestan und Luba Orgonášová als Marzelline. Gabriela Beňačková (Leonore), Robert Hale (Pizarro), René Pape (Minister), Kurt Rydl (Rocco) und Uwe Peper (Jaquino) waren neu im von der Kritik mit überwiegend positiven Rezensionen bedachten Ensemble. Vor allem Gabriela Beňačkovás Leonore wurde neben dem Florestan Thomas Mosers als absolut festspielwürdig gefeiert. Wenngleich die musikalische Interpretation durch Horst Stein und die Wiener Philharmoniker gegenüber Ostern einen deutlichen Gewinn darstelle, so die überwiegende Meinung der Kritik, seien auch deren Leistungen von geringer Spannung und deutlichen Ermüdungserscheinungen gekennzeichnet.

Ludwig van Beethoven: „Fidelio", Großes Festspielhaus 1990. Gefangenenchor.

V. Eine unvergleichliche internationale Leistungsschau – Die Orchesterkonzerte

Das Jahr 1990 brachte im Rahmen der Orchesterkonzerte auf Grund der erheblichen Beanspruchung der Wiener Philharmoniker im Bereich der Oper – sie spielten sechs Opern – eine bisher nie gekannte Fülle von Gastorchestern. Neben dem ORF-Symphonieorchester, das auf Grund seines Engagements im Orpheus-Zyklus mit nur einem Konzert im Programm vertreten war, gastierten das Chamber Orchestra of Europe unter Michael Tilson Thomas, das Saito Kinen Orchestra unter Seiji Ozawa, das Oslo Philharmonic Orchestra unter Mariss Jansons, das Philharmonia Orchestra unter Giuseppe Sinopoli, das Große Sinfonieorchester des Sowjetischen Rundfunks unter Wladimir Fedosejew, das San Francisco Symphony Orchestra unter Herbert Blomstedt, die Berliner Philharmoniker unter Claudio Abbado und Daniel Barenboim sowie das Cleveland Orchestra unter Christoph von Dohnányi. Die Wiener Philharmoniker bestritten fünf der insgesamt 19 Orchesterkonzerte.

Im Konzertprogramm machte sich der seit den siebziger Jahren deutlich feststellbare Einzug der Moderne verstärkt bemerkbar. So standen neben Mozart, Haydn, Beethoven, Brahms, Bruckner, Tschaikowsky, Sibelius und Richard Strauss Gustav Mahler, Karol Szymanowski, Igor Strawinsky, Toru Takemitsu, Charles Ives, Anton von Webern, Alban Berg, Arnold Schönberg, Witold Lutoslawski, Wolfgang Rihm, Bernd Alois Zimmermann und Karl Amadeus Hartmann auf dem Programm.

Besonderes Interesse kam den Ensembles zu, die – teilweise auch deren Dirigenten – bei den Salzburger Festspielen debütierten: das Saito Kinen Orchestra, das Oslo Philharmonic Orchestra, das Philharmonia Orchestra, das Große Sinfonieorchester des Sowjetischen Rundfunks, das San Francisco Symphony Orchestra und, als Sonderfall, das Cleveland Orchestra, dessen letztes Konzert vor 23 Jahren unter seinem legendären Chefdirigenten George Szell stattgefunden hatte.

Das von Seiji Ozawa geleitete Saito Kinen Orchestra wurde 1984 in Tokio als Hommage an den vor zehn Jahren verstorbenen Hideo Saito, den „Vater der westlichen Musik" in Japan, gegründet und bestand ausschließlich aus Meisterschülern des japanischen Musikpapstes, die in verschiedenen Orchestern spielten und jährlich für wenige Wochen zu gemeinsamem Musizieren zusammenkamen, um anschließend auf Tournee zu gehen. Nunmehr gastierte dieser aus japanischen Spitzenmusikern bestehende Kurzzeit-Klangkörper mit Mozart, Takemitsu und Brahms im Rahmen seiner Europa-Tournee erstmals in Salzburg und vermochte das Publikum in der Felsenreitschule zu begeistern, während die Kritik zurückhaltend reagierte. Die technische Perfektion des Orchesters fand zwar allgemeine Anerkennung. Es könne in diesem Bereich allen europäischen Orchestern Paroli bieten, doch fehle ihm Individualität, es zeige überwiegend die makellos polierte Oberfläche der Musik.

Am folgenden Tag dirigierte der 1917 in Riga geborene Mariss Jansons, Preisträger des Karajan-Dirigentenwettbewerbs 1971 und einer der interessantesten Dirigenten der mittleren Generation, das Oslo Philharmonic Orchestra im Großen Festspielhaus mit einem Berlioz-, Grieg- und Tschaikowsky-Programm. Jansons, seit 1979 Chefdirigent des Orchesters, hatte bei dem seit 70 Jahren existierenden Orchester hervorragende Erziehungsarbeit geleistet und als deren Ergebnis eine viel beachtete Einspielung für EMI von Tschaikowskys 5. Symphonie vorgelegt, der auf Grund des großen Erfolges eine Gesamtaufnahme sämtlicher Tschaikowsky-Symphonien folgen sollte. In Salzburg konnte das Orchester seinen inzwischen erreichten beachtlichen Standard unter Beweis stellen und feierte nicht nur einen Publikumserfolg – das Publikum forderte eine halbe Stunde lang nach dem Ende des offiziellen Programms Encores –, sondern erhielt auch durchwegs positive Kritiken. Von der Spielkultur dieses Orchesters könne sich manch renommiertes Ensemble eine Scheibe abschneiden, meinten viele Rezensenten.

Die beiden Konzerte des Philharmonia Orchestra unter seinem Chefdirigenten Giuseppe Sinopoli mit Richard Strauss und Gustav Mahler stießen auf völlig unterschiedliche Reaktionen der Kritik. Sinopoli, Psychiater, Komponist und Dirigent, galt den einen als analytischer Sezierer, der dazu neige, sich in der

Ausformung von Details zu verlieren und unproblematischen Phrasen erheblich mehr Gewicht zuzumessen, als dies vom Komponisten gewünscht, den anderen als genial intellektueller Analytiker, der vieles erst sicht- und hörbar macht, was im Konzertbetrieb der Routine zum Opfer fällt. Die beiden Salzburger Konzerte im Großen Festspielhaus und der Felsenreitschule bestärkten die beiden Lager in ihrem jeweiligen Urteil. Auch die Urteile über die Qualitäten des Orchesters divergierten erheblich. Sie reichten von homogen und in den einzelnen Gruppen hervorragend besetzt bis enttäuschend und unprofiliert.

Wenngleich das San Francisco Symphony Orchestra nicht zu den „Großen Fünf" (Chicago, Cleveland, New York, Boston, Philadelphia) der Orchesterlandschaft der USA zählt, so bildet es doch mit jenen aus Los Angeles und Pittsburgh die Gruppe der „Verfolger", die durch konsequente Leistungssteigerung auch auf dem Plattenmarkt zunehmend Beachtung fanden. Pierre Monteux, Josef Krips und Seiji Ozawa hatten u. a. das 1911 gegründete Orchester geleitet. Seit 1985 widmete sich Herbert Blomstedt, ehemals Chefdirigent der Staatskapelle Dresden, der Orchesterarbeit, die durch einen Exklusivvertrag mit Decca ihre Früchte trug. Nunmehr gastierte es mit Bruckners 5. Symphonie im Großen Festspielhaus, die hier eine Woche zuvor Zubin Mehta und die Wiener Philharmoniker im Herbert-von-Karajan-Gedächtniskonzert zur Aufführung gebracht hatten, womit die Möglichkeit eines direkten Vergleichs der Spielkultur beider Ensembles gegeben war. Das Orchester von der Westküste der USA erhielt durchwegs positive Rezensionen. Die Kritik lobte den technischen Standard des Ensembles und Blomstedts offensichtlich Früchte tragende Erziehungsarbeit, monierte jedoch, ähnlich wie beim Saito Kinen Orchestra, das Umschlagen der Perfektion in eine mechanische Ausführung ohne das gewisse musikalische Etwas, das so schwer zu definieren ist.

Das Cleveland Orchestra unter seinem Chefdirigenten Christoph von Dohnányi setzte mit zwei von Publikum und Kritik gefeierten Konzerten in der Felsenreitschule und im Großen Festspielhaus den Schlusspunkt in der Reihe der Orchesterkonzerte mit einem Programm, das, gleichsam in Vorwegnahme der Programmphilosophie Mortiers, Beethoven mit Lutoslawski und Bruckner mit Schönberg kombinierte. Das Orchester bewies nach 23-jähriger Abwesenheit von Salzburg seine nach wie vor vorhandene Brillanz, und Dohnányi wurde seinem Ruf als struktureller Musiker, der in diesem Bereich sogar George Szell noch übertreffe, gerecht. Die Kombination von Dohnányi und Cleveland sei, so das begeisterte Resümee Franz Endlers, „beinahe unschlagbar"[41].

Das Mozart-Jahr 1991 bewegte sich, von zwei Ausnahmen abgesehen, im Bereich der Orchesterkonzerte im traditionellen Rahmen. Neben den Wiener Philharmonikern mit den von ihnen bevorzugten Dirigenten Muti, Previn, Abbado, Levine und Solti waren mit der Staatskapelle Dresden unter Giuseppe Sinopoli und Colin Davis, dem Israel Philharmonic Orchestra unter Zubin Mehta, den Berliner Philharmonikern unter Claudio Abbado und dem Boston Symphony Orchestra unter Seiji Ozawa traditionelle Gastorchester im Programm vertreten, in dem Mozart keine zentrale Rolle spielte. Nach elfjähriger Abwesenheit gastierte wiederum das Orchestre National de France unter Georges Prêtre mit einem rein französischen Programm (Roussel, Poulenc, Debussy und Ravel) sowie das Bach-Collegium Stuttgart und die Gächinger Kantorei unter Helmuth Rilling mit Mozarts Version von Händels „Messias".

VI. Zwischen Entdeckung und Magerkost – Die Moderne

In der Reihe der traditionellen Konzerte des ORF-Symphonieorchesters brachte dieses unter Michael Gielen am 16. August 1990 im nur mäßig besuchten Kleinen Festspielhaus Wolfgang Rihms „Mein Tod. Requiem in memoriam Jane S." mit Ingrid Haubold als Solistin zur von der Kritik keineswegs gefeierten Uraufführung. Die Komposition Rihms basierte auf einem zwischen Sehnsucht und Depression schwankenden Text des Münchner Poeten Wolfgang Wondratschek, der vom Selbstmord der 46-jährigen Jane S. handelt. Herbert Seifert bemerkte: „Nichts alles, was neu ist, ist auch wirklich neu. … Die Tonsprache wechselt … zwischen schon etwas verstaubt klingenden Anklängen an Wiener Schule und Romantik und hat wenig Neuigkeitswert."[42] Thomas Gabler hörte eine Komposition, in der Rihm „Wolf Wondratscheks schwülstigen Text über Todessehnsucht und Vergessen-sein-Wollen der Selbstmörderin Jane S. in ein Konglomerat der Stile" packt. „Plakative Hollywood-Kitschfilmmusik klingt an; an Richard Strauss erinnernde Orchesterentladungen brausen auf. Rihms Stärke ist dabei die Instrumentation."[43] Die Requiem-Musik Rihms mutete für Wolfgang Schreiber „seltsam … an, geradezu schockierend. Für den, der Wolfgang Rihms immer kraftvolle, phantastisch spontane, oft berstend explosive musikalische Sprache kennt, schockierend leise, fließend, schön. Unmöglich, über weite Strecken dieses Requiems nicht zuweilen an Alban Berg und Edward Elgar zu denken, nicht auch an Mahler oder Richard Strauss."[44]

Musikalisch erheblich interessanter, so die Meinung der Kritik, die übrigen Programmpunkte: Bernd Alois Zimmermanns 1966 fertig gestelltes und dem Cellisten Siegfried Palm gewidmetes „Concerto pour violoncello et orchestra en forme de ‚pas de trois'" mit Heinrich Schiff als Solisten und Karl Amadeus Hartmanns in den frühen vierziger Jahren im Stil der expressiven Neoklassik komponierte, jedoch erst 1989 uraufgeführte „Sinfonia tragica". In deutlichem Gegensatz zum anwesenden Komponisten Rihm erhielten Dirigent und Orchester hervorragende Kritiken.

Am 24. August 1990 erlebte die „Serenade" des 48-jährigen Wiener Komponisten Kurt Rapf, ein Auftragswerk der Salzburger Festspiele, im Rahmen einer Serenade des Mozarteum-Orchesters unter Hans Graf in der Felsenreitschule ihre vom Publikum wohlwollend, von der Kritik hingegen mit deutlicher Zurückhaltung aufgenommene Uraufführung. Horst Reischenböck attestierte dem Komponisten, der auch ausübender Musiker war, Routine in der Komposition von „Verbrauchsmusik", dessen „Bemühen, ‚unterhaltendere' Kost zu formen, selbst hinter Hindemithsche Ansprüche zurück" gehe. „Diese seine sieben Sätzchen, die da 20 Minuten abgehandelt wurden, ließen permanent die Frage aufkommen, ob und worin sich der getriebene Aufwand wohl irgendwie rechtfertige."[45]

Die Moderne dominierte in der Reihe der Kammerkonzerte. So gelangte im 2. Kammerkonzert am 2. August 1990, einer gemeinsamen Veranstaltung der Salzburger Festspiele und der Internationalen Sommerakademie, Alfred Schnittkes äußerst witzige Komposition „MOZ-ART à la Mozart" für acht Flöten und Harfe im Mozarteum zur von Publikum und Kritik gefeierten Uraufführung. Schnittke komponierte, ausgehend von Mozarts „Musik zu einer Pantomime", eine oft unberechenbare, witzige und melancholische Meditation über Mozartthemen – die Kunst der musikalischen Ausdrucksweise (ART), über „mo(t)zende" Musiker – an denen sich auch der philharmonische Flötist Wolfgang Schulz beteiligte. Im Gegensatz dazu stand seine unmittelbar zuvor von Johanna Picker und Irina Schnittke gespielte Sonate für Violoncello und Klavier aus dem Jahr 1978, in dem die musikalische Passion eines Komponisten in der Breschnew-Ära zum Ausdruck kam.

Fünf Tage später standen beim Konzert des Wiener Streichsextetts im Mozarteum eine Uraufführung und eine Wiederentdeckung auf dem Programm: Rainer Bischofs Streichsextett, op. 28, ein Auftragswerk der Internationalen Stiftung Mozarteum, und das 1924 komponierte Streichsextett des tschechischen Komponisten Erwin Schulhoff, der von den Nationalsozialisten ermordet wurde.

Bischofs kurzes Sextett, dem ausführenden Wiener Streichsextett gewidmet, basierte auf einer Zwölftonreihe als Ausgangsmaterial, die durchaus kunstvoll, jedoch puristisch verarbeitet wurde. Diese strikte Fixierung auf die Dodekaphonie wirkte jedoch letzt-

Michael Gielen und Wolfgang Rihm am 16. August 1990 bei einer Probe für die Aufführung des Requiems des Komponisten.

lich wie ein anachronistischer Rückgriff. Im Gegensatz dazu wurde Schulhoffs avantgardistisches Streichsextett, das bereits manches von Berg vorwegnahm, als Wiederentdeckung gefeiert. So bemerkte Reinhard Kager, es dürfe „getrost zu den Meisterwerken der Kammermusikliteratur unseres Jahrhunderts gezählt werden. Elemente der folkloristisch eingefärbten Tradition und Janáček und Bartók werden ebenso wie expressive Atonalität und zündende repetitive Rhythmen in souveräner Eigenständigkeit zu einer unverkennbaren Tonsprache verschmolzen."[46] Die programmphilosophische Anbindung an das unmittelbar zuvor gespielte Streichsextett, Introduktion zur Oper „Capriccio" von Richard Strauss, ergab sich aus der Jahreszahl 1942: In diesem Jahr wurde die Oper von Richard Strauss in München uraufgeführt, während Schulhoff im KZ Würzburg ums Leben kam.

Ausschließlich Werken der Moderne waren die Konzerte des Ensembles des 20. Jahrhunderts unter Peter Burwik (Pierre Boulez, Alban Berg), des Kronos Quartetts (Justinian Tamusuza, Hamza El Din, John Zorn, István Márta, Peter Sculthorpe, Steve Reich), des Ensembles Modern unter Hans Zender (György Kurtág, Hans Zender, Anton von Webern, Bernd Alois Zimmermann) und unter Ingo Metzmacher (Ernst Krenek) gewidmet, wobei das Konzert unter Metzmacher als Hommage an den im Publikum anwesenden Ernst Krenek anlässlich dessen 90. Geburtstages konzipiert war.

Den Bogen – auch der Konfrontation – von der Klassik bis zur Moderne spannte auch der drei Abende umfassende und von Martha Argerich zusammen mit befreundeten Künstlern – u. a. Ruggiero Ricci (Violine), Mischa Maisky (Violoncello), Nelson Freire (Klavier), Vitalij Margulis (Klavier), Alexandre Rabinovitch (Klavier), Wanda Wilkomirska (Violine) und Marie-Luise Neunecker (Horn) – gestaltete Zyklus „Solisten spielen Kammermusik" im Kleinen Festspielhaus, bei dem Werke von Beethoven bis Messiaen zur Aufführung gelangten.

Die beiden Konzerte des ORF-Symphonieorchesters setzten im Festspielsommer 1991 die Tradition der Uraufführungen sowie der konzertanten Aufführungen von selten aufgeführten Opern der klassischen Moderne fort.

Am 13. August brachte das Orchester unter Ulf Schirmer im schütter besetzten Kleinen Festspielhaus Werke dreier lebender Komponisten zur (Ur-)Aufführung: Friedrich Cerhas im April 1991 in Berlin uraufgeführte „Langegger Nachtmusik III", das Klarinettenkonzert des Henze-Schülers Gerd Kühr (Uraufführung) und Hans Werner Henzes 1984 entstandene 7. Symphonie. Das Konzert wurde, wie Reinhold Tauber scharfsinnig analysierte, zu einem Zeugnis der Rückkehr zur Romantik, wenn auch nicht mit den Mitteln des 19. Jahrhunderts. Alle drei Komponisten scheuten sich nicht, Rückgriffe auf die Tradition zu tätigen, wobei auch Unsicherheiten im Zwiespalt zwischen Neuerung und Tradition sichtbar wurden.[47]

Das zweite Konzert am 17. August in der Felsenreitschule galt der konzertanten Aufführung von Bohuslav Martinůs Oper „Julietta" in deutscher Sprache. Die aus dem Jahr 1937 stammende und 1938 durch Václav Talich in Prag uraufgeführte Oper des tschechischen Komponisten griff auf die impressionistische Tonsprache, den Neoklassizismus und böhmisch-mährische Folklore zurück, um die zwischen Traum und Wirklichkeit angesiedelte phantastische Geschichte des Surrealisten Georges Neveux zu vertonen. Diese „Lyrische Oper" bildete Martinůs Hauptwerk und einen äußerst bemerkenswerten Versuch, die Welt des Traums in eine Partitur zu fassen. Dabei schuf Martinů nie schwülstige Musik, sondern zeichnete sich, trotz des großen Orchesterapparats, durch musikalische Sparsamkeit und Transparenz aus. Es entstand ein Meisterwerk, reich an Erfindungen und musikalischer Schönheit.

Unter der Leitung von Pinchas Steinberg sangen in einer vom Publikum und der Kritik gefeierten Aufführung Lucia Popp die Rolle der rätselhaft phantomartigen Julietta und der ungarische Tenor Dénes Gulyás die Partie des Buchhändlers Michel, der sich bei der Suche nach einem Lied, das er früher von einer von ihm nie vergessenen weiblichen Stimme gehört hat, in eine Stadt verirrt, deren Bewohnern die Erinnerung abhanden gekommen ist.

Aus Anlass des bevorstehenden Mozart-Jahres 1991 erteilten die Internationale Stiftung Mozarteum sowie die Schwetzinger Festspiele einen Kompositionsauftrag für eine abendfüllende Oper an den Autor skurriler Romane, Herbert Rosendorfer, und den am Mozarteum lehrenden Komponisten Helmut Eder. Das von Rosendorfer geschriebene Libretto zur Oper „Mozart in New York" basierte, trotz aller

Phantasie, auf durchaus historischen Fakten. Mozarts Librettist Lorenzo Da Ponte überlebte den um sieben Jahre jüngeren Komponisten um beinahe fünfzig Jahre und verbrachte die letzten 35 Jahre seines Lebens in den USA, in Pennsylvania und New York. Nach beinahe dreizehn wechselvollen Jahren in London wanderte da Ponte vor allem aus finanziellen Gründen nach New York aus, wo er sich um die Verbreitung italienischer Literatur und Kultur verdient machte, als erster italienischer Professor, allerdings ohne festes Gehalt, am Columbia College, der heutigen Columbia University, lehrte und, von ständigen Geldsorgen geplagt, die erste richtige Aufführung von Mozarts „Don Giovanni" in New York 1826 durch das Ensemble des aus Spanien stammenden Impresarios, Komponisten und Sängers Manuel García erwirkte. Die Aufführung begründete Mozarts Ruf als Komponist in den USA.

Das Schicksal des Idealisten, Künstlers und sich ständig in Geldnot befindenden Librettisten Mozarts inspirierte Rosendorfer zu einer skurrilen Geschichte, in der da Ponte mit Hilfe eines Jünglings aus dem New Yorker Hafen, den er für den seit 20 Jahren toten Mozart ausgibt, die neureiche New Yorker Gesellschaft, die ihr Geld für üppige Diners und seichte Unterhaltung verprasst, für die Aufführung des „Don Giovanni" gewinnt. Zu diesem Zweck wird in aktueller Anspielung unter der Devise „Mozart is money" sogar eine Mozart AG gegründet, um die Vermarktung des Salzburger Genies in die Wege zu leiten.

Die Reaktionen auf die Uraufführung am 15. August 1991 im Landestheater in der Regie von Lutz Hochstraate, der Ausstattung von Carlo Diappi, mit dem Mozarteum-Orchester unter Hans Graf und dem durch prominente Gäste wie Tom Krause als Lorenzo da Ponte, Werner Hollweg als Theaterdirektor Dr. Hill und Waldemar Kmentt als österreichischer Gesandter Graf Wolkenstein verstärkten Ensemble des Salzburger Landestheaters waren völlig unterschiedlich. Die Skala der Urteile reichte von „Witz und Ironie" und einer „geradezu ideal dazu passenden Musik"[48] über „handwerklich gute, aber beinahe aussagelose Musik"[49] bis „recht aufgeblasene und darum überflüssige Schmonzette, voll von antiquierten Witzeleien um Künstler und Unternehmer, voll von Laubsägefiguren, geprägt von einer Musik ohne viel ‚griffiges' Profil"[50].

Die Internationale Sommerakademie der Hochschule Mozarteum und die Salzburger Festspiele hatten den Direktor der Leipziger Oper, Komponisten und Dirigenten Udo Zimmermann und die Radio-Philharmonie Leipzig für eine Zusammenarbeit nach Salzburg im Festspielsommer 1991 eingeladen, um zwei Kammeropern mit den Studierenden der Sommerakademie zu erarbeiten: als Uraufführung „Bianca", einen Einakter seines Schülers René Hirschfeld, und Bruno Madernas „Satyricon" aus dem Jahr 1973, dem Todesjahr des Komponisten.

Hirschfeld komponierte seine Kammeroper „Bianca" nach Oscar Wildes „Eine Florentinische Tragödie", die bereits von Alexander Zemlinsky vertont worden war. Im Gegensatz zu Zemlinsky benutzte Hirschfeld 75 Jahre später zur Vertonung der tragischen Dreiecksgeschichte ein erheblich kleineres Orchester und konzipierte eine der beiden männlichen Hauptrollen, jene des Tuchhändlers Simon, als Sprechrolle. Für Wolfgang Sandner handelte es sich bei dieser am 16. August im Großen Studio des Mozarteums uraufgeführten Kammeroper des erst 26-jährigen Dresdner Komponisten um eine „interessante Entdeckung …, die eine komplexe musikalische Gestaltung mit einer zwar simplen, aber durch die wie ein Wirbelwind auf die menschliche Katastrophe zusteuernden Dialoge sich hochdramatisch entwickelnden Szene verbindet. Man muss die Sicherheit bewundern, mit der der junge Komponist eine Partitur geschrieben hat, die – ohne eklektisch zu wirken – atonale Klangstrukturen in archaisch wirkende Polyphonie übergehen lässt, als sei die eine musikalische Technik nur die Kehrseite der anderen."[51]

Der knapp einstündigen Uraufführung folgte Bruno Madernas Kammeroper „Satyricon" aus dem Jahr 1973, eine sich der Methode der Opernpersiflage bedienende Vertonung des Gastmahls des Trimalchio nach Gaius Petronius, in der Regie George Taboris. Tabori verlegte die Handlung in das jedem Österreicher bekannte Ambiente des „Club 2" und führte durch seine Übertreibungen die Form der überbordenden Talkshows ad absurdum, wobei zwei Fernsehkameras die Bildregieversion auf zwei große Leinwände warfen und demonstrierten, dass das Medium Fernsehen ein Bühnengeschehen auch dann verflacht, wenn es Teil der Inszenierung ist. Udo Zimmermann agierte mit und dirigierte von der Couch aus ein virtuos spielendes Ensemble.

VII. Das Theater:
„Die vernachlässigte Stiefschwester der Oper."

Der Kritiker Gunter Schäble bezeichnete mit Blick auf die Rolle des Theaters bei den Salzburger Festspielen dieses – nicht zu Unrecht – als die „Stiefschwester der Oper". Dieser Befund fand in den Jahren 1990/91 seine Bestätigung, in denen nach dem Ausscheiden von Otto Schenk das Schauspiel nicht mehr im Direktorium vertreten war und neben dem traditionellen „Jedermann" jeweils lediglich zwei Schauspiele auf dem Programm standen.

Die Festspielsaison 1990 wurde mit einer Reprise von Jürgen Flimms vom Publikum und einem Großteil der Kritik bereits im Vorjahr gefeierter Inszenierung von Nestroys „Das Mädl aus der Vorstadt" am 27. Juli im Landestheater eröffnet. Während ein Teil der deutschen Kritik nach wie vor monierte, dass sich Flimm zu sehr auf die Posse und zu wenig auf den aufklärerischen Aspekt des Stückes konzentriere und es ihm unter Ausblendung des Bösartigen und Moralischen offensichtlich Spaß mache, dem Publikum uneingeschränktes Vergnügen zu bereiten, sprach die österreichische Kritik von einer exemplarischen Inszenierung,[52] einem „kleinen Gesamtkunstwerk",[53] einem „Triumph Nestroy-gerechten Komödiantentums"[54] und einem „herzlichen Vergnügen",[55] in dessen Mittelpunkt Otto Schenk, umgeben von einem ihm ebenbürtigen Ensemble – u. a. Hubert Kronlachner, Gertraud Jesserer, Andreas Wimberger, Julia Stemberger und Karl Merkatz –, in der Rolle des Schnoferl stehe.

Das erst nach dem Tode Franz Grillparzers entdeckte Stück „Die Jüdin von Toledo" erregte vor allem durch die Figur der Rahel die Gemüter der Männerwelt der Gründerjahre, bei der die verführerische Jüdin eine durchwegs schlechte Presse hatte. Erstaunlich ist vor allem der Umstand, wie viel Schönheit und Anziehungskraft der gehemmte und an die Normen seiner Zeit angepasste Dichter Rahel, in der sich all seine Seelenqualen verdichten, verleiht. Dass diese letztlich zerstörerisch wirken, war wohl das Ergebnis der Konzession an die moralischen Normen seiner Zeit und der Zensur.

In der Regie von Thomas Langhoff, der Ausstattung von Jürgen Rose und u. a. mit Ulrich Mühe (Alphons VIII.), Sibylle Canonica (Eleonore), Charles Brauer (Manrike), Uwe Bohm (Don Garceran), Susanne Lothar (Rahel), Anne Bennent (Esther), Rolf Ludwig (Isaak) wurde das Stück zum von Publikum und Kritik gefeierten Ereignis des Festspielsommers. Für Peter Iden „war eine Aufführung von derart intelligenter Virtuosität lange nicht zu sehen"[56]. Hansjörg Spies sprach von „einem erregenden künstlerischen und moralischen Höhepunkt … (…) Das ist das Wunder im Salzburger Landestheater. Thomas Langhoff geht abermals einen einsamen Weg zum Erfolg: er macht kein zionistisches Propagandastück, kein verfremdetes Klassikerspektakel daraus. Er vertraut Grillparzers umständlichen Versen und genauen Regieanweisungen in stupender Werktreue."[57]

Hatte Jürgen Flimm mit Raimunds „Der Bauer als Millionär" 1987/88 und Nestroys „Das Mädl aus der Vorstadt oder Ehrlich währt am längsten" 1989/90 große Zustimmung von Publikum und Kritik erhalten, so konnte er mit seiner dritte Regie eines österreichischen Autors im Festspielsommer 1991, Hofmannsthals „Der Schwierige", an diese Erfolge nicht anknüpfen. Die wehmütige Komödie um den Untergang der Habsburgermonarchie und des altösterreichischen Adels war 24 Jahre zuvor von Rudolf Steinböck mit Otto W. Fischer in der Rolle des Grafen Hans Karl Bühl im Landestheater inszeniert worden. Mit Otto W. Fischer verkörperte 1967 ein deutscher Schauspieler die wienerische Hauptrolle und vermochte nicht zu überzeugen. „Nunmehr inszenierte Jürgen Flimm im sich an Adolf Loos und Josef Hoffmann orientierenden Bühnenbild von Erich Wonder und den extravaganten und luxuriösen Kostümen von Karl Lagerfeld mit einem österreichischen Ensemble – u. a. Karlheinz Hackl, Gertraud Jesserer, Boris Eder, Julia Stemberger, Wolfgang Gasser, Kitty Speiser und Otto Schenk – und scheiterte nach der Meinung der Kritik am typisch österreichisch-wienerischen Grundduktus des Stückes, der sich vor allem in dessen Sprachmelodie manifestiert."

Dass man am 26. Juli im Landestheater „während der nahezu vier Stunden dauernden Aufführung vergeb-

Premiere von Franz Grillparzers „Die Jüdin von Toledo" in der Regie von Thomas Langhoff im Landestheater am 10. August 1990 mit Ulrich Mühe (Alphons VIII.), Sibylle Canonica (Eleonore) und Susanne Lothar (Rahel).

lich auf Hofmannsthal wartete, geht allein auf das Konto des deutschen Regisseurs Jürgen Flimm, der aus dem Stück der Missverständnisse einen Abend regielicher Missverständnisse und Unzulänglichkeiten machte", urteilte die „Neue Zürcher Zeitung". Flimms Regie zeichne sich durch „ein tiefes Verkennen von Hofmannsthals Dichtung" aus. Sie bleibe an einer vordergründigen Oberflächlichkeit und missachte die zahlreichen Feinheiten der sprachlichen Andeutungen und damit die tiefere Dimension, verzeichne die Figuren oft bis zur Karikatur.[58]

Das Ensemble, so der Tenor der Kritik, sei das Opfer des Regiemissverständnisses. Lediglich Karlheinz Hackl in der Rolle des Hans Karl Bühl bilde die Ausnahme. Im Gegensatz zu seinem Vorgänger Otto W. Fischer vermochte er zu reüssieren.

TEIL B

1992–2001
DIE ÄRA MORTIER/LANDESMANN/WIESMÜLLER/RABL-STADLER

I. „Kunst ist untrennbar von der Politik."
Die Wogen der Politik und die Salzburger Festspiele

Wenngleich 1992 mit Thomas Klestil ein von seiner Biographie unbelasteter neuer Bundespräsident die Festspiele eröffnete und sich des ungeteilten Zuspruchs der Salzburger Bevölkerung erfreuen konnte, so warfen die dramatischen Ereignisse im zerfallenden Ex-Jugoslawien neuerlich ihre Schatten auf die Festspiele. Die vor allem in Bosnien-Herzegowina durch serbische militärische und paramilitärische Verbände einsetzenden ethnischen Säuberungen mit ihren Verbrechen gegen die Menschlichkeit lösten einen Flüchtlingsstrom aus, der sich auf Grund verwandtschaftlicher Beziehungen vor allem nach Österreich und in die Bundesrepublik Deutschland ergoss. In Salzburg bildeten sich lange Schlangen von Flüchtlingen vor dem deutschen Generalkonsulat, um das begehrte Einreisevisum zu erlangen. Am 26. Juli passierten sechs Sonderzüge mit insgesamt 5.000 bosnischen Flüchtlingen Salzburg in Richtung Bundesrepublik Deutschland. Wenngleich Zufall, so erhielt die Einladung des Dalai Lama, die Eröffnungsrede der Festspiele zu halten, erhebliche politische Aktualität, zumal dieser seiner Rede den Titel „Mitleid und universelle Verantwortung: das Fundament für Glück und Frieden" gab.

In indirekter Fortsetzung von Václav Havels Festspielrede sowie dessen Essay „Versuch, in der Wahrheit zu leben", erklärte er: „Das 20. Jahrhundert ist und war der qualvollste Abschnitt der menschlichen Geschichte, wo mehr Menschen leiden und gewaltsam sterben mussten als je zuvor. Wir waren auch Zeugen eines fast vernichtenden Wettkampfes zwischen den fundamentalen Ideologien der Macht und der rohen Gewalt auf der einen Seite und der Freiheit und Pluralität, Rechten des Einzelnen und Demokratie auf der anderen Seite. Der Kommunismus scheiterte total, trotz einiger edler Ideale, da er sich zur Durchsetzung seiner Prinzipien auf die Gewalt verlassen hatte.

Egal, wie hart sie auch eingesetzt wird, die brachiale Gewalt kann niemals den menschlichen Freiheitsdrang bezwingen. …

Die Freiheit ist die echte Quelle der Kreativität, für den Einzelnen wie auch für die Gesellschaft. Wenn wir nur Nahrung, Kleidung und ein Dach über dem Kopf haben, so sind wir nicht mehr als Halbmenschen, die sich wie Tiere damit zufrieden geben, rein körperliche Bedürfnisse zu stillen, solange wir die kostbare Luft der Freiheit nicht atmen können, um unser tiefstes Wesen zu nähren. …

Die friedlichen Revolutionen in der ehemaligen Sowjetunion und den Staaten Osteuropas haben uns viel Wichtiges gelehrt. Zum einen den Wert der Wahrheit. Leute haben es nicht gern, wenn sie drangsaliert, betrogen oder belogen werden, sei es durch einen Einzelnen oder seitens eines gesellschaftlichen Systems. Das geht einfach gegen die Grundnatur des Menschen.

Die Wahrheit ist der beste Bürge und das echte Fundament für Freiheit und Demokratie. Es macht nichts aus, ob du stark oder schwach bist, ob deine Sache viele oder wenige Anhänger hat, am Ende wird sich die Wahrheit durchsetzen."[59]

Und Bundespräsident Klestil erklärte in seiner Eröffnungsrede unter Bezugnahme auf die kriegerischen Ereignisse in Jugoslawien: „Der offene Horizont, der uns nach dem Zusammenbruch der kommunistischen Diktaturen und dem Ende des Kalten Krieges eine bessere Zukunft zu verheißen schien, hat sich verdunkelt. Tiefe Schatten liegen über uns allen – Schatten des Krieges, der Zerstörung und Vertreibung, des Hasses und der Intoleranz, der Bedrohung unserer Umwelt und des Verlusts von Gewissheit und Optimismus. Es ist eine Welt der Unsicherheit und der Unübersichtlichkeit, in der wir uns heute bewähren müssen." Die politische Aufgabe der Festspiele liege angesichts einer solchen Entwicklung in der Kraft des Geistes und der Macht der Kultur, sich dieser Ratlosigkeit entgegenzustellen und „grenzüberschreitende Allianzen der Zuversicht und Solidarität" für „eine friedlichere, bessere Welt aufzubauen"[60]. Für eine solche friedlichere Welt appellierte der Dalai Lama in einer Pressekonferenz an die Konfliktparteien in Ex-Jugoslawien: „Ich habe nichts anderes zu sagen als: Hört auf!"[61]

Eröffnungsrede der Salzburger Festspiele durch den 14. Dalai Lama am 26. Juli 1992.

I. 1. EINE RENAISSANCE MITTELEUROPAS?

Die Salzburger Festspiele dienten 1993 unter Rückgriff auf die Ideen der Gründerväter sowie vor dem Hintergrund der epochalen politischen Veränderungen des Jahres 1989 als Bühne für das erste in einer Reihe der „Zentraleuropäischen Präsidententreffen", einer außenpolitischen Initiative des österreichischen Bundespräsidenten Thomas Klestil. Die durch die Teilung Europas und den Kalten Krieg in die Archive der historischen Erinnerung versunkene Mittel-(Zentral-)Europa-Idee erhielt durch die Ereignisse des „Prager Frühlings" 1968 vor allem bei den osteuropäischen Exilanten und Dissidenten als Gegenmodell zu jenem der „sowjetischen Brudervölker" neues Leben, das sich nicht nur in literarischen Zirkeln manifestierte, sondern auch in konkreter Hilfe aus Österreich für Dissidentengruppen. Der Fall des Eisernen Vorhangs und die Beschleunigung der europäischen Integration, die nunmehr auch für die ehemaligen Staaten Ost- und Südosteuropas eine realistische politische Option wurde, verlieh der mittel(zentral)europäischen Idee politische Aktualität, wobei Österreich als Transmissionsriemen eine zentrale Rolle zukam. Österreich war aus einer Randlage des freien Europa in dessen Zentrum (zurück)gerückt und wurde durch seinen 1995 erfolgten Beitritt zur EU zum Vorbild und Befürworter einer EU-Osterweiterung. Salzburg, in der Vision von Hofmannsthal und Reinhardt Schnitt- und Begegnungspunkt der mitteleuropäischen Kulturen, sollte in der von Bundespräsident Klestil ergriffenen Initiative nunmehr diese Funktion im Europa nach 1989 in verstärktem Maß zukommen. Am 24. Juli, dem Beginn der Festspiele, erfolgte das erste Präsidententreffen von Árpád Göncz (Ungarn), Václav Havel (Tschechische Republik), Richard von Weizsäcker (Deutschland) und Thomas Klestil (Österreich) als Gastgeber. Die Präsidenten diskutierten über den „Begriff Mitteleuropa" und die Wertegemeinschaft dieses Raumes, wobei nicht konkrete Ergebnisse, sondern die Aufnahme eines grundlegenden Dialogs über längerfristige Perspektiven der europäischen Zukunft im Mittelpunkt standen.[62] Árpád Göncz war zudem der Festredner der Festspieleröffnung und widmete sich in seiner Rede dem Thema Mitteleuropa und dessen Stellenwert für die europäische Einigung.

Angesichts der bevorstehenden EG-Beitrittsverhandlungen Österreichs war auch die Liste der zu den Festspielen erwarteten Regierungschefs und Spitzenpolitiker beachtlich: neben Bundeskanzler Franz Vranitzky, Vizekanzler Erhard Busek und Außenminister Alois Mock der deutsche Bundeskanzler Helmut Kohl und der deutsche Finanzminister Theo Waigel, der luxemburgische Premierminister Jacques Santer, der tschechische Ministerpräsident Václav Klaus, der portugiesische Ministerpräsident Aníbal Cavaco Silva, der britische Außenminister Douglas Hurd, der stellvertretende slowenische Ministerpräsident und Außenminister Lojze Peterle, NATO-Generalsekretär Manfred Wörner und der Vizepräsident der EG-Kommission Leon Brittan. Die Salzburger Festspiele dienten der österreichischen Integrationspolitik vor dem Hintergrund der zu erwartenden Schwierigkeiten bei den mit Jahresbeginn 1993 beginnenden EG-Beitrittsverhandlungen als wichtiges Terrain für die Herstellung einer positiven Stimmung der Verhandlungspartner.

Die sich mit dem ersten zentraleuropäischen Präsidententreffen in Salzburg manifestierende außenpolitische Initiative von Bundespräsident Thomas Klestil führte zu erheblichen innenpolitischen Spannungen, zumal nach der de facto außenpolitischen Absenz des Bundespräsidenten in der Amtszeit von Kurt Waldheim und der Übernahme der repräsentativen Funktion nach außen vor allem durch Bundeskanzler Franz Vranitzky nunmehr mit dessen Amtsnachfolger ein sich durchaus aktiv verstehendes Staatsoberhaupt auf den Plan trat. Klestil betonte bewusst die dem Bundespräsidenten laut Verfassung zustehende außenpolitische Kompetenz und ließ sich dies auch durch ein verfassungsrechtliches Gutachten bestätigen, in dem festgestellt wurde, dass der Bundespräsident ein „außenpolitisches Monopol" besitze. Und er ließ in Salzburg auch unter Hinweis auf seinen Amtsvorgänger und das Präsidententreffen wissen, dass durch seine Amtsführung eine Änderung der österreichischen „Realverfassung" eingetreten sei. Ein sichtlich irritierter, jedoch um die Kalmierung eines außenpolitischen Konflikts bemühter Bundeskanzler Vranitzky erklärte gegenüber den „Salzburger Nachrichten" auf die Frage, wer denn nunmehr das außenpolitische Monopol – der Bundespräsident oder der Bundeskanzler – besitze: „Es ist die Aufgabe der Organe im Staat, also Bundespräsident, Bundeskanzler, Bundesregierung, zusammenzuarbeiten, weil alles andere sicherlich nicht dem Wählerwillen und dem Auftrag entspricht, den das Volk den Trägern dieser Organe gegeben hat. Das ist, zumindest in meiner Kanzlerzeit und auch in der gar nicht einfachen Waldheim-Zeit, durchaus gelungen, es ist in dem mehr als einem Jahr Klestil ebenfalls gelungen. Ich habe nicht die geringste Absicht, an den Prinzipien dieser Zusammenarbeit zu rütteln. Die Spielregeln stehen fest, die liegen vor …"[63] Gerfried Sperl hingegen kam in einem Kommentar zum Salzburger Präsidententreffen zu dem Befund: „Thomas Klestil hat offenbar wirklich die Absicht, in Österreich derjenige zu sein, der den Ton angibt. … Das bedeutet einen Schritt zur Präsidialdemokratie. Darauf ist Österreich zwar nicht vorbereitet. Die Bevölkerung aber könnte durchaus aufgeschlossen sein, einem direkt gewählten Präsidenten mehr Gewicht zuzubilligen."[64]

Die außenpolitische Kontroverse dauerte an und erreichte im Vorfeld der Unterzeichnung des österreichischen EU-Beitrittsvertrages im Juni 1994 ihren Höhepunkt, als Bundespräsident Klestil unter Berufung auf ein Gutachten des Salzburger Verfassungsjuristen Friedrich Koja seine verfassungsmäßig garantierte Rolle in der Außenpolitik als Unterzeichner des Vertrages reklamierte. Nach einem in aller Öffentlichkeit ausgetragenen Konflikt wurde Klestil zu einem Rückzieher veranlasst. Bundeskanzler Franz Vranitzky, Außenminister Alois Mock, EU-Chefverhandler und Botschafter Manfred Scheich sowie der Sektionsleiter im Bundeskanzleramt Ulrich Stacher unterzeichneten den Beitrittsvertrag.

Das positive Ergebnis von 66,58 Prozent bei der Volksabstimmung am 12. Juni 1994 ebnete nach dem positiven Beschluss des Nationalrates vom 5. Mai und des Bundesrates vom 7. Mai endgültig den Weg zum Beitritt Österreichs zur EU. Die von Alois Mock formulierte österreichische Außenpolitik hatte sich bereits vor dem Fall des Eisernen Vorhangs, vor allem jedoch nach 1989, als Bindeglied und Drehscheibe für die Staaten Südost- und Osteuropas und deren Bemühungen um eine Annäherung an ein sich vereinigendes Europa gesehen. Der bevorstehende EU-Beitritt Österreichs aktualisierte diese außenpolitische Maxime nach dem Ende des Kalten Krieges. Die „Salzburger Volkszeitung" bemerkte in ihrem Bericht von der Festspieleröffnung 1994, dass politische Prominenz aller Lager anwesend gewesen sei.

Doch das Lager habe dieses Jahr „EU" geheißen.[65] Von zahlreichen ehemaligen Ländern des Warschauer Paktes, vor allem jedoch von den Nachfolgestaaten der k. u. k. Monarchie, wurde Österreich als Türöffner auf dem Weg nach Brüssel gesehen. Es war daher kein Zufall, dass neben dem deutschen Bundeskanzler Helmut Kohl, dem niederländischen Ministerpräsidenten Ruud Lubbers, EU-Kommissär Karel van Miert, dem Präsidenten des Europäischen Parlaments Egon Klepsch und dem griechischen Außenminister Theodoros Pangalos der tschechische Unterrichtsminister Ivan Pilip sowie der kroatische Außenminister Mate Granić Salzburg besuchten. Die Politik von Alois Mock und seines Nachfolgers Wolfgang Schüssel unterstrich die politische Scharnierfunktion Wiens, wobei auch Bundespräsident Klestil unter Hinweis auf seine verfassungsrechtliche Stellung durchaus selbstbewusst versuchte, eigene Akzente zu setzen. Dabei kam den Salzburger Festspielen aus mehreren Gründen zentrale Bedeutung zu. Zum einen war das internationale Medienecho während des Festspielsommers erheblich größer als in den Mühen des politischen Alltags und Routinegeschäfts, zum anderen bot sich unter Hinweis auf das Selbstverständnis und die traditionelle Funktion der Festspiele Salzburg als idealer Ort für internationale Begegnungen und einen transnationalen Meinungsaustausch. Dies umso mehr, als durch den Fall des Eisernen Vorhangs Österreich aus seiner geopolitischen Randlage nach 1945 wiederum in das Zentrum Europas rückte und damit jene politische und ökonomische Funktion wahrnehmen konnte, die Hofmannsthal den Salzburger Festspielen auf kulturellem und künstlerischem Gebiet zugewiesen hatte. So erklärte Bundespräsident Thomas Klestil am 26. Juli 1994 bei seiner Eröffnungsrede: „Gerade unsere EU-Mitgliedschaft bedeutet die Rückkehr in unsere natürliche Verantwortung. Wir sind im Westen verankert, um nach Osten wirken zu können. Es ist in unserem ureigensten Interesse, alles zu tun, damit wir im künftigen Europa nicht mehr Grenzland nach Osten sind."[66] Bei der neuen Dynamik im europäischen Einigungsprozess müsse sich Europa nicht nur als ökonomische, sondern vor allem auch als Kultur- und Wertegemeinschaft verstehen. „Wir Österreicher müssen – über alle möglichen Rückschläge hinweg – die Vorkämpfer und Vorbilder einer neuen europäischen Nachbarschaft sein. Einer Nachbarschaft, die

Deutschlands Außenminister Joschka Fischer zu Besuch in Salzburg am 5. August 1999.

ihre Kraft aus der kulturellen Vielfalt schöpft und in der kein Platz mehr sein darf für Nationalismus und Provinzialismus, für geistige Enge und Intoleranz. Werden wir Österreicher bereit und fähig sein, dieses Licht zu entfachen – zuerst im eigenen Land und dann auch über die Grenzen hinweg?
Vor 70 Jahren hat Hugo von Hofmannsthal wörtlich geschrieben, Österreich sei ‚identisch mit 1.000-jährigem Ringen um Europa, 1.000-jähriger Sendung durch Europa und 1.000-jährigem Glauben an Europa'. Ein stolzes, aber auch ein verpflichtendes Wort. Der Ausgang der Volksabstimmung vom 12. Juni war ein Signal, dass der Geist von damals nicht erloschen ist."[67]
Vier Jahre später, im zweiten Halbjahr 1998, übte Österreich erstmals eine EU-Präsidentschaft aus. Diese war, in Verfolgung der bisherigen außenpolitischen Linie, geprägt vom Bemühen, die von Deutschland und Frankreich mit gemischten Gefühlen betrachteten Beitrittsverhandlungen mit Polen, Ungarn, Tschechien, Estland und Zypern und in weiterer Folge mit einer zweiten Staatengruppe, bestehend aus Malta, Lettland, Litauen, der Slowakei, Rumänien und Bulgarien – wenn auch ohne konkreten Zeitplan –, voranzutreiben. Die beiden anderen Schwerpunkte bildeten nach der Auswahl der Teilnehmer unter der vorangegangenen englischen Präsidentschaft die Beseitigung der letzten Hürden auf dem Weg zu einer einheitlichen europäischen Währung (Euro), die mit 1. Jänner 1999 eingeführt werden sollte, sowie die Realisierung der „Agenda 2000", d. h. einer verstärkten EU-internen wirtschaftspolitischen Koordination durch Reformen wichtiger Gemeinschaftspolitiken wie einer gemeinsamen Agrar- und Strukturpolitik und die finanzielle Vorschau für die Jahre 2000 bis 2006. „Nie zuvor mussten im Rahmen einer EU-Reform derart viele Mitgliedstaaten mit höchst unterschiedlichen Interessenslagen auf einen Nenner gebracht werden, noch nie ließ die Perspektive künftiger Erweiterungen der Union die Interessen der Mitgliedstaaten härter aufeinanderprallen."[68] EU-extern bildete die in aller Heftigkeit ausbrechende Kosovo-Krise, die schließlich zum militärischen Eingreifen der USA führen sollte, ein weiteres Problemfeld.
Außenminister Schüssel nahm unter indirektem Hinweis auf deren völkerverbindende Funktion die Salzburger Festspiele zum Anlass, um u. a. EU-Kommissar Hans van den Broek, den norwegischen Außenminister Knut Vollebæk, den niederländischen Außenminister Jozias van Aartsen und den griechischen Vizeaußenminister Giorgios Papandreou Mitte August zu Gesprächen über die Probleme der EU-Erweiterung, vor allem den Zypern-Konflikt, sowie die Haltung der EU im Kosovo-Konflikt einzuladen. Drei Wochen später erfolgte auf Initiative Schüssels in Salzburg ein informelles Treffen der EU-Außenminister mit dem Ziel der Institutionalisierung einer „Partnerschaft für Europa". Das Ziel des Treffens bestand darin, dass die EU zwar seit 1989 zu beinahe allen Staaten ihres Umfeldes (von den Beitrittskandidaten bis zu den GUS-Staaten und den Ländern des Mittelmeerraums) Kontakte aufgenommen, jedoch kein längerfristiges strategisches Gesamtkonzept vor allem für jene Regionen entwickelt hatte, die mittel- und längerfristig keine Beitrittsperspektive besaßen. Diesen Staaten sollte durch ein zu entwickelndes Partnerschaftsmodell eine europäische Zukunftsperspektive angeboten werden.
Schüssel, neben Helmut Kohl der prominenteste regelmäßige Sommerurlauber am Wolfgangsee, nutzte die Salzburger Festspiele bewusst für europapolitische Initiativen. Am 18. August veranstaltete er in Salzburg das internationale Symposion „Standort Europa – Die Zukunft europäischen Denkens in einer globalisierten Welt", mit dem er an die im Rahmen der „Salzburg-Kommission", einem Politikberatungsgremium des Salzburger Landeshauptmanns, von dem Salzburger Rechtsphilosophen Michael Fischer entwickelte Idee des „European Art Forum" anschloss. Gérard Mortier, der sich des Konzepts angenommen und auch das erste „European Art Forum", das allerdings in der Folgezeit vor allem aus finanziellen Gründen keine Fortführung erfahren sollte, durchführte, hatte den österreichischen Außenminister auf diese Idee aufmerksam gemacht und sich an der intellektuellen Konzeption des Symposions beteiligt. Angesichts der globalen Herausforderungen, so Schüssel, bedürfe Europa mehr denn je der politischen und intellektuellen Orientierung und der Neubestimmung seines strategischen Konzepts. Internationale Fachleute aus Politik, Wirtschaft, Kultur und Medien – u. a. Festspielintendant Gérard Mortier, der Philosoph und Bürgermeister von Venedig Massimo Cacciari, der ehemalige EU-Kommissionspräsident Jacques Santer, die finnische Kultur-

ministerin Suvi Lindén und der Vizepräsident der Weltbank Ismail Serageldin, Regisseur Peter Mussbach und der deutsche Philosoph Peter Sloterdijk – sollten in Salzburg über diese Themen diskutieren. Das vom Außenministerium, dem Bildungshaus St. Virgil und dem Salzburg-Seminar in Schloss Leopoldskron veranstaltete Symposion stieß auf so großes Interesse, dass es von Schloss Leopoldskron in die Alte Residenz verlegt werden musste.

In seinem Einleitungsreferat bemerkte Schüssel kritisch, dass prinzipielle Fragen nach dem Wesen Europas, seinem spezifischen Beitrag im „gobal village", nicht auf der Agenda der EU stünden. Dafür hätte man auf Grund der politischen und ökonomischen Alltagshektik keine Zeit. Die Folge sei, dass in Europa „alles gleich wichtig" zu werden drohe, „die Löcher in den Straßen, die Kultur, die Rechte der Homosexuellen, die moralische Reform, die öffentlichen WCs …" Europa bedürfe jedoch des Nachdenkens über Prioritäten, zu denen die Kultur gehöre. Mortier stimmte mit Schüssel überein und mahnte die Verantwortung der Politik für die Kultur ein. Die Probleme der Landwirtschaft seien zwar schwierig, doch erheblich komplexer seien die Fragen der Kunst und Kultur.[69] Man müsse zwischen Kultur und Kunst unterscheiden. Beide trenne oft ein Graben. Kunst stehe mit ihrem Anspruch sehr oft im Gegensatz zur herrschenden Kultur.[70]

I. 2. RÜCKTRITT UND RÜCKTRITT VOM RÜCKTRITT

Die vor allem auch während der Salzburger Festspiele nach 1989 betonte Scharnier- und Verbindungsfunktion Österreichs in einem sich neu formierenden Europa wurde angesichts der Bildung der ÖVP/FPÖ-Koalition Anfang 2000 in Frage gestellt. Die Erregung der politischen Kommentatoren und des Feuilletons war groß, für viele Intellektuelle und Künstler schien sich ihre spätestens seit der Waldheim-Affäre feststehende Vermutung zu bestätigen, dass es sich bei der Bildung der neuen Koalitionsregierung nicht um einen einmaligen Sündenfall, sondern um die Bestätigung handle, dass Österreich letztlich ein verdecktes Nazi-Land sei, der Rechtsextremismus und Rassismus ein integraler Bestandteil der österreichischen Gesellschaft.

Gérard Mortier erklärte während der laufenden Regierungsverhandlungen, dass er im Fall der Bildung einer ÖVP/FPÖ-Koalition seinen bis 2001 laufenden Vertrag bereits nach den Festspielen 2000 beenden werde. Wenngleich Pierre Boulez und Frank Baumbauer die Erklärung des Festspielintendanten als übertrieben bezeichneten und betonten, man solle nicht a priori totalitäre Tendenzen unterstellen, blieb Mortier bei seiner Erklärung und bat drei Tage nach der Bildung der Regierung am 7. Februar 2000 das Kuratorium um eine einvernehmliche vorzeitige Auflösung seines Vertrages. Er begründete diesen Schritt damit, dass er in einem nunmehr von ÖVP und FPÖ dominierten Kuratorium seine künstlerischen Entscheidungen nicht mehr durchsetzen könne. Zudem sei es ihm unmöglich, nach dem zu erwartenden Einzug von FPÖ-Sympathisanten in das Kuratorium, mit Vertretern einer offensichtlich faschistischen Partei zusammenzuarbeiten. Er sei zudem davon überzeugt, dass nunmehr auf die Festspiele eine Katastrophe zukomme. Zahlreiche Künstler sowie amerikanisch-jüdische Förderer hätten bereits ihren Rückzug von den Festspielen angekündigt und auch die internationale Medienkooperation sei gefährdet.

Das von Mortier entworfene Szenario schien sich durch die Sanktionen der 14 EU-Staaten, die damit verbundene internationale Isolierung Österreichs sowie den von der links-intellektuellen und künstlerischen Szene in vielen europäischen Ländern propagierten Boykott Österreichs zu bestätigen. Mortier wurde nicht müde, durch zahlreiche Erklärungen und Interviews apokalyptische Szenarien zu entwerfen und Österreich angesichts des faschistischen Charakters einer nunmehrigen Regierungspartei sowie der ideologischen Disposition des Großteils seines Bürgertums in tiefste Provinzialität stürzen zu sehen.

Den Höhepunkt erreichte die öffentliche Erregung am 19. Februar 2000 mit einer Massendemonstration von rund 150.000 Teilnehmern auf dem Heldenplatz, an der zahlreiche in- und ausländische Künstler und Intellektuelle, u. a. auch Mortier, teilnahmen und teilweise auch das Wort ergriffen. Der Salzburger Intendant sah sich jedoch angesichts seiner permanenten Beschwörungen eines drohenden Faschismus und seiner Attacken auf diejenigen Künstler, die sich zum Bleiben in Österreich entschlossen, zunehmender Kritik der so Angegriffenen ausgesetzt. So erklärte

Luc Bondy, Mortiers verbale Rundumschläge kippten in eine „Totalhysterie" um, er solle sich nicht zum „Totalwiderstandskämpfer" stilisieren.[71]

Das von Mortier beschworene Fernbleiben der Künstler fand jedoch nicht statt, und selbst die wenigen, die ein Fernbleiben angekündigt hatten, wie z. B. Sylvain Cambreling, revidierten ihre Ankündigungen. So erklärte Cambreling mit Hinweis auf die Massendemonstration am 19. Februar auf dem Heldenplatz, er sei vom Ausmaß des Widerstandes überrascht gewesen und werde daher auch weiterhin in Österreich dirigieren, seinen Programmen jedoch einen deutlichen politischen Akzent geben. Mit demselben Erklärungsmuster wie Cambreling revidierte Mortier am 22. Februar seinen Entschluss zur vorzeitigen Auflösung seines Vertrages als künstlerischer Leiter der Salzburger Festspiele. Er habe bei der Großdemonstration in Wien am 19. Februar eine starke nationale und internationale Solidarität gespürt und zudem viele Gespräche geführt, die ihn schließlich bewogen hätten, doch zu bleiben. Dies bedeute jedoch keineswegs, dass er die politische Entwicklung im Lande nunmehr viel harmloser einschätze. Wien habe ihm aber gezeigt, dass es auch ein anderes Österreich gebe. „Durch die eindrucksvolle Haltung der Bürgerinnen und Bürger Österreichs bei der Demonstration am 19. Februar in Wien und die dabei zum Ausdruck gekommenen demokratischen Kräfte fühle ich mich verpflichtet, meinen bisherigen Standpunkt neu zu überdenken, und habe mich entschieden, den Widerstand gegen die FPÖ mit allen künstlerischen Mitteln zu unterstützen. Ich werde meinen Vertrag bis zum Ende seiner Laufzeit im September 2001 erfüllen.

In diesem Zusammenhang werden dem Gesamtprogramm der Festspiele 2001 deutlich politische und zeitgenössische Akzente gegeben. Außerdem soll der Festspielbezirk als Zentrum der Multikulturalität betont werden. Gemeinsam mit den an den Festspielen beteiligten Künstlern wird ein Fonds gegründet, der zum Ziel hat, die durch die FPÖ gefährdeten zeitgenössischen Projekte zu erhalten und einem Publikum aus den osteuropäischen Ländern den Festspielbesuch zu ermöglichen."[72]

Mortiers Rücktritt vom Rücktritt wurde sowohl vom Direktorium wie vom Kuratorium der Salzburger Festspiele gelassen zur Kenntnis genommen. Hans Landesmann bemerkte, er habe „zu keinem Zeitpunkt wirklich an einen vorzeitigen Rückzug Mortiers geglaubt", und Salzburgs Schauspielchef Frank Baumbauer ließ aus Hamburg wissen, er finde den Sinneswandel Mortiers „gut. Es ist klug, in Österreich zu bleiben und diese Position nicht freizugeben. Es würde doch alle freuen, wenn wir gingen." Außerdem sei die Begründung Mortiers für seinen Abgang fraglich. „Was die FPÖ in ihrem Programm stehen hat, ist ja nicht neu. Wir tun gerade so, als hätten die Österreicher seit 14 Tagen ein Problem – die haben ein Problem seit 50 Jahren."[73] Peter Ruzicka kommentierte die Entscheidung Mortiers, diese sei „im Ergebnis richtig. Ich habe ihm ja zugeraten, das sehr anspruchsvolle Programm für das Jahr 2001 auch selber zu realisieren. Die politischen Inklinationen nach der Wahl konnten das nie infrage stellen. Denn eines war immer klar: Wie immer auch die Zusammensetzung des Kuratoriums sein wird, es wird keine Einflussnahme auf Inhalte geben. Das sagen alle Beteiligten, und ich habe keinen Anlass, ihnen zu misstrauen. Es gab also für Mortier keinen nachvollziehbaren Grund, diese Art Unruhe, die den Festspielen ja wenig genützt hat, herbeizuführen. Ich selbst habe auch in keinem einzigen Fall erlebt, dass Künstler, die ich angefragt habe, sich mit politischen Argumenten dem Engagement verweigern. Eher im Gegenteil. Das gilt auch für Regisseure."[74]

Für das Kuratorium erklärten dessen amtierender Vorsitzender Josef Koller, Landeshauptmann Franz Schausberger und Bürgermeister Heinz Schaden, man nehme den Entschluss Mortiers zur Kenntnis, werde jedoch den Intendanten zu einem Gespräch einladen, „in dem in aller Deutlichkeit und Entschiedenheit auf die arbeitsrechtliche Situation, insbesondere auf die sich aus dem Festspielfondsgesetz und aus der Geschäftsordnung für das Direktorium sowie aus seinem Vertrag mit den Festspielen ergebenden Rechte und Pflichten verwiesen wird.

Im Besonderen wird Dr. Mortier angehalten werden, jedwedes schädigende Verhalten gegenüber den Salzburger Festspielen sowie persönliche Angriffe und Beleidigungen der Präsidentin der Salzburger Festspiele zu unterlassen. …

Die Salzburger Mitglieder des Festspielkuratoriums bekräftigen und garantieren neuerlich, dass die Salzburger Festspiele auch in Zukunft im Sinne ihrer Gründer, in der bewährten künstlerischen Tradition und Konzeption sowie im Geiste der Offenheit und der Aufgeschlossenheit gegenüber dem Modernen, Innovativen und Experimentellen fortgesetzt werden."75

Mortiers Rücktritt vom Rücktritt löste zahlreiche ironische Kommentare aus, denen der Intendant mit der Erklärung begegnete, sein Entschluss zum vorzeitigen Abschied aus Salzburg sei emotional und spontan gewesen und er habe sich schließlich nach mehreren Gesprächen sowie ermutigt durch das am Heldenplatz in imponierender Zahl präsente „andere Österreich" zum Bleiben entschieden, doch werde er die ihm verbleibenden zwei Jahre bei den Salzburger Festspielen auch für politische Demonstrationen nützen. Im Pariser Odeon-Theater bemerkte er in einer Veranstaltung der Zeitung „Le Monde", er werde Werke wie „Fledermaus" oder „Ariadne auf Naxos" in Salzburg „gegen den urösterreichischen Strich auf die Bühne bringen"76.

Unterschiedliche Wahrnehmungswelten, Informationsstandards und daraus resultierende strategische Positionen sowie der inflationäre und undifferenzierte Gebrauch des Faschismus- und Widerstandsbegriffs, der mit der Emphase der moralischen Empörung historische und politische Fakten ausblendete, führten spätestens im Sommer 2000 zu sich deutlich verbreitenden Rissen in der Fronde der Intellektuellen und Künstler. Wenn sich ein Ort auf Grund seiner Bedeutung und damit als europäischer Erinnerungsort als Manifestation dieses Widerstandes anbot, dann war es das sommerliche Salzburg mit seinen Festspielen, die zudem in diesem Sommer 2000 ihr 80-jähriges Bestehen feierten. Die Salzburger Festspiele wurden daher zum Kampfplatz der Sinnvermittlungs- und Deutungskulturen. Hier dienten Festspieleröffnungen in periodischen Abständen als ideale Inszenierungsorte des politisch-kulturellen Protestes: in den dreißiger Jahren den Nationalsozialisten, nach 1945 den Proponenten der „ARGE Rainberg", apokalyptischen Warnern vor einer drohenden Atomkatastrophe nach Tschernobyl und den sich um das vom Bildhauer Alfred Hrdlicka gefertigte Holzpferd scharenden Anti-Waldheim-Demonstranten. Ihren Spuren folgten nunmehr – in auf Grund des Festspielmottos 2000 „Troja, der Tod und die Liebe" ebenfalls von einem Holzpferd als Logo geprägten Parallelität – die spärlichen rund 70 Demonstranten gegen die Regierung Schüssel. Die „Plattform gegen Rassismus und Sozialabbau" veranstaltete unter dem Motto „Wir pfeifen auf diese Regierung" am 24. Juli, dem Tag der Festspieleröffnung, eine ab neun Uhr stattfindende Aktion, in deren Verlauf auf Vorschlag des Salzburger Historikers Gert Kerschbaumer der Herbert-von-Karajan-Platz symbolisch in „Margarethe-Schütte-Lihotzky-Platz" umbenannt wurde. Damit wollte man nicht nur gegen die Bundesregierung demonstrieren, sondern „das einfache NSDAP-Mitglied" Karajan aus dem öffentlichen Raum verbannen.77 Dabei wollte auch Gérard Mortier nicht zurückstehen und präsentierte die deutsche Übersetzung der tendenziösen Geschichte der Salzburger Festspiele bis 1938 des amerikanischen Kulturhistorikers Michael P. Steinberg.78 Trotz des Mitwirkens jüdischer Künstler, so der Tenor der Studie, seien die Salzburger Festspiele von Anfang an eine Manifestation des verengten und autoritären, die Vielfalt und das Transnationale ignorierenden deutsch-österreichischen Nationalismus gewesen, die daher 1938 ohne große Brüche in den Nationalsozialismus überging.

Bundeskanzler Wolfgang Schüssel blieb, um Deeskalation bemüht und um medial verbreiteten Akten symbolischer Widerstandsgestik den Wind aus den Segeln zu nehmen, der offiziellen Festspieleröffnung am 24. Juli fern. Das an diesem Tag von den rund 70 Demonstranten veranstaltete Pfeifkonzert gegen die Regierung Schüssel wurde auf Grund der allgemeinen medialen Ermüdungserscheinungen nur mehr am Rande registriert. Die mediale Aufmerksamkeit war marginal, die öffentliche kaum vorhanden, zumal die Kontraproduktivität der sog. EU-Sanktionen immer deutlicher wurde. Der Salzburger Landeshauptmann Schausberger nahm in seiner Ansprache mit deutlicher Anspielung auf die europäische und innerösterreichische Erregung der letzten Monate auf die Beziehung von Kunst und Politik Bezug und wies darauf hin, dass die Festspiele nach dem Willen ihrer Gründungsväter als Friedenswerk im Geiste des Humanismus und der Weltoffenheit konzipiert worden seien. Dieser Intention fühle man sich nach wie vor verpflichtet. „Kunst ist untrennbar von der Politik. Beide sollten dialogfähige Partner sein, die sich nicht mit Augenbinden gegenüber stehen oder auf einem Auge blind sind. … Ein Beteiligen an der kurzlebigen hektischen Tagesaktualität bedeutet für kulturelle Institutionen vom Rang der Salzburger Festspiele eine große Gefahr. Die Gefahr des Hin

Demonstrationen gegen die schwarz-blaue Bundesregierung vor dem Festspielhaus Ende Juli 2000.

eingezogenwerdens in die Intrigen und Kabalen des tagespolitischen Geschehens ist groß."[79]
Zur Enttäuschung vieler aus dem Ausland angereister Journalisten wurde der Festspielsommer 2000 nicht zur künstlerischen Manifestation gegen die Regierung Schüssel. Sichtlich enttäuscht berichtete Gerhard Jörder: „Alles ist wie immer. Still ist es in Salzburg in diesen Sommertagen. Wem noch die schrille Erregung in den Ohren nachklingt, die im Frühjahr beim Eintritt von Haiders Rechtspopulisten in die österreichische Regierung unter den Kunst- und Kulturmenschen ausgebrochen war, kann nur bass erstaunt sein über die formidable Ruhe, die jetzt über der Festspielstadt liegt. Salzburg, als ob nichts wäre. Und alle, fast alle sind sie nun doch gekommen – die Künstler, die damals, in ersten, spontanen Reaktionen, mit ihrer Absage, ihrem Wegbleiben gedroht hatten. Fast alle haben sie sich inzwischen umbesonnen, haben sich, wie Festspielchef Gérard Mortier selbst, der zornig seinen Salzburger Job vor der Zeit hinschmeißen wollte, beeindrucken lassen vom starken Auftritt einer neuen politischen Öffentlichkeit im Lande und von den Argumenten derer, die nicht Boykott oder Flucht, sondern die offene Auseinandersetzung, den Widerstand vor Ort für die bessere politische Strategie halten. So weit, so nachvollziehbar – und dennoch irritierend. Diese kolossale Ruhe, diese Kunstbetriebsnormalität. Denn wo ist nun im Festivalalltag, zwischen Premieren und Prominenz, zwischen Nockerln und Nobelgarderoben, die politische Debatte geblieben? Der Salzburg-Besucher, der das Programm der Festspiele nach den Schleifspuren der aktuellen politischen Verwerfungen, nach den groß avisierten politischen Aktivitäten durchforscht, gerät ins Grübeln. Ist das Kleinmut, Resignation? Ist es der kluge Verzicht auf billigen Aktionismus? Oder ist dieses Auf und Ab ohnehin – unter den Bedingungen einer liberalen, permissiven Kultur und Kulturkritik subventionierenden Gesellschaft, business as usual?"[80]
Während Salzburgs Intendant und der Schauspiel-Chef auch nach dem Ende der EU-Sanktionen ihre kritische Haltung gegenüber der schwarz-blauen Regierung beibehielten, ging die große Politik zur Tagesordnung über. Am 26. August 2001 aß UNO-Generalsekretär Kofi Annan gemeinsam mit Bundeskanzler Wolfgang Schüssel zu Mittag, besuchte am Abend eine Vorstellung von Verdis „Don Carlo" bei den Festspielen, traf am 27. August Außenministerin Benita Ferrero-Waldner in St. Gilgen und nahm am 28. August an dem von Wolfgang Schüssel in Fuschl veranstalteten „Salzburger Dialog der Kulturen" teil.

II. Nicht nur der Kunst geweiht.
Das Direktorium oder Der Kampf der Begehrlichkeiten

II. 1. EINE NEUE PRÄSIDENTIN

Anfang November 1994 sorgte eine Erklärung von Festspielpräsident Heinrich Wiesmüller unmittelbar vor einer Sitzung des Kuratoriums für Schlagzeilen. Zur allgemeinen Überraschung erklärte er, er stehe für eine weitere Funktionsperiode nicht mehr zur Verfügung. Das Haus sei nach den Turbulenzen des ersten Jahres der neuen Führung gut bestellt und er selber reif für eine Hofübergabe. „Ich freue mich, dass das, was wir wollten, geglückt ist. Was ich beitragen konnte, habe ich geleistet. Ich bin seit 1976 im Direktorium – zwanzig Jahre sind genug." Das Jahr 1994 habe eine Bestätigung des neuen Kurses gebracht. „Was wir erwartet und erhofft haben, ist passiert: Akzeptanz. Es wird anerkannt, dass man es auch anders machen kann als vor 1990." Noch im Jahr 1992 habe er „sehr gezittert". „Der Wirbel um die Tracht, die Hotellerie und so weiter war für mich ziemlich unangenehm." Nunmehr könne man aber feststellen, dass 80 Prozent des alten Publikums erhalten geblieben sind und viel Neues dazugekommen ist. Ende der achtziger Jahre sei man vor einer schwierigen Situation gestanden. „Ausverkaufte Festspiele und Karten waren in festen Händen. Man musste sich aber vor Augen halten, dass das Publikum durchschnittlich über 60 Jahre alt war und das Ende der Ära Karajan nahte. Da kriegt man's mit der Angst zu tun: Was wird in zehn, zwanzig Jahren sein?" Die neue Führung habe mit ihrer neuen Programmphilosophie keineswegs das alte Publikum vertrieben, sondern vielmehr versucht, ein neues zu gewinnen. Das Ende seiner Funktionsperiode wolle er noch nicht fixieren, doch komme es dabei „darauf an, auf welchen Nachfolger man sich einigt und wer wann verfügbar ist. Mortier und Landesmann sollten weitermachen. Bei der Situation heute werden sie, wenn sie wollten, auch wiedergewählt."[81] Hans Landesmann erklärte nach der Kuratoriumssitzung, man bedaure den Rücktritt Wiesmüllers und werde versuchen, ihn zu überreden, „doch noch weiter zu machen, vielleicht gibt es eine Chance"[82].

Sosehr Wiesmüllers Erklärung in der Öffentlichkeit als Überraschung gewertet wurde, so war sie dies keineswegs für den Salzburger Landeshauptmann Katschthaler. Bereits am 3. Mai 1993 hatte der Präsident der Festspiele in einem Schreiben Landeshauptmann Katschthaler gebeten, seinen Entschluss zum Rücktritt von seiner Funktion zu akzeptieren. Als Gründe für seinen beabsichtigten Rückzug nannte er das bevorstehende Wirksamwerden des neuen Bankwesengesetzes, das ihn noch mehr als bisher im Bankhaus Spängler & Co in Anspruch nehmen werde. Er könne daher die für die Salzburger Festspiele unbedingt notwendige Zeit in dem gewünschten Ausmaß kaum mehr erübrigen. Zudem seien die beiden von auswärts gekommenen Direktionsmitglieder Mortier und Landesmann nunmehr in Salzburg gut eingearbeitet und mit den lokalen Gegebenheiten durchaus vertraut, sodass sie seiner Unterstützung nicht mehr bedurften. Und schließlich sei die Neupositionierung der Festspiele nach dem Tod Karajans im Wesentlichen als geglückt zu betrachten, sodass er seine Funktion als erfüllt sehe und sich nach 17 Jahren von den Festspielen zurückziehen wolle. Katschthaler bewog den Abschiedswilligen zur Revision seines Entschlusses, wobei jedoch Wiesmüller auf seinem definitiven Rückzug spätestens nach dem Ende seiner Funktionsperiode bestand. Der Salzburger Landeshauptmann hatte damit Zeit gewonnen, eine geeignete Salzburger Persönlichkeit für diese zentrale kulturpolitische Position des Landes zu finden. Er wusste, dass die Begehrlichkeiten groß und breit gestreut waren, jedoch nur wenige dem spezifischen Anforderungsprofil dieser sensiblen Position entsprachen. Im Spätherbst 1994 war diese Person gefunden.

Katschthaler und Wiesmüller hatten nach dem Brief Wiesmüllers vom 3. Mai 1993 vereinbart, über die Rücktrittsabsichten des Präsidenten Stillschweigen zu bewahren und mögliche Nachfolgekandidaten ins Auge zu fassen. Dabei wurden der ehemalige Landeskulturreferent Peter Krön und der Germanist und Rektor der Universität Adolf Haslinger als Kandidaten erwogen, wobei allerdings die Frage der politischen Durchsetzbarkeit eines der Kandidaten offen blieb. Als Wiesmüller Helga Rabl-Stadler, die damals schon für den Tourismusförderungsfonds im Kuratorium saß, schließlich seine Rücktrittsabsicht mitteilte, bekundete diese ihr Interesse an dieser Funktion und damit ihre Bereitschaft zum Ausscheiden aus der Politik. Die Salzburger Wirtschaftskammer-Präsidentin, darin waren sich Katschthaler und Wiesmüller einig, schien eine geeignete Nachfolgerin und verfügte zudem über politische Erfahrung. Es bedurfte nur mehr einer entsprechenden großkoalitionären Absprache.

Am 11. November 1994 ereignete sich eine kleine politische Sensation. Rabl-Stadler, die um 9:00 Uhr als Abgeordnete im Parlament angelobt wurde, verkündete sechs Stunden später um 15:00 Uhr ihren Rücktritt und kündigte gleichzeitig an, das anfallende Entgelt der Caritas zu spenden. Am Morgen hatte sie zuerst noch ihren Parteiobmann Erhard Busek von ihrer Entscheidung unterrichtet und ihn um seine Unterstützung gebeten. Dann ging sie zum zuständigen SPÖ-Minister Rudolf Scholten und gemeinsam mit diesem zum Bundeskanzler. Nachdem Vranitzky und Scholten ihre Zustimmung gegeben hatten, war ihre Wahl gesichert. 10 Tage nach der Meldung über den Verzicht Wiesmüllers auf eine weitere Funktionsperiode erschienen die Tageszeitungen mit der Meldung, Helga Rabl-Stadler, Salzburgs Wirtschaftskammer-Präsidentin, ÖVP-Nationalratsabgeordnete und Mitglied des Kuratoriums des Salzburger Festspielfonds, werde 1995 neue Präsidentin der Salzburger Festspiele und scheide im Gegenzug aus allen politischen Funktionen. Die Tochter Gerd Bachers, der für diese Funktion vor etwas mehr als zehn Jahren als Favorit gehandelt wurde, jedoch letztlich am Widerstand Herbert von Karajans scheiterte, sollte das Ziel erreichen, das dem ehemaligen „Tiger" verwehrt worden war. Zu den Motiven ihres überraschenden Wechsels in die Führung der Salzburger Festspiele erklärte sie: „Die Erklärung des Festspielpräsidenten Wiesmüller, spätestens 1996 nicht mehr zur Verfügung zu stehen, hat mich auf die Idee gebracht. Ich finde diese Aufgabe für Salzburg so wichtig und faszinierend, dass ich sie machen möchte. Ich ziehe mich aus der Kammer und der Politik vollkommen zurück. Denn so, wie ich mich jetzt in der Politik fühle, ist eine grundsätzliche Entscheidung notwendig. Die Opferkomponente in der Politik ist für mich zu groß geworden, ich kann für die Festspiele mehr bewirken." Sie habe „das Gefühl, dass gegen mich ein politischer Demonstrationsprozess in Gang ist. Wer so intensiv gearbeitet hat wie ich, für den sind zehn Jahre in der Politik lang genug. Ich bin einmal kein Sesselkleber."[83]

Hinter der Erklärung der zukünftigen Festspielpräsidentin verbarg sich ein komplexer politischer Zusammenhang. Angesichts der im Nationalratswahlkampf 1994 geschickten politischen Propaganda Jörg Haiders gegen das System der Sozialpartnerschaft, die er auf Grund des rechtlichen Status der Kammern sowie ihrer von der Politikwissenschaft als „Nebenregierung" bezeichneten Stellung im politischen System der Zweiten Republik als Negierung von politischer Freiheit und Parlamentarismus und durch von ihm medienwirksam aufgedeckte Privilegien steirischer Arbeiterkammerfunktionäre zudem als „Selbstbedienungsladen" und „Privilegienstadel" einer Funktionärsclique bezeichnete, gerieten die beiden Regierungsparteien SPÖ und ÖVP in die Defensive. Bei der Nationalratswahl am 9. Oktober 1994 verlor die SPÖ 7,9 und die ÖVP 4,4 Prozent, während die FPÖ 5,7 Prozent gewann und mit 22,5 Prozent sich als Mittelpartei positionierte, die nur mehr 5,2 Prozent hinter der ÖVP lag. Bereits am 13. März hatten ÖVP und SPÖ bei der Salzburger Landtagswahl historische Niederlagen hinnehmen müssen. Die ÖVP verlor 5,4 Prozent und die absolute Mehrheit in der Landesregierung, die SPÖ 4,1 Prozent, während die FPÖ mit einem Gewinn von 3,1 Prozent und einem Gesamtergebnis von 19,5 Prozent ihr bisher bestes Wahlergebnis seit 1949 erzielte. Beide Wahlergebnisse sowie die von der FPÖ und dem Boulevard offensiv geführte Diskussion über das Proporzsystem, die Verbindung von Sozialpartnern und politischen Parteien, im Salzburger Landtagswahlkampf von Parteiobmann Karl Schnell als „Mafia" tituliert, sowie die Aufwandsentschädigungen bzw. Gehälter von Spitzenrepräsentanten der Sozialpartner zeigten in der ÖVP Wirkung.[84] Vor der Nationalratswahl war die allgemein als ministrabel gehandelte Salzburger Wirtschaftskammer-Präsidentin und stellvertretende Obfrau der ÖVP auf Platz drei der Bundesliste gereiht worden und führte in Salzburg einen engagierten Vorzugsstimmen-Wahlkampf.

Auf Grund des schlechten Wahlergebnisses sowie der Wirksamkeit der FPÖ-Propaganda in den eigenen Reihen kam es im Parteivorstand der ÖVP zu einer heftigen Debatte über die vor allem von den Vertretern des ÖAAB, der steirischen ÖVP und der JVP aufgeworfene Frage, ob Doppelfunktionen wie z. B. Nationalrat und Kammerfunktionär in Hinkunft verboten werden sollten. Entweder sollten die der Partei angehörenden Sozialpartner(präsidenten) auf ihr Nationalratsmandat verzichten oder auf ihre Kammerfunktion. Der Vorschlag wurde knapp mit 13 gegen 11 Stimmen abgelehnt und eine sichtlich verärgerte Rabl-Stadler bemerkte: „Ich glaube, dass diese Geschichte mit den Sozialpartnern eine sehr tief greifende ist, dass die ÖVP hier Haider und seiner Dritten Republik in die Hände arbeitet. Es gibt leider Leute innerhalb der ÖVP, die glauben, wenn wir die Sozialpartner schwächen, dann werden die Parteien stärker. … Ich verstehe nicht, dass dieselben Leute, die mich einstimmig auf Platz drei der Bundesliste gesetzt haben, mich jetzt als Sozialpartnerin im Parlament ablehnen. Ich habe das als Falle empfunden, in die man mich gelockt hat."[85] Zu diesen politischen Frustrationen kamen noch weitere Enttäuschungen.

Im Parteivorstand wurde sie von Robert Lichal mit dem von Beifall begleiteten Vorwurf konfrontiert, es sei empörend, dass ihr Mann, „Kurier"-Herausgeber Peter Rabl, eine Wahlempfehlung für Heide Schmidt, die Spitzenkandidatin des Liberalen Forums, abgegeben habe. Und im Zuge der von Jörg Haider entfachten Diskussion um die Einkommen der Sozialpartnerfunktionäre wurde auch von ÖVP-Kreisen ihre monatliche Aufwandsentschädigung als Präsidentin der Salzburger Wirtschaftskammer in der Höhe von 67.500 Schilling öffentlich problematisiert. „Die Kammer Salzburg ist ohne Skandale", antwortete Rabl-Stadler, „aber offensichtlich sind jetzt bereits meine 67.500 Schilling, die ich dort als Aufwandsentschädigung bekomme, zu viel. Ich bin nicht bereit, das Armutsgelübde abzulegen, dafür leiste ich zu viel."[86]

Heinrich Wiesmüller, ein enger Freund Rabl-Stadlers, hatte den Zeitpunkt seiner Erklärung bewusst gewählt. Seine Rücktrittsabsichten waren einem kleinen Kreis, u. a. Helga Rabl-Stadler, bereits bekannt. Der von politischen Angriffen und Intrigen verärgerten Salzburger Wirtschaftskammer-Präsidentin bot sich die Möglichkeit zu einem Wechsel an die Spitze der Salzburger Festspiele. In einem Telefongespräch ließ sie unter Hinweis auf die Usance einer starken Salzburger Repräsentanz im Direktorium der Festspiele Landeshauptmann Hans Katschthaler und Bürgermeister Josef Dechant wissen, dass sie gerne die Nachfolge Wiesmüllers antreten würde. Beide signalisierten Zustimmung, und es wurde Stillschweigen bis zum 11. November vereinbart. Vizekanzler und ÖVP-Parteiobmann Erhard Busek hatte soeben in den Regierungsverhandlungen einen Tausch des Wissenschafts- gegen das Unterrichtsministerium durchgesetzt. Der bisherige Unterrichtsminister Rudolf Scholten (SPÖ) wurde Bundesminister für Wissenschaft, Forschung und Kunst, behielt jedoch die Zuständigkeit für die Salzburger Festspiele, während Busek in das Bundesministerium für Unterricht und kulturelle Angelegenheiten wechselte. Die SPÖ war damit im Kuratorium durch die Vertreter des Wissenschafts- und des Finanzministeriums repräsentiert, während die ÖVP mit Landeshauptmann Katschthaler, Bürgermeister Dechant und dem Vertreter des Salzburger Fremdenverkehrsförderungsfonds, Josef Koller, über drei Stimmen verfügte. Da für eine Beschlussfassung Einstimmigkeit erforderlich war, musste vor einer Sitzung mit kulturpolitisch heiklen Tagesordnungspunkten bereits ein Konsens gefunden sein. Der SPÖ fiel ihre Zustimmung leichter, da die Salzburger Wirtschaftskammer-Präsidentin als vehemente Befürworterin der Großen Koalition und Gegnerin der von Teilen der ÖVP immer offener geforderten Koalition mit der FPÖ galt. Die Entscheidung Buseks für eine Fortsetzung der Koalition nach der Nationalratswahl 1994 ohne Wenn und Aber musste honoriert werden, bestand doch die rechnerische Möglichkeit einer ÖVP/FPÖ-Koalition, die über 94 der insgesamt 183 Nationalratsmandate verfügt hätte.

Am 11. November gab Landeshauptmann Katschthaler in einer Aussendung bekannt, dass Land und Stadt Salzburg, der Fremdenverkehrsförderungsfonds sowie das Bundesministerium für Unterricht Helga Rabl-Stadler als Nachfolgerin Heinrich Wiesmüllers vorgeschlagen hätten. Die so Vorgeschlagene bemerkte geschickt und beruhigend in Richtung eventueller Kritiker, sie werde sich in künstlerische Belange nicht einmischen, sondern sehe ihre Aufgabe vor allem darin, „der öffentlichen Hand Geld für die Festspiele zu entlocken" und darauf zu achten, dass die künstlerischen Ziele mit den wirtschaftlichen Möglichkeiten zur Deckung gelangen. Zudem sei sie für die Verlängerung der Verträge von Mortier und Landesmann.[87] Auch aus dem Direktorium kamen zustimmende Signale. Gérard Mortier und Hans Landesmann begrüßten, trotz der vorausgegangenen Reibungen, in einem Gespräch mit Heinrich Wiesmüller den von diesem vehement unterstützten Personalvorschlag. Heinrich Wiesmüller betonte, „die Reibungen zwischen Helga Rabl-Stadler und Gérard Mortier sind verjährt. Sie vertritt die Festspiele."[88] Hans Landesmann ließ wissen, er sei über einen bevorstehenden eventuellen Wechsel Rabl-Stadlers auf den Sessel der Festspielpräsidentin „sehr erfreut". In ihrer kurzen Funktionsperiode als Kuratoriumsmitglied habe es eine sehr gute Zusammenarbeit gegeben. Zudem finde er sie „persönlich wahnsinnig sympathisch".[89]

Die Wahl Rabl-Stadlers durch das Kuratorium sollte nach dem Willen Katschthalers noch vor Weihnachten erfolgen, um den von Wiesmüller gewünschten raschen Rückzug bereits zu Jahresbeginn 1995 zu ermöglichen. Die Würfel waren bereits vor der Kuratoriumssitzung gefallen, wobei die zwischen ÖVP und SPÖ getroffene politische Absprache nicht nur bei der Opposition, sondern auch in Teilen der beiden Regierungsparteien auf Widerstand stieß. Der BL-Klubobmann Christian Burtscher erklärte, das Festspielkuratorium sei durch diese Nominierung „degradiert" worden. „Das Direktorium der Festspiele ist weder das politische Ausgedinge noch als Aufwärmkammer für weitere politische Ambitionen geeignet." Für Friedhelm Frischenschlager vom „Liberalen Forum" war es „demokratiepolitisch bedenklich", dass jemand, der sich offenbar seit Längerem mit dem Gedanken eines Abschieds von der Politik trage, vor Kurzem noch einen Vorzugsstimmenwahlkampf führte, um sich nun aus der Politik zu verabschieden.[90] Ähnlich bezeichnete FPÖ-Abgeordneter Helmut Haigermoser mit Blick auf den von Rabl-Stadler durchgeführten Vorzugsstimmenwahlkampf bei der Nationalratswahl im Oktober ihren nunmehrigen Wechsel an die Spitze der Salzburger Festspiele als „Wählertäuschung".[91] Auch in ÖVP-Kreisen regte sich unverhohlener Unmut. Im Wirtschaftsbund liefen zahlreiche Beschwerden ein, in denen Mitglieder, die Rabl-Stadlers Vorzugsstimmenwahlkampf bei der Nationalratswahl unterstützt hatten, ihrem Ärger über deren plötzliches Ausscheiden aus der Politik Luft machten.

Auch in der Tagespresse regten sich kritische Kommentare. So bemerkte Peter Vujica, die Bestellung von Helga Rabl-Stadler habe auch „hohen Signalwert. Das nächstjährige Programm liest sich so konservativ und so zahm wie kaum eines der Ära Karajan. Fast scheint es, als sei ein voll kühner Ideen angetretenes Führungsteam in seinen Intentionen in wenigen Jahren so weit regrediert, bis es nicht nur das rechnerische Kalkül einer resoluten Wirtschaftspolitikerin zufrieden stellte, sondern auch deren Zuneigung für sich gewann. So sehr, dass sie diesem Team nun selber angehören möchte. So markiert Helga Rabl-Stadlers Bestellung zeitlich wohl einen neuen Anfang. Inhaltlich jedoch fürs erste das Ende einer enttäuschenden Entwicklung."[92] Vorsichtig zurückhaltend verglich Werner Thuswaldner die kommende Präsidentin mit deren Vorgänger. „Nicht erst rückblickend wird klar, dass Heinrich Wiesmüller ein idealer Präsident war. Er ist Bankier, ein kultivierter Mann, ein Mann der Kultur. Auf den Titel, der mit der Funktion verbunden ist, legte er keinen sonderlichen Wert, wichtiger war ihm die Sache. Nun soll ihm Helga Rabl-Stadler nachfolgen. Sie war und ist schon in mehreren öffentlichen Positionen tätig, und von daher sollte klar sein, was uns erwartet. Dennoch sollen hier keine Vorurteile gefällt werden. Sie hat sehr viel Energie, und wenn sie die zum Nutzen der Institution einsetzt, ist es gut. Sie strebt die Position mit großem Ehrgeiz an und wird sie wohl mit Elan gestalten wollen. Ob sie auch die Fähigkeiten zum Ausgleichen, zur Integration hat, wird sich zeigen. Es ist durchaus denkbar, dass sie, wenn sie die politischen Ämter erst einmal hinter sich gelassen hat, neue Qualitäten in sich entdeckt."[93]

Trotz vereinzelter oppositioneller Kritik und kritischer Kommentare in der Tagespresse schien die Wahl Helga Rabl-Stadlers zwischen ÖVP und SPÖ politisch akkordiert und auf Schiene, bis die Harmonie der beiden Regierungsparteien am 23. November, dem Tag, an dem Helga Rabl-Stadler ihre Funktion als Obfrau des Wirtschaftsbundes der Salzburger ÖVP sowie als Präsidentin der Salzburger Wirtschaftskammer zurücklegte, durch einen Brief von Herbert Moritz, Vertreter des Unterrichtsministers im Kuratorium der Salzburger Festspiele, an Landeshauptmann Katschthaler gestört wurde. Der ehemalige Landeshauptmann-Stellvertreter und Unterrichtsminister erklärte zur allgemeinen Überraschung, er akzeptiere die Vorgangsweise bei der Nominierung Helga Rabl-Stadlers nicht und wolle eine Ausschreibung oder die Einsetzung einer Findungskommission sowie ein Hearing mit den möglichen Kandidatinnen und Kandidaten. Der Wechsel an der Spitze der Festspiele müsse korrekt über die Bühne gehen. Sollte (Noch-)Unterrichtsminister Scholten eine andere als die von ihm nunmehr vorgeschlagene Vorgangsweise bevorzugen, stehe er für eine Funktion im Kuratorium nicht mehr zur Verfügung. Grundsätzlich halte er es für „unerträglich", dass Landeshauptmann Katschthaler öffentlich „eine Nachfolgerin des scheidenden Präsidenten präsentiert und diese sich als solche feiern lässt, ohne dass das vom Gesetz allein zur Entscheidung bestimmte Organ damit überhaupt befasst, ja auch nur zu einer Sitzung mit entsprechender Tagesordnung einberufen worden wäre".[94] Er sei nur dann bereit, an der Nachfolge von Präsident Wiesmüller mitzuwirken, wenn auf deren „künftigen Präsidenten auch nicht die Spur eines Schattens" falle oder dieser sich dem Verdacht ausgesetzt sehe, „das Produkt irgendwelcher politischer Abreden oder gar eines geheimen Tauschgeschäftes zu sein".[95]

Minister Scholten wollte den Widerstand von Moritz in einem persönlichen Gespräch beseitigen, scheiterte jedoch an der bestimmten Haltung seines Amtsvorgängers. Angesichts der geplanten Kuratoriumssitzung am 19. Dezember erteilte Scholten Moritz den Auftrag, für Rabl-Stadler zu votieren, den dieser verweigerte und woraufhin er die Konsequenzen zog. Er trat mit erheblichem Medienecho am 2. Dezember von seiner Funktion als Kuratoriumsmitglied zurück und wurde auf Empfehlung des Salzburger SPÖ-Vorsitzenden Landeshauptmann-Stellvertreter Gerhard Buchleitner durch den ehemaligen Salzburger Bürgermeister Josef Reschen ersetzt. Auch Reschen erklärte, er könne sich mit der Art der Bestellung der neuen Präsidentin nicht anfreunden. Zudem hätte man Herbert Moritz fragen sollen, ob er für die Übernahme der Position bereit wäre. Ein weiterer Salzburger Kandidat wäre Wolfgang Gehmacher, der langjährige Präsident der Freunde der Festspiele, gewesen. Moritz bemerkte sarkastisch, er hoffe, „dass die Festspiele nach 75 Jahren einer wechselreichen, aber erfolgreichen Geschichte auch eine Episode Rabl-Stadler unbeschadet überstehen werden". Der an ihn ergangene Auftrag, für Helga Rabl-Stadler zu votieren, sei der „massivste Zugriff konservativer Politik auf die Festspiele seit dem berühmt-berüchtigten Hinauswurf Gottfried von Einems".[96]

In der Sitzung des Kuratoriums am 19. Dezember 1994 wurden zu Beginn zwei neue Mitglieder willkommen geheißen: Josef Reschen als Vertreter des Unterrichtsministers und Josef Koller, der die Position Rabl-Stadlers als Vertreter des Fremdenverkehrsförderungsfonds einnahm. Die Wahl Helga Rabl-Stadlers zur Nachfolgerin Heinrich Wiesmüllers, der am 26. Jänner 1995 seine Funktion offiziell übergeben sollte, erfolgte einstimmig. Landeshauptmann Katschthaler kommentierte die Wahl mit der Feststellung: „Ich bin ganz sicher, dass du die Salzburger Festspiele künftig ebenso hervorragend leiten wirst, wie dies in den vergangenen Jahren unter dem Präsidenten Heinrich Wiesmüller der Fall gewesen ist. Im Team, in der Partnerschaft mit Gérard Mortier und Hans Landesmann wird dieses Ziel auch zu erreichen sein." Sie werde sich bemühen, „ihre Aufgabe im Direktorium gut zu machen, mit Mut und Freude zur Verantwortung", erwiderte die neue Präsidentin.[97]

Ihre Position und Verantwortung, so Werner Thuswaldner sorgenvoll und warnend, solle sie jedoch als neue Präsidentin nicht nach dem Buchstaben des Gesetzes wahrnehmen. Heinrich Wiesmüller sei ein Teamspieler gewesen, der als offener Makler viel Gutes getan habe. Der derzeitige österreichische Bundespräsident interpretiere seine (außen)politischen Kompetenzen extensiv und sorge damit für Verwirrung und Unmut. Rabl-Stadler solle sich als Präsidentin an ihrem Vorgänger ein Vorbild nehmen und das Wort nicht in seiner hierarchischen Bedeutung, für die in den reformierten Festspielen kein Platz sei, interpretieren.[98] Zukünftige Konflikte warfen ihre Schatten voraus.

II. 2. „MAN DARF … NICHT NETT SEIN. MAN MUSS ANGREIFEN." DIE TURBULENZEN UM DIE VERTRAGSVERLÄNGERUNG VON MORTIER UND LANDESMANN 1995

Wenngleich bereits erhebliche Spannungen zwischen Landesmann und Mortier vor allem in der Frage der Finanzen, gewisser Engagements und der vom künstlerischen Leiter immer wieder gesuchten Konfrontationen mit Kritikern, Künstlern und Institutionen

Sitzung des Kuratoriums im Regierungssitzungszimmer im Chiemseehof am 19. Dezember 1994 unter dem Vorsitz von Landeshauptmann Hans Katschthaler.

Das neu bestellte Direktorium v. l. n. r.: Gérard Mortier, Heinrich Wiesmüller, Helga Rabl-Stadler, Hans Landesmann, 19. Dezember 1994.

bestanden, schien – auch mit der neuen Präsidentin – nach außen Harmonie zu herrschen. Diese erklärte bei ihrem Amtsantritt mit indirektem Hinweis auf diese internen Spannungen, sie hoffe, die Fähigkeit nicht verloren zu haben, „heterogene Persönlichkeiten" zu gemeinsamen Entschlüssen motivieren zu können.[99] Zur Jahreswende 1994/95 wurde die Frage heftig diskutiert, ob diese „heterogenen Persönlichkeiten" auch über das Jahr 1999 hinaus die Geschicke der Salzburger Festspiele leiten würden.

Zu Jahresbeginn 1995 erschienen in verschiedenen österreichischen Tageszeitungen Meldungen, nach denen sowohl Landeshauptmann Hans Katschthaler wie auch Bundesminister Rudolf Scholten das amtierende Direktorium bis 2001 verlängern wollten, doch müssten erst konkrete Gespräche mit den Betroffenen stattfinden. Zudem könnte die neue Festspielpräsidentin, einem Vorschlag von Landesmann zufolge, nicht nur bis 1997, dem Vertragsende ihrer beiden Direktoriumsmitglieder, sondern gleich bis 2000 bestellt werden.[100] Mortier ließ gleichzeitig in einem News-Interview wissen, dass er sich zwar „über den Zuspruch der verantwortlichen Politiker" freue, jedoch für eine Vertragsverlängerung Bedingungen stellen müsse. Er werde sich mit einer solchen nur dann „ernsthaft befassen, wenn mir die Spielzeiten bis zur möglichen Vertragsverlängerung, also für 1996 und 1997, sowohl vom Programm als auch vom Budget uneingeschränkt abgesegnet werden. Das wird im März oder April sein. Vorher sage ich unter keinen Umständen ja zur Verlängerung … Wir wirtschaften sehr gut, unsere Gagen sind ein Drittel niedriger als die der Wiener Staatsoper. Aber wir bewegen uns auf einer Gratwanderung. Wenn wir jedes Jahr ein großes Projekt der zeitgenössischen Oper machen, wie ‚Lulu' oder ‚Moses und Aaron', bleibt fast kein Geld mehr übrig, um zu experimentieren. Das mache ich nicht mehr mit. Das muss sich ändern."[101] Minister Scholten erwiderte auf die Forderungen Mortiers, Landeshauptmann Katschthaler und er seien für eine Vertragsverlängerung des derzeit amtierenden Direktoriums. Allerdings werde es kaum möglich sein, in Salzburg großzügige finanzielle Zusagen zu machen. „Die allgemeine Budgetsituation erlaubt das sicher nicht. Wir werden positive Absichtserklärungen abgeben können. Aber wir werden gleichzeitig auf allen Gebieten vorsichtig agieren müssen." Dies bedeute, dass der Bund weder verbindliche Zusagen über eine Erhöhung seines Zuschusses zum Betrieb der Salzburger Festspiele noch zu den von diesen als notwendig bezeichneten baulichen Maßnahmen machen könne.[102]

Mortier pokerte im Bewusstsein einer parteiübergreifenden positiven Stimmung. Seinen sich formierenden Kritikern gegenüber, die ihm einen letztlich nicht originellen Spielplan, zunehmend schlecht verkaufte Vorstellungen, oftmaliges künstlerisches Mittelmaß und Misswirtschaft vorwarfen, ging er in die Offensive. Er verwies auf das internationale Presseecho und nannte die von Wiener Zeitungen vorgebrachten Kritiken „Geschwätz", das außerhalb Österreichs niemanden interessiere, den Gewinn neuer Publikumsschichten, die Kooperationen mit anderen Opernhäusern zur Kostensenkung der teuren Produktionen, die Reduktionen bei den Gagen der Spitzenkünstler und die Bemühungen um neue Sponsoren (Siemens und Audi). Von einem publizistischen Rückenwind begleitet, setzte er sowohl das Kuratorium wie auch die Politik subtil unter Druck. Er wusste, dass sich niemand dem Vorwurf aussetzen wollte, den Vertrag des „großen Reformers" der Festspiele nicht zu verlängern. Programm und Ästhetik des „neuen" Salzburg würden nun erst sichtbar, so seine Botschaft, und er verkaufte dieses von ihm geschaffene „neue" Salzburg in einer geschickt inszenierten Konfrontation mit der Wiener Staatsoper.

Die für 1995 geplante „Traviata" war auf Grund einer notwendigen Kostenreduktion ursprünglich als Koproduktion mit der Wiener Staatsoper geplant. Staatsoperndirektor Ioan Holender ließ jedoch wissen, dass er zwar an einer Zusammenarbeit mit Salzburg interessiert wäre, jedoch eine Produktion, die er nicht kenne, nicht übernehmen könne. Aus Salzburg seien keine Informationen über die Produktion sowie keine Bühnenentwürfe übermittelt worden, weshalb man unter diesen Bedingungen an keine Koproduktion denken könne. An Stelle der Staatsoper sollte schließlich das Teatro Carlo Felice in Genua gewonnen werden. Zu Jahresbeginn 1995 war jedoch noch kein Partner gefunden. In einem News-Interview griff Mortier Holender an und erklärte unter Hinweis auf dessen Vertragsverlängerung über das Jahr 2000 hinaus, dieser benehme sich nunmehr „wie der Kaiser von China. Nach 1996 wird die ‚Traviata' schon ihren Weg finden. Sowieso befinden sich zurzeit die Opernästhetik der Wiener Staatsoper und die der Salzburger Festspiele Lichtjahre voneinander entfernt …"[103] Die Antwort des so Angegriffenen ließ nicht lange auf sich warten. „Gerne reihe ich die Wiener Staatsoper und mich in die Gruppe der von Herrn Dr. Mortier beschimpften Personen und Einrichtungen wie Salzburger Lodenträger, Jessye Norman, Franco Zeffirelli, Giuseppe Sinopoli, Luciano Pavarotti, Wiener Philharmoniker u. a. ein. Trotzdem wünsche ich Herrn Dr. Mortier bei seinem fünften Versuch einer Mozartoper bei den Salzburger Festspielen im kommenden Sommer annähernd den gleichen Erfolg, den die Wiener Staatsoper mit ihrer letzten Mozart-Produktion hatte."[104] Auch die Vertreter des darstellenden und des nicht darstellenden Personals der Wiener Staatsoper – Solisten, Chor, Ballett, szenischer Dienst, Technik und Orchester, d. h. letztlich die Wiener Philharmoniker – reagierten auf die Erklärung Mortiers und erklärten in einem offenen Brief am 12. Jänner, Mortier wolle angesichts der bevorstehenden Verhandlungen über seine Vertragsverlängerung „von seiner Rolle als künstlerischer und finanzieller Bankrotteur der Salzburger Festspiele ablenken. Die wirtschaftlichen Probleme dort – bei Kartenpreisen über 4.000 Schilling und nicht ausverkauften Vorstellungen – sind allen Zuständigen bekannt, und die Festspiele haben noch mehr Sponsoren bitter nötig." Mortier erinnere in seinem Verhalten an einen „aufgeregten kleinen Provinzfürsten, der geschwätzig seine Pleiten rechtfertigt". Tatsächlich seien die Wiener Staatsoper und die Salzburger Festspiele unter seiner Leitung „Lichtjahre" voneinander entfernt, denn an der Staatsoper herrsche „künstlerisches und wirtschaftliches Verantwortungsbewusstsein" und es gebe „große internationale Erfolge trotz Einsparungen in Millionenhöhe"[105]. Mortier replizierte dem Staatsoperndirektor kampfesfreudig: „Holenders Spielplan … ist halt ein ehrliches und vehementes Bekenntnis zur kulinarischen Oper. Schade, dass sich seine diesbezüglichen Gelüste im Rahmen der ebenso gefeierten Repertoire-Oper des Öfteren auf ‚Wiener Schnitzel' beschränken müssen, die bei besonderen Gelegenheiten in schmackhaftere Piccata Milanese umgewandelt werden."[106]

Mortiers Replik veranlasste die Gewerkschaft Kunst, Medien und Freie Berufe am 24. Jänner 1995 zu einem „offenen Brief" an den künstlerischen Leiter der Salzburger Festspiele, in dem unter Bezugnahme auf dessen Auseinandersetzung mit der Wiener Staatsoper und deren Personal sein für viele Kritiker sorgloser Umgang mit Finanzfragen thematisiert wurde. „Wir verstehen die harten Worte und den Zorn der Betriebsräte der Wiener Staatsoper. Wenn Dr. Mortier sein Verbleiben allein davon abhängig macht, dass sein vorgelegtes Budget uneingeschränkt akzeptiert wird, muss das den Betriebsräten die Zornesröte auf die Stirn treiben." Er möge bedenken, dass „im gleichen Augenblick den Bundestheatern eine ganz normale Valorisierung ihres Budgets versagt blieb und sogar Einsparungen in der Höhe von zehn Prozent diktiert werden. Auch die Aufnahme von dringend benötigten Aushilfskräften wird verweigert." Zudem betrachte man dieses Schreiben als Schlussstrich unter die Auseinandersetzung. „Österreichs Kulturschaffende können es sich nicht leisten, ständig aufeinander loszugehen. Das müsste auch dem künstlerischen Leiter der Salzburger Festspiele klar sein."[107]

Der auch von der ausländischen Presse aufmerksam verfolgte und kommentierte Schlagabtausch zwischen Wien und Salzburg erlahmte Ende Jänner 1995, um, wenn auch mit anderen Protagonisten, im folgenden Festspielsommer im Vorfeld der Vertragsverlängerung des amtierenden Direktoriums, vor allem Gérard Mortiers, angesichts der wenig schmeichelhaften Kritiken über die Neuinszenierungen von „Rosenkavalier" und vor allem „La Traviata" sowie des allgemein festgestellten Qualitätseinbruchs bei engagierten Sängern und Sängerinnen in eine zweite Runde zu gehen.

In der Wiener Tageszeitung „Die Presse" bemerkte Wilhelm Sinkovicz in einem kritischen Blick auf vier Jahre Mortier/Landesmann und das Jubiläumsprogramm: „Mortier und Landesmann zogen in den Festspielbezirk ein, um für eine Neuorientierung zu sorgen. Man schien in der ersten Spielzeit sogar ein erstaunlich tragfähiges Gerüst konstruiert zu haben, auf dem sich eine Anknüpfung an frühere Erfolgsstrategien ebenso verwirklichen ließ wie die oft urgierte ‚Öffnung' in Richtung eines neuen, jungen Publikums.

Die Realität 1995 belehrt uns: So einfach ist diese Quadratur des Kreises nicht zu berechnen. Was anlässlich des 75-Jahr-Jubiläums der Festspiele an musikalischen Veranstaltungen über die Bühne geht, ist bestenfalls ein schwacher Abklatsch der Ideen, die

1992 proklamiert wurden. Die Opern, teurer denn je, sind in puncto Qualität umstritten, in manchen Fällen nicht einmal das; da ist der Abfall gegenüber früheren Zeiten allzu eklatant. Vor allem die Sängerbesetzungen haben in den meisten Fällen das tolerable Maß unterschritten. Darüber sind sich die meisten Kommentatoren einig.

Die Avantgarde, zu Karajans Zeiten noch ins große Festspielgeschehen integriert (bis hin zu Opern-Uraufführungen von Henze, Orff, Penderecki oder Cerha), scheint jetzt in Ghetto-Konzerte abgeschoben, was sogar als Rückschritt empfunden werden kann.

Punkt zwei der ‚Reformidee', die Einbindung sogenannter ‚zeitgemäßer' Regisseure: eine Spiegelfechterei. Salzburg war stets Treffpunkt einer Elite von Inszenatoren, in der jüngeren Vergangenheit reichte sie von Strehler über Rennert bis Ponnelle. Dass jetzt mit Chéreau, Grüber, Bondy und Wernicke einige viel diskutierte Regisseure hier arbeiten, ist keine Sensation, sondern eine Selbstverständlichkeit.

Neu ist nur, dass diese Künstler in Interviews vor ihren jeweiligen Premieren erzählen, sie inszenierten hier Stücke, die sie eigentlich nicht leiden könnten oder noch nie in ihrem Leben gesehen haben. Sind das Qualifikationskriterien? …

Auch im Konzertbereich herrscht an der Salzach die verkehrte Welt. Nach wie vor markieren die Wiener Philharmoniker mit ihren Dirigenten … die Höhepunkte. Noch nie aber wurden sie von der Programmplanung dermaßen an den Rand gedrängt. Das gilt auch für die Oper: Wenn für Alban Berg und Mozart plötzlich minder qualifizierte Ensembles im Orchestergraben sitzen, dann klafft zwischen der Absicht, das alte ‚philharmonische' Salzburg-Bild durch ein neues, ‚frischeres' zu ersetzen, und der akustischen Realität ein gar nicht festspielwürdiger Spalt. Am Beispiel des *genius loci*: Bei Licht betrachtet, war keine einzige der Mozart-Premieren in der gesamten bisherigen Ära Mortier ein wirklicher Erfolg, manche gerieten desaströs, ‚Così fan tutte' wurde sogar sofort aus dem Spielplan genommen." Trotz dieses deutlich feststellbaren allmählichen Niedergangs herrsche angesichts der bevorstehenden Vertragsverlängerung des Direktoriums eine „Friedhofsruhe", die darauf schließen lasse, „dass die Vertragsverlängerung des derzeitigen Teams bereits beschlossen ist und man lediglich zögert, die Öffentlichkeit angesichts der heurigen Festspielbilanz über dieses Faktum zu informieren"[108].

Die von Sinkovicz vorgetragene Kritik wurde von Franz Endler im „Kurier", Peter Vujica im „Standard" und Karlheinz Roschitz in der „Kronen Zeitung" geteilt. Mortier vermutete, publizistisch unterstützt von den „Salzburger Nachrichten", eine gezielte Wiener Intrige gegen seine Vertragsverlängerung, in der die Wiener Tageszeitungen lediglich das vorgeschobene Mittel zum Zweck der Scheckbuchbewehrten einflussreichen Kreise seien. Besondere Brisanz erhielt diese Behauptung durch die Unterstellung Mortiers, „Kurier"-Chefredakteur Peter Rabl, der Gatte der neuen Festspielpräsidentin, solle „klug sein und seine Frau nicht ins Gedränge bringen". Er wisse, dass die von Wiener Tageszeitungen gegen ihn offensichtlich inszenierten „Hetzkampagnen … von reichen und einflussreichen Leuten finanziell unterstützt würden"[109]. Zudem äußerte er auch den Verdacht, dass die neue Festspielpräsidentin durch gezielte Informationen bestimmte Wiener Tageszeitungen instrumentalisiere, um seine politisch gewollte Vertragsverlängerung in letzter Minute doch noch zu verhindern. Gegenüber dem belgischen Wochenblatt „Knack" erklärte er: „Ich mache Festspiele für Österreich, aber auch für internationales Publikum. Im Vergleich zu anderen Ländern ist das musische Können das höchste, man muss aber einen Unterschied machen zwischen Wien und dem restlichen Land. In Wien laufen viele Intellektuelle herum, aber man spürt das Destruktive durch. Es ist kein Zufall, dass Adolf Hitler dort zu Hause war. Man darf aber nicht nett sein, man muss auch kämpfen. Einige Leute sind aus bösartigem Grund gegen Reformen." Und die „Financial Times" ließ er wissen, Helga Rabl-Stadlers Installierung als neue Festspielpräsidentin sei ein „typisch österreichisches Arrangement" gewesen, das ohne sein Wissen und ohne seine Zustimmung getroffen wurde. Er vermute und fürchte, man habe sie als „konservativen Wachhund" in das Direktorium berufen. Er habe mit Heinrich Wiesmüller nie Probleme gehabt, doch sei für ihn die Situation nunmehr nicht mehr klar. „Einer von uns muss Primus inter pares sein. Nach 30 Jahren Tätigkeit im Opernbereich möchte ich nicht erklären müssen, warum ich einen Künstler dem anderen vorgezogen habe."[110] Die so angegriffene Festspielpräsidentin, die durch ihre öffentlichen Solidaritätserklärungen mit der neuen

Festspielphilosophie einen Schulterschluss mit Mortier vollzogen hatte, replizierte, Mortier habe ihr gegenüber stets das Gegenteil behauptet. Er sei als Vertreter des Intendantenprinzips in Salzburg vom Saulus zum Paulus geworden und mit der kollektiven Führung des Direktoriums sehr zufrieden. In einem Gespräch mit der „Presse" erklärte sie, die Entscheidung über eine Vertragsverlängerung von Mortier und Landesmann sei bereits im Jänner 1995, also vor ihrem Amtsantritt, gefallen und sie habe sich mit dieser Lösung völlig identifiziert.[111] Peter Rabl hingegen drohte im Fall einer Aufrechterhaltung der Vorwürfe Mortiers mit einer Klage wegen Ruf- und Geschäftsschädigung.

Franz Endler wies jeden Einfluss seitens des Chefredakteurs auf seine Kritiken vehement zurück und widersprach der Behauptung des Wissenschaftsministeriums, dass andere namhafte Persönlichkeiten für eine Nachfolge Mortiers gar nicht zur Verfügung stünden, mit dem Hinweis, dass Karl Löbl, Alexander Pereira und Thomas Angyan sehr wohl zur Verfügung stünden, und schloss mit dem Satz: „Immerhin, völlig beruhigt ist die Salzburger Situation noch nicht."[112] Peter Vujica kommentierte den Festspielsommer 1995, dass die „von Mortier mit hemmungslosem Vorausgegacker in Aussicht gestellten Jubiläumstriumphe" kaum erfolgt seien. Die Realität sehe „anders aus. Mortier erntete bisher dürren Lorbeer. Nicht die Wiener Presse hetzt, vielmehr höhnt es auch feixend aus dem internationalen Feuilleton über Soll und Haben seiner sogenannten Festspielreform.

Mortier wird aggressiv wie alle schlechten Verlierer. Er attackiert sogar seine Präsidentin. Sein Argument, er möchte sich eigentlich von niemandem etwas dreinreden lassen, hat sogar Einiges für sich und ist ganz dazu angetan, die gesamte Führungsstruktur der Festspiele zu sprengen.

Diese neu zu gestalten, fehlt die Zeit und den Politikern der planerische Elan. … dass Österreichs Kulturpolitiker die souveräne Gelassenheit besitzen, Mortier, wenn es ihm in Salzburg so gar nicht gefällt, wieder nach Hause gehen zu lassen, wird wohl niemand ernstlich annehmen."[113] Selbst ein Mortier so gewogener Kritiker wie Klaus Umbach bemerkte in einer kritischen Bilanz des Reformanspruchs Mortiers, dass dieser sich dummerweise „die Karten selbst schlecht gemischt und als Galionsfigur von Neu-Salzburg sich peinvolle Blößen gegeben hat. … Mozart, der kostbarste Pflegefall der Festspiele, findet auf der Bühne kaum statt." Dennoch werde „Mortier noch einmal davonkommen; er hat keine andere Wahl als Salzburg. Salzburg keine andere als ihn."[114]

Wie zur Bestätigung dieser Analyse erklärte der Salzburger Kulturlandesrat Othmar Raus in einer Aussendung, die Verträge von Mortier und Landesmann müssten aus landespolitischer Sicht unbedingt verlängert werden.[115] Mortier selber war angesichts der noch nicht abgeschlossenen Vertragsverlängerung sowie der im Laufen befindlichen Prüfung der Festspiele durch den Rechnungshof um Beruhigung bemüht und ließ unter Bezugnahme auf die angedrohte gerichtliche Klage seitens des „Kurier" am 30. August über seinen Anwalt verlauten, er habe seine Formulierung von „bezahlten Wiener Kreisen" nicht auf den „Kurier" gemünzt und werde „auch in Zukunft nicht erklären, dass der ‚Kurier' oder dessen Herausgeber oder der Journalist Herr Endler etwa bezahlt würden, soweit es hierfür keine tatsächlichen Anhaltspunkte gibt." „Kurier"-Herausgeber Peter Rabl reagierte mit der Bemerkung, die Angelegenheit sei für ihn „damit erledigt, da der Vorwurf der Käuflichkeit nicht mehr im Raum steht"[116].

Im Vorfeld der Kuratoriumssitzung am 7. November, in der über die Vertragsverlängerung des amtierenden Direktoriums entschieden werden sollte, deponierte Mortier seine Bedingungen. Wenngleich das Direktorium – trotz Geschäftseinteilung mit klaren Kompetenzen – nur als Kollektivorgan Entscheidungen treffen konnte, fühlte sich Mortier als Primus inter pares und wollte dies auch in seinem neuen Vertrag bestätigt haben. So forderte er in einem vom Frankfurter Anwaltsbüro „Oppenhoff & Rädler" erarbeiteten Vertragsentwurf, im Fall einer Neubesetzung der Positionen des Präsidenten oder des Finanz- und Konzertchefs gehört zu werden sowie eine künstlerische Oberhoheit. Die Differenzen mit Landesmann hatten sich in letzter Zeit gehäuft, und Mortier strebte die Kompetenz einer Letztentscheidung an. Im Fall eines Ausscheidens von Landesmann wollte er die Konzertplanung ebenso an sich ziehen wie im Fall eines Ausscheidens von Stein jene des Schauspiels, wobei ihn ein Dramaturg unterstützen sollte. Zudem sollte sein Jahressalär rückwirkend ab 1. September 1995 von derzeit moderaten 2,1 Millionen auf

3,36 Millionen Schilling inkl. Repräsentationszulage angehoben werden. Die über die Bezüge des Staatsoperndirektors hinaus gehende Forderung nach der Erhöhung seines Gehalts begründete er mit dem Hinweis, dass Ioan Holender einen Dienstvertrag und daneben eine sehr hohe Pension habe. Er aber habe lediglich einen Werkvertrag ohne Pensionsregelung und Sozialversicherung, für die er selber sorgen müsse.

Die durchaus begründbare Gehaltsforderung Mortiers erwies sich als politisch sensibel. Angesichts der drohenden Budgetkrise – das Defizit lag bei 5,8 Prozent des Bruttoinlandsprodukts und drohte in den folgenden Jahren auf 8 Prozent zu steigen – waren dringend strukturelle Reformmaßnahmen geboten, zumal Österreich bis 1998 sein Defizit unter die Maastricht-Grenze senken musste, um an der europäischen Wirtschafts- und Währungsunion teilnehmen zu können. Während die ÖVP unter ihrem neuen Obmann und Vizekanzler Wolfgang Schüssel vor allem auf ausgabenseitige Schritte wie weitere Privatisierungen und ein Vermindern der immer stärker ansteigenden Frühpensionen drängte, plädierte die SPÖ vor allem für einnahmenseitige Sanierungsschritte. Die Koalition zerbrach nach nur 10 Monaten ihrer Neuauflage im Streit über diese Fragen in der Nacht vom 11. auf 12. Oktober, und Neuwahlen wurden für den 17. Dezember ausgeschrieben. Die Gehaltsforderungen Mortiers waren in der Zeit des Wahlkampfes und des diesen dominierenden Themas der Budgetsanierung und der Leistbarkeit des Sozialstaates politisch nur schwer zu vermitteln.

Das Kuratorium schlug ein Jahresgehalt von 3,3 Millionen Schilling vor (202.000 Schilling 15 mal im Jahr plus Repräsentationsspesen). Dieser Vorschlag wurde im Vorfeld der Kuratoriumssitzung am 7. November, somit mitten im Nationalratswahlkampf, publik und sorgte für erregte Diskussionen, zumal Mortier mit der Erklärung, er bestehe auf der ihm gemachten Zusage und könne sich auch anders orientieren, Öl ins Feuer goss. Wenige Tage vor der Kuratoriumssitzung erklärte ÖVP-Kultursprecher Franz Morak, die Politik müsse stets bemüht sein, „das Maß zu wahren". Mortiers Vertrag zu verlängern, ohne den Inhalt des Rechnungshof-Berichtes abzuwarten und ohne auf die herrschende Spargesinnung Rücksicht zu nehmen, könne sich „kein Politiker leisten, der das Ohr am Volk hat"[117]. Minister Scholten und Landeshauptmann Katschthaler reagierten auf die angesichts des Wahlkampfes erhebliche politische Brisanz der Vertragsverlängerung inklusive neuer Gehaltsregelung, indem sie vor der Kuratoriumssitzung in einer gemeinsamen Erklärung feststellten, dass das Thema von der Tagesordnung genommen werde. Wenngleich man sich zur Vertragsverlängerung bekenne, müsste doch die Frage der Honorierung ebenso einer weiteren Prüfung unterzogen werden wie die rechtliche Gestaltung des Vertrages (Werk- oder Dienstvertrag), in der es Auffassungsunterschiede zwischen dem Rechnungshof und der Finanzprokuratur gebe. Das hoch emotional besetzte Thema wurde damit aus dem Wahlkampf genommen und auf das folgende Jahr vertagt.

In der Kuratoriumssitzung am 7. November erklärte Landeshauptmann Katschthaler, er „stelle eingangs fest, dass die Kuratoriumsmitglieder sich voll und ganz zu allen Mitgliedern des Direktoriums bekennen; umso mehr nach dem beeindruckenden Erfolg der Festspiele 1995.

In den letzten Wochen wurde viel Unqualifiziertes über die heranstehenden Vertragsabschlüsse in die Öffentlichkeit getragen." Deshalb habe er mit Bundesminister Dr. Rudolf Scholten diese Vertragsfrage sehr bewusst entschärfen wollen. Es gebe nämlich Kräfte, die – aus welchen Gründen auch immer – gegen die Arbeit von Dr. Mortier in Salzburg sind, vor allem in der Wiener Gesellschaft. So hätten Kulturjournalisten im Dienste dieser Kräfte, aber auch aus eigenem Antrieb, eine Kampagne gegen Dr. Mortier geführt. Diese Kampagne stehe allerdings im Gegensatz zur Beurteilung Dr. Mortiers in der internationalen Presse.

Die sensible Vorwahlzeit bringe mit sich, dass auch andere als kulturpolitische Gesichtspunkte in solche Diskussionen eingebracht werden. Es besteht demnach die Gefahr, dass die Salzburger Festspiele die großen Verlierer dieser Diskussion werden könnten. Die Salzburger Festspiele und das Kuratorium sollten daher nicht ins Gerede geraten, weshalb die gemeinsame Erklärung von Herrn Bundesminister Dr. Rudolf Scholten und ihm mit ihrer klaren Haltung zur Persönlichkeit des Dr. Mortier und zu den beiden anderen Mitgliedern des Direktoriums besonderes Gewicht habe. Er rege an, „den Vertrag nicht jetzt zu unterzeichnen, sondern den Bericht des Rechnungshofes abzuwarten. Dieser wird in der Grundhaltung wahrscheinlich positiv sein, jedoch einige Anmerkungen enthalten können, die man abwarten sollte."[118]

Die im Vorfeld der Kuratoriumssitzung am 11. Jänner 1996 mit erheblicher publizistischer Resonanz erfolgte Publikation des Rohberichts des Rechnungshofes durch das Magazin „News" über die ersten Jahre der Ära Mortier mit seinen kritischen finanzpolitischen Passagen sorgte im Endstadium der Verhandlungen um eine Vertragsverlängerung des Direktoriums sowie von Schauspieldirektor Peter Stein für erhebliche Turbulenzen. Trotz der kritischen Anmerkungen des Rechnungshofberichtes und des erheblichen Medienechos sowie der nach wie vor bestehenden Differenzen zwischen den Forderungen Mortiers und der Position der im Kuratorium vertretenen Trägerorganisationen der Festspiele erklärte der Salzburger Landeshauptmann Hans Katschthaler vor der Sitzung, er sei davon überzeugt, dass eine Vertragsverlängerung mit dem amtierenden Direktorium zustande kommen werde. Mit Blickrichtung auf Mortiers finanzielle Forderungen konzedierte er, dass der amtierende Intendant eben ein Mann sei, „der nicht nur seinen Wert hat und viel kostet", sondern auch für Salzburg viel gebracht habe. Vor allem habe Mortier den internationalen Ruf Salzburgs gestärkt. So würden 75 Prozent der Amerikaner die Salzburger Festspiele kennen, jedoch nur 50 Prozent mit dem Begriff Österreich überhaupt etwas anfangen können. Und auch die frisch gekürte Präsidentin Helga Rabl-Stadler setzte zur Verteidigung ihrer Direktoriumsmitglieder an. Künstlerische Höchstleistungen hätten eben einen Marktwert, genauso wie beim Fußball oder bei den Tennisspielern. Gagen für Leute, die man sonst nicht bekomme, seien eben keine Geldverschwendung, wie dies oftmals behauptet werde.[119]

Das Kuratorium beschloss am 11. Jänner 1996 zwar die Vertragsverlängerung von Hans Landesmann und Helga Rabl-Stadler, nicht jedoch jene von Gérard Mortier, der bei der Sitzung nicht anwesend war und sich von seinem Rechtsanwalt vertreten ließ.

Der Verhandlungspoker wurde schließlich in der Sitzung des Kuratoriums am 25. Jänner durch eine Einigung beendet und die Vertragsverlängerung Mortiers bis 30. September 2001 auf der Basis eines Dienstvertrages, der die selbständige Versteuerung der Beträge beinhaltete, beschlossen. Letztlich verzichtete Mortier für die Laufzeit des Vertrages auf insgesamt 1,6 Millionen Schilling, sicherte sich allerdings die (neue) Klausel in seinem Vertrag, diesen bei der Nichterfüllung seiner künstlerischen Absichten kündigen zu können. Die Verhandlungen mit Peter Stein liefen hingegen weiter. Der Schauspieldirektor erklärte dem Kuratorium seine Bereitschaft, in Salzburg über das Jahr 1997 hinaus weiter zu arbeiten, und präsentierte seine Pläne, wobei die Frage, wie das von ihm gleichzeitig verfolgte „Faust"-Projekt in Berlin mit einer eventuellen Vertragsverlängerung in Salzburg vereinbar sei, offen blieb.

II. 3. DER ANSPRUCH MORTIERS AUF DAS INTENDANTENPRINZIP

War mit der Vertragsverlängerung des Direktoriums bis 30. September 2001 die Kontinuität der Festspielleitung gewährleistet, so wurden im Festspielsommer 1996 die inneren Spannungen und Bruchlinien in diesem Gremium vor allem zwischen Hans Landesmann und Gérard Mortier deutlich. Massive Differenzen entstanden in den Fragen einer Vertragsverlängerung Peter Steins als Schauspieldirektor, der künstlerischen Leitung der von den Festspielen ab 1998 durchgeführten Pfingstfestspiele, der weiteren Beschäftigung Riccardo Mutis sowie des Rückzugs von Nikolaus Harnoncourt.

Landesmann war bemüht, Stein mit einem Konsulentenvertrag, der ihm auch die Möglichkeit einer Weiterverfolgung seines „Faust"-Projektes ermöglicht hätte, an Salzburg zu binden. Mortier lehnte dies in einem Brief an Landesmann am 9. Mai 1996 mit der Begründung ab, dass ein solcher Vertrag „zwar steuerlich günstiger ist, aber weder künstlerisch noch organisatorisch eine Lösung bringt", und entzog ihm das Verhandlungsmandat mit der verletzenden Formulierung: „Dementsprechend übernehme ich ab sofort alle weiteren Verhandlungen mit Peter Stein und werde das Direktorium darüber präzise informieren." Bereits am 30. April schrieb er an Stein, dass er den von Landesmann erarbeiteten Vorschlag „nicht gut finde", und schlug statt dessen einen langfristigen Regievertrag vor, „in dem wir gemeinsam für die nächsten vier Jahre zwei Neuinszenierungen im Schauspielbereich … vereinbaren, wobei jetzt schon Ort und Premieren sowie die damit zusammenhängenden Wiederaufnahmen festgelegt werden sollen"[120].

Mortier akzeptierte auch nicht den Anspruch von Landesmann auf die Gestaltung der künftigen Pfingstkonzerte. In dem oben zitierten Brief vom 9. Mai erklärte er brüsk, er akzeptiere dies nicht „und werde bei der kommenden Kuratoriums-Sitzung vorschlagen, dass ich die künstlerische Leitung der Pfingstfestspiele übernehme, wie es mir laut Geschäftsordnung obliegt. Im Klartext, ich trete Ihnen diese Aufgabe nicht mehr ab."

Erhebliche Differenzen ergaben sich auch in der Haltung zu den Wiener Philharmonikern und Riccardo Muti als Operndirigenten, was zur Aufforderung Mortiers an Landesmann führte, sich aus „allen Geschäften, die Oper betreffend, herauszuhalten". Landesmann war bestrebt, Nikolaus Harnoncourt mit dem programmatisch interessanten Angebot der künstlerischen Leitung der Pfingstfestspiele, das dieser allerdings ablehnte, neuerlich an Salzburg zu binden. Mit Blick darauf und vor dem Hintergrund der Erklärung Mortiers, er werde seinen Vertrag in Salzburg über das Jahr 2001 hinaus nicht verlängern, erklärte er vor Festspielbeginn 1996: „Wenn unsere Verträge 2001 auslaufen, sollte Harnoncourt die Leitung der Festspiele übernehmen. Er war schon seinerzeit, als ich mit der Findung des Intendanten beauftragt wurde, der Mann, den ich sofort gefragt habe. Damals sagte er: ‚Es ist zehn Jahre zu früh.' Diese zehn Jahre sind jetzt bald um. Wir sind ein Direktorium der Manager, und das war gut so, denn die Künstler haben sich nach Karajan nicht an die Aufgaben gewagt. Jetzt ist es Zeit, dass die Linie Reinhardts und Karajans weitergeführt wird und eine charismatische Künstlerpersönlichkeit an die Spitze der Festspiele kommt."[121]

Eine weitere Frontlinie eröffnete Gérard Mortier mit seinem unter Hinweis auf den Titel des künstlerischen Leiters erhobenen Anspruch auf die Durchsetzung des Intendantenprinzips. Nach dem offiziellen Verzicht Steins auf eine Verlängerung seines Vertrages als Schauspieldirektor preschte Mortier – ohne vorherige Kontaktaufnahme mit den übrigen Direktoriumsmitgliedern – in mehreren Interviews vor und versuchte durch öffentliche Erklärung vollendete Tatsachen zu schaffen. So erklärte er, es werde in Zukunft keinen Schauspieldirektor mit ähnlichen Kompetenzen wie Stein geben, sondern nur mehr einen Organisator und Programmdenker. Die Inszenierungen des Schauspiels, aber auch der Oper, sollten in den nächsten Jahren von Deborah Warner, Peter Sellars, Christoph Marthaler und Stefan Bachmann durchgeführt werden. Ein ob dieses forschen Alleingangs sichtlich irritierter Landesmann konterte unter Hinweis auf die Geschäftsordnung des Direktoriums: „Der Intendant kann seine Ideen natürlich über die Medien verbreiten, das ist klar, aber das sind wirklich nur Ideen – und dem Direktorium noch nicht einmal bekannt. Eine Entscheidung aber muss gemeinsam gefällt werden. Konkrete Maßnahmen kann man erst nach der Kuratoriumssitzung am 7. November treffen. Das heißt, dass ich ganz sicher keinen Vertrag unterschreiben oder Zusagen machen werde, bevor ich die künstlerischen und finanziellen Auswirkungen kenne." Und ironisch zu Mortiers Vorschlag einer kollektiven Führung des Schauspiels: „Obwohl ich Peter Stein sehr verehre, finde ich es ein bissl übertrieben, dass man ihn gleich mit fünf Personen ersetzen soll. Wir brauchen sicher keine fünf, aber mindestens einen guten Theaterfachmann, der das Programm erstellt und realisiert."[122]

Die in aller Öffentlichkeit ausgetragene Kontroverse zwischen Mortier und Landesmann veranlasste Wissenschaftsminister Rudolf Scholten am 24. August am Rande der Alpbacher Technologiegespräche gegenüber der APA zu der Bemerkung, niemand kaufe teure Karten, um an den „kontraproduktiven" Personaldiskussionen des Direktoriums der Festspiele teilzunehmen, sondern um die Kunst zu genießen. Er werde daher mit den Mitgliedern des Direktoriums in den nächsten Tagen ein klärendes Gespräch führen und darauf drängen, alles daranzusetzen, um einen derzeit keineswegs günstigen Eindruck in der Öffentlichkeit zu vermeiden. Peter Vujica übertitelte seinen Bericht über die Situation: „Der Frust der Direktoren: Einmütig uneinig."[123]

Die Spannungen im Direktorium hielten an, zumal Mortier seine künstlerische Leitungskompetenz offensiv betonte und Hans Landesmann und Helga Rabl-Stadler als zunehmend lästiges Beiwerk des von ihm forcierten Intendantenprinzips betrachtete. Wenngleich nach außen Einigkeit und Geschlossenheit demonstriert wurden, war dies im Inneren keineswegs der Fall. Als Mortier erklärte, er sei bereit, seinen bis 2001 laufenden Vertrag noch um etwa zwei Jahre zu verlängern, wenn er das uneingeschränkte Vertrauen der verantwortlichen Politiker genieße und zudem die Gefahr bestehe, dass seine Reformpolitik in großen Teilen rückgängig gemacht werden könnte, kommentierte dies die Festspielpräsidentin mit der Bemerkung, sie denke, 10 Jahre in einer Funktion seien „gerade recht. ... Das sage ich im Wissen darum, wie heikel meine Aussage ist. Gerade in der Kunst muss man immer neuen Leuten die Möglichkeit geben, ihre ästhetischen Vorstellungen zu verwirklichen."[124] Auch der Salzburger Kulturlandesrat Othmar Raus (SPÖ) winkte angesichts des Angebots Mortiers dankend ab und erklärte, eine Erneuerung der Salzburger Festspielleitung sei „im Jahr 2001 unbedingt erforderlich". Die Debatte über eine Nachfolge der Direktoriumsmitglieder sollte daher bereits 1998 beginnen. Zudem stellte der Kulturlandesrat die Frage nach der Struktur des Direktoriums. „Muss das Direktorium aus drei Personen bestehen? Können es auch zwei sein? Oder gibt es vielleicht eine andere sinnvolle Konstruktion?" Man müsse im Zusammenhang der Nachfolge Mortiers eine „offene Diskussion" auch über strukturelle Fragen führen.[125]

II. 4. (KULTUR-)POLITISCHE POSITIONSKÄMPFE. DIE DISKUSSION ÜBER DIE STRUKTURREFORM 1998/99

Im Festspielsommer 1998 bemerkte Hans Landesmann, der Betrieb laufe bestens. Es sei gelungen, prominente ausländische Firmen und Privatpersonen als Sponsoren zu gewinnen, doch wären vor allem auch österreichische Sponsoren erwünscht. Das für die Finanzen und den Konzertbereich zuständige Direktoriumsmitglied machte aus seinem Herzen keine Mördergrube und fügte hinzu, seine „Herzensangelegenheit" sei die Planung bis zum Mozart-Jahr 2006. Die Vorbereitungen dafür würden schon laufen. „Es wäre sinnvoll, wenn Intendant Gérard Mortier und das Direktorium bis zu diesem Zeitpunkt bleiben könnten, um den Projekten Kontinuität zu geben."[126] Ein Jahr zuvor hatte Präsidentin Helga Rabl-Stadler gemeint, zehn Jahre seien genug. Die Positionen im Direktorium waren also bezogen. Während Mortier und Landesmann mit einer Verlängerung ihres Vertrages um weitere fünf Jahre bis 2006 liebäugelten, plädierte Rabl-Stadler, deren erste Funktionsperiode Ende Jänner 2000 endete, für ein Auslaufen der Verträge Mortiers und Landesmanns, vor allem jedoch Mortiers, und damit eine weitgehende Erneuerung des Direktoriums unter ihrer Präsidentschaft. Sie würde für eine weitere Periode „sehr gerne zur Verfügung stehen", ließ sie anlässlich einer Saison-Schlusskonferenz des Direktoriums über den zu Ende gehenden Festspielsommer 1998 am 28. August wissen.[127] Gleichzeitig erfolgte eine erste deutliche Absetzbewegung von Gérard Mortier. Wenngleich sie den üblichen Stehsatz von einem künstlerisch sehr erfolgreichen Festspielsommer von sich gab, bezeichnete sie den Kartenverkauf für die Wiederaufnahmen von „François d'Assise", „Fidelio" und „Kátja Kabanová" als enttäuschend. Man müsse die Spielplangestaltung kritisch überdenken. „Die künstlerische Phantasie von Landesmann und Mortier ist oft größer als die kommerzielle Möglichkeit des Kartenverkaufs." Zudem passten experimentelle Produktionen wie „Soon" und „Geometry of Miracles" nicht in das Festspielprogramm.[128]
Rabl-Stadlers deutlicher werdende Position im bevorstehenden politischen Tauziehen um die Frage der Vertragsverlängerung des gesamten Direktoriums oder einer personellen Rochade vor allem in der Position des Intendanten veranlasste die journalistische Mortier-Gemeinde zu heftigen Reaktionen. So kommentierte Werner Thuswaldner die Erklärungen der Festspielpräsidentin, diese habe in einem früheren Statement geäußert, dass zehn Jahre Mortier genug seien. „Ihrer Meinung nach, so muss geschlossen werden, sollte wohl ihr Vertrag, nicht aber der von Mortier verlängert werden. Sie scheint sich ihrer Sache sehr sicher zu sein. Warum wohl?
Ihre Aufgabe als Präsidentin ist ja nicht ganz einfach. Diplomatisches Geschick wäre für diese Position erforderlich, die Fähigkeit zur Repräsentation auch, und zudem wirkte sich Kunstverstand sehr positiv aus. Ob Helga Rabl-Stadler gerade das letztgenannte Kriterium in einem Übermaß erfüllt, ist nicht ganz sicher. Würde sie sonst so rigorose Urteile über diverse Produktionen des Sommers, darüber, was nach Salzburg passt und was nicht, fällen? Gerade dies war an ihr zu loben, dass sie bisher über künstlerische Fragen keine Aussagen gemacht hat. Sie mag mit der Art, wie sie sich jetzt ausdrückte, die Stimme einer sehr lokalen Perspektive vertreten, aber das dürfte die Präsidentin eines Festivals mit dem Anspruch, weit über Anif und Grödig hinauszuwirken, nicht."[129] Auch Gérard Mortier eröffnete seine Gegenoffensive

auf zwei Ebenen: der publizistischen und der indirekt politischen.

Die Kritik der Festspielpräsidentin an den auch von den Medien negativ beschiedenen Produktionen „Soon" und „Geometry of Miracles" ließ er nicht gelten. „Gerade diese Schauspiele passen zu jenen von Hofmannsthal. Sie beinhalten Geistigkeit, Esoterik und Religion. Über Geschmack lässt sich streiten, doch das sind zwei wichtige Schauspiele." Zudem sollten Direktoriumsmitglieder keine Beurteilungen über Stücke abgeben, die noch laufen. Man könne durchaus intern Diskussionen führen, doch sollte man nicht in der Öffentlichkeit an Programmpunkten Kritik üben, die man selber mit beschlossen habe. Die politische Gegenoffensive erfolgte auf einer doppelten Ebene: der öffentlichen Erklärung und der Kontaktaufnahme mit Kulturstaatssekretär Peter Wittmann. Man solle, so erklärte er gegenüber der APA, über eine Vertragsverlängerung der Festspielpräsidentin erst dann entscheiden, wenn man auch Klarheit über die Zukunft der beiden übrigen Direktoriumsmitglieder habe. Wie Rabl-Stadler sei auch er der Meinung, dass man über personelle Weichenstellungen erst nach den Salzburger Landtagswahlen im März 1999 entscheiden sollte. Er habe zudem „überhaupt keine Lust, über die Vertragsverlängerungen zu reden. Auch werde ich mich nicht aufdrängen."[130] Mortier erhielt umgehend Unterstützung von dem nicht ressortzuständigen SPÖ-Landesrat Othmar Raus, der sich mit deutlichem Lob für Mortier und Landesmann und Tadel an Rabl-Stadler zu Wort meldete. Man solle, so ließ er in einer mit dem Bundeskanzler akkordierten Erklärung wissen, vor der Personalfrage die Strukturfrage des Direktoriums diskutieren. Er persönlich würde es vorziehen, wenn in diesem Leitungsgremium in Zukunft nur mehr ein künstlerischer und ein kaufmännischer Direktor vertreten wären, um anschließend zu einem Lob auf Mortier auszuholen. „Mortier hat ein Angebot erstellt, das sowohl der Tradition entspricht als auch die Moderne mit einschließt. Natürlich ist man später immer klüger, aber ich kann nur darauf hinweisen, dass das gesamte Direktorium den Spielplan abgesegnet hat." Mit Blick auf die für die SPÖ günstigen Umfragewerte betonte er, dass Entscheidungen allerdings erst nach der Landtagswahl getroffen werden sollten.[131]

In dem nunmehr einsetzenden subtilen politischen Intrigen- und Kräftespiel replizierte der Salzburger Landeshauptmann Schausberger, es werde zwar im Herbst 1998 in Wien einen „Festspielgipfel" geben, der allerdings nur die geplanten Salzburger Großprojekte, den Bau des Hauses für Mozart sowie des Museums der Moderne, zum Inhalt haben werde. Die definitive Entscheidung über die Verträge des Festspieldirektoriums werde erst im Herbst 1999 fallen.[132] Der Wunsch des Salzburger Landeshauptmanns wurde jedoch bereits einen Monat später Makulatur, als sich Staatssekretär Peter Wittmann mit dem Vorschlag zu Wort meldete, noch im Herbst 1998 die strukturellen Fragen zu klären. Landeshauptmann Schausberger versuchte zwar mit der Bemerkung, er sehe keinen Bedarf nach einer solchen Diskussion, deren Inhalt zudem derzeit nicht aktuell sei,[133] gegenzusteuern, doch war die politische Diskussion – medienpolitisch geschickt inszeniert – losgetreten und nicht mehr zu stoppen, als Wittmann Ende November den Vorschlag der Umgestaltung der Salzburger Festspiele in eine Ges. m. b. H. nach dem Muster Bregenz lancierte. Wenige Tage zuvor war Mortier mit Wittmann, ohne die beiden anderen Direktoriumsmitglieder zu informieren, zusammengetroffen. Das Ergebnis des Gesprächs teilte der für die Kultur zuständige Staatssekretär als seine Überlegungen zu einer Strukturreform der Salzburger Festspiele mit.

Die Festspiele sollten in Zukunft aus einem künstlerischen Leiter mit Dirimierungsrecht und einem kaufmännischen Direktor bestehen. Die Funktion des Präsidenten könnte gestrichen oder aber auf rein repräsentative Aufgaben, d. h. ohne jeden Einfluss auf künstlerische und finanzielle Fragen, reduziert werden. Das amtierende Direktorium sollte bis 2006 verlängert werden. Die Verlängerung der Verträge des amtierenden Direktoriums sollte bereits unter der Prämisse der neuen Aufgabentrennung und der Auflage, die Umwandlung der Salzburger Festspiele in eine Ges. m. b. H. vorzubereiten, erfolgen. Im Magazin „News" bemerkte Wittmann zu den Motiven seines Vorstoßes: „Ich möchte, bevor es um Namen geht, die Struktur der Festspiele in Frage stellen. Wir erleben ständig Unstimmigkeiten zwischen den drei Direktoren. Und so wie wir die anderen Flaggschiffe der Kultur neu geordnet haben, sollten wir auch hier ein neues Modell finden …"[134] Und gegenüber dem „Kurier" begründete er seinen Vorschlag mit der

Notwendigkeit, einen „Betrieb mit 600 Millionen Umsatz ... klar" zu strukturieren. „Ich will einen allein verantwortlichen künstlerischen Leiter – er kann ja Aufgaben delegieren – und einen ausschließlich finanziellen Fragen gewidmeten kaufmännischen Chef. Selbstverständlich kann es einen Präsidenten mit repräsentativen und koordinierenden Aufgaben geben." Und auf die Rolle des Bundes als größter Subventionsgeber anspielend: „Wenn der Hauptsubventionsgeber eine klare Trennung der Aufgabenbereiche anregt, wird man das in Salzburg ernst nehmen müssen."[135]

Die Realisierung dieses Vorschlags hätte die De-facto-Alleinherrschaft Mortiers sowie die Aufgabe des Festspielgesetzes bedeutet. Während die „Salzburger Nachrichten" sich auffallend in Zurückhaltung übten und auch die mit katastrophalen Folgen für Salzburg verbundene Abschaffung des Festspielgesetzes unkommentiert ließen, kommentierte Peter Vujica den Vorschlag Wittmanns, dieser fungiere (auch aus parteipolitischen Motiven) als Sprachrohr Mortiers. „Kein Spatz nämlich, der es nicht schon längst vom Dach des Festspielhauses pfeift, dass Gérard Mortier chronisch an Hans Landesmanns erfolgreicher Konzertprogrammierung leidet und Helga Rabl-Stadler, die Präsidentin, am liebsten durch Sonne und Mond schießen möchte. Nun darf er sich ins Fäustchen lachen, denn, egal, ob Hans Landesmann sich seine Abhalfterung als Konzertchef gefallen lässt oder auch als Verwalter der Festspielfinanzen seinen Hut nimmt, Mortier hat das Match gewonnen.

Da sich Österreichs Sozialdemokraten beim Erstellen ihrer Konzepte und beim Schnüren ihrer Pakete neuerdings nicht mehr sonderlich um die Betroffenen kümmern, sind auch in diesem Fall Sentimentalitäten und einer solchen entspringende Hinweise auf Landesmanns Verdienste und Rabl-Stadlers Energie unangebracht. Doch was auch Sozialdemokraten von heute begreifen müssten, ist der sachliche und politische Schaden, den der Staatssekretär im Begriffe ist anzurichten – und möglicherweise auch schon angerichtet hat."[136] Hans Langwallner bemerkte zum Vorstoß Wittmanns: „Woher kommen die Ideen des Staatssekretärs? Vor allem, wenn er der Ansicht ist, das Direktorium arbeite erfolgreich? Eine gewisse Neigung, ja ein Hang Gérard Mortiers, alle Kunst-Kompetenzen in seine Verfügung zu bringen, ist nicht unbekannt. Und hätte er auch noch das allerletzte Wort, muss das eine herrliche Vorstellung für ihn sein. Aus Wittmann spricht Mortier! Weniger vorstellbar ist, dass sich Hans Landesmann vom Konzert- und Finanzchef zum Geldwächter und Helga Rabl-Stadler zur Frühstücks-Präsidentin degradieren lassen."[137]

Am 1. Dezember traten die Differenzen im Direktorium anlässlich der Pressekonferenz über das Festspielprogramm 1999 deutlich zu Tage. Präsidentin Helga Rabl-Stadler bemerkte einleitend, „nicht zu unserer Freude" habe man die Vorschläge Wittmanns über beabsichtigte Kompetenzverschiebungen im Direktorium aus der Zeitung erfahren. Zudem sei man „voll handlungsfähig". Sie unterstrich ihren Willen, „nicht nur repräsentativ" weiter zu arbeiten. Während Hans Landesmann die Bedeutung des Festspielgesetzes betonte und vor dessen Abschaffung warnte, antwortete Gérard Mortier auf Journalistenfragen, er sei über seine Zukunft noch unschlüssig, erwarte jedoch bis spätestens August 1999 Entscheidungen. Die Politik sei nunmehr am Zug, eine langfristige strukturelle Planung der Zukunft der Salzburger Festspiele vorzunehmen. Die gültige Geschäftsordnung sei Teil seines Vertrages, jedoch auch die Option auf die Übernahme des Konzertsektors, sollte Hans Landesmann, aus welchen Gründen auch immer, aus dem Direktorium ausscheiden. Zudem finde er die Umwandlung der Salzburger Festspiele in eine Ges. m. b. H. mit einem Aufsichtsrat, in dem z. B. große Sponsoren oder die Freunde der Salzburger Festspiele vertreten seien, durchaus diskutabel.[138] Zwei Wochen später bemerkte er in einem Interview, das von Wittmann vorgeschlagene Modell einer Ges. m. b. H. sei wahrscheinlich nicht durchsetzbar, doch erscheine ihm Folgendes realistisch: „Ich oder mein Nachfolger wäre allein verantwortlicher künstlerischer Leiter. Landesmann wäre kaufmännischer Direktor, aber nicht mehr Konzertdirektor, sondern nur noch Konsulent für diesen Bereich, und leitet wie bisher die Pfingstfestspiele. Baumbauer bliebe Konsulent für das Schauspiel. Frau Rabl-Stadler aber könnte als Präsidentin oder Generalsekretärin stellvertretende Vorsitzende des Kuratoriums – also des Aufsichtsrates – hinter dem Landeshauptmann werden. Sie würde dann dessen Agenda vorbereiten und diesbezüglich mit dem künstlerischen und kaufmännischen Leiter der Festspiele Kontakt halten."[139]

Mortiers direkte und indirekte Bemühungen um eine Ausbootung der beiden übrigen Direktoriumsmitglieder und die Installierung eines alleinverantwortlichen Intendanten in seiner Person scheiterten jedoch am entschiedenen Widerstand von Rabl-Stadler, Landesmann und vor allem Landeshauptmann Schausberger.

Staatssekretär Wittmann forderte auch zu Jahresbeginn 1999 nach wie vor eine Strukturreform der Salzburger Festspiele[140] sowie in geheimer Absprache mit Mortier die Ausgliederung der Pfingstfestspiele, sowie eine Neuorientierung im Verhältnis der Festspiele zu den Osterfestspielen. Für beide Festivals werde es keine Subventionen des Bundes geben. „Ich spreche den Festivals zu Pfingsten und zu Ostern nicht das künstlerische Niveau ab. Aber wenn man in Salzburg zu dieser Zeit auch Publikum braucht, dann ist das allein Angelegenheit des Landes."[141] Der Rückzug des Bundes von einer Subventionierung der beiden Festivals offenbarte die zweite Front innerhalb des Direktoriums, die sich entlang der Linien der Budgeterstellung formierte. Mortier hatte nur widerwillig und auf politischen Druck hin einen weiteren Kooperationsvertrag mit den Osterfestspielen abgeschlossen und die Übernahme der Pfingstfestspiele durch die Sommerfestspiele 1998 vollzogen. Die Kooperation mit den Osterfestspielen beeinträchtigte seine Programmhoheit und belastete, ebenso wie die Pfingstfestspiele, das Budget der Festspiele. Bei einer völligen Verselbständigung beider Festivals gewänne er programmatische Dispositionsfreiheit zurück und könnte zudem auf einen geringeren Abgang im Festspielbudget verweisen. Rabl-Stadler und Landesmann hingegen traten aus grundsätzlichen Überlegungen für die Kooperation mit den Osterfestspielen sowie der Beibehaltung der Pfingstfestspiele unter der Oberhoheit der Sommerfestspiele ein. Und die Osterfestspiele ließen in einer Aussendung wissen, dass die von Wittmann auf Grund von Informationen Mortiers kolportierte Behauptung, die Osterfestspiele würden das Budget der Sommerfestspiele auf Grund eines Kosten-Aufteilungsschlüssels von 75:25 Prozent erheblich belasten, nicht der Wahrheit entspreche. Die Osterfestspiele erreichten 1999 eine Eigenwirtschaftlichkeit von 95 Prozent, nur 5 Prozent der Einnahmen resultierten aus Zuwendungen von Stadt und Land Salzburg. Lediglich für gewisse Kosten der gemeinsamen Opernproduktionen – Herstellungsaufwand der Dekorationen, Honorare für Regisseur, Bühnen- und Kostümbildner sowie die Proben der Sänger, sofern sie auch im Sommer singen – gelte der Aufteilungsschlüssel von 75:25 Prozent. Die übrigen Kosten würden zur Gänze von den Osterfestspielen getragen.[142] Und Hans Landesmann korrigierte die von Mortier beeinflusste Erklärung des Staatssekretärs mit der Feststellung, die Kooperation der Salzburger Festspiele mit den Osterfestspielen sei für die Salzburger Festspiele sehr günstig, da der Mietvertrag für die jeweiligen Proben- und Veranstaltungswochen Einnahmen bringe, die für die Erhaltung der Infrastruktur des Großen Festspielhauses sehr wichtig seien. Der 1998 abgeschlossene neue Kooperationsvertrag bringe zudem den Salzburger Festspielen erheblich günstigere Konditionen als vorher. Den Sommerfestspielen stünden damit Produktionen zur Verfügung, für die sie keinen eigenen Aufwand an Vorbereitungen, Herstellung und Proben leisten müssten.[143]

II. 5. NEUERLICHE TURBULENZEN UND DER RÜCKZUG MORTIERS 1999/2000

Zu Jahresbeginn 1999 ergaben sich drei miteinander eng verwobene Konfliktebenen: für oder gegen eine Strukturreform des Direktoriums, für oder gegen eine Kooperation der Salzburger Festspiele mit den Osterfestspielen, für oder gegen eine Beibehaltung der Pfingstfestspiele unter der Oberhoheit der Sommerfestspiele und – daraus resultierend – die Frage der personellen Zusammensetzung des neuen Direktoriums ab Herbst 2001. Vor dem Hintergrund dieser komplexen Gemengelage ließ Salzburgs Landeshauptmann Schausberger nach erfolgreich geschlagener Landtagswahl Anfang März wissen, er wolle unbedingt die bestehende Struktur des Direktoriums beibehalten, und für ihn sei auch das Bekenntnis zu einer Kooperation mit den beiden übrigen Festivals eine Voraussetzung für die Wahl in das neu zu bestellende Direktorium.[144] Er werde so rasch als möglich mit Staatssekretär Wittmann Gespräche über die Zukunft der Salzburger Festspiele führen, denn man müsse angesichts der bevorstehenden personalpolitischen Weichenstellungen im Direktorium bis spätestens Jahresmitte 1999 Klarheit haben.[145]

Der Druck aus dem Chiemseehof sowie die Logik

der Großen Koalition ließen relativ rasch die Unterstützung für Mortiers Ambitionen erlahmen. In Kenntnis dieser Konstellation sowie des Umstandes, dass seine noch zu Jahresende 1998 indirekt ausgesprochene Drohung, im Falle einer Verweigerung einer Strukturreform ab 2001 nicht mehr als künstlerischer Leiter zur Verfügung zu stehen, nicht die gewünschte Wirkung erreichte, trat Mortier in einer Sitzung des Kuratoriums die Flucht nach vorne an. In der Diskussion zum Spiel- und Haushaltsplan für das Geschäftsjahr 1999/2000 bemerkte er in einer Erklärung „die Auflagen, unter denen das Direktorium seinen Spielplan zu gestalten und den Entwurf zum Budget zu erarbeiten hat, als ein großes Problem. Dazu komme, dass die Osterfestspiele organisatorisch als auch finanziell eine arge Belastung darstellen. …
Als weitere Probleme für das Direktorium stellen sich die Mitbetreuung und Finanzierung der Pfingstfestspiele, der Vertrag mit den Wiener Philharmonikern, der sich als sehr, sehr teuer herausstelle, die gewünschte Zusammenarbeit mit der Camerata Academica und auch die vom Kuratorium gewollte Heranziehung des Mozarteum Orchesters dar. Es gehören also grundsätzliche Diskussionen geführt zu den Komplexen Osterfestspiele, Pfingstfestspiele, Wiener Philharmoniker, Camerata und Mozarteum Orchester.
Er könne unter den gegebenen Bedingungen nicht weiter arbeiten, weil die zurzeit in Kraft stehenden Verträge das Direktorium zu sehr binden. Er sei deshalb für die Zeit nach 2001 kein Kandidat."[146]
Gegenüber der Öffentlichkeit begründete er seinen Rückzug mit den zunehmenden finanziellen Engpässen der Festspiele, die auch durch die Transferzahlungen an die Oster- und Pfingstfestspiele entstünden und die seine programmatischen Dispositionsmöglichkeiten vor allem im Bereich der Oper des 20. Jahrhunderts massiv einengten. Das Direktorium habe sich geweigert, diese Probleme eingehend zu diskutieren, weil Präsidentin Rabl-Stadler vor der Sitzung bei ihren Parteifreunden Landeshauptmann Schausberger, Bürgermeister Dechant und Kommerzialrat Koller interveniert und das vom Direktorium bereits beschlossene Budget wiederum von der Tagesordnung abgesetzt worden sei. Es gebe offensichtlich eine persönlich und (partei)politisch motivierte Fronde gegen ihn, weshalb er die Konsequenzen ziehe und sich aus Salzburg zurückziehe.[147]

Mortiers (ÖVP-)Verschwörungstheorie entsprach jedoch nicht den Tatsachen, sondern war Teil seiner Strategie, durch ein entsprechendes Medienecho samt Kommentaren die Situation doch noch in seinem Sinn zu beeinflussen. Hans Landesmann konterte die Erklärung Mortiers mit der Bemerkung, dies sei „alles ein Affentheater" im Vorfeld der Verhandlungen um eine eventuelle Vertragsverlängerung. Die Behauptung Mortiers bezüglich des Budgets sei völlig haltlos. Er selbst habe das Budget erstellt und unsichere Faktoren ausfindig gemacht, weshalb er gebeten habe, die Budgetvorschau erst in der Maisitzung des Kuratoriums zu behandeln. Er habe die Entscheidung einer Zurückstellung des Budgets getroffen „und dies aus kommerziellen Gründen und aus Vernunft"[148]. Am folgenden Tag ließen Rabl-Stadler und Landesmann in einer Presseerklärung verlauten: „Wir sind selbstverständlich bereit, wie in den vergangenen Jahren auch in Zukunft mit Gérard Mortier zusammenzuarbeiten. Wir akzeptieren aber ebenso selbstverständlich seinen Entschluss, 2001 nicht mehr für eine Kandidatur zur Verfügung zu stehen. Die beiden Direktoriumsmitglieder verwahren sich dagegen, dass Gérard Mortier für seinen Verzicht Motive nennt, die so nicht stimmen."[149] Wenige Tage später traf Hans Landesmann eine neuerliche Richtigstellung der Behauptungen Mortiers: „Selbstverständlich ist das, was Herr Mortier gesagt hat, völlig falsch. Wir haben errechnet, dass sich die Festspiele 1999 nicht ausgehen und dass wir, wenn wir bei der ursprünglichen Planung bleiben, dem Kuratorium für 2000 eine Vorschau vorlegen müssen, die unrealistisch ist und um 30 Millionen zu teuer. Also haben wir – ich habe die handschriftlichen Notizen von ihm – gemeinsam festgehalten, dass wir bei der letzten Kuratoriumssitzung den Entwurf zurückziehen." Bisher seien Direktorium und Kuratorium gemeinsam und kollegial den teuren Weg gegangen. Dies bedeutete, keine Reserven anzulegen, alle Sponsorgelder und Zuschüsse seitens des Vereins der Freunde auszunützen und in die Produktionen zu lenken. „Und jetzt klafft eine Schere. Es plant sich schwer, wenn bei der Oper immer im letzten Moment die Ausgaben in die Höhe schnellen – 1998 zum Beispiel bei ‚Mahagonny', heuer zweifellos bei der Berio-Uraufführung. Und es ist halt so, dass die Philharmoniker wirklich teuer sind … Und ich muss jedes Programm zweimal spielen lassen und zu hohe Eintrittspreise verlangen. Sonst rechnet es sich nicht." Die von Mortier jetzt beklagten Probleme seien „seit Jahren bekannt. Der Vertrag mit den Osterfestspielen ist mit seiner Unterschrift versehen, und die Kosten für die Oper zu Pfingsten 1999 waren auch immer bekannt. Ich habe die Konsequenzen gezogen – es wird zu Pfingsten ab 2000 nur Konzerte geben, die Barock-Festspiele können sich keine Opernproduktionen leisten. …

Einerseits handeln wir immer gemeinsam, andererseits stimmen die Unterlagen Mortiers nie, und die geschätzten Einnahmen kommen auch nie herein. Also werden wir so nie auf einen grünen Zweig kommen. Nur: Das Festspielgesetz schützt uns am besten. Wer nach einer Ges. m. b. H. ruft, schwächt uns."[150]

Ein ob der neuerlichen Behauptungen Mortiers sichtlich verärgerter Salzburger Landeshauptmann bemerkte, er sei bei der Sitzung des Kuratoriums erstmals mit der Erklärung Mortiers konfrontiert worden. „Da hat Mortier gesagt, dass er unter diesen Umständen nicht mehr zur Verfügung steht und auf die Zusammenarbeit mit den Pfingstfestspielen und den Philharmonikern angespielt. Da habe ich mich noch erinnert, dass er ja schon öfter solche Ankündigungen gemacht hat." Die Rückzugserklärung sei übrigens erst dann gekommen, als feststand, „dass heuer ein ungedeckter Abgang von 26 Millionen Schilling" zu erwarten sei. Erst später habe Mortier eine schriftliche Erklärung nachgereicht, in der er die Nicht-Durchführung der Strukturreform des Direktoriums als Rücktrittsgrund genannt habe. Er werde jedenfalls vor Mortier „keinen Kniefall" machen.[151]

Die publizistischen und politischen Fronten wurden rasch deutlich. Während die Mortier-Befürworter seine Erklärungen rapportierten und bedauernd kommentierten, sahen die anderen darin die logische Konsequenz seines Scheiterns, das er lediglich durch Schuldzuweisungen zu überdecken suche. Auch die politischen Positionen waren rasch bezogen, wobei in der Riege der SPÖ-Befürworter Mortiers doch deutliche Sprünge sichtbar wurden. So erklärte der neue Salzburger Bürgermeister Heinz Schaden, die finanzielle Situation der Festspiele sei beunruhigend. Ungeachtet der von Mortier stets angeführten künstlerischen Attraktivität müsse man sich stärker auf eine ausgeglichene Bilanz konzentrieren, da die Stadt keine zusätzlichen Mittel aufbringen könne. Eine neue politische Variante brachte Staatssekretär Wittmann ins Spiel, als er vor seinem Gespräch mit Landeshauptmann Schausberger erklärte, man sollte nach dem Abgang Mortiers nach dem Festspielsommer 2001 das ganze Direktorium neu besetzen. „Man könnte einen Neubeginn machen und dann vielleicht auch leichter eine neue Struktur durchsetzen. … Ich glaube, dass die Salzburger Festspiele als Betrieb mit einem Budget von etwa 600 Millionen Schilling eine vollkommen falsche Führungsstruktur haben. Es gehört eine klare Trennung her zwischen künstlerischem und kaufmännischem Leiter – wie wir sie jetzt auch bei den Bundestheatern umgesetzt haben – sowie klare Kompetenzregelungen, wer was zu machen hat." Nachdem sich Rabl-Stadler und Landesmann einer Strukturreform verweigert hätten, „wäre es notwendig und gut, wenn man das gesamte Präsidium neu besetzen"[152]. Kurz vor dem Gespräch mit Salzburgs Landeshauptmann Schausberger, der bereits erklärt hatte, für ihn sei die Demission Mortiers unumstößlich, ließ Wittmann, unterstützt von Josef Reschen, plötzlich verlauten, er wünsche sich für die Leitung der Festspiele keinen Manager, sondern einen Künstler. Bis es allerdings so weit sei, sollte Mortiers Vertrag noch zwei bis drei Jahre verlängert werden und auch jener der übrigen Direktoriumsmitglieder, allerdings nur unter der Voraussetzung, dass diese einer Strukturreform in Richtung Intendantenprinzip zustimmen.[153] Reschen erklärte, man solle möglichst rasch über eine Änderung der Struktur des Direktoriums in Richtung allein verantwortlicher Intendant verhandeln und nach einer entsprechenden Änderung mit Mortier nochmals darüber sprechen, ob er unter diesen Umständen bereit wäre, seinen Vertrag über 2001 hinaus zu verlängern.[154]

Mit dieser Erklärung bezog er sich auf eine von den Vertretern des Bundes initiierte Diskussion über eine eventuelle Änderung der Struktur und Geschäftsordnung des Direktoriums ohne Änderung des Festspielfondsgesetzes und ohne Änderung der Rechtsform der Festspiele. Das Kuratorium hatte die Einsetzung einer Arbeitsgruppe beschlossen, die bis Mitte Mai einen ersten Zwischenbericht ihrer Beratungen vorlegen sollte. Die Arbeitsgruppe, der neben Josef Reschen Heinrich Wiesmüller, Josef Koller und als Experten RA Ludwig Vavrovsky und Senatsrat Wagner angehörten, unterbreitete am 20. Mai dem Kura-

torium ihren ersten Zwischenbericht. In der anschließenden Diskussion wurde auf Vorschlag von Landeshauptmann Schausberger Übereinstimmung darüber erzielt, dass eine eventuelle Änderung der Geschäftsführung nicht unabhängig von der personellen Konstellation des künftigen Direktoriums, vor allem des künstlerischen Leiters, erfolgen sollte. Schausberger agierte mit diesem Vorschlag äußerst geschickt und stützte sich dabei auf einen Brief von Hans Landesmann vom 27. April, in dem dieser bemerkt hatte, es sei seiner Meinung nach „das Allerwichtigste …, dass die Erfahrungen und Talente des neuen Direktoriums zum Vorteil der Festspiele maximal genützt werden, anstatt es in eine feste, bereits beschlossene Geschäftsaufteilung zu zwingen. …
Schließlich möchte ich Sie noch im Interesse der Festspiele bitten, dass Sie weiterhin darauf drängen, dass so bald als möglich eine Findungskommission, vor allem was den künstlerischen Leiter betrifft, einberufen wird. Ich glaube, erst nach seiner Ernennung sollen die übrigen Direktoriumsmitglieder bestellt werden, da es unbedingt notwendig ist, dass die betreffenden Personen ‚miteinander können'. Die beste Struktur nutzt nichts, wenn nicht die richtigen Personen agieren."[155]
Gegenüber der APA erklärte Hans Landesmann, es sei nunmehr vorrangig und sinnvoll, für die Mortier-Nachfolge denselben Weg wie 1989 zu beschreiten, d. h. durch das Kuratorium eine Findungskommission zu bestellen und diese mit der Erstellung eines Dreiervorschlages zu betrauen, der Ende August vorliegen sollte. Es würden jetzt bereits zahlreiche Namen in der Öffentlichkeit genannt und es würden sicherlich noch einige dazukommen.[156] Die von Landesmann angesprochene öffentliche Namensnennung möglicher Kandidaten umfasste u. a. Alexander Pereira, Österreicher, ehemaliger Generalsekretär der Wiener Konzerthausgesellschaft und nunmehriger Intendant der Züricher Oper, Claudio Abbado, den Komponisten und Intendanten der Leipziger Oper Udo Zimmermann, Jürgen Flimm, wobei allerdings der Intendant des Hamburger Thalia Theaters betonte, er habe kein Interesse an der Nachfolge Mortiers, sowie den von Mortier als dessen persönlichen Favoriten ins Gespräch gebrachten Stuttgarter Operndirektor Klaus Zehelein.

Das mit Spannung erwartete Gespräch von Landeshauptmann Schausberger mit Staatssekretär Wittmann am 23. April endete mit einem Unentschieden. Dem Salzburger Landeshauptmann gelang zwar die Rettung des bestehenden Festspielgesetzes, von der Umwandlung der Festspiele in eine Ges. m. b. H. war nicht mehr die Rede; er schwenkte jedoch auf eine Strukturreform in Richtung eines allein verantwortlichen künstlerischen Leiters ein, wobei man in der Abschlusserklärung auf jene Entwicklung Bezug nahm, die bereits in der letzten Kuratoriumssitzung eingeleitet worden war: eine aus je einem Vertreter des Bundes (Reschen) und des Landes (Wiesmüller) bestehende Arbeitsgruppe, zu der auch Experten beigezogen werden konnten, sollte ein Konzept über eine Strukturreform des Direktoriums erarbeiten und in drei Monaten unterbreiten und das Direktorium auch in Zukunft aus drei Personen – Präsident, künstlerischer und kaufmännischer Leiter – bestehen. Jede Änderung sollte zudem nur im Rahmen des bestehenden Festspielgesetzes erfolgen. Dem Direktorium wurde aufgetragen, die Finanzierung der Pfingstfestspiele durch einen getrennten Rechnungskreis transparent zu machen und Quersubventionen zu vermeiden. Die künftigen Pfingstfestspiele mussten sich zudem selber tragen, was Landesmann ohnedies bereits für das Jahr 2000 prognostiziert hatte. Die Koproduktionen mit den Osterfestspielen wurden fortgeführt, wobei seitens der Festspiele, wie bisher, keine Quersubventionen erfolgen, sondern nur Koproduktionskosten übernommen werden sollten. Eventuelle personelle Veränderungen sollten noch vor dem Sommer erfolgen.[157]
Das Ergebnis implizierte das Ausscheiden von Hans Landesmann, der sich nicht mit der Funktion eines bloß kaufmännischen Leiters zufriedengeben wollte, sowie die Möglichkeit einer neuerlichen Bewerbung Mortiers um eine Vertragsverlängerung bis 2006, da im Fall der Verabschiedung der von ihm geforderten Strukturreform, so hofften es seine Befürworter in der SPÖ, sein in der Kuratoriumssitzung angegebener Hauptgrund für seinen Rückzug wegfiel. Dass dies Wittmanns vorrangiges Ziel war, wurde aus seiner Erklärung gegenüber der Zeitschrift „News" deutlich: „Sein Verbleiben hat für mich Priorität. Er ist der einzige Kandidat, mit dem ich bisher gesprochen habe. Und es hat kein ausschließliches Nein gegeben."[158] Ähnlich äußerte sich der Salzburger Kulturlandesrat Othmar Raus: „Mortiers Erklärungen

sind nicht so eindeutig. Ich glaube, es ist noch nicht für alle Ewigkeit aus."¹⁵⁹ Wenngleich Mortier nach diesem Kompromiss betonte, er werde seinen Vertrag in Salzburg „nach 2001 auf keinen Fall verlängern",¹⁶⁰ so gab die Erklärung seines Büros: „Wir verhandeln über alles, aber das Ergebnis ist unsicher",¹⁶¹ seinen Befürwortern Hoffnung. Hoffnungen auf ein Ausscheiden von Helga Rabl-Stadler konnten sich hingegen die der SPÖ angehörenden Akteure kaum machen, definierte doch Landeshauptmann Schausberger die Grenzen seiner Kompromissbereitschaft mit dem Verbleiben der Präsidentin, die in ihren Kompetenzen keineswegs beschnitten werden dürfe. „Sie ist Salzburgs Vertreterin, und es besteht von unserer Seite keinerlei Wunsch nach Veränderung. Wir suchen uns unsere Vertretung selber aus." Und in Richtung der SPÖ-Befürworter einer neuerlichen Vertragsverlängerung Mortiers: „Er hat mir gesagt, dass er nicht zur Verfügung steht. Das habe ich akzeptiert. Offenbar wollen ihn andere mit Gewalt zum Bleiben bewegen. Ich halte vom Hin und Her nichts."¹⁶⁴ Durch den Kompromiss vom 23. April befanden sich noch alle Spieler auf dem Feld, die endgültige Entscheidung war um einige Monate hinausgeschoben.

Das Mortier-Lager mobilisierte seine publizistischen und künstlerischen Mitstreiter, mit deren Hilfe man die Position der „Gegner" mürbe zu machen hoffte. Mortier selber wertete in zahlreichen Interviews seine bisherigen Direktoriumskollegen ab. So sprach er von Rabl-Stadler lediglich von einer „Dame, die einen Modesalon hat", aber von Kunst nichts verstehe und von der er sich in sein künstlerisches Konzept ebenso wenig dreinreden lassen wolle wie von Landesmann.

Am 19. Mai verbreitete die APA die Meldung, dass in dem am folgenden Tag erscheinenden Wochenmagazin „News" Gérard Mortier in einer kurzen Stellungnahme bekräftige, dass trotz der Bemühungen zahlreicher SPÖ-Politiker um sein Verbleiben sein Entschluss zum Weggang aus Salzburg unwiderruflich sei. Am Tag des Erscheinens von „News" tagte das Kuratorium der Festspiele, dem der Vorschlag der Strukturarbeitsgruppe (Josef Reschen, Heinrich Wiesmüller, RA Ludwig Vavrovsky, Winfried Wagner) vorlag. Er sah eine klare Abgrenzung zwischen den Agenden des kaufmännischen und des künstlerischen Leiters vor und hielt an der Funktion des Präsidenten fest, dessen Aufgaben jedoch nicht genau definiert waren und zu kontroversiellen Diskussionen Anlass gaben. Während nämlich Josef Reschen als Vertreter des Bundeskanzlers, entsprechend der SPÖ-Linie, die Funktion auf rein repräsentative Aufgaben beschränken wollte, bestand Landeshauptmann Schausberger, unterstützt von Heinrich Wiesmüller, unter Hinweis auf das Festspielgesetz auf klar definierten, im Einzelfall variablen Aufgaben. Paragraph 13 des Festspielgesetzes hielt fest, dass dem Präsidenten „die Führung der laufenden Geschäfte in künstlerischer und organisatorischer Hinsicht" im Einvernehmen mit den übrigen Mitgliedern des Direktoriums obliegt. Eine definitive Entscheidung über den Vorschlag sollte im Juni getroffen und auf seiner Basis bis Ende Juni für die Suche nach einem Nachfolger Mortiers eine Findungskommission eingesetzt werden. Im Herbst sollte sie einen Dreiervorschlag unterbreiten und bis Jahresende eine definitive Entscheidung über die Mortier-Nachfolge getroffen werden.¹⁶⁴

Nach intensiven und durchaus kontroversiellen Diskussionen wurde am 23. Juni in einem Gespräch zwischen Landeshauptmann Schausberger und Staatssekretär Wittmann auf der Basis des Vorschlags der Strukturarbeitsgruppe eine Einigung über die ab 2001 gültige Strukturreform des Direktoriums (Geschäftsordnung) erzielt. Dem künstlerischen Intendanten oblag in Zukunft die künstlerische Gesamtplanung; der kaufmännische Leiter war verantwortlich für Budget-, Personal- und Wirtschaftsangelegenheiten und deren Vollzug; der Präsident wurde nicht nur auf repräsentative Aufgaben beschränkt, sondern war Sprecher des Direktoriums, organisierte dessen Sitzungen, koordinierte die Arbeit und war für Öffentlichkeitsarbeit und Marketing sowie das Archiv zuständig.¹⁶⁴ Wittmann bemerkte zu dem Ergebnis: „Wir haben in diesem Gespräch nicht über Namen gesprochen, wir haben das Problem der Struktur gelöst." Er werde noch mit Mortier das Ergebnis besprechen und hoffe auf dessen Sinneswandel. Sollte dies nicht der Fall sein, vertrete er nach wie vor die Auffassung, dass ein völliger personeller Neuanfang, d. h. auch ohne Helga Rabl-Stadler, erfolgen sollte.¹⁶⁵ Der Staatssekretär verfolgte sein Ziel mit äußerster Hartnäckigkeit und traf sich zu einem Gespräch mit Mortier, dessen Ergebnis er am 14. Juli mitteilte. Mortier habe ihm ein

Kompromissangebot unterbreitet, bei dessen Annahme er bereit sei, seinen Vertrag über das Jahr 2001 hinaus zu verlängern. Ausgehend von der am 23. Juni beschlossenen Strukturreform sollte „die Präsidentin nicht mehr dem Dreier-Gremium angehören, sondern in das Kuratorium aufgewertet werden". Dem Direktorium würden dann nur mehr zwei Personen angehören. Sollte hingegen die Konstellation so bleiben wie vereinbart und Rabl-Stadler weiterhin als Präsidentin agieren, stehe er nicht zur Verfügung. Wittmann baute, mit publizistischem Rückenwind des deutschen Feuilletons und Teilen der österreichischen Presse, ein kulturpolitisches Drohszenario gegenüber seinem Kontrahenten Schausberger auf: „Schausberger muss sich bekennen, will er Mortier noch oder nicht. Ich bin der Einzige, der Druck macht, in Wirklichkeit müsste das von Schausberger ausgehen. Der lässt die Entscheidung wirklich schleifen."[166] Würde der Salzburger Landeshauptmann dieser Lösung nicht zustimmen, müsste noch vor Festspielbeginn eine Findungskommission eingesetzt werden, die jedoch eine völlig neue personelle Konstellation im Direktorium vorschlagen sollte.

Der Salzburger Landeshauptmann erteilte Wittmanns Vorschlägen, die auf eine völlige Beseitigung jeglichen Salzburger Einflusses im Leitungsgremium der Festspiele hinausliefen, eine klare Absage. Mortier habe selber seinen Rückzug bekannt gegeben, und es sei für eine Institution vom Range der Salzburger Festspiele inakzeptabel, jemanden bis zur Selbstaufgabe zum Verbleiben zu bekniêen, wie dies der Staatssekretär praktiziere. „Selbst wenn Mortier seinen Entschluss revidieren sollte, würde das nichts ändern. Mir ist die Sache zu ernst. Das Kapitel ist für mich definitiv abgeschlossen." Zudem sei es ein Faktum, dass „das von Dr. Mortier beabsichtigte Programm … mit dem zur Verfügung stehenden Budget nicht zusammen"passt. „Auch hat Dr. Mortier öffentlich erklärt, er sehe in Salzburg für die Oper keine Zukunft. Wer so etwas sagt, sieht auch in den Festspielen keine Zukunft. … Man setzt seit einigen Jahren chronisch die Einnahmen zu hoch und die Ausgaben zu niedrig an. Alle Geldquellen sind ausgeschöpft, und es sind immer wieder zu viele Karten aufgelegt. Ich mische mich nicht in das Programm ein, aber ich kann sagen: Die Balance zwischen dem, was das Publikum und der Kartenverkauf bringt, und dem, was schwer zu verkaufen ist, hat in den ersten Jahren Mortier besser funktioniert."[167] Zudem forderte er „ein Ende der lähmenden Debatte um die Nachbesetzung des Intendanten und des kaufmännischen Leiters der Salzburger Festspiele". Er werde „alles tun, dass man die Diskussion auf jene Ebene zurückbringt, wo sie hingehört, nämlich ins Festspielkuratorium". Mediale und parteipolitische Zurufe seien der Sache nicht dienlich. Die Zukunft der Festspiele sei zu wichtig, „um sie auf personalpolitische taktische Spielchen zu reduzieren, wie dies bei manchen Beteiligten der Fall ist". Er verwahre sich dagegen, „dass ständig von Wiener Bundesstellen mit zentralistischen Zwischenrufen auf die Salzburger Festspiele Einfluss genommen wird". Es würden daher für die beiden vakanten Stellen im Direktorium Nachfolger gesucht. Die Präsidentin, die bisher das Salzburger Element vertreten habe, wolle ihre Aufgabe auch in Zukunft gerne weiterführen und solle dies auch tun können. Man werde daher eine Findungskommission installieren, um einen Nachfolger für Gérard Mortier zu finden, ein künftiger kaufmännischer Direktor sei über eine Ausschreibung zu gewinnen.[168]

Die Fronten waren am Vorabend des Festspielsommers 1999 bezogen, das mediale Echo über das Mortier-Nachfolgespiel enorm. Die auch aus partei- und machtpolitischen Motiven hoch gehenden Wogen mussten geglättet werden, sollten sie nicht den Festspielsommer dominieren und den Salzburger Festspielen einen schweren Imageverlust zufügen. Landeshauptmann Schausbergers Vorschlag, die Diskussion in das dafür zuständige Gremium, das Kuratorium, zu verlegen und damit ihrer bisherigen Schärfe zu berauben sowie die Entscheidungen bezüglich der personellen Zusammensetzung des neuen Direktoriums in Salzburg und nicht in Wien zu fällen, fand die Unterstützung des Salzburger Bürgermeisters Heinz Schaden, der, in deutlichem Gegensatz zu Staatssekretär Wittmann, einen Abgang Mortiers nach dem Festspielsommer 2001 für entschieden erklärte. Er plädierte für eine möglichst rasche Sondersitzung des Kuratoriums, um eine nunmehr notwendig gewordene Findungskommission, der allerdings keine Mitglieder des Kuratoriums angehören sollten, zu installieren.

Abschied Gérard Mortiers, 30. August 2001.

Hans Landesmann anlässlich seines Ausscheidens aus dem Direktorium am 30. August 2001.

Frank Baumbauer und Heinrich Spängler, der Präsident der Freunde der Salzburger Festspiele, am 30. August 2001 anlässlich der Abschiedsfeier für das scheidende Direktorium.

II. 6. AUF DER SUCHE NACH EINEM NEUEN DIREKTORIUM

Angesichts der Entwicklung wurde die Sitzung des Kuratoriums am 2. August mit besonderer Spannung erwartet. Haupttagesordnungspunkt war die Nominierung einer Findungskommission für die noch vor Jahresende 1999 erfolgende Wahl eines neuen künstlerischen Leiters der Salzburger Festspiele. Im Vorfeld der Kuratoriumssitzung wurde von Bundestheater-Generalsekretär und Kuratoriumsmitglied Georg Springer eine Alternative formuliert. Er halte die Wahl einer Findungskommission für reine Zeitverschwendung, ließ er wissen. Personalentscheidungen müssten im Interesse der Festspiele möglichst rasch getroffen werden. Für Salzburg wäre die Wahl eines aktiven musikalischen Künstlers sinnvoll. Ein solcher würde sich jedoch nie bewerben und es auch vermeiden wollen, dass sein Name in der Öffentlichkeit genannt werde. Werde er nämlich nicht berufen, so könnte dies seiner Reputation schaden. Daher sollte der künftige künstlerische Leiter in aller Stille so rasch als möglich bestimmt werden. Im Gegensatz dazu sollte die Funktion des kaufmännischen Direktors ausgeschrieben werden. Auch Karl Löbl meldete sich zu Wort und schlug in eine ähnliche Kerbe. Salzburg benötige keine Findungskommission, wenn die Philosophie und das Profil der Festspiele klar definiert seien. Zudem sei Alexander Pereira der logische Nachfolger Mortiers. Er besitze sowohl künstlerische Sensibilität wie hohe Managerqualitäten, könne mit privaten Sponsoren umgehen und verstehe sich sowohl auf Altes wie Neues. Er wäre ein Nachfolger für Gérard Mortier und Hans Landesmann, und Präsidentin Helga Rabl-Stadler könnte auch die Funktion des kaufmännischen Direktors übernehmen. Damit würde für den künftigen Leiter des Schauspiels ein Sitz im Direktorium frei. „Falls also Vernunft dominiert, politisches Denken in den Hintergrund tritt, alle Beteiligten wissen, dass die Entscheidung über die Zukunft der Festspiele *schnell* getroffen werden muss – dann müsste man die Entscheidung schon vor der Nationalratswahl fällen, weil es eine künstlerische und finanzielle, aber keine parteipolitische ist."[169]

Die Vorschläge fanden jedoch in Salzburg keine Zustimmung, und Staatssekretär Wittmann stimmte am 23. Juli bei einem Gespräch mit Landeshauptmann Schausberger der Installierung einer Findungskommission zu. Die von Springer erhobene Forderung nach der Wahl eines aktiven Musikers – in der Öffentlichkeit wurden die Namen Daniel Barenboim, Claudio Abbado, Giuseppe Sinopoli sowie das Duo Pereira/Harnoncourt genannt – zum neuen künstlerischen Leiter war damit jedoch noch nicht vom Tisch. Die am 2. August zu bestellende Findungskommission musste noch vor der Festlegung auf einen konkreten Personalvorschlag die Frage lösen, ob man einen Kunstmanager oder einen aktiven Musiker zum Nachfolger Mortiers berufen sollte.

Die Zusammensetzung der Findungskommission verursachte erhebliche Turbulenzen und Schwierigkeiten, die diesmal nicht zwischen den Parteien entstanden, sondern vor allem innerhalb der SPÖ. Landeshauptmann Schausberger hätte gerne Heinrich Wiesmüller als Vertreter des Landes nominiert. Als dieser jedoch ablehnte, wurde der ehemalige Pressechef der Festspiele, Hans Widrich, nominiert. Der Salzburger Fremdenverkehrsförderungsfonds entsandte in einem geschickten Schachzug Philharmoniker-Vorstand Clemens Hellsberg, die Stadt Salzburg Sparkassendirektor Gerhard Schmidt. Für den Bund schlug Staatssekretär Wittmann Staatsoperndirektor Ioan Holender vor, stieß damit jedoch auf den entschiedenen Widerstand seines Parteifreundes Heinz Schaden, der die Nominierung des Staatsoperndirektors mit der Begründung ablehnte, dieser sei nie ein Freund der Salzburger Festspiele gewesen. Wittmann bemerkte sarkastisch: „Der Herr Bürgermeister hat Recht. Was versteht schon ein Mann, der seit acht Jahren erfolgreich die Staatsoper leitet, von den Salzburger Festspielen? Das ist eine Angelegenheit für Adabeis, Köche, Kleiderhändler und Lokalpolitiker."[170] Eine Entscheidung über den Vertreter des Bundes wurde daher nicht gefällt, da Wittmann vor einer endgültigen Entscheidung den urlaubenden Bundeskanzler Klima kontaktieren wollte. Die Wahl fiel schließlich auf Sektionschef Andreas Mailath-Pokorny.

Die Ansichten des Mortier-Lagers, dessen Ausscheiden werde von einer konservativen Gruppe für eine Rückkehr zu der Ära Karajan benutzt werden, missachtete – bewusst oder unbewusst – nicht nur die von Gerhard Wimberger und Otto Sertl geschaffenen beachtlichen Inseln der Moderne in der Ära Karajan, sondern auch die vom Kuratorium für die Findungskommission festgelegten Rahmenbedingungen. Diese forderten eine Fortsetzung der künstlerischen Linie der vergangenen Jahre im Sinne auch der Hinwendung zur Moderne, zum Innovativen und Experimentellen.

Die Findungskommission schlug dem Kuratorium in dessen Sitzung am 2. Dezember 1999 den Komponisten und Leiter der Bayrischen Theaterakademie, Peter Ruzicka, als neuen künstlerischen Leiter der Salzburger Festspiele vom 1. Oktober 2001 bis 30. September 2006 vor. Das Kuratorium schloss sich diesem Vorschlag an. Peter Ruzicka wurde mit 3. Dezember 1999 zum Mitglied des Direktoriums bestellt, um die Vorbereitungen seiner Tätigkeit in Angriff zu nehmen. Zudem beschloss das Kuratorium die Verlängerung des mit Jänner 2000 auslaufenden Vertrages von Präsidentin Helga Rabl-Stadler bis 30. September 2003 und die Findung eines kaufmännischen Leiters mit Hilfe einer öffentlichen internationalen Ausschreibung, wobei bei dieser Entscheidung auch politische Überlegungen eine Rolle spielten.[171]

Ursprünglich hatte sich die SPÖ geweigert, einer Vertragsverlängerung von Rabl-Stadler als Festspielpräsidentin zuzustimmen. Im Abtausch für ihre Zustimmung gestand ihr die ÖVP zu, die Federführung bei der Suche nach dem neuen kaufmännischen Direktor zu übernehmen. Für die SPÖ übernahm Salzburgs Bürgermeister Heinz Schaden diese Aufgabe, wobei er sich bei der Suche nach einem geeigneten Kandidaten durch die als FPÖ-nahe geltende Schweizer Personalberatungsfirma „Egon Zehnder International" beraten ließ.

Die Entscheidung über den künftigen kaufmännischen Direktor wurde neuerlich zum Politikum, als Mitte Juli die Medien die (Falsch-)Meldung verbreiteten, dass das Headhunting-Unternehmen dem Kuratorium den Dreiervorschlag Franz Salzmann, Peter Radel und Ingrid Moser unterbreiten werde. Dieser Vorschlag sei insofern befremdlich, da Salzmann soeben seinen Vertrag als kaufmännischer Direktor der Bregenzer Festspiele verlängert habe, Radel als Leiter der neuen Medienkommission des Bundes gehandelt werde und Moser nicht dem Anforderungsprofil entspreche, da sie nie in einem Theaterbetrieb gearbeitet habe. Angesichts dieses allgemein als völlig ungenügend bewerteten Vorschlags sowie der inzwischen angefallenen Kosten in der Höhe von 900.000 Schilling dachten Landeshauptmann Schausberger und Kuratoriumsmitglied Peter Radel öffentlich darüber nach, ob man nicht auch mit einem Zweierdirektorium das Auslangen finden könnte. Radel hatte in einem Brief an alle Direktoriumsmitglieder die Frage aufgeworfen, ob aus Kostengründen nicht eine Verkleinerung des Direktoriums auf zwei Personen angedacht werden sollte. In einem Interview mit „Format" erklärte er: „Ich finde, dass die Fixkosten in Salzburg sehr hoch sind. Und dass die Festspiele unter Sparzwang stehen, ist ja bekannt. Deshalb schlage ich vor, man möge sich doch überlegen, bei den Fixkosten anzusetzen. Und eine gute Gelegenheit ist so eine Besetzung. Wie man das macht, ob man so einen Posten auf zwei oder drei schon vorhandene Leute im Haus aufteilt, muss man natürlich erst mit den Kollegen im Kuratorium diskutieren."[172]

Bürgermeister Schaden witterte in der kritischen öffentlichen Berichterstattung und in dem Vorschlag des Salzburger Landeshauptmanns sowie des neuen Kuratoriumsmitgliedes Radel eine „Aktion der ÖVP, die bevorstehende Ernennung politisch zu torpedieren". Die kolportierten Namen seien frei erfunden, zwei der Genannten hätten sich nicht einmal beworben. Offensichtlich erfolge die Nennung der Namen in der politischen Absicht, die Position der Festspielpräsidentin zu stärken. Der neue künstlerische Leiter werde eine starke Persönlichkeit als kaufmännischen Direktor erhalten.[173] Da die Kritik in den Medien am teuren Auswahlverfahren des Beratungsunternehmens „Zehnder International" und an der Rolle des Salzburger Bürgermeisters, der vom Kuratorium mit der Federführung im Auswahlverfahren betraut worden war, unvermindert anhielt, ging dieser am 18. Juli in die Offensive und erklärte, er habe sich entschlossen, das Auswahlverfahren zu stoppen. Er werde daher in der bevorstehenden Kuratoriumssitzung am 31. Juli keinen Kandidaten vorschlagen. Die Verhandlungen des Beratungs-Unternehmens seien – im Gegensatz zu zahlreichen Medienberichten – hochprofessionell verlaufen, allerdings durch eine offensichtlich politisch „gezielte Aktion ... mutwillig, aus durchsichtigen Motiven und zu Lasten der Festspiele" gestört worden. Aus parteipolitischen Gründen seien „gezielte Indiskretionen, Falschmeldungen und Halbwahrheiten" lanciert, sämtliche Abmachungen über Vertraulichkeit von Gesprächen oder Zwischenergebnissen des Findungsprozesses nicht eingehalten worden. „Hier wurde eine provinzielle und peinliche Inszenierung auf Kosten der Festspiele aus ausschließlich egoistischen Motiven geboten, das Vertrauens- und Gesprächsklima im Festspielkuratorium ist nach diesen Vorgängen nachhaltig gestört." Die Position eines kaufmännischen Direktors sei, im Gegensatz zu den Vorschlägen von Landeshauptmann Franz Schausberger und Kuratoriumsmitglied Peter Radel, unverzichtbar. Gerade die finanzielle Entwicklung der letzten beiden Jahre mit einem Abgang von beinahe 30 Millionen Schilling beweise, dass hier „eine ordnende Hand" notwendig sei. In einem deutlichen Seitenhieb auf Präsidentin Helga Rabl-Stadler schloss er mit der Bemerkung, dass die Festspiele „schließlich nicht wie eine Boutique geführt werden" können.[174] Auch der designierte künstlerische Leiter Peter Ruzicka sekundierte Schaden mit der Bemerkung, die Streichung der Position des kaufmännischen Direktors wäre „Sparen am falschen Platz, so kompliziert, wie in Salzburg das Feld ist. Ein guter Verwaltungsdirektor amortisiert sich durch Effizienz selbst."[175]

Die Wogen der politischen Erregung gingen nicht nur in Salzburg hoch, sondern auch in Graz. Kurz nach der ersten öffentlichen Erklärung des Salzburger Bürgermeisters über die von angeblichen politischen Intrigen erschwerte Kandidatensuche für den neuen kaufmännischen Direktor der Festspiele meldete die „Kleine Zeitung", dass der ehemalige Geschäftsführer des Linzer Landestheaters und erst vor einem halben Jahr bestellte Finanzdirektor der Kulturhauptstadt Graz 2003, Gerbert Schwaighofer, in das Direktorium der Salzburger Festspiele als neuer kaufmännischer Direktor übersiedeln werde.

Wenngleich vom Intendanten der Kulturhauptstadt, Wolfgang Lorenz, vorgeschlagen, entwickelten sich rasch erhebliche Spannungen zwischen dem Führungsduo, die Lorenz sogar veranlassten, die Grazer Kommunalpolitiker mit der Entscheidungsfrage „er oder ich" zu konfrontieren. Schwaighofer wies die über verschiedene Tageszeitungen gegen ihn erhobenen Vorwürfe von Lorenz vehement zurück und betonte, er werde das Grazer Projekt trotz der aufgetretenen Turbulenzen weiter betreuen, da er sich u. a. des ungebrochenen Vertrauens des Grazer Bürgermeisters Alfred Stingl erfreue. Wolfgang Lorenz hingegen erklärte neuerlich, er werde auf Grund der tief greifenden Meinungsunterschiede über Teamarbeit und Sachentscheidungen im Fall eines Verbleibens von Schwaighofer aus seiner Funktion als Intendant der Kulturhauptstadt ausscheiden. Die öffentlichen Attacken gegen Schwaighofer wurden von Salzburgs Bürgermeister Heinz Schaden als Beweis für eine gezielte Intrige der ÖVP interpretiert. So erklärte er gegenüber dem Wochenmagazin „Format": „Jetzt sind wir am Ende der Suche nach dem neuen Finanzchef, und plötzlich meldet sich Landeshauptmann Schausberger unaufgefordert aus dem Urlaub und sagt: ‚Machen wir doch ein Zweierdirektorium ohne Finanzchef und werten die Position der Präsidentin zum Kaufmann auf.'" Dass der Name des Favoriten für die Funktion des kaufmännischen Direktors an die Öffentlichkeit gedrungen sei und zum Ziel von Angriffen wurde, sei das Ergebnis einer gezielten Indiskretion. „Den Namen Gerbert Schwaighofer kannte außer mir nur der Beauftragte der Head-Hunter-Firma Zehnder und der ÖVP-Vertreter im Kuratorium, Präsident Koller. Und der steht mit Rabl-Stadler natürlich in engem Kontakt. Und dann, auf einmal, wird Herr Schwaighofer öffentlich durch den Kakao gezogen – vor allem von seinem derzeitigen Arbeitgeber Wolfgang Lorenz in Graz, der ja bekanntlich auch zum Bacher-Clan gehört. Diese Dreistigkeit ist atemberaubend. Mir ist ja auch gesagt worden, dass der Herr Busek da im Hintergrund mitgewirkt hat."[176]

Die Streitfrage wurde durch das Votum des designierten Intendanten Peter Ruzicka, der sich für die Funktion eines kaufmännischen Direktors ausgesprochen hatte, entschieden. Landeshauptmann Schausberger erklärte vor der Kuratoriumssitzung am 31. Juli, der von Bürgermeister Schaden angekündigte Stopp bei der Suche sei irrelevant und es solle so rasch als möglich eine personelle Entscheidung getroffen werden. Am 31. Juli fasste das Kuratorium den Beschluss, dass es an einem Dreier-Direktorium festhalte, und sprach sich „für die Weiterführung des Verfahrens für die Bestellung eines kaufmännischen Leiters als Mitglied des Direktoriums aus". Auf Grund der von der Firma „Zehnder International Ges. m. b. H." vorgelegten Vorschläge wurden Bürgermeister Heinz Schaden und der Vorsitzende Josef Koller ersucht, „in konkrete Verhandlungen mit Kandidaten einzutreten und ehestens zum Abschluss zu bringen"[177].

Gerbert Schwaighofer, der von „Zehnder International Ges. m. b. H." erstgenannte Kandidat, hatte in der Zwischenzeit angesichts der Salzburger Diskussion über die Notwendigkeit eines kaufmännischen Direktors Bürgermeister Schaden brieflich mitgeteilt, dass er sich aus dem Kreis der Bewerber zurückziehe. Schaden konnte ihn schließlich in einem Telefonat Anfang Herbst zu einer Revision seiner Entscheidung veranlassen. Am 3. November bestellte ihn das Kuratorium mit Wirkung vom 1. Oktober 2001 zum neuen kaufmännischen Direktor der Salzburger Festspiele und damit zum Nachfolger von Hans Landesmann. Gleichzeitig wurde in einer politischen Vereinbarung eine Synchronisation der Verträge des neuen Direktoriums beschlossen, d. h. eine einheitliche Vertragsdauer bis 30. September 2006. Eine sichtlich zufriedene Präsidentin Helga Rabl-Stadler erklärte nach der Kuratoriumssitzung, sie habe „nach langen Gesprächen mit meinen zwei neuen Kollegen Ruzicka und Schwaighofer das Gefühl, dass wir sehr gut im Sinne der Festspiele miteinander können werden". Das Problem der Vergangenheit sei gewesen, „dass Gérard Mortier nie akzeptierte, dass er nicht alleiniger Intendant war und darum die eigenständige Position von Hans Landesmann als Konzertreferent und von mir als Präsidentin bekämpft hat"[178].

III. „Ich war also irgendwie das trojanische Pferd. Aber gekommen bin ich als Parsifal." Die neue Dramaturgie und Philosophie der Festspiele

III. 1. DIE NEUE KULTURELLE LANDKARTE – TRADITION UND MODERNE

Man werde das Spezifische der Salzburger Festspiele und dessen Spielstätten betonen, das gesamte Werk Mozarts, die Barockoper und Moderne pflegen, einer modernen Interpretation großen Raum einräumen, programmatische Leitlinien in den jeweiligen Programmen deutlich machen und sich zudem stärker der Jugend sowie der Erweiterung des Publikums zuwenden, so die Grundaussagen der neuen Festspielführung während der Mozartwoche im Jänner des Jahres 1990 in Mozarts Wohnhaus. Gérard Mortier ließ zudem wenige Monate später wissen, es werde in seiner Ägide keine Verflechtungen zwischen Programm, Künstlerengagements und der Plattenindustrie mehr geben. Der von Karajan noch gepflegte Starkult gehöre der Vergangenheit an. Dem Zeitgeist folgend verkündete er zudem, dass die Kunst stets politisch sei und sich ihrer gesellschaftspolitischen Aufgabe bewusst sein müsse. Diesem Anspruch sollten sowohl die Auswahl der Stücke wie auch deren Interpretation dienen.

Zudem sollte es zu einer verstärkten Zusammenarbeit der Festspiele mit den verschiedenen Salzburger Kulturinstitutionen kommen. Die Festspiele beanspruchten keineswegs eine sommerliche Monopolstellung, sondern würden sich verstärkt bemühen, Wege der Zusammenarbeit mit den übrigen Salzburger Kultureinrichtungen zu finden, versicherte das neue Führungstrio dem für Kultur und Finanzen zuständigen Bürgermeister-Stellvertreter Herbert Fartacek in einem Gespräch Ende Juli 1990.[179] Gegenüber dem „Kurier" erklärte Fartacek: „Mortier, Landesmann und Wiesmüller waren bei mir. Sie haben klare Vorstellungen für die Zukunft. Die Festspiele wollen mit anderen Veranstaltern kooperieren, sodass man eine Breite und die Spitze, sowohl zeitlich als auch vom Angebot her, sichert. Bisher war es ein abgehobenes, elitäres Spektakel, für jene, die es sich leisten konnten. Jetzt ergeben sich völlig neue Perspektiven."[180]

Der Kooperation und Öffnung der Festspiele diente auch die Suche nach neuen Spielstätten. Die „Szene der Jugend" bespielte seit einigen Jahren die leer stehenden und teilweise vom Salz in Mitleidenschaft gezogenen Gebäude der österreichischen Salinen AG auf der Perner-Insel in Hallein. Am 17. August 1990 unternahm Mortier einen Lokalaugenschein auf der Insel, um zu prüfen, wie man bestimmte Initiativen der „Szene der Jugend" seitens der Festspiele unterstützen könnte. Das Ergebnis des Besuchs mündete in dem Beschluss, die leer stehenden Gebäude mit einem Kostenaufwand von 2,2 Millionen Schilling, an deren Aufbringung sich auch die Festspiele beteiligen sollten, zu adaptieren und in ein Theaterzentrum umzuwandeln, das 1992 den Betrieb aufnehmen konnte. „Szene"-Obmann Friedrich Urban erklärte zu dem ambitionierten Unternehmen: „Das Projekt mag für viele eine Seifenblase sein, eine Utopie, die nicht realisierbar sei. Doch dieses Kulturzentrum, das ein Drittel von einem gebrauchten Draken kostet (Das österreichische Bundesheer erhielt zu diesem Zeitpunkt die politisch heftig umstrittenen gebrauchten Abfangjäger der schwedischen Firma Saab; *Anm. d. Verf.*), könnte ins nächste Jahrtausend wirken."[181]

Mortier galt auf Grund der Inszenierungen in dem von ihm ab 1981 geleiteten Théâtre de la Monnaie in Brüssel bei seiner Berufung als einer der führenden Repräsentanten des modernen Musiktheaters, des Versuchs einer modernen Sicht auf die Werke der Klassik und Romantik sowie der programmatischen Berücksichtigung der bedeutenden Werke des 20. Jahrhunderts.

In Brüssel entstand ein vom internationalen Feuilleton zunächst aufmerksam registrierter und schließlich enthusiastisch gefeierter Mozart-Zyklus, für den er Regisseure wie Patrice Chéreau, Luc Bondy, Herbert Wernicke und Karl-Ernst Herrmann engagierte. Unter dem jungen französischen Dirigenten Sylvain Cambreling engagierte er vor allem jüngere und begeisterte Sänger. Die Ausstattung war erlesen und kostbar, und die jeweiligen Produktionen wurden in monatelangen Vorbereitungszeiten mit erheblichen

Kosten erarbeitet. Herrmann, der bis dahin nur als Bühnenbildner gearbeitet hatte, debütierte in Brüssel als Regisseur mit „La Clemenza di Tito", es folgten „Don Giovanni" und „La finta giardiniera". Für Luc Bondys „Così fan tutte" entwarf Herrmann das Bühnenbild. Chéreau inszenierte Mozarts frühe Oper „Lucio Silla". Auch auf Verdi wurde ein neuer Blick mit Peter Steins Inszenierung von „Otello" und Herrmanns „La Traviata" geworfen. Hinzu trat ein Janáček-Zyklus und als Abschluss Herbert Wernickes Inszenierung von Wagners „Ring des Nibelungen" in einem Einheitsbühnenbild eines heruntergekommenen Filmstudios.

In Salzburg sollte nunmehr ab 1992 neben Mozart, den Mortier als echten Europäer sah, ein „Rückblick auf das 20. Jahrhundert mit Ausblick auf die Zukunft" erfolgen. „… das heißt konkret, dass ich es schön fände, jetzt in Salzburg alle großen Klassiker … des 20. Jahrhunderts aufzuführen. D. h. Janáček, d. h. für mich auch Debussy, d. h. Alban Berg, d. h. Schönberg, das könnte auch Hindemith heißen. Also dass man in den sechs Jahren eine große Palette bringt von diesen Opern, und damit man genügend bringen kann, dass man diese Opern herausbringt in Koproduktion, so dass sie vielleicht nur ein Jahr gezeigt werden und dann zu einem großen Opernhaus irgendwo in der Welt gehen, wodurch auch das Label Salzburger Festspiele – da bin ich dann wieder kaufmännisch – irgendwo noch seinen Wert hat. … Aber es gibt vielleicht noch andere Stücke aus dem 19. Jahrhundert und aus dem Barock, die man bringen soll. Wir haben das früher gesehen mit der ‚Rappresentatione di anima e di corpo', dass die Barockoper sehr gut passt in diese Stadt, und deshalb glaube ich, ein großer Händel oder sogar ein Rameau könnte als einmalige Aufführung sehr wichtig sein. … Also auf dem Operngebiet sind das die drei großen Linien: Mozart … und daneben dann die klassische Moderne, große Barockwerke und natürlich die Uraufführungen."[182]

Diese in Brüssel bereits praktizierte Programmphilosophie transferierte Mortier nunmehr nach Salzburg. Die nach Salzburg berufenen Regisseure wie Luc Bondy, Patrice Chéreau, Herbert Wernicke, Robert Wilson, Peter Mussbach, Jonathan Miller, François Abou Salem, Achim Freyer, Ursel und Karl-Ernst Herrmann sollten einen radikal neuen Blick auf Werke des klassischen Repertoires, vor allem auf Mozart, Strauss und Verdi werfen, diese in die Gegenwart transferieren und deren aktuelle Botschaften entschlüsseln. Hans Landesmann bemerkte: „Die Regisseure, die wir verpflichten wollen, werden ja eher mehr arbeiten, als das bisher üblich war." Man werde der Hybris der Bühnenbildner, die oftmals den Betrieb an zahlreichen Opernhäusern lahmzulegen drohen, einen Riegel vorschieben.[183] Die Opern von Leoš Janáček, Arnold Schönberg, Igor Strawinsky, Béla Bartók, Alban Berg, Olivier Messiaen, Luigi Dallapiccola und György Ligeti sollten eine zentrale Position im Programm einnehmen, die programmatische Klammer zwischen Oper und Konzert verstärkt werden, die zeitgenössische Moderne in größerem Ausmaß im Programm Berücksichtigung finden. Peter Sellars, einer der von Mortier bevorzugten Regisseure, sekundierte dem Befund Mortiers mit der Bemerkung: „Die Krise der Salzburger Festspiele hat einen Punkt erreicht, der ein Übergehen zur Tagesordnung nicht mehr erlaubt. Ich bin froh, dass diese Krise so extrem ist, weil jetzt jeder sieht, dass etwas Neues geschehen muss."[184]

Dieses Neue, so Mortier und Landesmann, werde sich darin manifestieren, dass man vor allem ein künstlerisch hochwertiges Programm verwirklichen wolle und nicht die Interessen der Salzburger Wirtschaft befriedigen. Dabei waren sich jedoch beide des Umstandes durchaus bewusst, dass eine völlige Abkehr von der Interpretationskultur auf Grund der spezifischen Salzburger Finanzierungsstruktur, d. h. der Notwendigkeit eines hohen Refinanzierungsanteils über den Kartenverkauf, katastrophale finanzielle Folgen haben musste. In diesem Zusammenhang kam der Gewinnung von Sponsoren eine zentrale Rolle zu. Dem Direktorium unter Präsident Albert Moser war es gelungen, namhafte Sponsoren für die Festspiele zu gewinnen und Rücklagen in der Höhe von 70 Millionen Schilling zu bilden, auf die die neue Leitung zurückgreifen konnte. Mortier erklärte unter Bezugnahme auf diese Rücklagen zu Beginn seiner Tätigkeit, die Sponsoren hätten unter dem bisher amtierenden Direktorium ihre bis 1994 befristeten Zusagen unter bestimmten Rahmenbedingungen gegeben. Zu Beginn der neunziger Jahre stellte sich die Frage, ob die Sponsoren bereit sein würden, ihre Zusagen auch unter den geänderten programmatischen Richtlinien aufrecht zu erhalten und ob es dem neuen Direktorium gelingen würde, für sein ehrgeiziges und kostenintensives Programm zusätzlich neue Sponsoren zu gewinnen. In der Direktoriumssitzung am 4. Oktober 1990 wurde Mortier bevollmächtigt, „mit den einzelnen heutigen Sponsoren/Mäzenen persönlich zu sprechen, um die Zusammenarbeit für die Zukunft genau zu definieren"[185].

Die als prominente musikalische Mitstreiter vorgesehenen Dirigenten standen diesen ersten programmatischen und ästhetischen Erklärungen Mortiers und Landesmanns positiv bis ambivalent gegenüber. Christoph von Dohnányi, der bereits in Frankfurt und Hamburg mit Mortier zusammengearbeitet hatte, unterstützte Mortiers Programmphilosophie uneingeschränkt. Das Publikum werde dem Neuen durchaus positiv gegenüberstehen. „Ich bin absolut sicher, dass das Publikum gute Aufführungen von Janáček als etwas ganz Besonderes aufnehmen wird. Ich muss Ihnen ganz ehrlich sagen: Ob da 200 Leute mehr oder weniger drinnen sind, ist eigentlich kein Maßstab. Es wird sich durchsetzen, was Qualität hat. Und was keine Qualität hat, wird vielleicht auf einer anderen Ebene eine Weile leben, aber man wird sich länger an Janáček erinnern als an Korngold. Ich schätze Mortier sehr, sehr hoch, weil er einer der wenigen hochintelligenten Menschen ist, die nicht nur denken, sondern auch das, was sie denken, in die Tat umsetzen können." Man müsse in Salzburg „ganz neue Sachen probieren. Sie müssen einen neuen Inszenierungsstil probieren. Sie müssen riskieren in Sängerbesetzungen. Sie müssen versuchen, Menschen für den produktiven Prozess des Theaters und des Musiklebens zu interessieren. Und Sie müssen daran glauben, dass das, was Sie tun, letztlich auch vom Publikum, das in einer Demokratie natürlich glaubt, einen Anspruch zu haben auf Bestimmung, akzeptiert wird."[186] Claudio Abbado, der sich bereits 1993 von Mortier weitgehend entfremdete, bemerkte: „Ich erwarte mir viel Positives. Mortier kenne ich ja seit vielen Jahren, er hat in Brüssel interessante Arbeit geleistet, obwohl sich Brüssel natürlich nicht mit Salzburg vergleichen lässt. Aber es freut mich zum Beispiel, dass die künftigen Konzertprogramme der Festspiele bestimmte thematische Linien aufweisen werden." Auf die Frage, was er denn von Peter Sellars halte, den Mortier stärker an Salzburg binden wolle, antwortete Abbado: „Ich habe seine Mozart-Inszenierungen gesehen. Furchtbar! Völlig gegen Mozart! Aber er ist ein bedeutender Regisseur. Ich würde schon mit ihm arbeiten, wenn es das richtige Stück ist. Welches, das ist natürlich die Frage. Mozart würde ich jedenfalls mit ihm sicher nicht machen."[187] In einem Interview mit den „Salzburger Nachrichten" Ende August 1990 erklärte Riccardo Muti, die Salzburger Festspiele müssten auch in Zukunft auf ihr spezifisches Profil achten: „Auf Salzburg blickt die ganze Welt. Die Salzburger Festspiele tragen daher eine besondere Verantwortung. Was hier geschieht, muss besonders durchdacht und besonders seriös sein, und es muss der Welt etwas Einzigartiges geben. Es genügt nicht, das Schaufenster der Ausführenden, der Dirigenten, der Pianisten und der Orchester zu sein. Das kann man überall machen. Salzburg muss mit seinen musikalischen Produktionen der Welt etwas Neues sagen. Tut es das nicht, verliert es seine Funktion und seine Daseinsberechtigung."[188] Abbados und Mutis Stellungnahmen deuteten, wenn auch zunächst nur indirekt, mögliche künftige Bruchlinien an.

Die von Mortier und Landesmann angekündigte Wende von der bisher dominierenden Interpretations- zur Werkkultur stieß nicht nur auf Zustimmung, sondern auch auf Skepsis. So bemerkte Franz Endler, in den folgenden Jahren einer der vehementesten Kritiker Mortiers, im Sommer 1990, im Festspielsommer 1990 und im kommenden Mozart-Jahr würden die Salzburger Festspiele (noch) einmal ein Fest präsentieren, „bei dem beinahe andauernd ausgezeichnet musiziert wird und die szenische Deutung der Mozart-Opern sich in vernünftigen Grenzen hält. Und selbstverständlich werden alle, die damit auskommen, nicht als genügsam, sondern als rückständig bezeichnet und mit gar nicht verstecktem Hohn darauf hingewiesen, dass ihre letzte Stunde schon geschlagen hat. So einfach wird es künftig nicht mehr sein, einen Don Giovanni als Lüstling zu zeigen oder eine Fiordiligi als verwirrte Liebende. Gegen den Strich wird man Mozart und Da Ponte bürsten und uns zeigen, was in den hanebüchenen Libretti und der nur scheinbar eingängigen Musik Mozarts alles aufgespürt werden kann." Doch „länger als ein Jahrzehnt hat sich noch kein Epoche machender Stil gehalten, das bleibt uns immer ein Trost in einer verzweifelten, aber nicht auswegslosen Situation"[189].

Ein Jahr später, am 29. Juli 1991, präsentierte die neue Führung inklusive des neuen Schauspieldirektors Peter Stein auf der Bühne der Felsenreitschule der internationalen und nationalen Presse ihr Programm für 1992. Programmatisch erklärte Gérard Mortier, die Bewahrung der Einmaligkeit der Salzburger Festspiele, ihrer europäischen Funktion, sei eines seiner Hauptziele. „Salzburg muss ein europäisches Festival sein, darf aber nicht ein Festival der Nationalitäten werden."[190] In einem Interview betonte er, dass die Unverwechselbarkeit der Festspiele, die sich von der bisher dominierenden konsumierenden Kulinarik hin zum künstlerischen Erleben wandeln, durch deren Einmaligkeit, Qualität und Dramaturgie garantiert werden müsse.[191]

Dabei wurden fünf Schwerpunkte deutlich:

1. Die Aufwertung des Schauspiels durch erhöhte Mittel und die Gewinnung der Felsenreitschule als zweite Spielstätte ab 1993, in der Peter Stein seine Shakespeare-Römer-Trilogie inszenieren sollte. Im Landestheater als zweiter Spielstätte sollten vor allem das europäische Theater sowie Uraufführungen gezeigt werden.

2. Eine – wenn auch äußerst moderate – stärkere Berücksichtigung der Oper des 20. Jahrhunderts.

3. Eine stärkere programmatische Verklammerung zwischen Opern- und Konzertprogrammen.

4. Eine deutliche Zurückdrängung der zentralen Position der Wiener Philharmoniker und das verstärkte Engagement neuer Künstler und Ensembles.

5. Eine Ausweitung und damit auch Verbilligung des Kartenangebots vor allem im Schauspiel, womit ein neues Publikum gewonnen werden sollte, sowie der forcierte Übergang zu einem Abonnementsystem.

Die Kommentare der internationalen und nationalen Presse zum ersten Programm der neuen Führung waren überwiegend freundlich und erwartungsvoll, wobei vielfach allerdings mit deutlicher Ironie auch darauf verwiesen wurde, dass das Programm nicht so neu und revolutionär sei, wie dies Mortier vollmundig angekündigt hatte. Franz Endler kommentierte sichtlich erleichtert, Salzburg ändere sich in der neuen Ära Mortier „mit Maßen"[192], und Marianne Reißinger stellte die Frage, ob „Salzburg wirklich anders" werde.[193]

Albrecht Roeseler bemerkte, die neue Führung bedeute einen für Salzburg fälligen Wendepunkt nach der Ära Karajan. Mit Mortier sei ein Mann an die Spitze berufen worden, „der andernorts erprobte Ideen und Formen nach Salzburg tragen will, wo sie sich noch bewähren und wo sie auch international akzeptiert werden müssen"[194]. Für Carl-Heinz Mann begann sich Salzburg mit der neuen Führung und deren Programm „aus manchen thematischen und personellen Verkrustungen der jüngeren Vergangenheit" zu lösen,[195] Werner Thuswaldner sprach euphorisch von einer „neuen Sinnstiftung für die Festspiele"[196], und Wilhelm Sinkovicz überzeugte die Papierform. „Gérard Mortier scheint auf dem besten Wege, die Gratwanderung zwischen Traditionsbewahrung und der längst nötigen Blutauffrischung der Festspiele zu bewältigen. Das Angebot liest sich jedenfalls verlockend für den Festspielgast, der Mortiers klugem Satz zu folgen bereit ist und Kultur nicht länger müßig ‚konsumieren', sondern ‚erleben' will. Salzburg muss, diese Erkenntnis ist richtig, wieder ein ‚Erlebnis' werden. Hoffen wir, dass die Versprechungen sich auch einlösen lassen."[197]

Die kritischen Kommentare blieben deutlich in der Minderheit. So bemerkte Gerhard Ritschel, dass Vieles im neuen Programm nunmehr hochgejubelt werde, das gar nicht neu sei oder falsche Erwartungen wecke. „Man wird sehen, was die nächsten Jahre für Salzburg bringen werden, dem neuen Direktorium muss sicherlich noch eine Schonfrist zugestanden werden. Es wäre zu wünschen, dass Versprechungen nicht nur gemacht, sondern auch gehalten werden und dass nicht durch Verschleiern von Tatsachen und Hochjubeln von Selbstverständlichkeiten später die große Ernüchterung kommt."[198] Und Michael Wise sprach die Befürchtung aus, dass Mortiers ambitioniertes Programm bei gleich bleibender Hochpreispolitik zu einer Vertreibung des zahlungskräftigen Publikums, auf das die Festspiele schließlich angewiesen seien, führen könnte. „The glamour which clung to Salzburg in the Karajan years could fade if wealthy, conservative ticket-buyers are driven away."[199]

III. 2. PROVOKATIONEN ALS BEGLEITMUSIK DES NEUEN

1990 bemerkte Mortier über die Ära Karajan in Salzburg, diese sei musikalisch von den Interessen der Tonträgerindustrie dominiert worden. Zudem habe man für die szenische Gestaltung kaum interessante Regisseure, sondern vor allem Arrangeure verpflichtet, sodass die Produktionen weitgehend uninteressant gewesen seien. „Die Plattenmanager und Agenten arrangierten sich ihre Aufnahmen, und die Salzburger Festspiele sollten dazu ihre Bildchen machen." Damit werde ab 1992 Schluss sein, denn diese Entwicklung habe dazu geführt, „dass über Salzburg bereits der Todesengel schwebt. Denn wenn hier nicht endlich ein wirklich geistiger Prozess eingeleitet wird, dann ist das Festival am Ende. Überall in Europa entstehen zur Zeit Festivals, die den Namen nicht verdienen. Heute reicht es ja, eine Scheune neu anzumalen und einen weltberühmten Pianisten hereinzusetzen. Er muss nur genügend Schallplatten gemacht haben. Salzburg kann sich nur behaupten, wenn es gegen diese Unarten etwas anderes setzt."[200] Dies bedeute, dass Schallplattenstars wie Giuseppe Sinopoli, Riccardo Chailly oder James Levine zunächst nicht in Salzburg dirigieren werden. Stattdessen würden neben den Stars wie Claudio Abbado, Riccardo Muti, Georg Solti und Christoph von Dohnányi Dirigenten wie Sylvain Cambreling, Michael Gielen, Nikolaus Harnoncourt, Frans Brüggen oder René Jacobs verstärkt in Salzburg wirken.

Elf Jahre später erklärte er im Rückblick auf seine zehnjährige Tätigkeit in Salzburg: „Wichtige Aufgaben trete ich gerne an wie Parsifal – unerschrocken, weil unerfahren in den Riten der Gralshüter. Als Flame nenne ich die Dinge außerdem gerne beim Namen und ‚treffe im Fluge, was fliegt' – und dabei so manchen heiligen Schwan. Salzburger Nockerln haben mir nie geschmeckt, die betonte Trachtenkleidung schien mir schon immer suspekt, und die personalbedingte Schließung der Restaurants war mir ‚wurscht'."[201] Der designierte künstlerische Leiter der Salzburger Festspiele benutzte bewusst das Mittel der Provokation, um die mit seiner Direktion einsetzende Zeitenwende und den Bruch mit der Ära Karajan deutlich zu machen. In einem Gespräch mit dem Londoner „Evening Star" teilte er dem traditionellen Festspielpublikum mit, dieses könne ruhig wegbleiben, denn „dafür werden andere kommen"[202]. Gleichzeitig verkündete er eine deutliche Absage an den Starkult, wobei er seiner Lust an provokanten Formulierungen, die von der internationalen Presse begierig aufgenommen wurden, freien Lauf ließ. So erklärte er unter Anspielung auf das Erscheinungsbild zweier absoluter Opernstars: „Mein Publikum in Brüssel weiß, dass die Türen meines Opernhauses zu schmal für einen Pavarotti und die Korridore zu eng für eine Jessye Norman sind."[203]

Der designierte künstlerische Leiter vertrat seine Auffassung auch im Direktorium, in das er mit seiner Wahl kooptiert worden war. Am 23. April 1990 erklärte Präsident Albert Moser in einer Sitzung des Direktoriums, die Sponsoren der Festspiele wären bereit, ein Engagement von Luciano Pavarotti für einen Liederabend zu finanzieren. Darauf bemerkte Mortier, „dass ein Engagement von Pavarotti für ihn keine ausschließlich finanzielle Angelegenheit sei". Er wiederholte in seinen weiteren Diskussionsbeiträgen „seine größten Bedenken über die künstlerische Notwendigkeit des Engagements von Pavarotti bei den Salzburger Festspielen", wurde jedoch von der Mehrheit überstimmt.[204] 1991 wiederholte sich die Diskussion über Opernstars in Salzburg in der Frage eines Engagements von Jessye Norman für einen Liederabend. Bei Stimmenthaltung Mortiers beschloss das Direktorium, die Gagenforderung von Jessye Norman in der Höhe von 350.000 Schilling unter der Bedingung zu akzeptieren, wenn die Künstlerin bereit sei, diese Gage auch bei ihrer eventuellen Mitwirkung bei den Salzburger Festspielen 1992, d. h. dem ersten Jahr der Ära Mortier, nicht zu überschreiten. Daraufhin bat Mortier Landesmann, „dafür Sorge zu tragen, dass die Salzburger Festspiele für 1992 nicht gezwungen sind, einen Vertrag mit Frau Norman zu dieser Gage abzuschließen"[205].

Mortiers pointierte künstlerisch-programmatische Erklärungen riefen heftige Reaktionen hervor. Giuseppe Sinopoli, promovierter Arzt und Chefdirigent des Philharmonia Orchestra London, antwortete, er werde in Salzburg während der Ära Mortier nicht auftreten, auch wenn dieser seine Meinung revidieren sollte. Jemand, der sich durch solche Äußerungen bemerkbar mache, stehe intellektuell nicht auf seinem Niveau. „Nach den Äußerungen dieses ungebildeten Menschen" habe er ein bestimmtes Bild von ihm erhalten. „Solch ein Mann ist eine Beleidigung für die Kultur. Es handelt sich um eine neurotische und exhibitionistische Mentalität." Mortier sei ein „Patient, der sich zu stark mit einer autoritären Art von Denken identifiziere und die Bedürfnisse der Gesellschaft nur mehr auf sich selbst beziehe". Man finde eine solche Mentalität bei stark neurotischen Charakteren. Das neue Führungsteam der Salzburger Festspiele entspreche Mortiers Niveau. „Es handelt sich um Leute, die über keine für mich akzeptable musikalische Bildung verfügen. Ich

sammle Vasen und nicht Konzepte schlechter Organisatoren."²⁰⁶
Die starken und oftmals provokanten Sprüche im Vorfeld der Übernahme der künstlerischen Leitung der Festspiele waren sicherlich auch Teil einer geschickten Selbstinszenierung. Im ersten Jahr seiner Funktionsperiode gab sich der streitbare Intendant versöhnlicher. Die Provokation sei seine Sache nicht, erklärte er gegenüber der katholischen Zeitschrift „Kirche intern", da diese „der Anfang von Gewalttätigkeit" sei. Er finde es aber „gut, dass Künstler manchmal provokativ sind". Auch das von ihm vielfach als snobistisch und wenig kunstverständig bezeichnete Publikum der Festspiele fand nunmehr eine schaumgebremste Beurteilung. „Wenn jemand Jeans anzieht, ist das ebenso wenig eine Garantie für die richtige Gesinnung, wie wenn sich die Leute schön anziehen. Alles hängt davon ab, ob das Anziehen ein Zeichen ist: ob die schöne Garderobe nur Ausdruck eines protzigen Repräsentierens ist oder ob sie einer geistigen Einstellung entspricht."²⁰⁷ Und auch die von ihm als „Mafia" bezeichnete Plattenindustrie wurde in erheblich milderem Licht gesehen. Er verwehre sich zwar gegen den Einfluss der Plattenindustrie auf Besetzungsfragen, habe jedoch nichts gegen deren Anwesenheit in Salzburg während der Festspiele.
Schien Mortier im Vorfeld der von ihm zu verantwortenden ersten Festspielsaison auf eine pragmatische und weniger provokante Linie einzuschwenken, so konterkarierte er diese Hoffnung im Sommer in Interviews mit „Spiegel" und „Stern" mit abwertenden Bemerkungen über die Salzburger Spezifika sowie die Salzburger Lebenswelt und löste damit heftige Reaktionen aus. Ende August 1993 bemerkte Peter Vujica zu dem ob seiner zahlreichen Provokationen so heftig umstrittenen Festspielleiter, dieser scheue offensichtlich „keinen Widerstand. Er sucht ihn beinahe. Und feuert in die Richtung, wo er ihn vermutet, seine binsenweisen Wortsalven. Der Kompromiss ist nicht seine Sache. Er ist kein Diplomat …"²⁰⁸
Trotz aller Provokation war sich Mortier des Umstandes durchaus bewusst, dass er die Festspiele nicht ohne Stars durchführen konnte. Daher war er durchaus zu Kompromissen bereit und suchte die Aussöhnung mit einigen von ihm mit negativen Kommentaren versehenen Stars wie Plácido Domingo oder Jessye Norman. Domingo sang 1998 in einer konzertanten Aufführung von Wagners „Parsifal" die Titelpartie und 2000 den Hermann in einer konzertanten Aufführung von Tschaikowskys „Pique Dame", Jessye Norman gastierte beinahe jährlich mit einem Solistenkonzert und sang 1995 die Frau in der Robert-Wilson-Inszenierung von Schönbergs „Erwartung".
Nach dem Festspielsommer 1995 begann sich Mortier zunehmend aus der Tradition Hofmannsthals zu lösen. Dies führte zu neuen Konflikten mit ehemaligen Mitstreitern wie Peter Stein, Nikolaus Harnoncourt und Claudio Abbado, der Mortier im Jahr 2000 vorwarf, durch sein den Geist Mozarts ignorierendes Regietheater in Salzburg ein Fiasko zu hinterlassen.²⁰⁹ Acht Jahre zuvor, im ersten Jahr der neuen Ära, hatte Riccardo Muti im Streit um die Inszenierung von Mozarts „La Clemenza di Tito" denselben Vorwurf erhoben.

III. 3. „LA CLEMENZA DI TITO" 1992 ALS „PRINZIPIELLE DEMARKATIONSLINIE IN DER SPHÄRE DES MUSIKTHEATERS"

Die mit der Berufung Mortiers und der Implementierung seiner künstlerischen Konzeptionen verbundenen Spannungen auf Grund gegensätzlicher Positionen wurden im Vorfeld der musikalischen Eröffnungspremiere, Mozarts „La Clemenza di Tito", in der Regie und Ausstattung von Ursel und Karl-Ernst Herrmann sowie der musikalischen Leitung Riccardo Mutis deutlich und führten schließlich zum Eklat, als Muti am 20. Juli die musikalische Leitung der Aufführung auf Grund unüberbrückbarer Auffassungsunterschiede mit dem Ehepaar Herrmann zurücklegte. Mutis Schritt galt den Verfechtern der neuen Festspielphilosophie als typisch für das „alte Salzburg". Es zeichne „sich eben doch jetzt schon eine Zäsur zwischen dem alten und dem neuen Salzburg ab",²¹⁰ kommentierte Werner Thuswaldner. Ähnlich der Kommentar von Frieder Reininghaus im „Süddeutschen Rundfunk": „Der Teufel, der das Zerwürfnis provozierte, mag – wie so oft – in den Details gesteckt haben. Freilich zeichnete sich durch den kurzfristigen heftigen Ausstieg Mutis aufs Neue eine prinzipielle Demarkationslinie in der Sphäre des Musiktheaters ab, an der es in den letzten Jahren immer wieder zu Scharmützeln kam. Auf der einen Seite stehen die Regisseure und Bühnenbildner, die mit unterschiedlicher Intention Werke der Musikgeschichte mit neuen, oft frappierenden Bildern versehen, mitunter die alten Mythen und Geschichten provozierend neu erzählen. Zu denen, die den alten Opern Bilder des heutigen Alltags überstülpen, gehören die Herrmanns nicht. Sie bedienen sich des Fortgangs der Entwicklungen auf dem Gebiet der Bildenden Kunst, wie dies seit Jahrhunderten Theater-Tradition war. Auf der anderen Seite des Meinungsstreits stehen Sänger und Dirigenten (vorwiegend aus dem mediterranen Raum), die zu historischer Musik lediglich historisierende Ausstattung und sog. ‚sängerfreundliche' Regieführung für angemessen halten; sie wollen die quasi-oratorischen Aufführungen vor edel-schön-hilfreichen Erinnerungsbildern."²¹¹

Ursel und Karl-Ernst Herrmann erklärten, Muti habe trotz der zweijährigen Vorbereitungszeit lediglich eineinhalb Tage in Ravenna und weitere fünf Stunden an einem Sonntag erübrigt. Seit seiner Ankunft in Salzburg und der ersten Probe am 16. Juli habe er nur negative Kommentare zur Regie und den Sängern von sich gegeben, dabei haben „wir … uns wie in allen unseren Arbeiten sowieso bemüht, nichts *gegen* die Musik zu machen". Muti hätte das Video ihrer Inszenierung der Oper in Brüssel zur Verfügung gehabt und hätte sich bereits früher äußern müssen. So aber sei die Stimmung bei den Proben von Anfang an „miserabel" gewesen, und es habe sich – „was wir nie wollten" – gezeigt, dass „da … einfach zwei ganz verschiedene Vorstellungen von Oper aufeinander treffen, wobei die von Herrn Muti noch dem 19. Jahrhundert angehören dürfte"²¹². In einem Interview mit den „Salzburger Nachrichten" begründete Muti seinen spektakulären Schritt mit dem Argument, dass die Regie von Ursel und Karl-Ernst Herrmann der Musik Mozarts widerspreche, ihr jede Luft zum Atmen nehme. „Diese Inszenierung ist überfrachtet mit Symbolen und unnötigen Gesten und Handlungen, die nicht aus dem Geist der Musik abgeleitet sind. … Ich habe keine Möglichkeit gesehen, meine musikalischen Vorstellungen im Rahmen dieser Regie lebendig zu erhalten. Natürlich braucht Salzburg neue Inszenierungen. Aber in der Stadt Mozarts muss die Musik die wichtigste Rolle spielen." Er habe bei den Vorbesprechungen lediglich die Entwürfe für das Bühnenbild präsentiert bekommen. „Aber ich konnte ja noch nicht wissen, welche Art von Regie darin stattfinden wird." Als er schließlich die Kostümentwürfe gesehen habe, habe er Mortier seine Ablehnung mitgeteilt.²¹³ Wenige Tage später erklärte er gegenüber Leonardo Pinzauto von „La Nazione" auf die Frage, ob er sich nicht fürchte, durch seine Absage den Vorwurf einzuhandeln, er sei ein Feind der Avantgarde: „Sie sollen sagen, was sie wollen. Ich vertrete nicht die Traditionalisten der Regie. Ich hatte so wunderbare Partner wie Ronconi. Mit denen habe ich in großer Harmonie und wechselseitigem Respekt gearbeitet. Aber es gibt überall eine Grenze, überhaupt, wenn die Musik im Spiele ist."²¹⁴ Die Festspielleitung entschied sich in diesem Streit für das Ehepaar Herrmann und nahm den Rückzug Mutis mit Bedauern zur Kenntnis. Gustav Kuhn, der in Italien äußerst erfolgreiche österreichische Dirigent, konnte als Einspringer gewonnen werden.

III. 4. „EINE NEUE FESTSPIELGEMEINDE, DIE EINE GEMEINDE DIESER ZEIT IST." DIE NEUE VIELFALT UND ÄSTHETIK

Der Beginn der Ära Mortier wurde vom Großteil des Feuilletons und der Politik begrüßt und teilweise mit emphatischen Äußerungen gefeiert. So erklärte Salzburgs Landeshauptmann Hans Katschthaler anlässlich seiner Rede zur Festspieleröffnung am 26. Juli 1992: „Die Salzburger Festspiele setzen heuer einen ersten Schritt in neue Richtungen … Auf der ganzen Erde, besonders aber in unserem Erdteil, sehen wir die Notwendigkeit zum Wagnis, um aus einer bloß scheinbar Sicherheit bietenden Enge und Abgegrenztheit sich der Weite von Geist und Herz zu öffnen, ohne an Tiefe zu verlieren, mutig sich auf Neues einzulassen …"²¹⁵

Der Wunsch des Landeshauptmanns schien in Erfüllung zu gehen. Die nationale wie internationale Kritik war sich angesichts des Programms einig, dass mit der neuen Festspielleitung „wahrlich keine Himmelsstürmer" am Werke seien.²¹⁶ Rolf Hemke urteilte über die erste Saison der Ära Mortier, dieser sei „kein Mann des Ausgleichs, und Traditionalisten hat er gefressen. Trotzdem ist er ein Mann des Mittelwegs, den er entschieden und ernsthaft verfolgt. Tradition will Mortier als Ausgangspunkt verstanden wissen, nicht als Ziel. ... Die Revolutionen des Gérard Mortier sind dringend notwendige Korrekturen. Ein Revolutionär ist er nicht. Den würde Salzburg wohl auch nicht dulden."[217] Hanjo Kesting bemerkte, Mortier sei „keineswegs der Kulturrevolutionär, als der er von den einen gefürchtet und von anderen in zuweilen fataler Weise ersehnt wird. Resümiert man seine Zeit als Leiter der Brüsseler Oper, als er Regisseure wie Karl-Ernst Herrmann, Luc Bondy, Patrice Chéreau und Herbert Wernicke um sich scharte, dann erscheint er eher als Anwalt eines verfeinerten Ästhetizismus. Als solcher ist er freilich, bei aller Weltgewandtheit und zur Schau getragenen Liebenswürdigkeit, ein zielbewusster, vielleicht sogar rigoroser Mann, der es mit seinen Reformideen ernst meint. Er selbst wird am besten wissen, dass er in Salzburg so etwas wie die Quadratur des Kreises versuchen muss: die Demokratisierung des Festivals, aber bei unverändert hohen Preisen und unter dem Zwang zu vollen Kassen; künstlerische Kompromisslosigkeit, doch stets auf dem sogenannten Salzburger Weltspitzenniveau; Abkehr vom Starkult, aber ohne die Fremdenverkehrszuträglichkeit der Festspiele zu gefährden."[218]

Im Rückblick auf seinen ersten Salzburger Festspielsommer bemerkte Gérard Mortier gegenüber Sigrid Löffler, dieser habe sich künstlerisch „als Erfolg erwiesen und er sehe keinen Grund, von dieser erfolgreichen Linie abzuweichen. Dies betreffe zunächst die – durchaus umstrittene – neue Ästhetik."[219] Zur Illustration von deren Notwendigkeit bemühte er in einem Interview mit Rainer Lepuschitz einen Vergleich. „Die Menschen tun heutzutage alles, um jünger auszusehen, als sie sind. Alte Leute kleiden sich in Rosa, was eigentlich überhaupt nicht zu ihnen passt. Nur die Opern und die Theaterstücke, so wollen es diese Leute, sollen alt aussehen, die dürfen nicht verjüngt werden." Die neue Ästhetik sei ein wichtiger Bestandteil des Kampfes gegen die vorherrschende restaurative Einstellung eines Teils des Publikums, das noch immer von den Traditionen des 19. Jahrhunderts geprägt sei.[220]

Mozart werde auch unter seiner Leitung weiterhin einen zentralen Bestandteil des Programms bilden. Dabei sei jedoch wichtig, bei den Mozart-Aufführungen nicht eine einheitliche Linie zu suchen, weder szenisch noch musikalisch. „Man sollte für jede Mozart-Inszenierung den Versuch unternehmen, eine eigene musikalische und szenische Linie zu finden, es sollte eine große Vielfalt entstehen. Denn nur diese kann beweisen, dass Mozarts Werk noch immer viel reichhaltiger ist, als *ein* Dirigent oder Regisseur es darzustellen vermag." Im Konzertbereich werde man sich bemühen, die bereits 1992 sichtbar gewordene Linie noch deutlicher zu ziehen. „Diese Linie möchte ich wie folgt umschreiben: Wir wollen uns auf bestimmte Komponisten fixieren, zum Beispiel die großen Komponisten des 20. Jahrhunderts. Diese sollen sowohl von den Wiener Philharmonikern wie von den Gastorchestern gespielt werden, auch von Kammermusikensembles, die wir einladen. Andererseits sollten wir durch die Einladung von Gastorchestern auch bestimmte Dirigenten vorstellen, die noch nicht so anerkannt sind, dass sie schon eine Oper mit den Wiener Philharmonikern einstudieren." Und zu seinem (durchaus gespannten) Verhältnis zu den Stars: „Was sind Stars? Das ist meine große Frage. Ich glaube, dass zur Zeit die meisten sogenannten Stars nach Salzburg kommen. Jessye Norman sehe ich eher im Konzert, es gäbe aber auch bestimmte Opern, die ich mit ihr machen würde, zum Beispiel Glucks ‚Alceste'. Dann müsste sie sich aber den normalen Produktionsbedingungen anpassen. Ich habe nichts dagegen, dass sie einen Abend singt, aber das kann sie überall tun, das macht nicht das Charakteristikum der Salzburger Festspiele aus. Das Charakteristikum muss sein, dass das Publikum von uns jedes Jahr durch eine bestimmte Epoche und die Kunst ihrer Zeit geführt wird, mit den besten Künstlern, die dafür zur Verfügung stehen, und diese sollen ein Ensemble bilden, das Ensemble der Salzburger Festspiele, und das Ensemble soll Künstler *und* Publikum umfassen. Jeder Künstler, der daran teilnehmen will, ist willkommen und wird mit Freude empfangen."

Man wolle zudem das Publikum „erneuern, aber nicht austauschen. Ich glaube, dass viele langjährige Besucher sich faszinieren lassen von den neuen Ideen, dass sie sich dabei sogar jünger fühlen. ... Darum geht es uns. Bestimmte Leute kommen auch nicht mehr, aber man darf nicht vergessen, dass darunter viele sind, die erst in den letzten zehn Jahren gekommen sind, als es viel Glitzer und Glamour gab." Man öffne die Festspiele dem intendierten neuen Publikum vor allem über das Schauspiel, das erheblich mehr Karten anbiete als früher, und vor allem durch die besondere Hinwendung zur Jugend.²²¹

Die von der neuen Festspielleitung initiierte Öffnung zur Jugend erfolgte durch die Auflage von 300 um 50 Prozent ermäßigten Jugendabonnements und die didaktische Vermittlung von Festspielproduktionen, deren organisatorische Betreuung die Salzburger Mittelschulprofessorin Elfi Schweiger mit großem Engagement und Erfolg übernahm. Die drei Sponsoren der Festspiele, Asea Brown Boveri, Nestlé und Allianz, stellten 1993, jenseits ihrer Beiträge zu den Festspielproduktionen, insgesamt 2,1 Millionen Schilling für die Finanzierung von Jugendabonnements zur Verfügung. Mit Hilfe einer verstärkten Öffnung zur Jugend und zur Salzburger Bevölkerung wollte Mortier ein neues Festspielpublikum schaffen, dem Reflexion wichtiger war als Konsumation. „Ich möchte eine Festspielgemeinde kreieren, die eine Gemeinde dieser Zeit ist. Ein Publikum also, das sich den großen Fragen einer komplexen Welt stellt. Andererseits müssen die Künstler den Sinn der Kunst reflektieren."²²²

Mortier besaß für sein Konzept nach drei Jahren die volle Rückendeckung sowohl der Landes- wie auch der Bundespolitik. Wolfgang Schreiber kommentierte die Pressekonferenz des Direktoriums am 22. August 1994 im Schloss Leopoldskron mit der verwunderten Feststellung, es habe „keine Polemik mehr, keine Dispute und Kampfhandlungen" gegeben, „sondern ruhige Nüchternheit, Zuhören-Können auf beiden Seiten … Max Reinhardt war als Kulisse symptomatisch für die aktuelle Mischung aus Tradition und Innovation bei den Festspielen. … Es ist geschickte und freundliche Bestimmtheit, der Erfolg von drei Jahren und die künstlerische Sensibilität Gérard Mortiers und seiner beiden Co-Direktoren Hans Landesmann und Heinrich Wiesmüller, die den meisten Kritikern dieser Erneuerung jetzt (oder vorübergehend) den Wind aus den Segeln genommen haben. Die Nach-Karajan-Ära konsolidiert sich nach gewissen Startschwierigkeiten …"²²³ Thomas Wördehoff berichtete aus dem sommerlichen Salzburg, dass Mortier „nun fest im Sattel des Traditionsfestivals" sitze.²²⁴

Gleichsam zur Bestätigung erklärte Salzburgs Landeshauptmann Hans Katschthaler in einem Rundfunkinterview seine volle Solidarität mit dem amtierenden Direktorium. „Es gelingt auch heuer wieder, diesen guten, richtigen Weg zwischen der Tradition und den notwendigen Erneuerungselementen zu halten."²²⁵ Auch Salzburgs Wirtschaftskammer-Präsidentin Helga Rabl-Stadler fand lobende Worte für Mortiers Kurs, um allerdings einschränkend hinzuzufügen, dieser möge sich doch seiner kontraproduktiven Provokationen enthalten. Ein Jahr später erklärte sie als neue Festspielpräsidentin in einem Interview, sie trage „den Reformkurs von Gérard Mortier … voll mit". Auf die Frage nach ihrem Sinneswandel, galt sie doch als Wirtschaftskammer-Präsidentin nicht als leidenschaftliche Parteigängerin Mortiers: „Ach, Sie kennen ja das Gesellschaftsspiel, Leute gegeneinander, sie in spannende Gegensätze zu hetzen. Als Wirtschaftskammer-Präsidentin war meine Sorge, ob die Ära nach Karajan wirtschaftlich ebenso erfolgreich bleibt. Die Medien haben das gerne spitz formuliert. …

Im Grunde war aber für mich ganz klar, dass es keine Karajan-Festspiele ohne Karajan geben kann, sondern dass es ganz wichtig ist, dass etwas Neues kommt. Ich habe mittlerweile jenen Salzburger Kreisen eine Absage erteilt, die glauben, dass alles so bleiben muss, wie es immer war. Ich habe einen Lieblingsspruch, der ist von Lampedusa. Er lässt ihn den Fürsten in ‚Der Leopard' sagen, und ich hoffe, dass ich richtig zitiere: ‚Es muss sich alles ändern, damit es bleibt, wie es ist.' Wenn wir demnach wollen, dass Salzburg das beste Festival der Welt bleibt, dann gilt dies auch für uns. … (…)

Die Festspiele sind heute von ganz anderer Art als bei Karajan, doch von guter Art. Um das klarzustellen: Ich war auch Karajan-Fan, ich möchte mich von dieser Zeit keinesfalls abgrenzen. Ich glaube, dass wir Herrn von Karajan sehr viel verdanken. Doch ebenso unterstütze ich den Kurs von Dr. Mortier, möchte ihn nie und nimmer gegen den Namen Karajan ausspielen. Und übersehen wir bitte nicht einen Unterschied: Der eine war Künstler, der andere ist Kulturmanager."²²⁶

Mortier erklärte anlässlich des Jubiläums 75 Jahre Salzburger Festspiele seine Sicht auf die Ära Karajan und die Probleme des gegenwärtigen Musikbetriebs: „Was ich an Karajan bewundere, ist seine absolute Forderung nach Qualität. Das ist heute nur noch bei ganz wenigen, wie etwa bei Kleiber, zu erkennen. … Gesellschaftliche Auseinandersetzungen waren nicht Karajans Sache. Er hat sich nicht gefragt, welches

Ziel die künstlerische Perfektion haben sollte. Hätte er neben sich einen großartigen Dramaturgen gehabt, hätte sein Weg eine andere Richtung genommen. So aber hatte er Schallplattenbosse um sich. Das Streben nach Qualität im Künstlerischen erschien als Äquivalent zum deutschen Wirtschaftswunder. Am deutlichsten zeigt sich der Unterschied zwischen Karajans Auffassung und dem, was nach ihm kam, am Beispiel der ‚Salome'-Inszenierungen. Seine fand im Großen Festspielhaus auf der Breitwandbühne mit allem Aufwand statt, die andere von Luc Bondy im Kleinen Haus, und die Karajan-Anhänger sagten: ‚Ach, wo ist der Luxus hin?!' Sie hatten vielleicht nie daran gedacht, dass es um ein Stück von Oscar Wilde, um Decadence, kaum aber um Luxus geht.
Wo stehen wir heute? …
Es ist gegenwärtig eine allgemeine Verflachung im Musikbetrieb erkennbar. Das gilt etwa für die ständige Wiederholung des klassischen Repertoires. Die Schallplattenfirmen haben ihren Teil Schuld daran. Harnoncourt ist in diesem Zusammenhang die Symbolfigur der Festspiele für die Gegenhaltung. Die andere Symbolfigur ist Pierre Boulez. Außer der Verflachung ist zur Zeit ein alles erdrückender Jugendkult feststellbar, der sogar den Achtzigjährigen zwingt, noch möglichst jugendlich und sportiv zu erscheinen. Selbst reaktionäre Menschen werden davon erfasst, ohne es zu merken. Im Kunstbetrieb bedeutet dies die Forderung nach schnellem, oberflächlichem Genuss. Dazu kommt eine Krise der Kreativität in der abendländischen Kultur am Ende des Jahrhunderts. Sie bündelt sich nicht mehr in Strömungen. Ein falsch verstandener Sinn für Pluralismus hat zu äußerstem Individualismus in der Kreativität geführt. Die einzige Strömung ist die Postmoderne, deren Definition heißt, dass sie keine Strömung ist. Für die Festspiele, die die großen Strömungen zeigen sollen, ist das ein Problem.
Ein anderes Problem ist der Druck, der von der Verpflichtung zur Umwegrentabilität kommt. Die hohen Kartenpreise sind für ein elitäres Publikum zu rechtfertigen, nicht aber für Festspiele, die sich demokratisch öffnen wollen." Der Begriff der Modernität sei, wie bereits Baudelaire formulierte, nicht als ewig gültig definiert. „Man muss begreifen, dass die europäisch-abendländische Kultur nicht die einzige ist. Grenzüberschreitung ist nötig. Im ‚Zeitfluss' gibt es sie bereits, und auch in Peter Sellars' ‚Perser'-Inszenierung wurde sie sichtbar. Das Verständnis für die Zwölfton-Musik wäre viel größer, wäre die Musik anderer Kulturen besser bekannt. …

Ein zweites Prinzip neben der Grenzüberschreitung könnte die Pluralität sein. Ein Phänomen wie Mozart ist nicht mit *einer* Sichtweise zu fassen. 1997 wird es drei Beispiele der Opera seria von Mozart, eine Neuinszenierung und eine Wiederaufnahme geben: ‚Clemenza' von Herrmann, ‚Lucio Silla' von Longo und ‚Mitridate' in einer strengen, an Racine orientierten Wiedergabe. Drei Sichtweisen werden gegeneinander gestellt.

Das dritte Prinzip ist die zeitgenössische Kreativität, die neuen Werke. … Modernität lässt sich nicht an der Jahreszahl eines Werkes ablesen. Eine Uraufführung muss nicht etwas mit Modernität zu tun haben."[227]

III. 5. „DARÜBER DARF MAN ABER DIE MUSIKALISCHE QUALITÄT NICHT VERGESSEN." DIE ZWEITE KÜNSTLERISCHE DEMARKATIONSLINIE: DER RÜCKZUG VON NIKOLAUS HARNONCOURT

Die von Mortier apostrophierte Symbolfigur der neuen Festspiele, Nikolaus Harnoncourt, ging Ende Jänner 1996 unter erheblichem medialen Echo von Bord. Bereits im Spätherbst 1995 hatte er dem Direktorium seinen Entschluss mitgeteilt, sich von seiner Mitwirkung an den Festspielen zurückzuziehen. Angesichts der Verhandlungen über die Vertragsverlängerung des Direktoriums wurde dieser Entschluss des österreichischen Dirigenten jedoch nicht publik gemacht. Erst nach Abschluss der Vertragsverhandlungen am 25. Jänner erklärte er offiziell, für den Festspielsommer 1996 nicht mehr zur Verfügung zu stehen. Am 27. Jänner sagte er seine Mitwirkung an der Wiederaufnahme von Mozarts „Die Hochzeit des Figaro", die Leitung von Händels „Jephta" sowie den für ihn reservierten beiden Konzerten ab und betonte zudem, er habe kein Interesse mehr an einer weiteren Zusammenarbeit mit den Salzburger Festspielen. Der Termin dieser Erklärung hatte insofern Symbolcharakter, als diese anlässlich des Eröffnungskonzertes der Mozart-Woche erfolgte, in der Harnoncourt im Großen Festspielhaus erstmals die Wiener Philharmoniker mit großem Erfolg dirigierte und damit die lange Phase philharmonischer Ablehnung beendete. Während er eine sich für die Zukunft als äußerst tragfähig erweisende Brücke zu den Wiener Philharmonikern schlug, brach er seine Verbindung mit den Salzburger Festspielen ab.

Hatte man seitens der Festspiele in den letzten Monaten in Erwiderung von Gerüchten über ein mögliches Zerwürfnis mit Harnoncourt betont, der Dirigent erhole sich noch von einer schweren Operation und habe deshalb noch nicht seine Verträge für 1996 unterschrieben, so wurde nunmehr ein Konflikt um Fragen der Festspielphilosophie deutlich. Seitens der Festspiele erklärte Hans Landesmann sichtlich irritiert und verärgert: „Harnoncourts Absage ist die größte menschliche Enttäuschung meiner Laufbahn als Kulturmanager. Ich hätte ihm nie zugetraut, dass er eine gewisse Vorherrschaft bei den Festspielen anstrebt und nicht verstehen kann, dass wir ihn über alle Maßen schätzen, aber auch andere Künstler seines Ranges engagieren müssen." Harnoncourt habe keine Einwände gegen das Programm 1996 erhoben, jedoch deutlich zu erkennen gegeben, mehr Einfluss auf das Programm nehmen zu wollen. Ihn habe offensichtlich geärgert, dass für das Schubert-Jahr 1997 die zyklische Aufführung sämtlicher Symphonien durch das Chamber Orchestra of Europe Claudio Abbado anvertraut worden sei. Er stehe „zum Engagement Abbados. Und insgesamt müssen die Festspiele, die sich bei den Regisseuren ein Spektrum von Stein bis Sellars leisten, auch bei den Dirigenten ein breites Spektrum auf höchstem Niveau leisten können."[228] Auch für Mortier lag einer der Gründe für den Rückzug Harnoncourts in der Betrauung Claudio Abbados mit dem Schubert-Zyklus im Jahr 1997. „Ich glaube nicht, dass Harnoncourt darüber so glücklich ist", erklärte er gegenüber dem „Standard".[229]

Anfang Februar bemerkte Harnoncourt in einem Interview, er sei über die Erklärung von Hans Landesmann „sehr überrascht … Es gab keinen Krach zwischen den Salzburger Festspielen und mir! … In Salzburg weiß man, dass ich zu keinem Zeitpunkt eine Vorherrschaft bei den Festspielen angestrebt habe." Er habe in seiner Presseaussendung nach seinem Rücktritt erklärt, dass er, wenn er Teil einer solchen Veranstaltung sein soll, auch an den vorbereitenden Überlegungen beteiligt und nicht stets mit Entscheidungen konfrontiert sein wolle. Dies bedeute keineswegs einen ihm oft unterstellten „Griff nach der Macht", sondern lediglich eine Klärung seiner „Rolle im Gesamtkonzept …; ich will wissen, warum ich etwas mache, und nicht irgendwer anderer. … Salzburg ist eine Veranstaltung, die – ginge es nach mir – ein erkennbares Konzept haben muss. Dieses Konzept ist für mich auch im szenischen Bereich erkennbar. Mit Stein, Bondy, Chéreau, Mussbach, Wernicke und Sellars ist das Konzept durchaus identifizierbar. Im musikalischen Bereich ist es das nicht. Da hab ich eher den Eindruck der Beliebigkeit. Wer das Stück ‚drauf hat', der soll es auch dirigieren. Und wenn einer ausfällt, dann soll es halt irgendein anderer dirigieren – diese Entscheidungen sind für mich in ihrer Zielrichtung oft nicht erkennbar. …
Ich will überhaupt nicht, dass man mir unterstellt, ich wolle eine Richtung durchboxen. Niemals würde ich personelle Bedingungen für die Auswahl meiner Dirigentenkollegen stellen! Ich plädiere auch nicht für ein bestimmtes Konzept: Das Konzept kann in der Vielfalt bestehen, aber auch für die Vielfalt müssen die Kriterien erkennbar sein. Aber weder kann ich diese Kriterien erkennen, noch ist mir jemals meine Funktion bei den Festspielen deutlich geworden."[230]

Wenngleich Harnoncourt nicht in das Lager der Mortier-Gegner wechselte, so deckten sich seine Kritikpunkte doch in vielen Bereichen mit jenen der Kritiker. So erklärte er gegenüber dem „Kurier", er würde es durchaus akzeptieren, wenn man in Salzburg die ganze Vielfalt der Mozart-Interpretationen zum Konzept erklären würde und dass er hier auch keine Vorschläge machen wolle. Darüber dürfe man jedoch die musikalische Qualität nicht vergessen. Diese müsse oberste Maxime sein, sowohl bei den Dirigenten wie auch den Interpreten. Diese Forderung habe keineswegs mit dem ihm immer wieder unterstellten Machtstreben zu tun. „Wenn ich das Wort ‚wenn' nur ausspreche, dann klingt das schon nach Bedingung, und ich stelle keine. Die Musiker müssten in Salzburg so unverwechselbar sein wie die Regiekonzepte. Das ist alles." Er wäre schon zufrieden, wenn man seitens des Direktoriums bei der Auswahl der Dirigenten ebenso ernsthaft vorgehen würde wie bei jener der Sänger und Sängerinnen, bei denen es allerdings auch oft an der musikalischen Qualität mangle. „Da soll jeder aussehen, als wären Großaufnahmen im Fernsehen gefragt, aber auch da schaut man erst zuletzt auf die Stimme …"[231]

Harnoncourt lehnte in den folgenden Jahren eine

Nikolaus Harnoncourt bei der Probe zu Claudio Monteverdis „L'incoronazione di Poppea" 1993 im Großen Festspielhaus.

Rückkehr nach Salzburg ab und machte die Hoffnung, dass es sich bei seinem Entschluss nur um eine temporäre und daher bald wiederum revidierbare Verstimmung handle, zunichte. Er lehnte auch ein Angebot Landesmanns ab, bei den von den Festspielen ab 1998 veranstalteten Pfingstfestspielen mitzuwirken. Im Frühjahr 1997 fühlte sich das Direktorium in einer Sitzung „von der Entscheidung Nikolaus Harnoncourts peinlich betroffen. Einerseits lehnt Harnoncourt jegliche Zusammenarbeit mit den Salzburger Festspielen sowohl zu Pfingsten als auch im Sommer aus noch immer nicht bekannten Gründen ab, andererseits tritt er aber bei den Osterfestspielen auf … Diese Entscheidung deutet wohl darauf hin, dass Nikolaus Harnoncourt nicht mehr an einer Zusammenarbeit mit den Salzburger Festspielen interessiert ist, was hiermit ad acta gelegt wird."[232]

III. 6. „ICH WERDE MICH AUF KEINE KOMPROMISSE EINLASSEN." DIE KRISE DER REFORMAGENDA 1996/97

Die Position Mortiers schien, trotz seiner Vertragsverlängerung, im Festspielsommer angeschlagen und seine Festspielphilosophie in Frage gestellt. Jenseits der – auch publizistischen – Pro-und-Contra-Mortier-Lager hatte das Renommee des streitbaren Intendanten durch den spektakulären Abgang von Nikolaus Harnoncourt und Peter Stein, zweier Säulen seines Reformkurses, Schaden genommen. Konnte der Abgang Riccardo Mutis als die Konsequenz eines Repräsentanten der Karajan-Ära und ihrer Ästhetik interpretiert werden, so waren mit ihm auch deutliche Androhungen der Wiener Philharmoniker eines eventuellen Rückzugs aus Salzburg verbunden. Muti war nicht nur einer der Lieblinge des Salzburger Publikums, sondern auch der Wiener Philharmoniker. Sollten sich die Wiener Philharmoniker aus Salzburg zurückziehen, so würden ihnen weitere Spitzendirigenten wie etwa Lorin Maazel folgen, der einen solchen Schritt bereits angekündigt hatte. Wenngleich die Motive für das Ausscheiden der drei Pult- bzw. Regiegrößen unterschiedlich waren, so war ihnen doch gemeinsam, dass die von ihnen vertretenen künstlerischen Konzepte sowie gewünschten Kompetenzen mit dem Anspruch Mortiers auf künstlerische Alleinverantwortung nicht vereinbar waren. Vor allem nach der Verlängerung seines Vertrages bis 2001 war er gewillt, dem Intendantenprinzip zum Durchbruch zu verhelfen und seine Mitdirektoren zu bloßen Erfüllungsgehilfen zu degradieren. Dies wurde bereits während des Sommers 1996 deutlich, als er kurz nach dem Rückzug Steins ohne Kontaktaufnahme mit seinen Mitdirektoren erklärte, er werde für die Zeit zwischen 1998 und 2001 ein völlig neues Schauspielkonzept für Salzburg entwickeln, wobei vier junge Regisseure – die Engländerin Deborah Warner, der Amerikaner Peter Sellars, der Schweizer Christoph Marthaler und der Deutsche Stefan Bachmann – eine zentrale Rolle spielen sollten. Hinzu käme noch ein für die Organisation verantwortlicher Schauspielleiter oder Konsulent, während die künstlerische Oberhoheit beim Intendanten angesiedelt sein sollte. Verwundert reagierte Hans Landesmann auf diesen unkoordinierten Vorstoß mit der Bemerkung: „Die Idee von Intendant Gérard Mortier, Stein durch ein Kollektiv von fünf Personen zu ersetzen, schmeckt mir gar nicht. Der Intendant kann seine Ideen natürlich verbreiten, das ist klar, aber das sind wirklich nur Ideen – und dem Direktorium noch nicht einmal bekannt." Und unter Anspielung auf Deborah Warner und Peter Sellars: „Zwei Regisseure, des Deutschen nicht mächtig, sollen einen Spielplan für deutschsprachiges Theater ausarbeiten?"[233]

Hinzu trat die Ende August in Zahlen gegossene Erfolgsbilanz des Festspielsommers. Einerseits konnte das Direktorium auf zwei Erfolgsfaktoren verweisen: die durchaus erfolgreiche Demokratisierung der Festspiele durch eine deutliche Erweiterung des Angebots an Vorstellungen und Karten, die musikalisch und szenisch viel beachtete Öffnung zur Moderne und den Gewinn eines neuen, vor allem jüngeren, Publikums. Andererseits ergab sich durch drei Faktoren eine drohende budgetäre Schieflage. Die Produktionskosten der Opern waren, trotz aller Einsparungsbemühungen im Werkstättenbereich, erheblich. Dirigenten wie Edo de Waart, Donald Runnicles oder Sylvain Cambreling erwiesen sich nicht als Publikumsmagneten, weshalb selbst die populäre Mozart-Oper oftmals nicht jene Mittel einzuspielen vermochte, die für die Finanzierung der Moderne notwendig waren. Und die Öffentliche Hand hielt sich mit der Valorisierung der Subventionen zurück, weshalb die Festspiele in verstärktem Ausmaß gezwungen waren, die entstehende Finanzierungslücke durch zusätzliche Sponsoren zu schließen. Hans Landesmann bemerkte unter Anspielung auf diese Entwicklung in seinen Erinnerungen, es sei kein Vergnügen gewesen, Finanzdirektor der Salzburger Festspiele zu sein.

Die traditionelle Binnengewichtung des Budgets – die erfolgreiche Oper und die erfolgreichen Orchesterkonzerte finanzierten das Schauspiel sowie die stets nur sehr beschränkt verkaufbare Moderne – geriet aus der Balance. Hans Landesmann musste Ende August eingestehen, dass die Einnahmen um 6 Millionen Schilling unter den Schätzungen lagen und der Fehlbetrag nur mehr durch den Rückgriff auf die letzten Reserven gedeckt werden konnte. Eine sichtlich besorgte Präsidentin Rabl-Stadler bemerkte, dass die „entfesselte" Phantasie der beiden Mitdirektoren zu einem Überangebot von Karten und zudem zu unüberlegten Dispositionen geführt habe, weshalb man im kommenden Festspielsommer das Veranstaltungs- und Kartenangebot deutlich reduzieren müsse.[234]

Mortiers Festspielphilosophie stand durch den Verlust Harnoncourts und Steins, den Abgang Mutis und den drohenden Konflikt mit den Wiener Philharmonikern sowie den notwendigen Sparmaßnahmen vor einer erheblichen Herausforderung, der er offensiv begegnete. Er gedenke, so ließ er wissen, die weiteren fünf Jahre seiner Intendanz weitgehend in Alleinverantwortung und ohne die bisherigen Zugeständnisse, die die Reformagenda nur verwässert hätten, zu programmieren. Dies bedeute, dass es auch im Schauspiel keinen weisungsfreien Schauspieldirektor à la Peter Stein geben werde. „Ich werde mich auf keine Kompromisse mehr einlassen. Wenn ich mein künstlerisches Programm nicht realisieren kann, werde ich nicht in Salzburg bleiben."[235]

Anlässlich der offiziellen Festspiel-Pressekonferenz 1997 gab Mortier bekannt, dass die Programme der folgenden drei Jahre nach Leitmotiven gestaltet werden: 1998 „Babylon und Jerusalem", 1999 „Spannung zwischen säkularisierter und religiöser Welt", 2000 „Archaik und Rationalität am Beispiel von Theben und Athen". Das Leitmotiv sei ein programmatischer Rahmen, dem sich allerdings nicht alles unterordnen müsse. Diese Leitmotive seien als Grundgedanke notwendig, da man sonst Gefahr laufe, ein Stück nur deshalb in das Programm zu nehmen, weil sich dies ein Dirigent oder die Wiener Philharmoniker wünschen oder man dafür die idealen Sänger habe. „Das kann nicht Ausgangspunkt meiner Festspiele sein."[236]

Die Festspiel- und Programmphilosophie Mortiers wurde vor dem Hintergrund des mangelnden Verkaufs und der damit einhergehenden Mindereinnahmen im Sommer 1997 erstmals auch von der Politik, wenn auch nur zögerlich und unter Beschwörung der prinzipiellen Unterstützung des Reformkurses, problematisiert. Einen publizistischen Sturm der Entrüstung erntete der Salzburger Landeshauptmann Franz Schausberger, der im August 1997 erklärte, er stehe als Landeshauptmann und Mitglied des Kuratoriums „hinter dem Direktorium, wobei ich allerdings immer wieder Korrekturen versuche. Es ist keine Frage, dass die zeitgenössische Oper ihren Platz haben muss. Aber man muss auch auf die wirtschaftliche Situation Rücksicht nehmen. Das heißt: Wir müssen dem zahlungskräftigen Publikum entgegenkommen. Klassiker werden jetzt in sehr moderner und zeitgenössischer Weise inszeniert. Und es ist nur sehr wenig dabei für einen, der leichtere Kost will. … Wir bieten nur mehr sehr wenig für Freunde der klassischen Festspiele. Und die sind die eher Zahlungskräftigen."[237]

Der Salzburger Landeshauptmann und Vorsitzende des Kuratoriums stieß mit dieser leicht missverständlichen Äußerung auf heftige Kritik, der sich auch die Wiener Kritiker Mortiers anschlossen. Die Politik, so der Grundtenor der Kommentare, habe sich nicht in künstlerische Belange einzumischen. Franz Endler, einer der schärfsten Kritiker Mortiers, richtete Schausberger aus, er „wildere in einem Revier, das nicht das seine ist"[238]. Werner Thuswaldner schwang sich unter Hinweis auf die von Schausberger in missglückter Wortwahl gewählte Formulierung der „leichteren Kost" und auf das Geburtsland des Landeshauptmannes zum Verdikt der kulturpolitischen Blamage auf. Schausberger habe „Chancen, im Direktorium künftig als Dramaturg für das zahlungskräftige Publikum der leichten Kost zum Durchbruch zu verhelfen. Salzburg ist aber nicht Ischl, das wird wohl auch Schausberger, der gebürtige Oberösterreicher, wissen."[239] Ein publizistisch gestärkter Mortier richtete dem Salzburger Landeshauptmann als Vorsitzendem des Kuratoriums aus, dieses müsse „sich darauf beschränken, dass die Finanzen in Ordnung sind und das künstlerische Niveau gehalten wird. Wir werden uns auf meinen Vorschlag hin nach den Festspielen zusammensetzen, um über meine Pläne bis 2001 zu reden. Selbstverständlich höre ich gerne zu. Aber ich denke, der künstlerische Leiter wird engagiert, um über das Künstlerische zu entscheiden. Sonst könnten ja Bundeskanzler und Landeshauptmann das Programm machen."[240] In einem ORF-Interview wurde er noch sarkastischer: „Ich denke nie daran, dem Landeshauptmann vorzuschlagen, wie er die Tauernkraftwerke führen muss oder ob die Autobahn auf den Großglockner nun rot oder gelb gefärbelt werden soll. Wie kann er für mich entscheiden, was sich das zahlungskräftige Publikum wünscht? … Das hätte ich gerne einmal gesehen gegenüber Herrn von Karajan! Wir können ja ‚Cats' aufführen, wenn er es will, dann werden wir sehen, wie die internationale Reaktion sein wird."[241]

Doch trotz aller Häme waren die auftauchenden Probleme nicht zu leugnen. Kritisch wurde auch von wohlwollenden Kommentatoren angemerkt, dass von einer erhofften neuen und beispielgebenden Mozart-Dramaturgie sowie -Interpretation nur eingeschränkt die Rede sein konnte und nur wenige Produktionen im Bereich der Oper das Qualitätssiegel der Einmaligkeit für sich beanspruchen konnten.

In der internationalen Presse gab es zudem nicht nur Lobeshymnen über das Programm und dessen Qualität, sondern auch kritische. Andrew Clark kommentierte das Opernprogramm des Festspielsommers 1997 mit der Bemerkung, dass dieses Jahr ein größeres Programm denn je angeboten werde. „There is still plenty to fault. With nine opera productions this summer, spread out over six weeks, the programme looks a bit like a well-oiled machine, lacking clear peaks or the spark of originality. And it is too much of a mosaic: the defining style that Nikolaus Harnoncourt brought to Mortier's first four festivals has vanished. Harnoncourt represented fresh insights, a new approach, a voice that translated the classics for a new generation, in performance that – as in Karajan's day – were unique to Salzburg. But Harnoncourt became disenchanted with festival's size, its compromises, and the task of consultation he felt was his due. There is no one to replace him.

The other great hole in the festival's heart is a coherent style for Mozart's operas. Patrice Chéreau's *Don Giovanni* in 1994 was a re-looked version of the abortive Bastille project. Luc Bondy's *Figaro* two years ago was a flop. This summer's *Mitridate* is one of the Jonathan Miller's somnambulist efforts; *Entführung* has been turned into a Palestinian hostage drama, and Achim Freyer's new *Zauberflöte* is set in circus.

Has Mortier lost the touch which he showed so brilliantly in Brussels? His penchant for fashionable smooth-talkers like Sellars and Bob Wilson seems to be leading the festival down a blind alley. Wilson, director-designer of *Pelléas*, is all style, no substance; Sellars's *Macabre* was misconceived and dramatically shapeless. For all these shows Mortier has maintained top-of-the market-prices, but there had been very few top-of-the-market singers."[242]

III. 7. BREITE STATT KLASSE? DIE DISKUSSION ÜBER DEN VERLUST DES SPEZIFISCHEN PROFILS

Das Programm, vor allem aber dessen künstlerische Realisierung, erhielt Ende der neunziger Jahre zunehmend kritische Kommentare seitens der professionellen Kritik. Die Breite des Angebots, die Qualität des Gebotenen sowie die starke Präsenz von Koproduktionen drohten zunehmend die hervorragende und unverwechselbare künstlerische Stellung der Salzburger Festspiele zu beeinträchtigen. Kritisch bemerkte Philharmoniker-Vorstand Clemens Hellsberg: „Früher war Salzburg stets von Zentralsonnen geprägt: zunächst Mozart und Richard Strauss; dann Mozart, Strauss und Toscanini; dann Mozart, Strauss und Furtwängler; und dann Mozart, Strauss und Herbert von Karajan und Karl Böhm. Jetzt verweist man stolz auf immer mehr und mehr Veranstaltungen. Man sagt, das Angebot ist breiter geworden. Vielleicht ist das die totale Demokratie. Doch Toscanini sagte einmal sehr richtig: ‚In vita democrazia, in arte aristocrazia.' Die Salzburger Festspiele verlieren durch das gegenwärtig zu breit gefächerte Angebot an spezifischem Profil. Dafür aber sind sie *political correct*."[243] Das „Salzburger Fenster" resümierte den Festspielsommer 1998, Mortier verspreche immer mehr und könne immer weniger erfüllen. Abgesehen von einigen Mortier-freundlichen französischen Blättern sei das mediale Echo nicht von Zustimmung, sondern von heftigen Zweifeln „an der Realisierungskraft der Festspiele und der Glaubwürdigkeit vollmundiger Ankündigungen des Intendanten" geprägt.²⁴⁴ Peter Vujica sprach von einer „erbärmlichen Opernbilanz",²⁴⁵ für Detlef Brandenburg stellte sich angesichts der missglückten Opernproduktionen „unversehens die Frage nach der Programmdramaturgie",²⁴⁶ für Sigrid Löffler verdarben die Salzburger Festspiele ihre Exklusivität²⁴⁷, und Peter Cossé berichtete von einem „Supermarkt mit Seminarabteilung"²⁴⁸.

Die Erklärung Gérard Mortiers vom 23. März 1999, für eine weitere Funktionsperiode nach dem Ende des laufenden Vertrages 2001 nicht mehr zur Verfügung zu stehen, eröffnete die Diskussion über die Festspiele nach Mortier. Malte ein Großteil des deutschen Feuilletons das Menetekel des drohenden Verlusts des intellektuellen und innovativen Grundduktus und des drohenden Niedergangs der Festspiele, deren Rückkehr zur unverbindlichen Ästhetik und damit das Absinken in die Provinzialität an die Wand, gab es auch eine Vielzahl weniger aufgeregter Stimmen, die in der Erklärung Mortiers auch das Eingeständnis seines Scheiterns sahen. So erklärte Franz Welser-Möst, er könne sich für die Zukunft „sehr gut vorstellen, dass sich bei den Festspielen der gesunde Menschenverstand durchsetzt und man wieder diejenigen fragt, die wissen, wie man Musik macht und für wen man Musik macht"²⁴⁹. Und Alex Ross resümierte den Festspielsommer im Wochenmagazin „The New Yorker": „Karajan wurde nach seinem Tod 1989 zu einem Synonym für Engstirnigkeit, elitäre Einstellung und Gefälligkeit, aber nichts, was ich in diesem Sommer in Salzburg hörte, ließe sich mit den Archivaufnahmen seiner auch weniger geschätzten Festspielabende vergleichen. Karajans Art und Weise, Musik zu machen, strahlte eine Wärme aus, der sich seine Hörer nicht verschließen konnten. Gérard Mortier hat ein großes Talent für Programme, die sich auf dem Papier fantastisch ausnehmen. Das Programmheft 1999 war eine Enzyklopädie, die interessanten Geschmack verriet.

Unglücklicherweise hatten die Opern auch Inszenierungen. Salzburg verharrt nämlich noch im szenischen Obskurantismus, der in den siebziger und achtziger Jahren hemmungslos durch Europa stürmte." Beispiele für diesen Obskurantismus seien Ferruccio Busonis „Doktor Faust", Mozarts „Don Giovanni" und letztlich auch die Uraufführung von Luciano Berios „Cronaca del Luogo". „Der Gesamteindruck dieser drei Opern war in einem solchen Ausmaß verblödend, dass ich mich dabei ertappte, den Klagen, die gegen das Mortier-Regime erhoben werden, zuzustimmen." Mortier zeichne das Bestreben aus, ein musikalisch für große Teile des Publikums nur schwer zugängliches Repertoire intellektuell zu rechtfertigen, indem man ständig Adornos Musiksoziologie zitiert. „Die besten Dinge, die ich in Salzburg hörte, ereigneten sich nicht auf den Opernbühnen, sondern in den Konzertsälen …, das waren jene Arten von täglichen Offenbarungen, derentwegen die Leute alljährlich nach Salzburg pilgern."²⁵⁰

III. 8. DIE LESART HOFMANNSTHALS. DIE DISKUSSION ÜBER DIE FESTSPIELPHILOSOPHIE 1999

Die anhaltenden Bemühungen von Staatssekretär Wittmann um eine Revision des Entschlusses von Mortier perpetuierten die Diskussion über Struktur und Philosophie der Festspiele bis in den Festspielsommer 1999, bei dem Bundespräsident Klestil am 24. Juli mit seiner Eröffnungsrede für Erregung bei Mortier und im Mortier-Lager sorgte. Klestil zitierte Hofmannsthals Sätze: „Das Salzburger Programm schließt das Finstere ohne Hoffnung, das innerlich Gewöhnliche und das Weihelose aus. Und aus der Harmonie mit dem Begriff Salzburg ergibt sich klar, was aufzunehmen, was wegzulassen ist." Unter Hinweis auf diese Sätze bemerkte Klestil: „Es gibt in einer Zeit der Banalisierung und Trivialisierung der Freizeitgesellschaft an der Schwelle des Jahres 2000 viele, die meinen, Festspiele seien altmodisch und unaktuell: und manche, die meinen, dass anspruchsvolle Programme scheitern müssten angesichts des kommerziellen Drucks, des geänderten Massengeschmacks und der technischen Zwänge in einer vernetzten Welt. Im Übrigen finden Kritiker der Festspielidee, man könne sich nicht an elitären Maßstäben orientieren, sondern müsse dem demokratischen Verständnis von ‚Kultur' entsprechen; das soll heißen, Konfrontation statt Harmonie, Provokation statt Gleichklang, Spektakel statt Werktreue, ‚Stückezertrümmerung' statt humanistisches Bildungstheater. Hier kommt der Satz von Robert Musil in den Sinn, den er auf die untergegangene Donaumonarchie bezog, den ich aber gerne auch für das heutige Österreich in Anspruch nehmen möchte: ‚In Kakanien

wurde immer nur ein Genie für einen Lümmel gehalten – aber niemals, wie es anderswo vorkam, der Lümmel schon für ein Genie.' ...
Zwischen den Schlössern Hellbrunn und Mirabell, zwischen Felsenreitschule und Domplatz wird vor allem anderen ein Fest gefeiert. Das besonders Schöne und Kluge, Nachdenkliche und Erschütternde hat in Salzburg durch Musik und Wort seelisches Heimatrecht. Wer aber Feste nicht mag, kann im Kulturbetrieb unserer Zeit an anderen Orten dem aufgeregten Allerweltstrubel folgen. An der Salzach aber müssen Stil und Geschmack auch in Zukunft maßgeblich bleiben."[251]

Mortier erkannte die Rede des Bundespräsidenten als Kritik an der von ihm vertretenen Festspielphilosophie und -programmatik und schrieb an den Bundespräsidenten, er kenne die Texte Hugo von Hofmannsthals über die Festspiele in- und auswendig, interpretiere sie jedoch anders. „Sie sprechen von Stil und Geschmack, und daher ist es mir sicherlich erlaubt, Ihnen zu sagen, dass ich mich gewundert habe, dass Sie das Podium einer Eröffnungsrede gebraucht haben, um ex cathedra Ihre Interpretation der Festspielgedanken als die ‚wahre' zu bezeichnen, dort, wo im demokratischen Sinne kein Widerspruch möglich war. ...

Auch Ihre konservativen Freunde werden nicht umhin kommen zu bestätigen, dass ich unter Einsatz all meiner Energie nach der Karajan-Zäsur dafür Sorge getragen habe, die Internationalität der Salzburger Festspiele weiter zu steigern und sie in ihrem Inhalt im Hofmannsthalschen Sinne neu zu überprüfen. Man muss voreingenommen sein, um das nicht anzuerkennen."[252] Und Werner Thuswaldner sah in der Rede Klestils nur ein weiteres Indiz für eine breit angelegte Strategie der Rückentwicklung der Salzburger Festspiele nach dem Ausscheiden Mortiers: „Im Vorfeld der Entscheidung über eine neue Festspielleitung, die noch im laufenden Jahr fallen soll, waren deutliche Signale wahrzunehmen, dass erzkonservative Kreise ihre Chance wittern: Aus den Festspielen soll eine gemütliche, weiterhin wirtschaftlich nützliche Einrichtung werden, die niemanden aufregt. Damit wären sie endlich als Forum für oftmals kontrovers diskutierte künstlerische Darbietungen abgeschafft.

Bundespräsident Thomas Klestil etwa nützt die Festspieleröffnung vor einer Woche, um ein derartiges Signal zu setzen, mit dem Versuch, vom Rednerpult aus den Festspielen – scheinbar im Namen Hofmannsthals – ein ästhetisches Konzept von vorgestern zu verordnen. ‚Harmonie', ‚Gleichklang', ‚humanistisches Bildungstheater', lauteten die Stichworte. ...

Landeshauptmann Franz Schausberger ... gehört auch zu jenen, die Neuerungen und alles, was mit Risiko verbunden sein könnte, skeptisch beäugen. Er betont den Salzburg-Bezug der Festspiele, der gewiss wichtig ist, doch fällt ihm nichts anderes ein als Helga Rabl-Stadler. Sie müsse seiner Meinung nach Präsidentin für alle Zukunft bleiben, so als ob sie allein imstande wäre, den Standard der Festspiele garantieren zu können. Nichts anderes als Proporzdenken steckt dahinter. Es muss damit gerechnet werden, dass es womöglich nicht gelingt, einen rückwärtsgewandten künstlerischen Leiter zu finden, also solle wenigstens der oder die Präsident(in) der ÖVP angehören. Über Qualifikation wird nicht diskutiert." Die versuchte, letztlich jedoch gescheiterte Berufung von Staatsoperndirektor Ioan Holender in die Findungskommission zeuge auch nicht von Innovationsfreudigkeit, sei doch die Wiener Staatsoper kein Vorbild für die Festspiele. „Wie dort, um nur einen Punkt zu nennen, Mozart gespielt wird, damit wäre in Salzburg kein Staat zu machen. Es muss zur Kenntnis genommen werden, dass es auch in diesem Bereich Entwicklung gibt." Ebenso sei die Berufung der Wiener Philharmoniker in die Findungskommission bedenklich, zählten sie doch „in den neunziger Jahren in Salzburg nicht zur reformfreudigen Fraktion ..."[253]

Gérard Mortier war in seinem Element und gab die kulturpolitische Kassandra. In einem Interview mit dem Magazin „Format" erklärte er, die Rede Klestils sei „ein Plädoyer, die Kunst als artifizielles und verlogenes Paradies zu verstehen". Kunst müsse immer Harmonie und Provokation sein, sonst laufe sie „Gefahr, für falsche Zwecke benutzt zu werden. Wenn man den Bundespräsidenten beim Wort nimmt, dürfte man Wedekind ebenso nicht mehr spielen wie alles, was man vor und während des Zweiten Weltkriegs als entartet gebrandmarkt hatte. Diese Rede erinnert fatal an jene Zeiten. Unter den Nazis wurden die Salzburger Festspiele und die falsch interpretierte Hofmannsthalsche Programmidee dazu benutzt, das Regime zu legitimieren. ... Wenn man sich schon auf Hofmannsthal beruft, muss man sich

genau informieren und ihn kritisch interpretieren. Klestils Rede war aber unglaublich oberflächlich und nur von einem parteipolitischen Standpunkt aus verfasst. …
Die Rede war für mich ein Signal. Wir müssen uns sofort dagegen wehren. Alle Intellektuellen und Künstler in Österreich sollen sie genau studieren und wissen, wo das hinführt, nämlich dort hin, wo man Kunst nur als Amüsement versteht. Obwohl Klestil die Trivialität als möglichen Bestandteil der Kunst ablehnt, ist gerade die Kunst, die er fordert, eher trivial."[254] Im „Profil" warf er dem Bundespräsidenten und seinem Redenschreiber Heinz Nussbaumer weitgehende Unkenntnis der Hofmannsthalschen Texte vor. Wer glaube, ihm „in aller Öffentlichkeit ‚Nachhilfe' in Sachen Hofmannsthal geben zu müssen, der sollte sich zuerst selbst besser über die ideologischen Implikationen des Gründungsmanifests informieren. Das ist ein sehr veralteter, dem Geiste der Weimarer Republik verhafteter Text, der von den Nazis ebenso für ihre kulturpolitischen Ziele benützt wurde, wie er heute von vielen Konservativen benützt wird. Die Nazi-Ära hat mit Hilfe der Festspiele und Hofmannsthals Salzburger Katechismus ihr Regime legitimiert. Man muss also sehr vorsichtig sein, wenn man heute versucht, jemandem mit Berufung auf den Hofmannsthal-Text die Leviten zu lesen. … seine (des Bundespräsidenten, *Anm. d. Verf.*) Art, das Podium der Festspiele dafür zu benützen, mit Berufung auf einen veralteten Text unser Programm zu kritisieren, trägt für mich gefährliche Züge. Umberto Eco hat im Versuch, Veränderungen in Richtung Modernität durch die unkritische Berufung auf alte Autoren zu verhindern, eine der Methoden des Faschismus erkannt. … Das ist die gleiche Methode, mit der Mussolini angefangen hat und die dann in Deutschland zum Begriff der ‚entarteten Kunst' geführt hat."[255]

III. 9. „DIE TRADITION IST KEINE RELIQUIE." EIN ABSCHIED MIT APLOMB. DIE SICHT DER ZEITGENOSSEN

Er fühle sich, ganz im Sinne der Festspielgründer, der Moderne und der Tradition verpflichtet, weshalb die Salzburger Festspiele kein Avantgarde-Festival seien,[256] erklärte Mortier bei der Präsentation des letzten von ihm verantworteten Festspielprogramms 2001, das er bewusst nicht im klassischen Design vorlegte. Die Programmvorschau 2001 war optisch neu gestaltet, ging weg vom traditionell schlanken Format und vom expressionistischen Namenszug in der Tradition der Festspielgründer. Ein grell geschminkter Jüngling mit nacktem Oberkörper zierte das Cover, ebenso wie andere auf den nächsten Seiten vom Star-Visagisten François Nars in zeitgeistiger Trash-Ästhetik abgelichtete Bodies. Die Bilder waren Boten des Kommenden, Symbole des Programms einer turbulenten Abschiedssaison. Mit Blick auf die politischen Turbulenzen des Jahres 2000 wolle er 2001 einen – allerdings nicht traditionellen – Blick auf die österreichische Tradition und ihre Wurzeln werfen. Es werde, so ließ er durchblicken, ein Abschied mit Aplomb, eine Herausforderung des Publikums. Am lieb gewordenen Muster der Traditionen werde gerüttelt. Durch Jossi Wielers Sicht auf „Ariadne auf Naxos", Hans Neuenfels' Interpretation der „Fledermaus" und Christoph Marthalers Blick auf „Le Nozze di Figaro" werde jener von Hans Neuenfels auf „Così fan tutte" aus dem Vorjahr ergänzt. Alles Regisseure, die beim Wort „Wurzel" eher an „Herausreißen" dachten. Auf der Rückseite des Vorprogramms erklärte Mortier: „Nachdem der mächtige Mammon nun auch die Märchen zu seidenweichen Soaps geglättet hat, erzählen wir 2001 die alten Geschichten ganz neu, damit sie wieder Furcht erregen und verzaubern zugleich."
Die Reihe der Opern des 20. Jahrhunderts wurde durch Neuinszenierungen von Leoš Janáčeks „Jenufa" und Dmitri Schostakowitschs „Lady Macbeth von Minsk" abgeschlossen, dem Jahresregenten Giuseppe Verdi durch eine Wiederaufnahme von „Don Carlo" und die Übernahme der Osterfestspiel-Produktion von „Falstaff" gehuldigt. Mortiers letzter Festspielsommer repräsentierte auf den ersten Blick die Salzburg prägende Tradition mit Mozart, Johann Strauß und Richard Strauss und Verdi, die Moderne mit Janáček und Schostakowitsch. Doch vor allem die Tradition sollte gegen den Strich gebürstet und mit der zeitgeistigen Folie des Antifaschismus als Spiegel der österreichischen Gesellschaft und ihrer Geschichtslüge überzogen werden. Provokation und (einkalkulierte) Erregung waren von ihm bewusst einkalkuliert.
Mortier hielt die Festspiele vor allem in seiner letzten Saison im Gespräch, wurde zum Katalysator einer

kulturpolitischen Kontroverse, an der auch das ausländische Feuilleton regen Anteil nahm. Dabei waren, wie in Österreich, die Lager deutlich abgegrenzt und erkennbar, hatten sich in den vergangenen zehn Jahren verfestigt, und Mortier spürte offensichtlich unbändige Lust, die Kontroverse in seinem letzten Festspielsommer auf eine bisher nicht gekannte – auch politische – Spitze zu treiben. Er habe sich bewusst auch stets politisch geäußert, denn „Menschen, die große Kulturinstitutionen führen, müssen sich politisch äußern. Ihre Führungslinie bestimmt die gesellschaftliche Position der Kunst." Dies sei in Österreich besonders nach der Bildung der ÖVP/FPÖ-Koalition notwendig gewesen. „Der österreichische Rechtsruck war für mich auch in der Salzburger Landesregierung zu spüren. Das macht sich bemerkbar in der Ernennung der Leitung des Rupertinums, in der Ablehnung des Hollein-Baus und der an seiner Stelle entwickelten, absolut unbedeutenden Architektur für ein Museum auf dem Mönchsberg. Salzburg ist und bleibt eine Stadt, die klerikal beherrscht wird, eine Stadt von Kleingewerbetreibenden mit wenig Intellektuellen. Salzburg soll im Sommer nur schön sein, damit die Leute sich wohl fühlen. Sie sollen vergessen, was in Palästina geschieht, in Genua oder im Baskenland. Das konnte meine Aufgabe nicht sein."[257] Diesem politischen Anspruch dienten vor allem das Gastspiel des Zuidelijk Toneel Hollandia mit Luchino Viscontis „Der Fall der Götter", in dem sich eine Industriellenfamilie aus geschäftlichen Überlegungen den Nationalsozialisten andient, sowie die Inszenierungen von Richard Strauss' „Ariadne auf Naxos" und Johann Strauß' „Die Fledermaus", wobei vor allem letztere einen Sturm der Entrüstung auslöste. Mortiers Absicht der Provokation als fulminantes Finale seiner Intendanz ging in Erfüllung. Der scheidende Intendant gab sich in einem Interview selbstbewusst und erklärte den protestierenden Teil des Publikums für „dumm und borniert" und als ein Zeichen für die Stärke einer „Schicht, die besonders reaktionär ist, mehr Einfluss hat als anderswo und durch eine reaktionäre Presse unterstützt wird"[258].

Der letzte von Mortier verantwortete Festspielsommer gab auch Anlass zur kulturellen Einordnung seiner zehnjährigen Intendanz. Am Vorabend dieses letzten Festspielsommers resümierte Bernard Holland: „The provocateurs are packing their bags. The conservatives have put away their crash helmets. Goodbye Berio, Ligeti and Messiaen. Hello Richard Strauss. This is Gérard Mortier's last summer as artistic director of the Salzburg festival, and the city looks to become a quieter place. ... Mr Mortier acknowledged that plaintive calls for a quieter, more local event have been heard, and no one knows better than he that those upholding the legacy of his predecessor, the powerful Salzburg-born maestro Herbert von Karajan, though licking their wounds, have bided their time waiting for a more conservative atmosphere – or what Mr Mortier once, perhaps unfairly, called a return to ‚Strauss waltzes and yodelling contests'. Salzburg may never be the same after Mr Mortier, but the worst fears of some and not so secret hopes of others acknowledge that it might."[259] Auf die Frage nach dem Urteil über die Salzburger Zeit Mortiers erklärte Philharmoniker-Vorstand Clemens Hellsberg: „Es war in gewisser Hinsicht eine Ära. Nach Karajan, der Salzburg in so überragender Weise geführt hat, die Festspiele zu übernehmen, war natürlich schwer. Was Freund und Feind Mortier nicht absprechen können: Er hat die Festspiele im Gespräch gehalten."[260]

War Mortier in seinem künstlerischen Selbstverständnis ein Bilderstürmer, wie viele behaupteten? Wohl kaum, viel eher ein ästhetischer Provokateur. Joachim Riedl sah in ihm einen „beflissenen Ästheten, einen jünglingshaften Schwärmer, der ganz von dem frommen Gedanken beseelt ist, einzig die Kunst könne die Welt noch vor dem räuberischen Zugriff der menschlichen Bestialität retten. Mortier ist ein Missionar. Er möchte das verstockte Bewusstsein des Publikums aufbrechen, möchte es von seiner vulgären Sucht zur Schwelgerei bekehren und möchte es hinüberführen in ein der Gelehrtenrepublik verwandtes Utopia durchaus elitärer Kunstwahrnehmung."[261] Auch für Gerhard R. Koch verfolgte Mortier, der keineswegs ein Bilderstürmer, sondern viel eher ein „beinahe konservativer Kunstenthusiast" sei, „eine Dreifachstrategie behutsamer Modernisierung: Er wollte das Repertoire erweitern und verjüngen, neue musikalische wie szenische Interpretationen zu Wort kommen lassen, er wollte das Publikum verändern – sowohl in seiner Zusammensetzung als auch in seinen Verhaltensweisen. Nichts Geringeres als die Lösung einer Gleichung mit mindestens drei Unbekannten hatte er sich vorgenommen. Nun, kurz vor dem Ende seiner Arbeit, muss man ihm attestieren, dass er weit damit gekommen ist."²⁶² Ähnlich äußerte sich Wolfgang Schreiber: „Salzburg besitzt die bedeutendsten Musikfestspiele der Welt, und ihr künstlerisches Gewicht war zehn Jahre lang mit dem Namen Gérard Mortier verbunden. So viel Erfolg, Triumph – abwechselnd mit Dissens, Streit oder Skandal – war selten in der achtzigjährigen Festspielgeschichte."²⁶³ Im Urteil von Axel Brüggemann hinterließ Mortier bei seinem Weggang aus Salzburg „das Dorf als kleine Stadt: weltoffener, selbstsicherer, wütender. Nur die Touristen kaufen etwas weniger Schokokugeln als vorher. Kein Wunder, dass einige Salzburger Mortiers Abgang entgegenfiebern. Dann darf die Stadt endlich wieder Dorf werden."²⁶⁴

Die von vielen Kritikern stets behauptete Meinung der Salzburger zu Mortier und den Festspielen wurde nie erhoben, lediglich jene der Leser der „Salzburger Nachrichten". 22 Prozent ihrer Leser beurteilten die Arbeit Mortiers als „sehr gut", 43 Prozent als „gut", 14 Prozent als „mittelmäßig", 6 Prozent als „eher schlecht" und 3 Prozent als „sehr schlecht", 12 Prozent gaben keine Antwort. Dies ergab auf einer Skala von 1 (sehr gut) bis 5 (nicht genügend) einen Durchschnittswert von 2,14. Deutlich schlechtere Werte erhielt der Intendant im Bereich der Sympathiewerte. 11 Prozent fanden ihn „sehr sympathisch", 24 Prozent „sympathisch", 23 Prozent „weder – noch", ebenso viele „eher unsympathisch", 14 Prozent „sehr unsympathisch" und 4 Prozent gaben keine Antwort. Dies ergab einen Durchschnittswert von 3,05. 49 Prozent der Befragten gaben an, dass der Abgang Mortiers für Salzburg „eher gut" sei, wenngleich zwei Drittel auch die Meinung vertraten, die Festspiele hätten sich in den letzten zehn Jahren zum Positiven entwickelt.²⁶⁵

Elfriede Jelinek flocht dem scheidenden Intendanten Kränze. „Mortier war ein Quantensprung. So wie Peymann ist er nicht nur ein genialer Impresario, sondern bei beiden hat man das Gefühl, was sie politisch geleistet haben, ist wichtig. Mortier hat die Leute hier mit ihrem provinziellen Festivalkonzept, das den rauschenden Metropolen das Reine, das Unberührte entgegengesetzt hat, aufgeweckt. Es würde klügerer Leute bedürfen, diese Mischung aus hohem kulturellen Anspruch und grausigster Provinzialität mit zu erklären, aber Mortier ist als Außerirdischer, als Katalysator gekommen und hat hier Wichtiges geleistet."²⁶⁶

Gérard Mortier resümierte seine Salzburger Zeit in zahlreichen Interviews. Es sei ein Wunder gewesen, dass er nach dem Tod Karajans zum Intendanten ernannt worden sei. „Es waren ein paar Leute, die das betrieben haben. Hans Landesmann und der ehemalige Landeshauptmann Hans Lechner, die mich gewollt haben. Vielleicht haben auch einige Personen nicht die innere Kraft bei mir vermutet. Das ist die jesuitische Erziehung. Wenn es darauf ankommt, gehe ich durch Mauern. Ich war also irgendwie das trojanische Pferd. Aber gekommen bin ich als Parsifal. Ich kannte die Salzburger Festspiele von außen, aber was da alles auf mich zukommt, wusste ich nicht. Das war ein Kampf, und ich wurde verletzt, und da wird man manchmal auch ungezogen.

Ich war der Meinung, man könnte Salzburg zu einer europäischen Kulturhauptstadt ausbauen. Die geographische Lage wäre dafür wunderbar geeignet. Ich habe das European Art Forum ins Leben gerufen, aber bald gespürt, es lässt sich hier nichts verwirklichen.

Man spürt hier sehr viel Lokalpolitik und es gibt keine intellektuelle Herausforderung. Jeder internationale Erfolg ist immer von außen gekommen und trotz der Stadt. Das war immer so. Auch in der Zeit von Max Reinhardt und Hugo von Hofmannsthal. Salzburg hat das importiert, was konservativ war … Die neuen Strömungen der Kunst in Europa haben nie eine Rolle gespielt. …

Man hängt zu sehr am Geld. Das ist auch historisch bedingt, und in dieser Stadt spielt die Kirche eine enorme Rolle. Das Geld und die Kirche haben immer in dieser Stadt bestimmt. Das war schon zu Mozarts Zeiten so, und die Intellektuellen haben ihren Weg nach Salzburg nicht gefunden. Ich habe mich daher, je länger ich hier war, umso mehr zurückgezogen. Man tut das, weil die konstruktive Auseinandersetzung nicht möglich ist."²⁶⁷ Dennoch habe er, so sein Resümee in einem Interview über die Zukunft der Festspiele im Allgemeinen und jener der Salzburger im Besonderen, intellektuelle Festspiele gemacht. „Früher setzten sich Festspiele von den regelmäßigen Kulturinstitutionen durch den sog. Qualitätsanspruch ab. Die Unterschiede sind jedoch durch die Globalisierung in der Kunst fast alle verschwunden. Qualität also, früher besonderes Merkmal von Festspielen, hat sich jetzt auch lokal durchgesetzt und hat nicht mehr mit Stars und teuren Produktionen zu tun. Viele Opernproduktionen in Stuttgart haben Festspielniveau. Festspiele müssen sich deshalb gegenüber dem regelmäßigen Kulturbetrieb anders positionieren. Die Programmierung in Salzburg folgt daher strengen intellektuellen Grundsätzen, wie eine Zwölftonreihe von Arnold Schönberg. Die intellektuelle Linie der Festspiele ist ihr eigentliches Kapital – sonst unterscheiden sie sich vom normalen Betrieb nur noch dadurch, dass die Karten zu teuer sind."268

Festspiele müssten sich immer, so Mortier in einem Vortrag zum Thema „Die europäische kulturelle Identität und die Kunstpolitik" am 20. August 2001, im Spannungsfeld zwischen Tradition und Kreativität bewegen. „Diese scheinbar kontradiktorischen Begriffe sind unlösbar ineinander verwurzelt. Die Erneuerung, die zur Kreativität auffordert, muss selbstverständlich die Tradition in Frage stellen; und die Tradition hat nur dann Überlebenschancen, wenn sie sich selbst ständig in Frage stellt. Sonst wird sie zur Routine voller Leere. Die Tradition ist keine Reliquie, die man unter einem Glassturz schützen soll; sie würde damit zu Staub zerfallen, wenn man ihn hebt. Die Tradition ist Material, aus dem immer Neues entstehen soll; nur so kann Tradition mit dem Heutigen kommunizieren. Tradition, die dazu nicht mehr imstande ist, wird zum Abfall und Müll der Kulturgeschichte."269

Den von einem Teil der internationalen und nationalen Zeitungen und Magazine wie „Frankfurter Allgemeine Zeitung", „Süddeutsche Zeitung", „The New York Times", „Le Monde", „Salzburger Nachrichten", „Profil", „News" und von Mortier selbst geflochtenen Lorbeer der reflexiven Innovation mochten allerdings seine Kritiker nicht zu akzeptieren, in deren Augen Mortier seine wortgewaltigen und mit kulturphilosophischen Anmerkungen versehenen Ankündigungen nur in sehr beschränktem Umfang bis gar nicht zu erfüllen vermochte. Klaus Umbach resümierte in einem Rückblick auf die Ära Mortier: „Er war der richtige Mann am falschen Platz. Zu viel von dem, was er angekündigt oder angefangen hat, blieb halber Kram oder auf der Strecke. … Nach seinem Kleinkrieg mit den ‚Zuhältern' der (inzwischen maroden) Plattenindustrie muss der Intendant jetzt neue Großmächte hofieren. Die Sponsoren Audi, Nestlé und Siemens dürfen dem Publikum mittlerweile schon auf dem Textlaufband über der Bühne des Großen Festspielhauses ‚einen schönen Abend wünschen', und der Milliardär Alberto Vilar lächelt als ‚größter Mäzen der Festspielgeschichte' (mit über sechs Millionen Dollar in fünf Jahren) aus jedem Programmheft – als guter Onkel mit brav gefalteten Geberhänden. …

Bei vielen seiner künstlerischen Reformpläne hat der streitbare Chef am Ende kleine Semmeln gebacken. Drei Opernuraufführungen in zehn Jahren sind kein berauschender Schnitt. Mit Mozart, Salzburgs wichtigstem Pflegefall, hatte Mortier ohnehin zehn Jahre seine liebe Not: Glanzstücke waren Glücksfälle.

Doch mit Mozart steht und fällt nun mal jeder Intendant – nicht nur, aber gerade in Salzburg."270 Wilhelm Sinkovicz attestierte Mortier in seiner Zeit als Manager der Brüsseler Oper, durch die Einbeziehung einer neuen Generation von Regisseuren das bislang weitgehend unbedeutende Haus zu einem Brennpunkt des internationalen Interesses gemacht zu haben. Er habe – als deutlicher Kontrast zur unter Karajan gepflegten Festspielphilosophie – diese Methode mit weitgehend denselben Regisseuren in den neunziger Jahren in Salzburg weiter verfolgt und sei dabei gescheitert. „Denn es zeigte sich, dass die von ihm favorisierten Regisseure ganz offensichtlich nicht mehr mit jenem Animo an die Dinge herangingen, mit denen sie zuvor in Brüssel für Innovationen gesorgt hatten. Nach Erfolgen mit Luc Bondys ‚Salome'-Produktion oder Peter Sellars' ‚Franz von Assisi' erstarrte die sogenannte neue Salzburger Dramaturgie rasch zur knöchernen Larve, schien so unbeweglich und sinnentleert wie die musikalische Zelebration der beiden lähmenden Nach-Karajan-Jahre.

Überdies begab sich der Manager der Chance, die Salzburger Uraufführungs-Tradition fortzusetzen. In seinen Jahren kam es zu weniger Weltpremieren als je zuvor im Festspielsommer.

Mehr und mehr gewann man den Eindruck, in Salzburg würden des Kaisers neue Kleider verkauft, würde über eine Revolution geredet, die in Wahrheit nie stattgefunden hat."271

IV. „... bei der Planung der wirtschaftlichen Aspekte verstärkt zu berücksichtigen." Das neue Programm und seine Kosten

Im Mozart-Jahr 1991 boten die Salzburger Festspiele mit 150 Eigenveranstaltungen das bisher umfangreichste Programm ihrer Geschichte. Insgesamt 266.430 Gäste besuchten die Veranstaltungen, davon 218.030 die regulären, während 28.400 die Möglichkeit der kostenlosen Besuche von General- und Hauptproben in Anspruch nahmen. Im Vorjahr waren es insgesamt 192.300 gewesen.

44 Prozent des Kartenbezugs gingen ins Ausland, weitere 10 bis 15 Prozent wurden von inländischen Käufern an ausländische Gäste weitergegeben. Die Einnahmen aus dem Kartenverkauf betrugen 267,2 Millionen Schilling, d. h. rund 50 Millionen mehr als im Vorjahr. Das Medieninteresse war enorm. 436 Journalisten aus 39 Nationen und 70 Fotografen und Zeichner waren beim Pressebüro der Festspiele akkreditiert. Neben dem ORF berichteten 19 Fernsehstationen direkt aus Salzburg, und an der Pressekonferenz der neuen Festspielleitung nahmen 260 Berichterstatter teil.

Der erste Festspielsommer unter der neuen Führung 1992 verzeichnete bei einer Expansion des Angebots auf insgesamt 170 Vorstellungen 231.797 Besucher, von denen 26.000 an kostenlosen Generalproben teilnahmen. Der Anteil der ins Ausland verkauften Karten betrug, wie im Vorjahr, 43,8 Prozent, wobei zusätzlich noch 10 Prozent von Österreichern an Ausländer verkauft wurden. Aus dem Kartenverkauf konnten 225,75 Millionen erzielt werden, um 42,5 Millionen weniger als im Vorjahr.

Die Expansion des Veranstaltungs- und Kartenangebots (197 Veranstaltungen und 280.000 Karten) setzte sich auch im Jahr 1993 fort. Von den zur Verfügung stehenden Karten konnten allerdings nur 85 Prozent verkauft werden. Das ehrgeizige Ziel, denselben Erlös wie im Mozart-jahr zu erzielen, wurde mit 257,5 Millionen Schilling knapp verfehlt. Zusammen mit den übrigen Einnahmen wie Übertragungsrechten und Sponsorgeldern konnte bei einem Gesamtbudget von 494 Millionen Schilling eine im internationalen Vergleich einmalige Einspielquote von 65 Prozent erreicht werden. Die Binnenstruktur der Einnahmen zeigte jedoch deutlich, dass zahlreiche neue Programme zu den klassischen Festspielpreisen kaum verkaufbar waren. Zudem verursachte der kulturpolitisch wünschenswerte und vom Publikum begrüßte Expansionskurs im Angebotsbereich erhebliche Mehrkosten und musste angesichts der Budgetprognose für 1994 und des bevorstehenden Jubiläumsjahres 1995 aus finanziellen Gründen zurückgeführt werden. Die Festspiele benötigten für die Folgejahre einen Zusatzbetrag von 80 Millionen Schilling, der vor allem durch höhere Subventionen der vier Träger gedeckt werden sollte.

Das Direktorium konnte für diese Zusatzforderung an die Geldgeber eine Reihe von wohl begründeten Argumenten ins Feld führen. So war die vom Kuratorium bewilligte schrittweise Auflösung der Programmvorsorge in der Höhe von 70 Millionen Schilling zur Bestreitung des Schauspielprogramms bald aufgebraucht. Zwei der drei Großsponsoren – Wiener Allianz und ABB (Asea Brown Boveri) – stellten ihre Zuwendungen 1995 ein. Als externer und nicht berechenbarer Faktor kam hinzu, dass 1994 erstmals die vom Nationalrat beschlossene Kommunalsteuer in der Höhe von 8 Millionen Schilling eingehoben wurde. Eine besondere Belastung bildete die betriebstechnische Benachteiligung der Festspiele gegenüber den Bundestheatern. Während der Bund für die Probebühne des Burgtheaters 200 Millionen Schilling und die Erneuerung der Bühnentechnik der Staatsoper 800 Millionen Schilling bereit stellte, wurden die Festspiele für Instandhaltungs- und Modernisierungsarbeiten an den Spielstätten stets zur Kasse gebeten. So mussten die Festspiele zwischen 1982 und 1992 für Arbeiten am Großen Festspielhaus, das sich im Besitz des Bundes befindet, 92 Millionen Schilling aus Eigenmitteln aufwenden, für das Kleine Festspielhaus und die Felsenreitschule, beide im Besitz der Stadt Salzburg, 147 Millionen Schilling, zu denen weitere 44 Millionen Schilling für eine Beleuchtungsanlage in der Kollegienkirche sowie für Planung und Umbau des Schüttkastens hinzukamen. Die Festspiele betrachteten daher ihre Forderung für berechtigt, jährlich 20 Millionen Schilling als anteilige Ablöse ihrer Investitionen in Bundes- und städtisches Eigentum sowie als Zuschuss für künftige Investitionen wie etwa die Perner-Insel und die Felsenreitschule zu fordern. Zudem wies das Direktorium darauf hin, dass die Valorisierung der Subventionen an Hand des Verbraucherpreisindexes erfolge. Der Index der Verbraucherpreise sei jedoch nur für einen geringen Teil der Betriebsaufwendungen signifikant. Rund 80 Prozent der Betriebsaufwendungen orientierten sich nicht am Verbraucherpreisindex, sondern an „Maßstäben, die für die Steigerung im Personalaufwand gelten". In den vergangenen Jahren habe man „die daraus entstehende Budgetunterdeckung durch Kartenpreiserhöhungen, die wesentlich über dem Verbraucherpreisindex lagen, und drastische Reduzierung der Neuinszenierungen" abgefangen. „Beide Maßnahmen sind nur mehr begrenzt anwendbar. Die eine aus künstlerischen, die andere aus wirtschaftlich-sozialen Gründen."[272] Zudem sollten die Festspiele von der Kommunalsteuer befreit und für das aufwändige Programm des Jubiläumsjahres 1995 30 Millionen Schilling als Sonderdotation zur Verfügung gestellt bekommen. Hans Landesmann erklärte, man habe bisher „die Vorgaben des Budgets auf den Groschen genau eingehalten. In Zukunft aber wird das immer schwieriger. Allein die Personalkosten steigen durch kollektivvertragliche Regelungen viel rascher als die jährlich zwei bis drei Prozent erhöhten Subventionen."[273] Die Subventionen in der Höhe von 120 Millionen Schilling betrugen bei einem Gesamtbudget von 505 Millionen lediglich 23 Prozent. Zudem zahlten die Festspiele mehr als 55 Millionen in Form von Steuern zurück. Rechnete man noch die Zahlungen für den Familienlastenausgleich (rund 10 Millionen Schilling) sowie die Sozialversicherungsbeiträge (rund 48 Millionen) hinzu, verblieben den Festspielen 7 Millionen Schilling für künstlerische Belange. Bei der Bezahlung der Kommunalsteuer in der Höhe von 8 Millionen Schilling verkehrten sich die Subventionen in ein Minus von 1 Million Schilling.

Das Kuratorium fasste in seiner Sitzung am 3. Mai 1994 keinen endgültigen Beschluss und konnte sich lediglich zu der Feststellung durchringen, dass man sich seitens der Festspielleitung mehr Wirtschaftlichkeit erwarte, bevor einer so massiven Erhöhung der Subventionen näher getreten werden könne. Die Programmierung erfolge nicht unbedingt nach wirtschaftlichen Gesichtspunkten.

Mit dieser Feststellung bezog sich das Kuratorium auf die hohen Produktionskosten im Opernbereich, die, trotz einer deutlichen Optimierung im Werkstättenbereich, vor allem aus den erheblich gestiegenen Regiekosten resultierten.

Hans Landesmann bemerkte mit Blick auf diese hohen Kosten vor Beginn des Festspielsommers 1992: „Ich muss sagen, dass die Festspiele nur deshalb so geplant werden konnten, weil uns aus der Vergangenheit ein Finanzpolster übergeben wurde. Wenn mein Kollege Mortier meint, Karajan sei müde gewesen, muss ich hinzufügen, in seiner Zeit wurde das Geld angeschafft, das wir jetzt dringend brauchen."[274] Die Höhe der Produktionskosten, in der Ära Karajan Anlass zu regelmäßig erfolgender öffentlicher Erregung, schienen nunmehr mit dem Hinweis auf die notwendige künstlerische Innovation und Modernisierung tabuisiert. Dennoch sah sich das Kuratorium bereits im März 1993 mit Blickrichtung auf den Rechnungsabschluss 1992 und das Budget 1993 zu der Feststellung veranlasst, bei der „Planung wirtschaftliche Aspekte verstärkt zu beachten"[275].

Im Kuratorium wurde aufmerksam registriert, dass im Bereich der Oper weniger publikumswirksame Produktionen im teuren Großen Festspielhaus gespielt wurden und das Konzertprogramm durch das Engagement zusätzlicher Ensembles, die vor allem in den kleineren Räumen ihre Kosten nicht einspielen konnten, erweitert worden war. Herbert Moritz als Vertreter des Unterrichtsministers bemerkte kritisch: „Die neuen Herrschaften des Festspieldirektoriums haben bei ihrem Amtsantritt die finanziellen Voraussetzungen gekannt. Für Peter Stein wurden für die fünfjährige Amtszeit insgesamt 140 Millionen freigegeben. Davon 70 aus den Reserven und 70 durch erhöhte Subventionen. Peter Stein hat damals gesagt, wie wunderbar das ist, in ganz Deutschland sperrt man die Theater zu und hier gibt's so viel Geld. Und jetzt sind die Herrschaften überfallsartig mit ihren Forderungen gekommen. … Wir halten Mortier fest an der Kandare."[276] Die vom Direktorium geforderte Befreiung von der Kommunalsteuer sowie die anteilsmäßige Rückerstattung der Investitionsausgaben wurde sowohl von Minister Rudolf Scholten wie auch Bürgermeister Josef Dechant abgelehnt. Als Ausgleich dafür sollte das Jubiläumsprogramm durch den Rückgriff auf die restlichen Reserven bestritten werden.

Die Sorgen der Festspielleitung wurden bei einem Blick in die Zukunft nicht geringer. So erklärte Landeshauptmann Katschthaler, dass bis zum Jahr 2000 beide Festspielhäuser mit einem Aufwand von rund 100 Millionen Schilling renoviert werden müssten. Das Budget der Festspiele sei jedoch ausgeschöpft und für 1995 noch nicht einmal ein Programm und Budget beschlossen. Hinzu kämen notwendige Investitionen in der Felsenreitschule, im Direktionstrakt, dem Schüttkasten und der Perner-Insel. Das Kuratorium werde in seiner nächsten Sitzung am 16. August das Programm sowie das Budget für das Jubiläumsjahr beschließen, doch dann sei man in Salzburg „blank".[277]

Am Vorabend der entscheidenden Kuratoriumssitzung am 16. August 1994 erfolgte ein massives publizistisches Lobbying zu Gunsten der neuen Programmphilosophie. Werner Thuswaldner bemerkte, dass „die Fortsetzung der Festspielreform ... außer Wohlwollen auch eine geeignete finanzielle Basis" benötige.[278] „Viel ist gelungen, viel bleibt noch zu tun. Die Reform ist unterwegs, aber bei weitem nicht am Ende. ... Der Festspielleitung in ihrer gegenwärtigen Konstellation und ihren Plänen für die kommenden Jahre ist die konsequente Fortsetzung der Reform zuzutrauen. Viel hängt davon ab, ob dazu auch die nötige finanzielle Basis vorhanden sein wird."[279] Andrew Clark sprach vom „innovativen Geist Salzburgs, dessen spiritus rector Gérard Mortier in wenigen Tagen wissen werde, ob er seine Kampagne für eine Reform der Salzburger Festspiele gewonnen oder verloren habe"[280]. Mortier selber agierte geschickt, indem er erklärte, dass im Falle einer Nichtbewilligung der für das Jubiläumsjahr 1995 benötigten zusätzlichen Mittel eben Alban Bergs Oper „Lulu" sowie das „Zeitfluss"-Festival gestrichen werden müsse. Damit übte er Druck auf die Mitglieder des Kuratoriums aus, die sich nicht dem Vorwurf aussetzen wollten, gegen die Moderne und damit den Wandel in der Festspielprogrammatik zu sein. Der Intendant hätte auch eine Absetzung von „Rosenkavalier" oder „La Traviata" als Alternative anbieten können, vermied jedoch bewusst diese Möglichkeit, da beide Opern jene Mittel einspielten, die er für die Produktion von „Lulu" benötigte. Und er ließ indirekt anklingen, dass er im Fall einer Nichtbewilligung seinen Vertrag über das Jahr 1997 hinaus nicht verlängern werde.

Das Kuratorium bewilligte in seiner Sitzung am 16. August nach vierstündiger Sitzung die geforderten Finanzmittel für 1995 auch um den Preis eines Abgangs von 12,5 Millionen Schilling. Zusätzlich nahm es den Abgang 1994 in der Höhe von 10 Millionen Schilling, für den vor allem die erheblichen Mehrkosten bei „Don Giovanni" verantwortlich zeichneten, zur Kenntnis. Ein sichtlich erleichterter Vorsitzender, Landeshauptmann Katschthaler, erklärte, mit dem bewilligten Budget in der Höhe von 517 Millionen Schilling seien die bedroht gewesenen Projekte „Lulu" und „Zeitfluss" gerettet. Ein tüchtiges Direktorium habe sich mit einem konstruktiv-kritischen Kuratorium getroffen, und beide seien im Interesse der gemeinsamen Sache zu einem zufrieden stellenden Ergebnis gekommen.[281] Der „Standard" bemerkte zu dem Ergebnis: „Grund und Geld zum Jubeln."[282]

Mortier setzte sich auf der ganzen Linie durch. Das Kuratorium vermochte lediglich kleine Korrekturen zu erreichen. So wurde der projektierte Zuschuss an das „Zeitfluss"-Festival von 4 auf 2 Millionen Schilling gekürzt, das zudem vom Bund mit 1,2 Millionen und vom Land Salzburg sowie der Stadt Hallein mit je 500.000 Schilling gefördert wurde. Das Festival konnte damit in einer nur geringfügig verkleinerten Form auch 1995 stattfinden. Um eine Verringerung des Abgangs zu erreichen, wurde eine zusätzliche Aufführung von Verdis „La Traviata" ins Programm genommen und für den „Rosenkavalier" Kooperationsverhandlungen mit der Opéra de la Bastille angebahnt. Im Schauspielbereich sollte eine Wiederholung der erfolgreichen Pirandello-Produktion „Die Riesen vom Berge" auf der Perner-Insel erfolgen und aus Kostengründen die geplante „Orestie" in der Regie von Peter Stein verschoben werden. Und zudem versprach Mortier, er werde sich neben Siemens, Audi und Nestlé um zwei weitere potente Sponsoren bemühen. Peter Stein wurde vom Kuratorium beruhigt. Der Schauspieldirektor hatte seinen Rückzug aus Salzburg angedroht, sollte er nicht die von ihm geforderten 70 Millionen Schilling erhalten. Das Schauspiel werde 1996 und 1997 mit jeweils 70 Millionen Schilling dotiert. Am Ende des Festspielsommers 1994 bezeichnete das Direktorium die soeben zu Ende gehende Saison mit Blick auf die

Kuratoriumssitzung vom 16. August und die Besucherstatistik als eine „besonders glückliche". Das Publikum habe den Strawinsky-Schwerpunkt sehr gut aufgenommen, die Neuinszenierungen im Schauspiel seien restlos ausverkauft gewesen und auch die Konzerte hätten sich schließlich doch noch gut verkauft. Insgesamt wurden 234.606 Besucher bei 168 Festspielveranstaltungen und 21.502 bei den Haupt- und Generalproben gezählt. Der Anteil der ausländischen Gäste stieg auf 45 Prozent, wobei besonders die Benelux-Staaten eine Steigerung um 27 Prozent, Italien um 25 Prozent, die USA um 18 Prozent und Japan um 14 Prozent verzeichneten. Aus dem Kartenerlös wurden 254 Millionen Schilling erzielt, und die Sponsoren ABB, Allianz und Nestlé stellten den Festspielen je 7 Millionen Schilling für das Strawinsky-Projekt und die Adaptierung des Sudhauses auf der Perner-Insel zur Verfügung. Die mediale Wirkung durch die akkreditierten 431 Berichterstatter, davon 161 aus Deutschland, sei enorm gewesen.[283]

Trotz dieser positiven Bilanz wurden die Sorgenfalten des Direktoriums mit Blick auf das bevorstehende Jubiläumsjahr 1995 gegen Jahresende markanter. Hans Landesmann kommentierte die Situation mit der Bemerkung: „Die Lage ist ernst." Zwar habe man einen „Maßnahmenkatalog beschlossen, um das Budget hinzukriegen. Das heißt: Jetzt werden konsequent alle Ausgaben geprüft."[284]

Ende Jänner 1995 erklärte die neue Präsidentin Helga Rabl-Stadler sorgenvoll zur budgetären Lage, man habe vom Finanzministerium mitgeteilt bekommen, mit Kürzungen rechnen zu müssen, und Wissenschaftsminister Rudolf Scholten habe erklärt, dass die von den Festspielen dringend geforderten 100 Millionen Schilling für bauliche Sanierungsmaßnahmen an den beiden Festspielhäusern nicht sofort zur Verfügung stünden. Zudem sei das Sonderbudget für das Schauspiel durch die schrittweise Auflösung der Rücklagen finanziert worden. Doch man verfüge nach diesem Jahr über keine Rücklagen mehr.[285]

Tatsächlich glich ein ausgeglichenes Budget der Quadratur des Kreises. Wenngleich schließlich Einsparungen sowie die Gewinnung Audis als zusätzlichen Sponsor durch den abgetretenen Präsidenten Heinrich Wiesmüller ein Erreichen der vom Kuratorium eingeforderten Budgetzahlen ermöglichten, so blieben die Probleme vor allem angesichts der anhaltenden Disparität zwischen Produktionskosten und Einspielergebnissen für die folgenden Jahre bestehen und führten zu permanenten Spannungen vor allem zwischen Mortier und Landesmann. Als z. B. Ende März 1995 das Kuratorium beschloss, für 1996 an Stelle der beantragten 177 Millionen Schilling lediglich 167 Millionen an Subventionen zu bewilligen, kommentierte Mortier dies mit der Bemerkung, er habe sich angesichts der nunmehr neuerlich notwendig werdenden Sparmaßnahmen die „absolute Programmhoheit ausbedungen" und werde sich „in die Programmhoheit nicht hineinreden lassen". Dies veranlasste Hans Landesmann zu der Feststellung, diese Bemerkung könnte „als Hinweis auf eine stillschweigende Einführung des Intendanz-Prinzips missverstanden werden". Angesichts der Finanzlage werde es zu einem größeren Kostenbewusstsein bei den Programmen und auch zu Programmreduktionen sowie zur sicherlich unangenehmen und kontroversiellen Diskussion über die allgemeinen Arbeitsbedingungen kommen müssen.[286]

Wenngleich die offene Kontroverse durch schließlich erfolgte Einsparungen in der Höhe von 10 Millionen Schilling vermieden werden konnte, so sorgte Anfang 1996 der durch „News" bekannt gewordene Rohentwurf des Rechnungshofberichts über die Salzburger Festspiele in der bisherigen Ära Mortier für heftige Diskussionen. Der Rechnungshof stellte fest, dass in den Spielzeiten 1987/88 bis 1990/91 die Betriebsaufwendungen und -erträge in etwa parallele Entwicklungen zu verzeichnen hatten, während in den folgenden Spielzeiten eine deutliche Erhöhung des Betriebsabgangs erfolgt sei. Dieser überstieg seit 1991/92 die Zahlungen der Träger erheblich. Wenngleich die Einnahmen zwischen 1987/88 und 1994/95 von 253,6 auf 340 Millionen Schilling, d. h. um 34 Prozent, stiegen, verdoppelte sich im selben Zeitraum der Abgang von 92,7 auf 182 Millionen Schilling, wobei der höchste Betriebsabgang in der Spielzeit 1993/94 mit 208,6 Millionen Schilling zu verzeichnen war. Zudem seien mit Ende der Spielzeit 1994/95 durch den in den letzten Jahren erfolgten Rückgriff auf Reserven kaum mehr Mittel vorhanden. Wenngleich der durch die Träger nicht gedeckte Abgang durch Sponsoren und Zuschüsse des Vereins der Freunde der Salzburger Festspiele sowie Fondsreserven gedeckt wurde, sei die Entwicklung durch das beinahe völlige Aufbrauchen der Reserven, die gesunkenen Sponsoreinnahmen – sie sanken von 40 Millionen im Jahr 1992 auf 20 Millionen – kritisch. Außerdem deckten sich die Kostenvoranschläge mit den tatsächlichen Kosten nicht, die z. B. 1993/94 um 15,6 Millionen höher als veranschlagt waren.

Ordentliche Gebarung der Salzburger Festspiele 1987/88–1994/95 in Millionen Schilling:[287]

	1987/88	1988/89	1989/90	1990/91	1991/92	1992/93	1993/94	1994/95
1	346,3	349,4	386,3	466,7	494,0	505,5	518,0	522,0
2	253,6	261,5	281,2	336,9	309,0	327,0	309,4	340,0
3	92,7	87,9	105,1	129,8	185,0	178,5	208,6	182,0
4	111,4	105,5	108,1	111,7	115,4	120,0	131,0	137,5

1 Betriebsaufwendungen insgesamt, davon
2 Erträge
3 Abgang
4 Zahlungen der Träger (Bund, Land und Stadt Salzburg, Fremdenverkehrsförderungsfonds)

Der stetig steigende Zuschussbedarf resultierte aus der Programmgestaltung, den enorm gestiegenen Aufwendungen für Regisseure und Bühnenbildner sowie erklärungsbedürftig hohen Gagen vor allem von Schauspieldirektor Peter Stein und den Wiener Philharmonikern.
Die Aufführung von Werken des 20. Jahrhunderts erforderte einen erheblichen Zuschussbedarf. So mussten Stanislaw Wyspiańskis „Wesele" mit 4.536 Schilling, Olivier Messiaens „Saint François d'Assise" mit 4.321 Schilling oder die konzertante Aufführung von Luigi Nonos „Prometeo" mit über 5.000 Schilling pro Besucher subventioniert werden. Zudem waren die Festspiele nicht berechtigt, Subventionen an einen Verein wie „Zeitfluss" einfach weiterzugeben.[288] Als kritikwürdig wurde vor allem auch die Zunahme der Kosten für das Bühnenbild sowie der Anzahl der Assitenten der Bühnenbildner bezeichnet.
Für besondere Erregung sorgte das – vertraglich vom Kuratorium und der Politik gebilligte – Honorar von Schauspieldirektor Peter Stein, der in fünf Jahren insgesamt 18,6 Millionen Schilling verdiente, wobei er zusätzlich zu seiner monatlichen Fixgage sowie den Inszenierungshonoraren von 1 Million Schilling (bei einer Wiederaufnahme 500.000 Schilling) noch 6 Millionen Schilling an Übersetzerhonoraren für Shakespeare-Texte, die zudem gegenüber den sehr brauchbaren Übersetzungen oftmals nur geringe Abweichungen aufwiesen, in Rechnung stellte. Die Festspiele beglichen zudem die Steuern des Regisseurs, sodass dieser 1995 mehr als die doppelte Gage von Intendant Mortier erhielt.[289] Die Wiener Philharmoniker wiederum stellten den Salzburger Festspielen für ihren Dienst einen Betrag in Rechnung, der der halben Jahresgage ihrer Staatsoperntätigkeit entsprach.
Das Bekanntwerden des Rohberichts des Rechnungshofes barg deshalb auch besondere Brisanz, da sich die Verhandlungen über eine Vertragsverlängerung des Direktoriums sowie von Schauspieldirektor Peter Stein in ihrer Endphase befanden.
Wenngleich das Direktorium in einer Bilanz des Festspielsommers 1996 stolz darauf verweisen konnte, dass mit insgesamt 261.911 Besuchern, davon 75 Prozent aus dem Ausland, ein Kartenerlös von 308 Millionen Schilling und eine Eigenwirtschaftlichkeit von 74,2 Prozent erzielt werden konnte, so war es durch das vor allem für den äußerst erfolgreichen Schauspielbereich erfolgte weitgehende Aufbrauchen der Reserven zu Kostenreduktionen gezwungen. Diese sollten im kostenintensiven Opernbereich durch Koproduktionen, Gastspiele, semiszenische oder konzertante Aufführungen und im Bereich des Theaters durch eine Reduktion des Angebots sowie der Aufgabe der großen, aber teuren Spielstätte Felsenreitschule erzielt werden.
Ein erhebliches Problem im Bereich der Finanzplanung der Salzburger Festspiele bildete der Umstand, dass die Subventionsgeber mit Hinweis auf die allgemeine Budgetsituation ihren gesetzlich festgelegten Beitrag kaum mehr valorisierten und die Festspiele aufforderten, die entstehende Finanzierungslücke durch die Auflösung von Rücklagen, Sponsoren und Zuwendungen des Vereins der „Freunde der Salzburger Festspiele" zu schließen. Zudem mussten die Festspiele, in deutlichem Gegensatz zu den Bundestheatern, zu einem erheblichen Teil für baulich notwendige Maßnahmen selber aufkommen. Da eine Erhöhung der Kartenpreise nur mehr in sehr eingeschränktem Ausmaß möglich war und die politisch auch stets geforderte Öffnung der Festspiele durch eine Expansion der billigeren Kartenkontingente

Einnahmenausfälle verursachte, glich eine Budgeterstellung zunehmend der Quadratur des Kreises. Das Finanzergebnis des Jahres 1997 zeigte zudem, dass die Expansion des Kartenangebots an ihre Grenzen gelangt war und im Interesse einer höheren Wirtschaftlichkeit zurückgenommen werden musste. Standen 1989, dem letzten Jahr der Ära Karajan, 171.000 Karten zur Verfügung, so waren es 1996 238.000. Wenngleich dadurch die Einnahmen zwischen 1989 und 1996 von 267 Millionen Schilling auf 308 Millionen Schilling stiegen, so zwang die budgetäre Lage auf Grund der kaum erhöhten Subventionen zu Einsparungen im Angebot und Produktionsbereich durch Koproduktionen und Gastspiele, wodurch jedoch das spezifische Profil der Festspiele verloren zu gehen drohte.

Wie sehr sich der Finanzierungsdruck auf die Festspiele erhöhte, wurde 1998/99 deutlich.

Obwohl aus Einsparungsgründen ab 1998 das Schauspielbudget von 70 auf 40 Millionen gekürzt wurde, konnte 1999 auf Grund der äußerst kostenintensiven Produktionen von Luciano Berios „Cronaca des Luogo" und der Übernahme von Jean-Philippe Rameaus „Les Boréades" kein ausgeglichenes Budget erreicht werden, weshalb das zu erwartende Defizit in der Höhe von 10 bis 11 Millionen Schilling zu jeweils 50 Prozent auf die folgenden beiden Spielzeiten 2000 und 2001 aufgeteilt werden musste. In der Kuratoriumssitzung am 22. Juli 1998 begründeten die Mitglieder des Direktoriums das zu erwartende Budgetdefizit mit den teuren Produktionskosten der beiden Opern von Berio und Rameau sowie den Belastungen aus den Pfingstfestspielen.

Durch die Abwanderung der Pfingstfestspiele nach Baden-Baden hatte die Politik massiven Druck auf die Festspiele zur Übernahme der Pfingstfestspiele in Eigenregie ausgeübt. Wenngleich diese beim ersten Mal künstlerisch ein Erfolg waren, so blieb ein Defizit von 3,7 Millionen Schilling, das von den Festspielen getragen werden musste. In der Kuratoriumssitzung am 8. Juni 1998 erklärte der Salzburger Bürgermeister Josef Reschen, dass „allfällige Abgänge aus den Pfingstfestspielen zu Lasten der Mittel der Sommerfestspiele" gingen, „da eine Erhöhung der Zuwendungen wegen der Pfingstfestspiele ausgeschlossen sei"[290]. Das Direktorium wies auch in der folgenden Sitzung des Kuratoriums auf den Umstand hin, dass die Festspiele die Pfingstfestspiele „zwangsweise" übernommen hätten und dadurch einen wesentlichen finanziellen Nachteil bedeuten.[291] So erklärte Gérard Mortier in der Diskussion über den Programm- und Haushaltsplan 1998/99, er sei „im Jahr 1989 engagiert worden, um die Salzburger Festspiele zu leiten und in eine gewisse Reform zu führen. Damals war die Übernahme der Pfingstfestspiele nicht Gegenstand der Diskussion, sie stellt sich aber als ganz erhebliche finanzielle Belastung für die Festspiele 1998 und 1999 dar." Die Absicht des Direktoriums, für die erzwungene Übernahme der Pfingstfestspiele zumindest eine einmalige Sonderfinanzierung zu erhalten, fiel beim Vorsitzenden des Kuratoriums, Landeshauptmann Schausberger, auf Verständnis, der erklärte, Stadt und Land Salzburg würden sich um eine einmalige Sonderfinanzierung in der Höhe von 5 Millionen Schilling bemühen. Er werde diesbezügliche Gespräche mit Bundeskanzler Klima wegen einer Bundesbeteiligung in der Höhe von 40 Prozent, d. h. 2 Millionen Schilling, führen.[292] Jenseits der Problematik der Übernahme der Pfingstfestspiele führte die zu optimistische Schätzung der Karteneinnahmen zwischen 1992 und 1997 und die daraus resultierenden Negativsalden im Kuratorium zu Diskussionen, die den ehemaligen Salzburger Bürgermeister Josef Reschen als Vertreter des Unterrichtsministeriums am 10. November 1998 zu der kritischen Bemerkung veranlasste, er habe nicht den Eindruck, dass hier mit der gebotenen Sorgfalt gehandelt werde.[293]

Jenseits aller Einzelaspekte resultierten jedoch die budgetären Probleme der Festspiele Ende der neunziger Jahre vor allem aus drei Problemfeldern:

1. Die Zuwendungen der Träger entsprachen nicht den tatsächlichen Kostensteigerungen. Mit dem Hinweis auf die angespannte Lage der öffentlichen Haushalte ignorierten vor allem Bund und Stadt die enorme Umwegrentabilität und verwiesen die Festspiele auf Sponsoren, um den steigenden Finanzbedarf zu decken. Hinzu trat die in Österreich wohl einmalige Situation, dass die Festspiele für die Instandhaltung ihrer Liegenschaften selber sorgen mussten. Die restriktive Haltung des Bundes und der Stadt Salzburg ignorierte die enorme wirtschaftliche Bedeutung der Festspiele, die die ihnen gewährten Subventionen um ein Vielfaches übertraf und den Subventionsgebern erhebliche Gewinne brachte. Die Umwegrentabilität der Festspiele betrug 1998 etwas

mehr als 2 Milliarden Schilling, von denen 1,7 Milliarden Schilling im Land verblieben. Den Zuschüssen des Bundes (70 Millionen) sowie von Land und Stadt Salzburg (je 35 Millionen) stand allein eine Steuer- und Beitragsleistung von 150 Millionen Schilling gegenüber. Die Festspiele ließen einen Netto-Betrag in der Höhe von 725 Millionen Schilling in der Stadt Salzburg, von denen 332 Millionen auf die Hotellerie, 206 Millionen auf die Gastronomie, 85 Millionen auf den Handel, 21 Millionen auf die Verkehrsmittel und 81 Millionen auf sonstige Ausgaben entfielen. Hinzu kamen noch beinahe 300 Millionen Schilling an Investitionen und Ausgaben der Festspielbesucher selber, wobei diese direkten Ausgaben eine Kettenreaktion in der Höhe von 1,1 Milliarden Schilling auslösten.

2. Die Politik übte massiven Druck auf die Festspielleitung aus, infolge der Abwanderung der Pfingstfestspiele nach Baden-Baden ein Ersatzfestival auszurichten und zudem – um ein ebenfalls drohendes Abwandern der Osterfestspiele zu verhindern – mit diesen einen weiteren Kooperationsvertrag abzuschließen.

3. Da sich im Sponsorenbereich die Aufbringung zusätzlicher erheblicher Mittel als äußerst schwierig erwies und die Politik unmissverständlich ihre Weigerung einer adäquaten Erhöhung der Zuschüsse betonte, wurden interne Maßnahmen unvermeidlich. Angesichts der Finanzlage erfolgte daher im Direktorium und im Kuratorium die Diskussion über mögliche programmatische Revisionen. Dabei agierte und agitierte Mortier mit allen Mitteln. Wenngleich es erhebliche Differenzen mit Hans Landesmann gab, wählte er ihn in der Frage der Programmatik des Musiktheaters zum Verbündeten. Hatte er zuvor noch dessen Kompetenz zur Durchführung der Pfingstfestspiele in Zweifel gezogen, so solidarisierte er sich nunmehr mit ihm, um im Direktorium über eine entsprechende Mehrheit zu verfügen und Druck auf die Präsidentin auszuüben, deren Aufgabe es schließlich sei, Sponsoren für seine Programmatik zu gewinnen.

Die Situation schien sich Anfang November 1998 zu entspannen, als Präsidentin Helga Rabl-Stadler von ihrem soeben beendeten USA-Aufenthalt berichtete. Bei diesem habe sie auch mit Alberto Vilar gesprochen und dieser habe versichert, an einem finanziellen Engagement in Salzburg interessiert zu sein.

Dabei wolle er nicht nur einfach Geld geben, sondern nur für bestimmte Produktionen, wobei er indirekt auch seine künstlerischen Einflusswünsche andeutete. So habe er versichert, er lege „großen Wert darauf, dass Dr. Mortier sich ‚seine' jungen Sänger anhört"[294]. Zwei Monate später konnte Mortier dem Direktorium mitteilen, dass Vilar die Zusage gegeben habe, bis 2001 jährlich jeweils 1 Million US-Dollar für eine Opernproduktion der Salzburger Festspiele zur Verfügung zu stellen, die dafür jeweils an einem amerikanischen Opernhaus oder in St. Petersburg gezeigt werden sollte.[295] Mit der Gewinnung von Alberto Vilar und Betty Freeman, die für Kompositionsaufträge sowie „next generation" namhafte Beträge spendete, konnte das Direktorium darauf hinweisen, dass es zusammen mit den Hauptsponsoren Nestlé, Audi und Siemens 1999 insgesamt 35 Millionen Schilling an Sponsorgeldern lukriere.

Trotz dieser steigenden Sponsorbeträge sowie der verstärkten Bemühungen um Koproduktionen entstanden zunehmend Probleme, die aus steigenden Produktionskosten und sinkenden Einnahmen resultierten. So blieben 1998 die tatsächlichen Einnahmen aus dem Kartenverkauf um 12,3 Millionen Schilling hinter den ohnedies bereits nach unten revidierten Prognosen. Die entstehende Budgetlücke musste durch Mittel des Vereins der „Freunde der Salzburger Festspiele" geschlossen werden. In der Kuratoriumssitzung am 23. März 1999 bemerkte Bürgermeister Josef Reschen zum Tagesordnungspunkt „Rechnungsabschluss 1998" einleitend, dass dieser drei Entwicklungen deutlich mache: „Die Stagnation im Kerngeschäft, so dass ohne Sponsoren die Finanzierung gar nicht mehr möglich wäre; keine Reserven mehr dem Fonds zur Verfügung stehen und das Kartenangebot zu hoch erscheint und zusammen mit einer Produktionseinschränkung künftig zurückgenommen werden sollte." Reschen merkte kritisch an, dass die Zwischenfinanzierung des Abgangs aus den Mitteln des Vereins der „Freunde der Salzburger Festspiele" „auf Dauer sicher keine Lösung der finanziellen Probleme" darstelle, da bereits in nächster Zeit notwendige Investitionen anstünden, „und der Verein der Freunde der Salzburger Festspiele hat den Hauptzweck der Investitionsfinanzierung." Landeshauptmann Schausberger sekundierte mit der Feststellung, es seien „Konsequenzen für die nahe Zukunft im Lichte der Ergebnisse der letzten Jahre

dringend angebracht. Die Einnahmen aus Sponsorgeldern schienen an der Obergrenze nunmehr angelangt, das Kerngeschäft erbringt immer weniger Deckungsbeitrag. ... Die Einnahmemöglichkeiten erscheinen ... insgesamt ziemlich ausgereizt, die künftigen Budgeterstellungen hätten sich daran auszurichten."[296] In der folgenden Sitzung des Kuratoriums musste Präsidentin Rabl-Stadler berichten, dass sich der Kartenverkauf für den bevorstehenden Festspielsommer nach wie vor schwierig gestalte und das Direktorium „mit einem Verfehlen der budgetierten Kartenerlöse um rund 25 Millionen Schilling" rechne. In der sich an den Bericht der Präsidentin anschließenden Diskussion bezifferten Gérard Mortier und Hanns Komarek allein den Abgang bei der bevorstehenden Uraufführung von Luciano Berios „Cronaca del Luogo" mit 22,8 Millionen Schilling.[297] Ein besonderes Problem des Budgets bildeten die von den Festspielen auf Grund des politischen Drucks ab 1998 in Eigenregie veranstalteten „Pfingstfestspiele", die einen Zuschuss aus dem Budget der Festspiele in der Höhe von 2 bis 4 Millionen Schilling erforderlich machten. Wenngleich der Salzburger Festspielfonds seinen Wunsch nach der Übernahme der Pfingstfestspiele mit der Aufforderung nach einer ausgeglichenen Bilanzierung der Pfingstfestspiele verband, so war dies – zumindest in den ersten Jahren – nicht zu verwirklichen, weshalb sich vor allem Landeshauptmann Schausberger um eine zusätzliche Anfangsfinanzierung von 5 Millionen Schilling durch die Träger des Festspielfonds bemühte, dabei jedoch auf die ablehnende Haltung des Bundes und der Stadt stieß. Der Bund ließ sogar wissen, dass er sich ab 2001 völlig von den Pfingstfestspielen zurückziehen werde. Die Pfingstfestspiele sollten in Zukunft als völlig eigenständige Einrichtung, losgelöst von den Festspielen, geführt werden und dürften deren Budget nicht belasten.
Die Frage der Pfingstfestspiele wurde im Sommer 1999 in einem Gespräch zwischen Staatssekretär Wittmann und Landeshauptmann Schausberger im Sinne der Wünsche Mortiers und des Bundes gelöst. Die Pfingstfestspiele blieben zwar weiterhin unter der Oberhoheit der Festspiele, dem Direktorium wurde aber aufgetragen, ihre Finanzierung durch einen getrennten Rechnungskreis transparent zu machen und Quersubventionen zu vermeiden. Das Budget der Salzburger Festspiele wurde durch eventuelle Abgänge bei den Pfingstfestspielen nicht mehr belastet.

Damit waren jedoch die finanziellen Probleme der Festspiele nicht gelöst. Das Budget der Festspiele musste durch massive Einsparungen stabilisiert werden. Der Bericht der Internen Revision vom 22. November 1999 über die Verwirklichung des Jahresvoranschlags 1998/99 listete die Mindereinnahmen des Festspielsommers 1999 gegenüber den Prognosen auf:[298]

Mindereinnahmen in 1.000 S:

Veranstaltung	Auslastung in Prozent	Mindereinnahmen	Mindereinnahmen in Prozent
Dr. Faustus	82,0	2346	8,8
Wr. Philharmoniker	88,9	1100	6,6
Solistenkonzerte	76,1	1150	21,0
Boreaden	69,7	1725	12,9
Zauberflöte	83,9	2705	6,7
Cronaca del Luogo	40,2	2861	33,0
Schlachten	54,7	3092	64,6
Orch. K. RSO	46,2	231	38,4
Ensemble Intercont.	32,3	111	53,6
Next Gen./EIC/ Pianistica	28,9	435	53,5

Der Bericht kam zu dem Schluss, dass eine Abgangsüberschreitung in der Höhe von 30 Millionen Schilling (tatsächlich 28,9 Mio. S, *Anm. d. Verf.*) „sehr wahrscheinlich" sei, wobei „die Fehlbeträge im Wesentlichen aus den Bereichen stammen, wie sie schon mehrfach aufgezeigt wurden.
Fondseigene Reserven stehen nicht mehr zur Verfügung, eine Erhöhung der Zuwendungen ist nach den Äußerungen der Vertreter der Gebietskörperschaften nicht erwartbar, so dass entsprechend dem Auftrag des Kuratoriums in den Spielzeiten 1999/2000 und 2000/2001 entsprechende Überschüsse zu budgetieren und in der Folge auch zu lukrieren sind, damit die per 30. September 1999 ausgewiesene Abgangsüberschreitung bedeckt wird."[299]
Die Dramatik der finanziellen Entwicklung wurde aus einem Bericht der Internen Revision vom 10. März 2000 zum Rechnungsabschluss per 30. September 1999 deutlich, in dem die sinkende Eigenwirtschaftlichkeit seit Mitte der neunziger Jahre thematisiert wurde:[300]

Entwicklung der Eigenwirtschaftlichkeit 1994–1999 (Beträge in Mio. S):

Spielzeit	Gesamtaufwendungen	Festspielerträge	Eigenwirtschaftlichkeit in Prozent
1994/95	522,6	340,5	65,2
1995/96	561,4	370,6	66,0
1996/97	590,1	366,4	62,1
1997/98	606,6	368,9	60,8
1998/99	647,4	370,3	57,2

In der Kuratoriumssitzung am 2. Dezember 1999 gestand Hans Landesmann ein, dass es angesichts der Abgangsüberschreitung „nichts zu beschönigen" gebe, „man habe die Budgetvorgaben bei den Einnahmen nicht erreicht und bei den Ausgaben überschritten". Vor allem drei Bereiche seien für diese Entwicklung verantwortlich: die erheblichen Mindereinnahmen bei der „Zauberflöte", den Kartenerlösen insgesamt sowie der Uraufführung von Berios „Cronaca del Luogo", bei der „zum Zeitpunkt der Budgetierung noch wenig Angaben vorlagen, schließlich aber ein ganz erheblicher Teil des Abgangs hieraus resultiert". Man habe seitens des Direktoriums auf diese Entwicklung bereits reagiert und werde in den beiden folgenden Festspielsommern eine Abgangsdeckung erwirtschaften, sodass die neue Intendanz Ruzicka, wie von diesem und dem Kuratorium gefordert, mit keinem Schuldenstand starten müsse.[301]

Die Programmgestaltung der Jahre 2000 und 2001 wurde unter dem Druck von notwendigen Einsparungen in der Höhe von 28 Millionen Schilling sowie vor dem Hintergrund der politischen Turbulenzen rund um die Bildung der ÖVP/FPÖ-Koalition im Februar 2000 zum Politikum. So behauptete Mortier im Februar 2000 die zu erwartenden finanziellen Probleme seien das Ergebnis des angesichts der Regierungsbeteiligung der FPÖ deutlich rückläufigen Kartenverkaufs für den Festspielsommer 2000 (tatsächlich waren bis zu diesem Zeitpunkt 20 Kartenstornierungen eingelangt) sowie des Rückzugs von Sponsoren. Gleichzeitig präsentierte er ein ehrgeiziges und unter den gegebenen finanziellen Bedingungen nicht finanzierbares Uraufführungsprogramm mit Matthias Pintschers Oper „Heliogabal", Helmut Lachenmanns „Das Mädchen mit den Schwefelhölzern" sowie Peter Eötvös' Oper „Drei Schwestern" und erklärte, er würde sein angekündigtes vorzeitiges Ausscheiden aus seinem Vertrag am 30. September 2000 eventuell unter der Bedingung noch überdenken, dass kein Mitglied der FPÖ in das Kuratorium der Festspiele einziehe und sein Programm ungekürzt verwirklicht werden würde.

Hatte die ursprüngliche Budgetplanung für das Jahr 2000 einen Abdeckungsbetrag des Defizits in der Höhe von 19 Millionen Schilling vorgesehen, so musste dieser Betrag angesichts des schlechten Kartenverkaufs für den von Mortier konzipierten Troja-Schwerpunkt 1999 korrigiert werden. Zudem war von der Vertreterin des Bundes, Claudia Schmied, und Salzburgs Bürgermeister Heinz Schaden angesichts der prekären Budgetsituation der öffentlichen Haushalte eine zweiprozentige Kürzung der Subventionen der Stadt Salzburg und eine siebenprozentige des Bundes angekündigt worden. Deutliche Programmkürzungen bei der zum Teil erheblich defizitären Moderne waren unumgänglich. Die Wiederaufnahmen von Mozarts „Zauberflöte" in der Messehalle und Berlioz' „La Damnation de Faust" in der Felsenreitschule mussten ebenso gestrichen werden wie die geplanten Uraufführungen im Opernbereich und „next generation". Landesmann kommentierte bedauernd: „Am leichtesten lässt sich bei zeitgenössischer Kunst sparen. Dabei tut uns das am meisten weh."[302] Präsidentin Rabl-Stadler beschrieb die Lage nach der Sitzung des Kuratoriums am 17. März 2000 als „hoffentlich nicht hoffnungslos, aber sehr, sehr ernst". Und Gérard Mortier erklärte mit Blickrichtung auf die Budgets der Jahre 2000 und 2001 dramatisch: „Der Bund will sieben Prozent seiner Subventionen streichen, die Stadt kürzt um zwei Prozent. Ich sehe noch keinen Weg, kein Licht am Ende des Tunnels."[303] Angesichts der politischen Turbulenzen rund um die Regierungsbildung reagierte Kunst-Staatssekretär Franz Morak gereizt und vermutete in der Erklärung Mortiers eine politische Polemik. Die siebenprozentige Kürzung der Bundessubvention sei zwar Anfang Dezember 1999 als Möglichkeit angekündigt, jedoch im laufenden Budgetjahr nicht realisiert worden. Den Salzburger Festspielen würden daher, trotz der prekären Budgetlage des Bundes, die Subventionen in ungekürzter Höhe für das Jahr 2000 zur Verfügung stehen. Dies sei keine leichte Aufgabe angesichts des Umstandes, dass bei anderen Subventionswerbern sehr wohl Kürzungen vorgenommen werden mussten. Für das Jahr 2001 hätten die Verhandlungen noch gar nicht begonnen, weshalb auch noch keine konkreten Zahlen vorlägen. Man habe angesichts der dramatischen Situation lediglich zur Sparsamkeit gemahnt, jedoch nicht mit konkreten Kürzungen gedroht.[304]

Im Vorfeld der Verhandlungen über das Budget 2001 deutete der Bund allerdings unter Hinweis auf die notwendige Budgetsanierung eine fünfprozentige Reduktion seiner Subventionen an, während Bürgermeister Schaden für die Stadt Salzburg auf einen Beschluss des Gemeinderates verwies, der angesichts der 2001 zu erwartenden Mindereinnahmen aus der Getränkesteuer in der Höhe von 100 Millionen Schilling eine zweiprozentige Reduktion der Zuwendungen an die Festspiele festgelegt hatte. Nach intensiven Verhandlungen einigte sich das Kuratorium auf eine generelle zweiprozentige Kürzung der Subventionen und eine zusätzliche Bindung der Anteile des Bundes in der Höhe von 3 Prozent, sodass an Stelle der noch im Jahr 2000 vorhandenen öffentlichen Zuwendungen in der Höhe von 190 Millionen Schilling 2001 nur mehr 183,966 Millionen Schilling zur Verfügung standen. Hinzu trat noch die Verpflichtung des Direktoriums, in den Festspielsommern 2000 und 2001 den Abgang aus dem Jahr 1999 in der Höhe von 29 Millionen Schilling auszugleichen.[305] Dies erforderte den Verzicht auf geplante kostenintensive Aufführungen wie Lachenmanns „Das Mädchen mit den Schwefelhölzern", für das in der Planung bereits ein negativer Deckungsbeitrag in der Höhe von 12,3 Millionen Schilling angegeben wurde, sowie Einsparungen im Fixkosten- und Personalbereich.

Das Direktorium vermochte diese äußerst schwierige Aufgabe zu meistern und konnte 2000 ein positives Ergebnis von 20 Millionen erwirtschaften, sodass für die letzte Spielzeit nur mehr ein Fehlbetrag von 9 Millionen Schilling verblieb. Dieses positive Ergebnis war umso erstaunlicher, da der erwartete Publikumszuspruch hinter den Erwartungen zurück blieb. In der Kuratoriumssitzung am 3. November 2000 erklärte Mortier, die Festspiele des Jahres 2000 seien von der „gesamten Kritik und dem größten Teil des Publikums als die besten Festspiele der letzten zwanzig Jahre" bezeichnet worden, um jedoch hinzuzufügen: „Umso unerfreulicher war es, dass der Kartenverkauf sich nicht wie gewünscht realisiert hat."[306]

Die Karteneinnahmen waren 2000 gegenüber dem Voranschlag um 14 Millionen Schilling zurück geblieben. Trotz dieser negativen Entwicklung im Kartenverkauf konnte durch massive Einsparungen im Bereich der Ausgaben, bei den Investitionen durch die Verlagerung ihrer Finanzierung zum „Verein der Freunde und Förderer" und höhere Sponsormittel der bis 2001 zu erwirtschaftende finanzielle Abgang auf 4,2 Millionen Schilling reduziert werden.[307]

Am Ende des Festspielsommers 2001 konnte das Direktorium zu Recht stolz darauf verweisen, den vom Kuratorium geforderten Abbau des Defizits des Jahres 1999 erreicht zu haben und der folgenden Intendanz Ruzicka ein nicht mit negativen Deckungsbeiträgen belastetes Budget zu übergeben. Das Finanzboot der Salzburger Festspiele segelte nach stürmischer See wiederum in ruhigeren Gewässern.

Claudio Abbado und Klaus Michael Grüber bei der Probe zu Leoš Janáčeks „Aus einem Totenhaus" im Großen Festspielhaus 1992.

V. „… dass ich diese Art von Terrorismus nicht akzeptiere."
Die spannungsgeladene Kooperation mit den Osterfestspielen

Herbert von Karajan hatte auf Grund seines Zerwürfnisses mit den Berliner Philharmonikern eine Zusage der Wiener Philharmoniker für deren Mitwirkung bei den Osterfestspielen 1990 erhalten. Der Tod Karajans veränderte die Situation grundlegend, da nunmehr die personelle Klammer zwischen Sommer- und Osterfestspielen entfiel. Eine grundsätzliche Klärung des Verhältnisses beider Festspiele war daher dringend geboten. Seitens der Salzburger Festspiele wurde sogar unmittelbar nach dem Tode Karajans eine völlige Übernahme der Oster- und Pfingstfestspiele erwogen, jedoch auf Grund des Widerstandes der Osterfestspiele wiederum verworfen. Zudem ließen die Berliner Philharmoniker wissen, dass sie die Osterfestspiele alleine fortführen wollten. Im Kuratorium und im Direktorium der Salzburger Festspiele herrschte im Herbst 1989 Einigkeit darüber, dass es im Falle einer Zusammenarbeit über den bis 1991 laufenden Kooperationsvertrag hinaus zu einer Abstimmung der Programmgestaltung kommen müsse. Zudem sollten auch die Osterfestspiele bereit sein, eine Premiere der Sommerfestspiele zu übernehmen.[308]

Die Zusammenarbeit mit den Osterfestspielen bildete auch in der Planung des neuen Direktoriums der Festspiele vor allem aus zwei Gründen eine wichtige Rolle. Der Rechnungshof hatte in seinen Prüfberichten mehrmals auf die künstlerischen und vor allem finanziellen Synergieeffekte einer solchen Zusammenarbeit hingewiesen, und Georg Solti, der die Leitung der Osterfestspiele übernommen hatte, sowie Claudio Abbado als Nachfolger Herbert von Karajans als Chefdirigent der Berliner Philharmoniker gehörten zu den bevorzugten Dirigenten Mortiers und der Wiener Philharmoniker. Bei der Zusammenarbeit musste allerdings auf die notwendige Bewahrung des selbständigen Profils beider Festspiele Rücksicht genommen werden. Eine Übernahme von Produktionen der Osterfestspiele konnte daher nur in dem Ausmaß erfolgen, als dies mit den künstlerischen Plänen der Salzburger Festspiele akkordiert war.

Am 14. Juni 1991 schrieb Gérard Mortier an Beate Burchhard, die Geschäftsführerin der Osterfestspiele, dass das Direktorium der Festspiele die für 1994 von den Osterfestspielen geplante Neuinszenierung von Mussorgskis „Boris Godunow" akzeptiere, äußerte jedoch gleichzeitig die Bitte, dass die Osterfestspiele dafür 1995 eine Produktion der Salzburger Festspiele, vorzugsweise Mozarts „Die Zauberflöte", übernehmen. Burchhard antwortete Mortier am 2. Juli und erklärte, dass die Idee einer Übernahme der „Zauberflöte" sehr gut sei und sie den Vorschlag mit Sir Georg Solti und Claudio Abbado besprechen werde.

Bereits ein Jahr später kam es zu massiven Spannungen zwischen beiden Festspielen, die sowohl in strukturellen wie persönlichen Gründen ihre Ursache hatten. Gérard Mortier betonte zwar in Verfolgung der vom Kuratorium festgelegten Linie die weitere Bereitschaft zu einer Kooperation mit den Osterfestspielen, doch könne diese nicht ohne entsprechendes programmatisches Mitspracherecht erfolgen. Das Programm der Osterfestspiele müsse mit jenem der Sommerfestspiele koordiniert werden, und zudem könnten auch die Osterfestspiele einmal eine Produktion der Sommerfestspiele übernehmen. Ansonsten wäre die Folge, wie Mortier auf seiner letzten Sommer-Pressekonferenz der Festspiele erklärte, dass man im Sommer „bald nur mehr Ostern-Opern spielen" würde. Umgekehrt lehne man es aber seitens der Osterfestspiele ab, eine Oper der Sommerfestspiele zu übernehmen.[309] Hinzu kamen wenig schmeichelhafte Bemerkungen Mortiers über die Osterfestspiele sowie dessen Aussage, es habe unter Herbert von Karajan ein mafioses Verhältnis zwischen Kultur und Tonträgerindustrie in Salzburg bestanden. RA Werner Kupper drohte mit Klage, die notwendigen Gespräche über eine eventuelle künftige Kooperation über das Jahr 1994 hinaus lagen auf Eis.

Seitens der Osterfestspiele befürchtete man eine Vereinnahmung durch die Sommerfestspiele. Mitte August erklärte Geschäftsführerin Beate Burchhard: „Mortier tut so, als hätte er uns schon, aber er hat uns noch nicht." Da die neue Festspielleitung vor allem auf ein modernes Repertoire setze, sei es durchaus vorteilhaft, wenn zu Ostern und zu Pfingsten Traditionelleres gespielt werde. Denn die Klientel der Osterfestspiele wolle das moderne Programm nicht. Man müsse sich vor allem nach diesem richten, weil es nach dem Tod Karajans „treu geblieben ist und wir finanziell von ihr abhängig sind"[310].

Die Osterfestspiele beruhten auf der Osterfestspiele GesmbH und deren allein haftender Geschäftsführerin Beate Burchhard sowie dem Verein der Freunde der Osterfestspiele. Wenngleich der Verein die Verluste der Osterfestspiele GesmbH abdecke, so bestand dafür keine vertragliche Zusicherung auch für die Zukunft. Daraus ergaben sich für die Salzburger Festspiele Probleme, da sie lediglich mit der von Beate Burchhard repräsentierten, jedoch überschuldeten „Osterfestspiele GesmbH" verhandeln mussten, während der Verein der Freunde der Osterfestspiele, bei dem sich erhebliche Vermögenswerte ansammelten, an den Verhandlungen nicht teilnahm und sich in der Person von RA Werner Kupper weigerte, in die Geschäftsführung der „Osterfestspiele GesmbH" einzutreten. Ein finanzielles Problem der Oster- und der Pfingstfestspiele bestand vor allem auch darin, dass, im Unterschied zu den Sommerfestspielen, eine Sponsorsuche äußerst schwierig war. Sponsoren verknüpfen im Regelfall ihre Unterstützung mit Kartenwünschen, was jedoch beim Abonnementsystem der Oster- und der Pfingstfestspiele – rund 4.000 Abonnenten sorgten für weitgehend ausverkaufte Vorstellungen – nicht möglich war. Um ihre Verhandlungsposition gegenüber den Salzburger Festspielen zu stärken, ließ Burchhard im Wissen um den touristischen Stellenwert der Osterfestspiele für Salzburg in einem ORF-Interview durchklingen, man überlege nach dem Ende des Kooperationsvertrages mit den Salzburger Festspielen eine Übersiedlung ins Ausland (Genf) und verhandle bereits mit entsprechenden Sponsoren.

Nach dem Tod Karajans hatten sich für die Osterfestspiele zwei Optionen eröffnet: das Aufgehen in den Sommerfestspielen oder die Bewahrung der Unabhängigkeit. Die Gemeinde der Osterfestspiele plädierte für die zweite Option, wodurch die Geschäftsführung vor dem Hintergrund der schwierigen finanziellen Lage vor dem Spagat zwischen Kooperation und Eigenständigkeit stand. Dies vor allem deshalb, weil Gérard Mortier unverhohlen wissen ließ, dass weder Publikum noch Programmdisposition der Karajan-Erfindung mit seiner Festspielphilosophie zu vereinbaren seien, es sei denn, jene würden sich in diese integrieren. Dies hätte jedoch die Selbstaufgabe der Osterfestspiele bedeutet. Hinzu traten als wesentlicher Aspekt die finanziellen Probleme. Die Produktionen der Osterfestspiele waren zu einem erheblichen Teil nur durch Übernahme durch die Sommerfestspiele zu realisieren, weshalb man seitens der Osterfestspiele auf eine abgesicherte Kooperation drängte. Mortiers Forderung nach programmatischer und ästhetischer Mitsprache der Sommerfestspiele im Fall einer Kooperation beider Festivals gefährdete in den Augen der Osterfestspiel-Leitung deren Unabhängigkeit. Sie traten daher die Flucht nach vorne an, wobei man sich mit Blick auf die Salzburger Politik der Taktik Karajans, der Drohung mit einer Übersiedlung nach Genf oder Baden-Baden, bediente.

Die Drohung wirkte. Landeshauptmann Hans Katschthaler und ÖVP-Klubobmann Franz Schausberger sprachen sich vehement für ein Verbleiben der Osterfestspiele in Salzburg aus, und Schausberger bemerkte in Richtung Mortier, dessen kritische Aussagen zu den Osterfestspielen seien „unüberlegt" gewesen und könnten erheblichen „Schaden anrichten". Auch Handelskammer-Präsidentin Helga Rabl-Stadler meldete sich besorgt zu Wort und verwies auf die wirtschaftlichen Interessen Salzburgs an den Osterfestspielen. Vor allem im Interesse der Salzburger Fremdenverkehrswirtschaft müssten die bestehenden Differenzen zwischen den beiden Festspielen schleunigst beseitigt werden.[311] Und Landeshauptmann-Stellvertreter Arno Gasteiger schrieb an Mortier: „Auch wenn Sie selbst als künstlerischer Leiter der Salzburger Festspiele kein Interesse am Weiterbestehen eigenständiger Osterfestspiele haben sollten, was ich Ihren Äußerungen entnehme, so sind Sie dennoch an die Beschlüsse und den klaren Willen des Festspielkuratoriums gebunden. Sollte es innerhalb der Osterfestspiele Probleme geben, so ist das ‚öffentliche Verprügeln' der Verantwortlichen sicher nicht der richtige Weg …"[312]

Das Direktorium der Festspiele sah sich angesichts der öffentlichen Erregung zu der Erklärung veranlasst, man wolle keineswegs den Weiterbestand der Osterfestspiele in Salzburg gefährden, sondern sei sehr wohl an einer weiteren Zusammenarbeit über das Jahr 1994 hinaus interessiert. Was diese Zusammenarbeit anbelange, habe aber RA Werner Kupper mehrmals um Verschiebung der notwendigen Gespräche über eine solche Kooperation gebeten. Das Direktorium habe am 27. April 1992 den Beschluss gefasst, alles zu unternehmen, dass zu Ostern auch nach 1994 weiterhin Festspiele in Salzburg stattfinden. Im neuen Kooperationsvertrag für die Jahre 1995 bis 1997 sollte jedoch festgehalten werden, dass nur eine Produktion der Osterfestspiele übernommen werden könne. Dieser Beschluss sei auch vom Kuratorium am 21. Juli bestätigt und in einem Brief von Landeshauptmann Katschthaler an RA Kupper übermittelt worden. Im Vertrauen auf eine Zusammenarbeit seien alle Verhandlungen mit den Sängern der Übernahme der Neuproduktion von „Boris Godunow" ins Sommerprogramm 1994 abgeschlossen worden. Die Erklärung Burchhards über eine mögliche Übersiedlung der Osterfestspiele zeige, dass die Festspiele allen Grund hätten, sich Fragen über die organisatorische, finanzielle und künstlerische Verantwortung ihres Vertragspartners zu stellen. Gerard Mortier bestand bei seinem Pressegespräch Mitte August auf einem Mitspracherecht der Festspiele und betonte, die Wahl der Regisseure Ronconi und Wernicke für die kommenden „Falstaff"- bzw. „Boris Godunow"-Produktionen der Osterfestspiele gehe auf seine Initiative zurück. Da die Festspiele in dieser Kooperation den größeren Teil der Kosten trugen und die Herstellung der Ausstattung besorgten, sei es nur legitim, ein entsprechendes Mitspracherecht einzufordern. Zudem sollten die Besetzungen bei den von den Osterfestspielen übernommenen Produktionen variieren.

Die sommerlichen Wogen der Erregung schienen sich zu glätten, als Ende Februar 1993 Georg Solti im Anschluss an eine Nordamerika-Tournee der Wiener Philharmoniker die Leitung der Osterfestspiele bat, seinen bis 1994 laufenden Vertrag vorzeitig zum Ende der laufenden Saison aufzulösen, da er sich nach 45 Jahren künstlerischer administrativer Verpflichtungen in Zukunft nur mehr rein künstlerischen Fragen widmen wolle. Er werde seinen künstlerischen Verpflichtungen bei den Osterfestspielen auch 1994 nachkommen, doch nur mehr als Gastdirigent und nicht mehr als künstlerischer Leiter, d. h. er werde keine Oper mehr dirigieren. Neben diesen offiziell bekannt gegebenen Gründen gab es allerdings noch einen weiteren. Solti hatte auf Grund der Tatsache, dass Claudio Abbado zum Nachfolger Herbert von Karajans als Chefdirigent der Berliner Philharmoniker gewählt worden war, den Entschluss gefasst, mit diesem gemeinsam die Osterfestspiele bis 1996 zu leiten und ihm in einem persönlichen Gespräch 1993 die Möglichkeit einer abwechselnden Leitung der Opernaufführungen und Konzerte angeboten. Dirigierte in einem Jahr Solti eine Oper, sollte Abbado die Konzerte leiten, im nächsten Jahr sollten die Rollen getauscht werden. Abbado entgegnete, er müsse auf Grund seiner Position als Chefdirigent der Berliner Philharmoniker früher oder später allein die Leitung der Osterfestspiele übernehmen. Zudem sei er bereits 60 Jahre alt. Solti hatte Verständnis für diese Position und schlug eine enge Zusammenarbeit bis 1996 vor. Abbado versprach, die Ergebnisse des Gesprächs noch einmal zu überdenken, und Solti bat ihn um eine schriftliche Bestätigung des Ergebnisses der Abmachung. Diese traf jedoch nie ein. Die Berliner Philharmoniker hatten zudem bei Solti vorgefühlt und angedeutet, dass eine vorzeitige Übertragung der künstlerischen Leitung auf deren Chefdirigenten Claudio Abbado 1994 oder aber spätestens 1995 im Interesse einer gedeihlichen Entwicklung der Osterfestspiele wünschenswert wäre. In einem orchesterinternen Gespräch wurde Claudio Abbado bereits im Herbst 1992 gebeten, die Planungen für die Osterfestspiele 1994 gemeinsam mit Solti und für 1995 alleinverantwortlich zu übernehmen. Die Osterfestspiele konnten nur dann existieren, so eine der Begründungen für diesen Schritt, wenn ein Großteil der (teuren) Orchesterproben vor der Anreise der Berliner Philharmoniker abgehalten wurden und die Verständigungsproben in Salzburg äußerst konzentriert vor sich gingen. Dies garantierte jedoch nur eine Personalunion von Chefdirigent und künstlerischem Leiter.

Die Salzburger Festspiele gerieten durch diese die Eigenständigkeit der Osterfestspiele betonende Entwicklung in eine schwierige Situation. Zu Recht wehrten sie sich gegen eine programmatische Präformierung durch die Osterfestspiele, wobei sie sich des (überparteilichen) politischen Drucks durchaus bewusst waren und nach einem Kompromiss suchten, den man in dem Vorschlag einer begrenzten Übernahmeverpflichtung gefunden zu haben glaubte. Die Lösung dieser diffizilen Frage schien mit Abbados Designierung zum künstlerischen Leiter der Osterfestspiele möglich, entsprach doch der italienische Maestro mit seiner Hinwendung zur Moderne den programmatischen Intentionen Mortiers.

Auch die Politik reagierte erleichtert. Landeshauptmann Katschthaler erklärte, das Kuratorium gehe „vom gemeinsamen Wunsch und Willen zum Weiterbestand der Osterfestspiele auf Grundlage der ‚Osterfestspiele GesmbH' und des Vereins der Förderer dieser Osterfestspiele in Salzburg aus." … „Diese beiden Rechtssubjekte sollten auch die Festspiele zu Ostern in Salzburg weiterhin tragen." Es sollte zudem „alles vermieden werden, was ein ‚Hineinregieren' bei den Osterfestspielen, von welcher Seite immer, bedeuten könnte"[313]. Mit Blick auf die angestrebte Kooperation beschloss das Kuratorium zudem, zu den bevorstehenden Verhandlungen über einen Kooperationsvertrag für die Jahre 1995 bis 1997 neben den Mitgliedern des Direktoriums Alt-Landeshauptmann Lechner zu entsenden. Bis Jahresende sollte ein neuer Kooperationsvertrag mit den Osterfestspielen über die nächsten drei bis vier Jahre ausverhandelt und unterschrieben sein.

Am 19. Februar 1993 erfolgte nach langen Verhandlungen der Redaktionsschluss des Kooperationsvertrages der Salzburger Festspiele mit den Osterfestspielen für die Jahre 1995 bis inklusive 1997 ohne inhaltliche Präzisierungen. Bereits akkordiert waren die Übernahmen von Richard Strauss' „Die Frau ohne Schatten" 1992 (Georg Solti/Götz Friedrich), die ebenfalls von Georg Solti geleitete Produktion von Verdis „Falstaff" in der Regie von Luca Ronconi 1993 und von Mussorgskis „Boris Godunow" unter Claudio Abbado in der Regie von Herbert Wernicke. Da sich der Verein der Freunde der Osterfestspiele weigerte, direkt in den Vertrag eingebunden zu werden, wurde der Weg einer Patronatserklärung des Vereins für die GesmbH gewählt. Eine solche lag jedoch bei der Kuratoriumssitzung am 24. März noch nicht vor, weshalb der Vertrag noch nicht unterzeichnet werden konnte. Während das Kuratorium des Salzburger Festspielfonds den Vertrag unter der Bedingung des Vorliegens der Patronatserklärung des Vereins der Freunde der Osterfestspiele akzeptierte,[314] stellten die Osterfestspiele drei Wochen später dessen Unterzeichnung wegen offensichtlicher Differenzen bezüglich der geplanten „Elektra"-Produktion in Frage. Abbado, von Mortier im Vorfeld seiner Intendanz in Salzburg als einer seiner bevorzugten Dirigenten genannt, hatte sich nämlich in der Zwischenzeit mit diesem in der Frage der Programmierung der Osterfestspiele und der Zusammenarbeit beider Festivals überworfen.

Bereits zu Beginn der neunziger Jahre hatte Abbado für 1995 Alban Bergs „Wozzeck" in der Regie von Peter Stein und für 1996 in Zusammenarbeit mit der Mailänder Scala Richard Strauss' „Elektra" in der Regie von Giorgio Strehler geplant. (Strehler sollte im Februar 1994 absagen. An seiner Stelle inszenierte Lew Dodin, der Leiter des St. Petersburger Maly-Theaters.) Bei der Kooperations-Vertragsunterzeichnung zwischen den Salzburger Festspielen und den Osterfestspielen im Großen Festspielhaus teilten die Festspiele den Osterfestspielen ihre Opernvorhaben für die nächsten Jahre mit, u. a. den Plan, den Festspielsommer 1995 mit Richard Strauss' „Elektra" unter Lorin Maazel und einem japanischen Team zu eröffnen. Am 16. März entschied das Direktorium der Salzburger Festspiele, den von Abbado für Ostern 1995 geplanten „Wozzeck" in das Programm zu übernehmen, und plädierte im Gegenzug für eine Übernahme der geplanten Sommer-Produktion der „Elektra" durch die Osterfestspiele, stieß jedoch damit bei Abbado auf taube Ohren.

Abbados Vorhaben einer eigenen „Elektra"-Produktion führte zu erheblichen Turbulenzen, da Salzburg nicht innerhalb von zwei Jahren zwei Produktionen der Strauss-Oper zeigen konnte. Zudem wiesen die Sommerfestspiele darauf hin, dass Abbado in einem programmatischen Gespräch mit Gérard Mortier die Opern „Wozzeck", „Simone Boccanegra", „Pelléas und Mélisande", „Fierrabras", „Fidelio", „Genoveva" und „Otello", nicht jedoch „Elektra", als seine möglichen nächsten Produktionen bei den Osterfestspielen genannt habe. Die atmosphärischen Störungen verdichteten sich, als am 17. Mai Abbado in einem Brief Mortier mitteilte, er müsse seine „Wozzeck"-Produktion auf Grund von Besetzungsschwierigkeiten auf 1996 verschieben und werde seine für 1996 geplante „Elektra" auf 1995 vorziehen. Am 3. Juni antwortete Mortier, man sei mit Verschiebung von „Wozzeck" auf 1996 einverstanden, könne diesen aber erst 1997 in das Programm der Festspiele übernehmen, da 1996 bereits eine Produktion von Schönbergs „Moses und Aron" unter Boulez/Stein geplant sei. Man müsse aber unbedingt verhindern, dass 1995 gleich zwei konkurrierende „Elektra"-Produktionen in Salzburg gezeigt würden, und bat Abbado nochmals, eine Übernahme der Produktion der Salzburger Festspiele in das Programm der Osterfestspiele zu überlegen.

Abbado reagierte äußerst erbost und ließ wissen, dass die Schuld an den aufgetretenen Spannungen ausschließlich bei den Salzburger Festspielen, vor allem Mortier, liege, der mit zwei programmatischen Vorhaben in der vom Kooperationsvertrag betroffenen Zeit 1995 bis 1997 seine eigenen bewusst konterkariere. So musste er nach seinen jeweiligen Bekanntgaben, bei den Osterfestspielen „Elektra" und „Fidelio" zu machen, feststellen, dass die Salzburger Festspiele ihre Programme 1995 und 1996 mit diesen beiden Opern eröffnen wollten. Er bestand daher im Fall der „Elektra", sehr zum Ärger Mortiers, der hinter dieser Haltung den Druck der „Deutschen Grammophon Gesellschaft" vermutete,[315] auf seiner Produktion.

Als künstlerischer Leiter der Osterfestspiele musste er sich bemühen, für teure Opernproduktionen, die nicht von den Sommerfestspielen übernommen wurden, andere Vertragspartner zu finden, und nahm Kontakt mit der Mailänder Scala mit dem Vorschlag auf, die Salzburger Produktion auch in Mailand zu spielen. Die Mailänder Scala hatte jedoch für 1994 bereits eine eigene Neuinszenierung durch Luca Ronconi und unter der musikalischen Leitung von Giuseppe Sinopoli geplant, weshalb man schließlich auf eine Aufführung im Rahmen eines Gastspiels der Berliner Philharmoniker 1996 auswich. An der Zusammenarbeit mit den Sommerfestspielen, so ließ Claudio Abbado durchaus selbstbewusst wissen, werde man festhalten, „soweit sich Übereinstimmung über die jeweiligen Projekte erzielen lasse". In Zukunft wurden die Osterfestspiele im Sinne der Bewahrung ihrer künstlerischen Selbständigkeit jedoch auch andere Partner ansprechen.[316] Angesichts der festgefahrenen Fronten wurde von den Medien von einem Salzburger „Elektra-Streit" sowie einer zwischen Mortier und Abbado ausgebrochenen „Eiszeit" berichtet.

Die Situation bedurfte vor allem auch angesichts der mehrfachen öffentlichen Stellungnahmen Mortiers gegen die Osterfestspiele und Abbado einer Entspannung und eines Kompromisses, der beide Seiten das Gesicht wahren ließ. Dieser wurde am 26. Juli 1993 in einer Pressekonferenz der Salzburger Festspiele verkündet. Wenige Tage vor dieser Pressekonferenz hatte Mortier in einem „News"-Interview in Richtung Abbado erklärt: „Ich bin bereit, von Zeit zu Zeit Kompromisse zuzulassen. Wenn ich aber Stücke programmieren soll, die Dirigenten gerade auf Schallplatten aufnehmen, und das mit Regisseuren, die dabei möglichst nicht stören, so sage ich nein. Solche Versuche werde ich bekämpfen, solange es sinnvoll ist. … Jetzt deute ich nur an, dass ich diese Art von Terrorismus nicht akzeptiere. Es ist zu einfach, wenn über Herrn Abbado die Elektronikkonzerne bestimmen wollen, was wir im Sommer spielen."[317] Auf der Pressekonferenz am 26. Juli gaben Mortier und Präsident Wiesmüller bekannt, dass die Festspiele im Jubiläumsjahr 1995 auf ihre bereits geplante „Elektra"-Produktion verzichten und diese durch eine Neuinszenierung des „Rosenkavalier" ersetzen werden. „Elektra" werde 1996 unter der Regie des Japaners Keita Asari folgen und auch bei dem für dasselbe Jahr geplanten Japan-Gastspiel der Festspiele gezeigt werden. Für beide Strauss-Opern wurde Lorin Maazel als Dirigent angekündigt.[318] Damit konnte Abbado zu Ostern 1995 seine Produktion der „Elektra" in Salzburg präsentieren. Salzburg hatte zwar nach wie vor zwei „Elektras", doch an zwei aufeinander folgenden Jahren.

Um die Osterfestspiele – jenseits der bis 1997 vertraglich vereinbarten Kooperation mit den Sommerfestspielen, die allerdings nur vorsah, in den folgenden drei Jahren mindestens eine Koproduktion herauszubringen – zu sichern sowie diesen auch gegenüber den Festspielen mehr künstlerische Freiheiten und Gestaltungsmöglichkeiten zu geben, erfolgte am 24. August 1993 deren Umwandlung in eine Stiftung mit Eliette von Karajan als Präsidentin und den Berliner Philharmonikern als Kern sowie Claudio Abbado als künstlerischem Leiter. Die künstlerische Planung erfolgte gemeinsam mit den Berliner Philharmonikern und deren Chefdirigenten. Dieser bezeichnete auf der Pressekonferenz anlässlich der Bekanntgabe der neuen Stiftung Hans Landesmann, der im „Elektra"-Streit eine versöhnlichere Haltung als Mortier eingenommen hatte, als „alten Freund". Auf die Frage der Journalisten, wie er denn Gérard Mortier bezeichnen würde, antwortete er: „Kein Freund."[319]

In dem zunächst subtilen und schließlich in aller Öffentlichkeit ausgetragenen Programm- und Machtkampf zwischen Mortier und Abbado drohte sich im März 1994 eine Wiederholung der „Elektra"-Groteske abzuzeichnen, da Mortiers Opernplanung für das Jubiläumsjahr 1995 – 75 Jahre Salzburger Festspiele – die Neuinszenierung beider Alban-Berg-Opern – „Lulu" und „Wozzeck" – vorsah und damit – bewusst – mit dem für 1996 oder 1997 von Abbado für die Osterfestspiele geplanten „Wozzeck" kollidierte. Die Programmplanung im Opernbereich wurde zum Kampfplatz der um die jeweils bestimmende Position in Salzburg ringenden Kontrahenten Mortier und Abbado.

Die beschränkten finanziellen Ressourcen der Festspiele sollten Mortier schließlich zu einer Kooperation mit den Osterfestspielen zwingen. Im Februar 1994 wies Hans Landesmann im Direktorium darauf hin, dass die beiden von Mortier für 1995 angekündigten Berg-Opern weder finanziell abgesichert noch vom Kuratorium genehmigt worden seien. Man einigte sich schließlich auf die die weitere Entwicklung offen lassende Formulierung, dass beide Produktionen als unabdingbarer Bestandteil der Opernvorhaben der nächsten Jahre betrachtet werden müssten. In welcher Form diese realisiert werden sollten, ob als Eigenproduktionen oder als Koproduktionen mit den Osterfestspielen, blieb offen. Abbado wiederum benötigte für seine geplante „Wozzeck"-Produktion einen finanzkräftigen Partner. Die Turbulenzen der Partnersuche bei der Produktion von „Elektra", die nach vergeblichen Versuchen mit der Mailänder Scala schließlich nach Florenz weitergegeben werden konnte, machte eine bewährte Kooperation vor Ort, d. h. eine Koproduktion mit den Salzburger Festspielen, erstrebenswert. Damit standen 1994 beide Kontrahenten vor – vor allem finanziellen – Problemen, die sie, nolens volens, zu einer Zusammenarbeit nötigten. Eine „Wozzeck"-Produktion Abbados zu Ostern 1996 konnte im selben oder im folgenden Jahr in das Programm der Salzburger Festspiele übersiedeln. Für Mortier hatte diese Lösung den Vorteil, dass er zwar beide Berg-Opern nicht im Jubiläumsjahr 1995 im Programm hatte, sondern in aufeinander folgenden Jahren, jedoch seine programmatische Ankündigung realisieren konnte. Abbado wiederum befreite eine Kooperation mit den Salzburger Festspielen von erheblichen Kosten und der mühseligen Suche nach Produktionspartnern. Unter Bezugnahme auf die beginnenden Gespräche der beiden Festivals bemerkte Hans Landesmann: „Zusammen geht's einfacher."[320]

Auch die Osterfestspiele waren sichtlich um eine Entkrampfung der Situation bemüht und sandten im März 1994 positive Signale. So erklärte RA Werner Kupper mit Bezugnahme auf die begonnenen Kooperationsgespräche: „Die Gespräche mit den Salzburger Festspielen sind fruchtbar, es ist sicher, dass alle von uns bisher übernommenen Opernproduktionen auch dem Sommer Aufmerksamkeit und Geld gebracht haben. Ich bin guter Hoffnung, dass bereits ‚Wozzeck' wieder nach dem System Karajan, also zu Ostern und im Sommer in einer einzigen Produktion, verwirklicht werden kann."[321] Die Ablöse von Osterfestspiele-Geschäftsführerin Beate Burchhard, die allerdings im Stiftungsrat blieb, durch Robert Minder entkrampfte zudem die Situation.

Zu Ostern wurden die Konturen der Lösung sichtbar: die „Wozzeck"-Produktion der Osterfestspiele unter dem Team Abbado/Stein sollte 1997 Premiere haben und in das Programm der Salzburger Festspiele übernommen werden. Das von Mortier genannte Team Dohnányi/Wilson für die von ihm geplante „Wozzeck"-Produktion sollte statt dessen für Neuinszenierungen von Béla Bartóks „Herzog Blaubarts Burgs" und Arnold Schönbergs „Erwartung" im Großen Festspielhaus verantwortlich zeichnen. Im Gegenzug sollten sich die Osterfestspiele bereit erklären, 1996 eine Produktion der Salzburger Festspiele 1995, Verdis „Otello", in ihr Programm zu übernehmen, allerdings mit unterschiedlichen Dirigenten: Riccardo Muti sollte durch Claudio Abbado ersetzt werden. Wilhelm Sinkovicz kommentierte den zu Ostern erzielten Kompromiss mit der sarkastischen Bemerkung, dieser sei „ein Osterfriede wie ein bosnischer Waffenstillstand"[322].

Tatsächlich traten bereits wenige Wochen später neuerlich heftige Spannungen auf, als Mortier mitteilen musste, dass Riccardo Muti 1995 nicht Verdis „Otello", sondern „La Traviata" dirigieren werde. „La Traviata" entsprach dem ursprünglichen Wunsch Mutis sowie der Vorabsprache der Festspiele mit dem Chef der Mailänder Scala, wurde jedoch schließlich vor allem auch mit Blick auf die Kooperation mit den Osterfestspielen durch „Otello" ersetzt. Neuerlich zwangen die angespannten Finanzen der Salzburger Festspiele zu einer Programmänderung: In Absprache mit Muti musste die teure „Otello"-Produktion aus Kostengründen jener der erheblich günstigeren „Traviata" weichen, und Mortier versuchte in intensiven Gesprächen Abbado zu einer Zustimmung zu dieser Neudisposition zu bewegen. Vergeblich. Die Osterfestspiele reagierten auf diese Entwicklung mit der Feststellung, dass diese Programmumstellung der zu Ostern getroffenen Abmachung widerspreche, die Verdis „Otello" als gemeinsame Produktion festgehalten hatte. Wenn die Salzburger Festspiele nicht in der Lage seien, die eingegangenen Verpflichtungen zu erfüllen, werde man eben bei den Osterfestspielen 1996 „Otello" unter Abbado herausbringen und die Salzburger Festspiele unter Hinweis auf den geschlossenen Vertrag zu einer Kooperation zwingen. Diese könnten die Produktion dann in ihr Programm übernehmen. Zudem habe man bereits mit Plácido Domingo einen Vertrag abgeschlossen, der auch einen Plattenvertrag mit Sony einschließe. RA Werner Kupper ließ aus Zürich vernehmen: „Uns wurde von den Sommerfestspielen nie offiziell mitgeteilt, dass sie den ‚Otello' nicht machen wollen. Diese Koproduktion wurde in einer Plenarsitzung und im Beisein des Direktoriums vereinbart und schriftlich niedergelegt. Sollte es also so sein, wie ich den Medien entnehme – dass nämlich Herr Mortier plötzlich ‚Traviata' statt ‚Otello' produzieren will – so wäre dies ein eklatanter Vertragsbruch."[323]

Mortier reagierte auf diese Stellungnahme äußerst gereizt und griff Abbado frontal an, indem er erklärte: „Ich hab' die Schnauze voll." Die Osterfestspiele hätten bereits einmal in der Frage der „Elektra" das Klima der Zusammenarbeit schwer belastet, und die Salzburger Festspiele hätten durch ihr Nachgeben den Weg zu einer neuerlichen Verständigung freigemacht. „So etwas wird es kein zweites Mal geben." Er lasse sich nicht von den Osterfestspielen, d. h. Abbado, das Programm diktieren. Der zu Ostern geschlossene Vertrag lautete nicht auf „Otello", sondern auf „eine gemeinsame Produktion, die im Sommer 1995 herauskommt und im Jahr darauf von den Osterfestspielen übernommen wird". Die Programmänderung sei keine Absage, sondern das Ergebnis der finanziellen Zwänge. Wenn Abbado nunmehr auf einer „Otello"-Koproduktion bestehe, werde er dies nicht mehr akzeptieren. Dies vor allem auch deshalb, weil im Falle einer Koproduktion die Gewichte ungleich verteilt seien: die Salzburger Festspiele übernehmen 70 bis 80 Prozent der Produktionskosten, und im Fall einer Zustimmung zu dem Anliegen der Osterfestspiele würde sich eine verkehrte Welt ergeben: Berlin bestimmt und Salzburg zahlt. „Den ‚Otello' wird es nicht geben, weder zu Ostern noch im Sommer. Ich werde das dem Kuratorium unterbreiten. Wenn das Kuratorium trotz aller Sparmaßnahmen den ‚Otello' will, dann werde ich vorschlagen, dass man gleich Abbado zum Chef der Sommerfestspiele macht." Hier sei wieder einmal zu erleben, mit welcher „Methode Abbado seine Vorstellungen überall durchsetzen" wolle. „In Mailand war's ähnlich. Und in Berlin – fragen Sie nur den Daniel Barenboim. … Ich habe Barenboim, Maazel, Solti, Muti und Dohnányi unter Vertrag. Es ist ja gar nicht möglich, dass wir ununterbrochen Abbados Osterfestspiel-Produktionen übernehmen, sonst dirigiert nach ein paar Jahren überhaupt kein anderer mehr im Großen Festspielhaus. Auch im Sommer."[324] Zwei Wochen zuvor hatte er in einer Kuratoriumssitzung erklärt, die Salzburger Festspiele hätten bei „Elektra" und „Wozzeck" gegenüber den Osterfestspielen nachgegeben. Im Falle einer neuerlichen Vertragsverhandlung zwischen den beiden Festspielen dürfe man nicht mehr nachgeben und müsse durchsetzen, „dass die Osterfestspiele eine Produktion der Sommerfestspiele übernehmen". Zudem müsse man sich bei den Verhandlungen des Umstandes bewusst sein, dass „die Salzburger Festspiele die Osterfestspiele finanziell erheblich unterstützen". Er erhielt Unterstützung von Werner Resel, der unter Hinweis auf die im Sommer 1993 erfolgte Stiftungsgründung betonte, dass sich „die Mehrheitsverhältnisse innerhalb der Osterfestspiele … geändert" hätten „und die Berliner Philharmoniker … dort im Wesentlichen das Geschehen" bestimmten und „sohin auf die Sommerfestspiele aus dieser Zusammenarbeit mit den Osterfestspielen" einwirkten. „Die Salzburger Festspiele sollten von den Osterfestspielen nicht nur Produktionen übernehmen, sondern es sollte auch der umgekehrte Weg der Fall sein. Es gebe eine gewisse Vereinnahmung der Salzburger Festspiele durch die Osterfestspiele zu bedenken."[325] Die Wiener Philharmoniker solidarisierten sich in diesem Konflikt mit Mortier und erklärten zu Festspielbeginn 1994 auf ihrer traditionellen Pressekonferenz, es könne nicht so sein, dass die Salzburger Festspiele – und damit auch sie – durch das automatische Nachspielen der Programme der Osterfestspiele in künstlerische Geiselhaft genommen würden. Es sollte auch der umgekehrte Weg beschritten werden, dass die Berliner Philharmoniker eine Premiere der Salzburger Festspiele „nachspielten".

Die Fronten waren im Sommer 1994 neuerlich festgefahren, die Beziehungen Mortiers zu Abbado nahe dem Gefrierpunkt. Obwohl beide in Salzburg anwesend waren, kam es zu keinem Gespräch. In einem Interview mit der italienischen Agentur „Ansa" machte Abbado aus seinem Herzen keine Mördergrube. Mortier habe ein durchaus interessantes Konzept für die Salzburger Festspiele, mit dem er sich voll einverstanden erklären könne, doch sollte der Intendant nicht allzu oft die Idee wechseln und sein Wort halten. „Das ist eine Frage des Prinzips, wenn man mit Künstlern Abmachungen getroffen hat, kann man nicht laufend die Meinung ändern. Für mich gilt ein einmal gegebenes Wort." Er halte deshalb daran fest, dass Verdis „Otello" zu Ostern 1996 mit Plácido Domingo in der Titelrolle herauskommen werde. Mortier selber sei es gewesen, der „Otello" als gemeinsames Projekt vorgeschlagen und sich verwundert gezeigt habe, dass Abbado es akzeptierte, die Opernpremiere bei den Salzburger Festspielen 1995 zu Ostern 1996 „nachzudirigieren". Erst als Domingo wissen ließ, dass er nur für Ostern 1996 zur Verfügung stehe, habe Mortier „Otello" abgesetzt und durch „La Traviata" ersetzt. Es sei schlicht eine „Lüge", dass er und die Berliner Philharmoniker – auch zum Nachteil der Wiener Philharmoniker – bei den Sommerfestspielen dominieren wollten. „Mortier möge sich nicht sorgen, ich habe nie den Wunsch oder die Absicht gehabt – und habe sie auch jetzt nicht –, seinen Posten zu übernehmen."[326]

Ende August erfolgte unmittelbar nach einer Orchesterprobe und Stunden vor dem zweiten Konzert der Berliner Philharmoniker mit Claudio Abbado die lange ersehnte Besprechung zwischen den beiden Festspielen, der eine Beruhigung der angespannten Situation folgte, als man sich über getrennte Programme einigte. Die Osterfestspiele würden 1996 Verdis „Otello" unabhängig von den Salzburger Festspielen produzieren. 1997 werde man bei Alban Bergs „Wozzeck", dirigiert von Claudio Abbado und in der Regie von Peter Stein, wiederum zusammenarbeiten.[327]

Auf Grund der permanenten Differenzen in den vergangenen Jahren wurde jedoch deutlich, dass eine Fortsetzung des laufenden Kooperationsvertrages über das Jahr 1997 hinaus kaum mehr möglich und praktikabel erschien. Hans Landesmann plädierte offen für einen bloßen Untermietvertrag mit den Osterfestspielen, deren künstlerische Programmgestaltung damit völlig frei wäre und dennoch fallweise zu einer Kooperation mit den Salzburger Festspielen führen könnte. Er hoffe auf ein sich doch noch ergebendes Gespräch mit Abbado und den Berliner Philharmonikern, bei dem eine „reinliche Trennung" unter Freunden erfolgen solle. Auch Osterfestspiele-Geschäftsführer Robert Minder sah in einer Trennung den einzig gangbaren Weg. Es gebe für Abbados Vorhaben bereits so viele interessante und potente Koproduktionspartner, dass man in den kommenden Jahren die geplanten Opern auch ohne die Salzburger Festspiele produzieren könne. 1997 könnte man wiederum bei „Wozzeck" kooperieren.[328] Eine automatische Verlängerung der Kooperation über das Jahr 1997 müsse es nicht geben. Die beiden Festivals könnten unter einem gemeinsamen Dach arbeiten, jedoch programmatisch getrennte Wege gehen. Hans Landesmann deutete die künftige Beziehung der beiden Festspiele an, als er zu deren Beziehung bemerkte, diese würden nach 1997 wahrscheinlich nur mehr „fallweise kooperieren", d. h. die Bindungen würden locker bleiben und man werde einander programmatisch nicht behindern.[329]

Die Berliner Philharmoniker stärkten in diesem Konflikt ihrem Chefdirigenten demonstrativ den Rücken, indem sie Anfang September 1994 dessen Vertrag bis 2002 verlängerten und ein Bekenntnis zu den Osterfestspielen abgaben. Abbado und zwei Vertreter des Orchesters würden weiterhin im Stiftungsrat der Osterfestspiele über deren Programme entscheiden. Sollte es keine weitere Zusammenarbeit mit den Salzburger Festspielen nach dem Jahr 1997 geben, werde man die Osterfestspiele eben mit anderen Partnern in Salzburg weiterführen.

Die Verhandlungsposition der Osterfestspiele mit den Salzburger Festspielen über eine mögliche Kooperation über das Jahr 1997 hinaus verbesserte sich durch ein Kooperations- und Übersiedlungsangebot Baden-Badens erheblich. Angesichts der im Raum stehenden möglichen Abwanderung und des Drucks der Salzburger Fremdenverkehrswirtschaft reagierte das Direktorium umgehend und vereinbarte neben dem bereits für 1997 fixierten „Wozzeck"

Übernahmen von „Tristan und Isolde" 2000 und „Falstaff" 2001, wobei bei „Wozzeck" Abbado auch die Sommerproduktion leitete, während „Tristan und Isolde" und „Falstaff" von Lorin Maazel jeweils „nachdirigiert" wurden. Vor Beginn der Osterfestspiele 1996 erklärte Osterfestspiele-Geschäftsführer Robert Minder: „Ich bin sehr froh, dass die Zusammenarbeit jetzt klappt."[330]

Die finanziellen Probleme der Osterfestspiele blieben jedoch bestehen und konnten letztlich nur durch eine neue Struktur beseitigt werden. Der Startschuss für eine strukturelle Neupositionierung fiel Ende Jänner 1998 mit der allgemein überraschenden Erklärung von RA Werner Kupper, in der auch indirekt Kritik an der Politik der Osterfestspiele unter dem dominierenden Einfluss der Berliner Philharmoniker und Claudio Abbados zum Ausdruck kam, er rechne damit, dass bei der Fortsetzung des derzeitigen Kurses die Osterfestspiele nicht mehr ausgeglichen bilanzieren, sondern ein permanentes Defizit verursachen würden, das jedoch niemand bereit sei zu tragen. „Beim Tode Herbert von Karajans hatten die Osterfestspiele eine Rücklage von 20 Millionen Schilling und eine Warteliste an Förderern. In der Zeit Sir Georg Soltis konnten die Rücklagen auf 32 Millionen Schilling gesteigert werden. Jetzt sind sie verbraucht."[331] Die Mehrheit des Stiftungsrates besetzten die Berliner Philharmoniker, die jedoch, ebenso wie Abbado, nur in beschränktem Ausmaß die notwendigen Sponsorengelder akquirierten. Zudem ergaben sich erhebliche Probleme bei der Suche nach Koproduzenten für die teuren Opernproduktionen und erlahmte das Publikumsinteresse für Wiederholungen und Konzerte mit dem Gustav-Mahler-Jugendorchester oder dem European Union Youth Orchestra. Kupper forderte daher in einem Brief die Berliner Philharmoniker auf, den Mietvertrag mit den Salzburger Festspielen zu kündigen und auch die für 1999 geplante Produktion von Wagners „Tristan und Isolde", für die noch kein Koproduzent gefunden worden war, zu verschieben. Das Orchester reagierte in einer Presseerklärung verärgert und verwundert und erklärte, es habe größtes Interesse an einer Weiterführung der Osterfestspiele in Salzburg. Abbado wie auch dem Intendanten des Orchesters sei es in den letzten Jahren gelungen, obwohl dies nicht ihre vornehmliche Aufgabe sei, mehrere Millionen Schilling an Sponsorgeldern zu lukrieren. Die Behauptung Kuppers, diese würden keine Sponsorgelder akquirieren, stimme somit nicht. Es sei außerdem in den vergangenen Jahren immer wieder gelungen, für die Opernproduktionen Koproduzenten zu finden. Zudem habe Kupper einen nicht unerheblichen Beitrag zu der in den letzten Jahren stattgefundenen Entfremdung zwischen den Osterfestspielen und den Salzburger Festspielen geleistet. Das von Kupper angesprochene Defizit 1998 in der Höhe von 11 Millionen Schilling sei durch Sponsorgelder gedeckt, und der Betrag entspreche ungefähr jenem Betrag, den Kupper seit dem Tod Karajans als Honorar für seine Dienstleistungen den Osterfestspielen in Rechnung gestellt habe.[332]

Jenseits der unterschiedlichen Positionen im Stiftungsrat der Osterfestspiele war allen Beteiligten bewusst, dass nur eine strukturelle Änderung in der Konstruktion der Osterfestspiele deren Fortbestand in Salzburg sichern konnte. Eine dauerhafte Lösung war jedoch nur in Zusammenarbeit mit Stadt und Land Salzburg sowie den Salzburger Festspielen zu erreichen. Stadt und Land Salzburg erklärten unisono ihren politischen Willen, den Fortbestand der Osterfestspiele zu sichern, und Hans Landesmann betonte, dass trotz aller Differenzen zwischen Mortier und Abbado in der Vergangenheit die Osterfestspiele in Salzburg bleiben müssten.[333] Seitens des Direktoriums der Salzburger Festspiele war man sich des Umstandes bewusst, dass die Salzburger Politik massiven Druck ausüben werde, um eine enge Zusammenarbeit mit den Osterfestspielen zu erzwingen und damit deren finanzielles Überleben zu ermöglichen. Nur in Form einer Zusammenarbeit zwischen den beiden Festspielen im Bereich der Oper, in der die Salzburger Festspiele im Fall einer Übernahme 75 Prozent der Kosten trugen, ergaben sich Synergieeffekte, wobei allerdings die Frage des „jus primae noctis", d. h. der Premieren, umstritten blieb.

Die Salzburger Politik sah sich angesichts der dramatischen Entwicklung zum Handeln veranlasst. Landeshauptmann Schausberger führte Anfang Februar Gespräche mit Eliette von Karajan, Vertretern der Berliner Philharmoniker und dem Direktorium der Salzburger Festspiele in seinen Amtsräumen. Dabei „wurde entschieden, dass der Vertrag nur gekündigt werden kann, wenn ein wichtiger Grund vorliegt, und das wäre der Fall, wenn das Berliner Philharmonische Orchester sein weiteres Wirken in Salzburg in Frage stellen würde. Sollte eine Kündigung dennoch stattfinden, dann nur mit dem Zweck, aus gegebenem Anlass und aus der vorliegenden Erfahrung eine für die Osterfestspiele finanziell günstige Zusammenarbeit mit den Salzburger Festspielen zu bewirken, und zwar durch einen Koproduktionsvertrag von 1999 bis inklusive 2002, in dem mindestens zwei Koproduktionen („Simone Boccanegra" und „Falstaff") zugesagt werden. Dr. Mortier will im Übrigen überprüfen, ob eine dritte Koproduktion möglich sein könnte. Das Direktorium ist sich allerdings darüber einig, alles zu unternehmen, um auch seitens der Osterfestspiele die von den Salzburger Festspielen gewünschte Sparsamkeit zu fordern im Hinblick auf die Tatsache, dass im Falle einer Koproduktion die Salzburger Festspiele auf alle Fälle 75 Prozent der Gesamtkosten tragen müssen."[334]

Eine Woche nach dieser prinzipiellen Weichenstellung in Salzburg erklärte Claudio Abbado zur Überraschung der Berliner Philharmoniker und der Öffentlichkeit, dass er seinen 2002 auslaufenden Vertrag als Chefdirigent des Berliner Eliteorchesters nicht verlängern werde. Es war nicht das Alter, Abbado war im Jahr 2002 69 Jahre alt, sondern seine angegriffene Gesundheit, die den zurückhaltenden, philosophisch-literarisch interessierten Mailänder Spitzendirigenten, dessen internationaler Durchbruch 1965 bei den Salzburger Festspielen mit einer umjubelten Aufführung von Gustav Mahlers 2. Symphonie erfolgte, zu diesem Schritt veranlasste. Das Orchester hatte durch diese frühe Ankündigung eines langen Abschieds die Möglichkeit, aus dem Kreis der möglichen Nachfolger der mittleren und älteren Generation den seiner Meinung nach geeignetsten zu wählen. Man werde nachdenken, so der Intendant des Orchesters, Elmar Weingarten, gegenüber dem „Kurier", „ob man einen der alternden Pultstars oder einen jungen Dirigenten wählt"[335]. Ein Aspekt dieser Suche nach einem neuen Chefdirigenten bildete die notwendige Neuordnung und Sicherung der Osterfestspiele. Und diese erfolgte unter massivem politischem Druck von Landeshauptmann Schausberger im März 1998. Die Dachgesellschaft der Osterfestspiele mit Sitz in Liechtenstein, die ihre Funktion auf Grund des Aufbrauchens der Reserven verloren hatte, sollte in eine österreichische Stiftung eingebracht werden, in der die Salzburger Festspiele als dann wichtiger Geldgeber vertreten waren. Am 16.

März fasste das Direktorium der Festspiele den Beschluss, dem Kuratorium vorzuschlagen, „mit den Osterfestspielen für vier Jahre von 1999 bis inklusive 2002 einen Kooperationsvertrag abzuschließen, wobei die Salzburger Festspiele sich bereit erklären, mindestens zwei, aber möglichst bis zu drei Produktionen zu übernehmen, und zwar ‚Tristan und Isolde' in 2000, ‚Simone Boccanegra' in 2001 und ‚Falstaff' in 2002. Dies allerdings unter der Bedingung, dass:
a. in Salzburg eine neue Stiftung gegründet wird, mit der der Kooperationsvertrag abgeschlossen werden kann und dessen Realisierung Dr. Landesmann als Beobachter des Direktoriums verfolgen wird;
b. in der Zusammenarbeit zwischen Salzburger Festspielen und der Osterfestspiele GmbH den Salzburger Festspielen die Möglichkeit einer finanziellen Kontrolle, was die Koproduktionskosten betrifft, eingeräumt wird. Dr. Mortier und Dr. Landesmann werden diese Regeln gemeinsam ausarbeiten."[336]

In der Sitzung des Kuratoriums plädierte Landeshauptmann Schausberger vehement für den Abschluss eines Kooperationsvertrages mit dem Hinweis, dass die Osterfestspiele aus künstlerischen und wirtschaftlichen Gründen unbedingt in Salzburg gehalten werden müssten, da sie „erhebliche zusätzliche Steuereinnahmen für Bund, Land und Stadt Salzburg" brachten. Als Vertreter des Unterrichtsministeriums stimmte der ehemalige Salzburger Bürgermeister Josef Reschen diesem Argument zu, betonte jedoch, dass ein zusätzlicher Zuschuss des Bundes nicht in Frage komme. Unter der Bedingung, dass aus einer Kooperation „keine Erhöhung der Zuwendung der Gebietskörperschaften entstehe", stimmte das Kuratorium dem beantragten Abschluss einer mit vier Jahren befristeten Vereinbarung zwischen beiden Festspielen zu.[337]

Entsprechend dem Beschluss des Kuratoriums kam es am Vorabend der Eröffnung der Osterfestspiele 1998 nach einem Gespräch zwischen Mortier und Abbado zu einer grundsätzlichen Einigung über die künstlerischen Modalitäten der künftigen Zusammenarbeit. Die Salzburger Festspiele übernahmen zwischen 1999 und 2001 die Oster-Produktionen von „Tristan und Isolde", „Simone Boccanegra" und „Falstaff" im jeweils darauf folgenden Sommer in ihr Programm, d. h. die Opern wurden von den Wiener Philharmonikern „nachgespielt". Im Gegenzug sollten die Osterfestspiele die von Mortier für 2000 geplante Neuinszenierung von Mozarts „Così fan tutte" unter Abbado 2002 in ihr Programm übernehmen. Gleichzeitig wurde die Neuorganisation der Führungsstruktur der Osterfestspiele vorangetrieben. Die Karajan-Osterfestspielstiftung mit Sitz in St. Moritz sollte in eine „Herbert von Karajan-Osterfestspiele Salzburg-Stiftung" mit einem 15-köpfigen Kuratorium unter Vorsitz von Eliette von Karajan und Landeshauptmann Franz Schausberger übergeführt werden. Die finanzielle Absicherung der Osterfestspiele musste zudem durch eine Erhöhung der jährlichen Zuwendungen von Land und Stadt Salzburg erfolgen, da der Bund jede Erhöhung seiner Subventionen ablehnte. Während das Land Salzburg sich bereit erklärte, zusätzlich zu seinem jährlichen Zuschuss 1998 1,5 Millionen Schilling zu bewilligen, hatte der Salzburger Gemeinderat einen solchen einmaligen Zuschuss im November 1997 mit den Stimmen der SPÖ abgelehnt.

Trotz dieser lokal- und parteipolitischen Querelen konnten auf Initiative von Landeshauptmann Schausberger, der eine nach wie vor im Raum stehende mögliche Übersiedlung der Osterfestspiele nach Baden-Baden verhindern wollte, die Verhandlungen über eine Neuregelung des Verhältnisses zwischen den Salzburger Festspielen und den Osterfestspielen sowie die Neuorganisation der Osterfestspiele am 4. August endgültig erfolgreich abgeschlossen werden. Schausberger wurde geschäftsführender Obmann der „Stiftung Herbert von Karajan Osterfestspiele Salzburg", Stiftungspräsidentin Eliette von Karajan. Im 15-köpfigen Kuratorium der Stiftung waren die Berliner Philharmoniker, die öffentliche Hand, die Salzburger Festspiele, die Familie Karajan und Förderer vertreten. Die „International Management Vaduz" (IME) übertrug ihren bisherigen Geschäftsanteil an der „Osterfestspiele GesmbH" an die neue Herbert von Karajan-Stiftung mit Sitz in Salzburg. Land und Stadt Salzburg förderten die Osterfestspiele jährlich mit jeweils 1 Million Schilling, wobei das Land Salzburg 1998 einen zusätzlichen Zuschuss in der Höhe von 1,5 Millionen Schilling gewährte und Eliette von Karajan ebenfalls einmalig einen höheren Betrag zuschoss, um den Handlungsspielraum der Stiftung zu erhöhen.[338] Der neue Geschäftsführer der Osterfestspiele, Michael Dewitte, kommentierte den neuen Kooperationsvertrag mit der Bemerkung, die Osterfestspiele seien auf einen Eisberg zugesteuert, hätten aber noch rechtzeitig eine Kursänderung vornehmen können.[339]

Die neue Kooperation zwischen Sommer- und Osterfestspielen geriet jedoch bereits zu Jahresbeginn 1999 in erhebliche Turbulenzen, als Gérard Mortier – sichtlich erbost – dem Direktorium mitteilte, dass die Vertragsvereinbarungen für die Produktion von Giuseppe Verdis „Simone Boccanegra" von den Osterfestspielen nicht eingehalten würden. Regisseur Peter Stein sei von den Osterfestspielen eine astronomische Gage, deutlich über der bei den Salzburger Festspielen üblichen, zugesichert und als Kostümbildnerin Moidele Bickel engagiert worden, mit der man bereits bisher auf Grund ihrer hohen Kosten und bei der nunmehr gemeinsamen Produktion von Richard Wagners „Tristan und Isolde" keine guten Erfahrungen gemacht habe. Zudem bestünden erhebliche Schwierigkeiten bei der einvernehmlich zu nominierenden Besetzung, für die bisher lediglich zwei Sänger engagiert worden seien. Die von den Salzburger Festspielen unterbreiteten Besetzungsvorschläge – Carlos Álvarez (Boccanegra), Marina Mescheriakova (Amelia), Sergej Larin (Gabriele) – seien von Claudio Abbado abgelehnt oder noch nicht bestätigt worden. Der von Abbado und Stein vorgeschlagene Albert Dohmen für die Rolle des Simon werde von ihm nicht akzeptiert. Abbado habe für die Rolle des Gabriele Roberto Alagna vorgeschlagen, der jedoch mit seinen Gagenforderungen weit über dem Salzburger Niveau liege und zudem das Engagement seiner Frau Angela Gheorghiu als Amelia fordere. Er werde „Simone Boccanegra" für 2001 nicht in das Programm nehmen, wenn nicht bis Ende März 1999 eine gemeinsame Lösung in der Besetzungsfrage gefunden worden sei.[340] Die Situation verschärfte sich kurze Zeit später, als bekannt wurde, dass die Osterfestspiele ohne Rücksprache mit den Sommerfestspielen einen anderen Chor als jenen der Wiener Staatsoper engagierten, wodurch für diese neuerlich erhebliche Mehrkosten entstanden, da sie gezwungen wurden, auf eigene Kosten die Chorkostüme zu ändern. Abbado hatte lediglich zwei der insgesamt acht Briefe Mortiers beantwortet, sodass Mortier am 19. Mai eine Darstellung der Probleme für die am folgenden Tag stattfindende Direktoriumssitzung verfasste, in der er die Kündigung des Kooperationsvertrages für „Simone Boccanegra" und die Einleitung rechtlicher Schritte empfahl. Das Kuratorium war hingegen – vor allem auch auf Grund einer Wortmeldung von Hans Landesmann, der auf die Doppelfunktion Abbados als Dirigent beider Festivals und die Möglichkeit einer einvernehmlichen Lösung hinwies – um Konsens bemüht und beschloss, dass Mortier in einem persönlichen Gespräch mit Abbado eine Lösung finden sollte.³⁴¹

Die Gespräche mit den Osterfestspielen führten im Juni schließlich zu der erhofften einvernehmlichen Lösung: der Kooperationsvertrag für „Simone Boccanegra" wurde aufgelöst und dafür die „Falstaff"-Produktion der Osterfestspiele in das Programm der Salzburger Festspiele 2001 übernommen. Zudem sollte Claudio Abbado im Jahr 2000 die Festspiel-Neuproduktion von Mozarts „Così fan tutte" leiten. Damit kehrte jedoch keineswegs Ruhe in dem ohnedies angespannten Verhältnis zwischen den beiden Festivals ein. Am Neujahrstag des Jahres 2000 sagte Claudio Abbado seine Mitwirkung an den Festspiel-Produktionen „Tristan und Isolde" sowie „Così fan tutte" ab. In einer Pressemitteilung erklärte er, er sehe sich „aus verschiedenen Gründen … gezwungen", seine „Mitarbeit bei den diesjährigen Sommerfestspielen in Salzburg für die Neuproduktion ‚Così fan tutte' sowie für die Wiederaufnahme von ‚Tristan und Isolde' abzusagen". Die Verfahrensweise der Sommerfestbeispiele sowohl bei der Rotation des Orchesters (Wiener Philharmoniker, *Anm. d. Verf.*) als auch bei den Entwürfen der Oper seien unakzeptabel. Seit drei Jahren habe er dem Direktorium der Festspiele und auch den Vorständen der Wiener Philharmoniker gegenüber immer wieder betont, dass er aus künstlerischen Gründen eine Rotation im Orchester nicht akzeptieren könne. Mitte Dezember 1999 habe man ihm jedoch mitgeteilt, dass die Durchführung beider Produktionen ohne Rotation im Orchester nicht möglich sei. Außerdem sei vereinbart worden, dass die Entscheidungen über das Bühnenbild und die Kostüme im gegenseitigen Einvernehmen getroffen werden. „Erst nach wiederholter Nachfrage habe ich jetzt, Ende Dezember, einige Entwürfe bekommen, die für mich nicht akzeptabel sind und die die bei den Gesprächen gemachten Vereinbarungen in keiner Weise berücksichtigen. Außerdem musste ich erfahren, dass sowohl Bühnenbild als auch Kostüme schon weitgehend in Produktion gegangen sind. Diese Verfahrensweise ist gegen jegliche Absprache. Ich muss sie deshalb ablehnen." Zudem sei auf ausdrücklichen Wunsch von Gérard Mortier und Hans Landesmann die Neuproduktion von Verdis „Simone Boccanegra" in das Programm der Osterfestspiele aufgenommen worden, wobei man sich auf Peter Stein als Regisseur geeinigt habe. Später sei klar geworden, dass diese Produktion nur bei den Osterfestspielen stattfinden werde. „Dies habe ich akzeptiert und sogar verschiedene Projekte gestrichen, um eine Wiederaufnahme in Florenz im Juni 2002 dirigieren zu können. Auch die Vorverlegung der Wiederaufnahme ‚Falstaff' von 2002 auf 2001 habe ich ohne weiteres akzeptiert."³⁴²

Die Wiener Philharmoniker verwahrten sich gegen die Darstellung Abbados und teilten ihrerseits in einer Aussendung mit, dass bei einer Besprechung mit Abbado eine Einigung über den Besetzungswechsel erzielt worden sei. Zudem gehe das Orchester bei jedem Besetzungswechsel genau nach dem Vertrag mit den Salzburger Festspielen vor. „Die Wiener Philharmoniker bedauern, dass eine vertragskonforme und unter nochmaliger ausdrücklicher Zustimmung des Direktoriums der Salzburger Festspiele erzielte künstlerisch optimale Lösung als einer von mehreren Gründen für die Absage herangezogen wird."³⁴³ Auch Mortier ließ die von Abbado angegebenen Gründe für seine Absage nicht gelten. Dieser sei mit den Verhältnissen bei den Sommerfestspielen sehr wohl vertraut. Als langjähriger Musikdirektor der Wiener Staatsoper habe Abbado um die Rotation bei den Wiener Philharmonikern gewusst und keine Änderung betrieben. Die Festspiele hätten nicht zuletzt auf Betreiben Abbados bei den Vertragsverhandlungen mit den Wiener Philharmonikern ein kontrolliertes Wechselsystem vereinbart, das die künstlerische Qualität garantiere. Zudem hätten die Festspiele für die Wiederaufnahme von „Tristan und Isolde" eine hohe Probenanzahl zugesagt und das Orchester die Zusicherung gegeben, dass bei den Orchesterproben in Wien alle Musiker, die in Salzburg spielen, teilnehmen. „Die ‚Tristan'-Absage ist für die Salzburger Festspiele umso peinlicher, als wir normalerweise keine Wagner-Opernproduktionen der Osterfestspiele übernehmen, als Gentlemen-Agreement mit Bayreuth. Aus Interesse für das Stück und um Claudio Abbado aus dem finanziellen Debakel der Osterfestspiele 1998 herauszuhelfen, haben wir auf seinen ausdrücklichen Wunsch kurzfristig den ‚Tristan' in den Spielplan 2000 aufgenommen." Abbado habe für eine Auseinandersetzung mit der „Così fan tutte"-Regiekonzeption von Hans Neuenfels kaum Zeit gefunden und diesen zwei Monate auf einen Gesprächstermin warten lassen, obwohl beide in Berlin nur 10 Minuten voneinander entfernt wohnten. Das ablehnende Urteil Abbados über die Inszenierung von „Così fan tutte" basiere auf der Kenntnis weniger Entwürfe, die nichts Endgültiges aussagten. Mortier erinnerte an das seinerzeit „selbstverständliche" Arbeitspensum Herbert von Karajans bei den Salzburger Festspielen und warf Abbado vor, seine eigenen Wünsche nach einer intensiven Beschäftigung offensichtlich nicht richtig eingeschätzt zu haben. „Sollte Herrn Abbado dies erst jetzt bewusst geworden sein, wäre es fair gewesen, gemeinsam mit den Festspielen eine Änderung zu besprechen, anstatt zu versuchen, den Salzburger Festspielen mit falschen Begründungen beim Publikum den Schwarzen Peter zuzuschieben."[344]

Wolfgang Schreiber bemerkte zu dem neuerlich ausbrechenden Konflikt, dass die Absage Abbados für „Così fan tutte" – er dirigierte die Oper im Februar 2000 mit großem Erfolg in Ferrara – wohl weniger mit der Rotation im Orchester zu tun habe, als vielmehr mit der Regie von Hans Neuenfels. „Abbado arbeitete mit so schwierigen Regisseuren wie Berghaus, Wernicke und Stein zusammen, aber mit Neuenfels ergab sich wohl keine gemeinsame Ebene – aus welchen Gründen auch immer."[345] Abbados Ablehnung einer Mozart-Inszenierung war nach dem Rückzug Mutis und Harnoncourts bereits die dritte eines bedeutenden Dirigenten in der Ära Mortier, dessen Mozart-Verständnis und -Ästhetik mit jener der bedeutenden Mozart-Dirigenten offensichtlich erheblich divergierten.

Während Präsidentin Helga Rabl-Stadler um eine Kalmierung der hochschlagenden Wogen der Erregung und einen Kompromiss mit Abbado bemüht war, um dessen Dirigat der beiden bereits restlos ausverkauften Produktionen zu sichern, lehnte dies Mortier ab und begab sich auf die Suche nach Ersatzdirigenten. Lorin Maazel übernahm „Tristan und Isolde" und trat „Don Giovanni" an Valery Gergiev ab, Lothar Zagrosek, Opernchef in Stuttgart, leitete die Hans-Neuenfels-Inszenierung von „Così fan tutte", die einzige Opernpremiere des Festspielsommers 2000.

Anfang März 2001 wurden – jenseits ästhetischer und prinzipieller Differenzen – die tieferen Ursachen für den Rückzug Abbados von seinen sommerlichen Verpflichtungen des Vorjahres bekannt. Der italienische Stardirigent erklärte zu den Gerüchten über eine schwere Erkrankung, er sei an Magenkrebs erkrankt und habe sich im Sommer 2000 einer schweren Operation unterziehen müssen, die ein Dirigieren unmöglich gemacht habe. Nach seiner Genesung dirigierte er eine vom Publikum und der Presse umjubelte Aufführungsserie von Verdis „Requiem" sowie sämtlichen Symphonien und Klavierkonzerte Beethovens und erklärte, er werde nach seinem Ausscheiden aus der Position des Chefdirigenten der Berliner Philharmoniker 2002 die Reaktivierung des Luzerner Festspielorchesters übernehmen. Seine Abschiedsvorstellung bei den Osterfestspielen 2002 werde in Koproduktion mit dem Edinburgh Festival Wagners „Parsifal" in der Inszenierung des Mortier-Feindes Peter Stein sein.

VI. „Wir sind keine Gegner der Reformen Mortiers."
Der Dauerkonflikt der Wiener Philharmoniker mit Mortier

Die Wiener Philharmoniker ließen anlässlich ihrer traditionellen Pressekonferenz während des Festspielsommers 1990 wissen, dass nach einem „reinigenden Gewitter" nunmehr in Salzburg wiederum eine „hervorragende Atmosphäre" herrsche. Nach dem Tod Karajans setze man verstärkt auf die Zusammenarbeit mit Claudio Abbado und Riccardo Muti und werde auch mit Nikolaus Harnoncourt arbeiten, der das Eröffnungskonzert der nächsten Wiener Festwochen leite. „Wir sind überhaupt nicht gegen Harnoncourt. Es muss jemand geben, der die herkömmliche Art, Mozart zu spielen, zur Diskussion stellt. Es ist gut und richtig, dass er der Hecht im Karpfenteich ist, es ist absolut in Ordnung, wie Harnoncourt Mozart dirigiert, aber wir wollen nicht nur mit Harnoncourt Mozart spielen, sondern wir wollen die Vielfalt haben", erklärte Werner Resel die Position des Orchesters. Gegenüber dem neuen Führungstrio der Festspiele übte man sich in Zurückhaltung. „Man soll Gérard Mortier eine faire Chance geben – das Ergebnis ist das Wesentliche."[346]

Mit diesem Ergebnis zeigte sich das Wiener Eliteorchester allerdings wenig zufrieden. Bereits die Programmgestaltung des ersten Festspielsommers stieß auf Unbehagen, und auch die Planungen der folgenden Jahre im Bereich der Mozart-Opern wie auch der Orchesterkonzerte bargen Konfliktstoff, der erstmals in einer Pressekonferenz des Orchesters zu Festspielbeginn 1993 offen angesprochen wurde. Man sei, so der Geschäftsführer des Orchesters Walter Blovsky, die „Meublage der Salzburger Festspiele, das letzte Relikt aus der Gründerzeit, ... seit der Stunde Null dabei". Vor allem eine Reihe von Vorhaben im Bereich der Mozart-Opern – die Betrauung des Mozarteum-Orchesters, der Camerata Academica und des Chamber Orchestra of Europa – sowie der Orchesterkonzerte – zu viele Gastorchester sowie der für 1994 geplante Zyklus sämtlicher Beethoven-Symphonien mit dem Chamber Orchestra of Europe unter Nikolaus Harnoncourt – riefen Bedenken hervor. Man beanspruche in Salzburg keineswegs ein „Interpretationsmonopol", sehe sich aber als Hüter des Salzburger Mozart- und Strauss-Stils, möchte Mozart in Salzburg vor allem mit Riccardo Muti spielen und beobachte den geplanten Beethoven-Zyklus „sehr, sehr kritisch – das würden wir selber auch gerne spielen. ... Diesen Sound kennt man doch nach zwei Symphonien." Vor allem sei man über die saloppe Ausdrucksweise des Intendanten – Mortier hatte die Wiener Philharmoniker auf Grund ihrer Gagen als „Parasiten der Festspiele" bezeichnet – irritiert. „Das stört uns, das empört uns." Mortier, der bei der Pressekonferenz anwesend war, entschuldigte sich zwar für seine gelegentlichen verbalen Ausrutscher, um hinzuzufügen: „Aber ich spreche Wahrheiten, auch unangenehme, gerne direkt aus. Und ich werde vielleicht auch in Zukunft noch mal ausrutschen."[347]

Der Konflikt war somit keineswegs beseitigt, sondern schwelte weiter, um wenige Wochen später eine bisher nicht gekannte Intensität zu erreichen. Für Kläre Warnecke war das Salzburg des Sommers 1993 eine „Schlangengrube, aus der die Nattern des Neids und der Zanklust über Nacht mit ihrem giftigen Gezischel emporsteigen. Jüngstes Beispiel: Die Wiener Philharmoniker, die jetzt in öffentlicher ORF-Rundfunk-Frühstücksrunde erneut gegen die Festspielleitung moserten."[348]

Der im Festspielsommer 1993 offen ausbrechende Konflikt zwischen Gérard Mortier und den Wiener Philharmonikern resultierte auf einer Reihe von programmatischen Entwicklungen sowie strukturellen Problemen.

Die bereits 1992 erfolgte und 1993 fortgesetzte erhebliche Erweiterung des musikalischen Programmangebots erforderte sowohl im Bereich der Oper wie jenem des Konzerts die verstärkte Heranziehung von Gastorchestern. Dass dies auch im Bereich der bisherigen Domäne der Wiener Philharmoniker, der Mozart-Opern und Interpretation der Beethoven-Symphonien, geschah, verursachte bei dem Wiener Eliteensemble Unbehagen und Eifersucht. Zudem hatte Mortier dem Orchester wiederholt dessen Konservativismus sowohl bei seiner Programmgestaltung wie auch der Auswahl seiner Dirigenten vorgeworfen. Darunter leide seine künstlerische Qualität. Es entwickle gegenüber der Moderne ebenso eine Abwehrhaltung wie gegenüber jüngeren, interessanten und unbequemen Dirigenten. Das Orchester müsse – auch im Interesse seiner eigenen Zukunft – gezwungen werden umzudenken, sich stärker der probenintensiven Moderne sowie neuen Dirigenten und Interpretationsstilen öffnen. Seine Funktion sei daher auch die eines Arztes, der mitunter auch schmerzhafte Eingriffe vornehmen müsse.

Zudem sei das Orchester extrem teuer. Es koste die Festspiele jährlich 52 Millionen Schilling. Jeder Dienst eines Musikers, egal ob Probe oder Aufführung – werde mit 7.000 Schilling honoriert. Dabei sei festzustellen, dass bei den einzelnen Opernaufführungen oftmals die Besetzungen wechseln, was die künstlerische Qualität beeinträchtige. Bei der Honorierung müssten daher in Zukunft Veränderungen vorgenommen werden: Proben seien geringer zu entlohnen, d. h. bei gleich bleibendem Honorar müsste das Orchester mehr Proben leisten. Das Orchester müsse sich zur personellen Kontinuität bei den einzelnen Aufführungen verpflichten. Derzeit sei es bequem und beanspruche in Salzburg ein – allein aus technischen Gründen nicht realisierbares, aber letztlich auch im Interesse der Festspielphilosophie nicht wünschbares – Interpretationsmonopol.

Der mit erheblicher internationaler medialer Aufmerksamkeit verfolgte Konflikt wurde am 23. August in einer Aussprache zwischen dem Orchestervorstand und Mortier (vorläufig) beendet. Mortier bot dem Orchester an, über seine nächsten Vorhaben zu sprechen, doch wurde ihm seitens der Philharmoniker erwidert, man wolle ein solch programmatisches Gespräch erst nach der Rückkehr des Orchesters von seiner Japan-Tournee führen. Um die Situation zu beruhigen, werde man bis dahin keine öffentlichen Erklärungen abgeben.

Die Fronten und Standpunkte schienen gegen Ende der Festspiele geklärt und durchaus vermittelbar. Mortier schrieb am Ende der Festspielsaison einen freundlichen Brief an den Vorstand der Philharmoniker, in dem er sich für die sommerliche Zusammenarbeit bedankte. Ruhe kehrte ein vor dem Sturm, der Ende November losbrach.

Am 30. Oktober hatte Mortier bei einem Treffen der europäischen Kulturveranstalter in vertraulichem Gespräch zum Thema Wiener Philharmoniker und deren Kosten für die Festspiele in der Höhe von 52 Millionen Schilling gesprochen und diese als zu hoch sowie als Belastung der Festspiele bezeichnet. Die vertrauliche Erklärung Mortiers wurde mitgeschrieben und den Wiener Philharmonikern, die sich zu diesem Zeitpunkt auf einer umjubelten Japan-Tournee befanden, zur Kenntnis gebracht. Die Reaktion des Orchesters erfolgte prompt und ohne Zurückhaltung. Philharmoniker-Vorstand Werner Resel ließ verlauten, die Salzburger Festspiele müssten möglicherweise ab 1996 – der Vertrag der Philharmoniker mit den Festspielen endete 1995 – ohne die Wiener Philharmoniker planen. Man überlege, in Zukunft auf ein Engagement in Salzburg zu verzichten und in Wien ein eigenes Festival auszurichten. Man habe für ein solches ein spontanes Angebot des ebenfalls in Tokio anwesenden Wiener Bürgermeisters Helmut Zilk sowie des Wiener Finanzstadtrates Hans Mayr. Das Orchester habe es nicht nötig, sich in Salzburg, für dessen Festspiele man den Urlaub opfere, beschimpfen zu lassen, wenn man in Wien willkommen sei.

So spontan, wie behauptet, war das Angebot des Wiener Bürgermeisters allerdings nicht. Die Wiener Philharmoniker suchten nach Alternativen zu Salzburg und sprachen am 13. September bei Wiens Bürgermeister Zilk vor, und dieser erklärte sich sofort bereit, dem Orchester im Fall eines Bruchs mit Salzburg eine Alternative zu offerieren. Er habe „keine Leimrute ausgelegt", erklärte er später. „Die Philharmoniker haben in Salzburg den Sessel halb vor die Tür gestellt bekommen, und Wien ist ihre Heimatstadt. Wenn sie von Salzburg weggehen, sind wir natürlich interessiert, die Philharmoniker hier in entsprechender Atmosphäre zu präsentieren."[349] Die Wiener Philharmoniker besaßen bereits vor ihrer Japan-Tournee, auf der sie der Wiener Bürgermeister begleitete, die Option einer Alternative. Das von Zilk medienwirksam in Japan verkündete scheinbar spontan abgegebene Angebot der Stadt Wien war somit keineswegs spontan, sondern bereits zwei Monate zuvor als mögliche Option vereinbart. Philharmoniker-Vorstand Resel betonte, dass die von Mortier genannten Zahlen nur bedingt richtig seien, da sie die Kosten des Orchesters inklusive Mehrwertsteuer beinhalteten. Zudem sei man es leid, ständig mit nicht korrekten Zahlen und damit dem Neideffekt konfrontiert zu werden. „Wir schätzen das nicht." Da man das Orchester in Salzburg offensichtlich als zu teuer empfinde und zudem ständig diffamiere, werde man nach der Rückkehr aus Japan sehr ernst über das Angebot der Stadt Wien nachdenken.[350] Philharmoniker-Vorstand Wolfgang Schuster ergänzte, man habe nicht nur das Angebot Wiens, sondern eine Reihe von Angeboten für den Sommer, die man ernsthaft prüfen werde. Man erwarte das Gespräch mit Salzburg, werde aber keineswegs bitten, „in Salzburg bleiben zu dürfen"[351]. Helmut Zilk erklärte, ganz Lokalpatriot, seine Solidarität mit den Wiener Philharmonikern mit der Bemerkung: „Das sind ja keine Lausbuben, bitte, dös san die Wiener Philharmoniker! ... Ich sage unseren Philharmonikern ganz deutlich: Wenn euch Salzburg net will, machen wir hier ein sommerliches Musikfestival! Nix mit Schauspiel, ein reines Musikfestival. Zuerst vielleicht acht Tage, dann 14 Tage. Und das sag ich jedem: Die Welt wird auf Wien schauen!"[352] Gleichzeitig unterstrichen die Philharmoniker die Ernsthaftigkeit der Situation durch ihre Absage einer geplanten Japan-Tournee der Salzburger Festspiele.

In Salzburg schrillten die Alarmglocken. Mortier, der seine Äußerungen vertraulich gemacht hatte, vermutete – wohl nicht zu Unrecht – in deren Bekanntgabe eine Intrige mit dem Ziel seiner Entfernung vom Intendantenposten der Salzburger Festspiele. Hans Landesmann, seit längerem unglücklich über die verbalen Scharmützel und Ausreiter Mortiers, war, ebenso wie Präsident Wiesmüller, um Kalmierung bemüht. Die Philharmoniker hätten ein „erhöhtes Liebesbedürfnis, eine sehr menschliche Eigenschaft", und Mortier habe den Konflikt „sicher nicht absichtlich" verursacht.[353] Präsident Wiesmüller erklärte gegenüber den „Salzburger Nachrichten": „Ich sehe nicht, dass wir den Philharmonikern etwas getan hätten." Diese seien „die einzigen unverzichtbaren Künstler für Salzburg". Allerdings müssten bei einem neuerlichen Gespräch die Philharmoniker „mehr Argumente gegen uns" bringen, „als nur die Feststellung, sie kosteten Salzburg zu viel Geld. Mortier will keinen Krieg mit den Wiener Philharmonikern."[354] Zwei Forderungen Mortiers seien völlig legitim: die gleich bleibenden Orchesterbesetzungen bei den Proben und Aufführungen sowie die unterschiedliche Honorierung von Proben und Aufführungen. Eine Woche später sah sich Wiesmüller zu einem neuerlichen Appell an die Besonnenheit der Streitparteien veranlasst. „Zwischenmenschliche Probleme können und dürfen, so bedauerlich sie sein mögen, nicht der Grund dafür sein, dass die Salzburger Festspiele und die Wiener Philharmoniker ihre schon über sieben Jahrzehnte währende gemeinsame Geschichte zerstören. ... Die großen gemeinsamen Erfolge der Vergangenheit und die schönen Aufgaben, die in der Zukunft auf diese beiden bedeutenden österreichischen Institutionen warten, müssen den derzeit handelnden Personen Mahnung und Auftrag sein, eigene Sorgen und Kränkungen zurückzustellen."[355]

Mortier erklärte in einem Interview, er fordere nur „eine Selbstverständlichkeit. Ich möchte vor allem keinen Wechsel der Orchesterbesetzung zwischen Proben und Opernpremieren. Es geht doch nicht, dass bei der Premiere andere Musiker im Orchestergraben sitzen als bei der Generalprobe." Er vermutete hinter dem nunmehr in voller Schärfe aufbrechenden Konflikt einen „ideologischen Kampf". Er habe den Wiener Philharmonikern viele Wünsche erfüllt wie etwa die Rückkehr Lorin Maazels sowie seine Aussöhnung mit Riccardo Muti. Das Orchester lasse sich vor den Karren seiner Gegner spannen, die seinen Rückritt herbeiführen wollten. Er sei jedoch gegen eine Form der Diktatur, die er mit seiner künstlerischen Verantwortung nicht vereinbaren könne. „Schließlich bin ich berufen worden, um in Salzburg die Festspiele künstlerisch zu leiten – und diesen Auftrag muss und will ich erfüllen."[356]

Gleichzeitig berieten die Wiener Philharmoniker in einer Generalversammlung über ihre Haltung gegenüber Salzburg. Philharmoniker-Geschäftsführer Blovsky erklärte im Vorfeld der Beratungen: „Wir leben in einer Ehe mit Salzburg, müssen jetzt aber fragen: Wer unterstützt die Rufschädigung der Philharmoniker? Was soll denn unsere künstlerische Positionierung bei den Festspielen sein, deren Intendant nicht zu uns steht? Niemand geht gern oder leichtfertig aus Salzburg weg, warum aber sollen die Philharmoniker bei einem Festival mitwirken, bei dem sie nicht erwünscht sind?"[357] Die „Frankfurter Allgemeine Zeitung" kommentierte das Verhalten des Orchesters mit der ironischen Bemerkung, dessen Mitglieder seien „neben den Lippizanern die letzten heiligen Kühe der österreichischen Kulturnation. Naturgemäß macht das Bewusstsein solch beinah sakraler Würde die Wiener Philharmoniker empfindlich. Wer es wagt, ihren unvergleichlichen Rang durch Vergleiche mit anderen Spitzenorchestern in Zweifel zu zie-

hen, der wird mit Liebesentzug, ja Verachtung bestraft. ...
Wie immer ist es neben Theaterdonner ein Spiel um Macht und Geld, der Einsatz freilich scheint für alle Beteiligten nicht ganz unriskant. Sogar die edlen Hengste der Spanischen Hofreitschule müssen inzwischen fürchten, mit ihren missachteten Cousins, den slowenischen Lippizanern, verwechselt zu werden. Anders ausgedrückt: Auch heilige Kühe haben heutzutage Statusprobleme."[358]

Die für die Festspiele sich dramatisch zuspitzende Konfrontation erforderte das Eingreifen der Politik. Landeshauptmann Hans Katschthaler war um Vermittlung bemüht und erklärte über die APA, „dass die Bindung der Wiener Philharmoniker zu den Salzburger Festspielen ... und an Stadt und Land Salzburg nicht wegen einer Verärgerung zu zerstören ist". Die Festspiele hätten „schon immer von Spannungen, von Attacken und Antworten auf diese Attacken" gelebt, „das müssen sich die Herren selber ausmachen"[359]. Da sie dazu aber ohne Mediator nicht in der Lage waren, lud der Salzburger Landeshauptmann zu einem Gespräch am 10. Jänner 1994 ein. Philharmoniker-Geschäftsführer Blovsky erklärte zu diesem Angebot, dass Mortier ein Problem sei und es auch bleiben werde. Man gehe zwar „unbefangen" in das von Katschthaler anberaumte Gespräch, aber man werde sich dafür „etwas einfallen lassen müssen". Entweder, „dass die Person Mortier so wird, dass wir mit ihr leben können, oder aber etwas anderes"[360].

Vor dem von Landeshauptmann Katschthaler anberaumten Gespräch baute sich das Bedrohungsszenario im Fall einer Nicht-Einigung auf. Hans Landesmann ließ – vor allem auch in Richtung Mortier – wissen, dass er im Fall eines Ausscheidens der Wiener Philharmoniker für die Festspiele nicht mehr mitverantwortlich sein wolle, und Lorin Maazel erklärte, er werde 1996 nur unter der Bedingung „Elektra" dirigieren, wenn die Wiener Philharmoniker im Orchestergraben sitzen.[361] In zahlreichen Kommentaren wurde die Vermutung geäußert, Zeuge einer geschickt eingefädelten Intrige vor allem von Wiener Kreisen gegen Mortier zu sein. Die Wiener Philharmoniker würden in diesen Bestrebungen „als kämpferische Vorhut" letztlich instrumentalisiert, um Mortier „zu einem vorzeitigen Rücktritt zu veranlassen"[362]. Dies wolle man jedoch keineswegs bezwecken, betonte Philharmoniker-Vorstand Werner Resel. „Wir sind keine Gegner der Reformen Mortiers. Und wir wünschen und beabsichtigen auch nicht seinen Rücktritt. Und wir werden in das Gespräch mit Landeshauptmann Hans Katschthaler und dem Festspiel-Kuratorium am 10. Jänner auch nicht mit der Absicht gehen, um zu streiten. Mortier soll uns nur die Möglichkeit geben, in Ruhe zu arbeiten."[363]

Salzburgs Landeshauptmann Hans Katschthaler betonte vor dem von ihm für 10. Jänner 1994 einberufenen Spitzengespräch am 7. Dezember 1993 bei einem Festakt im Kleinen Festspielhaus anlässlich des 50. Geburtstages Mortiers seine vermittelnde Position, indem er erklärte: „Wir alle wissen, dass viele Ihrer Aussagen und Worte zu brisanten Gegenäußerungen führten und es alles andere als reibungslos abging. Ich möchte auch bei Ihrer Geburtstagsfeier keine festspielpolitischen Reden halten, aber ich halte Sie, lieber Gérard Mortier, genauso unverzichtbar für Salzburg wie die Wiener Philharmoniker."[364] Für diese erklärte unmittelbar vor dem Gespräch in Salzburg deren Vorstand Werner Resel, die Grundlage jeder weiteren Zusammenarbeit sei die Wiederherstellung einer Atmosphäre, die es im Augenblick nicht gebe, weil sie durch Äußerungen Mortiers vergiftet sei. Die Forderungen des Orchesters umfassten lediglich „drei Absätze auf einem Din-A4-Blatt. Sie sollten am besten ein Teil des laufenden Vertrages werden, damit sie uns einen gewissen Schutz vor den Angriffen des Intendanten der Salzburger Festspiele garantieren. Es muss in den Vertrag hinein, dass wir beim nächsten Anwurf auch kurzfristig aussteigen können. ... Zweitens muss uns garantiert werden, dass wir uns unser künstlerisches Umfeld genau anschauen können. Wir sind es gewöhnt, hier eigenverantwortlich tätig zu sein. Es kommt nicht in Frage, dass über unsere Köpfe irgendwelche Programme oder Dirigenten verordnet werden." Mortier habe in der Öffentlichkeit bei der Erwähnung der Gage der Wiener Philharmoniker mit falschen Zahlen operiert und zudem völlig unangebrachte künstlerische Äußerungen jenseits seiner Kompetenzen getätigt. Das Orchester koste die Festspiele nicht 50 Millionen Schilling pro Sommer, sondern 37, inklusive Mehrwertsteuer 41 Millionen. „Abgesehen davon ist es von einem Intendanten unanständig, über Gagen zu reden. Wir lassen uns nicht nachsagen, dass wir die

Salzburger Festspiele schädigen. Den Vertrag hat der Herr Doktor Mortier mitverhandelt und unterschrieben, und dann nennt er uns Parasiten! Das ist ein Klima, in dem wir nicht arbeiten können. Wir haben einmal ein Konzert in Salzburg unter Muti gespielt, mit einem Stück von Ligeti, der uns nachher herzlich gratuliert hat. Zwei Tage später hat Herr Mortier im Radio erklärt, wir hätten das nicht gut gespielt. Wieder etwas, was einem Intendanten nicht zusteht! Meiner Meinung nach müsste er lernen, wie man Künstler behandelt. Er soll die Künstler engagieren, soll ihnen eine gute Basis geben und die entsprechende Atmosphäre schaffen, und dann hat er nichts anderes zu tun, als sich auf seinen Platz zu setzen und mit den Künstlern mitzuzittern. Im Rampenlicht soll der Künstler stehen, nicht der Intendant. Jetzt ist es genau umgekehrt."[365]

Nach der dreistündigen Sitzung im Regierungszimmer der Salzburger Landesregierung wurden die Differenzen mit der Verabschiedung eines sechs Punkte umfassenden Beschlusses beseitigt und das Verbleiben der Philharmoniker über das Vertragsende 1996 hinaus gesichert. Festspielpräsident Heinrich Wiesmüller gab sich mit der Bemerkung „es ist mehr herausgekommen, als drinnen war", sichtlich erleichtert. Landeshauptmann Hans Katschthaler hatte bereits vor der Krisensitzung die Wiener Philharmoniker als „zentralen künstlerischen Faktor der Festspiele" bezeichnet und die Aufnahme dieser Formulierung auch in den Beschluss erreicht. Die Wiener Philharmoniker blieben, was Mortier ursprünglich als problematisch bezeichnet hatte, weiterhin Mitglied des Direktoriums, und zur Bereinigung auftretender Probleme bereits im Vorfeld wurde ein monatlicher „Jour fixe" eingerichtet, bei dem zudem gemeinsam zwischen Orchester und Direktorium künstlerische Konzepte erarbeitet werden sollten. Zudem sollte ein neuer Vertrag zwischen den Festspielen und den Wiener Philharmonikern bis spätestens Juni 1994 dem Kuratorium zur Beschlussfassung vorgelegt werden. Im Gegenzug versprachen die Wiener Philharmoniker, das von der Festspielleitung kritisierte Substituten-System, in dem bei Proben andere Musiker als bei der Premiere spielten, aufzugeben und künftig mehr zeitgenössische Werke zu spielen. Philharmoniker-Vorstand Resel kommentierte das Ergebnis mit der Bemerkung: „Wir können damit nicht nur leben, wir sind sehr zufrieden. Unsere Wünsche sind zum großen Teil erfüllt worden. Wir bleiben der wichtigste künstlerische Teil der Salzburger Festspiele, und auf Grund dieses Gespräches bin ich sicher, dass Gérard Mortier keine Attacken mehr gegen uns reiten wird. ... Die Sieger sind die Salzburger Festspiele. Es darf keinen Krieg geben, aber die Atmosphäre muss neu aufgebaut werden. Das wird sicher sehr am Verhalten Mortiers liegen. Es wäre unklug, das Potential der Philharmoniker nicht für eine Reform zu nützen."[366]

Das vor allem von Landeshauptmann Katschthaler mit viel diplomatischem Geschick moderierte Gespräch beseitigte die atmosphärischen Trübungen, die mit erheblichem medialem Echo begleitete Erregung legte sich, wenngleich Mentalreservationen blieben. Trotz der in Salzburg erzielten Einigung erklärte das Orchester wenige Tage später, dass es bei der Absage der gemeinsam mit den Salzburger Festspielen für 1996 geplanten Japan-Tournee bleibe. Das Orchester habe in der Zwischenzeit den für die Tournee vorgesehenen Zeitraum bereits verplant.

Die angespannte Situation entkrampfte sich – allerdings nur vorübergehend – 1995, und Werner Resel erklärte zu Festspielbeginn bei einer Pressekonferenz, die Probleme und Konflikte zwischen den Salzburger Festspielen und dem Orchester seien nach ausführlichen Diskussionen beseitigt worden. „Das jetzige Verhältnis zum Direktorium ist ausgezeichnet." Man habe den Vertrag mit den Festspielen bis 1997, dem Ende der vertraglichen Funktionsperiode Mortiers, verlängert und denke nicht daran, in Salzburg, wie von manchen unterstellt, Personalpolitik zu betreiben. Mortier sei ein impulsiver Mann, der „aber auch durchaus brauchbare Ideen hat, was er ja auch bewiesen hat"[367].

Im Vorfeld der Verhandlungen über eine Vertragsverlängerung legten die Wiener Philharmoniker Anfang 1996 ihre Position vor allem im Bereich Mozart in indirekter, jedoch deutlicher Kritik an Mortiers Festspielphilosophie fest. Das Orchester habe, so Vorstand Resel, vorgesorgt, um in Salzburg mit einer großen und kleinen Besetzung gleichzeitig spielen zu können. Dies bedeutete, dass man besonderen Wert darauf lege, in Salzburg als Mozart-Orchester zu fungieren, und wolle auf der traditionellen „Vorrecht-Klausel" für die Da-Ponte-Opern („Figaro", „Così fan tutte" und „Don Giovanni") keineswegs verzichten. Im Gegenzug sei man bereit, auch neue Dirigentenengagements zu akzeptieren, lege jedoch Wert auf ein Mitspracherecht bei den Opern-Dirigenten. „An uns wird es nicht liegen, wir waren und sind für Experimente offen und hoffen auf eine uns entsprechende Behandlung."368

Am 26. April brachte das Orchester nach einer Vollversammlung seine Skepsis über die Entwicklung in Salzburg offiziell zum Ausdruck, indem Werner Resel bemerkte, es habe im Orchester zahlreiche kritische Stimmen über die Salzburger Festspiele gegeben. So hätten die Philharmoniker zwar ein Mitspracherecht bei der Gestaltung und Auswahl der Dirigenten der Konzerte, nicht jedoch bei den Opern. Man lege besonderen Wert auf das Engagement von gewissen Dirigenten wie etwa Riccardo Muti. In Salzburg bestehe eine immer deutlicher werdende Diskrepanz zwischen offiziellen Erklärungen und den tatsächlichen Verhältnissen. Zwar werde das Orchester bei offiziellen Reden stets gelobt und als unverzichtbarer Bestandteil der Festspiele bezeichnet, jedoch gezwungen, im Opernbereich mit Dirigenten zu arbeiten, mit denen sie „freiwillig" nie arbeiten würden. Die neue Salzburger Festspielphilosophie nehme einige der Lieblingsdirigenten des Orchesters demonstrativ nicht oder kaum zur Kenntnis. Angesichts der bevorstehenden Verhandlungen über eine Vertragsverlängerung in Salzburg über das Jahr 1998 hinaus hätten viele Orchestermitglieder ihre „künstlerische Unzufriedenheit" mit der Entwicklung der Festspiele geäußert. „… es gibt immer mehr Kollegen, die laut fragen, ob das Orchester im Sommer wirklich nach Salzburg fahren soll, wenn es dort nicht im philharmonischen Sinn präsent sein kann."369

Die Forderungen des Orchesters stießen allerdings bei Mortier auf Widerstand. So erklärte er gegenüber „News", er habe „sehr genaue Vorstellungen" über die Interpretation von Mozarts Opern. „Als Mozart-Dirigenten schätze ich Sylvain Cambreling oder Simon Rattle … Ich mag Michael Gielen und Christoph von Dohnányi. Aber eine einheitliche Linie kann sich daraus in Zukunft nicht ergeben. Es gibt zu viele Auffassungen. Außerdem werde ich in bestimmte Richtungen gedrängt. Zum Beispiel durch die Tatsache, dass die Wiener Philharmoniker, laut Vertrag, Mozart spielen sollen. Zu Recht, aber über Mozart-Interpretation denken sie anders als ich."370

Mortiers Haltung gegenüber den Wünschen der Wiener Philharmoniker und seine programmatische Planung für 1997 perpetuierten den Konflikt. Das Orchester wurde lediglich für eine der fünf Mozart-Opern vorgesehen und musste diese – „Die Zauberflöte" – zudem mit dem von ihm nicht geschätzten Christoph von Dohnányi spielen. In ihrer traditionellen Jahreskonferenz während der Festspiele erklärte Philharmoniker-Vorstand Werner Resel, es werde bei den Verhandlungen um eine Vertragsverlängerung sicherlich keinen von den Festspielen gewünschten Fünf-Jahres-Vertrag geben. Man wünsche zwar kein Mitspracherecht bei der Wahl der Opern, sehr wohl jedoch bei jener der Dirigenten. Ein Einvernehmen mit Mortier sei ohne einen Operndirigenten Muti nur schwer vorstellbar.371 „Muti ist für die Salzburger Festspiele und für uns wichtig", erklärte Werner Resel. „Das hat, glauben wir, auch Gérard Mortier begriffen. Nicht nur sein Standpunkt zählt, auch unserer. Muti ist nicht so konservativ wie verschrieen; und wir sind es auch nicht. Wir sind einfach gewöhnt, mit den besten Dirigenten zu arbeiten. Wir suchen einen schönen Mittelweg."372 Und bezüglich einer Vertragsverlängerung: „Was die Zukunft anlangt, werden wir jetzt den Kollegen zu berichten haben, wie sich die Festspiele unsere Mitwirkung vorstellen. Und dann erst können wir eine Vertragsverlängerung unterschreiben."373

Die am 10. August in Salzburg per Fax abgegebene Erklärung Riccardo Mutis, er werde während der Intendanz Mortier keine Oper mehr in Salzburg dirigieren, sondern lediglich seinen vertraglichen Konzert-Verpflichtungen den Wiener Philharmonikern gegenüber nachkommen, belastete die Beziehungen Mortiers zum Orchester, das nach wie vor die Frage seiner weiteren Mitwirkung bei den Festspielen bewusst in der Schwebe hielt und alle Verhandlungen über eine Vertragsverlängerung unterbrach. Besonderer Ärger herrschte über die Betrauung von Christoph von Dohnányi mit der musikalischen Leitung der Neuinszenierung von Mozarts „Zauberflöte" 1997. Das Orchester hatte sich mit dem Dirigenten überworfen, und Dohnányi machte keinerlei Anstalten, auf das Orchester zuzugehen. Zu Festspielende erklärte Philharmoniker-Vorstand Werner Resel, für das Orchester seien die Operndienste im abgelaufenen Sommer „eher erfolgreich verlaufen. Dass man uns aber im kommenden Sommer partout mit einem Dirigenten konfrontiert, mit dem die Zusammenarbeit alles andere als reibungslos verläuft, wird sich auf unsere Position gegenüber einer Vertragsverlängerung schon auswirken."[374]

Das Orchester ließ seine weitere Mitwirkung an den Salzburger Festspielen offen und begründete dies mit Differenzen mit Mortier, der die Wünsche des Orchesters bewusst missachte und dessen traditionelle Stellung im Programm der Festspiele systematisch mit vordergründigen und künstlerisch nicht haltbaren Argumenten ignoriere. Zudem änderte sich die Stimmung im Orchester durch dessen starke Verjüngung in den letzten Jahren. Vor allem die jüngeren Mitglieder waren eher bereit, Salzburg aus Protest zu verlassen, als die älteren, die bereits teilweise Häuser in Salzburg erworben hatten und Stadt und Land als zweite Heimat betrachteten. Das Orchester betonte zudem, es gehe ihm bei der Auseinandersetzung mit Mortier nicht ums Geld, sondern um ein besseres künstlerisches Angebot. Sollte der Intendant die Wünsche des Orchesters weiterhin ignorieren, werde man die Konsequenzen ziehen und Salzburg verlassen. Die Entscheidung sollte in den beiden Vollversammlungen des Orchesters am 9. und 16. Dezember 1996 fallen.

Im Vorfeld der Orchestervollversammlungen wurde bekannt, dass im Fall einer Entscheidung gegen Salzburg Wien bereit sei, einen vom Orchester erarbeiteten Plan eines dreiwöchigen Sommerfestivals zu realisieren. In Kooperation mit der Staats- und Volksoper, deren Direktoren Holender und Bachler diesem Vorhaben positiv gegenüberstanden, sollte ein entsprechendes Programm mit je einer Oper (z. B. „Rosenkavalier") in der Staatsoper und einer Operette (z. B. „Die lustige Witwe) in der Volksoper sowie ein Konzertprogramm erarbeitet werden. Der soeben aus dem Amt geschiedene Wiener Bürgermeister Helmut Zilk erklärte sich als Vater dieses Gedankens und bemerkte, dass Salzburg die Wiener Philharmoniker weit mehr brauche als umgekehrt. „Die Festspiele sind längst keine Reputation mehr für das Orchester."[375] Zilks Nachfolger Michael Häupl betonte, von einem Abwerben der Wiener Philharmoniker durch die Hauptstadt könne keine Rede sein, doch „wenn sich das Orchester bei den Festspielen in Salzburg nicht mehr wohl fühlt, sollen die Philharmoniker wissen, dass Wien willens und in der Lage ist, ihnen ein Fest auszurichten". Zudem wäre er als Bürgermeister „ja fahrlässig, wenn ich nicht jede Gelegenheit nütze, die Staatsoper zu bespielen. Und, was seit Jahren gefordert wird, auch in den Sommermonaten öffne, wenn es machbar ist."[376]

Die Wogen der Erregung gingen in Salzburg, wo man eine kulturpolitische Intrige Wiens vermutete, hoch. Im Kuratorium drängten die Vertreter Salzburgs darauf, dass der Bund ein eventuelles Konkurrenzunternehmen in Wien nicht mit Subventionen unterstützen dürfe. Die Drohkulisse der Wiener Philharmoniker gegenüber Mortier hatte erheblich an Gewicht bekommen. Dieser war angesichts eines drohenden Fernbleibens des Orchesters, den Hans Landesmann im Fall seiner Realisierung als „Katastrophe" bezeichnete,[377] zu Konzessionen bereit. In einem Brief erklärte er die Unverzichtbarkeit des Orchesters für die Festspiele und bot ihm einen 1999 beginnenden Mozart-Zyklus mit dessen bevorzugten Dirigenten an: „Don Giovanni" unter Lorin Maazel, „Figaros Hochzeit" unter Sir John Eliot Gardiner und „Così fan tutte" unter Claudio Abbado. Zudem werde er Kontakt mit Riccardo Muti aufnehmen, für den in Salzburg die Türen weit offen stünden, und er sei auch bereit, an der bevorstehenden Orchestervollversammlung teilzunehmen, um im persönlichen Gespräch alle Differenzen zu beseitigen.

Der Brief blieb seitens der Wiener Philharmoniker unbeantwortet. Das Orchester war verärgert, dass Mortier Christoph von Dohnányi als Dirigenten der einzigen vom Orchester bestrittenen Mozart-Oper „Die Zauberflöte" angesetzt und dem Orchester gegenüber versichert hatte, Sir Georg Solti stünde 1998 für Reprisen von „Fidelio" zur Verfügung, obwohl bereits mit dem vom Orchester nicht sonderlich geschätzten Michael Gielen ein entsprechender Vertrag abgeschlossen war. Und man war verärgert, dass Orchester von nicht absoluter Güte zunehmend für Opernaufführungen herangezogen wurden. Philharmoniker-Vorstand Werner Resel formulierte die Vorbehalte des Orchesters gegen Mortier mit dem vorhandenen massiven Un- und Missbehagen, das durch die Äußerungen und die Politik des Intendanten in den letzten Jahren entstanden sei. Zudem lasse die derzeitige Salzburger Dramaturgie unter dem Vorwand einer Reform eine systematische Demontage der künstlerischen Spitzenqualität erkennen. „Ich selbst habe Dr. Mortier bei seinem Salzburger Amtsantritt gesagt, dass er Vieles verändern muss, dass er an Monumenten rütteln muss. Doch jetzt sind wir

Zeugen eines Erdbebens, und keiner weiß, wie die Schäden repariert werden sollen. …
Zuerst hat Dr. Mortier auf die großen Sänger geschimpft. Die sind weggeblieben. Dann hat er die wichtigen Dirigenten hinausgeekelt."[378]
Und Riccardo Muti, einer der Lieblingsdirigenten der Wiener Philharmoniker und von diesen immer wieder für Opernaufführungen vorgeschlagen, erklärte Anfang Februar 1997 über seine Differenzen mit Mortier: „Ich und Mortier haben gut begonnen, dann gab es Missverständnisse und unterschiedliche Standpunkte über Konzepte und über Musik, und ich kann nur dort Musik machen, wo ich mich wohl fühle, was in Salzburg eben nicht mehr der Fall war. Und wenn die Angebote lauten: Parsifal, wenn ich es konzertant mache, und Don Giovanni, aber nur, wenn ich ihn nicht in Wien dirigiere, dann sind mir das zu viele Wenn. Falls man mich in Zukunft für eine Oper in Salzburg engagieren möchte, so werde ich sicher über Details der Produktion mitdiskutieren wollen. Bei der Traviata vor zwei Jahren war es Mortiers Idee, Herrn Pasqual als Regisseur zu holen, und nicht die meine, wie fälschlich behauptet wurde." Er sei, was die Regie anbelange, keineswegs konservativ, wie dies Mortier behaupte. „Ich bin – nur ein Beispiel von vielen – der einzige, der sieben Produktionen mit Luca Ronconi gemacht hat, und dieser ist nicht konservativ. Nur weil man mit den Herrmanns nicht zusammenarbeiten will, ist man doch nicht konservativ. Zudem: Man kann konservativ, aber intelligent, und gleichzeitig kann man revolutionär und sehr dumm sein. Das stimmt auch umgekehrt."[379]
In Salzburg befürchtete man angesichts des lukrativen Angebots Wiens an die Wiener Philharmoniker sowie der zahlreichen öffentlichen Erklärungen des Orchestervorstandes ein tatsächliches Fernbleiben des Orchesters und sah sich sowohl zu öffentlichen Liebesschwüren wie auch politischen Erklärungen veranlasst. Präsidentin Helga Rabl-Stadler erklärte: „Wir haben den Wiener Philharmonikern ganz klar und deutlich gesagt, dass die Salzburger Festspiele als künstlerisches Herzstück eben die Wiener Philharmoniker haben. Ich hoffe, dass diese immer wieder zum Ausdruck gebrachte Wertschätzung bei der Abstimmung des Orchesters eine Rolle spielt."[380] Salzburgs Landeshauptmann Franz Schausberger bemühte sich um ein direktes Gespräch mit dem Philharmoniker-Vorstand, um diesen vom Wunsch des Landes nach einem Verbleiben des Orchesters zu überzeugen. Das so umworbene Orchester fällte in seiner ersten Vollversammlung am 9. Dezember keine Entscheidung, nahm jedoch das Angebot des Landeshauptmanns zu einer Aussprache am 11. Dezember an. In dem in der Vollversammlung verabschiedeten Forderungskatalog wurde festgehalten, dass man eine angemessene Position im Festspielprogramm wünsche, d. h. auch eine entsprechende Berücksichtigung bei den Mozart-Opern, und nicht nur im Konzertsektor die Möglichkeit haben wolle, mit den vom Orchester bevorzugten Dirigenten zu arbeiten. Man werde sich auf Grund der Erfahrungen vergangener Abmachungen nicht mehr mit mündlichen Zusagen zufrieden geben, sondern – im Fall eines weiteren Verbleibens in Salzburg – nur mehr mit einer schriftlichen Vereinbarung.
Nach einer mehr als dreistündigen Aussprache zwischen den Vertretern der Wiener Philharmoniker – Werner Resel, Walter Blovsky, Clemens Hellsberg – und dem Direktorium der Salzburger Festspiele in den Amtsräumen des Salzburger Landeshauptmanns Franz Schausberger wurde am 11. Dezember Einigung über die Forderungen der Philharmoniker erzielt, die ihren Standpunkt weitgehend durchzusetzen vermochten und eine Vertragsverlängerung bis 2001 zusicherten. Sämtliche Programmpunkte, an denen das Orchester mitwirkte, mussten in den entsprechenden Publikationen gesondert herausgehoben werden. Die Philharmoniker wirkten pro Festspielsommer bei vier Opern mit, wobei die Zahl der Vorstellungen pro Oper acht nicht übersteigen durfte. Die Auswahl der Operndirigenten sollte in Zukunft aus dem Kreis jener Dirigenten vorgenommen werden, die sowohl das künstlerische Vertrauen Mortiers wie auch des Orchesters genossen. Den Wiener Philharmonikern wurde in der jeweiligen Eröffnungswoche der Festspiele ein Konzert oder eine Opernvorstellung reserviert, und die regelmäßigen Besprechungen zwischen dem Direktorium und den Philharmonikern sollten fortgeführt werden. Kuratorium und Direktorium würden für die Einhaltung der Punktation Sorge tragen.
In einem Interview mit den „Salzburger Nachrichten" erklärte Werner Resel die Position des Orchesters vor den Verhandlungen: „Es war der Wunsch aller Politiker, dass wir in Salzburg bleiben. Nicht nur der Bundeskanzler, auch Bundesminister Scholten

und der Landeshauptmann von Salzburg haben uns in diesem Sinn informiert. …
Man hat unsere Unzufriedenheit lange Zeit nicht ernst genomen. Natürlich sind Künstler sehr schnell unzufrieden. Wenn ein Künstler einmal eine dicke Haut hat, ist er kein Künstler mehr." Das Orchester habe reagieren müssen und seine Forderungen formuliert. „Ich verstehe sehr gut, dass der Herr Doktor Mortier nicht in Euphorie ausgebrochen ist. Aber es war der einzige Ausweg. Es ist in der Vergangenheit sehr viel vorgefallen. Es geht nicht um den letzten Tropfen, sondern um die vielen, die vorher ins Fass gefallen sind. Und ich kann Ihnen versichern: Wenn von unseren Forderungen wesentliche Abstriche gemacht worden wären, hätten wir dem nicht zustimmen dürfen. Dann wär's aus gewesen und wir hätten am darauf folgenden Montag nur mehr über die Alternativen gesprochen. Ich kann mir auch nicht vorstellen, dass es noch einmal so ein Gespräch geben wird. Es war mit Sicherheit das letzte dieser Art. Sie können mir glauben: Es war hart am Ende unseres Engagements in Salzburg. Man soll aber dafür nicht nur den Herrn Mortier verantwortlich machen, sondern all jene, die ihn agieren und über uns schimpfen haben lassen.
Es ist doch so: Wenn man so spät reagiert, tragen beide Seiten Schrammen davon. Im Grunde gibt es nur Verlierer. Aber uns wird man jetzt auch sagen: Na bitte. Sie bleiben ja doch in Salzburg. Sie rennen halt doch dem Geld nach. Dabei ist es uns allein ums Künstlerische gegangen. Übers Geld reden wir in Salzburg schon lange nicht mehr."[381]
Der durch erheblichen persönlichen Einsatz des Salzburger Landeshauptmanns Franz Schausberger und von Festspielpräsidentin Helga Rabl-Stadler erzielte Weihnachtsfriede ließ beide Parteien das Gesicht wahren. Gérard Mortier behielt seine Programmhoheit, musste sich jedoch mit den Wiener Philharmonikern in den diese betreffenden Opernproduktionen und Konzerten absprechen. Da Mortier auf Grund des enormen (kultur)politischen Drucks auf eine Mitwirkung des Orchesters nicht verzichten konnte, war er zu einem Einschwenken auf die Forderungen des Orchesters bereit und bescherte so dessen Vertretern einen „Punktesieg". Eine Woche später erklärte er anlässlich einer Pressekonferenz, er sei nicht nach Salzburg gekommen, um gegen die Wiener Philharmoniker zu agieren. Die Philharmoniker hätten berechtigte und moderate Forderungen gestellt. Er sei mit dem Orchester nicht immer einer Meinung, Reibungen seien daher normal. Man könne eben nicht immer die gleichen Dirigenten und die gleiche Musik lieben. Da ginge ja nichts vorwärts. Die Philharmoniker seien jedenfalls nicht seine Feinde.
Nach den Turbulenzen um die Aufnahme von Frauen in das Orchester sowie der Wahl eines die jüngere Generation repräsentierenden neuen Orchestervorstands im Mai 1997 – Clemens Hellsberg, Roland Altmann und Peter Pecha – signalisierten die Wiener Philharmoniker ihre musikalische Neugierde und Offenheit. Am 30. Jänner 1998 gab Franz Welser-Möst bei der Mozartwoche sein erfolgreiches Debüt als philharmonischer Dirigent, dem wenig später auch sein Debüt im Rahmen der Abonnementkonzerte folgen sollte. Das Orchester teilte mit, dass der musikalische Chef der Zürcher Oper neben Sir Simon Rattle und Sir Roger Norrington zu jenen Dirigenten der mittleren Generation zähle, mit denen man in Zukunft enger zusammenarbeiten wolle, d. h. auch bei den Salzburger Festspielen. Hinzu traten als Vertreter der älteren Generation Pierre Boulez und Nikolaus Harnoncourt, wobei die Bereitschaft zu einer stärkeren Zusammenarbeit mit Boulez auf der erstmaligen Begegnung bei einem Orchesterkonzert der Salzburger Festspiele beruhte.
Es signalisierte auch seine Innovationsbereitschaft im Bereich der Konzertprogrammatik. Nach heftigen Kontroversen mit Gérard Mortier über die Frage der philharmonischen Opern- wie auch Konzertdirigenten hatte man 1999 einen Modus vivendi erreicht, der zum Inhalt hatte, dass Mortier und Landesmann verstärkt auf die Dirigentenwünsche des Orchesters Rücksicht nahmen, während sich dieses stärker in die Programmatik der Festspiele einbrachte. Mit einer stärkeren programmatischen Öffnung vor allem im Konzertbereich wollte man dem Vorwurf begegnen, das Wiener Eliteorchester sei bequem, spiele selbst im traditionellen Konzertbereich ein lediglich beschränktes Programm und stehe der Moderne weitgehend ablehnend gegenüber. So dirigierten im Festspielsommer 2000 Lorin Maazel (Tristan und Isolde), Valery Gergiev (Don Giovanni), Sir Charles Mackerras (Médée) und Lothar Zagrosek – an Stelle des ursprünglich vorgesehenen Claudio Abbado – (Così fan tutte) die von den Philharmonikern bestrittenen Opern, während Wolfgang Sawallisch, Riccar-

do Muti, Valery Gergiev, Sir Roger Norrington und Zubin Mehta die sechs philharmonischen Konzerte leiteten. In diesen sechs Konzerten standen mit dem 2. Klavierkonzert von Johannes Brahms, dem Requiem von Robert Schumann und der selten aufgeführten monumentalen Symphonie dramatique „Romeo et Juliette" von Hector Berlioz nicht nur die thematischen Schwerpunkte des Festspielsommers, sondern mit Sergei Prokofjews Symphonie classique, Alfred Schnittkes Violakonzert, Igor Strawinskys „Der Feuervogel" und Olivier Messiaens monumentaler „Turangalila-Symphonie" auch Werke des 20. Jahrhunderts auf dem Programm.

Die viele Jahre bestehenden Irritationen zwischen den Wiener Philharmonikern und der Festspielleitung gehörten der Vergangenheit an, und das Orchester schloss gegen Jahresende 2000 einen neuen Vertrag über seine weitere Mitwirkung in Salzburg.

Die wiederhergestellte Harmonie wurde im Konzertprogramm des Festspielsommers 2001 deutlich: das Orchester spielte in jeweils einer Aufführungsserie Bruckner, Bartók und Haydn unter Riccardo Muti und Pierre Boulez und an drei Abenden Beethovens sämtliche Klavierkonzerte unter Sir Simon Rattle mit Alfred Brendel als Solisten. Rattle, von den Berliner Philharmonikern zum Nachfolger Claudio Abbados gewählt, hatte vor seiner Berliner Berufung mit dem Wiener Meisterorchester die Aufnahme eines Beethoven-Zyklus – sämtliche Symphonien und Klavierkonzerte – vereinbart. Zur Realisierung dieses Projekts war EMI als Exklusivfirma Rattles sogar bereit, den Dirigenten für die Aufnahme sämtlicher Beethoven-Klavierkonzerte im Wiener Musikverein freizugeben. Rattle wollte die Konzerte unbedingt mit Brendel einspielen, der jedoch einen Exklusivvertrag bei Philips hatte, sodass EMI nachgab und die Einspielung für Philips ermöglichte, die sich innerhalb kürzester Zeit als Verkaufsschlager erwies. Im Mai 2002 folgte die von der Kritik und vom Publikum ebenso gefeierte Aufnahme sämtlicher Beethoven-Symphonien für EMI.

Die heftig akklamierte Salzburger Aufführungsserie, gepaart mit Stücken von Arnold Schönberg und Gustav Mahler, sollte aus Sicht des Orchesters zweierlei beweisen: die Spannweite seines Repertoires von der Klassik bis zur Moderne sowie seine singuläre Kompetenz für Beethoven. In der Ära Mortier hatte sich das Orchester durch die Aufführungsserie sämtlicher Beethoven-Symphonien durch das Chamber Orchestra of Europe unter Nikolaus Harnoncourt und das City of Birmingham Orchestra unter Sir Simon Rattle übergangen gefühlt und seinen Unmut deutlich kundgetan. Für das zu einem ausgeglichenen Budget vom Kuratorium verpflichtete Direktorium wiederum waren die ausverkauften Beethoven-Konzerte der Wiener Philharmoniker nicht nur eine Art Wiedergutmachung an den Gekränkten, sondern auch ein erheblicher finanzieller Aktivposten, um das angestrebte Ziel zu erreichen.

VII. Tradition und Moderne – Eine neue Sicht auf die Moderne und neue Schwerpunktsetzungen im Bereich der Moderne – Mortiers Operntheater

Er wolle, so Gérard Mortier zu Beginn seiner Intendanz, in dem von ihm verantworteten Bereich der Oper Tradition und Moderne verbinden, wobei Mozart und die Oper des 20. Jahrhunderts den Schwerpunkt bilden sollten. Auf Mozart sollte im ästhetischen und musikalischen Sinn ein neuer Blick geworfen werden, die bisher im Programm der Festspiele vernachlässigte Oper des 20. Jahrhunderts in zeitgemäßen Inszenierungen und hochwertigen musikalischen Realisierungen dem Festspielpublikum nahe gebracht werden. Der neuen Dramaturgie entsprach auch ein die Ästhetik der Ära Karajan ablösender neuer Blick auf Richard Strauss, Verdi und die Große Oper sowie den in der Salzburger Programmatik auch verankerten Bereich der Barockoper und die Oper von Gluck über Rossini bis Donizetti.

VII. 1. DIE (UMSTRITTENE) NEUE SICHT AUF MOZART

Hatte die neue Festspielleitung die von der Kritik allgemein als wenig geglückt angesehene Hampe-Inszenierung von Mozarts „Hochzeit des Figaro" von den Osterfestspielen in das Programm ihres Eröffnungssommers übernommen, so sollte Mozarts „La Clemenza di Tito" in der Inszenierung von Ursel und Karl-Ernst Herrmann, der musikalischen Leitung Riccardo Mutis und einem weitgehend neuen Sängerensemble – Ben Heppner (Tito), Daniela Dessì (Vitellia), Elizabeth Norberg Schulz (Servilia), Ann Murray (Sesto), Vesselina Kasarova (Annio) und Pietro Spagnoli (Publio) – im Kleinen Festspielhaus die neue Sicht auf Mozart dokumentieren. Im Vorfeld der Aufführung kam es zum spektakulären Rückzug Riccardo Mutis, der die Inszenierung des Ehepaars Herrmann als gegen die Musik Mozarts gerichtet bezeichnete und durch Gustav Kuhn ersetzt werden musste. Muti hatte in mehreren Interviews bemerkt, er wolle keine konkreten Vorwürfe gegen das Ehepaar Herrmann erheben, da dadurch eventuell Voreingenommenheiten entstehen könnten. Publikum und Kritik sollten sich selber ein Urteil bilden.

Die Möglichkeit bot sich am 27. Juli. Die Reaktionen der Kritik waren konträr. Während die deutsche, ein Großteil der Schweizer und US-Presse, die „Salzburger Nachrichten" und „Profil" die Aufführung als Beginn einer in Salzburg höchst notwendig gewordenen modernen Mozart-Sicht feierten, stand ein Großteil der österreichischen Bundesländer- sowie der Wiener Zeitungen der Aufführung reserviert bis ablehnend gegenüber.

Gérard Mortier hatte unumwunden wissen lassen, dass er die Hampe-Inszenierung von Mozarts „Figaros Hochzeit", die bei den Osterfestspielen 1991 Premiere hatte und nach den Plänen Herbert von Karajans von den Sommerfestspielen anlässlich des Mozart-Jahres in ihr Programm übernommen worden war, lediglich aus ökonomischen Gründen in sein erstes Programmjahr übernommen habe. Dies wurde auch in der Gestaltung des Programmheftes deutlich, das in de facto völlig unveränderter Form aufgelegt wurde. Lediglich in einem eingelegten Faltblatt wurde die gegenüber dem Vorjahr veränderte Besetzung angeführt. Zu sehr war diese Produktion ein Symbol der Ära Karajan, mit deren Ästhetik und musikalischem Verständnis sich der neue künstlerische Leiter der Festspiele nicht identifizieren konnte. In Sachen Mozart bot sich somit im Festspielsommer 1992 die Gelegenheit, an Hand von drei Reprisen – zwei Brüsseler Inszenierungen („La Clemenza di Tito" und „La finta giardiniera") und eine der Karajan-Ära („Le Nozze di Figaro") – die unterschiedlichen Dramaturgien und ästhetischen Zugänge zu vergleichen. Brüssel gegen Salzburg, wenn auch nur im Rückblick, bestimmte das Mozart-Programm des ersten Festspielsommers der Ära Mortier.

Hampes Regie zeigte, der neuen Festspielphilosophie folgend, gegenüber dem Vorjahr deutlich schärfere Konturen, betonte den gesellschaftskritischen Aspekt des Stücks. Peter Cossé kommentierte, es sei, „als hätte man die komplette Bühne aus der Reinigung geholt und obendrein … auch noch das nobel-bäuerliche Holz-Interieur neu abgezogen … Kein operndramatisches Kleidungsstück mithin …, sondern eine gesäuberte, im doppelten Sinn tragbare Angelegenheit."[382] Auch für Edith Jachimowicz hatte die Aufführung szenisch „zweifellos … gewonnen",[383] während es sich für einen Großteil der Kritik um vergebliche Liebesmüh handelte. Die Produktion sei bereits 1991 sowohl szenisch wie musikalisch langweilig und ohne Esprit gewesen, und darin habe sich auch bei der Wiederaufnahme nichts geändert. Dieses „Auslaufmodell", so Karlheinz Roschitz, werde, trotz eines teilweise neuen Ensembles, im folgenden Jahr zu Recht aus dem Programm genommen.[384]

Hatte „La Clemenza di Tito" als Modifikation einer bereits in Brüssel gezeigten Regiearbeit des Ehepaars Herrmann die neue Sicht auf Mozart angedeutet, so folgte 1993 mit der Neuinszenierung von „Così fan tutte" im Kleinen Festspielhaus die erste originäre Mozart-Produktion der Ära Mortier.

Sorgte 1992 im Vorfeld von „La Clemenza di Tito" Riccardo Muti durch seinen Rückzug von der musikalischen Leitung für erhebliche Aufregung und publizistische Resonanz, so war die Regie im Vorfeld von Mozarts „Così fan tutte" im folgenden Jahr ebenfalls von erheblichen Turbulenzen begleitet. Ursprünglich hatte Mortier das Regieteam Luc Bondy und Karl-Ernst Herrmann, die die Oper bereits in Brüssel erarbeitet hatten, eingeladen. Um dem Vorwurf einer bloßen Neuauflage einer bereits in Brüssel gezeigten Inszenierung zu entgehen, verband Mortier die Übernahme der Produktion mit der Auflage einer völlig neuen Regie. Bondy lehnte dies jedoch mit der Begründung ab, er wüsste nicht, wie er „die Oper nach Brüssel anders machen sollte; ich hatte keine Lust, mich zu wiederholen"[385]. Bondy übernahm die Regie der Uraufführung von Botho Strauß' „Das Gleichgewicht", und Mortier übergab die Regie von „Così fan tutte" an Guy Joosten, Oberspielleiter des Hamburger Thalia-Theaters. An Stelle von Karl-Ernst Herrmann wurde Erwin Piplits, Chef des Wiener Serapions-Theaters, mit dem Bühnenbild betraut. Drei Wochen vor der Premiere legte jedoch Joosten aus persönlichen Gründen die Regie zurück und Piplits übernahm neben dem Bühnenbild auch die Regie. Zu allem Unglück erkrankte Cecilia Bartoli, der mit Spannung erwartete neue Mezzo-Star am italienischen Opernhimmel, kurz vor der Premiere und musste in den ersten beiden Aufführungen durch Elzbieta Szmytka ersetzt werden.

Die Arbeit Piplits' stieß beim Publikum und der Kritik auf heftige Ablehnung. So bemerkte Jürgen Seeger im Bayerischen Rundfunk, dass nach der Absage von Guy Joosten der Bühnenbildner Erwin Piplits „die undankbare Aufgabe" übernommen habe, „im Schnellverfahren doch noch so etwas wie eine Inszenierung aus dem Ärmel zu schütteln. Doch der Ärmel war kein Füllhorn, sondern ziemlich leer. … Eine dramaturgische Linie wird nicht sichtbar." Auch beim Bühnenbild seien nur „eher bescheidene Ideen" zu sehen. „Paravents und hohe Wände, mal mit Wasserflecken, mal mit Sprühgraffiti und Kritzeleien; immer irgendwie in edel-dekorativem Schmuddel-Look."[386] Selten war sich die Kritik so einig wie in der Beurteilung dieser Produktion: misslungen und auch sängerisch nur mit deutlichen Einschränkungen auf Festspielniveau. Die Reaktionen auf die musikalische Leitung Christoph von Dohnányis waren unterschiedlich und reichten von rau und lieblos bis überaus inspiriert und ausbalanciert.

Durchwegs große Zustimmung beim Publikum, jedoch unterschiedliche Reaktionen bei der Kritik löste das letzte Relikt der Vor-Mortier-Ära, die Wiederaufnahme von Mozarts „Zauberflöte" in der Regie von Johannes Schaaf, der Ausstattung von Rolf und Marianne Glittenberg und der musikalischen Leitung von Bernard Haitink, der Georg Solti ablöste, aus. Die Skala der Urteile reichte von „Relikt aus verblichenen Festspielzeiten: Mozart selten so verfehlt"[387] bis zur gelungenen Herausarbeitung des „Charakters der Zauber- und Märchenoper"[388].

Die Erwartungen in Richtung exemplarischem und zukunftsweisendem Mozartstil waren im Festspielsommer 1994 hoch gespannt. Die Ankündigung Gérard Mortiers, Patrice Chéreau, der 1976 bis 1979 mit seinem „Jahrhundert-Ring" in Bayreuth für kontroversielle Diskussionen und schließlich international für Furore gesorgt und 1982 in Brüssel mit „Lucio Silla" erstmals Mozart inszeniert hatte, werde „Don Giovanni" inszenieren, verlieh der mit Spannung erwarteten Premiere im Großen Festspielhaus die Aura des Außergewöhnlichen, eines Gala-Abends in Karajan-Format. Hatte in Bayreuth Pierre Boulez die musikalische Leitung inne, so in Salzburg Daniel Barenboim, mit dem Chéreau bereits 1989 für die Bastille-Oper eine Produktion der Mozart-Oper geplant hatte. Die Übernahme der Operndirektion durch Barenboim zerschlug sich und in deren Folge auch die beabsichtigte gemeinsame Produktion, um nun fünf Jahre später in Salzburg doch noch realisiert zu werden. Chéreau, ehemaliger Assistent von Giorgio Strehler, und der von ihm bevorzugte Bühnenbildner Richard Peduzzi wandelten dabei auf den Spuren von Giorgio Strehler und dessen Ausstatter Ezio Frigerio. Ebenso wie Strehler arbeitete Chéreau mit einer stark gestisch prononcierenden, choreografischen Bewegungsregie. Im Vorfeld nannte Mortier die Inszenierung „epochal", sie werde bis über die Jahrtausendwende hinaus gespielt werden, und Chéreau ließ wissen, dies sei seine letzte Operninszenierung, da Oper für ihn einfach zu anstrengend sei. Die Reaktionen des Großteils der Kritik entsprachen jedoch nicht den hoch gesteckten Erwartungen, Salzburg präsentierte keineswegs einen „Jahrhundert-Giovanni", sondern lediglich einen szenisch bemerkenswerten und interessanten, musikalisch jedoch keineswegs spannenden. Für Wolfram Goertz blitzte „Chéreaus Meisterschaft lediglich in einigen Details auf"[389].

„Don Giovanni" war die einzige Neuinszenierung einer Mozart-Oper im Festspielsommer 1994. Auf Grund der Schwerpunktsetzung im Bereich der Oper des 20. Jahrhunderts erfolgte in der Ära Mortier – mit Ausnahme des Jahres 1997 – nur jeweils eine originäre Neuinszenierung einer Mozart-Oper. Alle übrigen Mozart-Opern waren entweder Reprisen oder Übernahmen von bzw. Koproduktionen mit den Osterfestspielen oder der Internationalen Stiftung Mozarteum (Mozart-Woche). Das vom Ehepaar Herrmann zusammengestellte Mozart-Pasticcio „Ombra felice" hatte bereits bei der Mozart-Woche im Jänner Premiere, und „La Clemenza di Tito" mit einem teilweise neuen Ensemble war eine Reprise der bei ihrer Premiere 1992 so umstrittenen Produktion des Ehepaars Herrmann. Auch 1994 divergierten die Urteile der Kritik über Regie und Ausstattung nach wie vor erheblich. Von besonderem Interesse war jedoch in diesem Festspielsommer die Ablöse der durch andere Opernproduktionen völlig ausgelasteten Wiener Philharmoniker durch die von Sandor Vegh auf Weltklasseniveau gehobene Camerata Academica, die damit neben Strawinskys „The Rake's Progress" zwei Mozart-Opern spielte und sich dem direkten Vergleich mit dem Wiener Eliteorchester stellte. Wenngleich die Wiener Philharmoniker immer wieder betonten, dass sie die großen Mozart-Opern in Salzburg exklusiv spielen wollten, konterkarierte Mortier diesen Wunsch geschickt mit seiner Erweiterung des Opernangebots im Bereich des 20. Jahrhunderts, in dem er dem Orchester interessante Aufgaben offerierte, die jedoch seine Kapazitäten erheblich in Anspruch nahmen, sodass für das erweiterte Opernangebot zusätzliche Ensembles engagiert werden mussten. Im Bereich der Mozart-Opern wurden dafür vor allem die beiden Salzburger Orchester herangezogen. Die Camerata Academica hielt dem direkten Vergleich bei „La Clemenza di Tito" stand und erhielt ebenso blendende Kritiken wie Gustav Kuhn, der Einspringer in letzter Minute des Jahres 1992, der diesmal für die Einstudierung allein verantwortlich zeichnete.

Patrice Chéreau überarbeitete im Jubiläumssommer 1995 seine kontroversiell diskutierte „Don Giovanni"-Inszenierung, griff an Stelle der 1994 verwendeten Mischfassung auf die stringentere Prager Fassung zurück, hellte die 1994 weitgehend in Schatten getauchte Bühne auf und machte im helleren Licht die Dramatik des Geschehens, das weniger von Don Giovanni als vielmehr von den Begierden sämtlicher Personen vorangetrieben wird, deutlich. Chéreaus „work in progress" erntete beim Publikum begeisterten Applaus, stieß jedoch bei der Kritik nach wie vor auf zurückhaltende und zum Teil völlig kontroversielle Reaktionen. Joachim Kaiser resümierte, man habe „trotz aller … heiter-lebendigen Vorzüge" dieser überarbeiteten Inszenierung „in Salzburg keine wirklich große, gewichtige, gar zu Herzen gehende Aufführung" erlebt.[390]

Mit besonderer Spannung wurde die Eröffnungspremiere des Jubiläumssommers, Mozarts „Die Hochzeit des Figaro", in der Regie von Luc Bondy, der mit „Salome" in Salzburg einen Triumph gefeiert hatte, dem Bühnenbild von Richard Peduzzi, der bisher in der Oper nur mit Chéreau gearbeitet hatte, und der musikalischen Leitung von Nikolaus Harnoncourt, der damit in Salzburg als Dirigent einer Mozart-Oper debütierte, erwartet. Im Vorfeld der Aufführung war es zu Spannungen zwischen den Wiener Philharmonikern und Gérard Mortier gekommen. Die Wiener Philharmoniker lehnten Harnoncourt als Operndirigenten ab. Da Mortier Harnoncourt jedoch bereits engagiert hatte, musste er ein anderes Orchester engagieren. Seine Wahl fiel auf das Chamber Orchestra of Europe, mit dem Harnoncourt bereits seit Jahren zusammenarbeitete.

Paul Blaha bemerkte zu Beginn seiner Rezension der mit Spannung erwarteten Eröffnungspremiere: „Schon lange nicht hat eine Aufführung der Salzburger Festspiele eine so kontroverse Beurteilung erfahren wie die Neuinszenierung ‚Le Nozze di Figaro' im Kleinen Festspielhaus. Von manchen Rezensenten wurde sie als bahnbrechende Neudeutung geradezu euphorisch begrüßt, andere wieder verdammten sie in Grund und Boden. Und auch das Publikum reagierte gespalten; Zustimmung wie Ablehnung hielten sich die Waage, und beides wurde mit einer Leidenschaft vertreten, wie sie in Salzburg bisher eigentlich fremd gewesen ist. Kein Zweifel, dieser neue ‚Figaro' hat einen empfindlichen Nerv getroffen und so manchen Festspielbesucher möglicherweise aus der betulichen Gewissheit aufgeschreckt, dass in der verbürgten Tradition schon die künstlerische Wahrheit liege."[391]

Das Spezielle und kontrovers Beurteilte dieser Interpretation war der gravitätische Grundduktus von musikalischer Interpretation und Inszenierung. Harnoncourts Tempi waren nicht nur deutlich langsamer als in seiner Zürcher Interpretation Ende der achtziger Jahre, sondern durch Temporückungen, Pausen und Betonung der Rezitative gekennzeichnet, denen Luc Bondys Regie Punkt für Punkt entsprach. Bondy inszenierte in Übereinstimmung mit Harnoncourt, so die Kritik, Mozart à la Tschechow. Und er klammerte den revolutionären Aspekt des Stücks zugunsten der Betonung der Leidenschaften mit der Begründung aus, er habe diesen in dem Stück von Beaumarchais nicht entdecken können. „Schon an Beaumarchais' Vorlage kann ich nichts Revolutionäres entdecken. Die Oper ist tragischer, allein schon der Musik wegen. Bei Mozart spielen sich wahre Herzenstragödien ab."[392] Und er gestand, in seiner Inszenierung von Ingmar Bergman beeinflusst worden zu sein.

Die verstörende und ungewohnte Sicht Harnoncourts/Bondys rief völlig unterschiedliche Reaktionen hervor. Sie reichten von „depressiv und witzlos"[393] bis Mozart, „fern allem Rokoko-Getändel", eine Aufführung, in der keinerlei „Regie-Willkür" feststellbar sei, sondern die Übereinstimmung von Musik und Szene.[394]

Die 1996 erfolgenden Wiederaufnahmen von „Don Giovanni" und „Die Hochzeit des Figaro" wurden durch zwei Salzburg-Debütanten geleitet: Edo de Waart, Chef der Oper in Sydney, und Donald Runnicles, Chef der Oper in San Francisco und oftmaliger Dirigent der Wiener Staatsoper. Beide vermochten jedoch die Kritik nicht zu überzeugen und wurden als solides internationales Mittelmaß beurteilt. Salzburg drohe durch die Präsentation des Niveaus von Repertoirevorstellungen größerer Opernhäuser, so der Grundtenor zahlreicher Kritiker, seine internationale Mozart-Kompetenz zu verlieren. So bemerkte Penelope Turing in ihrer Rezension des von Edo de Waart geleiteten „Figaro": „It seems a pity that Salzburg, Mozart's birthplace and one of Europe's most renowned music festivals, should present this mediocre Figaro."[395] Hans Jansen berichtete über die „Don Giovanni"-Aufführung bedauernd, dass diese „in keiner Phase jene überirdische Harmonie" auszustrahlen vermochte, „mit der das legendäre Wiener Mozart-Ensemble der 50er Jahre stilbildend zu beglücken wusste"[396].

1997 war Mozart mit fünf Produktionen im Festspielprogramm prominent vertreten. Von den fünf Produktionen waren zwei Wiederaufnahmen („La Clemenza di Tito", „Lucio Silla"), eine Übernahme von der Mozartwoche im Jänner („Mitridate") und zwei Neuinszenierungen („Die Entführung aus dem Serail", „Die Zauberflöte"). Mit „Mitridate", „La Clemenza di Tito" und „Lucio Silla" wurde ein programmatisch stimmiges Opera-seria-Triptychon präsentiert, handelt es sich doch bei allen drei um ein Psychogramm der Macht, ihrer verändernden und auch zerstörerischen Wirkung auf Menschen. Dem Thema Macht konnten auch „Die Entführung aus dem Serail" und „Die Zauberflöte" zugerechnet werden. Der palästinensische Regisseur Abou Salem unternahm im Hof der Residenz vor dem Hintergrund des Palästinaproblems einen Blick auf Mozarts Singspiel unter dem Aspekt von Gewalt, Gefangenschaft, Geiselnahme, während Achim Freyer in Fortentwicklung seiner vor beinahe zwei Jahrzehnten erfolgten Hamburger Inszenierung den Konflikt zwischen den Reichen Sarastros und der Königin der Nacht in den Mittelpunkt stellte.

Bei Mozart, so Mortiers wiederholte Erklärungen, gehe es ihm vor allem im Bereich der szenischen Realisierung und der musikalischen Interpretation um verschiedene Sicht- und Interpretationsweisen. *Die Wahrheit in Sachen Mozart gebe es nicht*, weshalb sich Salzburg nicht auf *eine* Sicht reduzieren dürfe. Dies führte seit 1992 nicht nur zu einem Stilmix der Inszenierungen sowie, sehr zum Ärger der Wiener Philharmoniker, zum Engagement verschiedener Orchester und neuer Dirigenten wie Gustav Kuhn, Sylvain Cambreling, Heinz Holliger, Donald Runnicles, Edo de Waart, Sir Roger Norrington, Marc Minkowski, Sir Charles Mackerras, Lothar Zagrosek, Michael Gielen und Valery Gergiev, sondern zu einer permanenten Diskussion über die Frage einer spezifischen Salzburger Mozart-Dramaturgie sowie der musikalischen und vor allem auch sängerischen Qualität der Aufführungen.

Die Neuinszenierungen des Festspielsommers 1997, „Die Entführung aus dem Serail" und „Die Zauberflöte", lösten heftige Diskussionen und völlig konträre Reaktionen der Kritik aus, die sich nicht entlang der klassischen Fronten der Kritiker verorten ließen. Mortier hatte den in Frankreich lebenden, im Libanon geborenen Palästinenser François Abou Salem mit der Regie und den in Israel geborenen Palästinenser Akram Tillawi, der auch die Rolle des Bassa Selim spielte, mit der Choreographie der „Entführung" beauftragt, die wiederum im Hof der Residenz gegeben wurde. Salem kam aus der Schule von Ariane Mnouchkines „Théâtre du Soleil" und arbeitete als Theaterleiter in Paris und Jerusalem. Bereits im Vorfeld der Premiere hatte er erklärt, seine Inszenierung ändere den Blickwinkel und sei eine zeitgenössische Reise in die arabisch-moslemische Kultur. Die mit deutlichen Anspielungen auf den Nahostkonflikt und die Lage der Palästinenser aktualisierte Handlung wurde in eine durch Hochsicherheitsmaßnahmen abgesicherte Residenz eines aufgeklärten, jungen und intelligenten arabischen (palästinensischen) Machthabers verlegt, der durch den Vater Belmontes in einen „schmutzigen Krieg" verwickelt wurde, in dessen Verlauf Land an den Gegner verloren ging. In Erweiterung des Librettos, gleichsam als arabisch-moslemisches Stück im Stück, rezitierte er Liebesgedichte seines Lieblingslyrikers Mirza Qa'ani, Texte des Mystikers und Philosophen al-Halladsch und Teile aus einer Dichtung von Kalil Gibran über das Verhältnis von Vernunft und Leidenschaft. Der so gezeigte Bassa Selim war ein Anhänger des Sufismus und entsagte am Ende der Politik, indem er sich in das weiße Gewand der Derwische kleidete und deren ekstatischen Tanz begann. Wenngleich Mozart 1781 bei der Komposition seines Singspiels bewusst die salonfähig gewordenen Elemente der Janitscharenmusik, die auch die österreichische Militärmusik beeinflusste, einarbeitete, erfolgte in der Salzburger Inszenierung die Erweiterung der Musik Mozarts durch extensive Einschübe arabischer Musik. So ging dem zweiten Akt ein fast 20-minütiges Vorspiel voraus, in dem die Haremsdamen zum Klang der Schlagzeuge und der Nay tanzten.

Die Reaktionen des Publikums und der Kritik waren völlig konträr und reichten von einem der „bedeutendsten Opernwürfe der jüngsten, fürwahr nicht armen hiesigen Festspielgeschichte", einem „großen Abend"[397] bis zu „ausladendem Orientalismus der geschmäcklerischen Art", der Mozarts Musik völlig überflüssig mit arabischer Musik „aufbläht".[398]

Erheblich heftigere ablehnende Reaktionen des Publikums folgten vier Tage später auf Achim Freyers Inszenierung und Ausstattung von Mozarts „Zauberflöte" in der Felsenreitschule. Herbert Graf und Oskar Kokoschka 1955/56 und Jean-Pierre Ponnelle 1978–1986 hatten Mozarts letzte Oper in der Felsenreitschule stilbildend inszeniert und die Naturkulisse virtuos zu nutzen gewusst. Achim Freyer, der 1982 die Oper in Hamburg mit bemerkenswertem Erfolg inszeniert hatte – die Produktion stand nach 15 Jahren und über 200 Aufführungen noch immer auf dem Programm –, war von Gérard Mortier mit der Salzburger Aufführung betraut worden. Wie in Hamburg war Christoph von Dohnányi für die musikalische Leitung verantwortlich, wobei ihm in Salzburg ein hervorragendes junges internationales Ensemble – u. a. René Pape (Sarastro), Michael Schade (Tamino), Natalie Dessay (Königin der Nacht), Sylvia McNair (Pamina), Matthias Goerne (Papageno), Olga Schalaeva (Papagena), Robert Wörle (Monostatos) – zur Verfügung stand. Mozarts vielschichtige und am schwierigsten zu inszenierende Oper wurde von Freyer in einem mit Bemerkungen von Platon bis Leonardo da Vinci argumentierenden intellektuellen Spiel in ein Zirkuszelt verlegt, das den Raum der Felsenreitschule ausfüllte. Die Naturkulisse wurde durch die akustisch äußerst ungünstige Verhängung der Arkaden völlig ausgeblendet. Die (Märchen-)Handlung wurde ihres typischen Wiener Pawlatschen- und Vorstadttheater-Charakters mit ihren von der Frei-

maurerei inspirierten pädagogisch-aufklärerischen Elementen entkleidet und unter Hinweis auf Platons Text vom dritten, dem mann-weiblichen Geschlecht, zu einem mit Symbolen angereicherten Kampf der Geschlechter und dessen Happy End.
In Freyers von überbordenden optischen Reizen und Fabelwesen dominierter Inszenierung, die sich in zahlreichen Sequenzen an seiner Hamburger Arbeit orientierte, traten lediglich Tamino und Pamina als „normale" Menschen auf, freilich auch sie in karikierender Zeichnung: Tamino im Matrosenanzug mit einer Schreibtafel, Pamina in einem an Pierrot erinnernden Kostüm. Die Bilder- und Symbolflut der Inszenierung, die Transformation der Handlung in das Clown-Milieu entfachte nicht nur heftige Reaktionen des Publikums, sondern auch der Kritik. Zustimmung kam von den überregionalen deutschen und Schweizer Tageszeitungen (Frankfurter Allgemeine Zeitung, Süddeutsche Zeitung, Die Zeit, Basler Zeitung, Neue Zürcher Zeitung) sowie einem Teil der österreichischen Bundesländerpresse, Ablehnung vom Großteil der deutschen Regionalzeitungen und sämtlichen überregionalen österreichischen Zeitungen (Die Presse, Kurier, Der Standard, Kronen Zeitung, Die Furche).
Die Wiederaufnahme der 1992 so umstrittenen Herrmann-Inszenierung von Mozarts oftmals ungeliebtem Spätwerk, seiner Krönungsoper „La Clemenza di Tito", bildete den Schlussakzent in dem insgesamt fünf Opern umfassenden Mozart-Schwerpunkt des Festspielsommers 1997. Das Ehepaar hatte in seiner Regie eine deutliche Dramatisierung vorgenommen, die Ästhetik des Bühnenbildes durch eine stärkere Betonung des Seelendramas ergänzt und damit die Spannung der Handlung betont. Doch nicht nur wesentliche Teile des Regiekonzepts hatten sich geändert, sondern auch die Besetzung. Neben dem Dirigenten Gustav Kuhn war von der ursprünglichen Besetzung des Jahres 1992 nur mehr Patricia Schumann als Vitellia übrig geblieben. Jerry Hadley sang nunmehr die Titelrolle, Dorothea Röschmann die Servilia, Vesselina Kasarova den Sesto, Debora Beronesi den Annio und Lorenzo Regazzo den Publio. An Stelle der Wiener Philharmoniker saß die Camerata Academica, wie bei allen drei Opera-seria-Vorstellungen dieses Festspielsommers, im Orchestergraben. Die Aufführung wurde vom Publikum mit Jubel quittiert und vom Großteil der Kritik als Verbesserung gegenüber der ersten Aufführungsserie 1992/93 beurteilt, wobei vor allem Vesselina Kasarova als Sesto übereinstimmend die überragende sängerische Leistung des Abends attestiert wurde.

1998 folgte im Residenzhof in unveränderter Besetzung die Wiederaufnahme der kontroversiell aufgenommenen Inszenierung von Mozarts „Die Entführung aus dem Serail" durch François Abou Salem und die übereinstimmend gelobte musikalische Leitung Marc Minkowskis.

Die zweite Wiederaufnahme galt der ebenfalls umstrittenen Luc Bondy-Inszenierung von „Hochzeit des Figaro" aus dem Jahr 1995. Hatte Harnoncourt, dessen Tempi bei der Premiere für Irritationen und Diskussionen gesorgt hatten, sich 1995 von den Festspielen und damit auch der musikalischen Leitung dieser Produktion zurückgezogen, so dirigierte im folgenden Jahr Edo de Waart die Reprise. Die neuerliche Reprise 1998 wurde von der Festspielleitung nicht ohne Grund als Neueinstudierung bezeichnet. Die Wiener Philharmoniker hatten sich in ihrem Vertrag mit den Salzburger Festspielen die großen Mozart-Opern gesichert und kehrten nach sechs Jahren Abwesenheit an Stelle des Chamber Orchestra of Europe wiederum in den Orchestergraben zurück. Der englische Dirigent Sir Charles Mackerras, der für Decca mit den Wiener Philharmonikern eine viel beachtete Serie von Janáček-Opern eingespielt hatte und durch seine zahlreichen Platteneinspielungen als Mozart- und Janáček-Spezialist galt, gab im Alter von 72 Jahren sein spätes Salzburg-Debüt. Luc Bondy zog sich von der Regieverantwortung völlig zurück, sodass sein Name auch nicht mehr im Programmheft aufschien. Die Regie übernahm sein ehemaliger Assistent Joël Lauwers, und auch die Beleuchtung wies mit Dominique Bruguière einen neuen Verantwortlichen auf.

Sir Charles Mackerras, auch ein früher Pionier der historischen Aufführungspraxis, hatte den Wiener Philharmonikern seine musikologischen Anmerkungen zu Mozarts Partitur, deren dritter und vierter Akt sich in Krakau befinden, gegeben und die Orchesterstärke auf jene zur Zeit Mozarts reduziert. Dies bedeutete im Fall der Streicher acht erste und acht zweite Violinen, vier Bratschen, fünf Celli und drei Bässe. In einem Interview mit Peter Fuhrmann bemerkte er zur Konfrontation der Wiener Philharmoniker mit seinen Partituranmerkungen: „Nun haben die Philharmoniker den ‚Figaro' so oft gespielt, dass sie ihn auswendig können. Also muss ich ständig sagen: Bitte spielen Sie, was dasteht! Sie haben sich in dieser kurzen Zeit dem wirklich wundervoll angepasst. Ich weiß nicht, ob sie es mögen, aber falls sie glauben, dass es gegen ihre Tradition ist, zeigen sie das nicht, sondern sind sehr kooperativ."[399] Mackerras' Eindruck sollte ihn nicht trügen. Die Wiener Philharmoniker wollten beweisen, dass sie das beste Mozartorchester der Welt sind und die Betrauung des Chamber Orchestra of Europe ein Verstoß gegen die Salzburger Festspieltradition und auch deren Niveau war. Sie realisierten, so die übereinstimmende Meinung der Kritik, die vor allem in den beiden ersten Akten – im Vergleich zu Harnoncourt – sehr raschen Tempi ebenso virtuos wie deren deutliche Zurücknahme in den beiden folgenden.

Die vom Publikum und erheblichen Teilen der Kritik 1997 teilweise heftig kritisierte Achim-Freyer-Inszenierung von Mozarts „Zauberflöte" in der Felsenreitschule hatte vor allem wegen der akustischen Problematik der Zeltkonstruktion des Bühnenbildes auch negative Reaktionen der Wiener Philharmoniker hervorgerufen. Das Orchester forderte szenische Umbauten, um die Akustik, die einen Teil des Orchesterklangs verschlang, zu verbessern. 1999 machte man aus der Not eine Tugend. Da die Felsenreitschule durch die Uraufführung von Luciano Berios „Cronaca del Luogo" sowie die Neuinszenierung von Hector Berlioz' „La Damnation de Faust" belegt war, übersiedelte die Wiederaufnahme der „Zauberflöte" in die adaptierte Messehalle. Mozarts Oper, die kein Logentheater, sondern viel eher ein „Brettertheater" der Vorstadt verlangte, sei damit, so Gérard Mortier, „auf höchstem Niveau in der Vorstadt" Salzburgs angekommen.[400] Das traditionelle Festspielpublikum strömte auch in die Vorstadt, um stilgerecht auf den harten Plastiksesseln Freyers Mozartsche Zirkuswelt zu bestaunen. Freilich, der erhoffte Andrang vor allem auch der Salzburger, in deren Lebenswelt man nach Mortier übersiedelt war, ließ zu wünschen übrig. An Stelle der 18.600 Karten des Jahres 1997 hatte man in der für vier Millionen Schilling umgebauten Messehalle für zehn Vorstellungen insgesamt 22.000 aufgelegt, die, im Gegensatz zum Jahr 1997, nur schwer an den Mann und die Frau zu bringen waren. Die Übersiedlung der Freyer-Inszenierung in die anonyme Zweckarchitektur der Messehalle sollte sich auf Grund der spezifischen Sicht des Regisseurs auf Mozarts rätselhafte letzte Oper als geglückt erweisen. Stefan Musil bemerkte, dass Freyers „circensische Zauberflötenwelt … endlich ein Umfeld" habe, „in dem sie ungehemmt wirken kann. – Wozu auch einen historischen, spezifischen Raum für eine Inszenierung verwenden, die in der vazierenden Artistenwelt angesiedelt ist? Für etwas, das … nur eines verlangt: unvoreingenommene Naivität – und davon reichlich. Denn nur dann wirkt sie, wirkt wie ein dralles, kunterbuntes Spektakel, voll originärer Effekte und Einfälle, das erwachsene Kinderaugen leuchten lässt."[401] Dennoch, die Ära Mortier/Landesmann hatte kein Glück mit Mozart, konnte dem Anspruch Salzburgs als Ort exemplarischer Interpretationen nicht gerecht werden. Die in den Vorberichten mit viel Lob bedachte und daher mit Spannung erwartete 13. Inszenierung von „Don Giovanni" durch Luca Ronconi und deren musikalische Leitung durch Lorin Maazel 1999 wurde vom Publikum mit zahlreichen Buh-Rufen und von der Kritik unisono mit negativen Kommentaren bedacht. Ronconi habe Mozarts Vertonung des Don-Juan-Stoffes de facto nicht inszeniert, das Bühnenbild und die Kostüme von Margherita Palli und Marianne Glittenberg böten lediglich halblustigen bis peinlichen Modernismus und Lorin Maazel zerdehne die Musik bis zur Spannungslosigkeit. Die Kommentare der österreichischen und deutschen Presse reichten von „Debakel" bis „heruntergewirtschaftet". Auch Salzburgs neuem Don Giovanni, dem zum Star hochstilisierten russischen Bariton Dmitri Hvorostovsky, fehle jede Sinnlichkeit, er sei lediglich ein Langweiler und kein Don Giovanni. Lediglich die Damen – Karita Mattila (Donna Anna), Barbara Frittoli (Donna Elvira), Maria Bayo (Zerline) – erhielten überwiegend positive Rezensionen.

Eine weitgehende Neubesetzung sollte im folgenden Festspielsommer das szenische Fiasko und die vom Großteil der Kritik als unbefriedigend qualifizierten musikalischen und sängerischen Leistungen korrigieren. Valery Gergiev, der 47-jährige Chef des Mariinskij-Theaters und Shooting-Star der internationalen Dirigentenszene, übernahm von Lorin Maazel die musikalische Leitung der mit Ausnahme von zwei Rollen – Robert Lloyd als Komtur und Detlef Roth als Masetto – völlig neu besetzten Aufführungsserie. Gergiev hatte im November 1999 in dem von ihm geleiteten Petersburger Opernhaus die in diesem kaum gespielte Mozart-Oper in einer Inszenierung von Johannes Schaaf herausgebracht und im Juni 2000 im Rahmen eines Gastspiels in Baden-Baden präsentiert. Die Kritik reagierte keineswegs enthusiastisch und attestierte dem russischen Dirigenten, er habe an Mozart vorbei dirigiert und diesen mit Beethoven verwechselt. Gergievs Debüt als Mozart-Dirigent in Salzburg wurde von der Kritik freundlicher, jedoch keineswegs enthusiastisch kommentiert.

Mit besonderer Spannung wurde nach den Turbulenzen im Vorfeld der Aufführung, die zu Claudio Abbados Rückzug geführt hatten, die Premiere von Mozarts „Così fan tutte" in der Regie des provokanten Egomanen des deutschen Regietheaters, Hans Neuenfels, erwartet. Lothar Zagrosek, Generalmusikdirektor in Stuttgart und mit dem Inszenierungsstil Neuenfels' bestens vertraut, zeichnete als Abbado-Einspringer für die musikalische Leitung verantwortlich.

Neuenfels, der mit seiner Inszenierung von Giacomo Meyerbeers „Der Prophet" an der Wiener Staatsoper für einen Sturm der Entrüstung gesorgt hatte, stand mit zahlreichen Dirigenten auf Kriegsfuß und beklagte deren „Anbetung". Viele von ihnen repräsentierten einen letzten „autoritären Typus", der die Gattung Oper missbrauche und in ihr lediglich das Repräsentativ-Feierliche sehe, jedoch jede kritische Fragestellung vermeide. Zum Glück gebe es aber auch den Typus des demokratischen Dirigenten wie etwa Simon Rattle, Lothar Zagrosek, Antonio Pappano und Michael Gielen.[402] Er sei nach der Absage Abbados froh, zusammen mit dem von ihm geschätzten Lothar Zagrosek seine Lesart von „Così fan tutte" präsentieren zu können. „Das Stück ist auf keinen Fall eine Komödie und hat kein Happy End. Es ist auch keine Tragödie im Shakespeareschen Sinne, eben nicht ‚Macbeth', sondern hat in den romantischen Spielen eher mit ‚Romeo und Julia' zu tun. In ‚Così fan tutte' errichtet Mozart eine Landschaft über die Liebe, macht eine Reise um, durch und über die Liebe. Die Arien, Duette, Terzette sind Stationen der Figuren, die Erfahrungen machen, witzig, heiter, frivol, phantastisch, grotesk, alptraumhaft. Diese aus der Musik resultierenden Wechselbäder der Gefühle, Mozarts geniale Raschheit, die Figuren aufzubauen, neu zu bauen, will ich fassen."[403] Sein Ansatz sei eine Reise von Menschen mit dem Zweck herauszubekommen, „was für sie Liebe ist. Sie läuft über eine Wette, die, leichtsinnig geschlossen, dann mit Leben und Tod zu tun hat." Besonders faszinierend sei dabei die Musik Mozarts. „Das Sensationelle ist, dass er die Zwischentöne und die zwischenmenschlichen Befindlichkeiten so raffiniert komponiert hat und die Gefühle und Gedanken so rasch wechselnd und widersprüchlich. Er ist ja ein Meister des Wechsels, das übliche Mozartbild betont aber meist nur eine Schicht." Die Figuren der Wette ahnen zunächst noch nichts von der Tiefe ihrer Wette. „Sie kommen aber plötzlich in Situationen, die sie noch nie erfahren haben und in denen sie sich total verwandeln. Sie stürzen in Abgründe, Konstellationen, die ihnen sonst nie passiert wären, und zuletzt kehren sie in eine andere Konstellation zurück als sie sich erträumt haben. Nämlich in eine normale. Vielleicht besinnen sie sich aber, nachdem der Vorhang gefallen ist, anders."[404] Lothar Zagrosek, der mit Neuenfels in Stuttgart die von der Kritik gefeierte „Entführung aus dem Serail" produziert hatte, ergänzte, „das Neue an der Inszenierung" sei, „was man mit Händen greifen kann, aber nie wollte: Diese Komödie, bei der einem das Lachen im Hals stecken bleibt, ist eigentlich eine Alptraumreise in die Seele von vier jungen Menschen."[405]

Er sei sich allerdings nicht sicher, so Neuenfels, dass seine Interpretation der Mozart-Oper in Salzburg auf große Zustimmung stoßen werde. „Ich fürchte, das Salzburger Opernpublikum ist konservativ. Mozart ist für alle der Größte, was auch richtig ist, da hat man natürlich Erwartungen, die ich allerdings nicht erfüllen werde."[406]

Wenngleich Neuenfels, den Gerüchten im Vorfeld der Premiere zum Trotz, sich weitgehend an den Kern der Handlung hielt, Provokationen vermied und das Publikum nicht nachhaltig irritierte, sollten sich seine prophylaktisch geäußerten Befürchtungen am Premierenabend zum Teil erfüllen. In seiner Sicht des Stücks als einer von der Musik Mozarts gestalteten Alptraumreise in die Seele von vier jungen Menschen, ihren Begehren, Träumen und Sehnsüchten, entwarf er in der Ausstattung von Reinhard von der Thannen einen von Betriebsamkeit geprägten und oftmals die Musik überdeckenden surrealen Bilderbogen, voll mit zwischen Stringenz, Rätselhaftigkeit und Banalität pendelnden optischen Metaphern. Die Oper wurde nicht nur ihrer Rokoko-Sicht, sondern

Wolfgang Amadeus Mozart: „Lucio Silla", Kleines Festspielhaus 1993. Ann Murray (Cecilio).

Wolfgang Amadeus Mozart: „Così fan tutte" in der Inszenierung und Ausstattung von Erwin Piplits 1993 im Kleinen Festspielhaus mit Solveig Kringelborn (Fiordiligi) und Jennifer Larmore (Dorabella).

Luc Bondy bei der Probe zu Mozarts „Le nozze di Figaro" mit Bryn Terfel (Figaro) und Dorothea Röschmann (Susanna) im Kleinen Festspielhaus 1995.

Matthias Goerne (Papageno) in Achim Freyers heftig diskutierter Inszenierung von Mozarts „Die Zauberflöte" in der Felsenreitschule 1997.

Sylvia McNair (Pamina) in „Die Zauberflöte" von Wolfgang Amadeus Mozart.

Wolfgang Amadeus Mozart: „Don Giovanni" im Großen Festspielhaus 1999. V. l. n. r.: Maria Bayo (Zerlina), Franz Hwlata (Leporello), Detlef Roth (Masetto) und Dmitri Hvorostovsky (Don Giovanni).

Wolfgang Amadeus Mozart: „Così fan tutte", Kleines Festspielhaus 2000.

auch ihrer Komik und ihres Humors entkleidet und zur Versuchsreihe in einem Labor, die zeigen sollte, dass Liebe nur eine Chimäre und Treue keine verlässliche Größe sind. Die Beziehungen der beiden Paare scheitern und sind ein Beweis dafür, dass es die Liebe nicht gibt. Neuenfels inszenierte keine Opera buffa, sondern eine von Doppelbödigkeit, Tiefsinn, Leiden und Pessimismus geprägte somnambule Tragödie menschlicher Befindlichkeiten. Das Publikum reagierte mit starken Buh- und Bravo-Rufen auf die Regie, feierte jedoch das hervorragende Ensemble – Karita Mattila (Fiordiligi), Vesselina Kasarova (Dorabella), María Bayo (Despina), Rainer Trost (Ferrando), Simon Keenlyside (Guglielmo), Franz Hawlata (Don Alfonso) – sowie, wenn auch mit deutlichen Abstrichen, den Abbado-Einspringer Lothar Zagrosek.

Dem Festspielmotto 2000 „Troja und die Liebe" entsprechend, bildete Mozarts „Idomeneo" einen der Schwerpunkte der Operndramaturgie der vorletzten Saison Gérard Mortiers. Der finanziellen Not und nicht dem eignen Trieb gehorchend, erfolgte die Salzburger Produktion in Kooperation mit den Karajan-Pfingstfestspielen in Baden-Baden. Die Rivalitäten zwischen Salzburg und Baden-Baden gehörten mit dem Amtsantritt von Andreas Mölich-Zebhauser als Intendant des Festspielhauses Baden-Baden 1998 der Vergangenheit an. Man werde, so Mortier und Mölich-Zebhauser in einer Pressekonferenz vor Beginn der Baden-Badener Pfingstfestspiele 2000, in Zukunft miteinander kooperieren, anstatt künstlich Fronten zu errichten.[407] Mozarts „Idomeneo" war das erste Produkt dieser neuen Kooperation, die zunächst unter keinem guten Stern zu stehen schien, fiel doch die Premiere am 10. Juni im Festspielhaus Baden-Baden, wie als Rache der die Oper dominierenden Instanz Neptun, einem technischen Defekt der Sprinkler-Anlage zum Opfer und konnte erst nach einem Großeinsatz der Techniker und Elektriker des Hauses am folgenden Tag nachgeholt werden.

Mortier hatte Ursel und Karl-Ernst Herrmann für Regie und Ausstattung verpflichtet. Die enge Beziehung Mortiers zum Ehepaar Herrmann reichte bis in das Jahr 1982 zurück, als dieses in Brüssel „La Clemenza di Tito" inszenierte und ausstattete und damit ihren spezifischen postmodernen Mozart-Stil kreierte. Die Darstellung der Opera seria erfolgte dabei in einer subtilen Psychologisierung der Figuren und ihrer Beziehungen zueinander, dargestellt in einem reichen Repertoire der Gesten und der Körpersprache. In hellen, hoch ästhetischen Räumen erfolgte eine psychoanalytische Enthüllung menschlicher Verhaltensweisen. In den folgenden Jahren perfektionierten die Herrmanns diesen Stil durch ein noch größeres Raffinement der Zeichen- und Körpersprache sowie vor allem durch virtuose Farb- und Lichtreflexe als illustrative Stimmungsträger.

Hatte das Publikum in Baden-Baden noch mit großem Applaus und der Großteil der Kritik mit Lob reagiert, so gab es in Salzburg sowohl beim Publikum wie der Kritik eine deutlich kühlere Aufnahme. Das Ehepaar Herrmann empfing nach der Salzburger Premiere ein Proteststurm des Publikums, die Kritik konstatierte eine Erschöpfung durch die bereits zur Genüge bekannte postmoderne Kunsthandwerklichkeit des Regie- und Ausstattungsduos, und auch die musikalische Gestaltung durch Michael Gielen und die Camerata Academica stieß auf wenig Gegenliebe. Lediglich Vesselina Kasarova und Dorothea Röschmann wurden vom Publikum und der Kritik gefeiert. Neben einer Wiederaufnahme der Neuenfels-Inszenierung von „Così fan tutte" bildete der Abschluss des Da-Ponte-Zyklus, die Neuinszenierung von „Le Nozze di Figaro" durch Christoph Marthaler im Kleinen Festspielhaus, den Mozart-Schwerpunkt der letzten Festspielsaison von Intendant Gérard Mortier. Die Inszenierung, bereits nach der Generalprobe heftig diskutiert, wurde vom Publikum mit einem Getöse aus Bravo- und Buh-Rufen quittiert. Andrew Clark berichtete, dass die in Salzburg äußerst kontroversiell diskutierte Neuinszenierung von Mozarts „Hochzeit des Figaro" genau das erfülle, was Festspielintendant Mortier wolle. „In his 10 years as festival director, Mortier has never sought consensus. He is happiest when polarising opinion, especially when he indulges in one of his modernising experiments."[408]

Der Schweizer Regisseur, der mit „Kátja Kabanová" in Salzburg einen Erfolg errungen hatte, blieb seinem bekannten Inszenierungsstil sowie der Transformation der Handlung in die Gegenwart, in diesem Fall ein Standesamt, treu. Und die von ihm bevorzugte Ausstatterin Anna Viebrock schuf ihm einen holzfurnierten Kunstraum der fünfziger Jahre, in dem die Zeit stillzustehen schien. „Le Nozze di Figaro" wurde so zu einem Stück gegenwärtigen Alltags in einem Standesamt, in dem Kaffe getrunken, gewartet, feierliche Sätze gesprochen und Aktenordner verschoben wurden. Cherubino wurde zum kleinen Punk, der Graf zum verarmten österreichischen Adeligen, der seinen Titel eigentlich nicht mehr führen durfte, seine Herkunft aber durch Benehmung und Kleidung zu betonen suchte. Hinzu trat an Stelle des traditionellen Cembalos zum Begleiten der Rezitative ein Rezitativist, der mit einem tragbaren Synthesizer und allerlei anderen Instrumenten die Handlung begleitete. Marthalers Regieeinfälle überschlugen sich, drängten die Musik in den Hintergrund. Peter Uehling bemerkte, die Aufführung sei „von einer schauspielerischen Vitalität ohnegleichen, darin originell und musikalisch wie wohl weniges auf der Opernbühne. ... Dass diese Inszenierung jedoch in der Interpretationsgeschichte des ‚Figaro' einen neuen Stand präsentiert, darf bezweifelt werden."[409]

Die Kritiken der Inszenierung umspannten die gesamte Bandbreite der möglichen Urteile, vom Lobgesang bis zur Ablehnung. Und auch die musikalische Realisierung durch die Camerata Academica unter Sylvain Cambreling sowie Peter Maffei (Graf Almaviva), Angela Denoke (Gräfin Almaviva), Christiane Oelze (Susanna), Lorenzo Regazzo (Figaro) und Christine Schäfer (Cherubino) in den Hauptrollen fand, mit Ausnahme des übereinstimmenden Lobes für Christine Schäfer, unterschiedliche Aufnahme.

VII. 1.1. MOZARTS JUGENDOPERN

1986 inszenierten Ursel und Karl-Ernst Herrmann Mozarts „La finta giardiniera" im Brüsseler Théâtre Royal du Parc in voller Länge, d. h. mit allen 28 Musiknummern und Dialogen. Die Aufführung dauerte viereinhalb Stunden und wurde von der Presse enthusiastisch als Meilenstein in der Brüsseler Mozart-Deutung gefeiert. Endlich sei Mozarts Oper nicht als bloße Ansammlung von Arien mit einem schwachen Libretto, sondern als echtes „Dramma giocoso" gespielt worden. Die Figuren wurden vom Ehepaar Herrmann aus dem vordergründigen Klischee des Schäferspiels befreit und mit psychologischer Raffinesse jenen von Shakespeares „Sommernachtstraum" zur Seite gestellt. Die Brüsseler Aufführung wurde in den folgenden Jahren an mehreren Opernhäusern gespielt, u. a. auch im Theater an der Wien und im Salzburger Landestheater im Rahmen der Mozartwoche.

Der Brüsseler Erfolg sollte nunmehr auch die Serie der geplanten Mozart-Jugendopern eröffnen und – neben „Titus" – das Salzburger Publikum mit der von der Presse viel gerühmten Brüsseler Dramaturgie bekannt machen. Mit der Aufnahme des Werks in das Programm konnte zudem Gérard Mortier darauf verweisen, mit drei Mozart-Opern einen deutlichen Schwerpunkt in seiner ersten Saison gesetzt zu haben. Zudem dirigierte in Salzburg Sylvain Cambreling, der auch die Brüsseler Aufführung musikalisch betreut hatte. Er leitete ein vor allem an den ersten Pulten ausgesuchtes Ensemble des Mozarteum-Orchesters, dem nunmehr auf Grund seiner Qualitätssteigerung in den letzten Jahren wiederum eine Opernaufführung anvertraut wurde. Von der ursprünglichen Besetzung sangen noch Joanna Kozlowska (Sandrina), Elzbieta Szmytka (Serpetta) und Ugo Benelli (Podesta). Neu im Ensemble waren Laurence Dale (Belfiore), Malvina Major (Arminda), Anne Sofie von Otter (Ramiro) und Dale Duesing (Nardo).

Die Aufführung im Salzburger Landestheater stieß auf unterschiedliche Reaktionen. Während ein Großteil der deutschen Kritik, trotz gewisser feststellbarer Abnutzungserscheinungen, den Abend als sehens- und hörenswerten Buffa-Spaß feierte, reagierte die österreichische Kritik distanzierter und sprach von einer zwar aufpolierten, jedoch letztlich abgenutzten Inszenierung, die ermüde und zudem auch im musikalischen Teil dem hoch gesetzten Anspruch kaum gerecht geworden sei.

Die Pflege von Mozarts Jugendopern sollte ab 1993 vor allem in Zusammenarbeit mit der Internationalen Stiftung Mozarteum bzw. den Mozartwochen erfolgen. Als erste Produktion im Kleinen Festspielhaus erfolgte in zusätzlicher Kooperation mit der Oper Frankfurt die für die Mailänder Karnevalssaison 1772/73 geschriebene Jugendoper „Lucio Silla" unter der musikalischen Leitung von Sylvain Cambreling, der Regie von Peter Mussbach und der Ausstattung des amerikanischen Malers, Performers und Installationskünstlers Robert Longo. Die Premiere erfolgte bereits im Jänner 1993 im Rahmen der Mozartwoche und spaltete das Publikum in Buh- und Bravo-Rufer. Ebenso unterschiedlich waren die Reaktionen der Kritik, wobei vor allem ein Großteil der deutschen zustimmend bis begeistert reagierte, beim Großteil der österreichischen hingegen zurückhaltende bis deutlich kritische Kommentare überwogen. Die völlig unterschiedlichen Rezensionen betrafen dabei ausschließlich die Regie Mussbachs, während die musikalische Realisierung durchwegs auf große Zustimmung stieß.

Die Geschichte von der Diktatur Lucius Sullas, der sich im Laufe des von Gamerra Metastasio verfassten Librettos der Mitmenschlichkeit öffnet, wurde von Mussbach und Longo aus dem konkreten historischen Kontext gelöst und als zeitlose Chiffre und Parabel inszeniert, wobei vor allem Longo immer wieder mit Assoziationen an Piranesis „Carceri" arbeitete, eine hoch aufragende abgebrochene Stahlbrücke als Symbol für die Unmöglichkeit des Rückwegs verwendete oder eine sich über die gesamte Bühne erstreckende Treppe, auf der raffinierte Farbausleuchtungen eine Choreographie der handelnden Personen im Halbrelief ermöglichten. In Anlehnung an Longos „Men in the Cities"-Bilder wurden Gesten als körperlich sichtbar werdende Seelenzustände verdeutlicht. In einem Interview mit den „Salzburger Nachrichten" bemerkte Mussbach, Rom, der Ort der Handlung des Stücks, sei für ihn ein „Un-Ort", sei „immer und nie", angesiedelt in einem Zwischenreich. „Lucio Silla" sei nicht als lineare Handlung zu verstehen, sondern als „Patterns, Bilder, Zeichen, Situationen, die beinahe simultan gedacht sind". In dieser Oper seien die Grundmuster menschlicher Befindlichkeiten angesprochen. Die Sänger müssten zeigen, wie sie sich ihre Figuren auch „psychomotorisch" einverleiben. „Wenn Sie die Sänger in die Musik hineintreiben, entsteht automatisch die Szene."[410]

Mussbachs Interpretation stieß auf völlig unterschiedliche Reaktionen der Kritik. Gerhard Rohde berichtete begeistert von der Premiere bei der Mozartwoche 1993, dass Mussbach souverän über die Schwächen des Librettos hinweg inszeniere,[411] während für Lothar Sträter die von Mozart bewusst angesprochenen Ideale der Aufklärung nicht in das manieristische Regiekonzept Mussbachs passt, das die Handlung in einem postmodernen Mix erzählte.[412] Uneingeschränktes Lob konnte jedoch, wie bereits im Jänner, die Camerata Academica unter der Leitung des ehemaligen musikalischen Leiters der Brüsseler Oper und designierten Frankfurter Opernchefs Sylvain Cambreling verzeichnen.

1994 erhielt „Ombra felice" (Glückliche Schatten), die von Ursel und Karl-Ernst Herrmann verantwortete szenische Gestaltung von Einlagen – Arien, Szenen und Ensembles –, die Mozart, wie viele Komponisten seiner Zeit, als Einlagen für seine Opern oder für Konzerte komponierte, große Zustimmung beim Publikum und der Kritik. Der Titel wurde Rezitativ und Arie für Alt und Orchester, die Mozart 1776 als Einlage für eine Oper Michele Mortellaris komponierte, entnommen. Das Ehepaar Herrmann hob 26 Schätze dieser musikalischen Goldgrube und gewann sie wiederum für das Bühnengeschehen. In den von ihm ausgewählten und gestalteten „losen Blättern" befanden sich großartige Kompositionen Mozarts, die in einen verbindenden Rahmen gestellt – Mireille Mossé als Amor, Puck und Spielmacher – und so der Vergessenheit wieder entrissen wurden. Die Koproduktion mit der Internationalen Stiftung Mozarteum hatte bereits bei der Mozartwoche ihre mit großem Beifall quittierte Premiere.

Der Erfolg der Produktion sollte sich im Sommer im Residenzhof wiederholen. Heinz Holliger dirigierte die Camerata Academica, die damit bereits zum zweiten Mal mit einer Opernproduktion betraut wurde. Die hochkarätigen Solisten – Cyndia Sieden, Elzbieta Szmytka, Soile Isokoski, Vesselina Kasarova, Michael Schade und Oliver Widmer – wurden vom Publikum und der Kritik heftig akklamiert.

1997 folgte als weitere Koproduktion mit der Internationalen Stiftung Mozarteum im Kleinen Festspielhaus die Oper des 14-jährigen Mozart „Mitridate re di Ponto" mit der Camerata Academica unter Roger Norrington, der damit bei den Festspielen als Operndirigent debütierte, der Regie von Jonathan Miller, dem Bühnenbild von Peter J. Davison, den Kostümen Frida Parmeggianis und Bruce Ford in der Titelrolle sowie Cyndia Sieden (Aspasia), Christiane Oelze (Sifare), Vesselina Kasarova (Farnace), Heidi Grant Murphy (Ismene), Toby Spence (Marzio) und Larissa Rudakova (Arbate). Jede Aufführung zumindest der beiden Opere serie des jungen Mozart, „Mitridate" und „Lucio Silla", musste die musikalische Frage beantworten, wie weit in ihnen bereits das Genie des Schöpfers von „Don Giovanni" bis „Zauberflöte" sichtbar wird, ob sie sich auf Grund des hohen Anspruchs an die Sänger und Sängerinnen qualitativ hochwertig besetzen ließen und ob sich ein von Rezitativen und reflexiven Arien geprägtes weitgehend statisches und handlungsarmes Stück überhaupt inszenieren lässt. Eine mögliche Antwort lieferte die Tatsache, dass weder „Mitridate" noch „Lucio Silla" kaum auf internationalen Bühnen gespielt wurden. Wilhelm Sinkovicz formulierte die Bedenken mancher Kritiker und wohl auch eines mehr oder minder großen Teils des Publikums gegenüber den beiden Jugendopern: „Nicht nur, dass der reife Mozart uns mit seinen späten Musikdramen die ersten Beispiele subjektivster, menschlich anrührendster, jenseits jeglicher Schablone angesiedelter Opernkunst beschert hat, macht die Auseinandersetzung mit Stücken wie dem ‚Silla' oder ‚Mitridate' problematisch. Auch die Anforderungen, die der Komponist an seine Interpreten stellt, siedeln seine frühen Werke in den Bereich der Unaufführbarkeit.

Opern wurden für die Pavarottis, Gruberovas, Jessye Normans jener Tage geschrieben, für die unfassbare Virtuosität der Kastratengurgeln und die Ausdruckskunst der Primadonnen. Heutige Sänger versetzt das in Schwierigkeiten ... Da wird schnell deutlich, wie schwer es ist, die Koloraturen sauber zu Ende zu bringen, dem Tonumfang der Partien gerecht zu werden. ... Wie gut müssen Mozarts Sänger gewesen sein, sagt man sich, wenn man ergriffen lauscht, wie sich heutige Mittelklasse-Soprane, wie sie in Salzburg engagiert werden, mühevoll gerade bis ans Ende ihrer Arien retten können.

Mit den Inszenierungen ist es ähnlich. Vom Bewegungskanon des Repräsentationstheaters, wie er im 18. Jahrhundert selbstverständlich beherrscht und verstanden wurde, ist nichts übrig. ... Wenn sie nicht inwendig, also musikalisch mit Leben erfüllt wird, ist jede, auch eine stilisierte szenische Inszenierung ... zum Scheitern verurteilt."[413]

Die Inszenierung von „Mitridate re di Ponto" erhielt bereits bei ihrer Premiere anlässlich der Mozartwoche völlig unterschiedliche Rezensionen, während die Camerata Academica unter Roger Norrington unisono als Repräsentanten eines spannenden musikalischen Theaters gelobt wurden. Die Unterschiedlichkeit der Beurteilung setzte sich auch nach der sommerlichen Wiederaufnahme fort.

Die Wiederaufnahme von „Lucio Silla" 1997 stieß im Bereich der szenischen Realisierung neuerlich auf die vehemente Ablehnung eines Großteils des Publikums, das seinem Missmut gegenüber Peter Mussbach mit lautstarken Buh-Rufen freien Lauf ließ.

Auch in der Kritik dominieren die unfreundlichen Kommentare. Die Wiederaufnahme von Mozarts Jugendoper sei kein Glanzpunkt der Festspielregie lautete der Grundtenor. Und auch die sängerischen Leistungen wurden, mit Ausnahme von Susan Graham als Cecilio, vorwiegend in die Rubrik „Mittelmaß" eingereiht.

VII. 2. DIE OPER DES 20. JAHRHUNDERTS

Die Werke der klassischen Moderne des 20. Jahrhunderts bildeten neben Mozart und Richard Strauss einen programmatischen Schwerpunkt Gérard Mortiers. Vor allem im Bereich der Oper, ergänzt durch Konzertprogramme sowie Sonderveranstaltungen, sollten diese neben Mozart und Richard Strauss in exemplarischen Aufführungen realisiert werden. Dabei bestand im Direktorium Übereinstimmung, „dass versucht werden soll, die zeitgenössische Oper und die Klassiker der Moderne mit den anderen Häusern gemeinsam zu produzieren, wobei die jeweiligen Produktionen in Salzburg nur einmal aufgeführt und nicht wiederholt werden sollten."[414]

Leoš Janáčeks literarische Bearbeitung und Vertonung eines autobiografischen Textes von Dostojewski über die Situation in einem zaristischen Gefangenenlager in Sibirien „Aus einem Totenhaus" sowie Olivier Messiaens Oper „Saint François d'Assise", die nach ihrer szenischen Uraufführung in Paris 1983 keine zweite szenische Realisierung erlebt hatte, bildeten den spektakulären Auftakt dieser programmatischen Neuorientierung.

Janáčeks 1927/28 komponierte Oper für über 40 Männerrollen und nur eine Frauenpartie (Dirne) konzentriert sich auf Szenen aus dem Lagerleben und die Erzählungen der Sträflinge, die aus der Masse hervortreten, über ihr eigenes Schicksal zu berichten. Dabei bedient sich Janáček einer auf kurzen Motiven und harten Kontrasten basierenden Kompositionstechnik, die den Eindruck eines musikalischen Steinbruchs erwecken. Kontrastierend dazu verwendete er kurze Motive der Lyrik zur Illustration der Gefühlswelten, ohne jedoch Schönklang zu produzieren. Ähnlich wie die 1926 vollendete „Glagolitische Messe", deren „Herr, erbarme dich" in der Oper zitiert wird, ist es, wie Janáček betonte, kein christliches Werk, sondern ein Ausdruck der Zuwendung

Wolfgang Amadeus Mozart: „La finta giardiniera" in der Regie und Ausstattung von Ursel und Karl-Ernst Herrmann im Kleinen Festspielhaus 1992. Mireille Mossé, Laurence Dale (Graf Belfiore), Johanna Kozlowska (Marchesa Violante).

Leoš Janáčeks „Aus einem Totenhaus" in der Regie von Klaus Michael Grüber und der Ausstattung von Eduardo Arroyo im Großen Festspielhaus 1992.

zum (unterdrückten) Menschen als Bestandteil der Natur und der Schöpfung.

Nunmehr erfolgte die Inszenierung des Werks als Eröffnungspremiere des Schwerpunktes „20. Jahrhundert" durch Klaus Michael Grüber und in der Ausstattung von Eduardo Arroyo im Großen Festspielhaus. Claudio Abbado stand am Pult der Wiener Philharmoniker, die das Werk 1980 unter Sir Charles Mackerras exemplarisch für Decca eingespielt hatten. Rainer Wagner bemerkte in Anspielung auf die langen Aufführungspausen des Werks zur Salzburger Aufführung: „Die stabilsten Mauern sind in unseren Köpfen. Und solange wir ihre Türen nur anstarren, aber nicht anfassen, wissen wir auch nicht, ob sie tatsächlich verschlossen sind. Wie versteinert und zugemauert müssen die Salzburger Festspiele in den letzten Jahren und Jahrzehnten gewesen sein, wenn allgemein schon als Wagemut gelobt wird, Leoš Janáčeks Dostojewski-Vertonung ‚Aus einem Totenhaus' hierher zu holen: erstmals überhaupt. Wenn Kunstwerke in Pension gehen könnten, müsste dieses Werk nur noch ein Jahr warten: 64 Jahre ist es immerhin schon alt, ein Klassiker der Moderne." Die Salzburger Aufführung habe wesentlich dazu beigetragen, dass „die Mauern … gestürmt, die – wahrscheinlich nur angelehnten – Türen eingerannt" sind.[415]

Die Aufführung wurde, trotz nicht ausverkauftem Haus, zu einem Triumph für alle Beteiligten beim Publikum und der Kritik. Edward Rothstein bemerkte, die Aufführung von Janáčeks Oper sei ein Zeichen des enormen Wandels der Festspiele in der Nach-Karajan-Ära. „This was the first Janáček opera at this previously conservative festival. ‚Dead' is also a relatively brief work, lasting some 90 minutes, without a main plot and with only vaguely connected characters. Compared with the expensive and epic productions of the basic repertory customary in Salzburg in Herbert von Karajan's regime, this Czechoslovak opera was a modernist miniature. Its portentous title and year of composition (1928) must have frightened off even some of those who bought tickets; there were a fair number of empty seats at this premiere.

But by the performance's end, a great number of listeners were stamping their feet in acclaim; the curtain calls continued even after the house lights had come up. This was partly an affirmation of confidence in Gérard Mortier, the new director of the festival …"[416]

Mitte August folgte in der Felsenreitschule mit Olivier Messiaens „Saint François d'Assise" in der Regie von Peter Sellars, dem Bühnenbild George Tsypins, den Kostümen Dunya Ramicovas, mit dem Los Angeles Philharmonic Orchestra unter Esa-Pekka Salonen und einem prominenten Ensemble – Dawn Upshaw als Engel, Sara Rudner als tanzender Engel, José van Dam in der Titelrolle, die er bereits bei der Uraufführung gesungen hatte, Ronald Hamilton als Aussätziger, Urban Malmberg, John Aler, Thomas Young, Tom Krause, Akos Banlaky und Reinhard Koller als Padres – der zweite Paukenschlag.

Messiaen, der wenige Monate vor der Salzburger Aufführung starb, hatte sich erst im Alter von 67 Jahren von Rolf Liebermann und Pierre Boulez zur Komposition seiner einzigen Oper überreden lassen, die 1983 im Pariser Palais Garnier unter der musikalischen Leitung von Seiji Ozawa uraufgeführt wurde und nach übereinstimmender Meinung der Kritik zwar ein überwältigendes Gesamtkunstwerk – der Komponist war auch sein eigener Librettist –, das mit Wagners „Ring des Nibelungen" verglichen werden könnte, jedoch als Bühnenwerk auf Grund seiner Monstrosität kaum aufführbar sei. Die acht franziskanischen Szenen seien auf der Bühne kaum zu realisieren, weshalb in der Folgezeit immer wieder konzertante Aufführungen stark gekürzter Fassungen – die erste 1985 ebenfalls in der Felsenreitschule – erfolgten. An eine szenische Aufführung der gesamten Oper wagte sich nach der Uraufführung niemand. Die szenische Realisierung in Salzburg war somit neun Jahre nach der Uraufführung erst die zweite des Werkes, das sich ausschließlich dem Thema der Heiligkeit des Franziskus widmete: seinen Reflexionen über das mit Freude zu tragende Kreuz, seine Begegnung mit den Aussätzigen und seine liebende Hilfe, die Vogelpredigt auf Grund einer Erscheinung des Engels oder dessen Stigmatisierung. In dieser Reflexion über das Heilige lagen und liegen die Schwierigkeiten einer szenischen Realisierung, der sich das Enfant terrible Peter Sellars, dem der Ruf des Werkschänders und -verfremders, des Provokateurs, anhaftete, unterzog. Sellars hatte seine Interpretation, die Franziskus in der Nähe der Seelendramen Hilde-

Mozarts Opera seria „Mitridate" in der Regie von Jonathan Miller im Bühnenbild von Peter J. Davison im Kleinen Festspielhaus 1997.
V. l. n. r.: Christiane Oelze (Sifare), Vesselina Kasarova (Farnace), Cyndia Sieden (Aspasia).

gard von Bingens, der Schwester Juana Inés de la Cruz und der ekstatischen Offenbarungen der Sufi-Musik sah, noch mit Messiaen vor dessen Tod besprochen und seine Zustimmung erhalten, wobei der Komponist allerdings deren endgültige Realisierung nicht kannte.

Sellars' äußerst kontroversiell diskutierte Regie stützte sich, in deutlichem Gegensatz zur die Bilderwelt Giottos bemühenden Inszenierung der Uraufführung Sandro Sequis in Paris, auf ein riesiges Holzkirchengerüst, ein riesiges Quadrat aus Neonröhren, die im Laufe der Handlung in unterschiedlichen Farben und Konstellationen leuchteten, sowie zahlreiche im Raum hängende Videomonitore als elektronisch vermittelte Chiffre unseres modernen Bewusstseins. Die variablen Konstellationen in den Szenen vermittelten die für Franziskus zentrale Natur, vor allem die Vögel. George Tsypin verwandelte den gewaltigen Bühnenraum der Felsenreitschule in eine phantastische überdimensionale Skulptur, die Bühne wurde zu einer einzigen riesigen Rauminstallation, die die Naturkulisse weitgehend verdeckte.

Die mit viel Spannung und erheblicher publizistischer Repräsentanz erwartete Premiere wurde im Bericht Ulrich Schreibers „nicht nur zur hysterisch umjubelten, zwischen Buh und Bravo umkämpften Haupt- und Staatsaktion dieser Salzburger Festspiele, sondern auch zum packenden Requiem für einen der bedeutendsten Komponisten unseres Jahrhunderts"[417]. Dabei stand nicht die musikalische Realisierung der Oper, die übereinstimmend als außergewöhnlich und festspielwürdig bezeichnet wurde, im Mittelpunkt der Kontroversen, sondern die Regie Peter Sellars'. John Rockwell bemerkte: „If Mr. Mortier wanted attention, he got it; the event attracted some 280 critics. The occasion served as a forum for and against him, with hefty cheering and booing at the end. Mr. Sellars this morning called the controversery ‚exciting', ‚really healthy' and ‚a step forward for Salzburg' but he also asserted that booers had entered the hall just before the conclusion for the specific purpose of venting their wrath against him and Mr. Mortier. In any event, by the fourth curtain call, the booers had either left or given up and the remaining audience was almost entirely enthusiastic."[418]

1993 beschränkte sich die klassische Moderne im Bereich der Oper auf Grund eines deutlichen Barock- und Mozart-Schwerpunkts sowie der Wiederaufnahme der so erfolgreichen „Salome" des Vorjahres und der Übernahme von Verdis „Falstaff" von den Osterfestspielen auf konzertante Aufführungen: Béla Bartóks „Herzog Blaubarts Burg" mit den Wiener Philharmonikern unter Bernard Haitink im Großen Festspielhaus und Luigi Dallapiccolas „Ulisse" mit dem ORF-Symphonieorchester unter Hans Zender in der Felsenreitschule. Die Wahl der Dallapiccola-Oper war programmatisch äußerst geschickt, füllte sie doch die Lücke zwischen „Orfeo" und „Poppea" im Monteverdi-Zyklus und erinnerte daran, dass Monteverdis „Ulisse" lange Zeit ausschließlich in der Bearbeitung Dallapiccolas aus dem Jahr 1941 aufgeführt wurde.

Die zweimalige Aufführung von Béla Bartóks 1911 vollendetem symbolistischen Drama vom Herzog Blaubart, der die Kammern seines Inneren der liebenden, ihn bedrängenden Judith nur um den Preis ihres Todes zu öffnen bereit ist, erfolgte im Rahmen des Programmschwerpunktes „Klassiker des 20. Jahrhunderts", der Ungarn und dessen Komponisten Béla Bartók, Zoltán Kodály, György Ligeti sowie György Kurtág gewidmet war. Seiji Ozawa, der die konzertante Aufführung der Bartók-Oper leiten sollte, erkrankte kurzfristig und konnte durch Bernard Haitink ersetzt werden. Die Suche nach einem hochkarätigen Einspringer für Ozawa wurde zum Beispiel der von der Festspielleitung praktizierten programmatischen Konsequenz. Die Wiener Philharmoniker hatten nach der plötzlichen Erkrankung Ozawas mit Carlos Kleiber Kontakt aufgenommen, und dieser zeigte sich auch nicht abgeneigt, die beiden Konzerte zu übernehmen, wollte jedoch Bartóks Oper durch Richard Strauss' „Ein Heldenleben" ersetzen. Hans Landesmann widerstand jedoch der Versuchung, den schwierigen Pultstar, um den sich Karajan wiederholt vergeblich bemüht hatte, erstmals bei den Festspielen präsentieren zu können, und lehnte die geforderte Programmumstellung mit der Bemerkung ab, der Inhalt gehe über Interpretenglanz. So dirigierte Haitink, der das unveränderte Programm nach kurzer Überlegung zu übernehmen bereit war, beide Konzerte. Samuel Ramey hatte die Titelpartie bereits in einer Einspielung unter Adam Fischer mit Eva Marton als Judith gesungen, während Agnes Baltsa von Seiji Ozawa für die Übernahme dieser Partie gewonnen worden war. Beiden

Probe zu Olivier Messiaens „Saint François d'Assise" 1992. V. l. n. r.: Ronald Hamilton (Le Lépreux), José van Dam (Saint François), Peter Sellars (Regie).

Gérard Mortier und Olivier Messiaens Witwe Yvonne 1992 in der Felsenreitschule.

Premiere von Olivier Messiaen: „Saint François d'Assise" in der Felsenreitschule am 17. August 1992. John Aler (Frère Massée) und José van Dam (Saint François).

Solisten wurde von der Kritik stimmliche Hochform attestiert.

„Ulisse", ein Auftragswerk Lorin Maazels für die Berliner Staatsoper 1968, ist die letzte und einzige abendfüllende Oper Luigi Dallapiccolas, der zudem das Libretto verfasste. Der italienische Komponist orientierte sich dabei jedoch weniger an Homer, sondern benutzte Dante, Motive aus Aischylos, James Joyce, Marcel Proust und Friedrich Hölderlin. Sein Held ist nicht der von Homer beschriebene Held, sondern Sinnbild des modernen Menschen, ist weniger auf der Suche nach Ithaka und seiner Frau Penelope, sondern auf der Suche nach dem Sinn des Lebens. Er verbringt daher seinen Lebensabend nicht am heimischen Herd in Ithaka an Penelopes Seite, sondern auf dem offenen Meer, in das es ihn wieder hinauszieht. Mit dem Schlusssatz des Odysseus: „Signore! Nie mehr einsam sind nun mein Herz und das Meer!", nimmt das Werk schließlich eine christliche (katholische) Wendung.

Dallapiccola mischte in seiner Orchestersprache die Zwölfton-Technik mit alter italienischer Operntradition und schrieb so eine durchwegs kantabel sängerfreundliche Musik. Arnold Schönberg sprach wohl nicht zu Unrecht von Luigi Dallapiccola als einem Vertreter mediterraner Dodekaphonie, was im Falle Schönbergs nicht nur als Kompliment gemeint war. Es ist erstaunlich, dass Dallapiccolas Meisterwerk nach seiner Uraufführung in Berlin 1968 nur wenige Aufführungen erlebte und daher weitgehend unbekannt blieb. Die beiden konzertanten Aufführungen in Salzburg boten daher die Gelegenheit, eines der Meisterwerke der modernen Opernliteratur kennen zu lernen, und sie machten auch deutlich, dass Dallapiccolas dichterischer Text und seine Intentionen der Selbstreflexion und Sinnsuche in Teilen der Oper deutliche musikdramatische Schwächen aufweisen, die einer Inszenierung erhebliche Schwierigkeiten bereiten.

1994 erfolgte ein Strawinsky-Schwerpunkt, wobei im Bereich des Musiktheaters dessen „Geschichte vom Soldaten", „Oedipus Rex" und „Psalmensymphonie", „The Rake's Progress" sowie in einer konzertanten Aufführung „Le Rossignol" zur Aufführung gelangten.

Audi, einer der Großsponsoren der Salzburger Festspiele, sowie der Bayerische Rundfunk zeichneten 1994 erstmals für eine Premiere in der Geschichte der Salzburger Festspiele verantwortlich: Strawinskys „Geschichte vom Soldaten", eine Koproduktion mit der „Szene". Das Stück erlebte noch vor der Salzburger Premiere im Rahmen des Festes zur Festspieleröffnung am 25. Juli eine Voraufführung im Stadttheater Ingolstadt, zu der auch Gérard Mortier anreiste. Die Aufführung beinhaltete zudem noch zwei weitere Premieren: erstmals wurde eine Aufführung der Salzburger Festspiele nach dem Reinhardtschen Motto „Die ganze Stadt ist Bühne" in einem Zelt im Hof der Juridischen Fakultät gespielt und gastierte während der Festspiele auch außerhalb der Stadt in der Viehversteigerungshalle in Maishofen. Der neue Spielort entsprach dem Charakter des Stückes und bildete zudem eine Ergänzung zum sommerlichen Straßentheater. Die Aufführung in Maishofen begründete Mortier mit dem Hinweis, dass die Landbevölkerung von den Städtern oftmals als wenig kulturbeflissen betrachtet werde. „Das ist eigentlich ein riesiger Fehler. Die Stadtbevölkerung ist manchmal hochnäsig und weniger aufgeschlossen, weil sie meint, etwas von der Musik verstehen zu können. Und die aufgeschlossene Bevölkerung auf dem Land ist offener für Neuigkeiten.

… die ‚Geschichte vom Soldaten' von Strawinsky ist ja ein Stück gewesen, das nicht für ein großes Theater geplant wurde, sondern für einen Jahrmarkt; als Stück also, womit man auch herumziehen könnte. Und weil wir in diesem Jahr einen Strawinsky-Schwerpunkt haben, zu dem eben diese ‚Geschichte vom Soldaten' gehört, und weil Maishofen einen wunderbaren Raum hat, wo man diese Aufführung bringen kann, fanden wir das, nach den vielen Vorträgen, die wir überall im Land Salzburg gegeben hatten, eine ungewöhnliche Gelegenheit, um so einmal eine Aufführung auf dem Land zu zeigen."[419]

Fanden die Ausführenden – Mitglieder des Mozarteum-Orchesters unter dem Dirigenten Andrej Boreyko, Benjamin Schmid als Geiger, sowie die Schauspieler Karin Romig, Gottfried Breitfuß, Martin Lämmerhirt, Paco Rosales und Thomas Staches – uneingeschränkte Zustimmung, so stießen die Regie von Barbara Mundel und Veit Volkert sowie die Ausstattung Hermann Feuchters auf unterschiedliche Reaktionen der Kritik. Mundel und Volkert dehnten die Spieldauer von einer Dreiviertelstunde auf das Doppelte, ließen vier Personen den Soldaten spielen und den Teufel in Form einer rot gewandeten, grell

Szene aus Igor Strawinskys „Die Geschichte vom Soldaten" 1994 mit Karin Romig und Benjamin Schmid.

Szene aus Igor Strawinskys „The Rake's Progress" in der Regie von Peter Mussbach im Kleinen Festspielhaus 1994. Jerry Hadley (Tom Rakewell).

geschminkten Schauspielerin auftreten. Die freie szenische Fantasie in Form von Clownerie, absurdem Theater, Unsinn und Tiefsinn, Perfektion und Improvisation – der Teufel steckt eben in der Fantasie – jenseits der von Strawinsky erzählten Geschichte dominierte. In der Frage, ob nicht diese de facto Neubearbeitung des Textes – jenseits aller faszinierenden Momente – das Stück überdecke, wurde vom Publikum und der Kritik völlig unterschiedlich beantwortet. Während ein Teil des Publikums bereits während der Aufführung das Zelt verließ, ein anderer am Ende der Vorstellung kaum Applaus spendete, ein anderer wiederum begeistert applaudierte, reichte das Urteil der Kritik von lebendigem Musiktheater bis – bei aller Faszination im Detail – ideenüberfrachtet, aktionistisches Clowntheater, das die Musik überlagere und sich verselbständige.

So wie der Soldat schließt auch der Wüstling Tom Rakewell in Strawinskys letzter Oper „The Rake's Progress" aus dem Jahr 1951 einen Pakt mit dem Teufel. Strawinsky zitierte in seinem neoklassischen Spätwerk Monteverdi, Bach, Händel, Mozart und Verdi und bot bei der Uraufführung in Venedig Anlass zu heftigen Kontroversen. Die Vertreter der seriellen Musik priesen Schönberg und Webern und verdammten die konservative Wende Strawinskys, während Pierre Boulez für ihn Partei ergriff und erklärte: „Strawinsky bleibt!" Und er sollte Recht behalten.

Die Aufführung im Festspielsommer 1994, die anschließend für drei Vorstellungen nach New York übersiedelte, wurde mit besonderer Spannung erwartet, zeichnete doch neben dem Regisseur Peter Mussbach der Maler Jörg Immendorff für das Bühnenbild und die Kostüme verantwortlich. Immendorff war in den sechziger Jahren auch Akademie-Schüler in Düsseldorf von Teo Otto, dem langjährigen Bühnenbildner der Salzburger Festspiele, und anschließend von Joseph Beuys gewesen. Nun baute er auf der Bühne des Kleinen Festspielhauses ein mit Menschenaffen, die entweder als stumme Zeugen der Natur oder als Bühnenarbeiter fungierten, bevölkertes Kinderzimmer, in dem ein Propeller-Flugzeug „Liberty" als Sprungbrett für die vom Teufel gesteuerte Karriere des Wüstlings Tom stand. Nach James Joyces „Portrait of an Artist as a young Man" porträtierte er eine Reihe von Figuren durch unverkennbare Anspielungen auf Künstlerporträts. Tom Rakewell trat in der Maske von Immendorff, Trulove in jener von Joseph Beuys und Nick Shadow in jener von Markus Lüpertz auf. Andere Figuren wiederum konnten mit Georg Baselitz und A. R. Penck assoziiert werden. In diesem knallbunten Ambiente inszenierte Mussbach zurückhaltend, jedoch virtuos. Auf der Bühne agierte ein hochkarätiges Ensemble – Peter Rose (Trulove), Sylvia McNair (Anne Trulove), Jerry Hadley (Tom Rakewell), Monte Pederson (Nick Shadow), Linda Ormiston (Mother Goose), Grace Bumbry (Türkenbaba), Uwe Schönbeck (Sellem), Jonathan Best (Keeper) – und im Orchestergraben die hervorragende Camerata Academica unter Sylvain Cambreling. Trotz aller Nuancierungen im Detail war sich die Kritik einig: Salzburg hatte eine außerordentliche Opernproduktion.

Strawinskys szenisches Oratorium „Oedipus Rex" entstand 1927 nach einem Bekehrungserlebnis in Oberitalien und signalisierte seine neuerliche Hinwendung zum orthodoxen Christentum. Das Libretto zur Vertonung des von Sophokles überlieferten Oedipus-Stoffes hatte er bei Jean Cocteau bestellt. Strawinskys von Inbrunst und Ironie gekennzeichnete Musik, die für die Sänger lyrisch intensive Arien enthält und durch rhythmische Prägnanz die Handlung vorantreibt, wurde von Peter Sellars in einer Mixtur aus Marxismus, Zen, politisch korrekter Kritik am Rassismus und der Ausbeutung der Dritten Welt interpretiert. So bemerkte er im Programmheft, der Komponist habe sich von der europäischen Hülle der Musik befreit und sei zu ihren ethnischen Ursprüngen zurückgekehrt. Sellars' szenische Realisierung orientierte sich entlang der Maxime der Aktualisierung um jeden Preis – so wurde der Chor wie eine Rugby-Mannschaft rot-weiß gekleidet, gestikulierte in einer Taubstummensprache, derer sich auch der im Straßenanzug auftretende Oedipus, Jocaste im Abendkleid, Kreon in Uniform und Teiresias in Freizeitkleidung bedienten. Das von Coop Himmelb(l)au gestaltete Bühnenbild zu „Oedipus Rex" im Großen Festspielhaus sorgte zudem für besonderes Aufsehen und kontroverse Reaktionen. Ein Teil davon zierte vor jeder Aufführung die Fassade des Großen Festspielhauses, als wolle dieses demnächst einstürzen. Die Architekten wollten so den Besuchern schon vor Betreten des Großen Festspielhauses die Anfälligkeit der Welt, der Kultur und der Festspiele für das Chaos demonstrieren. Die gewünschte und erhoffte Diskussion erfolgte prompt. Die

Berichterstattung sämtlicher Zeitungen begann mit einer Erwähnung der seltsamen Holzkonstruktion. Stieß die Regie von Peter Sellars auf erhebliche Ablehnung, so erhielt die musikalische Realisierung demonstrativen Beifall.

Die Vertonung einiger Verse aus dem 39., 40. und 150. Psalm, die „Psalmensymphonie", bildete nach der Pause die logische Ergänzung. Beide Stücke repräsentieren die Hinwendung des 44-jährigen Komponisten vom Nihilismus zum Glauben, sodass diese Komposition mit ihrer sanft tönenden Septimen-Harmonik und raffinierten Rhythmik als Glaubensmusik bezeichnet werden kann. Die Verbindung zwischen beiden Kompositionen schuf Sellars durch den Hinweis auf die zweiteilige Oedipus-Tragödie bei Sophokles. Während der Chor in der Psalmensymphonie sang, erfolgte als stummes Spiel die Quintessenz aus „Oedipus auf Kolonos"; das Ende und die Verklärung des blinden Oedipus. Er wurde begleitet von seinen Töchtern Ismene, die tanzte, und Antigone, die schwieg.

Die konzertanten Aufführungen des dreiaktigen lyrischen Märchens „Le Rossignol" nach dem Stoff von Hans Christian Andersen und des Einakters „La voix humaine" von Francis Poulenc, der Vertonung des Monologs einer Selbstmörderin, in der Felsenreitschule ergänzten den Strawinsky-Schwerpunkt.

Die in russischer Sprache erfolgende Salzburger Aufführung durch den ORF-Chor und das ORF-Symphonieorchester unter Pinchas Steinberg mit den Solisten Luba Orgonášová (Nachtigall), Bernarda Fink (Köchin), Elzbieta Ardam (Tod), Peter Köves (Bonze), Roberto Sacca (Fischer), Jean-Luc Chaignaud (Kaiser), Pavel Daniluk (Kammerherr), Herwig Pecoraro und Vytautas Juozapaitis (Japanische Gesandte) wurde vom Publikum und der Kritik mit großer Zustimmung aufgenommen, wobei besonders die Leistungen von Luba Orgonášová und Roberto Sacca Anerkennung fanden.

Den zweiten Teil des Konzerts bildete die 1958 vollendete Einpersonenoper „La voix humaine" von Francis Poulenc nach dem Libretto von Jean Cocteau, das das Telefonat einer Selbstmörderin mit ihrem ehemaligen Geliebten zum Thema hat. Unerwiderte Liebe, Todessehnsucht und -hysterie, Depression prägen das Telefongespräch, an dessen Ende die Frau, interpretiert von Françoise Pollet, Selbstmord begeht, indem sie sich die Telefonschnur um den Hals legt. Anna Magnani spielte die Rolle in Francesco Rossis erstem Film expressiv selbstzerstörerisch, während die Vertonung Poulencs durch ihren lakonischen, zuweilen jedoch auch veristisch aufschießenden Kommentar die innere Intensität und stille Verzweiflung betont. Die Aufführung wurde vom Publikum heftig akklamiert und zum Triumph für die Sopranistin Françoise Pollet.

Im Jubiläumssommer 1995 repräsentierten Alban Bergs „Lulu" in der dreiaktigen Fassung von Friedrich Cerha sowie die beiden Einakter „Herzog Blaubarts Burg" von Béla Bartók und „Erwartung" von Arnold Schönberg die Serie der Meisterwerke der Opernliteratur des 20. Jahrhunderts.

Ursprünglich hatte Mortier die Aufführung der dreiaktigen Fassung von Bergs „Lulu" als Koproduktion mit der Wiener Staatsoper geplant. Da diese jedoch auf der Originalfassung Bergs bestand und an Cerhas Vollendung des dritten Aktes wenig Interesse zeigte, wurde in der Berliner Staatsoper Unter den Linden ein Koproduktionspartner gefunden. Bei dieser Koproduktion konnte man darauf verweisen, dass Bergs unvollendete Oper im November 1934 in Berlin durch Erich Kleiber und die Staatskapelle Berlin konzertant uraufgeführt wurde. Das Orchester der Uraufführung bestritt unter der Leitung von Michael Gielen nun auch die Salzburger Aufführungsserie. Regie und Bühnenbild wurden Peter Mussbach anvertraut, die Kostüme gestaltete Andrea Schmidt-Futterer, und in der Titelpartie gab die 30-jährige deutsche Sopranistin Christine Schäfer ihr Salzburg-Debüt.

Mussbach ließ die Handlung in einem Kinosaal der Gründerzeit in der Form vielfacher Spiegelungen spielen und zeigte Lulu jenseits des Individuellen als schillerndes und variables Symbol für männliche Phantasien und Verdrängungen. Die von ihm inszenierte Dialektik von Sein und Schein zeigte vor allem mit den Mitteln des Films Lulu als Projektion männlicher Phantasien. Mussbachs intellektuelle, die Erotik weitgehend ausblendende Regie, wurde von der Kritik überwiegend positiv aufgenommen, und die Frankfurter Sopranistin Christine Schäfer in der Titelrolle feierte, ebenso wie das übrige Ensemble – u. a. Marjana Lipovšek (Gräfin Geschwitz), Robert Gambill (Maler, Neger, Dr. Schön), John Bröcheler (Jack the Ripper), David Kuebler (Alwa), Tom Fox (Rodrigo, Tierbändiger), Theo Adam (Schigolch) –, einen Triumph. Michael Gielen, Spezialist für die Musik des 20. Jahrhunderts, dirigierte mit 68 Jahren bei den Salzburger Festspielen erstmals eine Oper und erwies sich nach übereinstimmender Meinung der Kritik zusammen mit der Staatskapelle Berlin als exzellenter Sachwalter der Musik Bergs.

Der Geschlechterkampf bildete eines der Grundthemen der Jahrhundertwende. In Béla Bartóks „Herzog Blaubarts Burg" und Arnold Schönbergs „Erwartung" wurde die emanzipierte, ihr Schicksal nicht passiv hinnehmende Frau und damit durch ihren Anspruch eine Bedrohung des Mannes, musikalisch thematisiert. Béla Bartóks Einakter „Herzog Blaubarts Burg" entstand zwischen 1911 und 1918 nach dem Text des ungarischen Filmtheoretikers Béla Balász, Schönbergs innerer Dialog „Erwartung", das Hauptwerk seiner Phase der freien Atonalität, nach dem Text der Ärztin Marie Pappenheim, 1909. So unterschiedlich die Partituren, so eng verbunden ist ihre Thematik des Kampfs der Geschlechter. Hier die fragende und insistierende Judith, der beim Öffnen der siebten Tür dieses Insistieren zum Verhängnis wird – dort die Frau, die im nächtlichen Wald nach ihrem ermordeten Geliebten sucht, ihn der Untreue bezichtigt und mit der Rivalin abrechnet. Die Frage von Realität und Halluzination bleibt in beiden Stücken unbeantwortet. Die thematische Ähnlichkeit beider Werke legt es nahe, sie in einem Abend zu verbinden. 1974 präsentierten Christoph von Dohnányi und Klaus Michael Grüber in Frankfurt beide Werke, wobei Anja Silja in der von ihren sexuellen Ängsten geplagten Frau in Schönbergs „Erwartung" eine ihrer Glanzrollen fand, die sie später für Decca mit Dohnányi und den Wiener Philharmonikern aufnahm. 25 Jahre später arbeitete Dohnányi bei der neuerlichen Koppelung beider Einakter mit dem amerikanischen Lichtmagier Robert Wilson zusammen. Hatte in Frankfurt Klaus Michael Grüber einen psychoanalytischen Symbolraum mit Projektionen libidinösen Begehrens und angstvoller Abwehrhaltung geschaffen, so präsentierte Wilson in Salzburg reine, durch Lichteffekte geschaffene Bildwelten, deren Ästhetik jeden Bezug zur Realität oder die Tiefenstruktur der Seele vermied. Allein der Wechsel der Farben à la Piet Mondrian in den sieben Bildern bei „Herzog Blaubarts Burg" symbolisierte den Fortgang der Handlung. Wilson gelang es nach übereinstimmender Meinung der Kritik, die Aufmerksamkeit ganz auf die Musik zu lenken. In der ohne Pause anschließenden „Erwartung" Schönbergs illustrierte Wilson in reduktionistischer Art das Bühnenbild auf eine Mondsichel, Baumsilhouetten und schwarze gezackte Flächen und verwendete seine typische Licht- und Farbenmagie, um so die Unentschiedenheit zwischen Phantasie und Realität zu unterstreichen. Hinzu kam die für Wilson charakteristische Choreographie der abgewinkelten, zackigen, an das japanische Theater erinnernden Bewegungen der Solisten. Den ebenfalls mit viel Beifall aufgenommenen musikalischen Teil bestritten Robert Hale (Blaubart), die ungarische Sopranistin Markella Hatziano (Judith), Jessye Norman (Eine Frau) und die Wiener Philharmoniker unter Christoph von Dohnányi.

Die Oper des 20. Jahrhunderts wurde zu *dem* Ereignis des Jubiläumssommers 1995. Heinz W. Koch resümierte: „Kein Zweifel …, dass Salzburg nur vier Tage nach Peter Mussbachs und Michael Gielens Triumph mit Alban Bergs ‚Lulu' in eine weitere Kunstanstrengung oberen Grades geriet. Und wiederum: uneingeschränkte Zustimmung."[420]

Arnold Schönbergs „Moses und Aron" und die Kombination von dessen „Pierrot Lunaire" mit Olivier Messiaens „Quartett für das Ende der Zeit" bildeten den Beitrag des Musiktheaters um den Schönberg/Cerha-Schwerpunkt des Festspielsommers 1996; die Wiederaufnahme von Igor Strawinskys „The Rake's Progress", Luigi Dallapiccolas „Il Prigioniero", Beethovens „Fidelio" und „Leonore" sowie „Pierrot Lunaire" und „Quartett für das Ende der Zeit" jenen zum Generalthema des Festspielsommers „Unterdrückung und Freiheit". Waren „Moses und Aron" sowie „Il Prigioniero" Gastspiele der Niederländischen Oper Amsterdam bzw. des Maggio Musicale Fiorentino und „The Rake's Progress" eine Wiederaufnahme, so handelte es sich bei „Pierrot Lunaire" und „Quartett für das Ende der Zeit" um eine Neuinszenierung, die man dem Salzburg-Debütanten Christoph Marthaler übertragen hatte.

Beide Stücke bedeuten für jeden Regisseur eine Herausforderung, da sie nicht für die Bühne konzipiert waren. Messiaen schrieb sein Quartett während seiner Kriegsgefangenschaft in Görlitz, wo es auch 1941 uraufgeführt wurde. Auf Grund der vorhandenen Instrumente und Spieler im Lager komponierte Messiaen das achtteilige Stück für Klavier, Klarinette, Violine und Cello. Es ist, wie jede Musik Messiaens,

Robert Wilson und Robert Hale bei der Probe zu Béla Bartóks „Herzog Blaubarts Burg" 1995.

Alban Bergs „Lulu" 1995 im Kleinen Festspielhaus. Christine Schäfer (Lulu), Robert Gambill (Maler), Werner Rehm (Medizinalrat).

ein Glaubensbekenntnis, ein Lobgesang auf Ewigkeit und Unsterblichkeit, dem die Offenbarung des Johannes als Inspirationsquelle diente. Die Imagination Jesu manifestiert sich dabei in einer ins Emphatische anwachsenden Cellophrase und einem großen Violinsolo, zu dem das Lagermotiv als Symbol der verharrenden Gefangenen kontrastiert, Symbol für die aus dem Zusammentreffen von künstlerischer Freiheit und Hoffnung mit absoluter Unfreiheit resultierende Spannung. Von völlig anderem Charakter, jedoch thematisch mit Messiaen verwoben, ist Arnold Schönbergs 1912 vorgenommene Vertonung für ein Kammerensemble von 21 Gedichten aus der Seelenlandschaft des belgischen Symbolisten Albert Giraud, der dem Mondlicht gegenüber mitteilt, was er zu leiden hat. Auf einem burlesken und auch melancholischen Untergrund werden die Gedichte nicht gesungen, sondern von einer Sprechstimme rezitiert, wobei allerdings die „Melodie" durch Tonhöhe und Rhythmus vom Komponisten festgelegt ist. Schönberg fand damit eine Möglichkeit, die Sprache gegenüber den fünf begleitenden Instrumenten auf eine Linie zu zwingen.

Christoph Marthaler inszenierte beide Stücke in der Ausstattung von Anna Viebrock im Stadtkino als somnambules Theater in einer heruntergekommenen Kranken- bzw. Irrenanstalt, in der sich ein Pierrot tummelte, ein Mensch, der in Träumen lebt und die Wirklichkeit verlassen hat und daher von weiteren vier seiner Sorte – allesamt keine farbenfrohen Kunstgeister, sondern Verrückte, Autisten, die sich ihren unsinnigen Verrichtungen hingeben, die Hosen herunterlassen und das nackte Hinterteil zeigen – pantomimisch umgeben ist. Marthaler ließ den mondsüchtigen, bleichen Tollpatsch nicht von einer Frau, sondern einem Mann, dem Schauspieler Graham F. Valentine, spielen und folgte damit den ursprünglichen Absichten Schönbergs, der die Rolle des Pierrot ursprünglich für einen Mann konzipierte und Albertine Zehne nur deshalb für die Rolle vorsah, weil sie ihm die Berliner Uraufführung ermöglichte. Das ohne Pause anschließend gespielte Quartett Messiaens ließ der Schweizer Regisseur durch ein stummes Defilee der Schauspieler/Pantomimen des „Pierrot Lunaire" auf einer Personenwaage begleiten, aus der sie allmählich im Orchestergraben verschwanden, während die Solisten des Quartetts aus dem Orchestergraben auf die Bühne übersiedelten.

In einem Interview vor der Premiere erklärte Marthaler: „Primär geht es um den ‚Pierrot'. ‚Quatuor' von Messiaen lässt sich szenisch ja kaum umsetzen. Dazu kommt, dass Messiaen selbst das gar nicht wollte. Das Verbindende ist der Raum, in dem zunächst ‚Pierrot' stattfindet und in dem die Schauspieler auch bei ‚Quatuor' noch anwesend sein werden, ohne irgendwelche Aktionen zu setzen. Ich glaube, dass im ‚Pierrot' ein Teil der Bilderwelt Messiaens mitschwingt. Das Ganze wird eine sehr reduzierte Arbeit, bei der im Grunde nicht mehr viel passiert."[421]

Während die musikalische Interpretation durch Benjamin Schmid (Violine/Bratsche), Herwig Tachezi (Cello), Eva Furrer (Flöte/Piccolo), Bernhard Zachhuber (Klarinette/Bassklarinette) und Florian Müller (Klavier) unter der Leitung von Mathis Dulack auf uneingeschränktes Lob der Kritik stieß, waren deren Reaktionen auf Marthalers Interpretation vor allem von Schönbergs „Pierrot Lunaire" völlig konträr und reichten von „faszinierendem Musiktheater mit höchsten künstlerischen und geistigen Ansprüchen"[422] bis „Blödsinn pur", bei dem sich „ein direkter Bezug zu den Giraud-Hartlebenschen Texten … nicht feststellen" lasse.[423]

Acht Jahre nach der kontrovers diskutierten Ponnelle-Inszenierung von Arnold Schönbergs „Moses und Aron" in der Felsenreitschule erfolgte in Koproduktion mit der Königlichen Niederländischen Oper Amsterdam die auf Grund des zweiten Aktes nicht minder kontrovers diskutierte Inszenierung Peter Steins im Bühnenbild Karl-Ernst Herrmanns und in den Kostümen Moidele Bickels. Hatte die musikalische Realisierung durch Pierre Boulez, das Concertgebouw Orchestra, den Chor der Königlichen Niederländischen Oper und David Pittmann-Jennings (Moses) und Chris Merritt (Aron) bei der Premiere in Amsterdam Anfang Oktober 1995 uneingeschränkte Zustimmung erfahren, so gab die naturalistische Inszenierung des zweiten Aktes durch Peter Stein Anlass zu heftigen Diskussionen. Schönberg, der nach seiner Rückkehr zum Judentum in seiner „Reihen"-Komposition zwei deutlich erkennbaren Gottes-Chiffren folgte, verfasste für den zweiten Akt mit dem Tanz um das Goldene Kalb detaillierte Szenenbeschreibungen mit der Bemerkung, er wolle den „neuen Beherrschern der Theaterkunst, den Regisseuren, möglichst wenig überlassen". Aus der Divergenz zwischen dem in der Oper behandelten Gebot „Du sollst dir kein Bild machen von deinem Gott" und der Gattung Oper, die nach Darstellung verlangt, der abstrakten Reihen-Komposition und den detaillierten Regieanweisungen des Komponisten für den zweiten Akt, von Abstraktion und extremer sakraler Ausdrucksmusik, die dem Konnex zum Kult erfordert, resultieren die Schwierigkeiten jeder Inszenierung.

Stein folgte nach einem virtuos choreographierten ersten Akt den Anweisungen Schönbergs in einer äußerst realistischen Regie des zweiten Aktes, in dem auch Ochsen und Pferde auf die Bühne kamen und die Orgie realistisch arrangiert wurde, diesen Forderungen des Komponisten und rief kontroverse Reaktionen hervor. Ein Großteil der Kritik bemerkte, der Regisseur habe das Problem des Bilderverbots durch plakative Bebilderung à la Hollywood gelöst.

Die Amsterdamer Aufführung wurde zwischen den einzelnen Vorstellungen für die Deutsche Grammophon Gesellschaft eingespielt und die CD-Edition in Salzburg präsentiert. Gerhard Rohde bemerkte zur Salzburger Aufführung, die Festspielstadt habe zwar bei Schönbergs „Moses und Aron" nicht das „ius primae noctis", doch den nicht zu unterschätzenden Vorteil der musikalisch noch besseren Produktion. „Schon die Amsterdamer Vorstellungsserie erreichte durch die zwischen die einzelnen Aufführungen eingeschobene Schallplattenaufzeichnung einen ungewöhnlichen musikalischen Vollkommenheitsgrad. Intensive Vorproben, mit Boulez in Amsterdam vor Beginn der Salzburger Festspiele abgehalten, müssen zusätzliche ‚Wunder' bewirkt haben. Die Aufführung mit dem Concertgebouworkest und dem Chor der Niederländischen Oper Amsterdam sowie mit den traumwandlerisch sicheren, gelöst und souverän agierenden Sänger-Darstellern David Pittman-Jennings als Moses und Chris Merritt als Aron rangiert auf einem Niveau, das man für eine ‚live'-Aufführung bislang kaum als realistisch erachtete."[424]

Einen einhelligen Erfolg bei Publikum und Kritik feierte hingegen die Wiederaufnahme von Strawinskys „The Rake's Progress" aus dem Jahr 1994 mit Umbesetzungen in den Rollen der Anne Trulove und der Türkenbaba. An Stelle von Sylvia McNair und Grace Bumbry sangen Dawn Upshaw und Jane Henschel. Die anlässlich des 25. Todestages des Komponisten von Regisseur Peter Mussbach überarbeitete Produktion wurde von der Kritik übereinstimmend als Glücksfall bezeichnet, bei der der Besucher nicht nur in den Genuss einer Opernaufführung, sondern auch einer Kunstausstellung der Bilder Jörg Immendorffs komme.

In programmatischer Ergänzung zu Beethovens „Leonore" und „Fidelio" erfolgte die konzertante Aufführung von Luigi Dallapiccolas einaktiger Oper „Il Prigioniero" im Rahmen eines Gastspiels des Maggio Musicale Fiorentino unter der musikalischen Leitung von Zubin Mehta. Die Geschichte von dem Gefangenen, der vergeblich von der Freiheit träumt und die Hoffnung als schier unerträgliche Folter erkennen muss, wurde von Dallapiccola 1948 vollendet und von Hermann Scherchen in Turin 1949 uraufgeführt. Mehta koppelte diesen aus dem Geist der vierziger Jahre formulierten dodekaphonen Protest gegen religiöse und politische Verfolgung mit Giuseppe Verdis „Quattro pezzi sacri" und errang in der Felsenreitschule einen heftig akklamierten Erfolg. Claude Debussys einzige vollendete, auf dem gleichnamigen Märchen des belgischen Symbolisten Maurice Maeterlinck basierende Oper „Pelléas et Mélisande" wurde 1997, 95 Jahre nach ihrer Uraufführung, erstmals gezeigt. Herbert von Karajan, der die Oper für EMI auf Platte eingespielt hatte, hatte mehrmals eine Aufführung bei den Salzburger Festspielen erwogen, jedoch seine Pläne nie realisiert. Die nunmehr von Robert Wilson als Regisseur, Ausstatter und Beleuchter verantwortete Salzburger Produktion war eine Koproduktion mit der Opéra de Paris, wo sie – mit allerdings fast völlig anderer Besetzung – im Februar Premiere hatte. Die sich einer kausalen Analyse entziehende Symbiose von Märchen und Mythos des Werkes von Debussy/Maeterlinck war für den texanischen Kultregisseur Robert Wilson der ideale Stoff für seine spezifische Form der choreographischen, durch eine raffinierte Lichtregie unterstützten Inszenierung. War doch Debussys einzige vollendete Oper ein Grenzfall des modernen Musiktheaters, da seine Partitur Gefühlsregungen ausdrückte, versuchte, das Unaussprechliche der Gefühle in einem ariosen Sprechgesang und subtiler Orchestrierung auszudrücken.

Wilsons spezifischer Stil war nicht Ausdruck einer Interpretation im klassischen Sinn, nicht eine Verdeutlichung des subjektiven Blicks auf einen Stoff, eine Interpretation oder Gestaltung der Figuren, son-

Szene aus der Peter Stein-Inszenierung von Arnold Schönbergs „Moses und Aron", Großes Festspielhaus 1996.

Pierre Boulez und Peter Handke am 16. August 1996 im „Österreichischen Hof".

Györgi Ligetis „Le Grand Macabre" in der Inszenierung von Peter Sellars und dem Bühnenbild von George Tsypin im Großen Festspielhaus. Jard van Nes (Mescalina), Sibylle Ehlert (Venus), 1997.

Albert Dohmen (Wozzeck) in der Peter Stein-Inszenierung von Alban Bergs „Wozzeck" im Großen Festspielhaus 1997.

Hillary Clinton und US-Botschafterin Swanee Hunt bei einem Besuch der Probe von „Pelléas et Mélisande" im Großen Festspielhaus am 15. Juli 1997.

Peter Zadek bei der Probe zu Kurt Weills „Aufstieg und Fall der Stadt Mahagonny" im Großen Festspielhaus 1998.

dern ein von intellektuellen und ideologischen Reflexionen freie schematische, an japanische Vorbilder erinnernde Choreographie. Das Ergebnis war ein oft faszinierender, letztlich jedoch austauschbarer und in die Beliebigkeit abgeglittener kalter Formalismus, eine Austauschbarkeit der damit vermittelten Inhalte. Wilsons Inszenierungen glichen einander, waren verwechselbar, gleichsam das Ergebnis einer völlig unterschiedlich beurteilten formalen Fließbandarbeit, die sich jeglicher intellektuellen Auseinandersetzung mit dem Stoff entzog. Das Faszinosum basierte auf der Verbindung von Choreographie, kargem Bühnenbild und Licht, die auch die größten Theaterräume bewältigte – jedoch auch bei mehrmaliger Bekanntschaft ermüdete.

Die mit weitgehend anderer Besetzung und anderer musikalischer Leitung präsentierte Salzburger Produktion spaltete die Zunft der Kritiker. Den Apologeten des Regiestils Wilsons standen dessen Skeptiker gegenüber. Ebenso unterschiedlich erfolgte die Beurteilung der musikalischen Leitung durch Sylvain Cambreling und das Philharmonia Orchestra, während das Ensemble, vor allem Dawn Upshaw als Mélisande, hervorragende Kritiken erhielt.

György Ligeti, Schüler von Sándor Veress und Ferenc Farkas, beendete sein Studium an der Musikhochschule in Budapest 1948 und widmete sich anschließend unter dem Einfluss von Béla Bartók und Zoltán Kodály dem Studium der ungarischen und rumänischen Volksmusik, erhielt am Höhepunkt des spätstalinistischen Terrors über Vermittlung Kodálys einen Lehrauftrag an der Budapester Musikhochschule und flüchtete als politisch Verdächtiger – er hatte Werke des Antikommunisten Strawinsky in seinem Unterricht analysiert – 1956 in den Westen. Ähnlich wie die deutschen Komponisten während der NS-Zeit waren jene der Warschauer-Pakt-Staaten nach 1945 von der westeuropäischen Musikentwicklung isoliert, die Moderne repräsentierten für Ligeti Bartók und Kodály. Ligetis kompositorische Wende folgte nach seiner Flucht in den Westen unter dem Einfluss Stockhausens, und er begann ab den siebziger Jahren seinen eigenen kompositorischen Stil zu entwickeln, der einen eigenen Weg zwischen der ungarischen folkloristischen Schule und der westeuropäischen Avantgarde suchte. 1978 erfolgte die Uraufführung seiner Oper „Le Grand Macabre", basierend auf einem Stück des Belgiers Michel de Ghelderodes aus dem Jahr 1934, einer surrealistischen Persiflage auf einen faschistischen Staat. Ligeti hielt sich jedoch nicht eng an Ghelderodes' Schauspiel, sondern porträtierte unter Rückgriff auf das mittelalterliche Mysterienspiel und das absurde Theater von Alfred Jarrys „Roi Ubu" Samuel Becketts Endzeitphilosophie und christliche Visionen der Offenbarung des Johannes ein phantastisches „Breughel-Land", ein grell überzeichnetes Sodom und Gomorrha, in dem Ausschweifungen, korrupte Minister und abstruse Fürsten herrschen. Auf der zweiten Ebene des surrealen Treibens fungieren der Tod, der apokalyptische Reiter, und sein Sancho Pansa, der heilige Säufer Piet vom Fass, der den Tod, den großen Makabren, zu einem Besäufnis überredet, das mit dem Rausch des Großen Makabren endet und damit den Weltuntergang verhindert. Das Jüngste Gericht bleibt aus, jedoch als Warnung im Raum stehen. Die Noch-einmal-Davongekommenen singen, der Schlussfuge aus Verdis „Falstaff" ähnlich, alles sei nur Spaß.

Ligeti unternahm für die Gesamteinspielung seiner Werke durch den 39-jährigen Finnen Esa-Pekka Salonen, seit fünf Jahren Chefdirigent des Los Angeles Philharmonic Orchestra und des Philharmonia Orchestra, sowie die geplante Salzburger Aufführung eine Neufassung seiner Oper. Es war daher nahe liegend, den Protagonisten der Einspielung des Gesamtwerkes die musikalische Realisierung der Salzburger Produktion anzuvertrauen. Peter Sellars, einer der bevorzugten Regisseure Mortiers, George Tsypin (Bühnenbild) und Dunya Ramicova (Kostüme) wurden mit der Ausstattung beauftragt.

Die mit großer Spannung erwartete Premiere wurde zum musikalischen Triumph für Esa-Pekka Salonen, das Philharmonia Orchestra und das Ensemble – in den Hauptrollen Graham Clark (Piet vom Fass), Laura Claycomb (Amanda), Charlotte Hellekant (Amanda), Willard White (Nekrotzar), Jard van Nes (Mescalina), Frode Olsen (Astradamors) –, jedoch zum Waterloo Sellars' und seines Ausstatterteams. Dieser erntete ob seines bereits in seinen letzten Inszenierungen zunehmend deutlich gewordenen, das Werk ignorierenden und nur mehr als Mittel zum (eigenen) Zweck betrachtenden Messianismus durchwegs negative Kritiken. Die nationale und internationale Kritik zeigte sich irritiert und erstaunt, dass der Komponist nach der Vorstellung im Großen Festspielhaus zusammen mit Sellars, der seine genauen Regieanweisungen völlig ignoriert hatte, auf der Bühne erschienen war und diesem seinen Dank für eine allgemein als völlig missglückt bezeichnete Inszenierung ausdrückte. Unmittelbar nach der Premiere erfolgte allerdings eine Aufsehen erregende Korrektur Ligetis. Er sei, so ließ er in einem Interview mit dem „Spiegel" wissen, nur deshalb auf der Bühne erschienen, um dem Dirigenten Esa-Pekka Salonen und dem Philharmonia Orchestra, die „wahre Wunder" vollbrachten, zu danken. Die Inszenierung aber sei „eine Schande". Sein Stück sei durch Sellars „massakriert" worden, alle „Komik tot". Den Zuschauern würden hier „die Hirngespinste eines Regisseurs" zugemutet, „der seine Marotten in dem ideologischen Manifest eines alternden Easy Riders" austobe. Als er zum ersten Mal die Entwürfe der Inszenierung, die das Geschehen in eine Landschaft nach einem Atomkrieg transferierte, sah, habe ihn der Schlag getroffen. Sellars habe „einfach eine Handlung meiner Handlung übergestülpt" und das sei schlicht „Falschmünzerei" und „semantische Subversion". Juristisch sei er leider machtlos, auf seine Einwände in Salzburg habe „niemand gehört und reagiert"[425].

Zum vom Publikum und der Kritik gefeierten Triumph hingegen wurde Alban Bergs „Wozzeck" in der Regie von Peter Stein, dem Bühnenbild Stefan Mayers, den Kostümen Moidele Bickels und der musikalischen Leitung Claudio Abbados im Großen Festspielhaus. War die Koproduktion mit den Osterfestspielen bereits bei ihrer Premiere zu Ostern ein einhelliger Erfolg, so steigerte sich dieser im Sommer zu einem Triumph. Gegenüber der österlichen Aufführungsserie hatten sich einige Änderungen ergeben: Stein hatte an seiner Regie weitergearbeitet, an Stelle der Berliner Philharmoniker saßen die „Wozzeck"-erfahrenen Wiener Philharmoniker im Orchestergraben, Angela Denoke sang an Stelle von Deborah Polaski die Marie und Frode Olsen an Stelle von Aage Haugland den Doktor. Der Großteil der Kritik war sich darin einig, dass in der Weiterentwicklung der Regie, der anderen Orchesterbesetzung und der neuen Marie die Ursachen für den neuerlichen Qualitätssprung zu sehen seien. Die Festspiele hatten mit diesem aus der spätromantischen Perspektive wiedergegebenen perfekten „Wozzeck" ihren uneingeschränkten musikalischen Triumph.

Angela Denoke war auch im folgenden Jahr der unumstrittene Star in Leoš Janáčeks „Kátja Kabanová". Gérard Mortier setzte im Festspielsommer 1998 seine Philosophie der Präsentation von Meisterwerken des 20. Jahrhunderts in Inszenierungen innovativer Regisseure mit Janáčeks Version von Madame Bovary, der Vertonung von Alexander N. Ostrowskis Drama „Sturm", Kurt Weills „Aufstieg und Fall der Stadt Mahagonny" und der Wiederaufnahme von Messiaens „Saint François d'Assise" fort. Neben der von Peter Sellars betreuten Wiederaufnahme der Messiaen-Oper in der Felsenreitschule inszenierte Christoph Marthaler nach Schönbergs „Pierrot Lunaire" 1996 mit Janáčeks „Kájta Kabanová" im Kleinen Festspielhaus zum zweiten Mal in Salzburg, während Peter Zadek mit seiner Interpretation der Weill-Oper im Großen Festspielhaus sein Salzburg-Debüt gab.

Mit dem „Songspiel", so die Bezeichnung Kurt Weills für die Kombination von Sprechgesang und Singspiel „Aufstieg und Fall der Stadt Mahagonny", der Geschichte von drei Wirtschaftsverbrechern auf der Flucht, die in Florida eine Stadt als Falle für Goldgräber gründen, die schließlich am Gesetz der Selbstzerstörung zugrunde geht, wollten Bertolt Brecht und Kurt Weill ihren Erfolg der „Dreigroschen-Oper" wiederholen. Dieses musikalische Crossover mit seinen Stilkontrasten von Big Band, Kabarett-Combo und symphonischen Stellen geriet bei seiner Uraufführung 1930 in Leipzig angesichts der Auswirkungen der Weltwirtschaftskrise und der massiven Störungen der NSDAP zu einem der größten deutschen Theaterskandale.

Die Salzburger Aufführung galt dem 100. Geburtstag Brechts, dem vor 50 Jahren Gottfried von Einem eine führende Position bei den Salzburger Festspielen zugedacht hatte. Von diesen Bemühungen blieb lediglich die österreichische Staatsbürgerschaft für Brecht und seine Frau Helene Weigel und eine öffentliche Erregung, die zum erzwungenen Ausscheiden Einems aus dem Direktorium führte. Nunmehr hielt Brecht Einzug in das Programm der Salzburger Festspiele mit einem Stück, dessen Urheberschaft wegen der Frage, ob Brecht den Text nicht von seiner Co-Autorin Elisabeth Hauptmann gestohlen habe, nach wie vor umstritten ist. Und es gehört zur Ironie der Geschichte, dass Brechts aggressiver und ironischer Text sowie Weills agitatorische Musik nur als Abfolge von Schlagern überlebten, die ohne den intendierten sozialkritischen und politischen Unterton ins Ohr gehen. Für die Eröffnungspremiere des Festspielsommers im Großen Festspielhaus hatte man Peter Zadek als Regisseur verpflichtet sowie neben dem Radio-Symphonieorchester Wien unter Dennis Russell Davies und der Konzertvereinigung Wiener Staatsopernchor ein hochkarätiges Solistenensemble aus dem Bereich der Oper – u. a. Gwyneth Jones (Leokadja Begbick), Catherine Malfitano (Jenny Smith), Jerry Hadley (Jimmy Mahoney) – aufgeboten.

Der deutsche Regiestar, der bisher nur 1983 eine Oper, Mozarts „Hochzeit des Figaro", inszeniert hatte, erklärte zu seiner Sicht des Stücks: „Ich finde es genau richtig, heute diese Geschichte zu erzählen. Sie wurde 1930 geschrieben und war sozusagen ein Aufruf. Heute ist sie ein Nachruf. Damals war's ein Stück voll Hoffnung, dass sich alles ändern würde. Jetzt gucken wir zurück und sagen, es ist alles genauso gekommen. Wir leben genau in der Welt, Mahagonny ist unsere Welt."[426] Das mit hohen Erwartungen verbundene Regiedebüt Zadeks wurde vom Publikum bejubelt, vom Großteil der Kritik hingegen als Enttäuschung bezeichnet.

In seinen Anmerkungen zu „Mahagonny" schrieb Brecht, dass sich das Stück von einer traditionellen Oper in einem Punkt unterscheide: sie mache nicht nur Spaß, sondern mache den (kapitalistischen) Spaß zum Thema, das Kulinarische greife mit seiner unverhohlenen Kapitalismuskritik die Gesellschaft an. Diese sitze zwar noch prächtig auf dem alten Ast, doch werde dieser ein wenig angesägt. Der Ast hielt freilich über die Jahrzehnte, die Gesellschaft erwies sich als immun gegen den Brechtschen Anspruch des Theaters als moralische Anstalt, reduzierte die Rezeption des Stücks – nicht zuletzt auf Grund des Zusammenbruchs der kommunistischen Regime in Ost- und Südosteuropa – auf den puren Genuss. Peter Zadek und sein Bühnenbildner Richard Peduzzi bestätigten dies mit ihrem Blick auf dieses Songspiel im Großen Festspielhaus. Der Angriff Brechts und Weills auf die Gesellschaft schlug fehl. Das Premierenpublikum bejubelte einen von ästhetischen Bildern bestimmten Abend, Salzburg vollzog die Versöhnung mit dem einst Verfemten.

Christoph Marthalers Sicht auf Janáčeks Oper „Kátja Kabanová", eine Koproduktion mit dem Théâtre du Capitole, Toulouse, im Bühnenbild und der Regie von Anna Viebrock spaltete Publikum und Kritik. Die in einer Kleinstadt an der Wolga spielende Oper über die unglückliche Liebe einer jungen, unter der Tyrannei ihrer Schwiegermutter und der mangelnden Persönlichkeit ihres Gatten leidenden jungen Frau wurde von Marthaler in einem Einheitsbühnenbild Viebrocks in einen heruntergekommenen Gemeindebau im Brünn der Gegenwart verlegt, der jeden Bezug zum Schauplatz der Oper vermied sowie durch seinen Hinterhof-Voyeurismus jede Intimität ausschloss. Marthaler und Viebrock hatten sich in Brünn, wo Janáček lange lebte und die Oper 1921 ihre Uraufführung erlebte, auf die Spuren des Komponisten, der durch seine skandalöse Beziehung zu der 18-jährigen Kamila Stösslova zur Vertonung des Dramas Ostrowskis inspiriert worden war, begeben. In einem Interview mit Karin Kathrein bemerkte Viebrock zu ihrer Spurensuche: „Von Brünn haben wir auch eine große Trostlosigkeit mitgenommen. So ein Bezug zum Wirklichen ist ganz wesentlich. In den Details, wie auch für die Grundkonzeption. In Brünn haben wir zum Beispiel gesehen, dass es so viele Mistkübel gibt wie in keiner Stadt der Welt. Die kommen jetzt natürlich vor." Das Voyeuristische habe in dieser Inszenierung des Stücks in einer mehrstöckigen Architektur eine zentrale Bedeutung. „Grundidee ist, dass alles im Blickwinkel der Kabanicha stattfindet, dass man sich vor ihrem Auge kaum verstecken kann. Darüber hinaus soll die Außenfront der Häuser aber davon erzählen, wie voyeuristisch da die Leute solchen Schicksalen zuschauen." Die aus dem Bühnenbild verbannte Natur werde durch die Musik imaginiert, „die nicht illustriert werden sollte. Andererseits versuche ich das über andere Dinge zu zeigen. Vor dem Janáček-Theater in Brünn steht ein riesengroßes Springbrunnenbecken. Das gibt's bei uns auch. Diese Installation ist so eine Art Wolga-Ersatz."[427]

Marthalers Regie und Viebrocks Ausstattung, die die Oper in das graue Ambiente des tschechoslowakischen Postkommunismus transferierten, spaltete die Kritik und evozierte einen Buh-Orkan des Premierenpublikums, gegen den sich die Bravo-Rufer kaum durchsetzen konnten, während das Ensemble, vor allem Angela Denoke, uneingeschränktes Lob erhielt. Karol Szymanowskis 1926 in Warschau uraufgeführte Oper „König Roger" bildet einen Markstein im Œuvre des polnischen Komponisten, der wichtigsten

Leoš Janáčeks „Kátja Kabanová" in der Inszenierung von Peter Mussbach und der Ausstattung von Anna Viebrock 1998 im Großen Festspielhaus. Dagmar Pecková (Varvara) und Angela Denoke (Kátja).

Karita Mattila (Jenufa) in der Bob Swaim-Inszenierung von Leoš Janáčeks „Jenufa" in der Felsenreitschule 2001.

Persönlichkeit des musikalischen Schaffens Polens zwischen Frederic Chopin und Witold Lutoslawski. Nietzsches „Geburt der Tragödie aus dem Geist der Musik" bot ihm ebenso Anregung wie seine Reisen in den Süden, vor allem nach Sizilien, das er wegen seiner in Polen verpönten Homosexualität als Reiseziel bevorzugte. In dieser von seinem homoerotischen Roman „Ephesos" beeinflussten Werk versuchte Szymanowski am Beispiel des Normannenkönigs Roger II. und seiner Gattin Roxane auf Sizilien und dem in der Gestalt eines Hirten bei Hofe auftauchenden Dionysos, der sämtliche Akteure in seinen Verführungsbann zieht, eine spezifisch national-polnische Antwort auf die musikalischen Auflösungstendenzen des frühen 20. Jahrhunderts. Unter Rückgriff auf polnische musikalische Traditionen sowie eine virtuos gehandhabte luxuriöse Kompositionstechnik mit teilweise beraubender Klangfülle erfolgte eine Kampfansage an Expressionismus, Symbolismus und Impressionismus. Szymanowskis Musik, von Lothar Zagrosek in Stuttgart und Sir Simon Rattle in Birmingham wiederentdeckt, war keineswegs postmodern und beliebig, sondern attraktiv undogmatisch. So wenig greifbar die Handlung, so faszinierend ist die zwischen kirchentonaler Klangpracht und impressionistischem Farbzauber angesiedelte Musik Szymanowskis.

In der Felsenreitschule führte Sir Simon Rattle, der 1999 mit der Salzburger Besetzung Szymanowskis Oper für EMI einspielte, das hier so gut wie unbekannte Werk in einer konzertanten Aufführung in den Kulissen von „Saint François d'Assise" mit dem City of Birmingham Symphony Orchestra and Chorus sowie den Solisten Thomas Hampson (Roger II.), Elzbieta Szmytka (Roxane), Philip Langridge (Edrisi), Ryszard Minkiewicz (Hirte), Robert Gerlach (Erzbischof) und Jadwiga Rappé (Diakonissin) zum vom Publikum und der Kritik einhellig gefeierten Triumph.

Die Suche nach Gewissheit und Erlösung thematisiert auch der „Faust"-Mythos, Programmthema des Festspielsommers 1999. Ferruccio Busoni, Klaviervirtuose und Komponist und als solcher ein Suchender nach der Einheit der Musik, näherte sich dem Stoff in seiner unvollendeten Oper „Doktor Faustus", deren Komposition er 1923, ein Jahr vor seinem Tod, unter- oder abbrach, wohl auch in dem faustischen Bewusstsein, der angestrebten Vollkommenheit ebenso wenig gewachsen zu sein wie sein Held, der erkennt, dass das Ideal seiner Vision Helenas sich als trügerisch erweist und deshalb auf dessen Erringung verzichtet. Busonis unvollendetes Werk wurde von seinem Schüler und engen Vertrauten Philipp Jarnach finalisiert und 1925 in Dresden uraufgeführt. Eine zweite Bearbeitung des Schlusses auf bis dato unveröffentlichten Skizzen legte in den 1980er Jahren Antony Beaumont vor, der zu dem Schluss kam, dass Busoni mit seinem „Doktor Faust" sich keineswegs als faustische Natur stilisierte, aber dennoch ein Schlüsselwerk zu seiner vielschichtigen Person schuf. Busonis Faust schließt zwar einen Pakt mit Mephistopheles, doch ist dieser – in Anlehnung an E. T. A. Hoffmanns „Doppelgänger" – letztlich nur sein Doppelgänger, Spiegelung der anderen Seite seiner Natur. Und Faust bleibt in der Schenke zu Wittenberg, die Geschichten um die Herzogin von Parma, die er am Tag ihrer Hochzeit ihrem Gemahl entreißt, bleibt ebenso Wunschtraum wie die schöne Helena. Ihm zerrinnt die scheinbar zum Greifen nahe Vollkommenheit zwei Mal, Resignation ist die Folge dieses leeren Wahns.

In Salzburg entschieden sich Dirigent Kent Nagano und Regisseur Peter Mussbach für die Jarnach-Version, für die Erich Wonder das Bühnenbild und Andrea Schmidt-Futterer die Kostüme gestalteten. Die Hauptrollen sangen Thomas Hampson (Faust), Chris Merritt (Mephistopheles), László Polgár (Wagner, Zeremonienmeister), Kurt Schreibmayer (Herzog von Parma) und Katarina Dalayman (Herzogin von Parma). Die Reaktionen der Kritik vor allem auf die musikalische Realisierung durch die Wiener Philharmoniker und die sängerischen Leistungen waren unterschiedlich und reichten von „Glanzlicht für Salzburg"[428] bis zu einer „Produktion mit allzu wattierten Bildern, … mit einer keineswegs überwältigenden Orchesterleistung, einem klugen, doch zu wenig energischen Dirigenten und einer Fehlbesetzung als Faust"[429].

Die Oper des 20. Jahrhunderts, eines der Hauptanliegen Gérard Mortiers für seine Salzburger Intendanz, fand in Leoš Janáček mit seinem sprachmelodischen Singen aus dem Duktus der tschechischen Sprache, dem vielfältigen, musikalisch in Extremen illustrierten realistischen Sprechgestus einen Hauptprotagonisten, den Max Brod einen „Smetana in Moll" nannte, „der den Totentanz als mährische Polka" inszeniere. Mit „Jenufa" beschloss Gérard Mortier nach „Aus einem Totenhaus" (1992) und „Kátja Kabanová" (1997) 2001 seinen Janáček-Zyklus.

Das 1904 in Brünn uraufgeführte Werk über ein Frauenschicksal in einer ländlichen Umgebung, ihr Zerrissensein zwischen einer unerfüllten Liebe, ihrer bigotten Stiefmutter (Küsterin) und des schließlichen Akzeptierens der engen dörflichen Konventionen selbst um den Preis des Verzeihens des Kindesmordes, erregte erst nach der Wiener Aufführung 1918 weltweite Aufmerksamkeit. In Salzburg inszenierte der amerikanische Filmregisseur Bob Swaim im Bühnenbild von Ferdinand Wögerbauer Janáčeks Oper nach einem Drama von Gabriela Preissová in der Felsenreitschule. Sir Elliot Gardiner, der sich 2000 dem Kantatenwerk von Johann Sebastian Bach gewidmet hatte, debütierte an der Spitze der Tschechischen Philharmonie als Janáček-Dirigent mit außerordentlichem Erfolg. Er war damit neben Sir Charles Mackerras der zweite englische Dirigent, der sich dem tschechischen Komponisten widmete.

Bob Swaim hatte sich zusammen mit dem Bühnenbildner Ferdinand Wögerbauer zum Studium des typischen Lokalkolorits in Janáčeks Heimat begeben, um die Welt des Komponisten kennen zu lernen. „Als ich aus Mähren zurückkam, verstand ich besser, wer Janáček war und worum es in seiner Musik geht", erklärte er.[430] Zur Illustration dieser spezifischen Lebenswelt schuf Ferdinand Wögerbauer ein bedrückendes, in grauen Tönen gehaltenes Bühnenbild, dominiert von einem überdimensionalen Mühlrad, das sich mit unterschiedlicher Geschwindigkeit drehte und damit die Vergänglichkeit der Zeit symbolisierte. Der aus Adnet gebürtige Bühnenbildner bemerkte in einem Interview, er habe zusammen mit Swaim bei der gemeinsamen Erkundungsfahrt nach Mähren „auch den Schauplatz der ‚Jenufa', das Tal der 12 Mühlen, von denen freilich nur eine einzige erhalten geblieben ist, aufgesucht. … ‚Jenufa' ist eine tolle, gruselige Geschichte, die unter die Haut geht und die mich in vieler Hinsicht an die frühen Romane von Franz Innerhofer erinnert. Die Familiengeschichte der Buryjas ist zugleich die Chronik einer ländlichen Kleinindustrie mit ihren spezifischen Abhängigkeiten. Diese Sozialstruktur mit ihren Härten gegenüber den Außenseitern und ihrer autoritären Fortschreibung von Rollen und Normen, das war bis vor wenigen Jahrzehnten in unserem Alpenraum genauso vorhanden wie meinetwegen in Mähren zu Zeiten Janáčeks."[431] Swaims dokumentarischer Realismus spaltete die Kritik, deren Urteil von naiver, bloß nacherzählender Illustration, die das eigentliche Seelendrama nicht erfasst, bis richtig, klug dosiert und wohltuend an der Musik orientiert reichte. Uneingeschränktes Lob erhielt neben der musikalischen Realisierung durch die Tschechische Philharmonie unter Sir Eliot Gardiner das Ensemble, vor allem die Sänger der Hauptrollen – Jerry Hadley (Laca Klemen), David Kuebler (Strewa Buryja), Hildegard Behrens (Die Küsterin Buryja) und Karita Mattila in der Titelrolle.

Eine programmatische ideale Ergänzung zu Janáčeks musikalischem Drama bildete „Lady Macbeth von Mzensk", Dmitri Schostakowitschs Drama um die Passion der frustrierten Bürgersfrau Katerina Ismailowa, die in ihrer ausweglos scheinenden Situation ihren Schwiegervater, ihren Gatten und schließlich die Geliebte ihres Geliebten und sich selbst tötet. Schostakowitschs Oper basiert auf einer Novelle Leskows, die er zusammen mit Alexander Preis nicht unerheblich veränderte, indem er aus der gewissenlos mordenden Frau ein Opfer der Verhältnisse machte, deren Schicksal Mitleid erheischt. Die Oper wurde 1934 in Leningrad uraufgeführt und hielt sich mit Erfolg zwei Jahre im Repertoire, ehe sie 1936 in einem „Prawda"-Artikel mit dem Titel „Chaos statt Musik" der Bannstrahl Stalins traf. Die Musik mit ihren zahlreichen Grotesken und Parodien, ihrer naturalistischen Illustration des Geschlechtsverkehrs, kollidierte mit dem verordneten sozialistischen Realismus. Der Komponist lebte seitdem in Angst vor dem Archipel Gulag und entschloss sich schließlich zu einer Zweitfassung unter dem Titel „Katerina Ismailowa", die 1962 aufgeführt wurde, jedoch – trotz des Streichens der musikalischen Illustrationspassagen des Geschlechtsverkehrs, gegenüber der Originalpartitur letztlich nur geringe Divergenzen aufwies.

Die Salzburger Festspiele entschieden sich für die Originalfassung, deren Realisierung in Koproduktion mit dem Mariinskij-Theater St. Petersburg und massiver finanzieller Unterstützung Alberto Vilars entstand. Die Produktion übersiedelte anschließend in das Repertoire des St. Petersburger Opernhauses. Es war daher naheliegend, dass Valery Gergiev, der sich zudem der Förderung Vilars erfreute, die musikalische Einstudierung mit dem Chor und dem Ensemble des Mariinskij-Theaters vornahm. In Salzburg nahmen jedoch an Stelle des Orchesters des Mariinskij-Theaters die Wiener Philharmoniker im Orchestergraben des Großen Festspielhauses Platz. Fand die musikalische Realisierung bei der Kritik überwiegend positive, jedoch keineswegs begeisterte Resonanz, so wurden gegen die Regie von Peter Mussbach und das Bühnenbild Klaus Kretschmers zahlreiche Einwände erhoben. Mussbach und sein Bühnenbildner lieferten, wohl auch mit Rücksicht auf das St. Petersburger Publikum sowie Sponsor Alberto Vilar, nur gediegene Festspielästhetik, der einst gefeierte intellektuelle Regisseur liefere nur mehr gediegenes Handwerk.

In engem programmatischem Kontext mit den Musikdramen Janáčeks und Schostakowitschs stand auch die dreiteilige Serie „Erzählte Musik", die in (semi)konzertanten Aufführungen Arthur Honeggers „Jeanne d'Arc au bûcher", Béla Bartóks „Herzog Blaubarts Burg" (in Kombination mit dem Liebesduett aus dem 3. Akt von Wagners „Lohengrin") und Edvard Griegs Schauspielmusik zu Ibsens Drama „Peer Gynt" zur Aufführung brachte. Der dreiteilige Zyklus widmete sich zwischen 1851 und 1935 vertonten Frauenschicksalen: Jeanne d'Arcs Glaube an das Wort Gottes und ihre Bereitschaft zum persönlichen Opfer, Judiths Verwandlung in das Artefakt der „Königin der Nacht" in Blaubarts Burg, kombiniert mit Elsas Scheitern an der Fremdheit, und Solveigs nach langem Warten gewährte Sicherheit für den wortgewaltigen Erzähler Peer Gynt.

Arthur Honeggers im Auftrag von Ida Rubinstein nach einem Libretto Paul Claudels komponiertes Oratorium „Jeanne d'Arc au bûcher" erlebte nach 1977 und 1988 nunmehr in der Felsenreitschule seine dritte, vom Publikum und der Kritik gefeierte, konzertante Aufführung. Nach Christine Ostermayer und Klausjürgen Wussow 1977 und Marthe Keller und Paul-Émile Deiber 1988 waren diesmal Dörte Lyssewski, die Buhlschaft im „Jedermann", und Ernst Stötzner die gefeierten Jeanne d'Arc und Frère Dominique. Einen großen persönlichen Erfolg feierte Hubert Soudant an der Spitze des Mozarteum Orchesters.

Iván Fischer an der Spitze des von ihm gegründeten Budapest Festival Orchestra kombinierte Béla Bartóks „Herzog Blaubarts Burg" aus dem Jahr 1911 mit dem Liebesduett aus dem 3. Akt von Richard Wagners „Lohengrin" aus dem Jahr 1851 und illustrierte damit das Schicksal zweier fragender Frauen. Judiths Drängen auf das Öffnen der siebenten Tür und damit des Erfahrens der „ganzen Wahrheit" endet mit ihrer Verwandlung zu einem weiteren Artefakt in der Burg Blaubarts, Elsas Drängen gegenüber Lohengrin endet ebenfalls mit ihrem Tod, der allerdings Brabant seinen legitimen Herrscher beschert.

Den Bogen zurück in das 19. Jahrhundert spannte Edvard Griegs Vertonung von Henrik Ibsens im römischen Exil geschriebenem dramatischem Gedicht „Peer Gynt" aus dem Jahr 1875 und beschloss in einer halbszenischen Aufführung im Kleinen Festspielhaus den Zyklus „Erzählte Musik". Der „nordische Faust", eine Mischung von Fabulierer und Weltenbummler, findet am Ende seines Lebens Frieden in den Armen Solveigs, die ein Leben lang an der Küste Norwegens auf ihn gewartet hat. Solveig nähert sich mit ihrer Güte und extremen Leidensfähigkeit Jeanne d'Arc, mit der der Zyklus eröffnet wurde. Die Popularität der Musik Griegs basierte vor allem auf „Solveigs Lied" und den aus der Schauspielmusik gefilterten beiden Orchestersuiten, die in der breiten Öffentlichkeit als Inbegriff norwegischer Musik gelten und Wunschkonzertcharakter bekamen.

Die mit Bo Skovhus als Peer Gynt und Barbara Bonney als Solveig luxuriös besetzte Salzburger Aufführung brachte das Festspieldebüt der 1905 gegründeten Göteborger Symphoniker. Obwohl so bekannte Dirigenten wie Wilhelm Furtwängler, Herbert von Karajan, Pierre Monteux oder Kent Nagano dem Orchester als Gastdirigenten zur Verfügung standen und Jean Sibelius und Carl Nielsen mit dem Klangkörper eigene Kompositionen aufführten, konnte es erst unter der Leitung Neeme Järvis, des seit 1982 amtierenden lettischen Chefdirigenten, internationales Aufsehen erregen und durch zahlreiche Platteneinspielungen nordischer Komponisten auf sich aufmerksam machen. Neeme Järvi sollte auch die Salzburger Aufführung leiten, erkrankte jedoch, und Manfred Honeck rettete als Einspringer die Aufführung, deren musikalischer Teil sich beim Publikum und der Kritik hoher Zustimmung erfreute, während die halbszenische Realisierung überwiegend auf Ablehnung stieß.

VII. 3. RICHARD STRAUSS

Die Opern von Richard Strauss gehörten seit 1926, als Clemens Krauss „Ariadne auf Naxos" im Landestheater dirigierte, zum festen Bestandteil der Salzburger Operndramaturgie, die sich um die beiden Zentren Mozart und Strauss entwickelte. Gérard Mortier ließ bereits zu Beginn seiner Tätigkeit in Salzburg wissen, dass die Opern von Richard Strauss auch weiterhin einen festen Bestandteil des Programms bilden werden, jedoch mit deutlich abnehmender Anzahl von Aufführungen zu Gunsten der Oper des 20. Jahrhunderts. Und zudem würde, ebenso wie auf die Opern Mozarts, ein neuer Blick durch neue Regisseure und eine jüngere Generation von Dirigenten auf diese geworfen. Von den großen Strauss-Dirigenten der älteren Generation lebte nur mehr Sir Georg Solti. Die nachfolgende Generation der Spitzendirigenten repräsentierten Claudio Abbado, Lorin Maazel und Christoph von Dohnányi, alles Persönlichkeiten, die sowohl Mortier wie auch die Wiener Philharmoniker schätzten.

Hugo von Hofmannsthals und Richard Strauss' 1919 in Wien uraufgeführte Oper „Die Frau ohne Schatten" gilt mit ihren komplexen Bezügen als moderne Version der „Zauberflöte". Während der Komposition schrieb Strauss in deutlichem Bezug auf die Ereignisse des Ersten Weltkrieges, der Künstler müsse versuchen, den Blick auf das Schöne und Erhabene frei zu erhalten, eine Gegenwelt zu den Turbulenzen und Verunsicherungen der Gegenwart zu pflegen. Am Beispiel des Paares Kaiser/Kaiserin sollte die Notwendigkeit der persönlichen Liebe und Menschlichkeit illustriert werden. Strauss zog in dieser Oper ein vorläufiges Resümee seiner Klangsprache, in der Vielfarbigkeit der Partitur finden sich neben den expressionistischen Schroffheiten der „Elektra" die impressionistische Sinnenlust der „Salome" und die melodische Seligkeit des „Rosenkavalier".

„Die Frau ohne Schatten" erlebte bei den Salzburger Festspielen nur zwei Aufführungsserien unter der Leitung der vom Komponisten bevorzugten Dirigenten: 1932/33 unter Clemens Krauss und 1974/75 unter Karl Böhm. Die dritte Aufführung sollte 1992 als Koproduktion mit den Osterfestspielen unter der Leitung von Georg Solti erfolgen. Solti, der in der Nachfolge Herbert von Karajans die künstlerische Leitung der Osterfestspiele übernahm und zu den von Mortier besonders geschätzten Dirigenten zählte, hatte in Absprache mit Mortier die Oper unter der Regie von Götz Friedrich und in der Ausstattung von Rolf und Marianne Glittenberg zu Ostern 1992 produziert. Während Friedrichs die Verantwortung der Generationen sowie den humanitären Aspekt betonende Inszenierung geteilte Aufnahme bei der Kritik fand, stieß die sich zahlreicher japanischer Elemente bedienende Ausstattung des Ehepaars Glittenberg auf durchwegs negative Resonanz.

Saßen für die beiden Aufführungen zu Ostern die Berliner Philharmoniker im Orchestergraben, so wurden diese für die nunmehr fünf Aufführungen im August von den Wiener Philharmonikern abgelöst, mit denen Solti kurz zuvor die Oper für Decca, wenngleich mit einem völlig anderen Ensemble, eingespielt hatte. Ein direkter Vergleich beider Spitzenorchester bot sich daher an. Für Joachim Kaiser war es „erstaunlich, wie anders die Aufführung ausfiel, obwohl doch nur im Orchestergraben ein Austausch zweier gleichrangiger Klangkörper vorgenommen worden war. Dieses ‚nur' hatte es in sich."[432]

Der musikalische Teil der Aufführung wurde vom Publikum und der Kritik unisono gefeiert, wobei auch die sängerischen Leistungen – u. a. Thomas Moser (Kaiser), Cheryl Studer (Kaiserin), Marjana Lipovšek (Amme), Robert Hale (Barak), Eva Marton (Sein Weib), der Salzburg-Debütant Bryn Terfel (Geisterbote) und Andrea Rost (Falke) – weitgehend uneingeschränktes Lob erhielten.

Zum gefeierten künstlerischen Ereignis des Festspielsommers 1992 wurde die Neuinszenierung von Richard Strauss' „Salome", eine Koproduktion mit dem Théâtre Royal de la Monnaie, Brüssel, durch Luc Bondy, dem Bühnenbild von Erich Wonder, den Kostümen von Susanne Rasching und unter der musikalischen Leitung Christoph von Dohnányis im Kleinen Festspielhaus. Nach Karajans Produktion im Großen Festspielhaus 1977/78 war dies erst die zweite in der Geschichte der Festspiele. Die Wahl des Kleinen Festspielhauses wurde allgemein als künstlerisches Programm der neuen Festspielleitung und deutliche Absage an die Ästhetik der Ära Karajan proklamiert, wobei jedoch verschwiegen wurde, dass durch die Koproduktion mit Brüssel und die dortigen Bühnenverhältnisse eine Transformation einer Produktion im Großen Festspielhaus auf die Dimensionen der Brüsseler Oper kaum durchführbar gewesen wäre.

Luc Bondy und Christoph von Dohnányi bei der Probe zu Richard Strauss' „Salome" 1992.

Bondy wollte bewusst keine „riesige orientalische Nummer" inszenieren, sondern ein intimes und sublimes Kammerspiel im engsten Familienkreis, in dem Eros und Thanatos näher spürbar und erlebbar werden. Bühnenbild und Kostüme vermieden jeden biblischen Bezug, die Handlung spielte in einer bürgerlichen Familie, transferierte die Forderung Salomes um ihren Lohn – den Kopf Jochanaans – auf die Ebene eines kleinlichen Familiengezänks. Diese Verbürgerlichung der biblischen Geschichte wurde vom Publikum und der Kritik mit großer Zustimmung aufgenommen. Hinzu traten die schlanke und transparente musikalische Interpretation durch Christoph von Dohnányi sowie die hervorragenden sängerischen Leistungen vor allem von Catherine Malfitano, die Servilia in Mozarts „La Clemenza di Tito", als jugendlich-schlanker Salome, Bryn Terfel als Jochanaan, Kenneth Riegel als Herodes und Hanna Schwarz als Herodias. Die Wiederaufnahme der Produktion im Festspielsommer 1993 – die Inszenierung übersiedelte anschließend zum Maggio Musicale Fiorentino und an die Lyric Opera in San Francisco – wurde zum neuerlichen Triumph beim Publikum und der Kritik, von der ein erheblicher Teil sogar die Meinung vertrat, dass die Aufführung gegenüber dem Vorjahr sogar noch gewonnen habe.

Im Jubiläumsjahr 1995 bildete nach den Turbulenzen um „Elektra" der von Herbert Wernicke inszenierte und ausgestattete „Rosenkavalier" die mit Spannung erwartete Strauss-Referenz, hatte doch Wernicke in den letzten Jahren mit viel gelobten Inszenierungen von „Orfeo" und „Boris Godunow" in Salzburg für Furore gesorgt und galt als einer der wichtigsten Regisseure der neuen Festspielästhetik. Thomas Wördehoff berichtete von den Reaktionen des Publikums am Premierenabend: „Plötzlich war die Hölle los. Da hatte man vier Stunden nichts ahnend im riesigen Bauch des Großen Festspielhauses der ‚Festvorstellung' von Herbert Wernickes Neuinszenierung des ‚Rosenkavaliers' zugeschaut und zugehört – da entluden sich punkt 23.16 Uhr die wütenden Gemüter: Ein gewaltiges Buh-Gewitter brach über dem schmächtigen, sichtlich schockierten Herrn Wernicke herein, und es nahm auch nicht ab, als sich der Regisseur ein zweites Mal verneigte – diesmal begleitet von 30 trotzig blickenden Bühnentechnikern in schwarzen Overalls. Zwar setzten sich mehr und mehr beherzt und tapfer skandierende Bravo-Rufer durch, doch eines war klar: Im dritten Jahr der Ära Mortier gab's endlich Zoff im Publikum."[433]

Wenngleich Wernicke an den stilbildenden Dekorationen Alfred Rollers nicht, wie Ruth Berghaus in Frankfurt, vorbeiging, so warf er doch einen neuen Blick auf diese Festoper, indem er sie nicht als geschlossenes Spiel im Wien der Maria Theresia inszenierte und damit als Spiegel einer Zeit, sondern als Spiegel der Zeiten bis in die Gegenwart. Dabei bediente er sich riesiger Spiegelwände, die das von Roller geschaffene barocke Ambiente in sich aufnahmen und – als Symbol der Vergänglichkeit der Zeiten und ihrer Ordnungen – bei der geringsten Berührung ins Wanken gerieten, jedoch durch Drehungen das barocke Ambiente wiederum ausblendeten und das Publikum reflektierten. Diese konzeptuellen Brechungen wurden durch parodistische Übertreibungen wie eine Pavarotti-Persiflage des Sängers oder die in Kompaniestärke auftretenden Komparsen gesteigert. Hatten Publikum und Kritik die beiden letzten Salzburger Inszenierungen Wernickes übereinstimmend gefeiert, so dominierte diesmal die Skala von der deutlichen Distanz bis zur völligen Ablehnung. Er sei an den Dimensionen der Bühne gescheitert, seine Betonung der Seelenlandschaften der Hofmannsthalschen Figuren vernachlässige deren Lebendigkeit und Lebenswärme, die karikierenden Einschübe sowie die Mobilisierung ganzer Heerscharen von Komparsen gehe am Stück vorbei, so der Tenor der Kritik.

Mit besonderer Spannung wurde 1996 die Neuinszenierung der „Elektra" durch das japanische Team Keita Asari (Regie), Ichiro Takada und Shigeaki Tsuchiya (Bühnenbild), Hanae Mori (Kostüme) sowie Yuji Sawada (Licht) erwartet. Hatte Claudio Abbado bei den Osterfestspielen mit dem russischen Regisseur Lew Dodin die Strauss-Oper produziert, so ergab sich nun die Möglichkeit des direkten szenischen und musikalischen Vergleichs. Gérard Mortier hatte auf Empfehlung Lorin Maazels, der mit Asari 1985 eine Aufsehen erregende Aufführung von Puccinis „Madame Butterfly" an der Mailänder Scala erarbeitet hatte, den japanischen Regisseur, Leiter der „Shiki Theatrical Company", samt einem japanischen Ausstatterteam engagiert. Die Besetzung der sommerlichen Produktion wies mit Hildegard Behrens in der Titelrolle und Leonie Rysanek als Klytämnestra, die sich mit dieser Rolle von den Salzburger Festspielen verabschiedete, zwei besondere Attraktionen auf.

Und auch der Vergleich zweier absoluter Spitzenorchester und -dirigenten erhöhte die Erwartungen. Hatte die hochpolitische Inszenierung Lew Dodins zu Ostern 1995 unterschiedliche Reaktionen der Kritik hervorgerufen, so stieß jene Asaris und seines Ausstatterteams auf weitgehende Ablehnung. Das japanische Ausstatterteam habe ein „banal-morbides Legoland" auf der Bühne des Großen Festspielhauses präsentiert,[434] „altbackene Lemuren" würden sich „in Legoland" tummeln,[435] „Elektra im Disney-Park"[436] lauteten die Urteile. Auch die Regie Asaris wurde mit wenig schmeichelhaften Kommentaren versehen. Eine erwartete neue Sicht auf das Drama sei durch ihn nicht erfolgt. Der Regisseur habe sich vielmehr auf vordergründige Arrangements beschränkt, von einer psychologischen Führung der Sängerinnen und Sänger sei nichts zu merken. Das Drama finde einfach nicht statt, so die dominante Meinung der professionellen Kritik, der sich auch das Publikum nach der Premiere mit einigen deutlichen Buhs für den Regisseur und sein Ausstattungsteam anschloss.

Das musikalische Drama fand im Orchestergraben und partiell auf der Bühne in der Gestalt der Titelheldin statt. Die Wiener Philharmoniker, Lorin Maazel und Hildegard Behrens waren die umjubelten Protagonisten der Aufführung und wurden mit Lobeshymnen überschüttet. Den direkten musikalischen Vergleich zwischen Ostern 1995 und Sommer 1996 entschieden die Wiener Philharmoniker, Lorin Maazel und Hildegard Behrens für sich.

Das von Mortier dem Kuratorium in einer Klausur am 24. November 1997 in Maria Plain vorgestellte Programm bis 2001 beinhaltete keine einzige Oper von Richard Strauss. Der Intendant begegnete den Einwänden, dass angesichts des 1999 bevorstehenden 50. Todesjahres von Richard Strauss eine seiner Opern auf dem Programm stehen sollte, mit dem Argument, es sei in letzter Zeit ohnedies genug Strauss gespielt worden und zudem ein Armutszeugnis, ein Programm nach Gedenktagen zu konzipieren. Dem Vorschlag, 1999 Strauss' „Ariadne auf Naxos" zu spielen, begegnete Mortier mit dem an Karajan erinnernden Argument, er könne dies nur dann tun, wenn er dafür eine Idealbesetzung habe. Über diese verfüge er aber derzeit noch nicht. Mortier setzte sich durch und nahm 1999 weder eine Oper von Richard Strauss noch – sieht man vom traditionellen „Jedermann" ab, ein Stück von Hofmannsthal, dessen Todestag sich zum 70. Mal jährte, in das Programm.

Zwei Jahre später wählte Gérard Mortier hingegen aus politischen Gründen Strauss' „Ariadne auf Naxos" als letzte Opernpremiere seines letzten Festspielsommers. So wie Hans Neuenfels in der von heftigen Tumulten und überwiegend ablehnenden Rezensionen begleiteten „Fledermaus"-Inszenierung einer faschistoiden österreichischen Gesellschaft den Spiegel vorhalten sollte, so Jossi Wieler und sein Dramaturg Sergio Morabito der auch in Salzburg um sich greifenden Kommerzialisierung der Kunst durch die zunehmende Dominanz der Sponsoren. Mortier wollte damit seiner kultur- und kunstpolitischen Besorgnis über eine Entwicklung auch in Salzburg, die er allerdings selber gefördert hatte, Ausdruck verleihen. Ausstatterin Anna Viebrock schuf, dieser Intention entsprechend, ein Bühnenbild, das unverkennbar das Foyer des Großen Festspielhauses andeutete und sowohl das Haus des reichen Mannes wie auch im zweiten Teil ein Sanatorium zeigte, in dem sich Jahre später eine suizidgefährdete Ariadne und die inzwischen heruntergekommene Popgruppe der Zerbinetta aufhielten. Mortier wollte zudem indirekt Kritik am Kuratorium üben, das mit Hinweis auf die finanzielle Entwicklung der Festspiele Programmreduzierungen sowie eine stärkere Berücksichtigung der Einspielergebnisse gefordert hatte. Die Strauss-Oper mit ihrer Handlung im Haus eines reichen Mannes, der dem eingeladenen Komponisten über seinen Haushofmeister ausrichten lässt, er wünsche aus Rücksicht auf die geladenen Gäste zu deren Erheiterung auch eine Harlekintruppe in die Handlung der Oper einzubauen, schien Mortier für seine Absichten die ideale Wahl.

Regisseur Jossi Wieler, der 1998 in Salzburg Elfriede Jelineks „Er nichts als er" inszeniert hatte und in Stuttgart von Intendant Klaus Zehelein auch für das Genre Oper gewonnen worden war, entsprach den Intentionen Mortiers und erklärte über seine Sicht der Oper: „Im ersten Teil geht es um die Abhängigkeit der Künstler in einer kunstfeindlichen Gesellschaft; es könnte eine Zukunft von Salzburg sein oder unserer gesellschaftlichen Situation insgesamt. Der zweite Teil hat mit dem Dramatiker Beckett zu tun. Da geht es letztlich um verpasstes Leben. Wir überprüfen das von heute aus …"[437] Der Auftraggeber des Komponisten, der reichste Mann von Wien, stehe „für privates Sponsoring in einer Zeit, in der es nicht mehr um Kreativität, sondern um Zerstörung der Kunst geht. Seine einzige Intention ist es, mit Kunst Geld zu machen und dem gängigen Publikumsgeschmack nahe zu kommen. Dieser Mann hat sich Künstler für einen kulturellen Event, ein Blind Date, eingekauft. Weil er das Geld hat, diktiert er die Spielregeln, und er ändert sie von Minute zu Minute, weil er etwas erleben und beobachten will: den Psychotrip von Künstlern, die in ihrer Identität zutiefst verunsichert sind."[438] Opernstars hätten in einer Welt der Klassik-Krise und zunehmend dominierenden Crossover-Exzessen an Bedeutung und Idolcharakter weitgehend verloren und würden wie reisende Pausentrottel in die Häuser der neureichen Parvenüs befohlen. Das Vorspiel sei ein „alptraumhaftes Scherzo über die Situation des dem Markt preisgegebenen Künstlers"[439].

Die aktualisierende Regie Wielers/Morabitos löste beim Publikum und der Kritik divergierende Reaktionen aus. Während beim Publikum die Missfallenskundgebungen deutlich überwogen, dominierten bei der Kritik die zustimmenden bis begeisterten Kommentare. Übereinstimmendes Lob hingegen erntete die musikalische Realisierung durch die Wiener Philharmoniker unter Christoph von Dohnányi und André Jung (Haushofmeister), John Bröcheler (Musiklehrer), Susan Graham (Komponist), Jon Villars (Tenor/Bacchus), Natalie Dessay (Zerbinetta) und Deborah Polaski (Primadonna/Ariadne) in den Hauptrollen.

VII. 4. DIE GROSSE OPER

VII. 4.1. GIUSEPPE VERDI

Im Bereich der Großen Oper bildete Verdi in der Geschichte der Salzburger Festspiele ab 1935 vor allem auf Grund des Wunsches der großen Dirigenten – Arturo Toscanini, Wilhelm Furtwängler, Herbert von Karajan – einen festen Bestandteil des Festspielprogramms. In der 1992 beginnenden Ära Mortier schloss man weitgehend an die frühe Verdi-Tradition der Festspiele bis Ende der fünfziger Jahre mit zwei (Ko-)Produktionen von „Falstaff" (1993/2001), einer – von Mortier nicht geliebten – (Ko-)Produktion von La Traviata (1995) und einer Eigenproduktion von Don Carlo (1998/1999/2001) an. Verdi als Repräsentanten der „lukullischen" Oper galt nicht die besondere Liebe Mortiers. Lediglich seine letzte Oper „Falstaff" mit ihrer in die Moderne weisenden Partitur fand seine uneingeschränkte Zustimmung. Diese wurde jedoch durch den Umstand beeinträchtigt, dass beide Produktionen als Übernahme von den Osterfestspielen auf Grund ihrer konservativen Ästhetik nicht seiner Maxime intellektueller Interpretation entsprachen.

Die „Falstaff"-Inszenierung Luca Ronconis in den Bühnenbildern von Margherita Palli und den Kostümen von Vera Marzot hatte bereits zu Ostern 1993 zu zahlreichen kritischen Kommentaren geführt. Der Regie fehle die Inspiration, das lebenskluge und ironische Alterswerk Verdis auf der riesigen Bühne des Großen Festspielhauses werkgerecht zu präsentieren. Trotz der Berliner Philharmoniker und der musikalischen Leitung Georg Soltis, der die Oper bereits 1964 für Decca exemplarisch eingespielt hatte, sei die Aufführung auch im musikalischen Bereich nicht restlos beglückend, lautete der Grundtenor der Kritik.

Bei der Wiederaufnahme der Produktion bei den Salzburger Festspielen dirigierte Solti die „Falstaff"-erfahrenen Wiener Philharmoniker und sang ein gegenüber den Osterfestspielen beinahe identes Ensemble: José van Dam (Falstaff), Wladimir Chernov (Ford), Luciana Serra (Mrs. Alice Ford), Elizabeth Norberg Schulz (Nanetta), Marjana Lipovšek (Mrs. Quickly), Susan Graham (Mrs. Meg Page), Luca Canonici (Fenton), Kim Begley (Dr. Cajus), Mario Luperi (Pistola) und Pierre Lefebvre (Bardolfo). Die Reaktionen der Kritik blieben zurückhaltend bis kritisch. Wehmütige Erinnerung an die beiden großartigen Karajan-Produktionen wurde zwischen den Zeilen deutlich.

Die Abreise Riccardo Mutis vor der Premiere von Mozarts „La Clemenza di Tito" auf Grund seiner Ablehnung von Inszenierung und Ausstattung durch Karl-Ernst und Ursula Herrmann überschattete den Beginn der Ära Mortier und führte zu der Vermutung, dieser lege in seiner Festspielphilosophie auf große, von den Philharmonikern besonders geschätzte Dirigenten weniger Wert. Um Spannungen mit den Wiener Philharmonikern zu vermeiden und dem gemutmaßten Attraktiviätsverlust der Festspiele entgegenzuwirken, war Mortier um eine Versöhnung mit

José van Dam in der Titelrolle von Giuseppe Verdis „Falstaff", Großes Festspielhaus 1993.

Riccardo Muti bei der Probe zu Giuseppe Verdis „La Traviata" im Großen Festspielhaus 1995.

Muti, der in den folgenden Jahren keine Oper in Salzburg dirigierte, bemüht. Der Leiter der Mailänder Scala und des von ihm gegründeten Ravenna-Festivals war schließlich zur Rückkehr unter der Bedingung bereit, dass er sowohl die Wahl des Stücks wie auch des Regisseurs und Ausstatters mitbestimmen könne. Muti schlug schließlich Verdis „La Traviata" als Koproduktion mit der Mailänder Scala vor. An der Scala hatte er die Oper 1992 mit Tiziana Fabbricini (Violetta Valery), Roberto Alagna (Alfred Germont) und Paolo Coni (Georg Germont) in den Hauptrollen dirigiert und für Sony aufgenommen. Hatte Mortier zuvor noch erklärt, er schätze eigentlich das Stück nicht, so änderte er um des Friedens und Mutis Willen seine Meinung und erklärte in einer mit dem Maestro bestrittenen Pressekonferenz, bei „La Traviata" handle es sich um eines der wichtigsten Stücke der Opernliteratur. Zudem passe die Geschichte der Pariser Kurtisane zum thematischen Schwerpunkt – Frauenschicksale – des Festspielsommers 1995. Und Muti machte interessante Vorschläge für Regie und Ausstattung: der aus Barcelona stammende Lluis Pasqual, ehemaliger Assistent Giorgio Strehlers am Piccolo Teatro, anschließend Leiter des Centro Dramatico Nacional in Madrid und als Strehlers Nachfolger beim „Odeon Théâtre de l'Europe" in Paris, sollte mit der Regie, Luciano Damiani, Weggefährte Strehlers und mit diesem zusammen Schöpfer der unvergesslichen Salzburger „Entführung aus dem Serail", mit der Ausstattung betraut werden.

Wenngleich sich die ursprünglich geplante Koproduktion mit der Mailänder Scala nicht realisieren ließ und durch eine mit dem Teatro Carlo Felice in Genua ersetzt wurde, versprach die Papierform eine sowohl szenisch wie auch musikalisch interessante Produktion. Ernüchterung folgte auf dem Fuß. Selbst die als konservativ geltenden Premierengäste quittierten Regie und Bühnenbild mit deutlich zurückhaltendem Beifall und einigen Buhs. Zu sehr schien diese Inszenierung von vorgestern, plumpes Arrangement und provinzielles Rampentheater. Es gab über die Qualität der Inszenierung keinen Meinungsstreit, weder im Publikum noch der Kritik.

Festspielwürdiges, so die übereinstimmende Meinung der Kritik, fand lediglich im Orchestergraben statt. Riccardo Muti und die Wiener Philharmoniker präsentierten eine hoch musikalische und subtile „Traviata", mit der jedoch das Bühnengeschehen nicht korrespondierte. Nach Meinung der Kritik hatte Mutis Kampf gegen das Regietheater ein deplorables Ergebnis gezeigt. Dies ändere jedoch nichts daran, dass er als Dirigent eine Ausnahmeerscheinung sei. So bemerkte Andrew Clark: „Muti's concept of theatre may be 30 years out of date, but his performances enjoy a rare level of inspiration."440

Die Erwartungen waren hoch gespannt. Herbert Wernicke, der mit seinen bisherigen Salzburger Inszenierungen bewiesen hatte, dass er die Dimension der Bühne des Großen Festspielhauses beherrschte, und Lorin Maazel, einer der Lieblingsdirigenten der Wiener Philharmoniker, zeichneten für die Neuproduktion von Giuseppe Verdis „Don Carlo" in der vieraktigen Mailänder Fassung verantwortlich. Jede Neuinszenierung musste sich dem Vergleich mit den beiden legendären Produktionen unter Karajan/Gustav Gründgens in der Felsenreitschule 1958 und unter Karajans Alleinverantwortung 1975/78 stellen. Obwohl im Vorfeld personelle Umbesetzungen notwendig wurden – Samuel Ramey sagte kurzfristig ab und musste durch René Pape, der für die Rolle des Mönchs vorgesehen war, ersetzt werden, Johan Botha wurde kurzfristig als Florestan in die Wiederaufnahme von Beethovens „Fidelio" umbesetzt und wurde als Don Carlo durch Sergej Larin ersetzt –, schien mit dem Duo Wernicke/Maazel ein Leitungsteam zur Verfügung zu stehen, das an die beiden vorhergegangenen legendären Produktionen anschließen konnte.

Der Premierenabend am 7. August 1998 vermochte die hohen Erwartungen nicht zu erfüllen. Das Publikum quittierte die Aufführung lediglich mit lauem Applaus, und ein Großteil der Kritik erging sich in negativen bis abwertenden Kommentaren. Weder Wernickes monumentales Bühnenbild, seine Personenregie sowie seine zwischen Karlismus und Falange angesiedelten Kostume, noch Maazels musikalische Leitung fanden Zustimmung. Joachim Kaiser bemerkte entsetzt: „Was für eine Niederlage, was für eine Verdi-Pleite!"441

Lorin Maazel dirigierte auch die zweite Verdi-Oper des Festspielsommers, seine musikalische Komödie „Falstaff", die einen festen Bestandteil des Opernspielplans der Salzburger Festspiele bildete. Claudio Abbado hatte sie für die Osterfestspiele in einer Inszenierung von Declan Donnella, der Ausstattung von Nick Ormerod und mit Bryn Terfel in der Titelrolle auf das Programm der Osterfestspiele 2001

Bryn Terfel als Titelheld in Giuseppe Verdis „Falstaff", Großes Festspielhaus 2001.

gesetzt und mit den Berliner Philharmonikern auch für DGG eingespielt. Angesichts des bevorstehenden Verdi-Jahres übernahmen die Salzburger Festspiele diese Produktion in ihr Programm, wobei Lorin Maazel und die Wiener Philharmoniker die Oper „nachspielten".

Inszenierung und Ausstattung waren bereits zu Ostern von einem Großteil der Kritik mit wenig freundlichen Kommentaren versehen worden. Die beiden Briten hätten in die Mottenkiste der Regie gegriffen und in einem biederen Bühnenbild – Peter Cossé sprach sogar von „Musikantenstadl-Dekorationen"[442] – biedere ländliche Komik geboten, sich darauf beschränkt, Shakespeare/Boito wortwörtlich zu zitieren. Durchwegs zustimmende bis begeisterte Reaktionen gab es hingegen für die musikalische Realisierung durch die Berliner Philharmoniker und Claudio Abbado, der sich an Toscaninis Interpretation und Verdis Anmerkungen zu den Proben zur Uraufführung orientierte. Bryn Terfel hingegen hatte seine Mitwirkung kurzfristig abgesagt, da seine Frau ihr drittes Kind erwartete. Ruggero Raimondi übernahm zu Ostern die Titelrolle, die nunmehr in der sommerlichen Produktion von Bryn Terfel gesungen wurde, der damit einen einhelligen und großen persönlichen Erfolg beim Publikum und der Kritik feierte.

Die bereits zu Ostern geäußerten Einwände gegen Inszenierung und Ausstattung wurden auch bei der sommerlichen Übernahme wiederholt. Das eigentliche Interesse der Kritik galt jedoch neben der Gestaltung der Titelrolle durch Bryn Terfel der musikalischen Gestaltung durch Lorin Maazel und die Wiener Philharmoniker, ergab sich doch damit die Möglichkeit des direkten Vergleichs zweier internationaler Pultstars und zweier Spitzenorchester. Die Kritik entschied sich mehrheitlich für ein Unentschieden.

VII. 4.2. DIE ÜBRIGE GROSSE OPER

Karajan hatte die Meinung vertreten, dass das 1960 eröffnete Große Festspielhaus für die Großen Mozart-Strauss-Verdi-Opern sowie die übrigen Werke der Großen Oper – von Berlioz über Meyerbeer bis Wagner – geeignet sei und mit diesen auch bespielt werden sollte. Neben Mozart, Strauss und Verdi dirigierte und inszenierte Karajan im Großen Festspielhaus Mussorgskis „Boris Godunow" 1965 bis 1967 und Bizets „Carmen" 1966/67 und 1985/86. Hinzu traten Bergs „Wozzeck" 1971/72 (Böhm/Sellner), mehrere Produktionen von Beethovens „Fidelio" 1968/69 (Böhm/Rennert), 1982/83 (Maazel/Lindtberg) und 1990 (Stein/Brenner), Offenbachs „Hoffmanns Erzählungen" 1982–1984 (Levine/Ponnelle), Debussys/d'Annunzios „Le Martyre de Saint Sébastien" 1986 (Cambreling/Béjart) und Puccinis „Tosca" 1989 (Prêtre/Busse) sowie die Uraufführungen von Henzes „Die Bassariden" 1966 (Dohnányi/Sellner) und Orffs „De Temporum fine Comoedia" 1973 (Karajan/Everding).

Gérard Mortier folgte diesem Konzept mit Modifikationen im Bereich einer stärkeren Akzentuierung der Großen Oper des 20. Jahrhunderts. Neben Mozart, Strauss, Verdi und den Großen Opern des 20. Jahrhunderts gelangten Mussorgskis „Boris Godunow" 1994 (Abbado/Wernicke) und 1997 (Gergiev/Wernicke), Beethovens „Fidelio" (Solti/Wernicke) 1996 und 1998 (Gielen/Wernicke), Debussys „Pélleas et Mélisande" 1997 (Cambreling/Wilson), Berlioz' „Les Troyens" (Cambreling/Wernicke) 2000 und Wagners „Tristan und Isolde" (Maazel/Grüber) 2000 zur szenischen Aufführung. Hinzu traten (semi)konzertante Aufführungen von Wagners „Parsifal" (Gergiev) 1998 und Tschaikowskys „Pique Dame" (Gergiev) 2000.

Modest P. Mussorgskis „Boris Godunow" unter der musikalischen Leitung von Claudio Abbado und der Regie und Ausstattung von Herbert Wernicke bildete das vielleicht beste Beispiel einer gelungenen Koproduktion der Salzburger Festspiele mit den Osterfestspielen in der Ära Mortier/Landesmann. Im Urteil László Molnárs repräsentierte sie „einen der gewichtigsten Beiträge dieser Saison zum Musiktheater … Künstlerisch ist … die Übernahme von Herbert Wernickes und Claudio Abbados Produktion des ‚Boris Godunow' ein eminenter Gewinn, eine Investition in das künstlerische Potential der Zukunft."[443] Die Premiere war bereits zu Ostern mit großem Erfolg beim Publikum und der Kritik erfolgt. In der sommerlichen Aufführungsserie im August spielten die Wiener an Stelle der Berliner Philharmoniker und sang Samuel Ramey an Stelle von Anatoli Kotscherga, der nunmehr den Pimen sang, die Titelpartie. In der letzten Aufführung am 25. August erfolgte eine Sensation, da mit Anne Manson, der Assistentin Abbados, erstmals eine Frau bei den Salzburger Festspielen eine Oper dirigierte.

Regie und Ausstattung Wernickes mit ihren Aktualitätsbezügen sowie der Betonung der zentralen Rolle des russischen Volkes, das zum Zeichen seiner Knechtschaft hinter Gittern agierte, waren bereits zu Ostern Gegenstand intensiver Diskussionen gewesen. Als Gegenentwurf zur Inszenierung Karajans in den sechziger Jahren ließ er die Ereignisse vor einer die gesamte Bühne einnehmenden Wand, auf der die Porträts aller russischer Zaren und Sowjetführer bis Gorbatschow abgebildet waren, abrollen. Hinzu kamen als Symbole des Geschehens eine riesige schwarze Glocke und eine überdimensionierte Uhr als Zeichen der Macht der Geschichte, der auch die Zaren und deren rote Nachfolger letztlich unterworfen sind. Wernickes strukturell-politische Sicht auf das historische Geschehen im Russland des 17. Jahrhunderts stieß auf großteils begeisterte Zustimmung des Publikums und der Kritik. Nicht minder große Zustimmung erhielten die musikalischen Leistungen. Abbados Interpretation und das Spiel der Wiener Philharmoniker wurden in den höchsten Tönen gelobt.

Beethovens Oper „Fidelio" bildet seit ihrer erstmaligen Aufführung 1927 durch Franz Schalk und die Wiener Philharmoniker einen festen Bestandteil des Programms der Salzburger Festspiele. Nunmehr hatte sich der 83-jährige Sir Georg Solti, der sich nochmals eingehend mit Beethovens Partituren beschäftigte, die Oper zu seinem Salzburger Abschied als Operndirigent gewünscht und war zu einer Zusammenarbeit mit Herbert Wernicke bereit, der bei der Neuinszenierung 1996 nicht nur Regie führte, sondern auch für das Bühnenbild und die Kostüme verantwortlich zeichnete. Hatte Wernicke, einer der von Mortier bevorzugten Regisseure, 1994 mit „Boris Godunow" ungeteilte Zustimmung beim Publikum und der Kritik gefunden, so evozierte seine Interpretation des „Rosenkavalier" 1995 völlig unterschiedliche Reaktionen, wobei die negativen überwogen. „Fidelio" bildete seinen dritten Versuch eines neuen Blicks auf einen klassischen Opernstoff und dessen szenischer Transformation auf die Bühne des Großen Festspielhauses.

Wernicke sah in „Fidelio" nicht die große Freiheitsoper, an deren Beginn ein biedermeierliches Singspiel steht, das sich in ständiger Verdichtung und Dramatisierung der Handlung bis zum großen Jubel-Finale steigert, sondern als überzeitliche Metapher für die Gefangenschaft der handelnden Personen, die, unabhängig von ihrer Rolle in der Oper, selber Bestandteil des Gefängnisses sind. Sie sind, auch die Nicht-Gefangenen, selber Gefangene eines ahistorischen Weltkerkers, sie tragen das Gefängnis in sich selber und sind daher nicht frei. Folgerichtig vermied Wernicke im einheitlichen Bühnenbild und den schwarz-weißen Kostümen jeden historischen Bezug und versuchte durch einen die Neutralität betonenden Stilmix die Ahistorizität des Themas zu betonen. In diesem dominant schwarzen Niemandsland deutete nur die Lichtregie den Fortgang der Handlung an, die durch die Reduzierung der Dialoge minimiert wurde. Die Reaktionen der Kritik waren völlig unterschiedlich und verliefen entlang der geographischen Grenzen. Ein Großteil der deutschen und Schweizer Zeitungen lobte die Regie und das Bühnenbild Wernickes als beeindruckend, während die überregionale österreichische Tagespresse die Arbeit Wernickes als weitgehend missglückt bezeichnete.

Unbestrittener Star des Abends waren die Wiener Philharmoniker und Sir Georg Solti, der mit Beethovens Freiheitsoper einen triumphalen Abschied als Operndirigent von den Salzburger Festspielen nahm. Die Gegenüberstellung von Beethovens „Leonore" aus dem Jahr 1804 und deren Umarbeitung „Fidelio" zehn Jahre später bildete eine überaus geglückte programmatische Idee des Festspielsommers 1996.

Die erste Fassung von Beethovens einziger Oper erlebte am 30. November 1805 ihre Uraufführung in Wien. Der Komponist war zum Zeitpunkt der Komposition vom revolutionären Geist der Französischen Revolution und Napoleons angetan. Diese optimistisch-revolutionäre Grundstimmung der Freiheit und Welterrettung, wenn auch verpackt in ein deutsches Singspiel, das noch Mozarts Opern nahe stand, blieb der Wiener Polizei keineswegs verborgen, die am 30. September 1805 die Aufführung verbot. Inzwischen hatten französische Truppen unter General Murat Wien besetzt, aus dem sich Kaiser Franz samt Hofstaat und Armee nach Mähren abgesetzt hatte, um dort den Zuzug des russischen Bündnispartners abzuwarten und mit diesem gemeinsam 14 Tage später Napoleon bei Austerlitz zur Schlacht zu stellen. Im Parkett saßen daher bei der Wiener Uraufführung am 30. November an Stelle der Wiener Gesellschaft vor allem französische Offiziere. Die Oper erlebte einen veritablen Durchfall und wurde von Beethoven

Der Regisseur, Bühnen- und Kostümbildner Herbert Wernicke bei einer „Rosenkavalier"-Probe in Salzburg 1995.

Carl Maria von Weber: „Oberon", Kleines Festspielhaus 1996. Jane Eaglen (Rezia), Dagmar Pecková (Fatima), Chris Merritt (Hüon), Robert Gambill (Oberon).

zurückgezogen, der sie 1806 und 1814 bearbeitete und ihr schließlich den Titel „Fidelio" gab. Die Fassung des Jahres 1814 enthielt noch Elemente des Singspiels, dokumentiert jedoch auch die ideologische Wandlung Beethovens nach der Kaiserkrönung Napoleons 1804 und den Napoleonischen Kriegen. Die Handlung wurde heroischer, der Ton dramatischer und patriotisch-nationalistischer, wenngleich das Schlussbild vom Geist der Aufklärung kündet.

Sir John Eliot Gardiner widmete sich der Urfassung des Jahres 1804 unter Berücksichtigung einiger Änderungen in der Zweitfassung des Jahres 1806 und erarbeitete mit der Regisseurin Annabel Arden, dem von ihm 1990 gegründeten Orchestre Révolutionnaire et Romantique, dem Monteverdi Choir sowie einem jungen Ensemble – Geert Smits (Don Fernando), Matthew Best (Don Pizarro), Kim Begley (Florestan), Hillevi Martinpelto (Leonore), Franz Hawlata (Rocco), Christiane Oelze (Marzelline), Michael Schade (Jaquino), Robert Burt (Erster Gefangener), Colin Campell (Zweiter Gefangener) – eine semikonzertante Aufführung. Um die Peinlichkeit der teilweise äußerst dürftigen Sprechtexte der Urfassung zu vermeiden, kreierten Gardiner und Arden die Rolle des Erzählers in der Person Beethovens (Christoph Bantzer), der als Kommentator des Geschehens auftrat. Die Produktion hatte am 29. Mai in Ferrara Premiere und gelangte über die Stationen Lille, Amsterdam, Ludwigsburg, New York und London nach Salzburg, um anschließend in London für die Deutsche Grammophon Gesellschaft aufgezeichnet zu werden.

Die Aufführung in der Felsenreitschule bot nicht nur die Möglichkeit des Vergleichs der beiden Fassungen der Oper und eines Anschauungsunterrichts der Entwicklung Beethovens zwischen 1804 und 1814, sondern sollte auch die Frage beantworten, ob für die weitgehend aus dem Repertoire verschwundene Erstfassung, die Richard Strauss bereits 1905 wiederum zur Diskussion gestellt hatte, eine Ehrenrettung oder gar Wiedererweckung möglich sei. Wenngleich sowohl die szenische Lösung der semikonzertanten Aufführung sowie die musikalische Realisierung auf große Zustimmung stießen, so wurde die Frage der möglichen Ehrenrettung und damit auch Rückkehr in das Repertoire von der Kritik überwiegend negativ beantwortet. Beethoven sei doch sein allerbester Korrektor gewesen.

Die Opern Carl Maria von Webers – „Oberon", „Euryanthe", „Der Freischütz" – bildeten bis Mitte der fünfziger Jahre einen Bestandteil der musikalischen Programmatik der Salzburger Festspiele. In den folgenden vier Jahrzehnten verschwanden die Opern Webers vom Spielplan. Erst 1996 wurde in programmatischer Ergänzung zu den Zauber- und Geisterstücken dieses Festspielsommers – Ferdinand Raimunds „Der Alpenkönig und der Menschenfeind" und William Shakespeares „Ein Sommernachtstraum" – Carl Maria von Webers schwer zu inszenierender „Oberon" in einer von Martin Mosebach für die Frankfurter Oper bearbeiteten Fassung nach 62 Jahren wieder aufgeführt.

Webers Sohn Max Maria bemerkte im „Lebensbild" seines Vaters zu der verwirrenden Handlung, die Feen und Geister mit dem Schicksal mittelalterlicher Menschen aus Orient und Okzident verband und zahlreiche Bearbeitungen der Oper nach sich zog, die Personen der Handlung würden nicht selbständig handeln, sondern, Marionetten gleich, den Zügen unsichtbarer Drähte folgen. Diesem Hinweis folgte Martin Mosebach in seiner Bearbeitung, die er 1994/95 für die Frankfurter Oper erstellte und die auch der Salzburger Inszenierung von Klaus Metzger zu Grunde lag. Sie unterschied zwischen dem Reich der Geister und Feen und jenem der Menschen, verband sie jedoch durchaus geschickt durch die Zauberfähigkeit der Elfen, mit der sie Einfluss auf das Handeln der Menschen auszuüben vermögen. Das um Treue und Untreue streitende alternde Elfenkönigspaar Oberon und Titania macht seine Versöhnung davon abhängig, ob der französische Ritter Hüon und die morgenländische Prinzessin Rezia bei den ihnen auferlegten Prüfungen in der Lage sind, einander die Liebe zu bewahren. Die Elfen treiben mit den Menschen ihr Spiel, gleich Puppenspielern. Mosebachs Fassung betonte den Revue-Charakter des Stücks, besetzte das Elfenkönigspaar Oberon und Titania mit Schauspielern und schrieb für sie einen eloquenten Dialog, der die (Puppen-)Handlung stützt und die einzelnen Musikstücke einleitet.

Die Inszenierung Klaus Metzgers im Bühnenbild Klaus Kretschmers und in den Kostümen Robby Duivermans besetzte die beiden Sprechrollen des streitsüchtigen alternden Feenpaars hochrangig mit Martin Benrath (Oberon) und Edith Clever (Titania) und ließ auf drei Ebenen spielen: im Orchestergraben, darüber die Sänger in Frack und Abendkleid und die eigentliche Spielbühne, in dem die vom Salzburger Marionettentheater unter der Leitung von Gretl Aicher virtuos gespielte Märchenhandlung ablief. Den musikalischen Teil bestritten das Philharmonia Orchestra unter Sylvain Cambreling und der Wiener Staatsopernchor, die sängerischen Hauptrollen waren mit Robert Gambill (Oberon), Kirsten Dolberg (Titania), Jane Eaglen (Rezia) und Chris Merritt (Hüon) besetzt.

Wenngleich die Neufassung Martin Mosebachs von der Kritik als der Aufführungspraxis des schwierig zu inszenierenden Stücks förderlich bezeichnet wurde, so kam diese doch zu dem Schluss, dass Webers letzte Oper für die Bühnenpraxis kaum zu retten sei. Joachim Kaiser bemerkte: „Wir machten also wieder einmal die Erfahrung, dass noch so ausgetüftelte und schlaue Dramaturgenmühe einen toten Text nicht retten kann. Pierre Boulez hat das auf folgende Formel gebracht: Eine Frau kriegt nicht schon davon ein Kind, dass zehn Gynäkologen beratend um sie herumstehen."[444]

Sir Georg Solti hatte im Festspielsommer 1996 während des von ihm geleiteten „Fidelio" dem Direktorium seinen Wunsch mitgeteilt, in Salzburg noch einmal in einer konzertanten Aufführung Wagners „Parsifal" mit den Wiener Philharmonikern zu dirigieren. Er hatte die Oper 1973 mit dem Orchester mit René Kollo, Christa Ludwig, Hans Hotter, Gottlob Frick, Dietrich Fischer-Dieskau und Zoltan Kelemen für Decca eingespielt, wobei im Chor der hochkarätig besetzten Blumenmädchen Kiri Te Kanawa ihr Plattendebüt gab. 1987 folgte im Rahmen seines Wagner-Zyklus für Decca mit den Wiener Philharmonikern eine Aufnahme von „Lohengrin" mit Plácido Domingo in der Titelrolle. Solti war von Domingos Gestaltung der Rolle tief beeindruckt und plante für seine Abschiedsvorstellung von Salzburg die Besetzung der Titelrolle mit Plácido Domingo und der Kundry mit Waltraud Meier, die durch ihren Ausflug in das hochdramatische Fach ihren Stimmumfang erheblich erweitert hatte und als weltbeste Kundry galt. Matti Salminen, Franz Grundheber und Franz-Josef Selig sollten Gurnemanz, Amfortas und Titurel singen.

Der Tod Georg Soltis am 6. September 1997 veränderte die Planungssituation insofern, als ein neuer Dirigent für die bereits fixierten semi-konzertanten Aufführungen gefunden werden musste. Auf Vorschlag der Wiener Philharmoniker erhielt der Leiter des St. Petersburger Mariinskij Theaters, Valery Gergiev, der seit einigen Jahren als Shootingstar der mittleren Dirigentengeneration gehandelt wurde, die Chance, in Salzburg als Wagner-Dirigent zu debütieren. Die Meinungen über Gergiev waren jedoch geteilt. Sahen die einen in ihm einen der interessantesten und kompetentesten Vertreter der mittleren Dirigentengeneration, so erklärten ihn andere für maßlos überschätzt. Die Divergenz der Urteile sollte sich, wenn auch mit einem deutlichen Übergewicht der positiven, nach der Salzburger Aufführungsserie von Wagners „Parsifal" fortsetzen. Gergiev feierte beim Publikum und einem Großteil der Kritik einen deutlichen Erfolg. In dem hochkarätig besetzten Ensemble bestätigte Waltraud Meier ihre zu diesem Zeitpunkt singuläre Position als Kundry. Sie war, so die übereinstimmende Meinung der Kritik, die derzeit weltbeste Kundry. Publikumsmagnet war allerdings nicht Waltraud Meier, sondern Plácido Domingo, der zwei Akte lang sein Organ in scheinbar unvermindertem Glanz erstrahlen ließ, um im dritten seine Reserven überzustrapazieren.

Gérard Mortier hatte für den Festspielsommer 1999 den Don-Juan- und Faust-Mythos zum Generalthema gewählt, dem im Opernbereich die Wiederaufnahme von Alban Bergs „Lulu" aus dem Jahr 1995 sowie die Neuinszenierungen von Hector Berlioz' „La Damnation de Faust", Ferruccio Busonis „Doktor Faustus" und Mozarts „Don Giovanni" entsprachen. Bereits Karajan hatte Berlioz-Opern für Aufführungen im Großen Festspielhaus in Erwägung gezogen. Im Opernschaffen Berlioz' nimmt „La Damnation de Faust" eine Sonderstellung ein, hatte ihr doch der Komponist den Untertitel „Légende dramatique" gegeben und sie damit vom klassischen Genre der Oper abgehoben. Die meisten Aufführungen des Werks erfolgten konzertant, so auch bei den Salzburger Festspielen 1979 in einem Gastspiel des Boston Symphony Orchestra unter Seiji Ozawa mit Frederica von Stade (Marguerite), Kenneth Riegel (Faust), Dietrich Fischer-Dieskau (Méphistophélès) sowie Douglas Lawrence (Brander) und 1989 in einem Gastspiel des Chicago Symphony Orchestra unter Sir Georg Solti mit Anne Sofie von Otter, Keith Lewis, José van Dam und Peter Rose als Solisten. Zehn Jahre später unternahm nun die katalanische Gruppe „La Fura dels Baus" auf Anregung von Gérard Mortier

Hector Berlioz' „La damnation de Faust", eine Produktion von La Fura dels Baus, in der Felsenreitschule 1999. Willard White (Méphistophélès) und Paul Groves (Faust).

die szenische Realisierung dieser „dramatischen Legende" in der Felsenreitschule.

Berlioz hatte im Alter von 25 Jahren die Übersetzung von Goethes „Faust" gelesen und sich sofort an die Komposition von acht Szenen gemacht, die er später in „La Damnation de Faust" einarbeitete. Bei Berlioz wurde Faust ein in seinen Träumen ziellos von Ort zu Ort – von den Ebenen Ungarns bis an das Ufer der Elbe – eilender Melancholiker, angetrieben von seinem Streben nach Entgrenzung und nicht, wie bei Goethe, vom Streben nach dem Weltgesetz. Berlioz' Faust war das Spiegelbild seiner Person. Er komponierte das Stück auf seinen Konzertreisen quer durch Europa, inspiriert von seiner sich in phantastischen Bildern ergehenden hitzigen Phantasie, mit der allerdings Goethe, dem er die Partitur seiner acht Faust-Szenen schickte, nichts anzufangen wusste.

Die katalanische Theatergruppe hatte zu ihrer ursprünglich aktionistischen und antiillusionistischen Ästhetik jene der Computer- und Video-Simulation gefügt, den Rausch der virtuellen Welt. Diesen doppelten Ansatz präsentierte sie bei ihrem video-theatralischen Blick auf Berlioz' dramatische Legende. Ihre Regisseure Àlex Ollé und Carlus Padrissa sowie der für die Ausstattung gewonnene Bildhauer Jaume Plensa folgten den Phantasien des Komponisten und interpretierten sie als Aspekte ein und derselben Person. Faust war auch Mephisto und Margarethe, der Teufel und die Frau als die anderen verborgenen Fausts, der sich in einem zylindrischen Schmelzofen und einem Raum voll virtueller Bilder zu einer Reise in das Innere seiner Persönlichkeit aufmachte und damit seiner Triebstruktur begegnet, sie schließlich akzeptiert und den Pakt mit dem Teufel schließt. Durch diesen Pakt und das damit dokumentierte befreiende Anerkennen seiner vielfachen Persönlichkeit rettet er seine Seele.

Die eigenwillige Inszenierung sowie die musikalische Realisierung durch Sylvain Cambreling, die Staatskapelle Berlin und die Solisten Paul Groves (Faust), Willard White (Méphistophélès) und Vesselina Kasarova (Marguerite) stieß auf große Zustimmung des Publikums und geteilte Reaktionen der professionellen Kritik, deren Urteile von einem faszinierenden und letztlich triumphalen Wurf bis modernistisch, artifiziell und synthetisch reichten.

Als Verbeugung vor Valery Gergiev erfolgte am 29. Juli in der Felsenreitschule eine konzertante Aufführung von Modest P. Mussorgskis „Chowanschtschina" durch das St. Petersburger Mariinskij-Theater. Gergiev hatte 1976 in Berlin den Herbert-von-Karajan-Dirigentenwettbewerb gewonnen und leitete seit 1988 das traditionelle St. Petersburger Opernhaus, das stets mit dem Moskauer Bolschoi-Theater um die Spitzenposition in der Opernszene im zaristischen Russland und der späteren Sowjetunion rang. Der Zusammenbruch der Sowjetunion änderte auf Grund ausbleibender großzügiger Subventionen die Rahmenbedingungen für die russische Theaterszene grundlegend. Die Theater mussten sich auf dem internationalen Markt bewähren, die Einspielergebnisse erhöhen und Sponsoren gewinnen. Das St. Petersburger Opernhaus wechselte seinen sowjetischen Namen „Kirov-Theater" in den traditionellen „Mariinskij-Theater", und Gergiev, zugleich Chefdirigent der Rotterdamer Philharmoniker und Erster Gastdirigent der New Yorker Met, gelang dessen Behauptung in einer deutlich rauer gewordenen Umwelt durch seine hervorragenden Beziehungen zum Westen. 1989 schloss er einen prestigeträchtigen Exklusivvertrag mit Philips. Das Plattenlabel hatte bis 1999 14 Opern mit dem Ensemble des Mariinskij-Theaters und Valery Gergiev eingespielt. In London entstand ein geberfreudiger Förderverein, und zahlreiche Gastspiele bei den Festivals in Schleswig-Holstein, dem finnischen Mikkeli, in New York, San Francisco, Japan, Baden-Baden, Ravenna und nunmehr auch Salzburg erhöhten die internationale Reputation und reduzierten die Kosten der jeweiligen Neuproduktionen.

In Salzburg präsentierte sich das Mariinskij-Theater, von der Kritik und dem Publikum gefeiert, mit Mussorgskis Bilderbogen aus dem Russland des 17. Jahrhunderts „Chowanschtschina", den der Komponist wahrscheinlich als Mittelstück einer Russland-Trilogie entworfen hatte. Mussorgski starb jedoch vor Vollendung des Vorhabens 1881. Rimski-Korsakow erstellte eine Version für die Uraufführung in St. Petersburg fünf Jahre später. Instrumentierungen existieren ebenfalls von Ravel und Strawinsky. Schostakowitsch erstellte schließlich eine neue Fassung, die 1960 im Mariinskij-Theater ihre Uraufführung erlebte und auch beim Salzburger Gastspiel gespielt wurde. Das rund vierstündige musikalische Volksdrama mit seiner Handlung vor dem Hintergrund der Religionskriege in Russland zwischen den Raskolniki und

Petrowzen und den Intrigen im Zarenhaus spiegelt die Ambivalenzen der Persönlichkeit des Komponisten, der zwar musikalisch ein Revolutionär, in seinem slawophilen Russentum jedoch ein Fundamentalist war. Er nutzte Volkslieder äußerst effektvoll für seine musikalische Dramaturgie, stattete die Altgläubigen mit mächtigen liturgischen Tönen, die im Einsatz der großen Glocke kulminieren, aus. „Chowanschtschina" vereint mächtige Chormassen erfordernde Szenen und solistische Aufgaben für große Stimmen und war somit das ideale Stück für ein großes Ensembletheater, in dem, wie im Fall des Mariinskij-Theaters, neben dem imposanten Chor die auch im Westen bekannten Stars Olga Borodina (Marfa), Vladimir Vaneev (Dossifei), Vladimir Ognovenko (Ivan Chowanski) und Gregam Grigorian (Fürst Wassili Golizyn) beeindruckten.

Es gebe „kein Kunstwerk ohne Idee", nur in Konzepten könne sich Kunst essentiell mitteilen, bemerkte Gérard Mortier anlässlich der Präsentation des Festspielprogramms 2000 unter dem Motto „Troja und die Liebe".[445] Diesem korrespondierten die Opern „Les Troyens" von Hector Berlioz, „Le Belle Helene" von Jacques Offenbach, „Iphigenie en Tauride" von Christoph Willibald Gluck, „Tristan und Isolde" von Richard Wagner, die Uraufführung von „L'amour de loin" der in Paris lebenden finnischen Komponistin Kaija Saariaho sowie die konzertanten Aufführungen von Luigi Cherubinis „Médée" und von Peter Iljitsch Tschaikowskys „Pique Dame". Auch die drei zur Aufführung gelangenden Mozart-Opern – „Idomeneo", „Così fan tutte" und „Don Giovanni" – ordneten sich dem Generalmotto unter. 1858 schrieb Hector Berlioz, er vollende soeben die Partitur seiner Oper „Les Troyens" nach achtzehn Monaten Arbeit. Die Partitur sei eine „Ungeheuerlichkeit" und er frage sich, was daraus werden soll. Dies wisse nur Gott, doch er sei sich nicht einmal sicher, ob dieser es wisse. Der Komponist fungierte bei diesem Mammutwerk mit einer reinen Spielzeit von vier Stunden, 14 Solisten, 140 Choristen, zahlreichen Statisten und großem Orchester auch als sein eigener Librettist. Dabei griff er auf Vergils „Aeneis" zurück, ein Werk, das ihn von Kindheitstagen an, als er es zusammen mit seinem Vater las, begleitete. Die Begeisterung seines Vaters für den Stoff äußerte sich auch in der Namensgebung seines Sohnes, der die Geschichte der Zerstörung Trojas, der Flucht und der Irrfahrten des Äneas, die ihn über das Karthago der Königin Dido schließlich an die Küste Latiums führen, in einer fünfaktigen Oper mit insgesamt 52 Nummern niederschrieb, wobei er nicht an eine konkrete szenische Realisierung dachte. Er komponierte auch gegen die Zeit, da zum Zeitpunkt der Niederschrift der Partitur die französische Antikenbegeisterung bereits vorbei war. Zu seinen Lebzeiten wurden nur die letzten drei Akte aufgeführt, eine Gesamtaufführung des als dramaturgisch schwierig und sperrig geltenden Werkes blieb ein seltenes Ereignis, wenngleich sich immer wieder bedeutende Dirigenten um das Werk bemühten.

Die Salzburger Aufführung entbehrte nicht einer gewissen Ironie, hatte doch Berlioz lange mit dem Beginn der Komposition gezögert und war dazu erst von Fürstin Carolyne Sayn-Wittgenstein, Franz Liszts Weimarer Lebensgefährtin, ermuntert worden. Ihre Nachfahrin Manni war fester Bestandteil der von Gérard Mortier so sehr verachteten Salzburger Society-Sommerszene.

Gérard Mortier entschied sich – dramaturgisch folgerichtig – für „Les Troyens" als Eröffnungspremiere des Festspielsommers 2000, ist es doch auch eine der zentralen Aufgaben eines Festspiels, in einem Repertoiretheater kaum zu realisierende und daher nur selten aufgeführte Werke zu präsentieren und damit der (unverdienten) weitgehenden Vergessenheit zu entreißen. Für die Salzburger Aufführung im Großen Festspielhaus zeichneten Herbert Wernicke als Regisseur und Ausstatter, Sylvain Cambreling als Dirigent, das Orchestre de Paris, der Chor der Wiener Staatsoper, der Slowakische Philharmonische Chor, die Tölzer Sängerknaben und in den Hauptrollen die Festspiel-Debütantin Deborah Polaski als Kassandra und Dido und der amerikanische Tenor Jon Villars als Äneas verantwortlich. In der mimischen Rolle der Andromache bildete die „Jedermann"-Buhlschaft Dörte Lyssewski puren Luxus.

Die Premiere am 24. Juli wurde nach (inklusive Pausen) fünfeinhalb Stunden zwar vom Publikum mit heftigem Applaus quittiert, von der Kritik hingegen deutlich zurückhaltender aufgenommen.

Nach neuerlichen Differenzen mit den Osterfestspielen und Claudio Abbado hatte sich Gérard Mortier, nicht zuletzt auf Grund des Drucks des Kuratoriums, zur Übernahme der Osterproduktion von Richard Wagners „Tristan und Isolde" aus dem Jahr

Hector Berlioz' „Les Troyens" in der Regie und dem Bühnenbild von Herbert Wernicke im Großen Festspielhaus 2000. Deborah Polaski als Cassandre.

1999 entschlossen, wobei eine Zusage von Claudio Abbado vorlag, auch die Wiederaufnahme im Sommer 2000 zu dirigieren. Die schließlich erfolgte Absage Abbados sowohl für die Neuproduktion von „Così fan tutte" wie auch den sommerlichen „Tristan" machte erhebliche Umplanungen notwendig. Für „Così fan tutte" wurde schließlich Lothar Zagrosek verpflichtet, während Lorin Maazel die Leitung von „Tristan und Isolde" übernahm, dafür jedoch aus arbeitstechnischen Gründen auf die Leitung der Wiederaufnahme von „Don Giovanni" verzichtete, für die Valery Gergiev gewonnen wurde.

Da auch Deborah Polaski, die Isolde der Osterproduktion des Jahres 1999, nicht zur Verfügung stand, musste man sich zudem auf die Suche nach einer neuen Isolde begeben und konnte den Bayreuther Star Waltraud Meier gewinnen. Meier, die im Sommer 2000 zusammen mit Plácido Domingo das Wälsungenpaar in Wagners „Walküre" in Bayreuth sang, hatte sich mit Wolfgang Wagner wegen ihrer 2001 beabsichtigten gleichzeitigen Übernahme der Partie der Dido in Berlioz' „Les Troyens" bei den Münchner Opernfestspielen überworfen, da der Bayreuther Festivalchef auf ihrer vollständigen Probenanwesenheit bestand. Wolfgang Wagner hatte der Sängerin im Festspielsommer 2000 neben der Sieglinde auch die Ortrud im „Lohengrin" angeboten. Da jedoch dadurch einige Auftritte ohne einen Tag Pause erfolgt wären, bat Meier Wolfgang Wagner, sich die Ortrud mit einer Kollegin zu teilen. Der Bayreuth-Chef verweigerte sich jedoch diesem Ansinnen mit der Bemerkung, entweder sämtliche „Lohengrin"-Vorstellungen oder keine, worauf Meier die Übernahme der Partie der Ortrud ablehnte. In dieser Situation erreichte sie die Anfrage aus Salzburg, ob sie bereit wäre, die sommerliche Aufführungsserie von „Tristan und Isolde" zu übernehmen. Meier sagte, sehr zum Ärger des Bayreuther „Ring"-Teams und Wolfgang Wagners, zu. Es kam nach 17 Jahren zum Bruch, und Wolfgang Wagner lud mit dem Hinweis auf die bereits seit 1986 sich ergebenden künstlerischen Belastungen aus den Mehrfachverpflichtungen Meiers, die dem in Bayreuth gepflegten Ensemblegedanken zuwider liefen, die gefeierte Kundry, Isolde und Sieglinde nicht zu den 90. Festspielen im Jahr 2001 ein. Da knapp vor dem Salzburger Probenbeginn auch Ben Heppner, der Sänger des Tristan, aus gesundheitlichen Gründen absagte, musste man sich neuerlich auf die Suche nach einem geeigneten Ersatz begeben und wurde zunächst bei Gösta Winbergh fündig, der sich jedoch kurz vor der Premiere ebenfalls zurückzog, sodass man sich neuerlich nach einem geeigneten Tristan umsehen musste und ihn schließlich in dem amerikanischen Heldentenor Jon Frederic West fand.

Angesichts der turbulenten Begleiterscheinungen wurde die Aufführung, trotz zahlreicher Einwände der Kritik gegen die Regie Klaus Michael Grübers und das Bühnenbild Eduardo Arroyos, zu einem Triumph für sämtliche Beteiligten, vor allem Waltraud Meier, Jon Frederic West, Lorin Maazel und die Wiener Philharmoniker.

Der Florentiner Luigi Cherubini wurde mit seinen Opern „Lodoïska" (1791), „Médée" (1797) und „Les deux Jounées" (1800) zum einflussreichsten und wirkungsvollsten Nachfolger Glucks in Frankreich. Seine Kompositionen lagen zwischen Gluck und Berlioz und entsprachen der Programmatik des Festspielsommers 2000, die unter dem Eindruck des Terrors der Französischen Revolution erstellte Originalfassung von Cherubinis Vertonung des antiken Dramas um Medea neben Glucks „Iphigénie en Tauride" und Berlioz' „Les Troyens" zur Aufführung zu bringen. Die hohe Anforderungen an die Titelheldin stellende Oper war nach einem Anfangserfolg in Vergessenheit geraten und erst in der italienischen Fassung Carlo Zangarinis (Medea) durch Maria Callas dieser entrissen worden. Die zwischen 1953 und 1961 entstandenen Tondokumente (Live-Mitschnitte aus der Mailänder Scala unter Leonard Bernstein und Thomas Schippers sowie aus Dallas unter Nicola Rescigno) geben Zeugnis von der faszinierenden Gestaltungskraft der Callas, die sich mit dieser Rolle völlig zu identifizieren vermochte.

In Salzburg entschied man sich für eine semikonzertante Aufführung in der Felsenreitschule, wobei man auf die französische Originalfassung mit gesprochenen Dialogen zurückgriff, diese jedoch mit Rücksicht auf das vor allem deutschsprachige Publikum durch deutsche Zwischentexte von Hermann Beil, gesprochen von Ulrich Mühe, ersetzte. Begleitet von den Wiener Philharmonikern unter Sir Charles Mackerras schlüpfte Angela Denoke in die Callas-Rolle und, so die übereinstimmende Meinung der Kritik, reichte bei Weitem nicht an die große Vorgängerin heran. Der Schatten der Callas erwies sich als übermächtig.

Im Bereich der Großen Oper erlebten im Festspielsommer 2000 neben Luigi Cherubinis „Medée" Peter Iljitsch Tschaikowskys „Pique Dame", Nikolai Rimski-Korsakows „Die Legende von der unsichtbaren Stadt Kitesch" und Carl Nielsens „Saul und David" konzertante Aufführungen.

Puschkins Novelle über die Spielleidenschaft des Offiziers Herrmann, seine Liebe zu Lisa, deren vorgezeichnete standesgemäße Ehe mit dem Fürsten Jeletzki und die Geheimnisse der Gräfin, die die richtigen drei Karten kennt, die Glück und Reichtum bringen, lieferte Tschaikowsky den Stoff für seine musikalische Tragödie „Pique Dame", eine musikalische Gesellschaftsstudie in drei Akten. Die Oper erfordert ein Ensemble von hoher Qualität und war daher wie geschaffen für das Mariinskij-Theater, das mit einer konzertanten Aufführung im Großen Festspielhaus und Plácido Domingo als Herrmann sein sommerliches Gastspiel in Salzburg eröffnete. Besonderes Interesse galt Plácido Domingo, der zwischen seinen Bayreuth-Auftritten als Siegmund in der „Walküre" in Salzburg sein 25-jähriges Mitwirken an den Festspielen feierte. Wie würde der spanische Tenor die russisch gesungene Partie, die er unter Gergiev bereits an der Met und im Mai und Juni des Vorjahres an der Wiener Staatsoper gesungen hatte, bewältigen, sich in das Ensemble des Mariinskij-Theaters einfügen? Die Aufführung wurde zum Triumph für Domingo, dem die Kritik in Anspielung an die „Walküre" einen „tenoralen Frühlingssturm"[446] bescheinigte, das Ensemble des Mariinskij-Theaters und Valerie Gergiev.

Nikolai Rimski-Korsakow schrieb dreizehn Werke für das Musiktheater, von denen sich kein einziges im Repertoire der europäischen und amerikanischen Opernhäuser zu etablieren vermochte. Der Stoff seiner Opern ist das Russland der Mythen und des Volkes. Rimski-Korsakows vorletzte, 1907 in St. Petersburg uraufgeführte Oper, die „Legende von der unsichtbaren Stadt Kitesch", hat die Sage von der Stadt Kitesch, dem einfachen Bauernmädchen Fewronija und dem Fürstensohn Wsewolod zur Zeit der Tatarenkriege im Jahr 1243 zum Inhalt. Fewronijas Gebete vermögen die Stadt Kitesch unsichtbar zu machen und damit vor den Tataren zu retten.

Die mit Pausen rund vierstündige Oper erlebte 1995 bei den Bregenzer Festspielen eine viel gelobte szenische Aufführung, fünf Jahre später in der Salzburger Felsenreitschule eine gefeierte konzertante durch das Ensemble des Mariinskij-Theaters unter Valery Gergiev.

Ebenfalls mit einer außerhalb des Ursprungslandes weitgehend unbekannten Oper machte das Gastspiel des Dänischen Nationalen Radio-Sinfonie-Orchesters und des Dänischen Rundfunkchores unter Michael Schønwandt in der Felsenreitschule bekannt: Carl Nielsens „Saul und David". Der dänische Nationalkomponist wurde durch den Einsatz von Jascha Horenstein, Gennadi Roshdestvensky, Herbert Blomstedt und Leonard Bernstein außerhalb Skandinaviens vor allem im angelsächsischen Raum als spätromantischer Symphoniker bekannt. Seine beiden großen Opern „Saul und David" (1902) sowie die als dänische Nationaloper geltende „Maskarade" (1906) blieben jedoch außerhalb Skandinaviens so gut wie ungekannt und waren auch auf Tonträgern kaum vertreten. Von „Saul und David" existierte lediglich eine Aufnahme des Dänischen Nationalen Radio-Sinfonie-Orchesters unter Jascha Horenstein aus dem Jahr 1972 mit so prominenten Solisten wie Boris Christoff und Elisabeth Söderström.

Nunmehr versuchte ein Gastspiel des Dänischen Nationalen Radio-Sinfonie-Orchesters und des Dänischen Rundfunkchors unter Michael Schønwandt mit prominenten Solisten wie Robert Hale (Saul), Thomas Moser (David), Inga Nielsen (Mikal), John Mark Ainsley (Jonathan), Susanne Resmark (Hexe von Endor), Christian Christiansen (Samuel) und Bent Norup (Feldhauptmann) Carl Nielsens monumentale Oper um den israelischen König Saul und den Hirten David dem Festspielpublikum bekannt zu machen. 1998 hatte Sir Simon Rattle mit großem Erfolg Karol Szymanowskis „König Roger" in einer konzertanten Aufführung in Salzburg aus der „polnischen Isolation" geführt. Jetzt widmete sich in Salzburg Michael Schønwandt, der nach Herbert Blomstedt mit dem Dänischen Nationalen Sinfonie-Orchester sämtliche Symphonien Carl Nielsens für Naxos eingespielt hatte, einer ähnlich ambitionierten Aufgabe. Nielsen war bei der Komposition dieser monumentalen Oper mit zahlreichen Chor- und Schlachtenszenen von Wagner und dem späten Verdi beeinflusst, entwickelte jedoch eine eigene, durchaus bühnenwirksame und handwerklich gut gemachte Klangsprache, die bei der konzertanten Salzburger Aufführung Publikum und Kritik zu begeistern vermochte. Das Publikum feierte sämtliche Ausführenden mit Standing Ovations, und die Kritik sprach übereinstimmend von einem bemerkenswerten Opernabend mit hervorragenden Leistungen.

VII. 5. DIE OPER VON GLUCK ÜBER ROSSINI BIS DONIZETTI

Die Opern von Christoph Willibald Gluck, Domenico Cimarosa, Giovanni Battista Pergolesi, Gioacchino Rossini und Gaetano Donizetti bildeten seit Mitte der zwanziger Jahre einen festen Bestandteil des Opernspielplans der Salzburger Festspiele. Die Opern dieser Komponisten blieben auch nach 1945 ein fester, wenngleich nicht bestimmender Bestandteil der Festspielprogrammatik und fanden auch in der Ära Mortier/Landesmann mit Rossinis „Tancredi" (1992) und Glucks „Iphigénie en Tauride" (2000) Berücksichtigung, wobei jedoch Rossinis „Tancredi" lediglich konzertant aufgeführt wurde und Glucks „Iphigénie en Tauride" eine Koproduktion mit der Nürnberger Oper war.

Im Vorfeld der Aufführung von Rossinis „Tancredi" anlässlich des 200. Geburtstages des Komponisten erfolgte nach Riccardo Mutis spektakulärem Rückzug von der musikalischen Leitung der Eröffnungspremiere, Mozarts „La Clemenza di Tito", der zweite: Marilyn Horne hatte die Festspiele wissen lassen, dass sie anlässlich des bevorstehenden Rossini-Jahres 1992 gerne die Titelrolle in dessen Oper „Tancredi" singen würde. Die Festspiele antworteten auf diesen Wunsch positiv und verpflichteten zudem Edita Gruberova für die Rolle der Amenaïde. Im Rahmen der beiden traditionellen Konzerte des ORF-Symphonieorchesters sollten zwei konzertante Aufführungen in der Felsenreitschule unter der musikalischen Leitung des neuen Chefdirigenten Pinchas Steinberg erfolgen. Rossinis 1813 mit großem Erfolg im Teatro La Fenice uraufgeführte Oper über den heldenhaften Befreier von Syrakus im 11. Jahrhundert löste in Europa eine wahre Rossini-Euphorie aus, und die Cavatine „Di tanti palpiti" wurde ein populärer Gassenhauer, ähnlich dem vierzig Jahre später von Verdi komponierten „La donna e mobile". Rossini schrieb, wie sein Zeitgenosse Giuseppe Carpani über die Uraufführung in Venedig berichtete, „Kantilene und immer wieder Kantilene, schöne Kantilene, neue Kantilene, zauberhafte Kantilene, außergewöhnliche Kantilene." Kein Wunder, dass die Oper von Bühnenstars, in diesem Fall weiblichen, gerne gesungen wurde. Im Jahr der Uraufführung jedoch schrieb Rossini noch eine zweite Endfassung (Ferrara-Fassung) seiner Oper um Liebe, politischen Verrat, Missverständnisse und eine dramatische Kerkerszene, die an Stelle des glücklichen Ausgangs ein tragisches Finale mit dem Tod des Titelhelden setzte. Rossinis zweite Fassung wurde bereits zu seinen Zeiten weniger goutiert, jedoch von zahlreichen Primadonnen auf Grund der dankbaren Sterbeszene bevorzugt.

Für Salzburg wählte jedoch Pinchas Steinberg die Originalfassung, d. h. das Happy End. Marilyn Horne hingegen bestand auf Grund der musikalisch dankbareren Todesszene auf der zweiten Version und drohte im Fall einer Weigerung mit ihrer Absage. Gleichzeitig ließ Edita Gruberova wissen, dass sie im Fall eines Rückzugs Hornes auch ihre Mitwirkung sistieren werde. Beide Primadonnen sahen die Oper vor allem als Sänger(innen)oper und wollten keinesfalls auf die belcantistischen Möglichkeiten der zweiten Fassung verzichten. Da jedoch Pinchas Steinberg auf der Originalfassung bestand, sagte Horne ihre Mitwirkung ebenso ab wie Gruberova. Die Festspiele waren gezwungen, Ersatz zu suchen, und fanden ihn in Vesselina Kasarova und Nelly Miricioiu. Die Absage der beiden Primadonnen wurde zur Chance für zwei außerordentlich begabte Nachwuchssängerinnen. Beide errangen einen sensationellen Erfolg, wobei die bereits in Mozarts „La Clemenza di Tito" als Annio engagierte Vesselina Kasarova ihren internationalen Durchbruch schaffte. Die Aufführung wurde vom Publikum und der Kritik gefeiert.

Christoph Willibald Glucks Reformopern „Orpheus und Eurydike" sowie „Iphigenie in Aulis" bildeten seit den dreißiger Jahren mit mehreren Aufführungsserien einen festen Bestandteil des Opernprogramms. 2000 folgte im Hof der Residenz, dem Festspielmotto „Troja und die Liebe" entsprechend, sein Hauptwerk aus seiner Pariser Zeit, „Iphigénie en Tauride", mit dem er nach den nur mäßig aufgenommenen französischen Bearbeitungen von „Alceste" und „Armide" 1779 den ersehnten triumphalen Erfolg errang. Anders als in „Orpheus und Eurydike" und „Alceste", in denen das statische Element noch oft die Oberhand gewinnt, kam es hier zu einer klaren Zeichnung individueller Befindlichkeiten, die sich zudem im Widerhall der Chöre spiegelten. Die Überwindung der italienischen Opera seria und der französischen Tragédie lyrique durch die Hinwendung zum menschlichen Schicksal, den menschlichen Gefühlen markiert den musikhistorischen Stellenwert dieser Oper um die Tochter des Agamemnon und der Klytämnestra, die als Priesterin der Diana auf der Insel Tauris Menschen opfern muss, u. a. ihren Bruder Orest, den sie jedoch vor der entscheidenden Handlung wiedererkennt und rettet.

Claus Guth, der 1999 mit der Uraufführung von Luciano Berios „Cronaca del Luogo" sein Salzburg-Debüt als Opernregisseur gegeben hatte und den zusammen mit Martin Kušej Peter Ruzicka zu den wegweisenden Regisseuren der Zukunft zählte, inszenierte das Stück um zwei traumatisierte Geschwister. Um die traumatisierende Vorgeschichte als Leitmotiv der folgenden Handlung zu verdeutlichen, wob er mit einem Kunstgriff das archaische Familiendrama um Muttermord, Rache, Tod und Opfer durch Masken, die Agamemnon, Klytämnestra, Orest und Iphigenie darstellten, in die Handlung. Ivor Bolton, der in München mit dem „Händel-Wunder" für Furore gesorgt hatte, dirigierte das Mozarteum-Orchester, und man war gespannt, ob es dem englischen Dirigenten gelingen würde, in Salzburg mit dem Mozarteum-Orchester ein ähnliches Wunder zu vollbringen wie in München mit dem Bayerischen Staatsorchester, das plötzlich wie ein professionelles Barockensemble geklungen hatte.

Die hoch gesteckten Erwartungen wurden erfüllt. Wenngleich die die Atridentragödie und die daraus resultierende Traumatisierung des Geschwisterpaars durch Statisten mit riesenhaften Masken betonende Inszenierung Claus Guths im Einheitsbühnenbild von Christian Schmidt und der Lichtregie von Michael Bauer bei der Kritik durchaus unterschiedliche Aufnahme fand, so wurde die musikalische Realisierung unisono gelobt. Ivor Bolton konnte seinen hervorragenden Ruf bestätigen, das verjüngte und qualitativ deutlich verbesserte Mozarteum-Orchester erwies sich als durchaus festspielreif, und die Sänger der vier Hauptpartien – Susan Graham (Iphigénie), Thomas Hampson (Oreste), Paul Groves (Pylade) und Philippe Rouillon (Thoas) – erhielten hervorragende Kritiken.

VII. 6. „DIESER POPPEA MUSS MAN VERFALLEN." DIE BAROCKOPER

Bernhard Paumgartner hatte die Forderung erhoben, auch die Jugendopern Mozarts sowie wichtige Werke der Spätrenaissance und des Barock als zentralen programmatischen Bestandteil der Salzburger Festspiele zu betrachten und durch entsprechende exemplarische Aufführungen zu würdigen. Neben der letztlich nicht realisierbaren Idee einer Einbeziehung Hellbrunns boten sich für die Realisierung dieser programmatischen Idee als mögliche Spielstätten im unmittelbaren Bereich des Festspielbezirks die Kollegienkirche, der – allerdings durch Liederabende, Solistenkonzerte und Serenaden weitgehend ausgebuchte – Große Saal des Mozarteums, die Aula der Universität sowie der Hof und der Carabinierisaal der Residenz an. Herbert Graf entwarf zudem für die umgebaute und modernisierte Felsenreitschule ein Konzept der großen Barockoper sowie des geistlichen Spiels. Die Bespielbarkeit des Residenzhofes erwies sich bereits in den fünfziger Jahren auf Grund der Witterungsabhängigkeit als äußerst problematisch, die Räume der Residenz wie auch jener der Kollegienkirche stellten die Aufführung vor nur schwer zu bewältigende akustische Probleme. Die Aufführung barocker Opern erfolgte nach 1945 daher vor allem in der Felsenreitschule. Lediglich 1969–1973 übersiedelte Emilio de' Cavalieris „Rappresentatione di Anima e di Corpo" von der Felsenreitschule in die zwar optisch stimmungsvolle, akustisch jedoch problematische Kollegienkirche. An diesen Gegebenheiten sollte sich auch in der Nach-Karajan-Ära nichts ändern. Die Berücksichtigung der immer wieder erhobenen Forderung nach der stärkeren programmatischen Implementierung der Barockoper konnte sich nur in dem mit einer Fülle von Problemen behafteten Rahmen bewegen.

1992 präsentierte die neue Festspielleitung die Barockmusik in den Serenaden und geistlichen Konzerten, wobei neben den in Salzburg längst heimischen I Solisti Veneti unter Claudio Scimone mit den 1979 von William Christie gegründeten Les Arts Florissants sowie der von Philippe Herreweghe geleiteten La Chapelle Royale und dem Collegium Vocale de Gand zwei hochkarätige Ensembles ihr Salzburg-Debüt gaben. Les Arts Florissants präsentierten in ihrem vom Publikum heftig akklamierten ersten

Konzert Musik aus dem Italien des späten 16. und frühen 17. Jahrhunderts (Madrigale von Claudio Monteverdi, Sigismondo d'India, Gesualdo da Venosa und zwei Sonaten von Dario Castello), im zweiten Henry Purcells „The Fairy Queen" und im dritten (geistlichen) Konzert zwei Werke von Marc-Antoine Charpentier. Auch die beiden Konzerte der Chapelle Royale und des Collegium Vocale de Gand unter dem belgischen Dirigenten Philippe Herreweghe mit Johann Sebastian Bach und Werken des französischen Barock (Jean-Philippe Rameau, Marc-Antoine Charpentier und Michel-Richard de Lalande) stießen auf begeisterte Zustimmung, wobei vor allem, wie bei Les Arts Florissants, die Einheit von Vokalisten und Instrumentalisten bewundert wurde.

Ein deutlicher und vom Publikum und der Kritik gefeierter Akzent wurde 1993 anlässlich des 350. Todesjahres Claudio Monteverdis mit den szenischen Aufführungen seiner ersten und seiner letzten Oper – „L'Orfeo" und „L'incoronazione di Poppea" – gesetzt.

Wenngleich ein Hüter der Tradition, vor allem des Madrigals und der Motette, hatte Monteverdi die in Florenz heftig akklamierten musikalischen Neuerungen registriert und rezipiert. In der Stadt der Medici hatten Jacopo Peri und Jacopo Corsi Ottavio Rinuccinis Schäferspiel „La Dafne" mit einer völlig neuen Art von Musik versehen, die im Rückgriff auf die Antike die Einheit von Sprache und Musik, den rezitativen Gesang anstrebte. Beide komponierten auf der Basis der neuen Methode im Jahr 1600 für die Hochzeitsfeierlichkeiten König Heinrichs IV. von Frankreich mit Maria de' Medici die Oper „Euridice". Monteverdi übernahm und vollendete die in Florenz und an vielen Höfen heftig akklamierte Methode und komponierte „Favola d'Orfeo", die am 24. Februar 1607 mit sensationellem Erfolg im Palazzo Ducale in Mantua uraufgeführt wurde und wahrscheinlich 1618 im Steintheater in Hellbrunn als erste Oper nördlich der Alpen zur Aufführung gelangte. Die Oper diente dabei der höfischen Repräsentation und mythologisch überhöhten Selbstdarstellung des Herrschers und seines Hofes. Die fürstliche Gesellschaft feierte und inszenierte sich selbst im Spiegelbild der antiken Mythologie. Vor allem dem Herrscher huldigten die Künste, und dieser adelte sie, indem er sie gnädig in seinen Himmel emporhob. Auf Befehl des Fürsten Vincenzo II. wurde das neue Werk eine Woche später im Beisein aller Damen der Stadt mit ebensolchem Erfolg wiederholt. Die neue Gattung „Oper" trat ihren Siegeszug an.

1613 wechselte er von der nicht besonders gut dotierten Position in Mantua nach Venedig, das ihm erheblich bessere Bedingungen sowie größere Freiheiten zu bieten vermochte, wo er, unter dem Eindruck der heftigen Kämpfe zwischen Frankreich und den Habsburgern sowie deren jeweiligen Parteigängern in Italien um die Vormacht in Norditalien, den damit einhergehenden Seuchen und wirtschaftlichen Einbrüchen und der offensichtlichen Dominanz der Macht als politisches Leitmotiv, seine letzte Oper „L'incoronazione di Poppea" komponierte, die 1642 im Teatro SS Giovanni e Paolo des Francesco Manelli ihre Uraufführung erlebte.

Zum ersten Mal in der bis dahin noch jungen Geschichte der Oper stammte der Stoff nicht aus dem Reich der Mythologie, sondern der römischen Kaisergeschichte, die die dramatischen Ereignisse der Gegenwart antizipierten. Monteverdi bediente sich einer Epoche der römischen Geschichte als Spiegelbild der Gegenwart, die handelnden Personen tragen unschwer zu erkennende Züge von Fürsten und Damen Italiens des 17. Jahrhunderts. Und Monteverdi hatte Machiavelli und dessen emotionslose Analyse und Lobpreisung der (Fürsten-)Macht als letztlich entscheidendes Moment der Politik gelesen.

Die Wahl der beiden Monteverdi-Opern entsprach einer programmatischen Logik, deren künstlerische Rechtfertigung jedoch erst durch die Aufführungspraxis erfolgen musste. Zur Realisierung des Projekts fiel die Wahl auf zwei Spezialisten: Die musikalische Leitung von „L'incoronazione di Poppea" übernahm Nikolaus Harnoncourt, der mit seinem Concentus Musicus bereits Ende der sechziger Jahre für Decca Monteverdi-Opern mit erheblicher Resonanz eingespielt und zusammen mit Jean-Pierre Ponnelle mit seinem Zürcher Monteverdi-Zyklus für Furore gesorgt hatte. Jene für „L'Orfeo" lag bei dem Flamen René Jacobs, künstlerischer Leiter der Festwoche für Alte Musik in Innsbruck, einem der führenden Originalklang-Experten der jüngeren Generation. Ebenso interessant wie namhaft waren die Regisseure und Ausstatter beider Produktionen: Jürgen Flimm und Rolf und Marianne Glittenberg für „L'incoronazione di Poppea", Herbert Wernicke für „L'Orfeo".

Der Festspielsommer 1993 wurde mit Monteverdis „L'incoronazione di Poppea" im Großen Festspielhaus eröffnet. Die Aufführung wurde zum Triumph für alle Ausführenden. Harnoncourt, der in der Zwischenzeit seine musikalischen Erkundungen in Richtung Mozart, Beethoven und Schubert erweitert hatte, gab sein umjubeltes Debüt als Operndirigent im Großen Festspielhaus. Der Concentus Musicus, Regie und Ausstattung sowie das hervorragende Ensemble – u. a. Sylvia McNair (Poppea), Philip Langridge (Nerone), Marjana Lipovšek (Ottavia), Jochen Kowalski (Ottone), Kurt Moll (Seneca) und Andrea Rost (Drusilla) – erhielten Ovationen des Publikums und glänzende Kritiken. Gerhard Ritschel berichtete von einer Poppea, der man verfallen müsse.[447]

Ebenfalls zum Großteil enthusiastische Reaktionen rief die Freiluft-Inszenierung der zweiten Monteverdi-Oper „L'Orfeo" im Hof der Residenz durch Herbert Wernicke, der auch für die Ausstattung verantwortlich zeichnete, hervor. Wernicke inszenierte die Oper nicht bloß entlang der Handlung, sondern mit stetem Blick auf die historischen Bedingungen ihrer Entstehungszeit. Vor der Fassade des Residenzhofes ließ er eine geborstene nachgebildete Schauwand errichten, durch die ein diagonaler Riss ging und so die Trennung der Welt in Oben und Unten und der Gesellschaft in Drinnen und Draußen symbolisierte. Zwischen realer Mauer und diagonal zerrissener Vormauer tafelte eine feudale Hochzeitsgesellschaft, Snobs, Blasierte und Yuppies unter sich. Diese (neu)reiche Gesellschaft leistet sich Kunst aus Prestigegründen und hält sich den phänomenal begabten Sänger Orpheus (Orfeo). Zusammen mit seiner Frau Eurydike bildet er in der Hochzeitsgesellschaft ein schönes Paar. Wenngleich Orpheus Eurydike liebt, so liebt er noch mehr seinen Gesang, lebt in seiner Welt der Musik und steht nicht nur der mondänen Vergnügungssucht, wie sie die Gesellschaft präsentiert, sondern letztlich auch Eurydike distanziert gegenüber. Die vernachlässigte Eurydike wird von der gelangweilten Hochzeitsgesellschaft dazu ausersehen, durch ihren fingierten Tod Orfeo in die Irre zu führen. Es ist die Gesellschaft, die mit ihm ihr Spiel treibt und ihm damit zur Hölle wird. Ihre Mitglieder sind gelangweilt von seinen Versuchen, seine Frau zurückzuerlangen, und verlassen allmählich die Gesellschaft. Orfeo bleibt allein zurück, zum Denkmal seiner selbst erstarrt. Der barocken Ideologie von Kunst – König = Gott – folgend, erhebt ihn Apollo in den Himmel zu sich empor, wo er Eurydike als Stern bewundern kann.

Publikum und Kritik attestierten übereinstimmend Wernicke eine mit einfachen Mitteln erzielte brillante Lesart des Stücks. Uneingeschränktes Lob erhielten René Jacobs und sein Concerto Vocale sowie das Ensemble, vor allem Laurence Dale (Orfeo), Monica Bacelli (Eurydike) und Susan Graham (La Musica).

Salzburg hatte im zweiten Jahr der Ära Mortier einen allgemein gefeierten Paukenschlag im Bereich der Barockoper gesetzt, dem sechs Jahre später ein neuerlicher folgen sollte.

Die Übersiedlung der Pfingstfestspiele nach Baden-Baden veranlassten das Kuratorium der Salzburger Festspiele, das Direktorium mit der Durchführung eigener Pfingstfestspiele zu beauftragen. Dort zeichnete Hans Landesmann für die ab 1998 in Eigenregie durchgeführten Pfingstfestspiele mit einer barocken Schwerpunktsetzung verantwortlich. Nach einer reinen Konzertserie 1998 erfolgte im folgenden Jahr in Zusammenarbeit mit den Sommerfestspielen eine szenische Aufführung von Rameaus fünfaktigem Spätwerk aus dem Jahr 1762.

Jean-Philippe Rameau war als Erbe Lullys der Doyen der französischen Oper und ihrer spezifischen Spielarten „tragédie lyrique" und „opéra ballet" am Hofe Ludwigs XV.; die Tradition war durch den Einbruch der italienischen Buffo-Oper in Gestalt von Pergolesis „La Serva Padrona" gefährdet worden. Das Pariser Publikum begann sich in zwei Lager zu spalten. In dem ausbrechenden Kulturkampf repräsentierte Rameau neben Madame Pompadour und Voltaire das Lager der Konservativen, das die von Lully begründete französische Operntradition mit ihren spezifischen Ausprägungen einer verfeinerten Affektkultur, in der sich die Figuren nicht direkt ihrem Publikum mitteilten, sondern nur indirekt über reflexive Betrachtungen ihrer Seelenzustände, fortführte.

Rameau griff zur Feder und wählte mit dem wahrscheinlich von Louis de Cahusac stammenden Text einen Stoff, der die kommende Revolution ahnen ließ und daher bei der höfischen Gesellschaft in Versailles auf Ablehnung stieß. Die Königin Alphise muss, um ihre Funktion wahrnehmen zu können, einen standesgemäßen Gemahl erwählen. Statt sich für einen der beiden Söhne des Nordwindes Borée, Calisis und Borilée, zu wählen, entscheidet sie sich für den von ihr geliebten Abaris, einen Bürgerlichen, und verzichtet auf den Thron. Dennoch von ihrem Volk auf den Thron zurückgerufen, vernichtet Boreas das Land und entführt Alphise. Das Happy End wird schließlich dadurch erreicht, dass sich Apollon als Urheber der Verwirrungen bekannt gibt und bekundet, dass Alphise sein Sohn sei, gezeugt mit einer Nymphe aus dem Stamm des Boreas. Die Irrungen und Wirrungen lösen sich in allgemeinem Jubel und Wohlgefallen auf.

Trotz dieses die gesellschaftliche Rangordnung wieder herstellenden versöhnlichen Schlusses erregte der Stoff der Oper das Misstrauen der Hofgesellschaft. Intrigen verhinderten die Uraufführung der Oper, die in den Kellern der Bibliotheque Nationale verschwand und erst von Sir Elliott Gardiner wiederentdeckt wurde. Gardiner führte die Oper konzertant 1975 in London auf, 1982 erfolgte in Aix-en-Provence die szenische Uraufführung. Sir Simon Rattle saß 1975 bei der konzertanten Londoner Aufführung im Auditorium und war von der Musik Rameaus fasziniert. Nunmehr hatte er in Salzburg im Kleinen Festspielhaus Gelegenheit, mit dem englischen Originalklangensemble Orchestra of the Age of Enlightenment, den European Voices, der „Troupe Aimable", einem speziell für diese Aufführungsserie geformten Tänzerensemble, dem Ehepaar Karl-Ernst und Ursel Herrmann als Regisseure und Ausstatter, der Choreographin Vivienne Newport und den Solisten Barbara Bonney (Alphise), Heidi Grant Murphy (Nymphe, Polymnie), Charles Workman (Abaris), Jeffrey Francis (Calisis), Russell Braun (Borilée), David Wilson-Johnson (Borée), Lorenzo Regazzo (Apollon) und Lutz Förster (Monsieur Jean) die zweite szenische Aufführung zu gestalten.

Die Aufführung wurde bereits zu Pfingsten vom Publikum heftig akklamiert und von der Kritik vor allem auf Grund ihrer musikalischen Seite als Ereignis gefeiert.[448] Der musikalische Pfingsterfolg wiederholte sich im Sommer, wobei die Kritik auf Grund nochmaliger Proben eine Qualitätssteigerung konstatierte.

VII. 7. „… OB DAS NICHT DEN TATBESTAND DES BETRUGES BILDET." DER „SONDERFALL" OPERETTE

Die dramaturgische Idee hatte Sinn und machte neugierig: Im Festspielsommer 2000, der unter dem Titel „Troja und die Liebe" stand, kombinierte Gérard Mortier Hector Berlioz' „Les Troyens" mit Jacques Offenbachs „La belle Hélène", der hintergründigen und auch bitteren Satire über die Gesellschaft des zweiten französischen Kaiserreichs. Beide so konträren Werke wurden von Herbert Wernicke inszeniert und ausgestattet. Damit fand neben der traditionellen italienischen Buffo-Oper auch die Opéra bouffe ihren Weg in das Festspielprogramm und ebnete damit das Terrain für die Operette. Dabei konnte sich Mortier auf die dramaturgische Intention der Gründungsväter der Festspiele berufen, die 1926 Johann Strauß' „Die Fledermaus" auf das Programm gesetzt hatten. Die Wahl von „La belle Hélène" fungierte zudem durch den Umstand als programmatisches Leitmotiv, da deren deutsche Erstaufführung im Theater an der Wien 1865 den Anstoß für die Entwicklung der Wiener Operette von Franz von Suppé, Johann Strauß und Carl Millöcker gegeben hatte.

Die Salzburger Aufführung dieser Opéra bouffe, eine Übernahme von den vorjährigen Festspielen in Aix-en-Provence, basierte auf der kritischen Neuausgabe der großen Offenbach-Operetten, die auf die autographe Partitur des Komponisten zurückging und mit lieb gewordenen Gewohnheiten brach. Offenbachs Konzession an die Bouffes-Parisiens erforderte einen stark reduzierten Orchesterapparat auf 13 Musiker. Der Orchestersatz war dementsprechend transparent und virtuos angelegt. Zudem ergaben sich drastische Änderungen beim sog. „Gänsespiel" im zweiten Akt. Offenbach hatte mit Ludovic Halévy und Henri Meilhac das erfolgreichste französische Autorenduo seiner Zeit als Librettisten gewonnen. Als hoher Beamter war Halévy ein intimer Kenner der gesellschaftlichen und ökonomischen Verhältnisse des zweiten Kaiserreiches und übte hinter der Maske des Kostüms und der Satire harsche Kritik an den gesellschaftlichen Fehlentwicklungen einer nur auf ihren Vorteil bedachten gesellschaftlichen, wirtschaftlichen und politischen Elite. Dies wurde an der Satire über die Korruptheit der Oberschicht Spartas deutlich. Calchas war hier nicht nur Großaugur des

Jupiter, sondern ein durch entsprechende finanzielle Zuwendungen manipulierbarer und manipulierender Politiker, der durch die Verwendung gezinkter Würfel den erheblichen Pott des Spiels gewinnen möchte.

Die vom Ensemble der Aufführung in Aix-en-Provence auf der Perner-Insel gestaltete Aufführung stieß beim Großteil des Publikums und der Kritik auf heftige Ablehnung. Sowohl die Inszenierung Herbert Wernickes wie auch die musikalische Gestaltung durch Mitglieder des Orchestre de Paris unter Stéphane Petitjean und Alexandru Badea (Pâris), Dale Duesing (Ménélas), Victor Braun (Agamemnon), Buddy Elias (Calchas), Dominique Visse (Oreste) und Nora Gubisch (Hélène) in den Hauptrollen wurden als klamaukhaft und über weite Strecken nicht festspielwürdig bezeichnet.

Wenngleich nicht in der Gründungsphilosophie der Festspiele enthalten, zeigten sich deren Gründungsväter gegenüber Dirigentenwünschen flexibel. Als Bruno Walter den Wunsch äußerte, 1926 die „Fledermaus" zu dirigieren, konnte man dies einem der bestimmenden Dirigenten der Festspiele nicht verwehren. Die Aufführung mit Stars wie Richard Tauber als Eisenstein, Rosette Anday als Orlofsky, der ursprünglich vorgesehenen Maria Jeritza als Adele – sie musste durch die Operettendiva Fritzi Massary ersetzt werden – und Hans Moser als Frosch wurde zur Attraktion der Festspielsaison. Dies konnte, allerdings im negativen Sinn, die zweite Aufführungsserie der Operette 75 Jahre später ebenfalls von sich behaupten.

2001 sorgte die von Hans Neuenfels inszenierte „Fledermaus" für den sommerlichen Festspielskandal. Mortier hatte bereits 2000 angekündigt, er werde in seinem letzten Festspielsommer mit den Inszenierungen von „Fledermaus" und „Ariadne auf Naxos" deutliche politische Akzente setzen. Neuenfels löste die Strauß'sche Operette aus ihrer Entstehungszeit, versetzte sie in die Jahre nach dem „Schwarzen Freitag" des Jahres 1929, schrieb neue Dialoge mit dem Ziel der politischen Zuspitzung und inszenierte unter deutlicher Bezugnahme auf die 2000 in Österreich erfolgte Regierungsbildung den seiner Meinung nach stets vorhandenen „latenten Faschismus. Damit meine ich den unzufriedenen Bürger, der sich eine Erhöhung seines Bürgertums wünscht und deswegen gegenüber einer Idee anfällig ist, die Orlofsky verkörpert, in dessen Palais diese vermeintliche Erhebung im Rausch Wirklichkeit wird. Dort kann sich Eisenstein ausleben, auch in einem geistigen Sinne: Denn seine Träume zielen nicht nur auf junge Mädchen, sondern auf den Sinn des Lebens schlechthin." Die Figuren der Handlung seien allegorisch, „beschreiben gleichnishaft bestimmte Verhaltensweisen. Deshalb ist das nie ein naturalistisches Sittengemälde, sondern immer eine Parabel." Er spiele in seiner Inszenierung auf die jüngste politische Entwicklung in Österreich an. „Diese politische Entwicklung, auch in Italien, muss man als Regisseur mitdenken, sonst ist man fürs Theater nicht sonderlich tauglich."[449]

Die angekündigte Provokation und der erwartete Skandal traten am 17. August in der Felsenreitschule ein. Mortier erklärte, er sei „persönlich sehr glücklich", dass er „das gemacht habe. Es ist Theater, wie es sein sollte: aufwühlend, provokativ und herausfordernd!"[450] In einem „News"-Interview bemerkte er zu den politischen Intentionen der so heftig umstrittenen Neuenfels-Inszenierung: „Für die politischen Intentionen der Inszenierung lassen Sie mich ein paar Beispiele geben: Rosalinde wird beim Csárdás zu Evita Perón – wir zeigen damit, wie gefährlich es ist, nationale Emotionen zu bedienen. Oder dass sich die Kinder der Familie Eisenstein am Schluss töten: das ist eine Anspielung auf Mayerling. Den Kaiserwalzer in der Fassung von Arnold Schönberg spielen wir absichtlich vom Tonband. Wir beabsichtigen damit eine Persiflage auf das peinliche Ballettgetue, das wir vom österreichischen Fernsehen bei jedem Neujahrskonzert vorgeführt bekommen. Wir wollen zeigen, wie uns dieses Versüßen, wie uns dieser permanente Ausverkauf des Walzers suspekt vorkommt." Mit der Wahl des Jazz-Sängers David Moss wollte man „Orlofsky als Monstrum zeigen, das mit unglücklichen Menschen sein Spiel treibt. Sicher, er ist an der Grenze. Aber er soll ja gar nicht gefallen! Er soll die Kokaingesellschaft verkörpern, die wir keineswegs verherrlichen, … sondern die wir sehr kritisch betrachten. Champagner war in der Strauß-Zeit so unbezahlbar wie heute Kokain. Nur fragen wir: Warum konsumieren diese Menschen Rauschgift?"[451] Und er goss zusätzlich Öl ins Feuer, als er in Reaktion auf die heftigen Proteste des Publikums in einer Fernsehsendung erklärte, dieses sei dumm und er sei froh, es in Zukunft nicht mehr sehen zu müssen. Mortier ignorierte in seiner Verteidigung der Neuenfels-Inszenierung und teilweise provokanten Offensi-

Leo Krischke, Hans Neuenfels und Lorenz Aggermann bei der Probe zu Johann Strauß' „Die Fledermaus" 2001.

Johann Strauß' „Die Fledermaus" 2001 in der Felsenreitschule. Christoph Homberger (Gabriel von Eisenstein) und Dale Duesing (Frank).

ve gegen deren Kritiker den Umstand, dass, von wenigen Ausnahmen abgesehen, selbst traditionelle Apologeten seiner Salzburger Intendanz die Inszenierung als völlig misslungenen Agitprop der 70er Jahre und einer über weite Strecken öden Publikumsprovokation bezeichneten, bei dem zudem auch die musikalische Qualität weitgehend auf der Strecke blieb.

Marcel Prawy bemerkte entrüstet, es wäre zu studieren, „ob das nicht den Tatbestand des Betruges bildet"452.

VII. 8. URAUFFÜHRUNGEN

Das Thema „Uraufführungen" bildete mit Beginn der Ära Karajan ein permanentes Thema des Kulturfeuilletons. Unter Ausblendung der Zwischenkriegszeit, in der Uraufführungen die Ausnahme und nicht die Regel waren, wurde die Ära Karajan als konservativ und der Moderne gegenüber unaufgeschlossen bezeichnet. Dabei konnte das Direktorium der so gescholtenen Ära Karajan auf den Umstand verweisen, dass zahlreiche Opern-Uraufführungen stattgefunden hatten und zudem zahlreiche Opern der Moderne im Bereich der Konzerte des ORF-Symphonieorchesters zur (konzertanten) Aufführung gelangten. In den Sitzungen des Direktoriums wurde zudem betont, dass Uraufführungen nicht um ihrer selbst willen erfolgen sollten, sondern nur unter der Voraussetzung der Qualität der Partitur und des Librettos. Qualität ging vor Quantität. Salzburg war nicht Donaueschingen. Die Zahl der unter qualitativen Prämissen in Frage kommenden Komponisten für Uraufführungen war begrenzt. Die Durchsicht der Protokolle des Direktoriums in der Ära Mortier/Landesmann offenbart eine verblüffende Parallele der Argumentation: es komme nicht auf die Zahl, sondern die Qualität der Werke an. Und diese sei eben begrenzt. Die vom Feuilleton erhobene Forderung nach Uraufführungen sei in dieser Form für Salzburg nicht akzeptabel. Neben der Qualität müsse man zudem auch auf die Akzeptanz beim zahlenden Publikum Rücksicht nehmen. Ein Unternehmen wie die Salzburger Festspiele müsse sich die defizitären Uraufführungen durch positive Deckungsbeiträge anderer Veranstaltungen in den Bereichen Oper und Konzert erst verdienen und produziere nicht für die beschränkte Zahl der Kritiker und Feuilletonisten.

Die musikdramatischen Uraufführungen in der Ära Mortier/Landesmann blieben ebenso überschaubar wie ihr Erfolg. Sie erfolgten in der kurzen Zeitspanne von nur zwei Jahren zwischen 1998 und 2000.

Die einzige Uraufführung eines großen musikalischen (Opern-)Werkes galt 1999 Luciano Berios 90-minütiger „Azione musicale" für 47 Musiker, 56 solistische Chorstimmen und Hildegard Behrens als „R", „Cronaca del luogo" („Chronik des Ortes") in der Felsenreitschule. Der Florentiner Komponist hatte, inspiriert vom Raum der Felsenreitschule, keine Handlungsoper geschrieben, sondern eine musikalische Aktion in Form eines fünfteiligen Stationendramas (Jericho, das Feld, der Turm, das Heim, die Piazza) nach dem aus umgeschriebenen Bibelstellen, Sätzen griechischer Philosophen, römischer Dichter, Jorge Luis Borges, Paul Celan und Marina Zwetajewa-Zitaten verfassten Text seiner Frau, der Musikologin Talia Pecker. Musik könne, so die Überzeugung Berios, keine Themen, sondern nur Stimmungen und Prozesse beschreiben, allerdings viel präziser als die Sprache. Dies hatte zur Folge, dass die Texte vollkommen in der Musik aufgingen, die Handlung als solche zurücktrat. Im Mittelpunkt dieses nach „Un re in ascolto" zweiten für Salzburg geschriebenen Werkes Berios stand „R", Rahab, die biblische Gestalt einer Prostituierten aus Kanaa, die vor dem Untergang Jerichos warnte und deshalb verschont blieb. „R" stand für die mit den Belagerern von Jericho kollaborierende Hure, Hexe von Endor, Seherin und Prophetin. Das Werk schloss mit „Chronik" und „Ort" zwei Begriffe ein, die im Hebräischen gleichbedeutend mit „Gott" sind, und umfasste fünf Episoden, die nach den Worten des Komponisten „wie Bilder in einem Buch wirken sollten"453. Damit schloss er an sein vor drei Jahren an der Mailänder Scala uraufgeführtes Werk „Outis" („Niemand") an, in dessen Mittelpunkt zwar offiziell Odysseus stand, das eigentliche Interesse des Komponisten jedoch dessen Irrfahrten galt, die sich in den musikalischen Verschlingungen und Brechungen der Partitur spiegelten. In „Cronaca del luogo" waren es nun die Arkaden und Winkel der Felsenreitschule, die den Komponisten zu einem Zwiegespräch der Klänge mit dem Genius loci anregten, ein quasi tönendes Gemäuer. In einem Interview erklärte er wenige Tage vor der

Uraufführung über sein neues Werk: „Ich neige normalerweise nicht dazu, eine Arbeit mit bestimmten Stimmungen zu beschreiben. Eine korrekte szenische Umsetzung von ‚Cronaca del luogo' jedoch sollte den melancholischen Humor und die Paradoxie des Dramas enthüllen, denn jede dieser Eigenschaften verbirgt sich sowohl in der Partitur als auch in der dramaturgischen Konzeption des Werkes. Alles hat eine doppelte oder gar multiple Bedeutung: die Figuren, die Techniken, die musikalische Struktur, alles. … ‚Cronaca del luogo' ist kein religiöses Werk. Ich respektiere Religion, aber als ein Nichtgläubiger. Gott ist für mich eine sehr private Angelegenheit, da ich ihn als philosophische Ganzheit definiere."[454]
Wenngleich die Premiere mit einem viertelstündigen Applaus und wahren Ovationen für den Komponisten aufgenommen wurde, so rief die szenische Realisierung dieses so schwer zu inszenierenden Werkes durch den Salzburg-Debütanten Claus Guth den Unmut des Komponisten hervor. Wütend und deprimiert erklärte Berio nach der Premiere, die musikalische Realisierung sei wunderbar gewesen, doch sei er „von Kopf und Bauch her … genau gegenteilig zur Regie von Claus Guth … eingestellt: die ist ein Zusammenspiel von gleichgültigen Gesten zur Musik und zum Inhalt des Werks. Minimalismus auf ‚deutsch', Form ohne Substanz." Die Regie habe ihn derart wütend gemacht, dass er „die Premiere ins Wasser fallen lassen und sogar die Anwälte einschalten" wollte. „Ich habe mich deshalb zurückgehalten, weil ich Gérard Mortier … respektiere, der mir gesagt hat: ‚Wenn Sie die Premiere ausfallen lassen, werde ich gezwungen sein zurückzutreten.' Aber sicher ist, dass diese Inszenierung nach Salzburg nie wieder aufgenommen werden wird. ‚Cronaca del luogo' wurde schon von London und Paris angefragt, wo sie aber nur unter der Bedingung einer neuen Regie aufgeführt werden wird." Guths Inszenierung nämlich beweise einen „deprimierenden" Geschmack. „Seine Armut in der Ausdrucksweise. Seine so eingeschränkte Sehweise des Werkes. Die Darstellung mit dem bescheidenen Geist einer Aufführung eines amerikanischen Colleges."[455]
Betty Freeman hatte 1996 im Rahmen der Serie „next generation" der in Paris lebenden finnischen Komponistin Kaija Saariaho in Salzburg eine Präsentation ihrer Werke ermöglicht und finanzierte auch einen Opern-Kompositionsauftrag der Salzburger Festspiele und des Théâtre du Châtelet. Sie wurde damit die erste Frau, die für die Salzburger Festspiele ein musikdramatisches Werk komponierte.
Saariaho hatte 1992 nach dem Besuch einer Aufführung von Olivier Messiaens „St. François d'Assise" in der Felsenreitschule den Entschluss gefasst, eine Oper zu schreiben. Nunmehr hatte sie von den Salzburger Festspielen einen Kompositionsauftrag für denselben Raum erhalten. Peter Sellars und George Tsypin, Regisseur und Bühnenbildner der Messiaen-Aufführung des Jahres 1992, Dawn Upshaw, der Engel dieser Aufführung und Interpretin der 1996 erfolgten Salzburger Uraufführung ihres Liederzyklus „Château de l'âme" (Seelenburg), sowie Kent Nagano, der 1998 die Wiederaufnahme der Messiaen-Oper dirigierte, wurden für die Uraufführung verpflichtet. Die finnische Komponistin wählte als Stoff für ihre erste Oper „L'amour de loin" eine mittelalterliche höfische Dichtung über den provenzalischen Troubadour Jaufré Rudel, der im 12. Jahrhundert das Traumbild einer imaginären fernen, tugendreichen Schönen im Morgenland besingt, von deren tatsächlicher Existenz er schließlich durch einen Pilger erfährt. Der Troubadour begibt sich auf eine Kreuzfahrt in den Orient, um seine Angebetete zu sehen, stirbt jedoch vor ihrer Begegnung. Saariaho bemerkte zur Wahl des Stoffes: „Es geht ja bei jeder Oper um Liebe und Tod. Das sind einfach die größten Geheimnisse unserer Zeit. Wir wissen alles über die Welt, nur nichts über Liebe und Tod." Eine Oper sei das geeignete Mittel, sich diesem Phänomen zu nähern. „Mit Musik kann man viel mehr erreichen als mit reiner Logik."[456]
Zu dem von dem libanesischen Schriftsteller Amin Maalouf erstellten Libretto schuf Kaija Saariaho eine sich an der Tradition der französischen Musik zwischen Debussy und Messiaen orientierende tonale und ariose Musik, die die Singstimme nicht vor ruinöse oder unlösbare Aufgaben stellte. Die Uraufführung in der Felsenreitschule am 15. August 2000 wurde zum einhelligen Erfolg für die Komponistin und sämtliche Ausführende: die hoch gelobte Regie von Peter Sellars in dem stimmungsvollen Bühnenbild George Tsypins und der virtuosen Lichtregie James F. Ingalls', das SWR Sinfonieorchester Baden-Baden und Freiburg unter der Leitung von Kent Nagano sowie die Solisten Dawn Upshaw, Dagmar Pecková und Dwayne Croft.

VIII. Wegmarken des Wandels.
Die Orchesterkonzerte

Im Jahr 1992 sollten nach den Vorstellungen von Gérard Mortier und Hans Landesmann vor allem im Bereich des Musiktheaters und des Konzerts die Wegmarken der künstlerischen Wende und des Neuanfangs deutlich sichtbar werden. Im Konzertbetrieb personifizierte Nikolaus Harnoncourt diese Absicht. Er eröffnete am 26. Juli 1992 mit einer von Teldec aufgezeichneten Aufführung von Beethovens „Missa solemnis" mit dem von ihm damals bevorzugten Chamber Orchestra of Europe, dem Arnold Schoenberg Chor und den Solisten Eva Mei, Marjana Lipovšek, Anthony Rolfe Johnson und Robert Holl die neue Festspielära. Die Wahl des Stückes überraschte allgemein, hatte man doch erwartet, Harnoncourt würde ein Mozart-Programm dirigieren. Doch er hatte längst den Bereich der Barockmusik und die Welt Mozarts verlassen und sich Beethoven und auch der Romantik zugewandt. 1990/91 waren, ebenfalls von Teldec aufgezeichnete, zyklische Aufführungen aller neun Beethoven-Symphonien mit dem Chamber Orchestra of Europe in Graz eingespielt worden. In Salzburg debütierte nunmehr Harnoncourt mit einem Werk, das hier Herbert von Karajan oftmals zur Aufführung gebracht hatte.

Das Konzert hatte in mehrfacher Hinsicht Symbolcharakter: Harnoncourt dokumentierte an prominenter Stelle seine von der Kritik unterschiedlich beurteilte musikalische Auseinandersetzung mit Beethoven, und die neue Festspielleitung signalisierte mit dem Engagement des (noch) als Tabubrecher geltenden Harnoncourt mit einem bisher Karajan vorbehaltenen Programm nicht nur die bewusste Abkehr von dessen musikalischer Ästhetik, sondern auch, dass man in dem vom abgetretenen Direktorium keineswegs geschätzten österreichischen Dirigenten einen Nachfolger für Karajan gefunden hatte. Harnoncourt hatte die Funktion des Anti-Karajan, sollte den Bruch mit dessen Ära symbolisieren. Und noch ein weiteres Signal wurde gesetzt. Harnoncourt erfreute sich noch nicht der Wertschätzung der Wiener Philharmoniker, die nach dem Tod Karajans und dem Weggang Abbados nach Berlin ihre Phase der Neuorientierung im Bereich der von ihnen bevorzugten Dirigenten noch nicht abgeschlossen hatten. Harnoncourt dirigierte in den ersten Jahren seiner Salzburger Tätigkeit eben nicht die Wiener Philharmoniker, sondern das Chamber Orchestra of Europe. Mit dem Orchester brachte er 1994, sehr zum Ärger der Wiener Philharmoniker, in einem vom Publikum heftig akklamierten Zyklus sämtliche Beethoven-Symphonien im Mozarteum zur Aufführung und leitete das Orchester auch bei Mozarts „Hochzeit des Figaro" (1995) sowie zwei Konzerten mit Schumann und Mendelssohn.

Noch zu Festspielbeginn 1992 hatte Philharmoniker-Vorstand Werner Resel in einem Pressegespräch erklärt: „Wir waren die ersten, die den Mut hatten, Kritik an den Salzburger Festspielen zu üben. Wir haben dafür Schläge bekommen, aber jetzt weht in Salzburg ein frischer Wind. ... Am 21. Juli haben wir mit den Festspielen einen Vertrag bis 1995 abgeschlossen. Eine echte Partnerschaft. Die Zeiten, da man zu Karajan, Böhm oder Bernstein gegangen ist, gibt's nicht mehr. Es ist die Aufgabe von uns allen, in Zusammenarbeit mit neuen Dirigenten und Künstlern den Festspielen ein unverwechselbares Programm zu geben."[457] Diese Partnerschaft sollte bald auf eine erhebliche Belastungsprobe gestellt werden und in den folgenden Jahren zu zahlreichen Kontroversen Anlass geben, da durch die von der neuen Festspielleitung vorgenommene deutliche Akzentverlagerung in den Bereichen Oper und Konzert die bis dato in beiden Bereichen dominierenden Wiener Philharmoniker durch das Engagement zusätzlicher Ensembles und neuer Dirigenten zunehmend Konkurrenz erhielten und bei den Großen Mozart-Opern ihr bisheriges Interpretationsmonopol verloren. Zudem erregte die Vergabe großer Klassik-Zyklen wie der zweimaligen Aufführung sämtlicher Beethoven-Symphonien (Chamber Orchestra of Europe unter Nikolaus Harnoncourt, City of Birmingham Symphony Orchestra unter Sir Simon Rattle) sowie sämtlicher Schubert-Symphonien (Chamber Orchestra of Europe unter Claudio Abbado) ihr Missfallen. Abgesehen von der beglückenden und folgenschweren Begegnung des Orchesters mit Pierre Boulez

1992 im Rahmen eines Orchesterkonzerts mit Werken von Claude Debussy (Images), Alban Berg (Sieben frühe Lieder) und Béla Bartók (Vier Orchesterstücke) war das Orchester an den neuen programmatischen Schwerpunktsetzungen der neuen Festspielführung kaum beteiligt. Die Wiener Philharmoniker sahen sich vor allem von Mortier mit dem Vorwurf des Konservativismus konfrontiert und in ihrem innovativen Potential weitgehend ignoriert. Wenngleich das Orchester zwischen 1992 und 2000 in seinen Konzerten Werke von Pierre Boulez, Luciano Berio, Friedrich Cerha, György Kurtág, György Ligeti, Lorin Maazel, Olivier Messiaen und Alfred Schnittke zur Aufführung brachte, so wirkte es zwischen 1992 und 2001 an keiner einzigen Opernuraufführung und an keinem Konzertschwerpunkt mit. Damit drohte dem Orchester ein deutlicher Prestigeverlust.

Die Zeichen des Wandels wurden bereits im Festspielsommer 1992 deutlich, als Mortier und Landesmann für ihren ersten Festspielsommer 1992 neben den Wiener Philharmonikern und dem im Bereich der Moderne seit 1970 Heimatrecht genießenden ORF-Symphonieorchester mit dem Cleveland Orchestra, dem Los Angeles Philharmonic Orchestra, dem City of Birmingham Symphony Orchestra, dem Gustav Mahler Jugendorchester, dem Chamber Orchestra of Europe, den St. Petersburger Philharmonikern, der Academy of St. Martin in the Fields, der Camerata Academica und den Berliner Philharmonikern neun Gastorchester für die Orchesterkonzerte und dem Los Angeles Philharmonic Orchestra (Saint François d'Assise), dem Mozarteum-Orchester (La finta giardiniera) und dem ORF-Symphonieorchester (Tancredi) drei Orchester für den traditionell von den Wiener Philharmonikern beanspruchten Bereich der Oper engagierten.

Das von Philharmoniker-Vorstand Resel angesprochene „unverwechselbare Programm" war auch der Anspruch der neuen Festspielleitung, die jedoch dieses nicht mehr unbedingt mit den Wiener Philharmonikern als Hauptakteur in allen Bereichen zu realisieren gedachte. Das Programm der Chor- und Orchesterkonzerte wies 1992 mit 22 Konzerten gegenüber 17 Konzerten im Jahr 1989 nicht nur eine rein quantitative Steigerung auf, sondern auch eine deutlich stärkere programmatische Berücksichtigung von Werken des 20. Jahrhunderts sowie das Engagement

neuer Dirigenten wie Nikolaus Harnoncourt, Simon Rattle, Esa-Pekka Salonen und Pierre Boulez. Joachim Kaiser berichtete von einer „herzbewegenden Aufführung" von Beethovens „Missa solemnis" und schlug vor, Harnoncourt „zum Maestro an der Salzach" zu machen.[458] Simon Rattle, auf den Karajan bereits aufmerksam geworden war, hatte sich durch seine Arbeit mit dem City of Birmingham Symphony Orchestra einen – auch durch zahlreiche Aufnahmen bestätigten – ausgezeichneten Ruf erworben und galt als eine der großen Dirigentenhoffnungen. Karlheinz Roschitz erlebte einen „Taktstock-Virtuosen, der Salzburgs Publikum im Sturm eroberte"[459], und Franz Endler empfahl allen potentiellen Gastgebern dieses außergewöhnlichen Dirigenten, ihn möglichst „bald zu ‚bringen'", da man ihnen ansonsten „große Vorwürfe machen" würde.[460] Mit besonderer Aufmerksamkeit wurde die erste Begegnung von Pierre Boulez und den Wiener Philharmonikern registriert, hatte doch Boulez mit einem Strawinsky-, Debussy-, Boulez- und Bartók-Programm einen der Tradition des Orchesters scheinbar widersprechenden Akzent gesetzt. Das Wiener Eliteensemble war gewillt, sich dieser Herausforderung zu stellen, und fixierte sechs an Stelle der üblichen fünf Orchesterproben. Das Ergebnis war verblüffend. Peter Vujica berichtete: „Zwei kosmische Systeme des Kunstdenkens wurden da zur längst fälligen Begegnung aneinander gerückt. …

Man möchte ermutigt und belehrt durch die Ergebnisse dieser Begegnung die Arbeit für noch lange nicht abgeschlossen und einer Fortsetzung für wert halten."[461] Die Wiener Philharmoniker schlossen sich dieser Meinung an und intensivierten die Kontakte zu dem französischen Musiker, der das Dirigieren als Autodidakt erlernt hatte.

Trotz der folgenschweren und für das Orchester beglückenden Begegnung mit Pierre Boulez im Festspielsommer 1992 blieben die Beziehungen zwischen der neuen Festspielführung, vor allem Mortier, und den Wiener Philharmonikern gespannt und sollten im Herbst 1993 anlässlich der Äußerungen Mortiers auf einer Tagung in Budapest über die Gagen des Orchesters zur offenen Konfrontation führen. Neben den Äußerungen Mortiers über die hohen Kosten der Wiener Philharmoniker erregte deren Unmut die durch die Expansion des Angebots notwendig gewordene Betrauung anderer Orchester

(Los Angeles Philharmonic Orchestra, Mozarteum-Orchester, Camerata Academica) mit dem Operndienst und die größere Anzahl der Gastorchester, deren – ähnlich wie im Opernbereich – Festspielwürdigkeit teilweise in Zweifel gezogen wurde. Die Philharmoniker ließen wissen, dass Salzburg angesichts dieser Entwicklung zur Durchreisestation der internationalen Orchester auf ihren jeweiligen Konzerttourneen zu werden und sein Spezifikum und seine Qualität zu verlieren drohe.

Mortier versuchte die angespannte Situation zu beruhigen, indem er, einem Wunsch des Orchesters folgend, 1993 Lorin Maazel wiederum an die Festspiele band und den Philharmonikern im Konzertbereich jene Dirigenten engagierte, die von ihnen besonders geschätzt wurden: Lorin Maazel, Riccardo Muti, Bernard Haitink (an Stelle des erkrankten Seiji Ozawa), Claudio Abbado, Yehudi Menuhin und James Levine. Die Anzahl der Gastorchester – die bereits traditionelles Heimatrecht genießenden Berliner Philharmoniker und das ORF-Symphonieorchester ausgenommen – wurde auf vier – Budapest Festival Orchestra, Oslo Philharmonic Orchestra, The London Philharmonic und das SWF-Symphonieorchester Baden-Baden – beschränkt.

Die von Hans Landesmann ausgesprochene Einladung an Gastorchester erfolgte vor allem unter drei Gesichtspunkten: der Spitzenqualität des Orchesters und seines jeweiligen Chefdirigenten (Berliner Philharmoniker, London Philharmonic Orchestra, die amerikanischen Spitzenorchester), der Qualität des Dirigenten als Orchestererzieher (Nikolaus Harnoncourt und das Chamber Orchestra of Europe, Simon Rattle und das City of Birmingham Orchestra, Mariss Jansons und das Oslo Philharmonic Orchestra) oder der programmatischen Schwerpunktbildung (Budapest Festival Orchestra unter Iván Fischer, SWF-Symphonieorchester Baden-Baden unter Michael Gielen). Kritisch konnte man gegen dieses Prinzip einwenden – und die Wiener Philharmoniker taten dies –, dass dies zwar die Bekanntschaft mit interessanten Ensembles und Dirigenten bringe, jedoch mit Ensembles, die erst auf dem Weg zur Spitzenklasse seien, diese vielleicht nie erreichen und daher auch unter dem Gesichtspunkt der geforderten Spitzenqualität nicht festspielwürdig seien. Salzburg sei keine Orchestermesse, deren Besuch zwar das eigene Prestige, jedoch nicht jenes der Festspiele erhöhe.

Diese Einwände wurden beim Konzert des von Iván Fischer vor zehn Jahren gegründeten Budapest Festival Orchestra mit einem ungarischen Programm – Bartók, Liszt, Kodály – vom überwiegenden Teil der Kritik geäußert. So sprach Reinhard Kriechbaum von einem „zu voreiligen Festspiel-Debüt", bei dem die Qualität der Programmatik geopfert wurde.[462] Im Gegensatz dazu erwies sich das zweite Gastspiel des Oslo Philharmonic Orchestra unter dem aufsteigenden Dirigenten-Stern Mariss Jansons nach Meinung der Kritiker als Bestätigung des endgültigen Aufstiegs in die internationale Spitzenklasse, wobei besonders die Leistung Jansons' sowohl als Orchestererzieher wie auch als überlegen disponierender Dirigent hervorgehoben wurde. Das zweite Auftreten in Salzburg brachte die Bestätigung des Eindrucks des Vorjahres und für Jansons den endgültigen internationalen Durchbruch. Mit besonderem Interesse wurde das Gastspiel des London Philharmonic Orchestra unter seinem jungen Chefdirigenten Franz Welser-Möst erwartet. Das Orchester hatte nach dem Tod seines auch von Karajan sehr geschätzten Chefdirigenten Klaus Tennstedt den knapp dreißigjährigen Österreicher Franz Welser-Möst, zuvor u. a. Assistent Claudio Abbados beim Gustav Mahler Jugendorchester und nach dem Tod Karl Böhms und Herbert von Karajans neben dem genialen Carlos Kleiber die einzige Zukunftshoffnung der österreichischen Dirigentenzunft, Anfang der neunziger Jahre zum Chefdirigenten gewählt. Welser-Möst und sein Orchester errangen einen Erfolg, wobei Franz Endler kritisch in Richtung publizistischer Lobpreisungen im Vorfeld des Konzertes anmerkte, Welser-Möst sei weder ein Komet noch ein Kronprinz. „Er ist es nicht. Er ist ein junger, ernsthaft arbeitender Musiker mit einem bemühten Orchester. ... (…) Franz Welser-Möst wird vielleicht eines Tages einen wichtigen Part in seiner Heimat spielen. Er hat sich diesmal beinahe dafür empfohlen."[463] Das Gastspiel des SWF-Sinfonieorchesters unter seinem Chefdirigenten Michael Gielen erfolgte vor allem auf Grund programmatischer Überlegungen, standen doch in Ergänzung zum Nono-Schwerpunkt des „Zeitfluss"-Festivals dessen 71 Takte umfassendes Stück über den Architekten Carlo Scarpa, Schönbergs Klavierkonzert mit Alfred Brendel als Solisten sowie Mahlers monumentale 7. Symphonie auf dem anspruchsvollen Programm. Gielen galt als analytischer und präziser Dirigent mit einer besonderen Affinität zu Werken des 20. Jahrhunderts. Die Arbeit mit dem SWS-Sinfonieorchester war bereits bei Hänssler durch eine „Gielen-Edition" dokumentiert und überprüfbar. Orchester und Dirigent spalteten die Kritik. Während die Salzburger Kritik die Qualitäten des Orchesters und seines Dirigenten lobte und begrüßte, dass die Sicht und Interpretation Gielens und seines Orchesters in Salzburg zur Diskussion gestellt wurden, sah der Großteil der Wiener Kritik das Orchester in der zweiten europäischen Liga.

Verzeichnete das Programm der Orchesterkonzerte 1993 einen deutlichen Ungarn-Schwerpunkt, so jenes des Jahres 1994 – korrespondierend zur Dominanz Mussorgskis und Strawinskys im Bereich der Oper – einen russischen. Der Bogen reichte von Mussorgski über Tschaikowsky bis zu Strawinsky, Prokofjew und Schostakowitsch. Die Höhepunkte bildeten dabei die Aufführung von Mussorgskis „Eine Nacht auf dem kahlen Berge" im Vergleich der beiden Fassungen für Orchester aus dem Jahr 1866 und der späteren für Chor und Bassolo durch das Gustav Mahler Jugendorchester unter Claudio Abbado, den Slowakischen Philharmonischen Chor und Anatoli Kotscherga in der Felsenreitschule sowie die Wiedergabe des 2. Violinkonzertes von Schostakowitsch durch Gidon Kremer und die Wiener Philharmoniker unter Bernard Haitink im Großen Festspielhaus. Edith Jachimowicz berichtete, das Orchester unter Claudio Abbado habe „das Publikum außer Rand und Band" gebracht[464], und für Franz Endler bewies Gidon Kremer mit dem 2. Violinkonzert von Schostakowitsch, dass er „jetzt wohl der bedeutendste Geiger unserer Tage" ist.[465]

Die Wiener Philharmoniker wollten nach der Beilegung ihres Konflikts mit Gérard Mortier beweisen, dass der ihnen gegenüber immer wieder erhobene Vorwurf, sie stünden der Moderne reserviert bis ablehnend gegenüber, nicht zutrifft, und spielten unter Bernard Haitink Schostakowitschs monumentale 8. Symphonie aus dem Jahr 1943, unter Mariss Jansons, der damit am Pult des Orchesters debütierte und bei diesem einen starken Eindruck hinterließ, seine 6. Symphonie aus dem Jahr 1939 und unter Pierre Boulez ein Strawinsky-, Debussy-, Ravel-, Webern- und Berg-Programm. Das Orchester wurde – vor allem im direkten Vergleich mit den Gastorchestern (Gustav Mahler Jugendorchester, London Symphony Orchestra, European Community Youth Orchestra, Cleveland Orchestra, Saito Kinen Orchestra, Berliner Philharmoniker, Pittsburgh Symphony Orchestra) von der Kritik in den höchsten Tönen gelobt. Karl Harb bemerkte erstaunt: „Da schau her, die Herren Wiener Philharmoniker spielen neuerdings Schostakowitsch als wär's ihr tägliches Brot."[466] Während sich Mariss Jansons mit seinem Salzburger Konzert als philharmonischer Dirigent für die Zukunft empfahl, etablierte sich Pierre Boulez endgültig in der Reihe der philharmonischen Wunschdirigenten. Edith Jachimowicz hörte ein Konzert, in dem nicht nur das Programm, sondern vor allem „auch die spirituelle Chemie" stimmte. „Das Publikum spürte das. Und mancher hat vielleicht eigene Vorurteile revidiert. … Zu später Stunde in diesem Jahrhundert reiht sich Boulez in die Großen unter den philharmonischen Dirigenten."[467] Peter Vujica sprach von einer „historischen" Wiedergabe von Debussys „Prélude à l'aprés-midi d'un faune" durch Boulez und das Orchester. Es sei das eingetreten, was Boulez vor einigen Monaten anlässlich seines Wien-Aufenthalts angedeutet habe: „Zwischen ihm und diesem Orchester ist ein Austausch der Energien eingetreten."[468] Gérard Mortier konnte – trotz aller Differenzen mit dem Orchester – für sich verbuchen, diese sich so fruchtbar entwickelnde Beziehung eingefädelt zu haben.

Konnte Mortier bei Boulez und Jansons darauf verweisen, die Wiener Philharmoniker mit neuen Dirigenten und Programmen konfrontiert zu haben, so bestanden im Bereich des erstmals in der Geschichte der Salzburger Festspiele durchgeführten Beethoven-Zyklus mit dem Chamber Orchestra of Europe unter Nikolaus Harnoncourt nach wie vor Irritationen und deutlich wahrnehmbare Verstimmungen.

Landesmann und Mortier vertraten die Auffassung, das Wiener Orchester spiele unter den von ihm bevorzugten Dirigenten einen routinierten, romantischen Beethoven und eröffne keinerlei innovative und neue Sicht auf Beethovens symphonischen Kosmos. Da man jedoch das Publikum der Salzburger Festspiele vor allem mit dieser innovativen Sicht auf Beethovens Symphonien konfrontieren wollte, erging die Einladung an das Chamber Orchestra of Europe und Nikolaus Harnoncourt, die bereits in Graz für Furore gesorgt hatten. So bemerkte Claus Spahn, die zyklische Aufführung sämtlicher Beethoven-Symphonien bei den Salzburger Festspielen klinge „auf den ersten Blick nicht unbedingt nach einer revolutionären Programmidee von Gérard Mortier. Beethovens ... gab es schließlich auch schon zu Karajans Zeiten, wenn auch nie in einer kompletten Aufführungsserie. Es ist die Besetzung, die der Veranstaltung eine besondere Note verleiht: Nicht den in Salzburg auf Beethoven abonnierten Wiener Philharmonikern hat die Festspielleitung den Zyklus anvertraut (worüber die Herren ziemlich verschnupft gewesen sein sollen), sondern dem Chamber Orchestra of Europe. Und der Dirigent heißt Nikolaus Harnoncourt, der nach seinem späten Salzburg-Debüt vor zwei Jahren mit einer hoch gerühmten Aufführung von Beethovens Missa Solemnis und der letztjährigen Monteverdi-Produktion längst zu einer zentralen Dirigentenpersönlichkeit der Festspiele geworden ist. Dass Harnoncourt (nicht nur) bei seinem Beethoven-Projekt auf dieses junge, überaus motivierte Orchester setzt, verwundert kaum: Seine Vorstellungen von einem schlanken, offenen und aufgerauten Orchesterklang und sein pedantisches Beharren auf kleinzelliger Artikulation wäre bei einem der traditionsbewussten Luxusklangkörper wohl eher auf Widerstand gestoßen. Das Chamber Orchestra of Europe hingegen folgt ihm flexibel bis in die radikalsten Details seiner Beethoven-Sicht ..."[469]

Die Reaktionen der Kritik gaben den von Landesmann und Mortier angestellten Überlegungen Recht. Der Beethoven-Zyklus im Großen Saal des Mozarteums wurde zum großen Erfolg für das Chamber Orchestra of Europe und Nikolaus Harnoncourt.

Im Sinne der Programmphilosophie neue Interpretationen, neue Ensembles, neue Dirigenten wurde der Camerata Academica unter Sándor Végh ein sich über drei Jahre erstreckender Schubert-Haydn-Zyklus übertragen, dessen erste beide Abende im Festspielsommer 1994 im Großen Saal des Mozarteums stattfanden. Derek Weber begründete in seiner Kritik des ersten Konzertes die Wahl des Orchesters und seines Chefdirigenten mit dem Hinweis, dass sich deren Konzerte „ganz allgemein durch große interpretatorische Qualitäten und eine Lebendigkeit des Musizierens" auszeichnen, „die im heutigen Musikbetrieb nicht die Regel sind"[470]. Die beiden Konzerte mit Werken von Haydn, Schubert und der Uraufführung von Hans Werner Henzes „Introduktion, Thema und Variationen für Violoncello, Harfe und Streichorchester" wurden vom Publikum und der Kritik heftig akklamiert. 1995 dirigierten neben Sándor Végh Sylvain Cambreling und Franz Welser-Möst die insgesamt fünf Konzerte des Zyklus der Camerata Academica. Nationale und internationale Kritik stimmten darin überein, dass Salzburg mit der Camerata Academica unter dem nunmehr 82-jährigen Sándor Végh ein Weltklasseensemble besitze, das in seinem Metier keinen Vergleich zu scheuen brauche. Bernd Feuchtner berichtete über den greisen Dirigenten und sein Orchester: „In diesem Jahr dirigiert Sándor Végh vor allem Schubert und Haydn. Was heißt da dirigieren? Die rudernden Bewegungen des alten Mannes verdienen diese Bezeichnung nicht. Was da erklingt, wirkt so frisch und jung, wie man es von keinem der jungen Dirigentenstars zu hören bekommt. Das liegt daran, dass Végh erst ‚Dirigent' wurde, als er mit dem Quartettspiel aufhören musste, seine Arbeitsweise aber nicht änderte: er arbeitet mit jungen Musikern in den Proben verbissen an den Details, bis alles sitzt und locker wird. Schuberts Fünfte klingt hier wie eine Paraphrase zu einem Roman von Walter Scott, Dissonanzen kündigen zauberhafte Erscheinungen an, Balladen erzählen von aufregenden Kämpfen. Sándor Végh erschließt aus der Kenntnis der Noten und seinem Wissen, wofür sie in der Wiener Tradition stehen, die Atmosphäre von Schuberts früher Symphonik. Zum Erlebnis aber wird die große C-Dur-Symphonie D 944 ..."[471] Sophia Willems resümierte bewundernd nach dem fünften Konzert des Zyklus, „Végh musiziert, als würde ein Bildhauer eine Idee zur plastischen Form modellieren, und der Gleichklang des Orchesters erinnert denn auch immer wieder an blitzend polierten Marmor"[472].

Die Orchesterkonzerte des Jubiläumssommers 1995 wiesen lediglich marginale programmatische Verbindungen mit dem Opernprogramm auf und beschränkten sich im Bereich der Musik des 20. Jahrhunderts vor allem auf die klassische Moderne zwischen Debussy, Mahler, Hindemith und Schostakowitsch. Lediglich das zweite Konzert des Israel Philharmonic Orchestra unter Zubin Mehta hatte Alban Berg auf dem Programm, und die beiden Konzerte der Staatskapelle Berlin unter Daniel Barenboim präsentierten Boulez, Schönberg und Berg.

In Nikolaus Harnoncourts Konzerten mit dem Chamber Orchestra of Europe in der Felsenreitschule wurde deutlich, dass der Originalklang- und Mozart-Spezialist nach Ludwig van Beethoven sein

Repertoire mit Felix Mendelssohn-Bartholdy und Robert Schumann über die Klassik hinaus zügig in Richtung Romantik erweiterte. Die Wiener Philharmoniker, dirigiert von den von ihnen bevorzugten Dirigenten Daniel Barenboim, Georg Solti, Riccardo Muti, Lorin Maazel, machten auf Grund der Erkrankung von André Previn mit „Einspringer" John Eliot Gardiner, einem der interessantesten Vertreter des Originalklangs und der historischen Aufführungspraxis, Bekanntschaft. Der Zufall führte Regie und brachte eine spannende Kombination zustande, die unter normalen Umständen von der Festspielleitung nur schwer erreichbar gewesen wäre. Die äußerst erfolgreiche Begegnung hatte Folgen. Die Wiener Philharmoniker spielten in den folgenden Jahren mehrere Aufnahmen mit dem englischen Dirigenten ein. Ein Konzert besonderer Art wurde das „Festkonzert 75 Jahre Festspiele" am 24. August in der Felsenreitschule, in dem die Staatskapelle Berlin unter ihrem Chefdirigenten Daniel Barenboim nach Boulez' „Notations (1–4)" in einer konzertanten Aufführung den 1. Akt der „Walküre" von Richard Wagner mit Waltraud Meier (Sieglinde), Plácido Domingo (Siegmund) und Matti Salminen (Hunding) zur Aufführung brachte. Die Wiener Philharmoniker, seit der Gründung der Festspiele deren „Hausorchester", hatten ihr Festkonzert unter Daniel Barenboim am 28. Juli im Großen Festspielhaus gegeben und spielten an diesem Abend die Premiere von Béla Bartóks „Herzog Blaubarts Burg" und Arnold Schönbergs „Erwartung" unter Christoph von Dohnányi im Großen Festspielhaus. So kam die Staatskapelle Berlin zur Ehre des umjubelten Konzertes.

Neben dem Schönberg-und-Cerha-Schwerpunkt war die Moderne und Avantgarde mit Debussy, Ravel, Prokofjew, Strawinsky, Mahler, Bartók, Dallapiccola, Messiaen, Ives, Henze, Saariaho und Stroppa in den Programmen der Orchesterkonzerte 1996 prominent vertreten. Die 22 Konzerte wurden neben den Wiener Philharmonikern und dem ORF-Symphonieorchester vom Philharmonia Orchestra, dem Orchester des Maggio Musicale Fiorentino, der Camerata Academica, dem Gustav Mahler Jugendorchester, dem Chamber Orchestra of Europe, dem Cleveland Orchestra, dem Royal Concertgebouw Orchestra und dem New York Philharmonic bestritten.

Besonderes Interesse verzeichnete das Eröffnungskonzert am 20. Juli im Großen Festspielhaus, in dem „der wohl prominenteste Amateur der internationalen Dirigentenszene",[473] der amerikanische Verleger und Multimillionär Gilbert Kaplan, Gustav Mahlers 2. Symphonie mit dem Philharmonia Orchestra, der Konzertvereinigung Wiener Staatsopernchor und den Solistinnen Rosa Mannion und Doris Soffel zur Aufführung brachte. Fasziniert von einer Aufführung der Symphonie durch Leopold Stokowski hatte er Dirigierunterricht genommen, die Partitur studiert und 1982 für ein Firmenjubiläum die Avery Fisher Hall in New York und das American Symphony Orchestra gemietet, um die Symphonie aufzuführen. Ursprünglich als einmaliges Erlebnis gedacht, erhielt er derart begeisterte Zustimmung, dass weitere Aufführungen folgten. Kaplan widmete sich ausschließlich Mahlers „Auferstehungssymphonie", die er schließlich in 55 Aufführungen rund um den Globus dirigierte und zusammen mit dem Adagetto aus Mahlers 5. Symphonie mit dem London Symphony Orchestra auf CD einspielte. Von der Aufnahme wurden in den USA 150.000 Stück verkauft. Kaplan spaltete die Zunft der professionellen Kritiker und das Publikum. War er für die einen ein blutiger Dilettant, der lediglich beweise, dass man sich für genügend Geld jedes Orchester der Welt kaufen könne, um seiner Obsession zu frönen, war er für die anderen ein durchaus ernst zu nehmender Mahler-Dirigent, der zudem erhebliche Mittel für die Mahler-Forschung bereit stellte. Das Engagement bei den Salzburger Festspielen leitete Wasser auf die Mühlen der kontroversiellen Diskussion. Während das Publikum die Aufführung mit Standing Ovations quittierte, fielen die Reaktionen der Kritik deutlich zurückhaltender und unterschiedlich aus. Er dirigiere pedantisch werktreu, reproduziere Noten, deren Bedeutung er jedoch nicht umzusetzen vermöge, so der Grundtenor der Kritik.

Im Gegensatz zu Kaplan vermochte Kent Nagano, der 1994 mit Strawinskys „Oedipus Rex" und der „Psalmensymphonie" äußerst erfolgreich in Salzburg debütiert hatte, im zweiten Konzert des Philharmonia Orchestra mit der Aufführung von Olivier Messiaens letztem monumentalen Werk, „Éclairs sur l'Au-Delà …", einem Auftragswerk der New Yorker Philharmoniker zu deren 150-jährigem Bestehen, neuerlich zu reüssieren. Das Werk erlebte 1992 durch Zubin Mehta in der Avery Fisher Hall seine Uraufführung und wurde vom New Yorker Publikum zurückhaltend aufgenommen. Messiaens 60-Minuten-Opus zitiert als Vision und Preisung von Gottes Herrlichkeit in seinen elf Sätzen Texte aus der Offenbarung und illustriert die Befreiung und Erlösung des Menschen von Angst und Schuld. Der ehemalige Assistent von Pierre Boulez und Seiji Ozawa bereitete die Uraufführung von Messiaens Oper „Saint François d'Assise" in Paris vor, lebte und arbeitete im Haus des Komponisten. Nagano, inzwischen Chef der Oper in Lyon, galt als enorme musikalische Begabung und Jungstar unter den Dirigenten. Es war daher logisch, ihn mit der Leitung dieses Orchesterkonzerts zu betrauen. Nagano erhielt durchwegs hervorragende Kritiken und konnte seinen Ruf als einer der interessantesten Dirigenten der jüngeren Generation bestätigen. Seinen hervorragenden Ruf als Vertreter der jüngeren Generation vermochte auch Sir Simon Rattle in einem Konzert der Wiener Philharmoniker mit Béla Bartóks Konzert für Orchester und Ludwig van Beethovens 6. Symphonie zu bestätigen. Er hatte die Wiener Philharmoniker erstmals 1994 in Wien mit Gustav Mahlers 9. Symphonie dirigiert und war vom Orchester sofort akzeptiert worden, das eine Aufnahme von Beethovens Klavierkonzerten mit Alfred Brendel und in weiterer Folge sämtlicher Beethoven-Symphonien mit dem 41-jährigen englischen Dirigenten plante. Mit dem noch amtierenden Chef des City of Birmingham Orchestra hatte sich eine musikalische Verbindung entwickelt, die das Orchester systematisch auszubauen gedachte. In Salzburg feierte Rattle sein „philharmonisches" Debüt am 28. Juli im Großen Festspielhaus, wobei man angesichts des geplanten Beethoven-Projekts besonders auf seine Interpretation der „Pastorale" neugierig war. Rattle feierte einen Triumph beim Publikum und der Kritik.

Das Konzertprogramm 1997 mit seinen Jubiläumsschwerpunkten Schubert und Mendelssohn sowie Werken des 20. Jahrhunderts hatte im Vorfeld für philharmonische Verstimmung gesorgt, da der Zyklus der Schubert-Symphonien nicht den Wiener Philharmonikern, sondern dem Chamber Orchestra of Europe unter Claudio Abbado anvertraut worden war. Die Festspielleitung konnte jedoch darauf verweisen, dass die Wiener Philharmoniker im Rahmen der Orchesterkonzerte drei Schubert-Programme unter Riccardo Muti und den von ihnen gewünschten John Eliot Gardiner sowie Sir Roger Norrington spielten.

Die Wiener Philharmoniker hatten mit John Eliot Gardiner für die Deutsche Grammophon Gesellschaft Franz Lehárs „Die lustige Witwe" aufgenommen und waren von dem englischen Originalklang-Experten sichtlich angetan. Gardiner wurde ebenso wie Norrington, mit dem das Orchester erstmals bei der Mozart-Woche zusammengearbeitet hatte, in den Kreis der philharmonischen Dirigenten aufgenommen. Doch weder Gardiner noch Norrington wurden von der Kritik als musikalische Schubert-Exegeten von Rang gefeiert.

Claudio Abbados vier Abende umfassender Schubert-Zyklus, in dem er den Symphonien die Musik zum romantischen Schauspiel „Rosamunde" sowie Liedbearbeitungen von Johannes Brahms, Max Reger und Anton Webern zur Seite stellte, fand beim Publikum und der Kritik nur zurückhaltende Aufnahme. Abbado habe in seiner Interpretation die Dimensionen des Großen Saals des Mozarteums ignoriert, weshalb vieles überdimensioniert geklungen habe. Zudem sei das Chamber Orchestra of Europe nur bedingt festspieltauglich, so der Grundtenor zahlreicher Kritiken.

In deutlichem Gegensatz dazu stießen die von Gidon Kremer und Steven Isserlis im gleichen Saal gestalteten Schubert- bzw. Mendelssohn-Zyklen auf begeisterte Zustimmung.

Gidon Kremer konfrontierte Schubert mit zeitgenössischen Komponisten vorwiegend seiner Heimat: Erkki-Sven Tüürs „Passion für Streicher", Peteris Vasks' „Konzert für Violine und Streichorchester", eine Auftragskomposition der Salzburger Festspiele, Alfred Schnittkes „Konzert zu dritt", Arvo Pärts „Spiegel im Spiegel", Sofia Gubaidulinas „Garten der Freuden und Traurigkeiten", György Kurtágs „3 pezzi für Violine und Klavier", Gija Kantschelis „Time … and again" für Violine und Klavier, eine Auftragskomposition des Barbican Centre London, Leonid Desyatnikovs „Der Leiermann aus Gstaad" für Violine und Klavier, eine Auftragskomposition der Credit Suisse, Viktor Dereviankos Kammerfassung der 15. Symphonie von Dmitri Schostakowitsch und Werken Astor Piazzollas. Der Geiger hatte ähnliche Programme bereits in Lockenhausen und mehreren europäischen Hauptstädten gespielt, für Salzburg jedoch eine spezielle Dramaturgie entwickelt. In einem Gespräch mit Peter Cossé erklärte er: „Abseits von Schubert habe ich mir für jeden Abend des

Gesamtzyklus ... vorgenommen, zeitgenössische Komponisten mit einzubeziehen. Es wurden Aufträge vergeben, und ich freue mich in diesem Zusammenhang, dass ich bei den Organisatoren Unterstützung fand."[474]

Unterstützt vom Hagen Quartett, den Pianisten Zoltán Kocsis, Valery Afanassiev und Vadim Sakharov, den Cellisten David Geringas und Boris Pergamenschikow, der Geigerin Annette Bik, dem Violaspieler Gérard Caussé, dem philharmonischen Kontrabassisten Alois Posch, dem norwegischen Bandoneonspieler Per Arne Glorvigen und den Schlagzeugern Franz Bach, Edgar Guggeis und Peter Sadlo sowie der von ihm 1996 gegründeten und ihr Salzburg-Debüt feiernden Kremerata Baltica, einem aus 40 jungen Musikern seiner baltischen Heimat gebildeten Kammerorchester, wurden die fünf Abende zu einem der Höhepunkte des Festspielprogramms. So bemerkte Peter Vujica: „Wer hätte gedacht, dass Salzburg in dieser Saison auf dem Sektor des Musiktheaters noch wesentlich Neues in petto hat? Und dass es für dessen Präsentation keines Kleinen, keines Großen und schon gar keines neuen Festspielhauses bedarf, weil dazu schon das Podium des Mozarteum-Saals reicht? ... (...) Schuberts Gegenwart ist für Kremer erfreulicherweise auch Anlass, in Schuberts Gesellschaft auch Neues und Neuestes zu präsentieren." Schubert erfahre „durch solche Programm-Courage die ihm einzig gemäße Würdigung"[475].

Ebenso begeisterte Zustimmung erhielt der vom englischen Cellisten Steven Isserlis gestaltete, drei Abende umfassende Zyklus „Mendelssohn und Freunde". Mendelssohn gehörte neben Brahms und Schubert zu den Musiker-Jubilaren des Jahres 1997.

In Salzburg gestaltete Isserlis unter Mitwirkung prominenter Solisten wie Joshua Bell, Tabea Zimmermann, Stephen Hough, Alexander Lonquich u. a. drei vom Publikum und der Kritik heftig akklamierte Abende, die dem Kreis um Mendelssohn (Ignaz Moscheles, Fanny und Felix Mendelssohn und Robert Schumann), den späten Werken und den letzten Jahren des Komponisten gewidmet waren. Franz Endler bemerkte nach dem zweiten Abend: „In ein paar Jahren werden, wahrscheinlich, einige der diesmal ‚Mitwirkenden' wirklich umjubelte Solisten sein. Diesmal waren sie ein umjubeltes Ensemble und hatten daran ihre gerechtfertigte Freude."[476]

Felix Mendelssohn-Bartholdy hatte sich durch die Bearbeitung Händelscher Oratorien sowie die Wiederaufführung der Bachschen „Matthäus-Passion" 1829 großes Ansehen erworben, entsprachen doch diese Aktivitäten den Wünschen des vormärzlichen (protestantischen) Bildungsbürgertums nach einer Wiederbelebung des Oratoriums als eines ästhetischen Mittels der Wiedererweckung des kirchlichen Lebens. Diese Wünsche manifestierten sich in der Gründung von Oratorienvereinen, in denen sich kunstbegeisterte Laien zu gemeinsamem Musizieren zusammenfanden. Von diesen wurde die Erwartung an die zeitgenössischen Komponisten nach einer Rückbesinnung auf den „hohen Stil" als Gegenentwurf zum herrschenden Monumentalstil der Frühromantik gehegt. Das Bildungsbürgertum organisierte öffentliche Konzerte und begann Versuche zu deren Institutionalisierung, und es bestimmte in zunehmendem Ausmaß auch deren Inhalte. Das Oratorium wurde Bestandteil der bürgerlichen Konzertkultur, der religiöse Kultus in den öffentlichen Konzertraum verlegt. Ziel und Erwartung war das Beispielhafte und Erbauliche, eine der Welt enthobene religiöse Innerlichkeit unter Rückgriff auf Stoffe der Religions- und Menschheitsgeschichte.

Die Komponisten hatten diesen Erwartungen, d. h. der Tradition Bachs und Händels, Rechnung zu tragen, den eigenen künstlerischen Anspruch mit dem technischen Vermögen von Laienchören und oftmals auch -orchestern zu verbinden und dem Publikumsgeschmack Tribut zu zollen. Mendelsssohn unterzog sich dieser Aufgabe äußerst erfolgreich mit seinem Oratorium „Paulus", das im Mai 1836 beim Rheinischen Musikfest in Düsseldorf seine deutschsprachige und wenige Monate später in London seine englischsprachige Uraufführung erlebte. Ganz Deutschland huldigte ihm als einem Komponisten, der der Gattung Oratorium wiederum jene Gültigkeit zurückgab, die sie im 18. Jahrhundert besessen hatte. Auf Grund des Sensationserfolges des „Paulus" trug sich Mendelssohn kurze Zeit später mit dem Gedanken an ein weiteres Oratorium, für das er schließlich nach einer Verwerfung eines Petrus- und Johannes-Stoffes den Propheten Elias wählte. Die Wahl war nicht zufällig, entsprach doch die Person des alttestamentarischen Propheten Elias, des Hüters des Glaubens und Verkünders der Allmacht Gottes gegen die Bedrohungen des Heidentums, den Erwartungen des protestantischen Publikums.

Es entsprach daher der programmatischen Schwerpunktbildung des Festspielsommers 1997, diesen am 19. Juli in der Felsenreitschule mit Mendelssohns Oratorium „Elias" unter der musikalischen Leitung des 50-jährigen Belgiers und Originalklang-Spezialisten Philippe Herreweghe, den von ihm gegründeten Orchestre des Champs-Elysées, Chœur de la Chapelle Royal und Chœur de Collegium Vocale de Gand sowie den Solisten Rosa Mannion, Annette Markert, Werner Güra, Detlef Roth und Susan Hamilton zu eröffnen. Das erwartete musikalische Aha-Erlebnis blieb aus, die Kritik reagierte freundlich bis zurückhaltend.

Neben dem Orchestre des Champs Elysées feierte das Londoner BBC Symphony Orchestra unter seinem Chefdirigenten Andrew Davis mit zwei Konzerten, die vor allem der Musik des 20. Jahrhunderts (George Benjamins „Ringed by the Flat Horizon" nach Versen von T. S. Eliot, Béla Bartóks 2. Violinkonzert und Benjamin Brittens „War Requiem") gewidmet waren, sein Debüt bei den Salzburger Festspielen. In den durch das Bühnenbild der „Zauberflöte" akustisch ungünstigen Verhältnissen der Felsenreitschule erhielten Orchester und Dirigent durchwegs freundliche Rezensionen, wobei vor allem die Wiedergabe von Brittens „War Requiem" aus dem Jahr 1962, in dem der Komponist dem lateinischen Messtext Verse des 1918 im Alter von 25 Jahren gefallenen englischen Lyrikers Wilfred Owen beigab, durch den hervorragenden BBC-Symphony Chorus und die Solisten Eva Urbanová, Hans-Peter Blochwitz und Thomas Hampson zu beeindrucken wusste.

In der zweiten Hälfte der neunziger Jahre wurde der Anteil der avantgardistischen Moderne am Konzertprogramm immer deutlicher. Neben der klassischen Moderne von Ravel, Debussy über Strawinsky bis Schostakowitsch fanden verstärkt Kompositionen zeitgenössischer Komponisten wie Luciano Berio, Luigi Nono, Edgar Varèse, Giacinto Scelsi, Olivier Messiaen, Friedrich Cerha, Wolfgang Rihm u. a. nicht nur in den Programmen des Radio-Symphonieorchesters Wien, von „Zeitfluss" und „next generation" sowie den speziellen Konzertprogrammen wie Progetto Pollini oder Gidon Kremers Schubert-Zyklus Berücksichtigung, sondern auch in den großen Orchesterkonzerten.

So spielten die Wiener Philharmoniker in ihrem letzten Konzertprogramm des Festspielsommers 1998 unter Mariss Jansons Luciano Berios „Folk Songs" mit Marjana Lipovšek als Solistin, das Gustav Mahler Jugendorchester unter Claudio Abbado Wolfgang Rihms „In-Schrift", brachte das Mozarteum-Orchester unter Hubert Soudant Gerhard Wimbergers „Ahnungen" zur Uraufführung und präsentierte das Royal Concertgebouw Orchestra unter Riccardo Chailly mit „Un grand sommeil noir", „Turning up" und „Ameriques" drei Kompositionen von Edgar Varèse. Sir Simon Rattle gab der von ihm geleiteten Aufführungsserie sämtlicher Beethoven-Symphonien mit dem City of Birmingham Symphony Orchestra den Titel „Zeitgenosse Beethoven" und konfrontierte dessen Symphonien mit Kompositionen zeitgenössischer englischer Komponisten wie M.-A. Turnage, Colin Matthews, Simon Holt, O. Knussen und H. Birtwistle. Und in der dreiteiligen Konzertserie der Camerata Academica unter den Dirigenten Sir Roger Norrington, Sylvain Cambreling und Franz Welser-Möst wurden unter dem Titel „Strawinsky & Mozart" Symphonien Mozarts mit Werken Strawinskys kombiniert und konfrontiert.

In der Reihe der Orchesterkonzerte wurde 1998 die qualitative Entwicklung der beiden Salzburger Orchester mit jeweils einem eigenen Orchesterkonzert gewürdigt. Die Camerata Academica spielte mit Rudolf Buchbinder als Dirigenten und Solisten ein Haydn-Beethoven-Programm, das Mozarteum-Orchester brachte unter seinem Chefdirigenten Hubert Soudant neben der Uraufführung von Gerhard Wimbergers „Ahnungen" Bruchs Violinkonzert mit dem Solisten David Garrett und Bruckners Symphonie Nr. 4 als Probe seines musikalischen Standards zur Aufführung. Gerhard Rohde bemerkte, dass sich das Mozarteum-Orchester „zu einem präzis und klangbewusst spielenden Ensemble emporgeschwungen" habe, das nicht nur unter Marc Minkowski in Mozarts „Die Entführung aus dem Serail" „brillant agiert", sondern auch bei Bruckners „Romantischer" seine Qualitäten unter Beweis stelle, „ein ‚großer' Bruckner, klar im formalen Aufriss, weiträumig positioniert, mächtig, doch stets konturiert im Bläsersatz, mit warmem espressivo im Streicherklang"[477].

Neben den beiden Salzburger Orchestern und den Wiener Philharmonikern präsentierten sich mit dem von Iván Fischer gegründeten Budapest Festival

Orchestra, dem Deutschen Symphonie-Orchester Berlin, der Tschechischen Philharmonie, dem Gustav Mahler Jugendorchester, dem Hallé Orchestra Manchester und dem Royal Concertgebouw Orchestra eine unterschiedliche Palette von Gastorchestern, zu denen im Bereich der Chor- und Orchesterkonzerte I Solisti Veneti, die Virtuosi di Praga und Jordi Savalls Hespèrion XX und La Chapelle reial de Catalunya hinzu traten.

Besonderes Interesse galt den zwei „Neulingen" unter den großen Ensembles: dem Deutschen Symphonie-Orchester Berlin und dem Hallé Orchestra Manchester. Publikum und Kritik reagierten zustimmend auf die beiden Konzerte des von Vladimir Ashkenazy geleiteten Deutschen Symphonie-Orchesters Berlin, dessen Chefdirigenten u. a. Ferenc Fricsay, Lorin Maazel und Riccardo Chailly waren. Das Berliner Symphonie-Orchester unter Vladimir Ashkenazy bot mit John Taverners religiös-entrücktem Stück für Cello und Streicher „The Protecting Veil", der 4. Symphonie von Dmitri Schostakowitsch, Mozarts Klavierkonzert d-Moll, KV 466, und Arnold Schönbergs Tondichtung „Pelleas und Melisande" ein durchaus individuelles Programm und konnte reüssieren. Das traditionsreiche Hallé Orchestra Manchester, 1858 von dem Dirigenten Sir Charles Hallé gegründet, erlebte seine Glanzzeit unter Sir John Barbirolli, unter dessen Leitung es als ernst zu nehmende Konkurrenz der Londoner Spitzenorchester galt. Nach Barbirollis Tod 1970 geriet es in die Krise, und wenn man von einer blühenden Orchesterlandschaft in der englischen Provinz sprach, so meinte man zunehmend Birmingham und nicht Manchester. 1991 übernahm Kent Nagano das Traditionsensemble und führte es kontinuierlich an sein einstiges Niveau heran. Nunmehr bot sich in Salzburg der direkte Vergleich zwischen Manchester und Birmingham, da beide Ensembles hier gastierten: das Hallé Orchestra als Opernorchester in Messiaens „Saint Françoise d'Assise" und in einem Orchesterkonzert, das City of Birmingham Symphony Orchestra mit einer Aufführungsserie sämtlicher Beethoven-Symphonien. Das Hallé Orchestra hatte bei seinem Gastspiel keineswegs gewohnte Stücke im Gepäck: Edward Elgars in Mitteleuropa weitgehend unbekannte 2. Symphonie, Franz Liszts „Mephisto-Walzer Nr. 1" und schließlich den von Dame Gwyneth Jones vorgetragenen Schlussgesang der Brünnhilde aus Wagners „Götterdämmerung". Orchester und Dirigent erhielten durchwegs positive bis freundliche Rezensionen, während Gwyneth Jones, wenngleich vom Publikum heftig akklamiert, die Grenzen und Brüchigkeit ihrer Wagner-erprobten Stimme dokumentierte.

Die Konkurrenz aus Birmingham bestritt an fünf Abenden im Großen Saal des Mozarteums und im Großen Festspielhaus den Zyklus „Zeitgenosse Beethoven". Das Interesse war außergewöhnlich, die einzelnen Abende restlos ausverkauft. Hans Langwallner berichtete vom Eröffnungsabend, zahlreich seien diejenigen gewesen, „die mit verzweifeltem Blick und ‚Karte gesucht'-Zettel vor dem Mozarteum auf Glück in letzter Minute hofften; oder jene, die gleich mit einem Tausend-Schilling-Schein winkten … Und keiner, der eine Karte hat, gibt sie freiwillig her."[478] Sir Simon Rattle gab mit diesem Zyklus nach 18 Jahren seinen Abschied von der Position des Chefdirigenten des City of Birmingham Symphony Orchestra und wurde bereits als möglicher Nachfolger Sergiu Celibidaches in München oder Claudio Abbados in Berlin gehandelt. Nunmehr präsentierte er die Ergebnisse seiner Auseinandersetzung mit Beethoven, die er, im Gegensatz zu den meisten seiner Interpretationen, noch nicht für EMI eingespielt hatte. Dies sollte erst in den folgenden Jahren mit den Wiener Philharmonikern geschehen.

Die Interpretation der Beethoven-Symphonien in Konfrontation mit jeweils einer zeitgenössischen Komposition eines englischen Komponisten – Mark-Anthony Turnages „Kai" für Violoncello und Instrumentalensemble, Colin Matthews' „Through the glass", Simon Holts „Lilith", Oliver Knussens „Two Organa" und „Coursing", Harrison Birtwistles „The Triumph of Time" – wurde zum vom Publikum und der Kritik umjubelten Ereignis. Nicht das Ebenmaß der Wiener Klassik, die Schönheit der Komposition, sei bei diesen Interpretationen im Vordergrund gestanden, sondern Ausdruck und musikalische Wahrheit, die von Rattle oft „hart herausgemeißelt" werden, „der Dirigent als Bildhauer. Und doch überzeugt diese Einseitigkeit: Simon Rattle dirigiert mit der absoluten Glaubwürdigkeit jemandes, der sich – wie nur ein Carlos Kleiber – total, fast dämonisch erregt, zu identifizieren weiß mit der Musik."[479] Freilich, nicht alles gelang auf dem gleichen Niveau, blieb nicht alles, vor allem die Interpretation der 9. Symphonie, unumstritten, und beim City of Birmingham Symphony Orchestra wurde auch deutlich, dass es sich nur bedingt mit den bedeutenden Orchestern messen konnte.

Abgesehen von den beiden ausschließlich zeitgenössischen Werken gewidmeten Konzerten des Radio-Symphonieorchesters Wien unter dessen Chefdirigenten Dennis Russell Davies bewegten sich die Chor- und Orchesterkonzerte des Festspielsommers 1999 weitgehend in traditionellen Bahnen. Lediglich zwei Orchesterkonzerte präsentierten mit Kurtágs „Grabstein für Stefan" op. 15a (Wiener Philharmoniker unter Sir Simon Rattle) und Lutoslawskis „Caim 2: dialogue for Violin and Orchestra" (Christian Altenburger, Camerata Academica unter Franz Welser-Möst) Werke zeitgenössischer Komponisten. Klassik und klassische Moderne dominierten die Programme sowohl der Wiener Philharmoniker, die nach einem „Friedensschluss" mit Gérard Mortier ausschließlich unter den von ihnen bevorzugten Dirigenten Lorin Maazel, Riccardo Muti, Pierre Boulez (für den verletzten Dirigenten sprang Kent Nagano ein), Seiji Ozawa und Sir Simon Rattle spielten, wie auch der Gastorchester, unter denen das Pittsburgh Symphony Orchestra unter seinem neuen Chefdirigenten Mariss Jansons sowie das erstmals in Salzburg spielende Orchestra Filarmonica della Scala unter Riccardo Muti für Furore sorgten.

Sir Roger Norrington, als Nachfolger von Sándor Végh Leiter der Camerata Academica, verband 1999 mit dem drei Konzerte umfassenden Zyklus „Strauß & Mozart … und Strauss" drei Gedanken: jeder Komponist könne, wenn er nur wolle, humorvolle Musik schreiben. Dies lasse sich neben Mozart besonders an den Jahresregenten Johann Strauß Sohn (100. Todestag) und Richard Strauss (50. Todestag) demonstrieren. Humor war ein Bestandteil der aristokratischen Gesellschaft und äußerte sich noch direkter in der aufstrebenden bürgerlichen Mittelschicht, für die z. B. Joseph Haydn seine Pariser Symphonien schrieb. Das Konzert diente vor allem auch der Unterhaltung und dem Amüsement, die Konzertsäle waren nicht nur Tempel einer feierlichen und erbaulichen Kultur, d. h. Stätten der sog. E-Musik. Mozarts Divertimento D-Dur KV 131, „Antretter"- und „Posthorn"-Serenade, Johann Strauß Sohns „Wein, Weib und Gesang" in der Bearbeitung von Alban Berg, sein „Schatzwalzer" in der Bearbeitung von Anton Webern und dessen „Rosen aus dem Süden" in der Bearbeitung von Arnold Schönberg, sowie „Der Bürger als Edelmann", die „Metamorphosen", das Hornkonzert Nr. 1 Es-Dur op. 11, die Serenade Es-Dur op. 7 und das Oboenkonzert D-Dur von Richard Strauss sollten diesen programmatischen Ansatz der Verbindung von Unterhaltung und Tiefsinn illustrieren.

Auch im Jahr 2000 folgten die Orchesterkonzerte weitgehend den gewählten programmatischen Schwerpunkten des Festspielsommers „Troja und die Liebe", „Haydn & Britten", „Porträt Wolfgang Rihm" und „Drei Komponisten der Zeitenwende" (Peter Eötvös, Friedrich Cerha und Pierre Boulez) und der damit deutlich werdenden Verbindung von Tradition und Moderne.

In Ergänzung zu Hector Berlioz' monumentaler Oper „Les Troyens" bildete Berlioz mit seiner monumentalen und selten gespielten Symphonie dramatique „Romeo et Juliette" in einem Konzert der Wiener Philharmoniker unter Sir Roger Norrington, der Konzertvereinigung Wiener Staatsopernchor und den Solisten Yvonne Naef, Jeffrey Francis und Samuel Ramey, der „Symphonie fantastique" und deren selten gespielter Fortsetzung, dem sechsteiligen Melodram „Lelio ou Le retour à la vie" in einem Konzert des Orchestre de Paris und dem Slowakischen Philharmonischen Chor unter Sylvain Cambreling, Daniel Mesguich als Sprecher sowie den Solisten Toby Spence und Jean-Philippe Lafont und seiner lyrischen Szene „La Mort de Cléopâtre" in einem Konzert des Oslo Philharmonic Orchestra unter Manfred Honeck und der Solistin Michelle DeYoung den programmatischen Schwerpunkt im Bereich der Tradition.

Die Brücke zwischen Tradition und Moderne schlug der von der Camerata Academica unter Sir Roger Norrington im Mozarteum gestaltete dreiteilige Zyklus „Haydn & Britten", in dem Symphonien Haydns mit Brittens „Serenade op. 31 für Tenor, Horn und Streicher" (Solisten: Laurence Dale und Marie-Luise Neunecker), „Les Illuminations op. 18 für hohe Stimme und Streicher" (Solistin: Felicity Lott) und „Nocturne op. 60 für Tenor, Soloinstrumente und Streicher" (Solist Philip Langridge) kombiniert wurden.

Kompositionen Wolfgang Rihms prägten drei Orchesterkonzerte im Großen Festspielhaus und der

Felsenreitschule: „In doppelter Tiefe" für Frauenstimmen und Orchester ein Konzert der Berliner Philharmoniker unter Bernard Haitink mit den Solisten Anna Larsson und Stella Doufexis, „Spiegel und Fluss-Nachspiel und Vorspiel für Orchester" und „Vers une symphonie fleuve IV", ein Konzert des SWR Sinfonieorchesters Baden-Baden und Freiburg unter Kent Nagano sowie seine Lukaspassion „Deus Passus", das Konzert des Bach Collegiums Stuttgart und der Gächinger Kantorei Stuttgart unter Helmuth Rilling mit den Solisten Juliane Banse, Iris Vermillion, Cornelia Kallisch, Christoph Prégardien und Andreas Schmidt. Aus der Reihe „Drei Komponisten der Zeitenwende" brachte das London Symphony Orchestra unter Pierre Boulez Peter Eötvös' „zeropoints" zur Aufführung.

Beethoven, Bruckner und Mahler dominierten die Orchesterkonzerte des Festspielsommers 2001, wobei Sir Roger Norrington und die Camerata Academica in einer dreiteiligen Serie im Mozarteum Beethoven mit Schönberg konfrontierten. Besonderes Interesse galt dem Festspieldebüt dreier Orchester: Das Symphonieorchester des Bayerischen Rundfunks spielte unter seinem Chefdirigenten Lorin Maazel und mit Rudolf Buchbinder als Solisten die Burleske für Klavier und Orchester von Richard Strauss und die 7. Symphonie Anton Bruckners, die Deutsche Kammerphilharmonie Bremen, von vielen als Geheimtipp in der europäischen Orchesterszene gehandelt, unter ihrem Chefdirigenten, dem von Abbado, Sir Simon Rattle und Hans Werner Henze geförderten 25-jährigen Daniel Harding, und mit Viktoria Mullova als Solistin Werke von Hans Werner Henze, Jean Sibelius und Johannes Brahms und das unter Obhut der Wiener Philharmoniker sich im Sommer formierende „Internationale Orchesterinstitut Attersee" im Mozarteum unter Valery Gergiev mit der erst 14-jährigen Geigerin Sandra Cameron Dmitri Schostakowitschs Kammersymphonie, Sergej Prokofjews Violinkonzert Nr. 1 und Felix Mendelssohn-Bartholdys Symphonie Nr. 3 („Schottische").

Während das Konzert des Symphonieorchesters des Bayerischen Rundfunks unter Lorin Maazel von der Kritik uneingeschränkt als musikalischer Triumph gefeiert wurde, differierten die Urteile über die Deutsche Kammerphilharmonie Bremen und deren jungen Chefdirigenten. Die Urteile reichten von einem deutlich zu frühen Festspieldebüt sowohl des Orchesters wie auch seines Chefdirigenten, der ein Versprechen für die Zukunft sei, mehr nicht, bis zur musikalischen Eroberung Salzburgs durch einen erst 25-jährigen Senkrechtstarter.

Besonderes Interesse erregte das Konzert des „Internationalen Orchesterinstituts Attersee" im Mozarteum. Anlässlich des 150-Jahr-Jubiläums der Wiener Philharmoniker fand 1991 in Wien ein Symposion zum Thema „Klang und Komponist" statt, bei dem auch der spezifische Klang des Wiener Eliteorchesters diskutiert wurde. Dieser basiert einerseits auf einem spezifischen Instrumentarium (Holzbläser, Horn und Pauke), andererseits auf spezifischen Spielmethoden und den Klangvorstellungen des Orchesters. Um diesen spezifischen Klangstil hoch qualifizierten Studenten aus aller Welt weiter zu vermitteln, wurde das Internationale Orchesterinstitut Attersee gegründet, in dem Mitglieder der Wiener Philharmoniker alljährlich als Lehrer wirkten und sich beim ersten Festspielkonzert auch unter den Orchestermusikern befanden. Vom Publikum heftig akklamiert, fielen die Reaktionen der Kritik erheblich zurückhaltender aus. Das Orchester sei ein Versprechen an die Zukunft und dessen Leistung müsse unter anderen als normalen Konzertmaßstäben beurteilt werden.

IX. Nicht nur die Klassiker der frühen Moderne, sondern auch der Gegenwart

Die (bereits klassische) Moderne und das Zeitgenössische als zentraler Bestandteil der Programmatik der Nach-Karajan-Ära waren das Leitmotiv der neuen Festspielleitung. Und man wollte Zeichen setzen, die den Neuanfang und – wenn auch moderaten – Bruch mit der Karajan-Ära signalisierten.

Neben der szenischen Aufführung bedeutender Opernwerke des 20. Jahrhunderts und der stärkeren programmatischen Verschränkung von Musiktheater und Konzert bildete die Serie „Composer in residence" einen weiteren zentralen Bestandteil des Schwerpunkts der Moderne. 1992 fand neben dem musiktheatralischen Schaffen von Leoš Janáček und Olivier Messiaen jenes von Pierre Boulez als „Composer in residence" im Konzertbereich besondere Berücksichtigung. Boulez hatte in der Zwischenzeit die Schalen der Revolution abgelegt und war zu einem Bestandteil des zuvor von ihm noch so heftig abgelehnten Establishments geworden. Er war als unter Vertrag stehender Künstler Gast des Empfangs der „Deutschen Grammophon Gesellschaft" und erklärte in einem Interview mit Wolfgang Schaufler auf die Frage, ob denn in Erinnerung an seine kulturrevolutionären Äußerungen über das notwendige Niederbrennen der Opernhäuser nicht auch Wehmut mitschwinge: „Eigentlich nicht, denn ich sehe meine Entwicklung einem Fluss ähnlich. Am Anfang fließt ein Fluss wild, schlägt Kapriolen und schäumt. Dann in der Ebene wird er breit und ruhig. Das heißt nicht, dass er konventionell geworden wäre, die Funktion aber ist eine andere."[480]

Nunmehr gastierte er mit dem Ensemble Intercontemporain Paris mit vier Konzerten im Lehrbauhof und im Großen Saal des Mozarteums und leitete zudem zwei Orchesterkonzerte (Los Angeles Philharmonic Orchestra und Wiener Philharmoniker). Für Wolfgang Schreiber war Boulez die beste Wahl für Zeitgenössisches, „weil es heute schwerlich einen kompetenteren, unumstritteneren Komponisten-Dirigenten auf der Welt gibt als ihn"[481]. Der nunmehr 67-jährige Boulez war zudem kein Bilderstürmer mehr, war, so seine Worte, „lockerer geworden", verkehrte in den Tempeln der Hochkultur und wurde von der Plattenindustrie umworben. Von Mortier zuvor noch wortgewaltig aus dem Festspielbezirk verbannt, sponserte nunmehr die Deutsche Grammophon Gesellschaft das großzügig gestaltete Boulez-Programmbuch der Festspiele, präsentierte seine ersten Strawinsky- und Debussy-Aufnahmen mit dem Cleveland Orchestra und kündigte weitere Aufnahmen von Werken des 20. Jahrhunderts mit dem Chicago Symphony Orchestra und den Wiener Philharmonikern an. In den beiden Konzerten im Lehrbauhof kamen sein 1981 entstandenes 40-Minuten-Stück „Repons", ein kompliziertes Ensemble-, Computer- und Verstärkerstück, und seine 1984 geschaffene Komposition „Dialogue de l'Ombre Double", ein virtuos versponnenes Zwiegespräch des philosophischen Individualisten (Klarinette) mit seinem elektro-akustischen Schatten, zur Aufführung. In den beiden übrigen „didaktischen" Konzerten präsentierte Boulez mit Werken von Varèse, Webern, Debussy, Strawinsky, Schönberg, Messiaen und eigenen, darunter die von ihm bereits 1960 in Salzburg gespielten „Improvisation sur Mallarmé I und II", eine Einführung in die Moderne. Vor allem diese beiden Konzerte wurden vom Publikum, in dem sich drei berühmte Witwen befanden – Messiaen, Pompidou, Karajan – mit großem Beifall aufgenommen. Duilio Courir und Dino Villatico berichteten von einem Triumph und großem Erfolg nach 32 Jahren in Salzburg[482] und Reinhard Kannonier von einem „großen Konzert".[483]

1993 waren die „Klassiker des 20. Jahrhunderts" den ungarischen Komponisten Béla Bartók, Zoltan Kodály, György Ligeti und György Kurtág gewidmet. Kompositionen von Bartók, Kodály und Ligeti fanden Eingang in neun der vierzehn Orchester- und vier der sieben Kammerkonzerte sowie in zwei der vier Konzerte im Zyklus der Camerata Academica unter Sándor Végh. Kurtág und Ligeti wurde im Mozarteum ein vier Abende umfassender Zyklus gewidmet, in dem das Arditti Quartett, das Ensemble Modern unter Peter Eötvös und Sylvain Cambreling, das Budapester Festspielorchester unter Peter Eötvös sowie zahlreiche Solisten Werke der beiden Komponisten zur Aufführung brachten.

Pierre Boulez und das Ensemble Intercontemporain Paris bei einer Probe in Salzburg 1992.

Kurtág und Ligeti, die beiden „Composer in residence" des Festspielsommers 1993, verband die gemeinsame Herkunft. Beide wurden als Söhne ungarisch-jüdischer Eltern in Siebenbürgen geboren, absolvierten das Musikstudium in Budapest und standen unter dem Einfluss der Musik Bartóks. Ihre gemeinsamen Wege trennten sich 1956 nach Ligetis Flucht in den Westen. Kurtág konnte in den späten fünfziger Jahren zu jeweils kurzen Studienaufenthalten in den Westen reisen, zu Olivier Messiaen und Darius Milhaud in Paris, Karlheinz Stockhausen in Köln. Während Ligeti im Westen bekannt wurde und als Siebzigjähriger im Festspielsommer 1993 bereits als „Klassiker" galt, war Kurtág trotz seiner Entdeckung durch das Festival „Wien modern" noch weitgehend unbekannt, galt in Kennerkreisen als „Geheimtipp", dessen relativ schmales Opus von 30 Arbeiten, beginnend mit seinem unter dem Eindruck seiner Studienaufenthalte im Westen komponierten Streichquartett aus dem Jahr 1959, es zu entdecken gelte. Peter Hagmann bemerkte, die Initiative Salzburgs sei „für den Ruf Kurtágs ... sehr zu begrüßen, denn der 1926 geborene Komponist hat noch keineswegs den Bekanntheitsgrad erreicht, der seiner Bedeutung entspräche"[484]. Der Kurtág-Ligeti-Zyklus begab sich daher auf eine künstlerisch-biographische Spurensuche der beiden Komponisten, deren Lebenslinien gemeinsam verliefen, um sich schließlich – einander jedoch befruchtend – zu trennen. Sie blieben einander verbundene Gegenpole. Der der Heimat verbundene und in der Heimat gebliebene Kurtág, 1967 bis 1986 Professor an der Liszt-Akademie in Budapest, und der Weltbürger Ligeti, 1961–1971 Gastprofessor in Stockholm, 1973–1989 Professor für Komposition in Hamburg und seit 1967 österreichischer Staatsbürger. Die einander gegenübergestellten Kompositionen umfassten den Zeitraum zwischen 1959 (Kurtágs Streichquartett, Opus 1) und 1992 (Ligetis Violinkonzert).

Der Zyklus wurde zum Triumph für die beiden „composer in residence". Die Konzerte im Mozarteum waren gut besucht – unter den Besuchern befanden sich auch die Ungarn Sándor Végh und András Schiff sowie die Regisseure Luc Bondy und Peter Sellars – und bejubelt. Helmut Mauró berichtete erstaunt, man habe annehmen können, „dass die Konzerte mit Werken von Kurtág und Ligeti ein Erfolg werden mussten ... Dass es in Salzburg allerdings ein so großes Publikum für zeitgenössische Musik gibt, überraschte dann doch."[485] Und Franz Endler bemerkte, den Werken der beiden diesjährigen „composer in residence" sei „eines gemeinsam: Der aufgeschlossene Hörer begreift in wenigen Herzschlägen, dass er es mit großer Musik zu tun hat. Und sich zu bemühen hat, diese nicht nur zu hören, sondern auch zu verstehen. Wie's große Musik verlangt."[486]

Ligeti war auch im Festspielsommer 1994 im Rahmen der sechsteiligen Reihe „Musik unserer Zeit" ein eigener Abend gewidmet. Die Reihe war im Programmheft bewusst vor die Orchesterkonzerte sowie die Beethoven- und Schubert-Haydn-Zyklen gesetzt worden. Die Moderne, so die Botschaft der Festspielleitung, habe sich endgültig aus ihrem Ghettodasein befreit und sei zu einem zentralen Bestandteil der Programmatik geworden. Eröffnet werden sollte die Reihe mit einem Streichquartett von Karlheinz Stockhausen, einer Auftragskomposition der Festspiele. Als der Komponist seine Komposition Hans Landesmann präsentierte, war dieser überrascht, denn Stockhausen hatte den Kompositionsauftrag zu einem Bestandteil der von ihm praktizierten Großkunst gemacht. Jeder der vier Streichquartettmusiker sollte, in einem fliegenden Hubschrauber sitzend, sein Instrument spielen. Die Klänge der Rotorblätter sollten mit den Klängen des Streichquartetts vereint und das so entstehende Klangresultat per Leitung und Videoschirm in einen Konzertsaal übertragen werden. Das Projekt scheiterte schließlich an angeblichen Leitungsproblemen, und das spektakuläre „Hubschrauber-Streichquartett" des deutschen Avantgardisten blieb (zunächst) bloßer Plan.

Stockhausen waren trotz dieser geplatzten spektakulären Uraufführung zwei Abende im Rahmen der Serie „Musik unserer Zeit" gewidmet: das Frankfurter Ensemble Modern spielte unter Hans Zender im Mozarteum ein musikalisches Curriculum der avantgardistischen Phase Stockhausens zwischen 1951 und 1968 (Kreuzspiel, Solo, Zeitmasze, Adieu, Spiral, Kontrapunkte) und das ORF-Symphonieorchester unter den Dirigenten Arturo Tamayo, Lucas Vis und Jacques Mercier in der Felsenreitschule „Gruppen", eine Komposition für drei im Raum verteilte Orchester. Dazwischen interpretierten Markus Hinterhäuser und Robyn Schulkowsky die Klavierstücke VII und IX sowie „Kontakte für elektronische Klänge, Klavier und Schlagzeug". Am Tag zuvor stellten Pierre Boulez und das von ihm präsidierte Ensemble InterContemporain auf der Perner-Insel Marc-André Dalbavies „Seuils" (Schwellen) vor. Der 1961 geborene und von Boulez geförderte Komponist präsentierte eine Komposition des permanenten Bewegens und Ineinanderfließens von Farben, Flächen und Klangstrukturen, einen 40-minütigen ereignisreichen Prozess der Verwandlung. Ihm folgte Boulez' eigene Komposition „… explosante/fixe …", ein Strawinsky gewidmetes Auftragswerk, das 1972 in Salzburg uraufgeführt worden war. Das ursprünglich nur vier Minuten dauernde Stück war – gleichsam als „work in progress" – durch permanente Bearbeitungen des Komponisten in der Zwischenzeit auf eine Länge von 40 Minuten angewachsen. Boulez erklärte in einem Interview die permanenten Bearbeitungen auch als eine Folge des technischen Fortschritts. „,Explosante fixe' spiegelt in gewisser Weise die Tatsache wider, dass sich die Technik viel weiter und schneller entwickelt hat, als ich Ende der sechziger Jahre geglaubt habe.

Einerseits ist die Sprache der Technologie viel einfacher und spontaner geworden. Die Elektronik ist einfach die Erweiterung von Mitteln, die uns zur Verfügung stehen. Auch früher schon gab es Komponisten, die versucht haben, mit Mikrointervallen zu arbeiten oder mit dem Raum zu experimentieren. Heute können wir Dinge machen, die mit konventionellen Mitteln nicht zu erzielen wären: zum Beispiel Akkorde, die ganz aus der temperierten Klangwelt herausfallen.

Der zweite Fortschritt besteht darin, dass sich durch die Elektronik die Konzertsituation verändert hat. Man braucht nun kein Band mehr herzustellen, das man dann mühsam mit dem Live-Instrument synchronisieren muss. Jetzt, mit der Live-Elektronik, folgt die Technologie dem Instrument. Das ist das Gegenteil von dem, was früher der Fall war. Das verschafft dem Komponisten eine neue Freiheit: Je besser die Technik ist, desto mehr Freiheit genießt der Komponist."[487]

Eröffnet wurde die der Avantgarde gewidmete Konzertserie durch das Arditti-Quartett mit einem Strawinsky-, Schostakowitsch-, Ligeti-, Schönberg-Programm. Ligeti und Strawinsky waren die beiden restlichen Abende gewidmet, wobei vor allem der französische Pianist Pierre-Laurent Aimard durch seine Wiedergabe der „12 Études pour piano", die Ligeti zwischen 1985 und 1993 komponierte, für Furore sorgte.

Hans Landesmann entwickelte mit Maurizio Pollini die Idee des schließlich im Festspielsommer 1995 realisierten „Progetto Pollini". Das Konzept basierte auf zwei Grundideen: Der reisende Künstler sollte sich nicht nur an einem oder zwei Abenden dem Publikum präsentieren, sondern in Anlehnung an die Barockzeit mit ihren reduzierten reisetechnischen Möglichkeiten über eine längere Zeit und damit die Spannweite seiner musikalischen Ambitionen. Zum anderen war damit die Möglichkeit gegeben, seine musikalischen Interessen zwischen Frühbarock und Avantgarde jenseits des alltäglichen Konzertbetriebs in Eigenverantwortung programmatisch zur Diskussion zu stellen, Entwicklungslinien aufzuzeigen und das Kontinuum der Musikgeschichte bis in die Gegenwart durch zeitlich konfrontative, jedoch inhaltlich kohärente Programme zu betonen.

Als erster Interpret stellte sich Maurizio Pollini dieser Aufgabe, indem er zwischen 9. und 29. August in fünf Konzerten diesen programmatischen Anspruch präsentierte. In einem Interview mit Peter Blaha bemerkte er: „In den fünf Konzerten werden viele Stücke zu hören sein, die mir persönlich sehr am Herzen liegen. Manchen davon begegnet man sehr häufig im Konzertalltag. Andere werden dagegen selten aufgeführt, wie zum Beispiel die Madrigale von Monteverdi oder Gesualdo.

Auch manche Vokalkompositionen Schuberts sind, wenn man von Wien absieht, nur wenig bekannt. Die Idee war, jeweils solche Stücke aufs Programm zu setzen, die aus unterschiedlichen musikalischen Epochen stammen, zwischen denen es aber trotzdem eine Art Verbindung gibt. …

Die Madrigale Gesualdos aus dem sechsten Buch klingen ungeheuer modern. Gesualdo war als Komponist seiner Zeit sehr weit voraus. Das wird, so hoffe ich, dem Hörer bewusst, wenn der Musik Gesualdos jene von Nono gegenübergestellt wird. Umgekehrt wieder sollte klar werden, dass Nono ein Komponist war, der sehr stark in der italienischen Tradition wurzelt."[489] Im Gespräch mit den „Salzburger Nachrichten" ergänzte er, er wolle „Zusammenhänge und Linien zeigen, die einem nicht sofort auffallen, Zusammenhänge, die im Kontrast bestehen, Werke mit verschiedenen Besetzungen usw. Ein Beispiel: Schuberts ‚Hirt auf dem Felsen' und der ‚Dialogue de l'Ombre double' von Boulez. In beiden Werken spielt der Klang der Klarinette eine wichtige Rolle. Im Text des ‚Hirten' wird vom Echo der Stimme nur gesprochen, im ‚Dialogue' hört man dann die Live-Klarinette und den Klang der Klarinette vom Band, der wie ein Echo ist."[489]

Im ersten Konzert konfrontierte er zusammen mit dem Arnold Schoenberg Chor Madrigale von Monteverdi und Gesualdo mit Nonos „Cori di Didone" und Stockhausens elektronischen „Gesang der Jünglinge" und dessen Klavierstück X. Ein Teil des Publikums reagierte im voll besetzten Großen Saal des Mozarteums mit heftiger Ablehnung und verließ bei Stockhausens „Gesang der Jünglinge" sowie dessen anschließend von Pollini gespieltem Klavierstück X lautstark protestierend den Saal. Im zweiten Konzert spielten Salvatore Accardo, Margaret Batjer, Toby Hoffmann, Rocco Filippini und Maurizio Pollini Schönberg, Webern, Sciarrino und Brahms, wobei es auch hier, allerdings erst nach der Pause bei Brahms' Klavierquintett f-Moll, op. 34, zu Buh-Rufen eines Teils des avantgardistischen Publikums kam. Es folgte ein Klavierabend mit den letzten drei Beethoven-Sonaten, eine Gegenüberstellung von wenig bekannten Schubert-Kompositionen für Männer- oder Frauenchor mit Werken von Schönberg, Berg und Boulez mit dem Arnold Schoenberg Chor und den Solisten Marjana Lipovšek, Michael Schade, Russel Braun sowie dem Klarinettisten Alain Damiens. Hier verband im zweiten Teil der Klang der Klarinette Schuberts „Der Hirte auf dem Felsen", Alban Bergs „Vier Stücke op. 5" und Boulez' „Vier Stücke für Klarinette und Klavier, op. 5" und dessen „Dialogue de l'Ombre double" für Klarinette „live" und Klarinette „double" vom Tonband. Den Abschluss bildeten das Klavierkonzert Nr. 1, d-Moll, op. 15 von Brahms in Kombination mit Hindemiths „Mathis der Maler" in einem Orchesterkonzert der Berliner Philharmoniker unter Claudio Abbado.

Pollini hatte in drei Wochen einen Einblick in seinen musikalischen Kosmos gewährt und Werke der zweiten Wiener Schule sowie seiner Freunde Nono, Sciarrino und Boulez im programmatischen Kontext präsentiert. Man müsse in Kontinuitäten und Wechselbeziehungen denken, so seine Botschaft.

Wurden in rund einem Drittel der Orchesterkonzerte Werke des 20. Jahrhunderts gespielt, so versuchte die Konzertserie „Musik unserer Zeit" in insgesamt sechs Konzerten einen Überblick über das offene und verwirrende Feld der Musik des 20. Jahrhunderts, vor allem der Zeit nach 1945, zu geben. Hans Landesmann begründete die Konzertreihe mit der Erklärung, es sei Zeit, sich nicht nur um die Klassiker der frühen Moderne zu kümmern, sondern die „Klassiker der Gegenwart" zu entdecken.[490] Der Bogen spannte sich von Olivier Messiaen über Karlheinz Stockhausen, Bernd Alois Zimmermann, dessen „Requiem für einen jungen Dichter" am 1. September im Rahmen von „Zeitfluss" als Gedächtniskonzert für 50 Jahre Kriegsende im Großen Festspielhaus unter Michael Gielen zur Aufführung gelangte, über Alfred Schnittke, Luigi Nono, Giacinto Scelsi und die jungen österreichischen Komponisten Beat Furrer, Gerd Kühr und Christian Ofenbauer bis zu Uraufführungen von George Benjamin (Three Inventions) und Hans Zender (SHIR-HA-SHIRIM, Canto VIII, Erster Teil).

Arnold Schönberg und Friedrich Cerha anlässlich dessen 70. Geburtstags waren die Schwerpunkte des Festspielsommers 1996 gewidmet. In Kombination mit Olivier Messiaens 1941 in einem deutschen Kriegsgefangenenlager bei Görlitz komponierten und uraufgeführten „Quatuor pour la Fin du Temps" brachte das Klangforum Wien unter der musikalischen Leitung von Mathias Dulack und der Regie des Salzburg-Debütanten Christoph Marthaler Arnold Schönbergs 1912 komponiertes und in Berlin uraufgeführtes „Pierrot Lunaire" im Stadtkino zur Aufführung, Claudio Abbado in der Felsenreitschule die „Gurrelieder", Riccardo Chailly im Rahmen eines Konzerts des Royal Concertgebouw Orchestra im Großen Festspielhaus die „Variationen für Orchester op. 31" und Pierre Boulez „Moses und Aaron", ein Gastspiel der Niederländischen Oper Amsterdam.

Friedrich Cerha kennzeichnete eine tiefe Kenntnis der Ästhetik und Kompositionstechnik der Wiener Schule. Dies prädestinierte ihn zur Beendigung von Alban Bergs unvollendeter Oper „Lulu". Die dreiaktige Fassung der Oper aus dem Jahr 1979 stand 1995 auf dem Programm der Salzburger Festspiele. Seine eigene kompositorische Entwicklung spannte sich von neoklassischen Anfängen über Annäherungen an die serielle Schule und die Klangflächenkomposition bis zu postmodernen Kreationen frei von jeder doktrinären Bindung. In einem Gespräch mit Wilhelm

Sinkovicz bemerkte er zu seinem kompositorischen Credo, er habe sich stets am „Bedürfnis nach mehr Klarheit" und „stärkerer Konfrontation mit der Tradition" versucht, wenngleich man als Komponist „nie alles komplett neu erfindet. Innovation kann sich ja nur abheben von etwas, was schon da ist. Und in jedem Stück kommt eine neue Linie hinzu. Irgendwie beschreibt man eine Wellenbewegung. Es gibt Punkte, wo man Elemente, die sich erschöpft haben, ausklammert. Aber es ist immer etwas da, was weiter trägt." Man müsse sich vor der Ideologie der Konzentration der Tonsprache hüten. „Es hat mich immer gestört, dass es nicht schwierig ist, durch Ausklammern diverser Probleme zu einer Art Purismus zu kommen, die gefährlich rasch zu einer Verarmung führen kann. In der Kunst hat aber immer der Reichtum eine große Rolle gespielt. Purismus ist einmal reizvoll, aber beim zweiten Mal ist man eigentlich schon fertig damit. Mit dem Schubert-Quintett, zum Beispiel, da werden Sie nie fertig!"[491] Diese kompositorische Philosophie ermöglichte ihm die Arbeit an der Fertigstellung des dritten Aktes von Bergs „Lulu" sowie die Komposition seiner Oper „Baal", die 1981 bei den Salzburger Festspielen ihre vom Publikum und der Kritik gefeierte Uraufführung durch die Wiener Philharmoniker unter Christoph von Dohnányi und Theo Adam in der Titelrolle erlebte. Seit Gottfried von Einems „Dantons Tod" 1947 hatte keine Uraufführung einer Oper solche Zustimmung erfahren.

Das Cerha gewidmete Projekt „Musik unserer Zeit", ergänzt durch ein Konzert der Sommerakademie des Mozarteums, beleuchtete unter Mitwirkung des Komponisten wesentliche Stationen seiner kompositorischen Entwicklung – u. a. die Baal-Gesänge mit Theo Adam, Spiegel I–VII für großes Orchester und Tonband, Mouvements I, II, III, Impulse sowie das Konzert für Bratsche und Orchester mit Kim Kashkashian als Solisten und setzte sie in Beziehung zu historischer und zeitgenössischer Musik. Es war das erste Mal, dass Cerhas Werk umfassend präsentiert wurde. Eine überfällige, jedoch würdige Ehrung des bedeutendsten lebenden österreichischen Komponisten, dessen Anfänge von einer Vielzahl von Hindernissen und Ablehnungen gekennzeichnet waren. Der so Geehrte bemerkte in einer Pressekonferenz mit Blick auf den Unterschied zwischen seinen Anfängen in der Nachkriegszeit und der Gegenwart: „Es wird heute kaum noch eine nennenswerte Begabung übersehen."[492]

In Ergänzung zu Cerhas kompositorischer Philosophie und im Gegensatz zu Maurizio Pollinis sehr persönlich gehaltenem „Progetto" des Jahres 1995 erfolgte 1996 András Schiffs Auseinandersetzung mit Johann Sebastian Bach, die er auch auf Tonträgern umfassend dokumentiert hatte. Der in Salzburg wohnhafte 46-jährige ungarische Pianist präsentierte seine Sicht auf Bach in einer „Polyphonie" betitelten Konzertreihe, die einen deutlichen Kontrapunkt zu dem vor allem von englischen Barock-Interpreten wie Hogwood, Pinnock, Parrott und Gardiner repräsentierten Purismus bildete. Der Purismus sei, so Schiff, ein historischer Fehler und reduziere die Dimensionen eines Doms auf eine Landkirche. Die Tradition von Edwin Fischer über Arthur Schnabel bis Wilhelm Kempff sowie die Interpretationen von Bachs Oratorien durch Mengelberg, Klemperer oder Jochum wurde in Konfrontation mit dem zeitgeistigen Originalklang-Faible erneut und spannend zur Diskussion gestellt. Die Musik hat eben viele Wahrheiten.

Nach Pollini und Schiff gestaltete Gidon Kremer im August 1997 einen fünfteiligen Schubert-Zyklus, in dem er Werke Schuberts mit jenen zeitgenössischer Komponisten wie Erkki-Sven Tüür, Peteris Vasks, Alfred Schnittke, Arvo Pärt, Sofia Gubaidulina, György Kurtág, Gija Kantscheli, Leonid Desyatnikov, Viktor Derevianko und Astor Piazzolla konfrontierte. Im Rahmen dieser „baltischen Schubertiade vom Feinsten", so Karlheinz Roschitz,[493] erfolgte durch Gidon Kremer und die von ihm vor einem Jahr gegründete Kremerata Baltica die Uraufführung des Violinkonzerts von Petris Vasks, eines Auftragswerks der Salzburger Festspiele. Vasks, 1947 geboren, war im selben Jahr zusammen mit Tüür auf Einladung Kremers in Lockenhaus „Composer in residence". In seinem Violinkonzert mit dem Titel „Fernes Licht" wurde die Wirksamkeit der Tradition von Jean Sibelius unverkennbar.

Die klassische Moderne des 20. Jahrhunderts sowie Zeitgenössisches dominierten sieben der insgesamt achtzehn Programme der Orchesterkonzerte. Die klassische Moderne war mit Gustav Mahler, Béla Bartók, Claude Debussy, Maurice Ravel, Igor Strawinsky und Alban Berg, Zeitgenössisches mit Olivier Messiaen, Matthias Pintscher, Bruno Maderna, Luciano

Berio, Helmut Eder, HK Gruber, Kurt Schwertsik, Pierre Boulez, Benjamin Britten und George Benjamin vertreten, wobei mit Matthias Pintschers „Fünf Orchesterstücke" sowie Helmut Eders „Konzert für Oboe und Orchester" zwei Uraufführungen erfolgten.

Pintschers „Fünf Orchesterstücke", eine Auftragskomposition der Salzburger Festspiele, erlebten ihre von der Kritik viel beachtete Uraufführung durch das Philharmonia Orchestra unter Kent Nagano im Rahmen der Reihe „next generation". Reinhard Kriechbaum urteilte: „Es ist keine Musik, die bisher Gehörtes aus den Angeln hebt, aber immerhin ist's eine Komposition, die klangliche Möglichkeiten des Orchesters ausreizt. Zwei Harfen sind weit voneinander entfernt aufgestellt und evozieren aus dieser Distanz heraus in den Instrumenten fein gemischte Klänge von äußerster Zurückhaltung. Wenn die Blechbläser dazu kommen, ist es so, als ob ein Fenster nach draußen aufgestoßen würde. Was Matthias Pintscher da an großflächigen Tableaus – aber mit sehr feinem Farbauftrag – entworfen hat, bietet gleichsam ein haptisches Orchester-Erlebnis: Klangstruktur zum Angreifen."[494] Eder komponierte sein Oboenkonzert über Anregung des Solooboisten der Berliner Philharmoniker, Hansjörg Schellenberger, der das Konzert auch zusammen mit dem Radio-Symphonieorchester Wien (ehemals ORF-Symphonieorchester) unter Dennis Russell Davies zur vom Publikum heftig akklamierten Uraufführung brachte. Winfried Wild berichtete: „Eder setzt die Oboe mit wunderschönen Melismen klar einem kontrapunktisch geführten großen Orchester mit viel Schlagzeug gegenüber, das jedoch, trotz einiger Ausbrüche ins fff, immer sehr durchsichtig bleibt. Das zweisätzige Werk findet immer wieder zu Dialogen mit anderen Holzbläsern, im zweiten Satz zu verschiedenen Solokadenzen. Der Plauderton der Oboe steigert sich sozusagen. Ein wirkliches ‚echtes' Konzert, vom Solisten Schellenberger mit Süße und Innigkeit vorgetragen. Die Uraufführung fand starken Beifall."[495]

Die zeitgenössische Moderne durchbrach in der zweiten Hälfte der neunziger Jahre zunehmend die klaren Grenzen ihres Reviers, das durch die Konzerte des Rundfunk-Symphonieorchesters Wien, von „Zeitfluss", „next generation" und die Sonderprogramme von Solisten wie Pollini oder Kremer definiert wurde, und drang in die Programme der großen Orchester- und Solistenkonzerte ein. Gerhard Rohde bemerkte zum Stellenwert der Moderne in der Ära Mortier/Landesmann: „Was die ‚Ära Mortier' und die seines für die Konzertplanung zuständigen Direktoriumskollegen Hans Landesmann von früheren Zeiten unterscheidet, ist etwas, das man vielleicht als ‚integrative' Programmdramaturgie bezeichnen könnte. Die Musik der Gegenwart, wobei Gegenwart als Musik aus unserem und nun bald komplettierten Jahrhundert definiert sei, wird nicht mehr auf ‚Inseln' inmitten des traditionellen Programms angesiedelt, als Einspielnummer vor das Mozart-Solistenkonzert und die Beethoven-Symphonie gesetzt, oder im Spezialkonzert des zur Moderne verpflichteten Rundfunkorchesters dargeboten, sondern es durchzieht gleichsam als Kontinuum die gesamte Programmierung. Musik und Musikgeschichte werden als einziges Kontinuum verstanden."[496]

So brachten im Festspielsommer 1998 anlässlich des 75. Geburtstages Gerhard Wimbergers das Wiener Streichsextett und das Mozarteum-Orchester unter Herbert Soudant das einsätzige Sextett „Strömungen" und die im Andenken an seine verstorbene Frau komponierten „Ahnungen" zur erfolgreichen Uraufführung, gab der Pianist und Organisator von „Zeitfluss", Markus Hinterhäuser, seinen ersten Solistenabend im Rahmen der Salzburger Festspiele mit Werken von John Cage, Giacinto Scelsi und Galina Ustwolskaja und spielte Pierre-Laurent Aimard in seinem Konzert Messiaens fast zweistündigen Zyklus „Vingt regards sur l'Enfant-Jésus" (Zwanzig Blicke auf das Jesuskind), ein waghalsiges Unterfangen, das an die Konzentration und Durchhaltefähigkeit sowohl des Solisten wie des Auditoriums höchste Anforderungen stellt. In einem Interview bemerkte Markus Hinterhäuser, er verstehe seinen Klavierabend keineswegs als modernistisches Feigenblatt der Festspiele. „Ich hoffe, dass wir mit ‚Zeitfluss' schon etwas in Bewegung gebracht haben und ich jetzt davon profitiere. Mir geht es wirklich um Qualität. Ich möchte kein Randpianist sein, der irgendwelche Uraufführungen von verquasten Zeitgenossen spielt. Mir liegen die echten Meisterwerke unseres Jahrhunderts am Herzen. Diese Musik, die nicht dogmatisch daherkommt, die in spirituelle Bereiche vordringt und deren Schöpfer große Mystiker sind. Ich will diese Musik kommunizierbar, will ihr erzählerisches Moment hörbar machen."[497]

In Ergänzung zur Eröffnungsvorstellung des Festspielsommers 1998, Weill/Brechts „Aufstieg und Fall der Stadt Mahagonny", erfolgte eine vierteilige Konzertserie unter dem Titel „Go for Kurt Weill", in der ein Überblick über dessen kompositorisches Schaffen gegeben wurde. Beginnend mit seinem nach dem Abschluss seiner Studien bei Ferruccio Busoni und der Begegnung mit Igor Strawinsky 1924 entstandenen Konzert für Violine und Blasorchester über Musik und Lieder aus der „Dreigroschenoper", über die 1934 von Bruno Walter in Amsterdam uraufgeführte 2. Symphonie bis zum kabarettistischen Ballett mit Gesang „Die sieben Todsünden der Kleinbürger".

Die Weill-Lieder wurden in Salzburg von der Pop-Ikone Marianne Faithfull, die damit ihr Festspieldebüt gab, und dem Radio-Symphonieorchester Wien unter Dennis Russell Davies barfuß interpretiert. Dies sei, so Faithfull in einem Interview, „ganz im Brechtschen Sinne. Ich wollte die Steifheit dieser Veranstaltung aufbrechen."[498] Seit 1991 sang die Engländerin Brecht-Lieder, veröffentlichte 1996 ein gemischtes Album mit dem Titel „20th Century Blues – An Evening In The Weimar Republic" mit Songs von Kurt Weill und Zeitgenossen und hatte soeben in englischer Sprache „Die sieben Todsünden der Kleinbürger" für RCA Victor eingespielt. Die Kritik stimmte darin überein, dass kaum jemand besser jene Anna, die in den USA der dreißiger Jahre als reisendes Revuegirl das Geld für ein Einfamilienhaus erwirtschaften muss, interpretieren konnte als Marianne Faithfull. Den Abschluss bildete der Liederabend von Catherine Malfitano, in dem sie, stimmlich übergewichtig für dieses Genre, u. a. Lieder bzw. Songs von Weill/Brecht sang.

Eine programmatisch sinnvolle Ergänzung bildeten Lieder und Werke des ehemaligen Wiener Schönberg-Schülers Hanns Eisler, bekannt durch die Komposition von Bühnenmusiken für Brecht-Dramen und des Solidaritätsliedes. Der politisch-musikalische Agitator und Kampfliedsänger emigrierte 1938 in die USA, wurde im Zuge des beginnenden Kalten Krieges als „Karl Marx der Musik" apostrophiert und des Landes verwiesen und begab sich schließlich, wie Brecht, in die DDR, um den real existierenden Sozialismus musikalisch mit aufbauen zu helfen. Neben den Orchestersuiten Nr. 2 und 3 in der Interpretation durch das Klangforum Wien unter Sylvain Cambreling sang HK Gruber Couplets und Lieder Eislers, von „Wohltätigkeitslied" nach Kurt Tucholsky bis zum „Stempellied" nach einem Text David Webers.

Ein Pierre Boulez gewidmeter dreiteiliger Zyklus unter dem Titel „Pierre Boulez zu Gast", der zweite Teil des „Progetto Pollini", „Zeitfluss" und „next generation" bildeten 1999 die Schwerpunkte der Moderne im Konzertbereich, in dem, wohl bedingt auch durch die Budgetsituation der Festspiele, die höhere Einspielergebnisse erforderte, eine deutliche Zweiteilung erfolgte: abgesehen von den beiden traditionellen Konzerten des Radio-Symphonieorchesters Wien unter dessen Chefdirigenten Dennis Russell Davies mit ausschließlich zeitgenössischer Musik, darunter mit Clemens Gadenstätters „auf takt" und Philip Glass' „Requiem, Bardo and Nirmanakaya" zwei Uraufführungen, widmeten sich, von zwei Ausnahmen abgesehen, die Orchesterkonzerte ausschließlich dem klassischen Repertoire und der klassischen Moderne. Die Präsentation von Zeitgenössischem erfolgte somit überwiegend in den zum Großteil von Sponsoren wie Alberto Vilar und Betty Freeman finanziell abgesicherten Sonderzyklen.

Der 33-jährige aus Salzburg stammende Komponist Clemens Gadenstätter war Schüler von Helmut Lachenmann, des wichtigsten Vertreters einer „musique concrète instrumentale", die durch genau schattierte und aufeinander abgestimmte Geräusche neue musikalische Raumwelten eröffnen will. Ausgehend von Lachenmanns Kompositionstechnik löste auch Gadenstätter in seinem monumentalen Opus „auf takt" Klänge aus ihrem Umfeld, um damit ihre Bindung an traditionell bedingte Wahrnehmungsweisen zu verdeutlichen. Dabei dokumentierte der Komponist seinen Ansatz am Beispiel einer kleinen Trommel, die den Ausgangspunkt und Angelpunkt der gesamten Komposition bildete. Der Klangcharakter der Trommel wurde auf das in zwei Gruppen geteilte Orchester projiziert, in dessen Mitte zwei Harfen und zwei Akkordeons aufgestellt wurden. Die dadurch entstehenden unterschiedlichen Klangentwicklungen dienten der räumlichen Auffächerung des Klangs. Der Titel seiner neuesten Komposition sowie deren spezielle Instrumentierung, erklärte Gadenstätter, rühre daher, „dass eine – mir eigentlich unerklärliche – Faszination von der kleinen Trommel ausgeht, die richtige Massenbewegungen auslösen kann, wenn ganze Nationen einem Marsch hinterher rennen und sich wie die Lemminge in den Abgrund stürzen. Das ist ebenso faszinierend wie fürchterlich."[499]

Das musikalische Ergebnis rief bei der professionellen Kritik völlig unterschiedliche Reaktionen hervor. Während Karl Harb auch in dem oft beachtlichen Lärmpegel die Substanz der Musik in jeder Phase durchhörte,[500] berichtete H. G. Pribil von einem „handwerklich solide gearbeiteten" Werk, das aber „nicht zu fesseln und das Interesse aufrecht zu erhalten" vermag.[501] Für Gabriele Luster erschöpfte sich die Komposition in Rhythmus-Schlägen, „ohne dass entscheidend Neues passiert wäre, und der Eindruck des Immergleichen lähmte Interesse und Konzentration"[502].

Populäre Klassik der Moderne bildeten den Abschluss des Festspielsommers 1999: die Uraufführung von Philip Glass' 5. Symphonie, eine Choral-Symphonie im Stile Beethovens in 12 Sätzen mit dem Titel „Requiem, Bardo and Nirmanakaya", in der im Stil einer Weltreligion unter Verwendung von 24 Texten aus den verschiedensten Kulturkreisen – vom tibetanischen Totenbuch über Veda-Texte und den Popol Vuh der Maya bis hin zu christlichen, jüdischen und islamischen heiligen Schriften – eine kurze Geschichte der Zeit von der Schöpfung bis zum Paradies abgehandelt wurde und die in einem Appell an Frieden und Völkerversöhnung endete.

Die Initiative für ein solches Unterfangen hatte eine private Vereinigung vor allem japanischer Millionäre ergriffen, die angesichts der nahenden Jahrtausendwende einen Kompositionsauftrag an den amerikanischen Komponisten Philip Glass vergab. Unter dem Titel „Music for Peace" sollte ein sich an die gesamte Welt wendender und von dieser auch verstehbarer musikalischer Friedensappell erfolgen, den man knapp vor der Jahrtausendwende von Salzburg aus vermitteln wollte. Zur Vorbereitung hielt die Initiative in Salzburg 1998 zwei hochkarätig besetzte Symposien zu den Themen „Models for Peace in the Contemporary World" und „Music and Peace" ab. Das hochfliegende Projekt geriet jedoch durch den im selben Jahr erfolgenden Krach der Tokioter Börse in Gefahr, da sich zahlreiche Finanziers nunmehr von dem Projekt zurückzogen. Da die Planungen in Salzburg jedoch bereits weit gediehen waren und das Direktorium der Festspiele seine Bereitschaft erklärt hatte, einen nachhaltigen musikalischen Beitrag zur Friedenskultur im 21. Jahrhundert zu leisten, sprangen die Festspiele ein und retteten die Uraufführung des neuesten Werks des weltweit wohl bekanntesten klassischen Komponisten der Gegenwart.

Der 1937 in Baltimore geborene Philip Glass zählt zusammen mit den gleichaltrigen amerikanischen Komponisten La Monte Young, Terry Riley und Steve Reich zu den führenden Vertretern der Minimal Music, die in den frühen siebziger Jahren in Opposition zur europäischen Avantgarde entstand. Im Unterschied zu Zwölftonmusik, Neoklassizismus, serieller oder Tonband-Musik war dies weniger eine Kompositionstechnik oder ein bestimmter Stil als ein an der Tonalität festhaltendes Bündel verschiedener Elemente, charakterisiert durch sich am Jazz sowie an außereuropäischer Musik orientierenden Wiederholungen von kurzen, nicht veränderbaren Elementen („patterns") in einem streng geregelten Ablauf. Die Nähe zu populären Musikformen wie etwa der Rockmusik verlieh ihr rasch den Charakter eines „Crossover" und bewirkte ihre weltweite Popularität. Wenngleich Philip Glass sich seit den frühen achtziger Jahren von der Minimal Music weg entwickelte und deren Ende erklärte, blieben seine Kompositionen nach wie vor von ihr geprägt.

Nun lieferte der wohl erfolgreichste zeitgenössische Komponist sein 75-minütiges symphonisches Opus Magnum für fünf Solisten, großen Chor und Kinderchor sowie Orchester für Salzburg, wo es im Großen Festspielhaus am 28. August durch den Glass-Kenner Dennis Russell Davies – er hatte bereits in Stuttgart dessen Gandhi-Oper dirigiert – aus der Taufe gehoben wurde.

Der erwartete Erfolg blieb aus. Das Publikum bedachte die Ausführenden und den Komponisten mit Applaus, in den sich bei Glass auch einige Buh-Rufe mischten, die Kritik hingegen reagierte überwiegend zurückhaltend bis negativ. Die Musik ziele auf den vordergründigen Effekt, sei naiv, plakativ und beschränke sich auf die für die Minimal Music typischen Wiederholungen, so der Grundtenor.

Der Wunsch, in dem Pierre Boulez gewidmeten Konzert-Zyklus die persönliche Interpretation des Komponisten seiner eigenen Werke sowie von Klassikern der Moderne – Webern/Mahler – vorzustellen, sollte sich durch eine gravierende Handverletzung des Komponisten und Dirigenten nicht erfüllen. Wenngleich er sich intensiv den Proben der ersten beiden Konzerte widmete, konnte er sie verletzungsbedingt nicht dirigieren. Die Leitung des zweiten Konzertes in der Messehalle übernahm sein ebenfalls komponierender Dirigentenkollege Peter Eötvös, das Konzert der Wiener Philharmoniker sein Schüler Kent Nagano, der damit erstmals zu philharmonischen Konzertehren kam.

Die Reihe eröffnete das von Boulez 1976 gegründete „Ensemble Intercontemporain" unter seinem ständigen Leiter David Robertson im Mozarteum mit Boulez' Vertonung zweier Gedichte von Stéphane Mallarmé „Improvisations sur Mallarmé I et II", gesungen von der amerikanischen Sopranistin Laura Aikin, seiner später für drei Klaviere, Harfe und Stabspieler erweiterten Komposition für einen Klavierwettbewerb „Sur Incises" und Elliott Carters „Double Concerto" für Cembalo, Klavier und zwei Kammerorchester in der Interpretation durch Hideki Nagano (Cembalo) und Florent Boffard (Klavier). Es folgte am nächsten Tag in der Messehalle des Ausstellungszentrums die Aufführung von Boulez' „Anthèmes II", entstanden 1997 aus „Anthèmes", für Solovioline, Computer und sechs Lautsprecher und eine Neubearbeitung von „Répons" für sechs Solisten, Kammerensemble, Computerklänge und Live-Elektronik aus dem Jahr 1981 durch das Ensemble Intercontemporain unter Peter Eötvös, unterstützt vom Pariser Institut für Forschung und akustisch-musikalische Koordination (IRCAM), sowie die Solisten Hae-Sun Kang (Violine), Dimitri Vassilakis (Klavier), Florent Boffard (Klavier und Orgel), Frédérique Cambreling (Harfe), Michel Cerutti (Cymbal), Vincent Bauer (Vibraphon) und Daniel Ciampolini (Xylorimba und Glockenspiel).

1991 hatte Boulez „Anthémes", ein kaum mehr als drei Minuten dauerndes Solostück, komponiert, das er schließlich zu einem rund 20-minütigen räumlichen Klangtheater, produziert von einer Geige, einem Ensemble und einem Computer, erweiterte. „Répons" entstand 1981 im Auftrag des Südwestfunks Baden-Baden für die Donaueschinger Musiktage. Der Titel verweist auf die mittelalterliche Form des Responsoriums und suggeriert einen Dialog zwischen einem Chor und einer Einzelstimme. In der Boulez-Fassung wurde daraus ein Dialog eines 24 Musiker umfassenden Instrumentalensembles im Zentrum eines Konzertsaales mit sechs Solisten, die das Publikum, das somit zwischen dem Ensemble und den Solisten saß, umrahmten. Ein elektronisches System verstärkte und verräumlichte dabei die natürlichen oder transformierten Töne der Solisten. Zum Abschluss hatte Boulez ein Berg/Mahler-Programm mit den Wiener Philharmonikern geplant – Alban Bergs „Drei Stücke für Orchester op. 6" und Gustav Mahlers „Das Lied von der Erde". Kent Nagano sprang für Boulez ein, änderte jedoch den ersten Teil des Programms – an Stelle der drei Orchesterstücke Bergs die Sätze „Nuages" und „Fêtes" aus Claude Debussys „Trois nocturnes" – und errang einen Erfolg beim Publikum und der Kritik.

Dem vor vier Jahren so erfolgreichen fünfteiligen „Progetto Pollini" folgte 1999 im Mozarteum dessen siebenteilige Fortsetzung. Pollini entwickelte eine überlegte, intellektuell klar durchdachte Dramaturgie, die den Bogen über sieben Jahrhunderte spannte. Bereits im Programmheft 1995 hatte er bemerkt, es sei dringend nötig, dass sich das Musikleben von der Konvention der traditionellen Programmgestaltung befreie und der Musik des zu Ende gehenden 20. Jahrhunderts ebenso öffne wie jener der oftmals vernachlässigten der Jahrhunderte zuvor. Pollini erklärte auf die Frage nach dem Beginn und seinen Motiven für die Kombination von alter und klassischer mit neuer Musik: „Für mich ist das völlig normal, die normalste Sache von der Welt: die zeitgenössische Musik zusammen mit der alten Musik zu sehen, zu hören und aufzuführen. Begonnen hat das, wenn ich mich richtig erinnere, mit Luigi Nono und seiner Chorkantate ‚Ha venido: canciones para Silvia' auf einen Text von Antonio Machado, bei deren Uraufführung in Venedig ich anwesend war. Natürlich kannte ich da schon Einiges von den Komponisten der zweiten Wiener Schule, von Schönberg und seiner Schule. Damals in Venedig fragte ich Nono zum ersten Mal, ob er nicht für mich ein Stück schreiben könnte – was dann auch in den siebziger Jahren tatsächlich geschah." Und auf die Frage, ob es tatsächlich eine Beziehung zwischen der Musik von Gesualdo und Nono gebe: „Gewiss doch! Es gibt bei dem Salzburger Zyklus in diesem Jahr ein Konzert, bei dem Luigi Nono zwischen Luca Marenzio und Girolamo Frescobaldi auf der einen, Gesualdo auf der anderen Seite platziert ist. Es sind Begegnungen in der Dimension von Jahrhunderten, vor allem in Bezug auf die spezifische italienische Vokalkunst. Die alten Meister kamen vom modalen harmonischen System her und entwickelten sich hin zur Tonalität, die erst später bei Bach ihre Stabilität erhielt. Es ist also eine Epoche der musikalischen Erforschung, gleichzeitig der Transformation. Bei diesen Komponisten, wie vor allem dann bei Monteverdi, wird die Grundlage der modernen musikalischen Ausdruckskunst gelegt. Und da geschieht noch etwas Anderes in dieser Epoche: die Erforschung der Chromatik in der Musik – in einer unglaublichen musikalischen Kühnheit. Zu hören etwa im neunten Madrigalbuch von Marenzio, seinem letzten Werk: die pure Modernität. Von da zur chromatischen Musik eines Luigi Nono, im selben Konzert, ist es dann gar nicht mehr so weit."[503]

Für „Progetto Pollini II" hatte er vier Auftragskompositionen an Giacomo Manzoni, Franco Donatoni, Adriano Guanieri und Luciano Berio vergeben, die er mit dem Geld bezahlte, das er vor einigen Jahren als Siemens-Preisträger erhalten hatte.

Die erste Uraufführung erfolgte am ersten Abend. Eingerahmt von der komplizierten, kunstvoll komponierten Kanon-Struktur der „Missa Prolationum" des Renaissancekomponisten Johannes Ockeghem und Beethovens Hammerklaviersonate erfolgte die Uraufführung von Giacomo Manzonis „Trame d'Ombre" (Schattengespinst) für Sopran, Tenor, Chor- und Instrumentalensemble. Franco Donatonis „Poll", eine Verkürzung des Namens seines Auftraggebers, folgte am zweiten Abend, umgeben von Josquin Desprez' auf einem Gassenhauer des 16. Jahrhunderts basierender Missa „L'homme armé" zu vier Stimmen, Arnold Schönbergs Fünf Klavierstücken op. 23 und Robert Schumanns Großer Sonate f-Moll für Klavier op. 14. In programmatischer Entsprechung des Konzepts der freien Gedanken und Assoziationen tummelten sich in Donatonis „Poll" vier Instrumentalgruppen auf einer musikalischen „Piazza", umkreisten sich, wechselten einander ab. Zwischen Guillaume de Machauts archaischer „Messe de Nostre Dame", Maurice Ravels „Trois chansons" und Claude Debussys „Trois chansons de Charles d'Orleans" sowie dem von Pollini gespielten zweiten Buch der „Douzé etudes" erklang die dritte Uraufführung: Adriano Guanieris „Pensieri canuti" für Soli, Chor, zwei Ensembles, doppelten Chor, zwei im Saal verteilten Posaunen und Live-Elektronik. Die musikalische Übersetzung des dunkel-surrealistischen Textes, „Weißhaarige Gedanken" von Giovanni Raboni, in dem in den Gedanken eines greisen Mannes in einem Kloster das Singen der Stare etwas Bedrohliches, Schreckenerregendes bekommt. Der vierte Abend spürte den Spiegelungen der Madrigale Gesualdo de Venosas und Luca Marenzios sowie von Girolamo Frescobaldis Toccaten in Luigi Nonos Chorwerken nach, der fünfte konfrontierte als jeweilige Neudefinitionen der Kammermusik Mozarts Klavierquintett Es-Dur KV 452 und dessen Klavierquartett g-Moll KV 478 mit Arnold Schönbergs Bläserquintett op. 26 und Salvatore Sciarrinos „6 quartetti brevi". Am sechsten Abend erfolgte durch Monica Bacelli (Sopran), Michele Marasco (Flöte) sowie eine Live-Elektronik zwischen Palestrinas „Stabat mater" und Beethovens Streichquartett a-Moll op. 132 die Uraufführung von Luciano Berios „Altra voce", mit der der Komponist an die im selben Jahr erfolgende Salzburger Uraufführung seiner Azione musicale „Cronaca del luogo" anknüpfte. Den Schlusspunkt setzte eine italienische Reise, in der Madernas Streichquartett aus dem Jahr 1955, Aldo Clementis „Reticolo" und Sylvano Bussottis „Quartetto Gramsci" mit Madrigalen Claudio Monteverdis konfrontiert wurden, wobei Pollini am Cembalo den Generalbass spielte.

Das „Progetto Pollini II" wurde zum Erfolg beim Publikum und der Kritik. Peter Cossé bemerkte im Rückblick: „Das von Maurizio Pollini dramaturgisch verantwortete ‚Progetto Pollini' eröffnete vor allem neue Dimensionen des Genießens. Das Neue büßt an Fremdheit ein, im Alten wird Neuigkeit spürbar – und in einer faszinierenden Passage wie jener Monteverdi-Vorführung am Ende von Pollinis uneigennütziger ‚Einführung in das unverzichtbar Besondere' wird unumkehrbar deutlich, dass die wahren Avantgardisten weder an Lebensdaten noch an stilistische Jahrhundertketten gebunden sind. Insofern sollte dieses geglückte Projekt-Wagnis mehr als Verpflichtung für die kommenden Festspiele sein, auf diesem Wege weiterzugehen."[504] Reinhard J. Brembeck resümierte: „Wenn Salzburg heuer sich ganz dem Faust ergeben hat, dann ist Maurizio Pollini in dem nach ihm benannten ‚Progetto' der wahre Faust der Hochkulturmusik."[505]

Im engen Kontext der langjährigen Bindung von Maurizio Pollini an die Festspiele erfolgte im Mozarteum in einer wahren Mammutveranstaltung die „Accademia pianistica", in der in programmatischer Ergänzung zum „Progetto Pollini II" vier junge italienische Pianisten – Daniele Pollini, Roberto Cominati, Gianluca Cascioli, Enrico Pace –, allesamt Schüler von Franco Scala an der berühmten Akademie in Imola, Werke von Alexander Skrjabin, Claude Debussy und Maurice Ravel bis Ferruccio Busoni, Karlheinz Stockhausen, Pierre Boulez und Salvatore Sciarrino spielten. Im Rahmen dieser Präsentation der jungen italienischen Klavierkunst erfolgte die Uraufführung von Sciarrinos „Zwei Notturni" durch Daniele Pollini, den erst 20-jährigen Sohn des berühmten Pianisten.

2000 erfolgten im Rahmen der Orchesterkonzerte mit Fabio Vacchis „Tre Veglie per mezzosoprano, violoncello e orchestra", Peter Eötvös' „zeropoints", Olga Neuwirths „Clinamen/Nodus" und Thomas Heinischs „die musik des unsichtbaren für Oboe und kleines Orchester" vier weitere Uraufführungen von Auftragskompositionen der Festspiele. Zwei der vier Uraufführungen – Eötvös' „zeropoints" und Neuwirths „Clinamen/Nodus" – waren Teil der insgesamt vier weltweiten Auftragskompositionen anlässlich des 75. Geburtstages von Pierre Boulez. (Die beiden übrigen gingen an Salvatore Sciarrino und George Benjamin.)

Der 1949 in Bologna geborene und der Avantgarde distanziert gegenüberstehende italienische Komponist Fabio Vacchi, Schüler von Giacomo Manzoni, schuf mit „Tre Veglie" ein rund dreiviertelstündiges, aus drei Teilen bestehendes (Orchestersatz, einsätziges Cellokonzert, fünfteiliger Liederzyklus nach Gedichten von Franco Marcoaldi) Werk über das Wachbleiben im Sinne des Textes „Den Himmel erobernd haben wir ihn verloren". Es wurde vom Orchestre de Paris unter Iván Fischer im Kleinen Festspielhaus zur vom Publikum und der Kritik nur mit mäßigem Interesse und Beifall bedachten Uraufführung gebracht.

Pierre Boulez und das London Symphony Orchestra brachten im Rahmen der Serie „Drei Komponisten der Zeitenwende" im nur mäßig besetzten Großen Festspielhaus die dem dirigierenden Komponisten gewidmeten „zeropoints" von Peter Eötvös zur Uraufführung. Eötvös, jahrelang Mitarbeiter von Pierre Boulez am Pariser Institut für elektroakustische Musik, schrieb das um den Nullpunkt kreisende Werk zur Millenniumswende. Abweichend von den Ziffern in einer Partitur zur Orientierung für den Dirigenten ging Eötvös immer wieder von der Ziffer Null aus und erzielte damit dynamische Effekte und Klangfarben. Ebenfalls Boulez zum 75. Geburtstag gewidmet war die Auftragskomposition der Festspiele mit dem kryptischen Doppelnamen „Clinamen/ Nodus" (Unvorhersehbares, Katastrophe/Knoten) für Streichorchester, Schlagzeug und Celesta von Olga Neuwirth, ein rund zwanzigminütiges Werk über das Vergehen der Zeit am Beispiel wiederkehrender Klangfarben und Motive. In dem Stück nähern sich zwei zunächst autonom agierende Klangkörper, Streicher und Schlagwerk, allmählich einander an, um sich schließlich zu verknoten und – durch Sirenen symbolisiert – katastrophisch zu reiben. Boulez hob am folgenden Abend mit dem London Symphony Orchestra in der Felsenreitschule mit viel Zustimmung der Kritik nach der kürzlich zuvor in London erfolgten Uraufführung das ihm gewidmete Stück nunmehr aus der Salzburger musikalischen Taufe. Zum Motiv für die Auftragskomposition an Neuwirth erklärte er in einem Interview mit Walter Dobner: „Nehmen Sie Olga Neuwirth – zwischen ihr und mir liegen zwei Generationen. Sie denkt natürlich ganz anders, es interessiert mich mehr, das zu dirigieren, als nur die Partitur zu lesen. Ich wollte Komponisten, die ich zuvor kaum oder nie dirigiert hatte."[506]

Boulez bildete zusammen mit Peter Eötvös und Friedrich Cerha das Trio jener zeitgenössischen Komponisten, denen die sechsteilige Aufführungsserie „Drei Komponisten der Zeitenwende" gewidmet war. Dabei war Boulez anlässlich seines 75. Geburtstages mit vier Konzerten vertreten und präsentierte damit auch eine Fortsetzung des Projekts „Progetto Pollini". Neben den beiden bereits genannten Orchesterkonzerten gestaltete der Pianist Pierre-Laurent Aimard mit programmatischem Blickpunkt auf Wendepunkte der modernen Musikgeschichte (von der Überwindung der Spätromantik bis zu den Ordnungsprinzipien der Zwölftontechnik und der daraus abgeleiteten seriellen Musik) einen Abend im Mozarteum mit Boulez' „Notations" und „Sonate Nr. 1", eingerahmt von Anton Weberns „Variationen op. 27 und Béla Bartóks „Im Freien Sz 81" und, unterstützt von dem Pianisten Florent Boffard und der Flötistin Sophie Cherrier, einen weiteren in der Felsenreitschule mit Boulez' „Sonatine für Flöte und Klavier" und dessen „Structures II" sowie Alban Bergs „Sonate op. 1." und Arnold Schönbergs „Sonatine für Flöte und Klavier".

Ursprünglich hätte der englische Komponist und

Dirigent George Benjamin in diesem Trio der Komponisten der Zeitenwende vertreten sein sollen. Als dieser jedoch als Reaktion auf die Bildung der ÖVP/FPÖ-Koalition seine Teilnahme an den Salzburger Festspielen absagte, wurde er durch den ungarischen Komponisten und Dirigenten sowie langjährigen Leiter des Pariser Ensembles Intercontemporain, Peter Eötvös, ersetzt, dem auch das erste Konzert im Mozarteum, in dem der Komponist die Camerata Academica leitete, gewidmet war. Eötvös konfrontierte dabei zwei eigene Kompositionen – die 1996/97 entstandenen „Shadows" für Flöte, Klarinette und Kammerorchester und das zwei Jahre später entstandene Bratschenkonzert „Replica" (Solist: Kim Kashkashian) – mit Igor Strawinskys „Apollon musagète" und Béla Bartóks „Divertimento für Streichorchester". Seine in den neunziger Jahren des 20. Jahrhunderts entstandenen Kompositionen machten in Konfrontation mit der klassischen Moderne die Zeitenwende der neunziger Jahre mit ihrer Abwendung von der Reihentechnik oder dem seriellen Komponieren zugunsten eines wieder salonfähig gewordenen sinnlichen und gefühlsbetonten Umgangs mit dem Material deutlich.

Der zweite Friedrich Cerha gewidmete Abend wurde im Mozarteum zum Triumph für den das Klangforum Wien leitenden Komponisten. Cerha dirigierte Edgard Varèses eine radikale Zeitenwende nach vorne verkündenden „Hyperprism" und „Intégrales" aus den zwanziger Jahren des 20. Jahrhunderts, seine 1997 uraufgeführte, auf Friedrich Hölderlin basierende Komposition „Jahr ins Ungewisse hinab" sowie die Uraufführung von „die musik des unsichtbaren für Oboe und kleines Orchester" seines 32-jährigen „Enkelschülers" Thomas Heinisch, eine Auftragskomposition der Salzburger Festspiele, des Musikprotokolls im steirischen herbst und des ORF.

Dem aus Karlsruhe stammenden Komponisten Wolfgang Rihm war im August 2000 eine sieben Konzerte umfassende Reihe, davon vier Chor- und Orchesterkonzerte, gewidmet. Rihm entwickelte, in deutlichem Gegensatz zu den meisten anderen Vertretern seiner Generation, die eine Politisierung der neuen Musik forderten und anstrebten, ab den frühen siebziger Jahren des 20. Jahrhunderts ästhetische Gegenpositionen zu den Vertretern der seriellen Musik wie Boulez, Stockhausen und Nono. Er wurde jedoch nicht der Exponent einer gemäßigten Moderne und gefälligen, oft in die Beliebigkeit abgleitenden Postmoderne, sondern blieb der Radikalität der Moderne treu und entwickelte sie – in diesem Sinne durchaus ein Erbe der Darmstädter Ferienkurse – durch die von ihm verwendeten Begriffe der „musikalischen Freiheit" und des „inklusiven Komponierens" weiter. 1977 näherte er sich – gleichsam als Befreiungsschlag aus der verengenden Tradition der Schönberg-Schule – mit seiner monumentalen 3. Symphonie der expressiven Spätromantik und Frühmoderne, warf den Blick auf Mahler, Strauss, Sibelius und Schostakowitsch. Doch er mutierte nicht zum Exponenten eines akademischen Traditionalismus, sondern blieb offen und vielgestaltig.

Rihm entwarf ein musikalisches Selbstporträt im Spiegel jener Komponisten, die seine Entwicklung beeinflussten: Ludwig van Beethoven, Robert Schumann und Claude Debussy. So präsentierten im kammermusikalischen Entrée-Konzert im Mozarteum der Tenor Christoph Prégardien und der Pianist Siegfried Mauser Auszüge aus Robert Schumanns „Kerner-Liedern" op. 35 und Wolfgang Rihms 1999 entstandene dunkel-lyrische Vertonung von Heiner Müller-Gedichten „Ende der Handschrift", gefolgt in einer weitgehenden Titel-Assoziation von Claude Debussys Sonate für Violine und Klavier g-Moll und Wolfgang Rihms Stückphantasien für Violine und Klavier „Phantom und Eskapade" in der Interpretation von Ulf Hoelscher und Siegfried Mauser. Der zweite Abend im Mozarteum, gestaltet von Christoph Prégardien, Siegfried Mauser, Ulf Hoelscher und Gustav Rivinius, legte Geistesverwandtschaften und Bezüge in Rihms Schaffen offen. Auf Beethovens Sonate für Klavier und Violoncello C-Dur op. 102/1 folgte Rihms 1993 entstandene Komposition für Violoncello und Klavier „Von weit", auf Schumanns Adagio und Allegro für Violoncello und Klavier op. 70 Rihms „Fremde Szene III", auf den Trakl-Liederzyklus von Wilhelm Killmayer Rihms Vertonung von fünf Gedichten der Karoline von Günderrode „Das Rot". In beiden Abenden wurde die Fähigkeit des Komponisten deutlich, an Traditionen anzuknüpfen, sie jedoch mit eigenen Mitteln individuell weiter zu schreiben. Im dritten Kammerkonzertabend spielte das Arditti Quartett Rihms Streichquartette Nr. 3, 10 und 5.

Die dem „Composer in residence" gewidmeten Chor- und Orchesterkonzerte eröffneten das Klangforum Wien unter Sylvain Cambreling sowie die Solisten Salome Kammer und Marino Formenti. Die dabei gespielten Kompositionen Wolfgang Rihms dokumentierten, dass eine Komposition nie in sich völlig abgeschlossen ist, sondern in andere Werke nachwirkt. So in den zu Beginn des Konzerts im Mozarteum gespielten Kompositionen „Gejagte Form" und „Verborgene Formen" aus den Jahren 1995/96 sowie dem zwischen 1982 und 1985 entstandenen achtteiligen „Chiffre"-Zyklus, aus dem die Chiffre I und II zur Aufführung gelangten. Zwischen beiden musikalischen Verfaserungen interpretierte die Gesangssolistin Salome Kammer Rihms Odyssee-Vertonung „Responsorium" aus dem Jahr 1997. Am nächsten Tag folgte im Großen Festspielhaus die Aufführung von Rihms „In doppelter Tiefe", eine im Sinne der politischen Bedenkmusik erfolgte Vertonung des Gedichts „An die Schönheit" des von den Nationalsozialisten der Reichstagsbrandstiftung angeklagten Holländers Marinus van der Lubbe aus dem Jahr 1999 durch die Berliner Philharmoniker unter Bernard Haitink und die Solistinnen Anna Larsson und Stella Doufexis. Die Reaktionen des Publikums und der Kritik waren zurückhaltend. Es sei höchstens Kunsthandwerk, feierliche Gebrauchsmusik, so der Grundtenor der Kritik. Das dritte Rihm gewidmete Orchesterkonzert des SWR-Sinfonieorchesters Baden-Baden und Freiburg unter Kent Nagano mit dem Solisten Thomas Hampson in der Felsenreitschule folgte wiederum dem Spannungsbogen von Tradition und Moderne und konfrontierte Kompositionen von Franz Schubert (Ausschnitte aus „Rosamunde" D 797) und Gustav Mahler (Fünf Lieder aus „Des Knaben Wunderhorn") mit Rihms 1999 entstandenem „Spiegel und Fluss-Nachspiel und Vorspiel für Orchester" und dessen 1997/98 komponiertem virtuosen und atmosphärischen „Vers une symphonie fleuve IV", wobei besonders bei diesem Stück das geflutete Podium zu Saariahos „L'amour de loin" eine optische Entsprechung der musikalischen Gedankengänge – in beiden Werken Rihms wird die Ästhetik eines kontinuierlichen Fließens vermittelt – schuf. Abschluss und Höhepunkt bildete am 31. August im Großen Festspielhaus, wenige Tage nach der Stuttgarter Uraufführung, die Aufführung von Rihms im Auftrag des „Europäischen Musikfestes Stuttgart 2000" erfolgte Vertonung des Lukas-Passionstextes „Deus Passus" durch das Bach Collegium Stuttgart und die Gächinger Kantorei unter Helmuth Rilling und die Solisten Juliane Banse, Iris Vermillion, Cornelia Kallisch, Christoph Prégardien und Andreas Schmidt. Auch hier ein deutlicher Hinweis auf Bach und damit die Tradition, indem Rihm deutlich kompositorische Zurückhaltung übte, der Ökonomie des Aufführungsapparates mit einem relativ klein besetzten Orchester entsprach, sich stark am Text orientierte und damit eine packende und imposante Passionsmusik schuf.

Aus Kostengründen, das Direktorium wollte der neuen Führung ein finanziell ordentlich bestelltes Haus übergeben, vereinte Hans Landesmann in der letzten von ihm verantworteten Konzertsaison 2001 drei Konzerte – Pollinis Wahl, next generation und Das Hohelied Salomos von Hans Zender – zum Zyklus „Komponisten der Zeitenwende", wobei sich der Begriff der Zeitenwende vom Beginn des 20. zu jenem des 21. Jahrhunderts verschob.

Maurizio Pollini hatte bei dem von ihm verantworteten Programm freie Wahl. Der italienische Starpianist verwendete, wie bereits 1999, einen Teil des ihm verliehenen Siemens-Preises auch 2001 für Kompositionsaufträge an Giacomo Manzoni, der bereits 1999 „Trame d'Ombre" für Salzburg geschrieben hatte, und Brian Ferneyough. Giacomo Manzoni widmete sein Stück „Oltre la soglia" („Jenseits der Schwelle") für Mezzosopran und Streichquartett der Erinnerung an den jüngst verstorbenen Franco Donatoni. Das Libretto war eine Collage historischer, keiner narrativen Logik folgender, Frauentexte von Katharina von Siena, Marina Zwetajewa, Karoline von Günderrode, Goethes Gretchen, Sylvia Plath, Antonia Pozzi, Amelia Rosselli und Anne Sexton. Manzoni hatte 1955 über „Die Rolle der Musik im Werke Thomas Manns" dissertiert, studierte beim italienischen Zwölftonpionier Gino Contilli und machte durch sein politisches Engagement – er war zwischen 1960 und 1986 Mitglied der KPI – von sich reden. Manzoni blieb auch in der Folgezeit politisch engagiert, schrieb „Imaggio a Che Guevara", die musikalischen Szenen „Per Massimiliano Robespierre", gab einer seiner Opern den Titel „Atomtod" und übersetzte Schönberg und Adorno ins Italienische. Brian Ferneyhoughs „The Doctrine of Similarity" bildete, ebenso wie ein Kompositionsauftrag Pollinis für New York ein Jahr zuvor, einen Teil der für die Münchner Biennale im Entstehen begriffenen Oper über Walter

Benjamin. Der 1943 in Coventry geborene Brite entwickelte in Reaktion auf die „Neue Einfachheit" der siebziger Jahre äußert komplizierte und oft beim ersten Blick als unrealisierbar anmutende Partituren. Den Beginn des Programms bildete mit „Le temps et l'Écume" eine Hommage an den 1998 verstorbenen Gérard Grisey.

Die Aufführung von Hans Zenders zwischen 1992 und 1996 entstandener Vertonung des Hohelieds Salomos „Shir Hashiri" durch das SWR-Vokalensemble unter Sylvain Cambreling und die Solisten Julie Moffat (Sopran), Matthias Klink (Tenor), Roswitha Staege (Flöte) und Uwe Dierksen (Posaune) bildete den Abschluss des Zyklus „Komponisten der Zeitenwende". Zender war bei Monteverdis „Marienvesper" auf den Text aus dem „Lied der Lieder" Salomos aufmerksam geworden und beschloss, in deutlichem Gegensatz zu den Komponisten des christlich-jüdischen Kulturkreises, die Vertonung des gesamten Textes, wobei er sich an die Übersetzung des Theologen Wilhelm Fuhrmann hielt, der die Sinnlichkeit des Textes und die ägyptischen Einflüsse deutlich hervortreten ließ. Die insgesamt vier Sätze spannten den Bogen vom gegenseitigen Werben, der Vereinigung der Liebenden über die Trennung bis zu deren Wiedervereinigung, wobei Zender durch Kombinationstöne (Summen- und Differenztöne) zu den jeweiligen Intervallen eine komplexe Kompositionstechnik mit 72 Tönen pro Oktave entwickelte. Erst mit diesem hochkomplexen System sah er sich in die Lage versetzt, den poetischen Schwingungen des Textes musikalisch zu entsprechen.

In engem programmatischem Kontext – alle vier Werke, von denen keines älter als zwölf Jahre war, hatten monumentalen Charakter – erfolgte die Konzeption des Konzerts des Radio-Symphonieorchesters Wien unter Dennis Russell Davies im Kleinen Festspielhaus. Neben Friedrich Cerhas 1989 bei den Festspielen uraufgeführtem „Monumentum für Karl Prantl", Hans Werner Henzes drittem Violinkonzert aus dem Jahr 1996 (Solist: Benjamin Schmid) und Isang Yuns 1990 entstandenen „Konturen" stand die Uraufführung des Klavierkonzerts des 1958 in Genf geborenen Michael Jarrell, eines Auftragswerks der Salzburger Festspiele, durch Thomas Larcher auf dem Programm. Jarells Klavierkonzert vermochte die Kritik nicht zu überzeugen. Gemessen an Friedrich Cerha vermittelte die Komposition im Urteil der Kritik den Eindruck des Eklektizismus und der Beliebigkeit.

Wenngleich vom Misserfolg begleitet, stritt Edgar Allan Poe seit den vierziger Jahren des 19. Jahrhunderts für die Selbständigkeit der amerikanischen Literatur. Wie viele andere forderte er nach der staatlichen Unabhängigkeit auch jene der Künste und der Wissenschaften. Man solle, so schrieb er in seinen Bemerkungen zur „Nationality in American Letters", ein amerikanisches Buch nicht erst dann für gut befinden, wenn dies ein Londoner Kritiker zuvor getan habe. Wenngleich zunächst nicht wahrgenommen, entstand in der Mitte des 19. Jahrhunderts mit Edgar Allan Poe, Emily Dickinson, Herman Melville, Walt Whitman eine selbständige amerikanische Lyrik und Prosa, wobei die Lyrik sich erst zu Beginn des 20. Jahrhunderts aus der bisher dominierenden viktorianischen „genteel tradition" löste und eigene Wege ging. Die Nachfrage nach guter Lyrik nahm rapide zu. Wurden in den USA 1900 200 verschiedene Gedichtbände verlegt, so waren es 1925 bereits 400. Die namhaftesten Vertreter dieser neuen selbständigen Generation der Lyriker waren Edwin Arlington Robinson, Carl Sandburg und Robert Frost, denen nach 1945 Lyriker wie Theodore Roethke, der radikalste Exponent der Off-Broadway-Gruppen, Paul Goodman, oder Langston Hughes als Vertreter des „schwarzen Amerika" folgten.

Thomas Hampson versuchte im Festspielsommer 2001, die Linien dieser Entwicklung nachzuzeichnen, indem er in einer zusammen mit Hans Landesmann entwickelten vierteiligen Serie unter dem Titel „The Hampson Project. I Hear America Singing" Vertonungen amerikanischer Lyrik durch Komponisten des 20. Jahrhunderts präsentierte. Die Komponisten wurden dabei in drei Gruppen geteilt: 1. europäische Komponisten wie Benjamin Britten, Hans Werner Henze, Paul Hindemith, Ralph Vaughan Williams und Charles Stanford; 2. in Europa ausgebildete, jedoch in die USA emigrierte Komponisten wie Sam Adler, Jean Berger, Ernest Gold, Kurt Weill, Sergius Kagen, Wilhelm Brosz und Ruth Schonthal, die ihre musikalische Tradition mit jener der neuen Heimat verschmolzen; 3. US-amerikanische Komponisten wie Ernst Bacon, Charles Griffes, Edward MacDowell, Aaron Copland, Virgil Thomson, Ned Rorem und Leonard Bernstein, die jedoch ihre spezifische Klangsprache durch außeramerikanische Studien ent-

wickelten. In den USA hatte Hampson bereits ein ähnliches Projekt realisiert, wobei er ein chronologisches Kaleidoskop präsentierte, in dem die Liederfolge einem Tagebuch der amerikanischen Entwicklung entsprach. Nun wollte er dieses Tagebuch von der europäischen Seite her mit Blickrichtung auf die amerikanische Lyrik schreiben. Deren Hauptparameter seien, so Hampson, „die Direktheit der Sprache, die Entwicklung des amerikanischen Englisch, das gerne belächelt wird. Aber es ist eine wunderbare Sprache, besonders die amerikanischen Dialekte. Und dann ist da die erfrischende, manchmal peinliche, naive, manchmal profunde, immer aber direkte erzählerische Kraft in der Lyrik. Und auch der Humor ist oft eine wichtige Komponente."[507]
Die Serie eröffnete ein gefeiertes Konzert des Radio-Symphonieorchesters Wien unter der Leitung von Dennis Russell Davies mit Thomas Hampson als Solisten in der Felsenreitschule. Nach Aaron Coplands effektvollem Stück für Blechbläser und Schlagzeug „Fanfare for the Common Man" aus dem Jahr 1942 folgte Kurt Weills zwischen 1942 und 1947 entstandene Vertonung von vier Gedichten Walt Whitmans, darunter „O Captain! O Captain!", mit dem der Schauspieler Robin Williams in der Rolle des Englischlehrers, der seinen Studenten im Film „Der Klub der toten Dichter" amerikanische Lyrik nahe zu bringen versuchte, weltberühmt und mit dem Oscar ausgezeichnet wurde. Es folgte Karl Amadeus Hartmanns 1945 im Andenken an die als „entartet" verfemten, sich im amerikanischen Exil befindenden Komponisten komponierte, jedoch erst 1989 uraufgeführte „Sinfonia tragica", Charles Ives' Orchester-Veduten „Three Places in New England" und fünf Beispiele aus Aaron Coplands „Old American Songs" aus den Jahren 1950 bis 1952. An den folgenden drei Abenden im Mozarteum erkundete Thomas Hampson zusammen mit Barbara Bonney und Susan Graham den Kosmos der Vertonung amerikanischer Lyrik von Benjamin Britten und Ralph Vaughan Williams über Paul Hindemith bis Leonard Bernstein. Der Erfolg beim Publikum und der Kritik war überwältigend. Hans Langwallner bemerkte: „Es war einer der ungewöhnlichsten und erfolgreichsten Zyklen, die Hans Landesmann für seinen letzten Festspielsommer als Konzertverantwortlicher geplant hat."[508] Peter Vujica resümierte begeistert: „Wenn es auch nur einigermaßen mit rechten Dingen zugeht, müsste Bariton Thomas Hampson von seinem lieben Vaterland, den USA, demnächst hoch geehrt werden.
Immerhin hat er bei den diesjährigen Salzburger Festspielen einem durchaus internationalen Publikum mit seinem ‚Hampson Project' sehr eindrücklich bewiesen, dass die Vereinigten Staaten nicht nur mit bisweilen recht auffälligen Präsidenten aufwarten können, sondern auch mit einer hierzulande zum Teil nur recht wenig bekannten Garde von Komponisten, die sich jedoch durchaus hören lassen können."[509]

IX. 1. „EIN APPELL AN DIE REVOLUTIONIERUNG DER WAHRNEHMUNGSFÄHIGKEIT." DAS PROJEKT „ZEITFLUSS"

Es begann 1989 mit einem symbolischen Akt. Zwischen dem Festspielbezirk und der von diesem durch die Salzach geschiedenen Neustadt verkehrte eine Fähre, auf der die Passagiere während der etwas mehr als zwei Minuten dauernden Überfahrt die Musik zeitgenössischer Komponisten hörten. Die durch diese symbolische Inszenierung möglichen Assoziationen waren mannigfaltig. Es war ein Anschwimmen gegen den Strom, eine Verbindung von Tradition und Neuem, eine Hinwendung zu einem neuen Publikum jenseits der Festspielhäuser. Kurz zuvor war Herbert von Karajan gestorben. Er, für so manchen der Ökonom schlechthin unter den Großen des Musikbetriebes, hatte seinen Obolus an Charon entrichtet, um über den Totenfluss Styx ins Jenseits zu gelangen. War mit seinem Tod nicht auch seine Festspielphilosophie gestorben, hatte sie nicht Charon auch über den Fluss gerudert? An solch mythologische Bezüge dürften die Initiatoren des Projekts, die beiden ehemaligen Mozarteum-Studenten und „Szene der Jugend"-Mitglieder Markus Hinterhäuser und Tomas Zierhofer-Kin, wohl kaum gedacht haben, als sie ihr Projekt starteten, das sich bereits zwei Jahre später als äußerst erfolgreich erweisen sollte.
Claudio Abbado, von Karajan zunächst gefördert, der sich von ihm jedoch auf Grund seiner linken politischen Positionierung zunehmend entfremdete, war 1989 als Operndirigent nach Salzburg zurückgekehrt und sollte als Nachfolger Karajans als Chefdirigent der Berliner Philharmoniker sowie auf Grund seines Einsatzes für die Moderne in den programma-

tischen Überlegungen der neuen Festspielführung eine zentrale Rolle spielen. Abbado verband eine enge Freundschaft zu Luigi Nono, der im Mai 1990 starb.

Der aus einer venezianischen Patrizierfamilie stammende Luigi Nono absolvierte ein Jus-Studium, ehe er sich vollständig der Musik, d. h. dem Komponieren, zuwandte, wobei er stark von seinem Lehrer am Konservatorium Gian Francesco Malipiero und später von Bruno Maderna beeinflusst wurde. 1948 begegnete er Hermann Scherchen, dem Dirigenten und Verfechter der Moderne. Scherchen, der 1933 aus Deutschland emigriert war, machte ihn mit der Zweiten Wiener Schule, vor allem Webern und Schönberg, bekannt, dessen Tochter Nuria Nono 1954 heiratete. Scherchen lud Nono zu den Darmstädter Ferienkursen, doch distanzierte sich dieser bald von der seriellen Doktrin der damaligen Avantgarde sowie den Zufallskonzepten von John Cage, denen er den Anspruch des politisch-humanitären Gewissens als entscheidendes Motiv seiner Kunst entgegenstellte. Nono war durch Scherchen, der Kommunist war, in seinen linken Ansichten bestärkt worden und wurde Mitglied der Kommunistischen Partei Italiens. In der Folgezeit bestimmten seine politischen Ansichten zu einem erheblichen Teil seine Kompositionen, so sein erstes 1961 in Venedig uraufgeführtes Bühnenwerk „Intolleranza" und vor allem seine „Azione scenica" in zwei Teilen, „Al gran sole carico d'amore" („Unter der großen Sonne, von Liebe beladen"), in denen er die kommunistische Utopie des Endes der Herrschaft des Menschen über den Menschen unter Verwendung von Texten von Maxim Gorki, Karl Marx, Wladimir Lenin, Bert Brecht, Fidel Castro, Che Guevara u. a. in 18 assoziativ verknüpften Szenen beschwor. Nono war eng mit Claudio Abbado, der 1984 in der Kirche San Lorenzo in Venedig sein großes Spätwerk „Prometeo" zur Aufführung brachte, und Maurizio Pollini befreundet, mit denen er zahlreiche politisch-pädagogische Projekte realisierte.

Hinterhäuser und Zierhofer-Kin unterbreiteten nunmehr Claudio Abbado im Sommer 1991 den Plan eines Avantgardefestivals im Rahmen der Festspiele, das Luigi Nono zu seinem ersten thematischen Schwerpunkt machen sollte. Abbado reagierte äußerst interessiert und verwies beide Initiatoren an Hans Landesmann, der ebenfalls positiv reagierte.

Im Rahmen der Eröffnung der Festspiele 1992 wurde bekannt gegeben, dass das 1993 im Zwei-Jahres-Rhythmus startende Projekt „Zeitfluss" als „Appell an die Revolutionierung der Wahrnehmungsfähigkeit" zu verstehen sei. „Es geht dabei um Grenzzustände der Wahrnehmung, mit denen das Publikum konfrontiert werden soll." Dabei stehe im kommenden Jahr bei dieser ersten echten Kooperation mit den Salzburger Festspielen die Musik des italienischen Komponisten Luigi Nono im Mittelpunkt. Man wolle „der Frage nachgehen, wie sich die Ästhetik des Widerstands definiere", erklärten Markus Hinterhäuser und Tomas Zierhofer-Kin als die für dieses Unternehmen Verantwortlichen.[510] Im Mittelpunkt des Festivals, dessen finanzieller Aufwand in der Höhe von 8 Millionen Schilling in etwa zur Hälfte von den Salzburger Festspielen getragen wurde, werde die Erstaufführung von „Prometeo – Tragedia dell' ascolto" unter Ingo Metzmacher in der Kollegienkirche stehen, die damit erstmals nach der skandalumwitterten Tabori-Inszenierung von Schmidts „Das Buch mit sieben Siegeln" wiederum als Aufführungsort zur Verfügung stand. Darüber hinaus würden seine Auseinandersetzung mit dem Konzentrationslager Auschwitz, „Ricorda cosa ti hanno fatto in Auschwitz", seine „Fragmente-Stille" sowie „An Diotima" neben Werken von Morton Feldman, John Cage, Helmut Lachenmann und Gerhard E. Winkler zur Aufführung gelangen.

Hinterhäuser und Zierhofer-Kin erhielten finanzielle und organisatorisch-strukturelle Unterstützung durch die Festspiele, blieben jedoch in ihren Dispositionen unabhängig. Im Sommer 1993 startete mit einem „Brennpunkt Nono" das als Biennale konzipierte Festival „Zeitfluss" als Festival im Festival. Die beiden ambitionierten, jedoch völlig unroutinierten Initiatoren begannen mit einem Paukenschlag, der Aufführung von Nonos „Prometeo" nach Texten des Philosophen Massimo Cacciari, dessen Uraufführung Claudio Abbado geleitet hatte, in der Kollegienkirche mit dem Ensemble Modern Frankfurt unter den Dirigenten Ingo Metzmacher und Peter Rundel. Die Aufführung wurde zum sensationellen Erfolg. Bernd Feuchtner berichtete, der Beifall des sehr gemischt zusammengesetzten Publikums sei ausdauernd und kräftig gewesen. „Noch lange standen Menschen vor der Kirche und fragten sich, was da passiert sei. In jedem Fall aber ist an diesem

Abend das deutlich Gestalt geworden, was das neue Salzburg werden könnte."⁵¹¹ Einen weiteren Schwerpunkt bildeten Nonos „politische" Kompositionen: das für das Peter-Weiss-Stück „Die Ermittlung" komponierte „Ricarda cosa ti hanno fatto in Auschwitz" und das anlässlich der Verhängung des Kriegszustandes in Polen 1981 entstandene „Diario polacco No. 2".

Mit erstrangigen Interpreten wie dem Arditti String Quartett, Irvine Arditti, Markus Hinterhäuser, Ensemble Recherche, Ensemble Modern, Klangforum Wien und dem Schoenberg-Chor wurden Kompositionen der 80er Jahre – Morton Feldman, Giacinto Scelsi, Edgard Varèse und John Cage bis zu seinem Schüler Helmut Lachenmann – in einen Kontext zu Nonos venezianischem Vorläufer Giovanni Gabrieli gestellt. Zudem kam die Auftragskomposition des Salzburger Komponisten Gerhard E. Winkler „emergent", ein auf einem Computerprogramm basierendes Stück, das sich während der Aufführung quasi mitkomponiert, zur Uraufführung, las Peter Fritz im Stadtkino nach einer Auswahl des Burgtheater-Dramaturgen Hermann Beil aus dem Werk von Peter Weiss „Die Ästhetik des Widerstandes" und bot die Berliner Rockgruppe „Einstürzende Neubauten" einen die traditionellen Hörgewohnheiten zerstörenden Gegenentwurf.

Im musikalischen Bereich bildete neben Nonos „Prometeo" das Konzert des österreichischen Eliteensembles für Neue Musik, Klangforum Wien, unter Beat Furrer in der Aula Academica am 23. August einen der Höhepunkte, in dem neben Morton Feldman und Giacinto Scelsi Edgard Varèses „Octandre" und „Intégrales" zur Aufführung gelangten. Pierre Boulez hatte über Edgard Varèse (1883–1965), neben Nono, Scelsi und Feldman einer der Erneuerer und Wegbereiter der Moderne, bemerkt: „Ihre Zeit ist vorbei und beginnt." Die Salzburger Festspiele sollten dieses Urteil bestätigen. 2009 wurde Varèse ein Programmschwerpunkt gewidmet. Das Interesse sowie die Zustimmung des Publikums waren erstaunlich. Hans Langwallner berichtete von dem Konzert, dass offensichtlich die Philosophie des „Zeitfluss"-Festivals zieht. „Und zwar besser, als sich das in den kühnsten Wünschen hätte ahnen lassen. Denn Stimmung und Jubel breiteten sich nach der packend explosiven Aufführung von Edgard Varèses ,Intégrales' (1924) geradezu enthusiastisch aus."⁵¹²

Ergänzt wurden die Konzerte durch eine Avantgarde-Filmreihe mit Werken von Andy Warhol, Ken Jacobs, Man Ray, Peter Kubelka u. a. Das Presseecho war enorm, der Erfolg in diesem Ausmaß überraschend. So war die Nachfrage nach den beiden „Prometeo"-Abenden in der Kollegienkirche so groß, dass eine öffentliche Generalprobe und zusätzliche Termine eingeschoben werden mussten.

Die Festspiele reagierten und übernahmen den „Zeitfluss" 1995 in ihr Vorprogramm. Auf Grund der budgetären Nöte der Festspiele 1994 und der Unsicherheiten in der Programmgestaltung des Jubiläumsjahres 1995 sowie der notwendigen Renovierungsarbeiten an beiden Festspielhäusern sahen sich die Festspiele jedoch nicht in der Lage, das „Zeitfluss"-Projekt nach Absagen von Stadt und Land Salzburg direkt zu übernehmen. Man könne es zwar unterstützen, jedoch nicht übernehmen, bemerkte Festspielpräsident Heinrich Wiesmüller vor Festspielbeginn 1994.⁵¹³ Sollte das so interessante Avantgarde-Festival im Zwei-Jahres-Rhythmus weiter durchgeführt werden, könne man dessen Finanzierung nicht einfach den Festspielen übertragen. Bund, Land und Stadt Salzburg seien nunmehr gefordert, nicht nur Lippenbekenntnisse abzugeben, sondern diesen auch konkrete Finanzierungszusagen folgen zu lassen. Diese folgten Anfang August, als Landesrat Othmar Raus nach einem Gespräch mit Tomas Zierhofer-Kin und Hans Landesmann erklärte, „Zeitfluss" sei auch im Jahr 1995 gesichert. Die Stadt Hallein und das Land Salzburg würden jeweils 500.000 Schilling, der Bund 1 Million Schilling und die Salzburger Festspiele 4 Millionen Schilling beisteuern. Zudem werde man sich um Sponsoren bemühen. Die meisten Aufführungen würden auf der Perner-Insel stattfinden.⁵¹⁴ Die Ankündigung des Salzburger Kulturlandesrates war etwas verfrüht, da der von ihm genannte Beitrag der Salzburger Festspiele auf Grund des für 1995 zu erwartenden Abgangs nicht gehalten werden konnte. In der Kuratoriumssitzung am 16. August wurde ein revidierter Finanzierungsschlüssel beschlossen: die Festspiele leisteten 2 Millionen, der Bund 1,2 Millionen und Land Salzburg und die Stadt Hallein je 500.000 Schilling. Der Rest sollte über Sponsoren aufgebracht werden. Thematisch sollte, so Markus Hinterhäuser und Tomas Zierhofer-Kin am 18. August anlässlich der Programmpressekonferenz, „Zeitfluss 95" das Bedenkjahr zum Ende der NS-

Diktatur reflektieren und an die Veranstaltung 1993 mit dem Schwerpunkt Luigi Nono anschließen. Spielorte waren vor allem die Perner-Insel, ferner die Kollegienkirche, die Felsenreitschule und das Mozarteum. Bei der Pressekonferenz bezeichneten Mortier und Landesmann „Zeitfluss" als einen integrierten Bestandteil der Salzburger Festspiele, der durch seine Selbständigkeit dazu beitrage, die Moderne an die Basis des erneuerungswilligen Publikums der Festspiele zu bringen.[515]

Das Festival geriet jedoch zu Jahresbeginn 1995 in eine finanzielle Krise, als die Stadt Salzburg angesichts der leeren Kassen und der notwendigen Budgetsanierungsmaßnahmen ihren Beitrag, der 1993 noch 500.000 Schilling betragen hatte, drastisch reduzierte. Die dadurch entstehende Finanzierungslücke musste durch die Gewinnung zusätzlicher Sponsoren geschlossen werden. Die beiden Initiatoren des Projekts, Markus Hinterhäuser und Tomas Zierhofer-Kin, vermuteten hinter dieser Budgetkürzung jedoch weniger das Diktat der leeren Kassen, als vielmehr eine Ablehnung der antifaschistischen Thematik des Festivals, das 1995 mit Werken von Morton Feldman, Ernst Krenek, Luigi Nono u. a. des Endes der Nazi-Diktatur gedenken wollte.[516] „Zeitfluss" verfügte jedoch über zahlreiche publizistische Fürsprecher. So bemerkte Peter Vujica zum Beschluss der Stadt Salzburg, „Zeitfluss" stelle „jenen Bestandteil der Salzburger Festspiele" dar, „ohne den die neuerdings immer wieder ausgerufene Pflege der Moderne wohl nur ein Lippenbekenntnis bliebe". Wenn es den Festspielen um die Moderne wirklich ernst sei, müssten sie den „Zeitfluss" selber übernehmen und nicht nur einen Beitrag leisten und die beiden Initiatoren auf „Schnorrtour" schicken.[517] Ein Element dieser „Schnorrtour" bildete das Benefizkonzert am 13. April im Mozarteum mit Maurizio Pollini, Bruno Ganz und dem Trio Recherche, die sich unentgeltlich zur Verfügung stellten. Damit wurde nicht nur das Programm des Sommers 1995 vorgestellt, sondern auch Geld für das Festival eingespielt. Hinterhäuser und Zierhofer-Kin betonten dabei, dass trotz aller Bemühungen um Spenden und Sponsoren „Zeitfluss" ohne die Salzburger Festspiele nicht existieren könnte.[518]

„Zeitfluss" entdeckte 1995 mit der bereits von der „Szene der Jugend" genützten Perner-Insel eine neue Spielstätte, deren karges Erscheinungsbild sowohl zur dargebotenen Musik wie auch zur Philosophie der Initiatoren – die Identifikation der Musik mit dem Ort – passte. „Gesänge von der Notwendigkeit des Überlebens" lautete das Motto der Veranstaltungsreihe, die, einer inneren Logik gehorchend, mit Nonos bereits 1993 gespielten „Ricorda cosa ti hanno fatto in Auschwitz" eröffnet wurde, gefolgt von Olivier Messiaens „Et exspecto resurrectionem mortuorum", dem von Hans Werner Henze zwischen 1990 und 1992 komponierten „Requiem" und der Lesung des „Lieds vom ausgerotteten jüdischen Volk" des in Auschwitz ums Leben gekommenen Jizchak Katzenelson. Neben Luigi Nonos Vertonung von Briefen zum Tode Verurteilter „Il canto sospeso" mit Patrice Chéreau als Sprecher galten Morton Feldman („The King of Denmark"), John Zorn („Kristallnacht"), John Cage („Silence", „Number Pieces"), Giacinto Scelsi („Cantio del capricorno"), Ernst Krenek und Iannis Xenakis weitere Programme. Michael Gielen brachte im Großen Festspielhaus Bernd Alois Zimmermanns „Requiem für einen jungen Dichter" zur Aufführung, während Peter Eötvös und Peter Rundel mit dem Ensemble Modern Frankfurt auf der Perner-Insel vier Stücke von Heiner Goebbels und Edgard Varèses „Deserts" präsentierten, begleitet von den filmischen Assoziationen Bill Violas. „Apokalypse live" war der Titel eines 1994 entstandenen „Hörspiels nach der biblischen Offenbarung des Johannes" in 22 Gesängen von Andreas Ammer, FM Einheit und Ulrike Haage, das die Komponisten selber auf der Perner-Insel zur Aufführung brachten. Bereits nach den ersten beiden gut besuchten Veranstaltungen des Festivals erklärten dessen Veranstalter auf einer gemeinsamen Pressekonferenz mit Hans Landesmann, es gebe in Salzburg ein Publikum, das die Herausforderung mit zeitgenössischer Musik verlange und offensichtlich annehme. Dieses erkenne die Kontexte, ohne dass mit dem Zeigefinger darauf gewiesen werden müsse. Und Landesmann ergänzte, die Festspiele betrachteten den „Zeitfluss" keineswegs als „Feigenblatt". Er habe den Wunsch, dass es in ein paar Jahren selbstverständlich sei, in Konzerten zeitgenössische Musik zu spielen.[519] Das publizistische Echo war enorm. So sprach Peter Hagmann von einem gelungenen „Gegenmodell zur ‚Rosenkavalier'-Ästhetik",[520] Lászlo Molnár von „kraftvollen Akzenten"[521] und Reinhard Kager von einem „geheimen Höhepunkt der … Salzburger Festspiele."[522]

Als letzter Teil der Festivaltrilogie stand „Zeitfluss 97" nach „Ästhetik des Widerstands" (1993) und „Gesänge von der Notwendigkeit des Überlebens" (1995) unter dem Titel „Endspiel". Stand zu Beginn der Trilogie die Frage nach der verändernden Kraft des Kunstwerks mit der Leitfigur Luigi Nono im Mittelpunkt, widmete man sich im „Gedenkjahr" 1995 der Frage, wie Kunst in physischen und psychischen Grenzsituationen Möglichkeiten bietet, Bedrohungen des Menschlichen anzuklagen und gleichzeitig Gegenmodelle einer gelebten Freiheit und des Überlebens zu entwerfen, wurde 1997 die Frage nach der Transzendenz gestellt: Kunst als Mittel der Spiritualität und Entgrenzung, als Idee einer fernen Welt, die wir alle als heuristische Fiktion in uns tragen.

Dabei spannte sich der Bogen von Morton Feldmans einaktiger Beckett-Oper „Neither" für Sopran-Solo und großes Orchester in der Inszenierung durch den Raumkünstler Michelangelo Pistoletto in der Kollegienkirche über Luigi Nonos „Post-Prae-Ludium per Donau" sowie André Richards „Glidif" für Bassklarinette, Kontrabass und Live-Elektronik bis zur Uraufführung des Musiktheaters „100 Objects to Represent the World" im Stadtkino von Peter Greenaway und Helmut Oehring.

Ausgehend von der US-Weltraummission, in der 100 für die menschliche Kultur repräsentative Gegenstände ins All geschossen wurden, schuf der Filmregisseur, Maler und Ausstellungsmacher Peter Greenaway mit dem deutschen Komponisten Helmut Oehring ein Musiktheater, in dem die Frage im Zentrum stand, wie sich die abendländische Kultur am Ende des zweiten Jahrtausends darstellen lasse. Es entstand ein multimediales Musiktheater, eine Symbiose aus Oper, Ausstellung und Film. Peter Greenaway hatte bereits 1992 mit seiner „Prop Opera" (Requisitenoper) in der Wiener Hofburg für Furore gesorgt. Damals hatte er 100 Objekte, die die Welt repräsentierten – Damenunterhosen, Zeitungen, Mikrophone, einen Christbaum, eine Glühbirne – in einem ironischen, zum Nachdenken anregenden ästhetischen Mischmasch präsentiert. Durchaus erfolgreich, denn 60.000 Besucher kamen zu der ironisch-originellen Ausstellung. In Salzburg präsentierte er im Stadtkino diese 100 Objekte im Rahmen eines multimedialen Spektakels, in dem Adam und Eva durch die angehäuften Requisiten führten. Die Aufführung, die sich anschließend auf eine Europa-Tournee begab, wurde weder vom Publikum noch der Kritik mit Zustimmung aufgenommen. Sie sei läppisch und phantasielos, so der Tenor der Kritik.

Eine völlig andere Auseinandersetzung mit den „letzten Dingen" bildete Luigi Nonos spätes „Requiem für Andrej Tarkowskij" für sieben Orchestergruppen im Raum, seine im Grenzbereich zwischen Hoffnung und Verzweiflung angesiedelten und auf Texten von Ingeborg Bachmann und Herman Melville basierenden „Resonanze erranti a Massimo Cacciari" und die Klangkathedrale „Dome Peak" des in Österreich lebenden Kubaners George Lopez mit 100 in verschiedenen Höhen um das Publikum postierten Musikern des SWF-Symphonieorchesters unter Michael Gielen in der Kollegienkirche.

Die Aufführung von Mark-Anthony Turnages „Blood on the Floor" in der Felsenreitschule durch das Ensemble Wien Modern unter Peter Rundel und die Jazz-Größen Peter Erskine und John Scofield präsentierte in Fortsetzung der Projekte „Einstürzende Neubauten" sowie von Cecil Taylor und Heiner Goebbels eine Interaktion von Jazz und Underground. Der kompromisslosen Tonsprache der St. Petersburger Komponistin Galina Ustwolskaja, ihrer vom religiösen Geist erfassten Musik, dargeboten durch das Klangforum Wien unter Jürg Wyttenbach, und dem amerikanischen Musiker John Zorn und seinem Ensemble war ein weiterer Abend im Residenzhof gewidmet, in dem auch das Théâtre de Vidy aus Lausanne mit Samuel Becketts „Endspiel" in der Regie von Joël Jouanneau gastierte.

1999 stand das Festival unter dem Motto „Theater der Klänge" und unternahm den Versuch, Musik in verschiedenen und völlig unterschiedlichen Räumen zum Klingen zu bringen. In einem programmatischen Überblick präzisierten Tomas Zierhofer-Kin und Markus Hinterhäuser das Thema mit dem Hinweis, das geplante „Theater der Klänge" sei als Resultat einer mehrjährigen Beschäftigung mit der Frage zu verstehen, „ob und wie eine künstlerische Äußerung als etwas vermittelt werden kann, das jenseits ästhetischer Diskussionen Notwendigkeit – menschliche Notwendigkeit – besitzt … Das ‚Theater' in seiner ursprünglichen Idee, nämlich als Kunstform, die unmittelbar mit dem Leben verbunden ist, als Kommunikationsraum, vielleicht als ‚soziale Plastik', als gelebte Kultur und nicht als Kultur der Reproduktion leer gewordener Formen. Auch Musik existiert nicht an sich, sie ist immer durch die Situation ihrer Aufführung bestimmt. Sie ist in dem Moment, in dem sie lebt, also erklingt, Theater. Theater im Sinne des Zusammenwirkens unterschiedlichster darstellerischer Mittel (vom Raum des Erklingens, der Beziehung zwischen Ausführenden, Werk und Hörer bis hin zum Umfeld des Erklingens). Das ‚Theater der Klänge' als Suche nach Werken und Aktionen, denen allesamt eine ursprüngliche Kraft innewohnt, eine Kraft, die sich dem Zweckdenken unserer Gesellschaft entzieht, die Magie und Anarchie in sich trägt und die Formen konventioneller Darstellung sprengt."[523]

Im Vorfeld der Veranstaltungsreihe häuften sich die finanziellen und organisatorischen Probleme. Die beiden Veranstalter hatten bereits 1997 mit deutlich sinkenden Sponsorbeiträgen zu kämpfen, die sie durch persönliche Haftungen auszugleichen versuchten. Sparsamkeit war angesagt, die bisher aufwändig gestalteten Programmbücher verschwanden.

Durch die Absage von zwei Sponsoren musste aus finanziellen Gründen die geplante Uraufführung der aufwändigen „200 Million Motels-Collapse fusion" von Helmut Oehring und Iris ter Schiphorst, eine Überhöhung von Frank Zappas legendären „200 Motels", auf die folgenden Jahre verschoben werden. Auch die zum Abschluss geplante radikale Neufassung von Glucks Oper „Orpheus und Eurydike" von Einar Schleef im Sinne eines experimentellen Theaters der Klänge mit drei professionellen Sängern, einem Laienchor, Blasmusiken, Zitherspieler, Schrei-Chören und einem Cembalo musste, obwohl die Veranstalter den finanziellen Forderungen Schleefs weitgehend nachgaben, nach Probenbeginn im Messezentrum unter gegenseitigen Schuldzuweisungen des Regisseurs und des Veranstalters am 5. Juli abgesagt werden.

Zum Glück im Umglück gestaltete sich das reduzierte Programm interessant und durchaus erfolgreich. Giorgio Battistelli eröffnete mit seiner musikalischen Aktion „Experimentum Mundi" im Stadtkino den „Zeitfluss 99". Unter seiner Leitung hämmerten, klöppelten, schusterten, schmiedeten, böttcherten 16 Handwerker aus Albano Laziale, dem Heimatort des Komponisten in der Nähe von Rom, ein Frascati-Holzfass und produzierten einen Klang, in den sich Frauenstimmen mischten, die eine Litanei von Vornamen rezitierten. Zudem kontrapunktierten ein Schlagzeuger und Bruno Ganz als Sprecher mit Diderots „Encyclopédie française" das Geschehen, dessen Geräuschkulisse den geschäftigen Alltag eines süditalienischen Dorfes vermittelte. Nach einer Stunde waren ein Fass, eine Mauer, eine Straße, eine Pasta und manch anderes entstanden, die Klänge hatten sich materialisiert. Ein naturnahes Erlebnis des „Theaters der Klänge" vermittelte die Neufassung der zwei Jahre zuvor in den Dolomiten uraufgeführten „sinfonische Aktion im Bergraum" von George Lopez unter dem Titel „Traumzeit – Traumdeutung" auf dem 2.200 Meter hohen Kitzsteinhorn, wo das in vier Gruppen aufgeteilte Tiroler Ensemble für Neue Musik unter Oswald Sallaberger die Musik des Amerikaners spielte, wobei die einzelnen Gruppen bis zu 400 Meter voneinander entfernt postiert waren. Gefordert waren Auge und Ohr bei Salvatore Sciarrinos Klangsprache, die sich in der musikalischen Gestaltung durch das Freiburger „ensemble recherche" Gesualdo da Venosas Madrigalen „Le Voci sotto Vetro" den von Bruno Ganz gelesenen „Lettere Poetiche" Torquato Tassos sowie der unter dem Titel „Infinito Nero" komponierten Geschichte der von Sonia Turchetta gestalteten Maddalena de' Pazzi, die um 1600 in eine religiös-sexuelle Phantasie verfiel, widmete.

Einen weiteren Programmschwerpunkt bildete die Uraufführung der psychischen Grenzerfahrung „Granular Synthesis POL Version 2.0" von Granular Synthesis im Messezentrum. Über die Besucher brach in einem technologischen Wunderraum eine synthetische „Naturkatastrophe" in Form der Performerin und Sängerin Diamanda Galas herein und entfachte ein Techno-Musiktheater, das auch körperlich erlebbar wurde. Nicht umsonst hatten die Veranstalter Herzleidenden, Schwangeren und Epileptikern von einem Besuch dieser Veranstaltung abgeraten.

Alvin Lucier, der „Poet der elektronischen Musik", gastierte erstmals in Salzburg und präsentierte zusammen mit Robyn Schulkowsky im Stadtkino seine magischen Klangräume. Bereits 1965 hatte der Grenzgänger zwischen Naturwissenschaft, Technik und Musik die Alpha-Wellen der Hirnströme benutzt, um mit deren Hilfe ein ganzes Arsenal von Schlagzeuginstrumenten in Schwingung zu bringen. Im Stadtkino war nun Robyn Schulkowsky verkabelt, um mit meditativer Konzentration eine Maschinerie in Gang zu bringen, die Lucier an einem Regler zu Klängen umformte. Dadurch entstand ein eigenarti-

Erstaufführung von George Lopez' „Traumzeit und Traumdeutung" – sinfonische Aktion im Bergraum auf dem Kitzsteinhorn 1999.

Chor der schreienden Männer im Residenzhof 1999.

ger akustischer Raum, in dem Trommelschläge, filigranes Bambus-Geklimper, eine Glocke und ein Tambourin geheimnisvoll, weil nur durch den menschlichen Willen und nicht durch Menschenhand gesteuert, miteinander in Beziehung traten. Es folgte Uri Caines „Urlicht", die Transposition der monumentalen musikalischen Welt Gustav Mahlers in die Musik-Sprache der Gegenwart durch den Pianisten und seine Musiker Michael Formanek (Bass), Don Byron (Klarinette), Ralph Alesi (Trompete), Jim Black (Schlagzeug) und den Sänger Ofer Kalaf. Caine entlieh sich bei seinem Versuch mehrere Themen aus Mahlers 1., 2. und 5. Symphonie sowie aus dem „Lied von der Erde" und „Des Knaben Wunderhorn". Auf diesem Fundament traten Caine und sein Ensemble eine faszinierende Zeitreise an, in der sich zur Freude des Publikums Kitsch mit anspruchsvollem Jazz mischte.

Nach Alvin Luciers akustischen Erkundungen wurde das Stadtkino für John Cages „Imaginary Landscapes" aus Radioapparaten, Plattenspielern, Kakteen, Muscheln, Feuer und Wasser neuerlich zu einem akustischen Zauberraum, den das Brüsseler Ictus Ensemble, Robyn Schulkowsky und Alvin Lucier gestalteten. Weitgehend traditionell notierte Werke wechselten mit indeterminierten, in denen Cage den traditionellen Werkbegriff bewusst aufgab und dem Zufall als musikalische Größe Raum gab, allerdings nach genau vorgeschriebenen Regeln. Den Abschluss bildeten im Residenzhof der finnische „Chor der schreienden Männer" unter seinem Dirigenten Petri Sirviö und die rumänische Brass Band „Fanfare Ciocarlia". Zirka 30 schwarz gekleidete Männer produzierten weder Kantabilität noch eindeutige Tonhöhen, sondern schrieen und kreischten als Frontalangriff auf das Trommelfell und als Persiflage männlicher Liederbünde Volkslieder und Nationalhymnen. Die aus elf Roma bestehende „Fanfare Ciocarlia", die schnellste Blaskapelle der Welt, führte die Tradition der Gypsy Brass Band mit faszinierender Virtuosität in das 20. Jahrhundert fort und produzierte Musik zwischen Balkan und Free Jazz.

Im Vorfeld des Festspielsommers 2001 erklärte Markus Hinterhäuser, „Zeitfluss" werde auf die durch die Bildung der ÖVP/FPÖ-Koalition geänderte politische Situation in Österreich reagieren, „indem wir aus den Protokollen des Auschwitz-Kommandanten Rudolf Höss lesen werden"[524].

Der intendierte politische Akzent im Sinne des propagierten Antifaschismus wurde in drei Veranstaltungen deutlich. Einar Schleef sollte im Stadtkino die Veranstaltungsreihe mit einer Lesung aus Friedrich Nietzsches „Ecce Homo" eröffnen, gefolgt von einer von Peter Huemer geleiteten Podiumsdiskussion und einer Lesung Erwin Steinhauers aus den Erinnerungen des Auschwitz-Kommandanten Rudolf Höß. Die von Einar Schleef gestaltete Eröffnungsveranstaltung fand jedoch nicht statt, da der deutsche Regisseur am 21. Juli in einem Berliner Krankenhaus einem Herzleiden erlag.

Mit einer Fähre über die Salzach 1989 und Luigi Nono 1993 hatte es begonnen, mit Luigi Nono endete es 2001. „Zeitfluss" räumte 2001 das Feld, nicht nur wegen des Ausscheidens von Gérard Mortier und Hans Landesmann aus der Festspielführung, sondern wegen der mangelnden „kollektiven Zustimmung" der letztlich im Ghetto verbliebenen Avantgarde und den erheblichen finanziellen Problemen. 2001 waren lediglich das Land Salzburg und wenige Sponsoren als fixe Financiers verblieben, sodass die beiden Festival-Gründer auf eigenes Risiko nochmals den Sprung wagten. Sie erklärten zum offensichtlich letzten Festival-Start: „Dieses Festival war eine schwere Geburt, aber es ist ein schönes Baby. Es ist das fünfte Festival, und wir müssen immer noch bei Null anfangen, wir haben kein gesichertes Terrain." Das diesjährige Programm sei auch ein Rückblick auf die vergangenen Festivals und zeichne sich durch den konsequenten Versuch aus, den Entwurf eines anderen Denkens, Hörens und Fühlens zu wagen und zu vermitteln.[525] Statt eines Mottos stand ein Ausspruch Jean Dubuffets, den man durchaus auch als Kritik an den Festspielen verstehen konnte, als Leitmotiv auf dem Programm: „Wo die Kultur ihre pompösen Podien aufschlägt, wo es Preise und Lorbeer regnet, da sollte man schleunigst das Feld räumen. Die Aussichten, dort auf Kunst zu treffen, sind minimal. Und sollte sie jemals dort gewesen sein, hat sie sich eiligst in ein besseres Klima verzogen. Sie kann nämlich die Luft der kollektiven Zustimmung nicht vertragen. Selbstverständlich ist die Kunst ihrem Wesen nach verwerflich! Und überflüssig! Und asozial, subversiv, gefährlich! Und wenn sie das nicht ist, dann ist sie weiter nichts als Falschgeld, leere Hülle, Kartoffelsack."

„Zeitfluss" schlug 2001 keine pompösen Podien

mehr auf. Da der Veranstaltung nicht mehr die Perner-Insel zur Verfügung stand, schlug man seine Zelte – im wahrsten Sinn des Wortes – im Volksgarten auf, wo die meisten Veranstaltungen, so umfangreich wie nie zuvor und begleitet von den kulinarischen Köstlichkeiten von Carlo Wolf, stattfanden. U. a. kamen Luigi Nono mit „Prometeo" und „Io, Frammento da' Prometeo"-Fragmenten, John Cage mit „Two", Morton Feldman mit dem vierstündigen (!) Stück für Klavier, Flöte und Schlagzeug „For Philip Guston" und der junge österreichische Komponist Wolfgang Mitterer zur Aufführung, veranstalteten die Perkussionisten aus Neuseeland ein Schlagzeuggewitter, gestaltete David Krakauer die Abschlussveranstaltung mit Klezmermusik, wurde am Beispiel der von Erwin Steinhauer gelesenen Auschwitzerinnerungen von Rudolf Höß die Beziehung zwischen Mensch und Gesellschaft diskutiert und präsentierten pakistanische Fakire Sufi-Musik als Ausdruck der liberalen Tradition des Islam. Gegengleich repräsentierte György Ligetis „Lux aeterna", kombiniert mit Johannes Ockeghems „Missa Prolationum" und Terry Rileys „In C" in der Kollegienkirche die christliche Kontemplation. Besonderen Eindruck hinterließ die Salzburger Erstaufführung von Luigi Nonos „Io, Frammento da' Prometeo" in der Kollegienkirche durch das Experimentalstudio der Heinrich-Strobel-Stiftung des SWR und den Solistenchor Freiburg unter André Richard sowie die Solisten Katia Plaschka (Sopran), Petra Hoffmann (Sopran), Monika Bair-Ivenz (Sopran), Roberto Fabbriciani (Flöte) und Ciro Scarponi (Klarinette).

Karl-Markus Gauß bemerkte, mit dem „Zeitfluss"-Festival sei „die neueste Musik in Salzburg lebendig" geworden, „sie trat aus dem halbleeren Konzertsaal, in dem sich eine Gemeinde der Unentwegten versammelt hatte, ging unter die Leute und hat sich, weil sie keine Warntafel ‚Vorsicht, Avantgarde!' vor sich hertrug, ein Publikum geschaffen, das nicht aus lauter Connaisseuren bestand …"[526] Und Christof Siemes resümierte, dass bei diesem Avantgarde-Festival im Rahmen der Salzburger Festspiele nicht alles gelungen sei, manche Expeditionen auch in die Irre geführt hätten. „Und doch bereut man es nie, dabei gewesen zu sein. Weil bei ihnen nie kollektive Zustimmung in der Luft liegt. Weil man stolz darauf ist, gemeinsam etwas gewagt zu haben. Haltung gezeigt hat."[527]

IX. 2. DIE SPRACHE DER MUSIKALISCHEN AVANTGARDE – „NEXT GENERATION"

Das „Zeitfluss"-Festival übte ab 1996 auch direkten Einfluss auf die Programmgestaltung der Festspiele durch die Implementierung der Konzertreihe „next generation" aus, in der die musikalische Avantgarde zu Wort kam. Korrespondierend zu einem insgesamt sieben Abende umfassenden „Projekt Friedrich Cerha" anlässlich des 70. Geburtstages des Komponisten erfolgte ein ebenfalls sieben Abende umfassender Zyklus „next generation", in dem die international bereits renommierten jungen Komponisten Kaija Saariaho und Marco Stroppa, beide Mitglieder des von Pierre Boulez gegründeten elektronischen Studios in Paris „IRCAM", sowie Beat Furrer mit einigen ihrer Kompositionen vorgestellt wurden.
Saariaho hatte 1989 mit ihren Tonbandstücken „Stillleben" und „Io" den „Prix ars electronica 1989" in Linz erhalten, und Stroppa errang seinen internationalen Durchbruch im Rahmen einer ihm 1990 gewidmeten Personale beim Festival „Wien modern". Beide in Paris lebende Komponisten verwendeten in ihren Kompositionen computergesteuerte Transformationen des Instrumentalklangs, wenngleich sie ihre Salzburger Auftragskompositionen für den traditionellen Orchesterapparat schrieben. Einblicke in ihre elektronisch unterstützte Kompositionstechnik boten die übrigen Konzerte des Zyklus. Elektronische Tonbandzuspielungen verwendete auch der Austroschweizer Beat Furrer, Mitbegründer und ständiger Dirigent des „Klangforum Wien" und Professor für Komposition an der Grazer Musikhochschule.
Die Salzburger Festspiele hatten mit großzügiger Unterstützung von Betty Freeman den drei jungen Vertretern der musikalischen Avantgarde die Komposition von Auftragswerken ermöglicht, von denen zwei durch prominente Interpreten im Rahmen von Orchesterkonzerten in der Felsenreitschule zur Uraufführung gelangten: Marco Stroppas Klavierkonzert „A blade of grass" durch Pierre-Laurent Aimard und das Cleveland Orchestra unter Christoph von Dohnányi und Kaija Saariahos von Bach und der französischen Musik beeinflusstes „Chateau de l'âme" durch Dawn Upshaw und das Philharmonia Orchestra unter Esa-Pekka Salonen. Beat Furrers von Edgard Varèse und Morton Feldman beeinfluss-

tes Konzert für zwei Klaviere und Orchester „nuun" wurde erstmals im Mozarteum durch Marino Formenti und Mathilde Hoursiangou sowie das Klangforum Wien unter der Leitung des Komponisten präsentiert.

1997 folgten, dank der neuerlichen Unterstützung von Betty Freeman, die Präsentationen des ebenfalls mit dem „IRCAM" verbundenen Österreichers Karlheinz Essl, Sohn des bekannten österreichischen Kunstsammlers, und des Deutschen Matthias Pintscher. Essl, der bei Friedrich Cerha Komposition studierte und Anton Webern, Karlheinz Stockhausen, György Kurtág und John Cage zu seinen kompositorischen „Vätern" zählte, bediente sich bei seinen Kompositionen extensiv der Elektronik und ihrer Möglichkeiten. Im Rahmen der von ihm gestalteten beiden Abende präsentierte er neben Kompositionen dieser musikalischen Ahnen auch eigene, darunter als Uraufführung ein von Ingeborg Bachmanns Gedicht „Die gestundete Zeit" inspiriertes Ensemblestück, eine Auftragskomposition der Festspiele. Bachmann beschrieb in ihrem Gedicht das Lebensgefühl nach der einschneidenden Zäsur des Zweiten Weltkrieges. Essl griff diese Stimmung musikalisch auf, indem er ruhige Klangflächen mit bewegten konfrontierte und sie in einem dichten Dialog, der von einem aggressiven Beginn zu einem ruhigen, in Halbtönen verebbenden Ende führt, miteinander verwob. Die Komposition spielte bewusst mit dem Raum, die Ausführenden, das Ensemble Modern unter Hans Zender, bevölkerten zum Großteil den Balkon des Großen Saales des Mozarteums, während auf dem Podium neben dem Dirigenten lediglich der Pianist und zwei Perkussionisten wirkten.

Ebenfalls auf Raumwirkung zielte die Komposition des erst 26-jährigen Deutschen Matthias Pintscher, dessen Auftragskomposition „Fünf Orchesterstücke" im Rahmen eines Konzerts des Philharmonia Orchestra unter Kent Nagano in der Felsenreitschule zur heftig akklamierten Uraufführung gelangte. Auf Pintschers Kompositionen übten die Installationen von Joseph Beuys und die Stelen von Alberto Giacometti starken assoziativen Einfluss aus, denen Alban Berg, Hans Werner Henze und Helmut Lachenmann auf der musikalischen Seite der Einflussskala korrespondierten. In Salzburg gelangte 1997 neben den „Fünf Orchesterstücken" auch Pintschers von Giacomettis Plastiken beeinflusstes Streichquartett „Figura II/Frammento" durch das Arditti Quartett zur Uraufführung. Es sei ein „Klangkosmos filigraner Elemente", deren „feine Farbspiele und kunstvolle Bewegungen" den Einfluss Anton Weberns deutlich verrieten, urteilte Karlheinz Roschitz.[528]

1998 stand in programmatischer Ergänzung zum Jelinek-Schwerpunkt im Bereich der Serie „Dichter zu Gast" die aus Graz stammende Olga Neuwirth, die Elfriede Jelinek der zeitgenössischen Musik, im Zentrum der von ihr gestalteten Veranstaltungsreihe, die aus finanziellen Gründen auf zwei Konzerte im Residenzhof schrumpfte.

Die 1968 in Graz geborene Tochter des Jazzpianisten Harald Neuwirth hatte ihr letztlich entscheidendes künstlerisches Erlebnis als 15-jährige, als sie Elfriede Jelinek in Deutschlandsberg kennen lernte, wo Hans Werner Henze das Musikfest veranstaltete und die komponierende Schülerin zusammen mit Elfriede Jelinek eine Kinderoper schrieb. Jelinek war von der Begabung der jungen Komponistin überzeugt und förderte ihre weitere Ausbildung an der Wiener Musikhochschule, wo sie im Privatunterricht von der rumäniendeutschen Komponistin Adriana Hölszky mit den Partituren von Boulez, Ligeti und Stockhausen vertraut gemacht wurde. In der weiteren Entwicklung entdeckte sie durch Luigi Nono 1989 bei einem Ferienkurs in Avignon die Live-Elektronik als wesentliches Verfremdungs-Element ihrer Kompositionen. Studien am Pariser IRCAM-Institut folgten logischerweise und manifestierten sich im Einsatz von vorgefertigten Tonbändern, die immer wieder in Kompositionen ebenso zum Einsatz kamen wie sprunghafte Filmsequenzen. Filmische Schnitttechniken fanden in der Formensprache der Komponistin starke Berücksichtigung, wobei sie sich methodisch Elfriede Jelinek näherte. Alltägliches findet sich nur verfremdet wieder und in einem anderen Kontext. De-Konstruktionen von alltagssprachlichen Gewohnheiten werden in einer verzerrten künstlichen Sprache wieder persiflierend re-konstruiert.

Ihr Debüt in Donaueschingen 1997 ging in die Geschichte des Avantgarde-Festivals ein, da die fachkundige Zuhörerschaft infolge eines Organisationsfehlers rund 40 Minuten auf die richtige Aufstellung der Mikrophone warten musste, ehe es durch das Klangforum Wien, das auch in Salzburg einen Abend gestaltete, „Vampyrotheone", das Stück über einen imaginären Vampir, zu hören bekam. Das Stück stand auch auf dem Programm des zweiten von Neuwirth in Salzburg gestalteten Abends, in dem neben Kompositionen von John Blow, Helmut Lachenmann, Alvin Lucier und Tristan Murail vier Bearbeitungen, davon zwei Uraufführungen, von Liedern des 1983 verstorbenen Countertenor-Popsängers Klaus Nomi auf dem Programm standen. Nomi, in der DDR geboren, klassisch ausgebildeter Countertenor, hatte das Publikum in der Staatsoper Unter den Linden in den Pausen mit Callas-Imitationen unterhalten, ehe er nach New York auswanderte, in der Band von David Bowie seinen Durchbruch erlebte und schließlich eine eigene Show gründete, in der er Lieder von Zarah Leander neben solchen von Schubert vortrug. Er wurde eine der Ikonen der Schwulenbewegung und starb 1983 an Aids. Seine androgyne Stimme faszinierte Neuwirth bereits seit ihrem 12. Lebensjahr, weshalb sie vier der bekanntesten Nomi-Stücke als etwas augenzwinkernden Brückenschlag zwischen Pop und avantgardistischer Spieltechnik neu arrangierte. Der erste Abend war neben den eigenen Kompositionen „Pallas/Construction" und „Hooloomooloo" den kompositorischen Ahnen – Iannis Xenakis („Rebonda"), Galina Ustwolskaja (Klavierkonzert), Edgard Varèse („Intégrales") und Luigi Nono („… sofferte onde serene …") gewidmet. In einem Doppelinterview erklärten Elfriede Jelinek und Olga Neuwirth zum Problem der Akzeptanz-Diskrepanz von zeitgenössischer Literatur und Musik und zum nach wie vor dominierenden Inselcharakter der musikalischen Avantgarde: „Jelinek: … es ist halt viel schwerer, Musik zu komponieren, als Literatur zu schreiben und Theater zu machen. Dazu kommt, dass man auch für die Rezeption neuerer Literatur sehr viel weniger Vorkenntnisse braucht als für die Rezeption neuester Musik. Dafür muss sich der Hörer erst ein Instrumentarium erarbeiten.

Neuwirth: Wenn man nichts hören will, dann versteht man natürlich auch nichts. Ein Großteil des Konzertpublikums für neue Musik kommt nicht zufällig aus der bildenden Kunst. Da ist man viel offener. Die Weigerung, Neues zu hören, ist vor allem beim klassischen Musikhörer festzustellen. Der will nichts Neues, der möchte seine Vorurteile pflegen."[529]

1999 folgte der 1953 in Graz geborene, in Vorarlberg lebende und sich vor allem auf mikrotonale Modelle stützende Georg Friedrich Haas mit ebenfalls zwei von ihm gestalteten Konzerten, in denen in programmatischer Verbindung neben eigenen Werken – „Nacht-Schatten", „Erstes Streichquartett", „Einklang freier Wesen" – Kompositionen der ihm im musikalischen Denken nahe stehenden Komponisten Franz Schreker, Giacinto Scelsi, James Tenney, Anton Webern und Iwan Wyschnegradsky zur Aufführung gelangten. Im Mittelpunkt der Präsentation seiner eigenen Werke stand die Uraufführung seines „Werks für Ensemble und Schlagzeug", ein Auftragswerk der Festspiele, durch Robyn Schulkowsky.

Musik, die sich mikrotonaler Modelle bediente, bildete nach Haas den programmatischen Leitfaden der von ihm erstellten beiden Konzertprogramme im Mozarteum. „Es wurde mir früh bewusst, dass jene Tonhöhen, die mir das Klavier bietet, nicht die Gesamtheit der musikalisch sinnvoll verwendbaren Tonhöhen bilden. Als Konsequenz daraus verschaffte ich mir einen für mein Komponieren sehr wichtigen Überblick über mikrotonale Versuche, von denen sich eine kleine Auswahl auch in beiden Konzertprogrammen befindet." Er sei in gewissem Sinne „Eklektiker" und denke, „dass sich all diese mikrotonalen Modelle in gewisser Weise spiegeln in meinen Werken. Wichtig ist mir vor allem Alois Hábas Ansatz, dass prinzipiell alle Töne und Klänge in sinnvolle Zusammenhänge gebracht werden können. Aber genauso sind Scelsis Hineinhören in die Klänge oder Tenneys Obertonproportionen in meinen Werken wirksam."[530]

Auch für „next generation" galt, ähnlich wie für „Zeitfluss", dass noch so wünschenswerte programmatische Neupositionierungen und alle auch in den Feuilletons angestimmten Lobeshymnen nicht die damit verbundenen erheblichen finanziellen Belastungen des Festspielbudgets beseitigen konnten. Sowohl „Zeitfluss" wie auch „next generation" waren Veranstaltungen, bei denen sich die bereits in der Ära Karajan diskutierte Problematik des sich in Grenzen haltenden Publikumsinteresses und der erheblichen Kosten wiederholte. Aus Kostengründen musste daher die Veranstaltungsserie 2000 auf ein lediglich zwei Konzerte umfassendes Porträt des 48-jährigen österreichischen Komponisten und Dirigenten Gerd Kühr reduziert werden. Dabei wurde wiederum ein umfassender Blick auf den Komponisten geworfen, der nicht nur mit eigenen Werken vorgestellt wurde. Das Programm beinhaltete auf Vorschlag Kührs auch jene Komponisten und deren Werke, die ihn beeinflussten oder seinen musikalischen Vorlieben entgegenkamen. Im Falle Kührs dominierten die Individualisten: Charles Ives, Edgard Varèse, Mark-Anthony Turnage, Hans Werner Henze, Anton Webern, György Kurtág und Claude Vivier.

Gerd Kühr und Wolfgang Rihm, den Salzburger „composer in residence" des Jahres 2000, verband das Geburtsjahr 1952. Im Unterschied zu Rihm war Kühr ein Spätberufener, studierte nach seiner ersten musikalischen Ausbildung in Klagenfurt Geschichte und 1972 bis 1979 am Mozarteum in Salzburg. Nach Abschluss seines Studiums erhielt er nachhaltige Prägungen von Sergiu Celibidache und seinem Lehrer Hans Werner Henze in Köln. Von Henzes gesellschaftlichem Engagement beeinflusst, leitete er 1988 bis 1991 die Komponierwerkstätten des „steirischen herbstes" in Deutschlandsberg und 1990–1992 an der Münchner Volkshochschule. Der zum Zeitpunkt seiner Salzburger Präsentation als Professor für Komposition an der Grazer Universität für Musik und darstellende Kunst lehrende Kühr erlebte seinen internationalen Durchbruch bei der Münchner Biennale 1988 mit der Uraufführung seiner ersten Oper „Stallerhof" nach dem gleichnamigen Theaterstück von Franz Xaver Kroetz. Seine im ersten Salzburger Konzert im Mozarteum zur Aufführung gelangende Komposition „Mundo perdido" aus dem Jahr 1992 war das Ergebnis der zahlreichen, bei der Komposition von „Stallerhof" nicht berücksichtigten Ideen. Im zweiten Konzert erfolgte neben Kührs „Con sardino" ein Dokument seiner Streichquartettentwicklung seit seinem Opus 1 „Für Streichquartett" sowie dem Septett „Sei Omaggi" die Uraufführung seiner Kammersymphonie „Stop and go and black and white and sometimes blue", ein Auftragswerk der Salzburger Festspiele. Nach der Uraufführung seiner zweiten Oper „Tod und Teufel" nach einer Vorlage von Peter Turrini im Vorjahr in Graz leistete sich Kühr das Vergnügen des freien Gedankengangs, der musikalischen Phantasie, wobei er sich von Malern, Zeichnern und Bildhauern und deren spezifischer Arbeitsweise inspirieren ließ. In der für die Musiker des Klangforum Wien geschriebenen Partitur wechselten dicke Pinselstriche mit dünnen Bleistiftskizzen und erzeugten raffinierte musikalische Farbenspiele, Ausdruck der Lust am Experimentieren, am Spielen mit dem Klang.

2001 begnügte sich aus finanziellen Gründen „next generation" mit einer Veranstaltung auf der Halleiner Perner-Insel. Das Vokalensemble Nova und die Solisten Salome Kammer (Stimme), Todd (Rapper), Rizgar Koshnaw (Kurdischer Sänger), Dimitrios Polisoidis (E-Violine) und Robert Lepenik (E-Gitarre) realisierten Hanspeter Kyburz' „The Voynich Cipher Manuscript" und Bernhard Langs „Differenz/Wiederholung 2", ein Auftragswerk der Salzburger Festspiele gemeinsam mit dem ORF und dem Musikprotokoll im steirischen herbst.

In der „Beinecke Rare Book Library" der Yale University befindet ein nach seinem letzten Besitzer, Wilfrid M. Voynich, benanntes rätselhaftes Buch aus dem 16. Jahrhundert, das Kaiser Rudolf II. um eine hohe Summe erwarb, weil es in einer Geheimschrift und zahlreichen Illustrationen angeblich den Schlüssel zu einem Lebenselixier enthält. Das Buch wurde, trotz zahlreicher Versuche, nie enträtselt. Der 1960 geborene Schweizer Komponist und Lehrer Hanspeter Kyburz widmete seine Komposition den – auch computergesteuerten – Enträtselungsversuchen, schuf unter Einfügung von drei Gedichten Velimir Chlebnikovs eine Klang- und Lautinstallation, in der geheimnisvoll und unberechenbar unzusammenhängende Zahlen- und Buchstabenreihen einander abwechseln.

Der 1957 in Linz geborene Bernhard Lang, kompositorischer Grenzgänger zwischen computergestützter Komposition, Jazz und Live-Elektronik, wurde stark von Gilles Deleuze und dessen „Difference et répétition", ein Hauptwerk des postmodernen Denkens, beeinflusst. Der in Graz lebende Komponist arbeitete seit 1998 an einer Werkserie mit dem Thema „Differenz/Wiederholung", in dem er die Dialektik der beiden Begriffe musikalisch zu thematisieren suchte. Für seine von modifizierten Wiederholungen komplexer Muster geprägte Komposition „Differenz/Wiederholung 2" benützte er Texte des amerikanischen Literaten William S. Burroughs und des österreichischen Schriftstellers Christian Loidl.

X. Ein Gleichgewicht zur Oper. Das Schauspiel

X. 1. „… STEIN, DER LINKE, HAT SICH GEWANDELT." PETER STEIN ALS SCHAUSPIELDIREKTOR 1992–1997

Am 18. Dezember 1990 informierte Gérard Mortier das Kuratorium über die Verhandlungen mit Peter Stein und dessen finanzielle Forderungen für den Schauspielsektor. Stein beabsichtige pro Jahr zwei Neuinszenierungen und zwei Übernahmen aus dem jeweiligen Vorjahr sowie ein Gastspiel einer ausländischen Truppe. Zudem begehre er das Landestheater und die Felsenreitschule als ausschließlich dem Theater zur Verfügung stehende Bühnen. Somit „ergäbe sich insgesamt eine Akzentuierung hin zum Schauspiel. Damit würde ein Gleichgewicht zur Oper" hergestellt. Hans Landesmann wies darauf hin, „dass im Fall eines Engagements Steins das Theaterbudget … in etwa zu verdoppeln sein" werde.[531] Die Vertreter Salzburgs – Lechner, Moritz, Lettner und Katschthaler – reagierten begeistert bis zustimmend auf diese Erklärungen. So betonte Herbert Moritz, „dass Herr Stein eine sehr gute Entwicklung bei den Salzburger Festspielen im Bereich des Theaters herbeiführen könne. Mit Peymann in Wien und Stein in Salzburg würde sich der Schwerpunkt des zeitgenössischen deutschen Theaters zweifellos nach Österreich verlagern. Stein könne Gewähr bieten, dass das Schauspiel das Gewicht, das es in den Zwischenkriegsjahren bei den Festspielen gehabt habe, wieder zurückgewinne; dies sei ja eine der Forderungen des Kuratoriums an das neue Leitungsteam gewesen." Landeshauptmann Katschthaler betonte, „dass auch vom Standpunkt des Landes Salzburg aus betrachtet die Bindung des Herrn Peter Stein an die Salzburger Festspiele sehr begrüßt würde, weil dies kulturpolitisch sowohl für das Land Salzburg als auch für die Republik Österreich einem Signal gleichkomme, wenngleich die Salzburger Festspiele in erster Linie davon profitieren. Das Land Salzburg sei bereit, sich in Richtung einer Anhebung der Basissubvention zu bewegen …"[532]

Ende Jänner 1991 sickerte der Coup der neuen Festspielführung an die Öffentlichkeit durch. Peter Stein, so berichteten die Medien, sollte Schauspieldirektor der Festspiele werden und dem Schauspiel einen der Oper gleichberechtigten Platz im Programm verschaffen. Am 28. Jänner verhandelte die neue Festspielleitung im Bundeskanzleramt mit Bundeskanzler Franz Vranitzky und Unterrichtsminister Rudolf Scholten über die Modalitäten einer Berufung Steins. Für dessen Bereitschaft zur Übernahme der Position des Schauspieldirektors sollte der Finanzrahmen für das Schauspiel für die Vertragsdauer von fünf Jahren um insgesamt 140 Millionen Schilling angehoben werden, wobei eine paritätische Mittelaufbringung durch die Subventionsgeber und die Festspiele vereinbart wurde. Die Festspiele sollten ihren Anteil von 70 Millionen Schilling durch den Zugriff auf die Vorsorgepositionen aufbringen, d. h. einen Rückgriff auf die Reserven, während der Bund seinen Beitrag unter dem Titel „Baukostenzuschüsse" leistete.[533] Die Zusage des Bundes betraf jedoch nur 40 Prozent der seitens der Träger erforderlichen zusätzlichen Mittel. Während das Land Salzburg und der Fremdenverkehrsförderungsfonds ihre Bereitschaft zu einer entsprechenden Subventionserhöhung bekundeten, verweigerte der Salzburger Bürgermeister Harald Lettner seine Zustimmung. Um die notwendigen Mittel seitens der Stadt zu bekommen, ergriff Präsident Heinrich Wiesmüller die Initiative und vereinbarte während eines Urlaubs des Salzburger Bürgermeisters ein Geheimtreffen mit dessen Stellvertreter Herbert Fartacek, der schließlich die Zusage der Stadt gab.

Die mögliche Berufung Steins wurde allgemein als Sensation gewertet. Der 1937 in Berlin geborene Regisseur, Regieassistent Fritz Kortners und von diesem als größte Hoffnung des deutschen Theaters bezeichnet, gefeiert vom deutschen Feuilleton und ausgezeichnet mit dem Mannheimer Schiller-, dem Frankfurter Goethe- und dem Berliner Theaterpreis, galt als einer der interessantesten Regisseure Europas. Der langjährige Leiter der Berliner Schaubühne am Halleschen Ufer hatte allerdings eine bewegte (politische) Biografie, galt er doch als einer der Exponenten des politisierenden und in den Anfängen stets mit dem Ensemble improvisierenden Regietheaters der späten sechziger und siebziger Jahre. Stein debütierte 1967 an den Münchner Kammerspielen mit Edward Bonds „Gerettet" und veranstaltete im folgenden Jahr im Anschluss an die Premiere seiner Inszenierung von Peter Weiss' „Vietnam Diskurs" eine Sammlung für den Vietkong. Dies veranlasste August Everding zur Entlassung Steins, der anschließend nach Bremen ging und dort mit seiner ersten Klassikerinszenierung, Schillers „Kabale und Liebe", ebenso für Furore sorgte wie mit Goethes „Tasso", bei dem er, dem Zeitgeist entsprechend, eine brillante Analyse des Künstlers in der Hand der Mächtigen lieferte. 1970 wurde er Leiter der Schaubühne am Halleschen Ufer in Berlin, dessen utopisch marxistischer Ansatz der kollektiven Führung und Demokratisierung im Grunde seiner Auffassung von Theater widersprach, jedoch durch die Faszination der revolutionären Utopie (zunächst) verdrängt wurde. Im Grunde präferierte er das mit scheelen Augen betrachtete „alte" Theater jenseits der zum Scheitern verurteilten Experimente. Dies wurde in seiner gefeierten Inszenierung von Ibsens „Peer Gynt" 1971 deutlich, und es gelang ihm in den folgenden Jahren, das Ensemble für das im revolutionären Impetus so verabscheute großbürgerliche Theater zu gewinnen. Die von Stein vertretene Kulinarik und Ästhetik des Theaters musste jedoch auf Dauer zu Spannungen mit der nach wie vor dem Kollektivismus verpflichteten Schaubühne führen, die er schließlich 1985 verließ, um sich angeblich ins Privatleben zurückzuziehen. Das „Privatleben" war jedoch nur eine Metapher für den Ausbruch aus den ideologischen und künstlerischen Zwängen. Von nun an konnte er seiner eigentlichen Liebe frönen: der Regie auch mit Schauspielern, deren Zusammenarbeit ihm das ideologische Korsett der Schaubühne verwehrt hatte.

Nach der Vertragsunterzeichnung stellte sich Stein am 26. März 1991 den Fragen der Kuratoriumsmitglieder und betonte, „er könne zusichern, die selbst hoch gesteckten Ziele mit aller Kraft zu verfolgen. Es sollten die Produktionen gesteigert und das Platzangebot vermehrt und verkauft werden. Die besten deutschsprachigen Schauspieler sollten wiederum hier bei den Salzburger Festspielen versammelt werden, und die besten europäischen Regisseure sollten hier ihre Tätigkeit entfalten. Dabei sollte die osteuropäische Dramatik Berücksichtigung finden, und auch dortige Regisseure sollten in diese Zusammenarbeit mit einbezogen werden. Insbesondere das Landestheater und die Felsenreitschule würden als Spielorte genutzt werden, es würden aber auch Nebenaktivitäten zur Ausdehnung der Publikumsschichten durch Zusammenarbeit mit der ‚Szene der Jugend' gesucht, wobei auch kostengünstigere Produktionen geschaffen werden sollten." Er sehe sich „nicht als Neuerer, aber mit der Meinung, dass alles möglich sein müsse"[534].

Stein hatte zum Zeitpunkt seiner Berufung nach Salzburg seine revolutionären Schalen der sechziger und siebziger Jahre längst abgeworfen und war zum Klassizisten mutiert, dessen Berufung durchaus dem kulturpolitischen Konzept der SPÖ entsprach, die fünf Jahre zuvor einen anderen Exponenten der 68er-Bewegung in der Bundesrepublik Deutschland, Claus Peymann, an die Spitze des Burgtheaters berufen hatte. Stein war nicht mehr der Leiter der kollektivistischen Utopie der Berliner Schaubühne der siebziger Jahre, wollte nicht mehr provozieren, sondern auf hohem Niveau inszenieren. In Salzburg bot sich ihm nun die Möglichkeit, jenes Theater, das ihm schon längst vorschwebte, mit einem wesentlich erhöhten Budget zu realisieren.

Am 26. März 1991 bestätigte das Kuratorium die Berufung Steins als Schauspieldirektor für fünf Jahre, wobei er allerdings nicht dem neuen Direktorium angehörte. Er sollte mit jährlich zwei Neuinszenierungen und zwei Reprisen dem Schauspiel einen neben der Oper gleichberechtigten Rang verschaffen. Im Mai berichtete Stein dem Direktorium über seine künftigen Schauspielpläne. Er werde 1992 mit einem Zyklus von Shakespeares Römertragödien in der Felsenreitschule starten und als Eröffnungspremiere „Julius Cäsar" inszenieren. Hinzu komme noch eine nicht fixierte Schauspielproduktion im Landestheater mit einem anderen Regisseur. Und er denke auch über eine Neuinszenierung des „Jedermann" unter seiner Leitung nach.

In einem Interview mit Karin Kathrein antwortete er auf die Frage, was er denn vor zwanzig Jahren über die Prophezeiung gesagt hätte, dass er Schauspieldirektor der Salzburger Festspiele werde: „Ihr habt wohl einen Sprung in der Schüssel." Und über seine Entscheidung für Salzburg: „Es gibt einige Gründe für meine Entscheidung, das Angebot, den Schauspielsektor der Salzburger Festspiele zu betreuen, anzunehmen. Meinen organisatorischen Interessen, die seit 1985 brach liegen, wieder zu frönen, ohne ein Stadttheater übernehmen zu müssen. Die Möglichkeit, mit Schauspielern zusammenzuarbeiten, die zu engagieren mir auf Grund der Ensemble-Situation der Schaubühne 21 Jahre nicht möglich war. Anderen Menschen, auch meinen europäischen Freunden, in der Arbeit neu zu begegnen. Die konzentrierte Arbeitssituation eines Festivals und ... der Zwang, das deutschsprachige Theater in seinem heutigen Zustand wieder kennen zu lernen, was ich lange schon für mich nötig hielt." Er finde zwar die Sprache des Festspielkonzepts der Festspielgründer Hofmannsthal und Reinhardt „zu mächtig und ... zu unkonkret", doch der „Wunsch, das Beste und die Besten einer Kunstform einmal im Jahr zusammenzubringen, finde ich begreiflich und ich teile ihn. Zumindest ist es den Versuch wert."535

Stein wandelte von Anfang an in den Spuren der Festspielgründer und erklärte bereits zu Beginn seiner Salzburger Tätigkeit, es sei nicht sein „Hauptziel in Salzburg, innovatorische Dinge zu betreiben. Ich möchte diesen Ort pflegen, die Möglichkeiten erweitern, bestimmte Tendenzen wieder aufnehmen und mit den Möglichkeiten von heute verschwistern. Das krampfhaft Innovative kann man von mir nicht verlangen."536 In einem Interview mit Peter Müller bemerkte er zur angeblich konservativen Ideologie der Gründungsväter der Festspiele sowie seiner eigenen Position im Spannungsfeld von progressiv und konservativ: „... ich wage heute zu bezweifeln, dass man den Gründungsvätern der Festspiele, dem Autor Hugo von Hofmannsthal und dem Theatermann Max Reinhardt, ausschließlich konservative Motive anlasten kann. Wenn man deren Texte im historischen Kontext liest, kann man die Festspielidee geradezu als Errichtung einer Barrikade gegen den hochkommenden Nazi-Dreck und die Zerstörung Europas ansehen. Das haben ja Reinhardt und Hofmannsthal dann auch drastisch bezahlen müssen. ... Wenn Sie mich heute zur progressivsten Schicht der künstlerisch Tätigen zählen würden, ... dann würde ich Sie darauf aufmerksam machen, dass ich konservativer bin als der konservativste Unternehmer. Die *wirklichen* Veränderungen, zum Guten wie zum Schlechten, sind immer von den Konservativen ausgegangen. Diese Dialektik haben wir doch inzwischen verstanden, hoffentlich.

Ich habe sie begriffen, weil das Theater genau davon handelt. Die Leute, die glauben, die Dinge in eine gute Richtung zu lenken, sind auf der Bühne die schlimmsten Täter." Zu seinem vom linken Feuilleton beklagten Abschied von der Wut und Hinwendung zum Konservativen: „Grundsätzlich ist das Bewahren von Bedrohtem keine schlechte Sache. Schlecht wäre es nur, wenn das Theater das ausschließlich tun würde. ... Bewahrt wird heute überhaupt nicht beim Theater. Sie können von Ihrem Standpunkt aus sagen: Gott sei Dank. Ich sage von meinem Standpunkt aus: leider. Denn das Bewahren setzt eine unglaubliche Beherrschung des Metiers voraus und garantiert, dass das Metier in seinen Möglichkeiten erhalten bleibt und sich weiter entwickelt. Das Erhalten ist ja keine Tiefkühltruhe, sondern die Basis der Weiterentwicklung. ... Wut zu mobilisieren ist kein Problem, auch für mich nicht. Aber sie setzt einen nicht in den Stand, vernünftig und rational zu handeln. Wut ist auf dem Theater nur reizvoll, wenn sie von jungen Menschen kommt. Die Wut von jungen Menschen hat Charme, dann können sie auch irres, dummes Zeug machen. Bei älteren Herrschaften, die grau geworden sind oder denen die Haare ausgefallen sind, wirkt dieses Anrennen und Protestieren langweilig, unästhetisch und lächerlich."537

Im Februar 1992 betonte er anlässlich der Präsentation des gedruckten Schauspiel-Prospekts für die Festspiele 1992 im Pausenfoyer des Großen Festspielhauses, er wolle kein Publikum vertreiben, sondern gewinnen.538 Das Schauspiel verkehre mit insgesamt 40 Aufführungen inkl. des „Jedermann" gegenüber insgesamt 38 im Bereich der Oper mit dieser wiederum auf Augenhöhe. Hinzu trete das deutlich erweiterte Kartenangebot im Bereich des Schauspiels, das 1992 20.000 und 1993 bereits 40.000 betragen werde. Daher werde es notwendig sein, zusätzliches Publikum zu gewinnen.539 In einem Interview mit Wolfgang Herles bemerkte er: „Ich habe keine abstrakten Ideen. Und ich will nicht ein bestimmtes Publikum vertreiben oder heranziehen. So zu denken wäre lächerlich.

Allerdings will und muss ich mehr Zuschauer haben, weil ich ja viel mehr anbiete. Ich biete, noch nicht heuer, aber ab 1993, das Dreifache an wie bisher. ... Ohne das bisherige Publikum zu vertreiben oder zu erziehen, bin ich gezwungen, drei Viertel meines Publikums neu zu gewinnen." Er wolle auch Leute ansprechen, „die kein Hotelzimmer mehr bekommen, trotzdem das Theater anschauen und abends noch heimfahren können.

Das wäre überhaupt das Allergrößte, einen Kontakt herzustellen zwischen zwei vollkommen getrennten

Peter Stein und Gérard Mortier beim Festspielempfang 1992 in der Residenz.

Dingen hier in Salzburg. Da ist einmal der geradezu Umwelt verpestende Tagestourismus im Sommer. Diese Leute haben nichts zu tun mit dem gleichzeitig stattfindenden Festival. Das finde ich eigentlich einen Skandal. Ich hoffe, dass es mit dem Angebot, um 15 Uhr in der Felsenreitschule Shakespeare zu spielen, gelingt, diese Laufkundschaft in das Theater hereinzubekommen, darin bestünde mein allergrößter Erfolg."540

Stein inszenierte, wie Reinhardt, für das Publikum, sah – trotz aller Problematik vor allem im Bereich der Bühnendimension und der Akustik – in der Felsenreitschule einen idealen Inszenierungsort für die großen Shakespeare-Dramen und in der von der „Szene der Jugend" bespielten alten Sudhalle auf der Perner-Insel einen neuen Theaterort, mit dem er vor allem auch ein neues und jüngeres Publikum ansprechen wollte. Und er folgte dem Rezept Reinhardts und Haeussermans, Salzburg zum zentralen Ort der großen Schauspielkunst zu machen. Nach Leopold Lindtbergs Inszenierung der beiden Teile von Goethes „Faust" in den frühen sechziger Jahren, Giorgio Strehlers Shakespeare-Collage „Das Spiel der Mächtigen" zehn Jahre später, Rudolf Noeltes Inszenierung von Georg Büchners „Dantons Tod" 1981 versammelte nunmehr Peter Stein in seinen legendären Shakespeare-Inszenierungen in einer unglaublichen Fülle die Elite der deutschsprachigen Schauspieler an der Salzach. Hier konnte er auch jene Schauspieler verpflichten, mit denen er in seinen 15 Berliner Jahren an der Schaubühne (1970–1985) aus politischen Gründen nicht hatte arbeiten können, wie z. B. Martin Benrath, Gert Voss, Hans-Michael Rehberg, Helmuth Lohner, Otto Schenk, Thomas Holtzmann, Maria Wimmer, Gertraud Jesserer oder Christa Berndl.

In einem Interview mit Karin Kathrein bemerkte Peter Stein rückblickend auf seine Salzburger Tätigkeit als Schauspieldirektor, er „habe versucht, ein Programm zu entwerfen, das dem Schauspiel bei den Salzburger Festspielen eine ganz besondere Charakteristik gibt und sich von dem schweinischen Herumgemächer anderer Festspiele unterscheidet. Das heißt, dass nicht dasselbe gezeigt wird wie in Berlin, Paris, Brüssel oder sonst wo, sondern dass es zu etwas ganz Besonderem wird, was eben nur in Salzburg denkbar ist. Mit dieser wunderbaren Tradition. Ein bisschen verschroben, ein bisschen besonders, ein bisschen sonderbar und stark geprägt vom Interesse des dort vorhandenen auch lokalen Publikums. Mit lokalem Publikum meine ich diesen großen Einzugsbereich rund um Salzburg herum, der bis nach Italien reicht."541

Neben den großen Shakespeare-Inszenierungen plante Stein ein europäisches Theater, in dem die bedeutendsten internationalen Regisseure Stücke ihres Sprachraums mit bedeutenden deutschsprachigen Schauspielern inszenieren sollten. Gemäß diesem Konzept inszenierten Andrzej Wajda Wyspianski, Luca Ronconi Pirandello, Sam Mendes und Deborah Warner Shakespeare. Dabei wurden jedoch die Probleme der unterschiedlichen Sprachkulturen deutlich. Regisseure, die der deutschen Sprache nicht mächtig sind oder diese nur in geringem Ausmaß beherrschen, verlieren an Qualität. Dies war einer der Gründe, warum Patrice Chéreau, um den sich Stein besonders bemühte, absagte und warum Sam Mendes schließlich Shakespeares „Othello" mit englischen Schauspielern inszenierte. Stein modifizierte sein Konzept eines europäischen Theaters, indem er die jeweils engagierten Regisseure mit SchauspielerInnen aus ihren jeweiligen Ländern arbeiten ließ. Im Zuge dieses Konzepts entdeckte Stein die von der „Szene der Jugend" bespielte Perner-Insel in Hallein, in deren improvisiertem Theaterraum das Bukarester Gastspiel der „Antiken-Trilogie" stattfand. Stein bezeichnete den neu gewonnen Theaterraum auch als „Schmuddelecke" für junge Regisseure und betonte, dass er diesen Ausdruck „in keiner Weise negativ gemeint" habe. „Sondern da haben junge Leute wie Leander Haußmann oder Jürgen Kruse, die noch nicht sehr viel inszeniert haben, einen Ort bekommen, an dem sie machen konnten, was sie wollten. Ganz ohne Produktionsdruck. So hab' ich das verstanden, als eine Ecke, in der man basteln kann und herumschmuddeln."542 Stein selber inszenierte Franz Grillparzers „Libussa" in dieser „Schmuddelecke" auch selber.

Ende Oktober 1994 schlug die Meldung wie eine Bombe ein. Dieter Sturm, seit 1962 Dramaturg der Berliner Schaubühne, wechselte mit Ende der Spielzeit zu Peter Stein nach Salzburg. Wie Stein kam auch Sturm aus der 68er-Bewegung, die im Bereich des Theaters nicht nur dessen politische Aufgabe betonte, sondern auch besondere Formen der Textanalyse entwickelte. Der Fritz-Kortner-Preisträger des Jahres

1993 sei es vor allem gewesen, so die FAZ, dass seit 1970 „die Schaubühne, erst unter Peter Stein, dann unter Jürgen Gosch, dann unter Luc Bondy, dann unter Andrea Breth zum wundersamsten Mehrwert-Theater der Welt wurde. ... (...) Wenn Dieter Sturm nun geht, verlässt die Schaubühne sich selbst."543 Mit Sturm als zweitem Mann setzte Stein ein besonderes Zeichen vor allem auch in Richtung der von ihm in zahlreichen Interviews mit negativen Charakterisierungen bedachten deutschen Kritiker, die ihn des Hangs zur Musealisierung ziehen. Vor allem das innovationshungrige deutsche Feuilleton antwortete auf Steins Theaterphilosophie mit heftiger Kritik und Häme. Der einstige Revolutionär habe sich dem konservativen österreichischen Elitefestival verkauft, gefalle sich im Publikumszuspruch und verkomme in purer Ästhetik, so der Grundtenor der zahlreichen kritischen Artikel.

Trotz aller Angriffe des deutschen Feuilletons bildeten 1994/95 Mortier und Stein (noch) ein verschworenes Paar. Unter Hinweis auf seine kurz zuvor erfolgte Vertragsverlängerung bis 1997 als Schauspieldirektor der Festspiele sowie eines eventuellen vorzeitigen Ausscheidens Mortiers aus der Funktion des Intendanten erklärte er: „Mortier hat mich geholt, und ich werde ohne ihn nicht bleiben. Wenn man ihn hinausekelt, will auch ich ausgezahlt werden."544 Stein hatte sich bei der Verlängerung seines Vertrages bis 1997 eine Klausel in seinem Vertrag gesichert, die es ihm ermöglichte, im Fall eines vorzeitigen Ausscheiden Mortiers auch seine Salzburger Tätigkeit vorzeitig zu beenden.

Im Zuge der Verhandlungen über eine Vertragsverlängerung des Direktoriums 1995 erfolgten auch die Diskussionen über eine Vertragsverlängerung von Schauspieldirektor Peter Stein über das Jahr 1997 hinaus, wobei vor allem der Salzburger Landeshauptmann Hans Katschthaler und Wissenschaftsminister Rudolf Scholten auf eine weitere Bindung des Regisseurs an Salzburg drängten. Angesichts möglicher Budgetkürzungen im Schauspielbereich 1996 infolge des Aufbrauchens der für dessen Ausbau herangezogenen Reserven, einer allgemeinen Subventionskürzung sowie negativer Kritiken des deutschen Feuilletons über die vom Publikum nur ungenügend frequentierte Inszenierung von Shakespeares „Antonius und Cleopatra" ließ er am 5. Februar 1995 erbost im Schweizer Fernsehen mit der Feststellung aufhorchen, es gehe in Salzburg nicht mehr lange. Wenn er sein Programm nicht verwirklichen könne, gehe er. Zudem wurde bekannt, dass er Verhandlungen mit dem Berliner Kultursenator Ulrich Roloff-Momin wegen der Realisierung des von ihm gewünschten „Faust"-Projekts führte, dessen Finanzierung in Salzburg auf Grund der angespannten Finanzlage nicht möglich war.

Stein waren für die Jahre 1996 und 1997 die von ihm gewünschten Mittel zugesichert worden. Für beide Jahre fehlten jedoch im Festspielbudget zu Jahresbeginn 1995 noch jeweils 38 Millionen Schilling, weshalb man im Kuratorium die Möglichkeit von Kürzungen im Schauspielbereich erwog. Die Hoffnung, dass nach dem Aufbrauchen der Rücklagen die Subventionsgeber ihren Anteil erhöhen würden, um das Schauspiel auf dem erreichten Niveau fortführen zu können, erwies sich angesichts der notwendigen Sparmaßnahmen bei Bund und Land sowie eines mehr als angespannten Budgets der Stadt als Illusion. Stein stand auf dem Standpunkt, dass er bereit sei, seinen bis 1997 laufenden Vertrag zu erfüllen, wenn ihm die zugesicherten 70 Millionen Schilling pro Jahr zur Verfügung standen. Im Fall einer Verringerung dieser Summe konnte Stein seinen Vertrag 1996 kündigen. So erklärte er: „Ich habe einen Vertrag, der mir bestimmte Mittel und eine Anzahl von Produktionen zusichert. Wenn es den Behörden offenbar schwer fällt, diese Summe zu garantieren, lassen wir es sein."545 Sollten die fehlenden 38 Millionen Schilling nicht durch Sponsoren und Einsparungen im Betrieb gedeckt werden können, waren Einschnitte im Programm unumgänglich. Die Frage, wo vor allem diese Einschnitte erfolgen sollten, im Musik- oder Theaterbereich, war bereits entschieden. Wenngleich sich Katschthaler und Scholten auch für eine Vertragsverlängerung von Stein aussprachen, so hatte jene Meinung des amtierenden Direktoriums absolute Priorität. Mortier hatte jedoch erklärt, er werde einer Vertragsverlängerung nur dann näher treten, wenn seine (musikalischen) programmatischen Vorstellungen für die Jahre 1996 und 1997 voll inhaltlich realisiert werden. Landeshauptmann Katschthaler antwortete auf die Frage, ob er der Vertragsverlängerung von Stein oder jener von Mortier den Vorzug gebe: „Sollte sich Stein zurückziehen, kann er immer noch als Gastregisseur das hohe Niveau des Schauspiels garantieren. Mortiers Abgang aber hieße das gesamte Reformwerk der Festspiele gefährden. Er muss unter allen Umständen bleiben."[546]

Die Erregung legte sich, als Gérard Mortier am 17. Februar 1995 bekannt gab, Peter Stein habe ihm versichert, seinen bis 1997 laufenden Vertrag erfüllen zu wollen, da ihm das Direktorium zugesichert habe, für das Schauspiel auch in den Jahren 1996 und 1997 jeweils 70 Millionen Schilling zur Verfügung zu stellen.[547] Stein ließ in einem Interview unmissverständlich wissen, er bestehe auch vor dem Hintergrund der Finanzierungsprobleme auf der ungekürzten budgetären Einhaltung der ihm gemachten Zusagen. Das Schauspiel arbeite „so sparsam wie möglich. Abstriche an meinem Programm 1996 sind für mich nicht akzeptabel." Diskutierte Sparvarianten im Bereich des Schauspiels würden die Preisgabe seines Anspruchs auf Erneuerung des Theaters in Salzburg im Sinne Reinhardts bedeuten.[548] Eine Fortsetzung von Steins Schauspielkonzept eines reichen Kartenangebots zu moderaten Preisen war jedoch auf Grund des deutlich steigenden Zuschussbedarfs ab 1998 nicht mehr möglich. Der Deckungsbeitrag des Schauspiels musste, wollte man drastische Programmreduktionen vermeiden, aus budgetären Notwendigkeiten unbedingt erhöht werden.

Diesem Argument verschloss sich auch Stein nicht und erklärte, seinen bis 1997 laufenden Vertrag zu erfüllen und auch zu versuchen, den Deckungsbeitrag des Schauspiels zu erhöhen.

Die im Frühjahr 1995 eingetretene Beruhigung der Lage fand jedoch bereits unmittelbar vor Festspielbeginn ihr abruptes Ende, als Stein erklärte, er werde zwar seinen bis 1997 laufenden Vertrag erfüllen, jedoch dann Salzburg verlassen. Hatte Präsidentin Rabl-Stadler Anfang Juli noch erklärt, das Verhältnis zwischen den Salzburger Festspielen und deren Schauspieldirektor sei aus Budgetgründen „ein bissl getrübt", doch hoffe sie, „dass diese Saison so erfolgreich ist, dass seine Freude an Salzburg wieder wächst"[549], gab Stein eine Woche später bekannt, er werde seine Funktion als Schauspielchef der Salzburger Festspiele 1997 beenden. Da ihm in Salzburg nicht die notwendigen Mittel zur Verfügung stünden, sei hier eine Realisierung seines jahrzehntelang gehegten Wunschprojekts, den ganzen „Faust" zu inszenieren, nicht möglich.

Das von Stein verfolgte „Faust"-Projekt hatte letztlich auch 1990 zum Zerwürfnis mit der „Schaubühne" geführt, da er beide Teile quasi als Uraufführungen inszenieren wollte und zur Realisierung dieses Vorhabens das Theater eine ganze Saison in Anspruch genommen hätte, wodurch jede andere Produktion unmöglich gewesen wäre. 1994 erklärte er anlässlich einer von ihm durchgeführten Lesung von „Faust II" in der Berliner Philharmonie, nach dem Ende seines Salzburger Vertrages das Vorhaben in Berlin mit einem eigens dafür zusammengestellten Ensemble zu verwirklichen. Das Ensemble sollte sich ein Jahr lang ausschließlich mit dem Stück auseinandersetzen. Die Berliner Kulturverwaltung zeigte ihr Interesse, und Kultursenator Ulrich Roloff-Momin erklärte: „Mit großer Freude habe ich zur Kenntnis genommen, dass Peter Stein seinen 1997 auslaufenden Vertrag als Schauspieldirektor der Salzburger Festspiele nicht verlängern und möglicherweise nach Berlin zurückkehren will." Berlin habe „großes Interesse daran, dass der weltberühmte Theatermann und Mitbegründer der Schaubühne sein ‚Faust'-Projekt hier realisiert … Wir sollten Stein helfen, seinen großen Traum zu erfüllen."[550] Die Finanzierung dieses Vorhabens blieb allerdings noch im Ungewissen. Die Berliner Festwochen ließen wissen, dass das „Faust"-Projekt mit seinen erheblichen Kosten von 11 Millionen Mark ihre budgetären Möglichkeiten weit übersteige.

Angesichts der – wenn auch noch vagen – Berliner Möglichkeiten und der in Salzburg notwendig werdenden Sparmaßnahmen erklärte Stein zu Festspielbeginn 1995, eine Vertragsverlängerung in Salzburg sei „denkbar, aber unwahrscheinlich". Er würde aber den Festspielen auch nach seinem Ausscheiden als Schauspieldirektor als Regisseur zur Verfügung stehen. „Wenn … gewünscht wird, dass ich in Salzburg inszeniere, bin ich froh."[551] Nach der vom Publikum und der Kritik mit viel Beifall aufgenommenen Premiere von Tschechows „Der Kirschgarten" bemerkte Rolf Michaelis beinahe beschwörend: „Hoffentlich hat Mortier die Kraft, diesem in Europa befremdlich heimatlos gewordenen, genialen Regisseur einen Arbeitsplatz zu sichern, am besten gleich mit seinem gewaltigen, nur in Salzburg noch wirklich zu machenden ‚Faust'-Projekt."[552] Bei der traditionellen Programm-Pressekonferenz des Direktoriums am 22. November schien dieser Wunsch in Erfüllung zu gehen, als Stein zur allgemeinen Überraschung erklärte, er sei durchaus bereit, auch nach 1997

Schauspieldirektor in Salzburg zu bleiben, wenn man ihn dazu einlade und dieselben Bedingungen biete, die 1991 zu seinem Erstengagement führten. „Besonders viele Salzburger sind zu mir gekommen und haben gesagt, mach keinen Unsinn! Ich will ja gar nicht weg. Wenn ihr macht, was ich brauche, bleibe ich. ... Das Theater muss hier gegen die Übermacht der Oper verteidigt werden. ... Viele haben auch gesagt, um Gottes willen, geh nicht."[553]

Gleichsam zur Bestätigung seiner Bereitschaft, in Salzburg zu bleiben, erklärte er im Zuge der Finalisierung der Verhandlungen um eine Vertragsverlängerung des Direktoriums dem am 25. Jänner 1996 tagenden Kuratorium, er sei durchaus bereit, über das Jahr 1997 hinaus in Salzburg zu bleiben, und unterbreitete ein „Schiller-Projekt" („Wallenstein" und „Maria Stuart"), das, ähnlich dem Shakespeare-Zyklus, in der Felsenreitschule realisiert werden sollte. Der Vorschlag Steins stieß lediglich auf vorsichtige Zustimmung, da er kurz zuvor eine Schauspielprofessur in Berlin für drei Jahre angenommen hatte und sein „Faust"-Projekt an der Spree nach wie vor vehement verfolgte. Auf die Frage, wie sich denn seine Tätigkeit als Schauspieldirektor in Salzburg mit seiner Berliner Professur vereinbaren ließe, entgegnete er, den Schauspielprofessor Stein werde es nur wenige Wochen im Jahr geben, sodass für Salzburg genügend Zeit übrig bleibe. Die Frage, wie sich seine Salzburger Tätigkeit mit dem von ihm nach wie vor betriebenen „Faust"-Projekt in Berlin zeitlich vereinbaren ließe, blieb allerdings ebenso offen wie jene nach den Kosten der von Stein vorgeschlagenen Projekte.

Im Direktorium hatten Gérard Mortier und Helga Rabl-Stadler angesichts der ab 1996 notwendigen Einsparungen Hans Landesmann beauftragt, die finanziellen Dimensionen des Projekts und damit auch dessen Realisierbarkeit zu prüfen. Dieser kommentierte seine Aufgabe mit Blick auf den Rohbericht des Rechnungshofes, der in seiner Prüfung der Jahre 1992 bis 1995 vor allem die Höhe von Steins Übersetzerhonoraren kritisiert hatte, mit der ironischen Bemerkung: „Immerhin, ein Punkt ist sicher: Schiller muss nicht übersetzt werden."[554] Mortier hatte bereits mehrmals wissen lassen, er sei an einer weiteren Zusammenarbeit mit Stein sehr wohl interessiert, wenn sich dies finanziell verwirklichen lasse. Sollte dies nicht möglich sein, würde er nach 1997 die planerischen Kompetenzen für das Schauspiel an sich ziehen.

Stein verfolgte zu diesem Zeitpunkt gleichzeitig zwei letztlich nicht kompatible Projekte: Seine Ankündigung, auch über das Jahr 1997 hinaus als Schauspieldirektor in Salzburg tätig sein zu wollen, kollidierte vor allem im zeitlichen Bereich mit dem von ihm energisch betriebenen „Faust"-Projekt in Berlin, dessen Werkstättencharakter seine permanente Anwesenheit erforderte. Die Doppelstrategie des Salzburger Schauspieldirektors kommentierte Karin Kathrein mit der Bemerkung, das Schauspiel in Salzburg könne nicht „mit der linken Hand und zwischen den für drei Jahre anberaumten Probenarbeiten zu ‚Faust' betreut werden. Schiller und Goethe, Salzburg und Berlin, das hieße, sich eindeutig übernehmen. Die Zeit drängt. Die Salzburger Festspiele müssten sich nach einem neuen Schauspielchef umsehen, der das Theater künstlerisch prägt."[555]

Stein sandte völlig unterschiedliche Signale aus. Zum einen bestand er bei den Verhandlungen über eine Vertragsverlängerung nicht mehr kategorisch auf einem Schauspieletat von 70 Millionen Schilling, was angesichts der erforderlichen Einsparungen völlig unrealistisch gewesen wäre, sondern erklärte, er würde seinen Etat jedes Jahr neu, d. h. flexibel, verhandeln. Zum anderen missachtete er provokant den kritischen Rechnungshofbericht über seine Honorare und weigerte sich, einer Aufforderung des Kuratoriums nach einer rechtfertigenden Stellungnahme nachzukommen, und verwies diese Aufgabe, sehr zum Ärger des Kuratoriums, an das Direktorium.

Mit den Verhandlungen über eine Vertragsverlängerung war Anfang 1996 vom Direktorium Hans Landesmann beauftragt worden, „wobei von Anfang an klar sein muss, dass neue Bedingungen für eventuelle Bearbeitungen festgelegt werden sollen, die Felsenreitschule nicht exklusiv nur dem Schauspiel zur Verfügung stehen kann und die Bespielung der Perner-Insel im Rahmen der vom Kuratorium festgelegten Richtlinien zu erfolgen hat"[556]. In den von Hans Landesmann im Auftrag des Direktoriums geführten Verhandlungen akzeptierte Stein ein flexibles Schauspielbudget sowie die Selbstversteuerung seiner Bezüge, doch blieben die entscheidenden künstlerischen Fragen wie die Realisierung des geplanten „Faust"-Projekts in Berlin und die als unbedingt notwendig erachtete Anwesenheit in Salzburg ungeklärt.

Mitte März beschloss das Direktorium, während der Anwesenheit Steins in Salzburg am 10. und 11. April „über seine eventuelle Weiterarbeit in Salzburg zu reden. Man ist sich darüber einig, dass man im Falle einer Durchführung des ‚Faust'-Projektes in Berlin versuchen soll, Stein weiter als Regisseur zu halten, aber in dem Fall erscheint ein Engagement als Schauspieldirektor unmöglich. Man will Peter Stein bitten, diesbezüglich bis spätestens Ende Mai von ihm eine Entscheidung zu bekommen."[557]

Im Zuge der Vertragsverhandlungen traten deutliche Differenzen zwischen Mortier und Landesmann zu Tage. Unter Berufung auf seine Kompetenz als Künstlerischer Leiter zog Mortier Ende April die Verhandlungen mit Stein an sich und teilte diesem in einem Brief am 30. April mit, er bevorzuge einen „langfristigen Regievertrag, in dem wir gemeinsam für die nächsten vier Jahre zwei Neuinszenierungen im Schauspielbereich (drei inkl. eines evtl. ‚Jedermann') vereinbaren …

Einen Vertrag als Schauspieldirektor halte ich nur dann für sinnvoll, wenn die Kuratoriums- und Direktoriumsmitglieder 150-prozentig dazu stehen und nicht aus Angst vor der Öffentlichkeit eine Entscheidung treffen. De facto ist das zur Zeit nicht der Fall, weil ein Vertrag als Schauspieldirektor monatelang im Sinne des Rechnungshofberichtes diskutiert werden wird und man sich budgetär langfristig nicht festlegen will. Außerdem bin ich der Meinung, dass ein Vertrag als Schauspieldirektor nicht kombiniert werden soll mit dem Faust-Projekt in Berlin, eine Kombination, die wohl möglich ist mit einem langfristigen Regievertrag."[558] Am 2. Juni schrieb Mortier, er habe „alle Alternativen überlegt und halte es für vernünftiger – wenn sicherlich nicht besser –, ab 1998 keinen Schauspieldirektor mehr zu engagieren, Sie aber zu bitten, weiter zu arbeiten auf der Basis eines langfristigen Regie-Vertrages, in dem wir zwei Neuinszenierungen mit den dazu gehörenden Wiederaufnahmen und gegebenenfalls zusätzlich eine Neuinszenierung ‚Jedermann' fixieren sollten. Der Vertrag sollte möglichst Stückwahl, Perioden und Spielorte festhalten." Das Kuratorium habe in seiner Sitzung vom 15. Mai den Vorschlag des Direktoriums abgelehnt, die im vergangenen Jahr erwirtschafteten Überschüsse in der Höhe von 10,4 Millionen Schilling als Reserve anzulegen, sondern diese der Reduzierung des Abgangs zuzuführen, sodass sich um diesen Betrag die Zuwendungen der Subventionsgeber reduzierten. Zudem seien die Einnahmen aus den Bereichen Sponsoring und Koproduktionen über das Jahr 1997 hinaus noch nicht gesichert und hätten die „Freunde der Salzburger Festspiele" entschieden, ihren jährlichen Zuschuss von 25 auf 22 Millionen Schilling zu reduzieren, um die eigenen Reserven nicht zu gefährden. „Bei einer finanziellen Unsicherheit eines Gesamtbetrages von 45 Millionen Schilling über 1997 hinaus können wir es uns nicht leisten, Ihnen als Schauspieldirektor ab 1998 ein Schauspielvolumen zuzusagen, das wir uns eventuell nicht leisten können oder zur Folge hätte, dass wir andere Elemente der Reform – Zeitfluss, Uraufführungen – streichen müssten. Ich bitte Sie sehr, diesen Umständen Rechnung zu tragen und meinen Vorschlag wohlwollend zu überprüfen."[559] Stein interpretierte beide Briefe Mortiers als Absage an eine weitere Tätigkeit als Schauspieldirektor und hegte den Verdacht, der Intendant habe die Brücken zu ihm abgebrochen, um das Schauspiel seiner Kompetenz zu unterstellen.

Mortier betonte zwar stets seinen Wunsch nach einer weiteren Bindung Steins als Schauspieldirektor an Salzburg, wies jedoch auf die diesen Bemühungen zuwider laufenden Fakten hin: Steins nach wie vor verfolgtes „Faust"-Projekt in Berlin, das seine zeitliche Verfügbarkeit für Salzburg massiv einschränken würde, sowie die notwendigen Einsparungen vor allem auch im Schauspielbereich, mit denen sich Stein nur schwer einverstanden erklären würde. Das Angebot eines langfristigen Regievertrages bot für Mortier drei Vorteile: Es sicherte ihm eine erhebliche Mitwirkung bei der Programmdisposition im Schauspielbereich, erfüllte die Notwendigkeit der Kostenreduktion und eröffnete im Fall einer Ablehnung Steins die Möglichkeit einer personellen und programmatischen Neuorientierung im Schauspiel unter seiner Leitung. Dabei kam es zu deutlichen Differenzen zwischen Mortier und Landesmann, der sich um ein Verbleiben Steins in Salzburg bemühte. So erklärte er in deutlicher Distanz zu Mortier: „Es gibt zu Stein keine Alternative. Er hat eine hervorragende Leistung geboten – ich würde diese Jahre zwischen 1992 und 1997 am ehesten als ‚Ära Stein' bezeichnen, denn im Schauspiel hat sich unendlich viel bewegt. Außerdem wäre es fatal, wenn in der Festspielleitung kein Künstler mehr säße."[560] Mortier replizierte, er wolle „mit Stein weiter arbeiten, aber es geht um die Rahmenbedingungen. ... Im Herbst werden wir entscheiden. ... Ich habe Stein gebracht und mag ihn sehr – sicher mehr als manche, die ständig betonen, wie gern sie ihn haben. ... Stein muss sich nur für Berlin oder Salzburg entscheiden. Wenn ‚Faust' in Berlin kommt, möchte ich Stein als Regisseur weiter behalten und das Schauspiel anders gestalten."[561]

Der Verhandlungsmarathon endete am 8. August mit einer Erklärung Steins im ORF-Mittagsjournal, er habe in Salzburg in den letzten fünf Jahren den Theatersektor teilweise „unter fürchterlichen Krämpfen" programmiert. Doch nun sei es genug. „Schauspieldirektor in Salzburg zu bleiben, ist uninteressant." Er werde daher seinen 1997 auslaufenden Vertrag nicht mehr verlängern.[562] Während Präsidentin Rabl-Stadler die Entscheidung des Schauspieldirektors mit der Bemerkung, man müsse diese akzeptieren, hoffe jedoch, ihn als Regisseur zu erhalten, kommentierte, wurde unmittelbar nach der Erklärung der Bruch zwischen Stein und Mortier in Form von öffentlichen Stellungnahmen deutlich. Mortier betonte, Steins Erklärung eines Rückzugs aus Salzburg sei nicht neu, weshalb man bereits Alternativlösungen vorsorglich in Aussicht genommen habe, die man dem Kuratorium in dessen Sitzung am 7. November präsentieren werde. Diese würden der Absicht Rechnung tragen, Stein als Regisseur auch weiterhin den Salzburger Festspielen zu erhalten. Er selber werde jedoch nicht, wie oftmals kolportiert, auch die Schauspielagenden übernehmen. Stein erwiderte, Mortier habe ihm vor zwei Monaten in zwei Briefen erklärt, dass er seine Vertragsverlängerung nicht wünsche. Er sei gerne bereit, in ein Salzburg ohne Mortier zurückzukehren.

Während seiner Salzburger Abwesenheit nahm Peter Stein in Nachfolge von Ivan Nagel eine Professur an der Berliner Hochschule der Künste wahr. Als im Anschluss an seine Vorlesung über das griechische Theater eine Studentin an ihn die Frage richtete, ob denn aus dem Berliner „Faust"-Projekt noch etwas werde, hob er die Arme gegen den Himmel und antwortete pathetisch: „Hier nicht!" Das wiedervereinte Berlin sei „zur Zeit" die „Stadt nicht der Kultur", sondern des „Kulturtodes".[563] Es gab in der wieder vereinten Hauptstadt Deutschlands keinen „Faust", denn man konnte sich den enormen finanziellen Aufwand nicht leisten. Sehr wohl aber wollte sich Hannover die Realisierung des „Faust"-Projektes anlässlich der Weltausstellung 2000 leisten. Die Stadt erklärte im Mai 1997 ihre Absicht, im Jahr 2000 das „Faust"-Projekt zu realisieren.

Einige Monate früher hätte diese Entwicklung in Berlin vielleicht erheblichen Einfluss auf eine Vertragsverlängerung Peter Steins als Schauspieldirektor der Salzburger Festspiele zu nehmen vermocht. In Salzburg waren inzwischen in einer ironischen Wende der Geschichte die Würfel gefallen: zu Gunsten von Ivan Nagel, dem Vorgänger Peter Steins an der Berliner Hochschule der Künste.

X. 1.1. PETER STEINS SHAKESPEAREZYKLUS

Am 26. Juli 1992 begann die mit Spannung erwartete neue Schauspielära unter Peter Stein mit dessen Inszenierung von Shakespeares „Julius Cäsar" in der Felsenreitschule mit einem bis in die kleinsten Rollen erlesenen Schauspieler-Ensemble.

Im Gegensatz zur großen Zustimmung des Publikums waren die Reaktionen der deutschsprachigen Kritik, von lokalen und österreichischen Kommentaren abgesehen und in deutlichem Gegensatz zu den teilweise hymnischen Kommentaren der englischen und italienischen Presse, überwiegend zurückhaltend bis ablehnend. Die deutsche Kritik und das deutsche Feuilleton basierten auf der politisierten und verfremdeten Aufführungspraxis deutscher Bühnen, wie sie Peter Zadek, Luc Bondy, Heiner Müller – und früher auch Stein – präsentierten. Steins nunmehr in Salzburg demonstrierte Rückwendung zur Werktreue, sein Abschied von der „Schaubühnen"-Praxis der vergangenen Jahre, erschien unter diesen Voraussetzungen eine ästhetische Entideologisierung, eine Anpassung an den „Warencharakter" der kommerzialisierten Kunst. So bemerkte Peter Iden: „Peter Stein als Regisseur in Salzburg – hätte das einer vor zwanzig Jahren vorausgesagt, es hätte ein großes Gelächter gegeben. Was Stein damals wollte und mit einem hoch entwickelten Ensemble an der Berliner ‚Schaubühne' immer wieder auch erreichte, Theater als szenische Herausforderung der Poesie durch die Realität und der Wirklichkeit durch die Gegenbilder der Phantasie: das war doch weltenweit entfernt von dem leer laufenden, verkommenen Betrieb gerade der Salzburger Festspiele.

Probenpause zu William Shakespeares „Julius Cäsar" in der Felsenreitschule 1992. Martin Benrath (Cäsar), Thomas Holtzmann (Brutus), Gert Voss (Marc Anton), Hans Michael Rehberg (Cassius), Kurt Meisel (Decius Brutus).

Peter Stein bei der Probe zu Shakespeares „Julius Cäsar" in der Felsenreitschule 1992 mit Martin Benrath (Cäsar) und Branko Samarovski (Casca).

Bruno Ganz und Deborah Warner bei der Probe zu Shakespeares „Coriolan" in der Felsenreitschule 1993.

Bert Neumanns Bühnenbild der Leander Haußmann-Inszenierung von Shakespeares „Ein Sommernachtstraum" in der Felsenreitschule 1996.

David Harewood (Othello) und Simon Russell-Beale (Jago) in der Sam Mendes-Inszenierung von Shakespeares „Othello" auf der Perner-Insel 1997.

Aber bekanntlich ändern sich die Zeiten und wir uns mit ihnen: wenn man auch, weil Erfahrung das lehrt, sagen muss: nicht immer zum Besseren. ... Seit 1968 der Hoffnungsträger für eine Veränderung erstarrter Theaterpraxis, die im Festspiel-Zirkus ihre ärgste Ausformung hatte, ist Stein jetzt der Mann, auf den Salzburg für die Erneuerung seiner sommerlichen Kulturtouristen-Attraktion rechnen darf. ...
Was man zu sehen bekam, war über weite Strecken nicht mehr als aufgeblähtes Stadttheater. ... (...)
Klassische Texte und prominente Schauspieler (hier bis in die Nebenrollen), zusammengebracht in ausgreifenden, aufwändigen Arrangements – ist das nun Steins neues Programm? Es ist das alte, das Salzburg immer schon kannte ..."[564]
Stein beabsichtigte nicht, den Großteil des Shakespeare-Zyklus selber zu inszenieren. So inszenierte 1993 die 34-jährige Engländerin Deborah Warner, seit 1990 „Associate Director" des National Theatre in London – Shakespeares „Coriolan" in der Felsenreitschule, was erhebliche Probleme in der Kommunikation zwischen der nicht Deutsch sprechenden Regisseurin und dem Ensemble aufwarf. Für Shakespeares „Antonius und Cleopatra" 1994 in der Felsenreitschule waren Patrice Chéreau oder Peter Zadek geplant. Nach der Absage von Chéreau sagte auch Zadek ab, der an Stelle der Felsenreitschule das Landestheater als Schauplatz forderte. Als dies Stein ablehnte, wandte sich Zadek nach Berlin, um dort mit dem Berliner Ensemble das Stück zu inszenieren und mit ihm auch bei den Wiener Festwochen 1994 zu gastieren. Stein übernahm daher – gezwungenermaßen – die Inszenierung von „Antonius und Cleopatra" selber.
Die Inszenierung von „Coriolan" durch Deborah Warner im Bühnenbild von Hildegard Bechtler und den Kostümen von Chloe Obolensky stieß auf unterschiedliche Resonanz. Während die österreichische Kritik die Inszenierung überwiegend positiv beurteilte und die schauspielerischen Leistungen vor allem von Bruno Ganz in der Titelrolle und Hans Michael Rehberg als Menenius Agrippa lobte, fand sie bei einem Großteil der deutschen Kritik wenig Zustimmung.
Der aufgeregte intellektuelle Diskurs in Deutschland nach der deutschen Wiedervereinigung und der damit verbundenen nationalen Frage hatte unmittelbar vor Festspielbeginn mit dem von Botho Strauß im „Spiegel" 1993 erschienenen Essay „Anschwellender Bocksgesang", der mit auf den Prozess der deutschen Einigung der Jahre 1989/90 bezogenen Sätzen wie: „Dass ein Volk sein Sittengesetz gegen andere behaupten will und dafür bereit ist, Blutopfer zu bringen, das verstehen wir nicht mehr und halten es in unserer liberal-libertinären Selbstbezogenheit für falsch und verwerflich", das Entsetzen der linken und linksliberalen Szene evozierte, und fand im Schauspielprogramm des Festspielsommers mit Deborah Warners Inszenierung von „Coriolan" und der Uraufführung von Botho Strauß' „Das Gleichgewicht" ein neues Betätigungsfeld.
Über Strauß wurde bereits nach dem Erscheinen des „Anschwellenden Bocksgesangs" der publizistische Bannstrahl eines Wechsels in das rechtskonservative und – bei manchen – rechtsradikale Lager verkündet. Sein bei den Salzburger Festspielen 1993 uraufgeführtes Stück „Das Gleichgewicht" schien seinen Rückbruch in einen reaktionären Chauvinismus zu bestätigen. So bemerkte C. Bernd Sucher zu den Shakespeare-Inszenierungen Steins und Warners: „Sie marschieren wieder. Die römischen und volskischen Heerscharen in Salzburgs Felsenreitschule. Was Peter Stein in seiner Inszenierung von Shakespeares ‚Julius Cäsar' recht war, ist Deborah Warner in ihrem ‚Coriolan' billig. Von rechts kommen sie herbeigestampft, in Reih und Glied, bereit zu schwören, bereit zu kämpfen. Stumm ist sie, die Masse, dumpf. Sehr geeignet für jene, die sie manipulieren wollen." Es habe Regisseure wie Max Reinhardt und Sergej Eisenstein stets gereizt, Massen zu choreografieren. Während jedoch Eisenstein versucht habe, „in der Masse Mensch das Individuum zu charakterisieren", hätten sich weder Reinhardt noch Stein und Warner dieser Mühe unterzogen. Ähnlich wie die Nationalsozialisten mühten sich Stein und Warner in einer durch die Auflösung und Relativierung der Werte unübersichtlich gewordenen Welt, in der durch die Auflösung des Ostblocks zudem der Feind fehle, ihrem Publikum wieder Werte zu präsentieren. Werte, für die es sich – als ein Volk – zu leben, zu streiten, zu sterben lohnt. „Gemeinsam sind wir stark! Gemeinsam können wir handeln! Gemeinsam können wir feiern." Die nationalsozialistischen Parteitagsfilme von Leni Riefenstahl zeigten, „wie man Feste feiert. Stein und Warner wollen zusammen mit ihrem Publikum gleichfalls ein Fest feiern, schließlich

zelebrieren sie Fest-Spiele. Sicherlich ist ihr Ideal ein humanistisches Fest", doch bedienten sie sich dabei, wie Botho Strauß in seinem „Gleichgewicht", letztlich reaktionärer Mittel. „Hinter diesem Rückschritt verbirgt sich eine ungeheure, eine gefährliche Arroganz. Wer das Volk so einschätzt, der dünkt sich ihm überlegen, der will es formen, führen. Stein, der auch öffentlich nicht eben sparsam und vorsichtig seinen Hochmut kundtut, zeigt als Schauspielchef der Salzburger Festspiele Flagge. Sie trägt vielleicht noch nicht die Farben Schwarz-Weiß-Rot, wie Claus Peymann angesichts der Strauß-Uraufführung vermutete, aber Schwarz-Rot-Gold ist es auch nicht. Denn Stein, der Linke, hat sich gewandelt – wie viele andere. Sein Statement, dass ihn das Theater als Ort der politischen Diskussion nicht interessiere, ist eine Ausflucht. Spätestens seit den Ideologiekritiken der 60er Jahre weiß man doch, dass nichts ideologiehaltiger ist als die angebliche Absenz von Ideologie. Und das bewahrheitet sich hier aufs Neue. Selten waren Aufführungen derart deutliche Demonstrationen politischen Denkens wie diese. ‚Ohne Dialektik denken wir auf Anhieb dümmer; aber es muss sein: ohne sie!', formulierte schon Strauß. Stein und Warner demonstrieren diese Einfalt mit schon gefährlicher Naivität, zeigen diese neue, alte Geistesschlichtheit auf der Bühne. Diejenigen, die jetzt sich über die Werktreue freuen, sie haben nur nicht bemerkt – oder sie wollen es nicht bemerken –, dass der neue Salzburger Weg deutlich präfaschistische Züge zeigt, zurück zum Proklamations- und Manipulationstheater."[565]

„Antonius und Cleopatra", ob seiner insgesamt 42 Szenen – allein die Akte drei und vier umfassen 27 Szenen – sowie häufigen Ortswechseln eines der am schwierigsten zu inszenierenden Stücke Shakespeares, bildete 1994 den Abschluss von Steins Römertrilogie in der Felsenreitschule. Hatten bisher die deutsche Kritik und das deutsche Feuilleton Steins Salzburger Shakespeare-Unternehmen als Rückfall in einen längst überwunden gemeinten Konservativismus und Klassizismus verurteilt, während das Publikum und der Großteil der österreichischen Kritik applaudierte, gestaltete sich „Antonius und Cleopatra" trotz einer hervorragenden Besetzung bis in die kleinsten Rollen lediglich zum Publikumserfolg. Die deutsche wie die österreichische Kritik war sich diesmal einig: Peter Zadek, der Peter Steins Einladung nach Salzburg für dieses Stück nicht gefolgt war, dieses jedoch in einer Gast-Inszenierung bei den Wiener Festwochen gezeigt hatte, sowie Peter Stein bei den Salzburger Festspielen lieferten den Beweis, dass dieses selten gespielte Stück ins Theatermuseum gehört. Beiden Regisseuren sei es mit unterschiedlichen Zugängen – Zadek verlegte das Stück in die Endzeit der britischen Kolonialherrschaft in Ägypten, Stein blieb historisch an der Vorlage orientiert – nicht gelungen, diesem Drama über fatale Leidenschaft, Machtrausch und -exzesse, Verrat und Intrigen Leben einzuhauchen. Steins Lesart des Stücks, dies wurde aus der Besetzung der beiden Hauptrollen mit Edith Clever und Hans-Michael Rehberg deutlich, ging von einem älter gewordenen Paar aus, dem berühmtesten der Antike, das bereits zum Mythos seiner selbst geworden ist und nun diesem gerecht werden will. Anspruch und Wirklichkeit klaffen jedoch auseinander, produzieren oftmals Lächerlichkeit oder Tragikomödie. Kein erotisch anziehendes Paar steht auf der Bühne, sondern deren in die Jahre gekommener Mythos. Es muss ankämpfen gegen seinen Ruhm und Glanz aus vergangenen Tagen.

Jan Kott bemerkte 1964 in seiner berühmt gewordenen Shakespeare-Analyse, dass in keinem anderen seiner Stücke die Erotik so brutal und direkt zur Sprache und damit letztlich auch auf die Szene komme wie in „Ein Sommernachtstraum". Leander Haußmann, Bochumer Schauspielintendant, Senkrechtstarter in der deutschsprachigen Regieszene und bereits 1993 mit der „Antigone" von Sophokles von Peter Stein in seiner „Schmuddelecke" Perner-Insel engagiert, inszenierte dieses schwierige und mit rund zwei Dutzend Rollen auch besetzungsmäßig aufwändige Stück 1996 im schwierigen Ambiente der Felsenreitschule, in dem dreißig Jahre zuvor Leopold Lindtberg den kontrovers diskutierten Versuch einer szenischen Realisierung unternommen hatte. Haußmann hatte das Stück unmittelbar nach der Wende in Weimar inszeniert und kurz zuvor mit einer Inszenierung von „Romeo und Julia" für Furore gesorgt. Es lag daher nahe, diesen viel diskutierten Interpreten klassischer Stoffe auch mit einer großen Shakespeare-Inszenierung in der Felsenreitschule zu betrauen. Haußmanns Arbeit spaltete die Kritik, wobei die gegenteiligen Meinungen nicht entlang traditioneller Frontlinien – Wien versus Salzburg und Deutschland, konservativ gegen (links)liberal –, sondern quer zu allen Lagern des kulturpolitischen Diskurses verliefen. Gleich zu Beginn präsentierte Haußmann den Shakespeareschen Esel als Wappentier, Symbol für Dummheit und ungebremste Triebhaftigkeit, einen wesentlichen Inhalt des Stücks. Ausstatter Bert Neumann spannte dahinter über die ganze Breite der Riesenbühne einen hellroten Seidenvorhang, hinter dem sich auf nackter Bühne eine kleine hölzerne Bühne als Anspielung auf die elisabethanische Bühne befand, die den Blick auf die Arkadenwand und die Unterbühne freigab und mit eingebauter Drehscheibe und Steuerrad, je nach Bedarf, nach vorne ausgefahren werden konnte. Am linken Rand symbolisierten der Baum der Felsenreitschule und die über ihm angebrachte Leuchtschrift „The Wood" den Wald, wobei die Schriftlettern an jene von Hollywood erinnerten, wo Reinhardt nach seiner Inszenierung des „Sommernachtstraums" im damaligen Salzburger Festspielhaus 1927 seine Filmversion schuf.

Haußmann inszenierte die somnambule verwirrende Gemengelage der Triebe und Begierde und den Geschlechterkampf als Grenzgang zwischen Komödie und Tragödie, scheute sich nicht vor Aktualisierungen wie dem Auftreten der verwirrten Liebespaare im Tarnanzug, umgangssprachlichen Einwürfen oder akustischen Zitaten vom Jim Morrison, Pink Floyd und den Rolling Stones und auch nicht vor dem Griff in die pyromane Trickkiste. Hatte die Inszenierung trotz einiger verzichtbarer Gags und mancher Längen genügend Poesie und Romantik, um zu überzeugen? Darüber waren Publikum und Kritik völlig unterschiedlicher Meinung. Als sich Leander Haußmann nach der Premiere verbeugte, mischten sich unter den eher zurückhaltenden Beifall unüberhörbare Buh-Rufe, und auch die Kritik schwankte zwischen Nicht-Bewältigung des Raums, fehlendem Witz und lähmender Langatmigkeit mit pseudomodernen Anspielungen und souveräner Gestaltung des Raums inklusive pyrotechnischer Extraklasse, genialem Wurf und Glücksfall einer Regie. Auch die schauspielerischen Leistungen fanden keine ungeteilte Zustimmung.

Hatte Deborah Warner 1993 mit Shakespeares „Coriolan" in der Felsenreitschule und Leander Haußmann mit Sophokles' „Antigone" auf der Perner-Insel in Hallein debütiert, so wechselten drei Jahre später beide Regisseure den Schauplatz. Warner kehrte 1996 mit William Shakespeares „Richard II." im Rahmen eines Gastspiels des 1963 gegründeten Royal National Theatre of Great Britain auf der Perner-Insel nach Salzburg zurück. Waren auf Grund ihrer nicht vorhandenen Deutschkenntnisse bei ihrer kontrovers diskutierten Inszenierung von „Coriolan" Probleme mit den Schauspielern entstanden, so bewegte sie sich in dieser in englischer Sprache mit einem ihr vertrauten Ensemble vorgestellten Inszenierung auf vertrautem Boden. Stein war vor allem auf Grund der Probleme bei der „Coriolan"-Inszenierung zu dem Schluss gekommen, dass ausländische Regisseure ihnen vertraute Stücke in der jeweiligen Originalsprache in Form von Gastspielen präsentieren sollten, um so die gewünschte Qualität zu erzielen.

Das 1595 entstandene Drama um den gestürzten schwachen König Richard II. bildet den Beginn der insgesamt zehn Königsdramen Shakespeares und damit eine ideale programmatische Ergänzung zum auf der Perner-Insel gezeigten Dramenzyklus des Dichters. In der von der englischen Presse gefeierten Inszenierung Deborah Warners war die Titelrolle des jungen Königs mit der Schauspielerin Fiona Shaw besetzt. Shaw hatte bereits die englische Presse begeistert und konnte dies auch auf der Perner-Insel. 1997 folgte auf der Perner-Insel als zweite Koproduktion mit dem Royal National Theatre of Great Britain William Shakespeares „Othello" in der Inszenierung des 31-jährigen britischen Jungstars Sam Mendes. Salzburg konnte bei dieser Koproduktion das „ius primae noctis" für sich beanspruchen, da die Premiere der Inszenierung in Salzburg am 22. August erfolgte, jene in London am 16. September. Mendes verlegte die Handlung in eine britische Garnison auf Zypern in den dreißiger Jahren des 20. Jahrhunderts. Entsprechend die Ausstattung mit den klassischen Interieurs der englischen Clubs und Offizierskasinos. Zudem besetzte er die Rolle des Titelhelden mit dem schwarzen Schauspieler David Harewood, Desdemona mit der mädchenhaften Claire Skinner und den Intriganten Jago mit Simon Russel Beale, der eine Mussolini-ähnliche Figur mimte und dank der Persönlichkeit des Schauspielers zum eigentlichen Mittelpunkt des Geschehens avancierte.

Die Inszenierung konnte, trotz der freundlichen Aufnahme durch das Publikum, bei der Kritik den Erfolg des Vorjahres nicht wiederholen.

X. 1.2. „… DAS EUROPÄISCHE THEATER … ALS DIE BEEINDRUCKENDSTE MANIFESTATION DER THEATRALISCHEN FÄHIGKEITEN DES MENSCHEN …" EUROPÄISCHES THEATER UNTER PETER STEIN

Im Dezember 1993 ging Peter Stein im Rahmen des ihm verliehenen Erasmus-Preises, des höchstdotierten niederländischen Kulturpreises, in seiner Rede auf die Bedeutung des europäischen Theaters für seine Arbeit ein. „In der Tat ist meine Arbeit ohne die Ausrichtung auf Europa als Ganzes undenkbar, gerade weil ich an die Regionalität, ja Provinzialität als Grundlage des Theaters glaube. Zu einer Zeit, als das rein organisatorisch nicht so leicht zu bewerkstelligen war, wurden meine Lehrer in den 50er und frühen 60er Jahren die großen Schauspieler und Regisseure in Mailand, Paris, Rom, London und Moskau. Ihnen allen danke ich es, dass sie mir halfen, den schlimmsten Mangel der deutschen ‚Theater-Schule' zu erkennen und – vielleicht – zu überwinden: den verbohrten Blick auf sich selbst, das Sich-selbst-ernst-Nehmen als Verschluss des Ausdrucks, als Verklemmung, anstatt als Vertiefung des Empfundenen oder Gedachten. … (…)
Die Einzigartigkeit des europäischen Theaters besteht in der gleichmäßigen Anwesenheit ritueller, vorhistorischer, mimischer, zutiefst vorrationaler Elemente mit höchstentwickelt rationellen, intellektuellen, literarischen und konstruktiven Geformtheiten. Nimmt man die Offenheit zu Musik, Tanz, Malerei und Architektur dazu, so erscheint das europäische Theater in seiner Gesamtheit als die beeindruckendste Manifestation der theatralischen Fähigkeiten der Menschen, die existiert. Und wenn ich auch in Hinblick aufs Theater Eurozentrist bin, so ist es ohne die lokale, individuelle, regional bezogene Ausprägung doch nur Schall und Rauch."[566]
Dieser Blick nach Europa bei gleichzeitiger Betonung des Regionalen begann 1992 – neben dem in der Felsenreitschule startenden Shakespeare-Zyklus – mit der Inszenierung von Stanisław Wyspiańskis polnischem Nationalepos „Wesele" (Das Hochzeitsfest) durch Andrzej Wajda.
Der 1869 geborene Wyspiański, Maler, Dichter, Architekt, Dekorateur, Bühnenbildner und Buchgestalter, gehörte zu den prägenden Gestalten der intellektuellen Szene Krakaus um 1900. Im Gegensatz zur Repression Russlands und Preußens nach dem polnischen Aufstand des Jahres 1863 erlangte der österreichische Teil Polens (Galizien) eine weitgehende Autonomie, sodass sich das geistige Leben zunehmend in den vom Russifizierungs- bzw. Germanisierungsdruck freien Süden, vor allem in Lemberg und Krakau entfaltete. Von seinem Lehrer an der Akademie der Schönen Künste in Krakau, Jan Matejko, und dessen monumentaler Historienmalerei stark beeinflusst, beteiligte er sich an der Seite seines Lehrers an der Ausgestaltung der Krakauer Marienkirche, der Kathedrale und der Franziskanerkirche, erarbeitete einen großzügigen Plan zur Umgestaltung des Wawel-Hügels und führte die innenarchitektonische Gestaltung mehrerer Bürgerhäuser durch. Gleichzeitig galt sein Interesse der Geschichte, Literatur und Kunstgeschichte, begeisterte er sich für die griechischen und französischen Klassiker sowie Shakespeare und Wagner, von dessen Idee des Gesamtkunstwerks er besonders beeinflusst wurde. Im Krakau der Jahrhundertwende geriet er auch unter den Einfluss des aus Berlin zurückkehrenden Stanislaw Przybyszewski, der mit seinen um Okkultismus, sexuelle Dämonie und Geschlechterkampf kreisenden Romanen und Aufsätzen als Vertreter der antibürgerlichen Moderne galt. Er übernahm die Leitung der Zeitschrift „Leben", des wichtigsten Organs der Bewegung „Junges Polen", und unterstützte Wyspiańskis Theaterambitionen. Im Gegensatz zu den vom Krakauer Publikum mit großer Begeisterung aufgenommenen, an Maeterlinck und Strindberg erinnernden düsteren, den Triebkonflikt betonenden Dramen Przybyszewskis „Das große Glück" und „Der Sturm" flossen in jenen Wyspiańskis, die zudem die gesamte Bandbreite der Dichtung vom Epos bis zum Lied umfassten, antike Elemente und Episoden der polnischen Geschichte ineinander. Vor allem thematisierte er die Sagen, Bräuche und Probleme des polnischen Volkes und errang mit dem 1901 in Krakau uraufgeführten dreiteiligen Volksdrama „Wesele" seinen Durchbruch.
Die komplexe Handlung, in der sich Gegenwart, Phantasie und historische Beschwörung vermischen, basierte auf einem gesellschaftlichen Ereignis, das im Krakau der Jahrhundertwende kein Einzelfall war, aber dennoch in der Stadt für Aufsehen sorgte: die Vermählung des Dichters Lucjan Rydel mit dem Bauernmädchen Jadwiga Mikolajczyk aus dem benach-

Stanisław Wyspiańskis „Wesele" im Landestheater 1992.

barten Dorf Bronowice. Bei dem drei Tage andauernden Gelage war die gesamte Krakauer Künstlerwelt anwesend, u. a. auch Wyspiański. Wyspiański dienten in seinem Volksdrama die Hochzeitsfeierlichkeiten als Folie seiner Realität und Phantasie überlagernden Szenen, in denen sagenhafte und historische Gestalten der polnischen Geschichte schemenhaft und oftmals auch appellativ auftreten, wobei ein von dem die Wiedergeburt des Landes prophezeienden Seher Wernyhora überreichtes Goldenes Horn als zentrales Signum des nationalen Aufstandes eine zentrale Rolle spielt. Als in den frühen vom reichlichen Alkoholkonsum gekennzeichneten Morgenstunden das Horn verloren geht, unterbleibt der Aufstand und damit die Hoffnung auf die nationale Wiedergeburt. Was bleibt, ist das Hohngelächter einer Strohpuppe, des Chochol.

Wyspiański reihte sich mit diesem Stück in die Tradition der großen polnischen Romantiker Adam Mickiewicz und Juliusz Slowacki ein und wurde zum berühmtesten Autor des „jungen Polen". Als das Stück neunzig Jahre später bei den Salzburger Festspielen durch Andrzej Wajda, der rund zwanzig Jahre zuvor das Stück verfilmt hatte, zur Aufführung gelangte, stieß es jedoch weitgehend auf Unverständnis.

Wajda unternahm mit seiner Inszenierung dieses komplexen Stücks polnischer Nationalliteratur ein großes Wagnis, da – trotz der deutschen Fassung von Karl Dedecius – die zahlreichen Anspielungen, das Ineinandergreifen von Realität und Mythen, die zahlreichen historischen Bezüge auf die polnische Geschichte einem mitteleuropäischen Publikum weitgehend fremd bleiben und damit zu langatmigen und sinnlosen Passagen verkommen mussten.

Den zweiten Beitrag zum europäischen Theater bildete 1992 die Antiken-Trilogie „Medea – Die Troerinnen – Elektra" nach Seneca, Euripides und Sophokles in lateinischer und griechischer Sprache des rumänischen Regisseurs Andrei Serban. Bereits in den siebziger Jahren hatte der 1943 geborene Serban, bekannt für seinen die gewohnten Konventionen sprengenden, alle Sinne und Emotionen ansprechenden und bewusst die sprach-intellektuelle Ebene vernachlässigenden Stil, mit dem renommierten New Yorker La MaMa Theater die drei Dramen erarbeitet. Als Assistent von Peter Brook in Paris startete er in der Folge als Schauspiel- und Opernregisseur eine internationale Karriere und wurde nach dem Sturz Ceausescus 1990 Intendant des Nationaltheaters Bukarest. Nunmehr erfolgte mit der von ihm mit einem verjüngten Ensemble des Bukarester Nationaltheaters inszenierten Antiken-Tragödie die (zweite) Eröffnung der Perner-Insel, die ab dem Sommer 1992 von der Szene und den Salzburger Festspielen als neue Spielstätte genutzt wurde. Das Ambiente der Höfe, Gänge und Hallen war durch erste Adaptierungsarbeiten für Aufführungen umgestaltet worden und übte einen besonderen Reiz aus.

Serban hatte die Antiken-Tragödie als erste Produktion seiner neuen Intendanz in Bukarest bewusst gewählt. Dabei sollte die politische Situation seines Landes, die Erfahrungen seiner Bürger mit der Diktatur und seine Überzeugung, dass Künstler stets auch politisch Stellung beziehen müssten, in die Produktion einfließen. Der altgriechisch und lateinisch gesprochene Text vermittelte sich dabei nicht auf der sprachlich-intellektuellen Ebene, sondern der direkten, sich aller sinnlicher und emotionaler Ausdrucksmöglichkeiten bedienenden. Dadurch wurde in dem schwach beleuchteten Raum das sprachliche Verständnis sekundär, erfolgte die Kommunikation über die gesamte gestische und emotionale Ausdrucksskala der Schauspieler, die damit eine neue, universell verständliche Sprache entwickelten, wie die bereits vor der Salzburger Aufführungsserie geernteten Erfolge der Aufführungen in Paris, Mailand und São Paulo demonstrierten. Der Erfolg sollte sich auch in Salzburg wiederholen. Nach vier Stunden brach der Jubel des von dieser Darstellungsform gebannten Publikums aus. Und auch die Kritik reagierte übereinstimmend enthusiastisch.

Erheblich kritischere Reaktionen erzielte der in Ergänzung zum Shakespeareschen Römer-Dramen-Zyklus 1993 durchgeführte griechische Dramenzyklus von Aischylos' „Die Perser" in der Regie von Peter Sellars im Lehrbauhof bzw. dem Stadtkino sowie die (inhaltlich logische) Kombination von Aischylos' „Sieben gegen Theben" in der Regie des langjährigen Assistenten von Peter Stein und nunmehrigen Regisseurs am Schauspiel Frankfurt, Jürgen Kruse, und Sophokles' „Antigone" in der Regie von Leander Haußmann, der soeben von Freiburg an Peter Fachbergs Frankfurter Schauspiel übersiedelte, auf der Perner-Insel.

Aischylos' Drama „Die Perser" behandelte die Wirkung des griechischen Sieges bei Salamis 480 v. Chr.

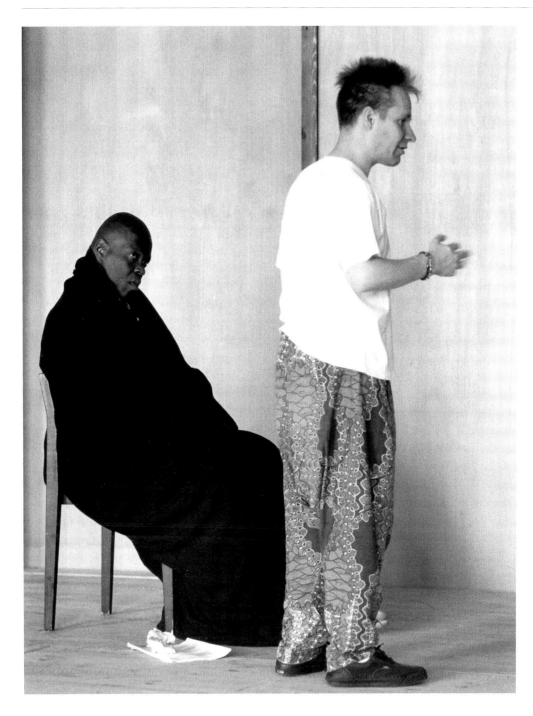

Ben Halley jr. (Chorus) und Peter Sellars bei der Probe zu Aischylos' „Die Perser" im Lehrbauhof 1993.

auf das Perserreich. Der Dichter behandelte an einem zentralen Ereignis zeitgenössischer Geschichte, dessen exemplarischer Charakter einem Mythos ebenbürtig ist, die Verkettung von Größe und Verhängnis. In dem Angriff des Perserkönigs Xerxes gegen Griechenland sah Aischylos das Überschreiten gottgesetzter Schranken durch menschliche Überheblichkeit. Die Rache der Götter war die logische Folge.

Dieses älteste Drama des europäischen Theaters mit seinen moralischen Appellen des Verfassers an seine griechischen Landsleute bietet zahlreiche jeweils zeitbezogene politische Bezugspunkte, eignet sich vor allem durch Bearbeitungen zum Transport moralischer und politischer Botschaften. So verfasste Matthias Braun seine stark vom deutschen Nachkriegs-Pazifismus geprägte Nachdichtung, die Dieter Dorn für seine Inszenierung des Stückes in München verwendete. Peter Sellars stützte sich für seine Inszenierung im Lehrbauhof auf die amerikanisierte Version Robert Aulettas und interpretierte das Stück als Parabel zum soeben beendeten Zweiten Golfkrieg, wobei von Aischylos nur mehr das Handlungsgerüst übrig blieb. Wie Aischylos warf auch Auletta einen Blick auf die feindlichen Opfer des Krieges, illustrierte den Golfkrieg aus der Sicht der irakischen Opfer und sah sich als Gegenentwurf zum vom Pentagon propagierten „sauberen" Krieg. Die Sieger, d. h. die USA, waren die Bösen, ihr Krieg ein Überschreiten der gottgesetzten Grenze und damit ein Verbrechen gegen die Menschlichkeit. Nicht die Kraft der Sprache, sondern die visuelle und akustische Aufbereitung wurde zum Mittel der Anklage. Die Aufführung wurde eine Mischung von Video-Installationen mit High-Tech-Kriegslärm, sporadischen englischen Wortpassagen, Pantomime und von Hamza El Din gespielter orientalischer Musik.

Sowohl die Bearbeitung des Stoffes durch Robert Auletta als auch die Inszenierung Sellars' fanden kaum positive Resonanz.

Die Kombination von Aischylos' Ödipus-Sage „Sieben gegen Theben" mit Sophokles' „Antigone" war sowohl inhaltlich wie auch dramaturgisch sinnvoll.[567] Die von Peter Stein engagierten bekanntesten jungen „Wilden" des deutschen Regietheaters, beide Jahrgang 1959, bekamen mit jeweils eigenen Ensembles auf der von Stein als „Schmuddelecke" apostrophierten Perner-Insel die Chance ihrer ersten Festspielinszenierung. Um die Koppelung beider Dramen an einem Abend zu erleichtern, wurde der Aischylos-Text mit seinem später angefügten unechten Finale gespielt. Beide Inszenierungen übersiedelten nach dem Festspielsommer an andere Bühnen. „Sieben gegen Theben" an das Schauspiel Frankfurt, „Antigone" an das Schillertheater Berlin und das Bayerische Staatsschauspiel München.

Beide Inszenierungen erhielten unterschiedliche Rezensionen. Kruses aktionistische Sicht des schwierig zu inszenierenden handlungsarmen Aischylos-Textes, der sich weitgehend in Schlachtenschilderungen und Wehklagen der eingeschlossenen Thebanerinnen erschöpft, stieß weitgehend auf Ablehnung, während Haußmanns Interpretation des Sophokles-Dramas als dekadente Tischgesellschaft überwiegend positive Reaktionen hervorrief.

Luigi Pirandellos letztes unvollendetes Werk „Die Riesen vom Berge" unter der Regie Luca Ronconis, dem Bühnenbild Margherita Pallis, den Kostümen Moidele Bickels und mit Jutta Lampe (Gräfin), Joachim Bißmeier (Graf), Elisabeth Trissenaar (Diamante) und Walter Schmidinger (Cotrone) in den Hauptrollen bildete auf der Perner-Insel die Eröffnungspremiere des Festspielsommers 1994. Pirandello benutzte in diesem von persönlichen Erfahrungen geprägten Stück – seine Frau lebte jahrelang in geistiger Umnachtung – die Bühne als Demonstrationsobjekt für eine brüchige Wirklichkeit. Durch das „Theater auf dem Theater" verschwimmen die Grenzen zwischen Realität und Fiktion, bleibt der Ausgang ungewiss. Diese Frühform des absurden Theaters lässt mehrere Schlüsse offen und gibt daher dem Regisseur erhebliche Freiheiten, die vor allem Giorgio Strehler, der mehrere Modellaufführungen inszenierte, nutzte. Auch Ronconis Salzburger Inszenierung sowie die schauspielerischen Leistungen stießen auf große Zustimmung beim Publikum und der Kritik, die der Aufführung Modellcharakter bescheinigte.

Anton Tschechows subtile Komödie des Untergangs der russischen Gesellschaft am Vorabend des Ersten Weltkrieges, „Der Kirschgarten", bildete im Jubiläumsjahr 1995 den umjubelten Höhepunkt des Schauspiels. Der bereits vom Tode gezeichnete 44-jährige russische Dichter präsentiert liebevoll und mit einem steten Anflug des Lächelns eine Gesellschaft, die sich nochmals auf einem Landgut mit Kirschgarten trifft, um bei Aufrechterhaltung der Illusion und des Scheins Abschied zu nehmen von den materiellen

Joachim Bißmeier (Der Graf), Jutta Lampe (Die Gräfin) und Wolf Redl (Cromo) in Luigi Pirandellos „Die Riesen vom Berge" 1994.

Peter Simonischek (Andrejewitsch Gajew Jermolai), Branko Samarovski (Firs), Sven-Eric Bechtolf (Trofimow), Daniel Friedrich (Andrejewitsch Lopachin), Dorothee Hartinger (Anja), Jutta Lampe (Ranjewskaja), Dörte Lyssewski (Warja) in der Peter Stein-Inszenierung von Anton P. Tschechows „Der Kirschgarten" im Landestheater 1995.

Annehmlichkeiten, die man sich nicht mehr leisten kann. Tschechow schildert Stimmungen und Befindlichkeiten, die von den Schatten des Kommenden und des eigenen ungewissen Schicksals berührt werden. Es ist eine dunkle Komödie, die bei aller Ironie die Brüche und Risse nicht nur des individuellen, sondern auch des kollektiven einer ganzen Gesellschaftsschicht aufzeigt. Tschechow wird nicht rührselig, will keine Tränen, sondern erzählt von Menschen, die auf Grund ihres sonderbaren Wesens etwas lächerlich wirken und nicht mehr ganz von dieser (neuen) Welt sind.

Peter Stein hatte das Stück bereits 1989 in der Berliner „Schaubühne" mit großem Erfolg inszeniert und unternahm nun im Salzburger Landestheater mit einem Teil desselben Ensembles einen neuerlichen Versuch. Gegenüber den negativ-abwertenden Stellungnahmen im Vorfeld der Salzburger Inszenierung, die von einem bloßen „Remake" sprachen, bemerkte Rolf Michaelis: „Wenn Karl Böhm zum 99. Mal Mozarts ‚Jupiter-Symphonie', Karajan zum 1001. Mal Beethovens ‚Fünfte' dirigiert, rümpft niemand die Nase. Weshalb jetzt die mäkelnde Frage selbst von Leuten, die Steins Inszenierung vor sechs Jahren gar nicht gesehen haben: Ist denn das nicht bloß ein Remake? Und wenn! Wie viele Aufführungen hat es an Theatern deutscher Sprache in den letzten sechs Jahren gegeben, die den Zugucker zum Mitleidenden, Mitkämpfer, Mitliebenden gemacht haben?

Der Salzburger ‚Kirschgarten' ist keine bloße ‚Wiederaufnahme' einer ‚alten' Inszenierung, sondern eine bis ins Bühnenbild von Karl-Ernst Herrmann und Moidele Bickels neue Kostüme eigenständige Inszenierung, bei glücklicher Bewahrung einmal gefundener szenischer Lösungen. Wie viel Kunst simpler Menschendarstellung ist in einem halben Jahrzehnt verloren gegangen – nein: kaputt gemacht worden, auch von ältlichen Jungregisseuren einer *fast-food* fürs Theater. So weit ist es gekommen, dass man nach Salzburg reisen muss, um Aufführungen eines Regisseurs des Welttheaters zu sehen, um eine unvergleichliche Stimme zu hören: Jutta Lampe. War sie je besser: Dörte Lyssewski?"[568]

Stein machte sich die Intention Tschechows zu eigen und inszenierte in dem genialen Bühnenbild von Karl-Ernst Herrmann, den stimmigen Kostümen von Moidele Bickel und mit Jutta Lampe (Ljubow Andrejewna Ranjewskaja), Dorothee Hartinger (Anja), Dörte Lyssewski (Warja), Peter Simonischek (Leonid Andrejewitsch Gajew), Daniel Friedrich (Jermolai Alexejewitsch Lopachin), Sven-Eric Bechtolf (Trofimow) und Branko Samarovski (Firs) in den Hauptrollen eine ungemein dichte und stimmige Aufführung.

Neben der Wiederaufnahme von Tschechows „Der Kirschgarten" repräsentierten 1996 Gastspiele des Moskauer Studiotheaters Oleg Tabakow mit Juli Kims „Bumbarasch. Die Leiden eines Russen" und des Odéon-Théâtre de l'Europe mit Bernard-Marie Koltès „Dans la solitude des champs de coton" (In der Einsamkeit der Baumwollfelder) auf der Perner-Insel den Blick auf das moderne europäische Theater. Juli Kims „Bumbarasch" thematisiert die Tragödie des russischen Volkes in der Ära des Endes der zaristischen Herrschaft und des Bürgerkrieges am Beispiel des Dorfjungen Bumbarasch. Wladimir Maschkow inszenierte eine hintergründige und trotz des Schreckens witzige musikalische Revue der sowjetischen Vergangenheit. Die virtuose Verbindung von Gesang, Tanz und Humor entwarf ein Spiegelbild des russischen Menschen als Objekt der Tragödie seines Volkes in einem Schnittpunkt seiner Geschichte und wurde zum von Publikum und Kritik gefeierten Theatererlebnis.

Bernard-Marie Koltès Zweipersonenstück „In der Einsamkeit der Baumwollfelder" thematisiert ein letztlich nicht zustande kommendes Geschäft zwischen einem Dealer, gespielt von Patrice Chéreau, der auch Regie führte, und seinem Kunden (Pascal Greggory), das mit einer Schlägerei endet. Die in französischer Sprache im Rahmen eines Gastspieles des Odéon-Théâtre de l'Europe präsentierte Produktion begeisterte auf Grund ihrer Inszenierung und der grandiosen schauspielerischen Leistungen Publikum und Kritik.

X. 1.3. „ER … KENNT DEN ÖSTERREICHISCHEN SCHMÄH WIE SEINE WESTENTASCHE." DAS ÖSTERREICHISCHE THEATER

1996 feierte die Alpenrepublik „Tausend Jahre Österreich". Das Land, wenngleich älter, feierte seinen „Taufschein", d. h. jene am 1. November 996 in Bruchsal nördlich von Karlsruhe ausgestellte „Ostarrichi"-Urkunde, mit der Kaiser Otto III. der bischöflichen Kirche zu Freising 30 Königshufen samt Zubehör in Neuhofen an der Ybbs schenkte. Es ist bemerkenswert, dass dieses Jubiläum im Programm der Salzburger Festspiele, deren Gründungsideologie auf dem historischen Österreichbegriff, der keineswegs mit dem 1918 entstandenen Kleinstaat identisch war, beinahe völlig unberücksichtigt geblieben wäre. Lediglich Peter Stein, der nach Shakespeare und europäischem Theater eine Hinwendung zum österreichischen Theater plante, vollzog – wohl eher dem 160. Todestag des Dichters als einer historisch-ideologischen Programmlinie folgend – mit Ferdinand Raimunds hintergründigem Märchenstück „Der Alpenkönig und der Menschenfeind" eine Hinwendung zur österreichischen Tradition des Alt-Wiener Volkstheaters. Raimund hatte mit der Figur des Rappelkopf, einem Verwandten von Molières Misanthropen, ein Porträt seiner Psyche entworfen. In projektiver Wunschvorstellung versuchte er durch den Witz und Charme der Figuren sowie das heilsame Eingreifen der Geister/Feen die Wirrungen der Handlung und Verwirrungen der Charaktere in Harmonie und Glück aufzulösen. Doch Raimund vermochte sich von seiner Krankheit durch die Dichtung nicht zu befreien, die mit Hilfe des Astralagus bewirkte Wandlung des Rappelkopf blieb für den Dichter eine unerfüllte Wunschvorstellung. Die für Raimund typische Geister- und Feenwelt symbolisierte nicht nur seinen persönlichen Fluchtpunkt, sondern auch jenen seines Publikums. Die den Alltag für einen Großteil der Bevölkerung dominierenden ökonomischen Probleme sowie die nach 1815 einsetzende vormärzliche Restauration fanden ihre theatergerechte und von der Zensur nicht beanstandete Lösung im Reich der Feen und Geister, deren Interventionen die schier ausweglosen Situationen zum Guten wenden. Das österreichische Biedermeier war abgründig und doppelbödig.

Vor dem Hintergrund der zunehmenden Distanz zu Gérard Mortier sowie der laufenden Verhandlungen um eine Verlängerung seines Vertrages als Schauspieldirektor der Salzburger Festspiele entschied sich Peter Stein in einem genialen Schachzug für Raimunds Zauberspiel „Der Alpenkönig und der Menschenfeind" und schmiedete damit eine doppelte Allianz: Indem er die Hauptrollen mit den nationalen Schauspieler-Ikonen Otto Schenk, Helmuth Lohner, Walter Schmidinger und Gertraud Jesserer besetzte und diese in einer idealen Symbiose von preußischer Exaktheit und wienerischem Stegreiftheater sowie Wissen um Aufführungstraditionen „an der langen Leine" führte, gewann er die prominenten Schauspieler sowie das begeisterte Publikum zu Verbündeten. Stein bekannte sich offen zur Tradition und erklärte sich, zum Entsetzen des linksliberalen deutschen Feuilletons und Gérard Mortiers, jedoch unter großer Zustimmung des Publikums, als „Mann von gestern".

Nach Giorgio Strehler schien Peter Stein ein möglicher Nachfolger für Max Reinhardt zu sein. Warum sollte sein „Faust"-Projekt in Berlin und nicht in Salzburg, wo Reinhardt in der von Stein für das Schauspiel wiederentdeckten Felsenreitschule „Faust" im Bühnenbild von Clemens Holzmeister 1934 bis 1937 inszeniert hatte, realisiert werden können? Der Preuße Peter Stein signalisierte 1996 seine Symbiose mit Österreich. In einem Interview mit dem „Standard" bemerkte er im Vorfeld der Premiere von Raimunds „Der Alpenkönig und der Menschenfeind": „Raimunds Stück ist am besten in Österreich, gespielt von österreichischen Schauspielern, zu realisieren." Und zu dem von ihm engagierten Trio Otto Schenk, Helmuth Lohner und Walter Schmidinger in bewusster Untertreibung seiner Regie: „Die genannten Herren machen auf der Bühne, was sie wollen. Spielvorschläge von meiner Seite gab es kaum. Woher auch? Wissen sie doch besser als ich, wie man Raimund spielt."[569] In einem Interview mit der „Presse" erklärte er, ihn reize an Raimund der „typisch wienerische Humor, das Gemisch aus Konventionalität und Theater-Erfinder-Geist, aus offener Sentimentalität und aggressivem Sarkasmus, das Theater-Handwerkliche, dies sogenannte Zaubertheater, die vielen veralteten Gedanken und Gefühle, die es zurückerobern gilt etc. etc." Und zur Wahl der Schauspieler: „Schenk als Rappelkopf schien mir geradezu selbstverständlich. Er ist nicht nur ein großartiger, mit allen Wassern gewaschener Schauspieler, er weiß auch vom Wiener Theater und seinen Traditionen theoretisch und praktisch immer viel, dazu noch eine Menge über das Rappelköpfische. ... Entscheidend ist aber nicht diese eine Besetzung, sondern die Kombination Schenk-Lohner-Schmidinger."[570]

Die drei Genannten ihrerseits schwärmten von Stein. Es sei bei dem stets betonten Mentalitätsunterschied sonderbar, aber zutreffend, dass ein Preuße mit Wiener Schauspielern ein österreichisches Stück probe und dies als Bereicherung empfunden werde. So erklärte Walter Schmidinger, der als Habakuk einen uneingeschränkten Erfolg beim Publikum und der Kritik errang: „Grad die Töne, die Musikalität, diese verlogenen Töne eines Dieners, die bringt er mir bei." Und die Schauspieler lobten die Texttreue des Regisseurs. So bemerkte Otto Schenk: „Man darf das Biedermeier … nicht schwänzen, um eine andere Zeit draufzupappen. Diese Idioten verzerren das Stück und verharmlosen es." Und alle drei: „Er ist ein richtiger Kren auf uns, sieht uns aber auch mit sezierendem Blick. Er merkt jeden falschen Ton, kennt den österreichischen Schmäh wie seine Westentasche." Helmuth Lohner bemerkte zu den laufenden Vertragsverhandlungen: „Es wäre unendlich schade, ja katastrophal, wenn er nicht weitermachen könnte." Otto Schenk ergänzte mit einem deutlichen Seitenhieb auf Mortier: „Ich bin dagegen, dass Funktionäre Künstler vertreiben. In Salzburg hatten immer die Künstler das Sagen, von Toscanini bis Karajan. Plötzlich war auch im Schauspiel, wo diese Figur seit Reinhardt gefehlt hat, ein Leithammel da. Mortier hat ihn ja gebracht. Warum will er jetzt sein Kind über Bord schmeißen?"571 Mit Blick auf die laufenden Vertragsverhandlungen, den Erfolg Steins mit seiner Tschechow-Inszenierung 1995 und seine erstmalige Raimund-Inszenierung 1996 bemerkte Wolfgang Reiter: „Peter Stein hat sich damit in Salzburg endgültig als der Karajan des Schauspiels empfohlen, als der bessere Ringer um höchste (artifizielle) Qualität, der aber scheinbar nicht mehr weiß, zu welchem Ende er sich eigentlich darum bemüht. Ein Perfektionist der Perfektion willen, der das Publikum für einige Stunden in folgenloses Staunen versetzen kann und es ergriffen die Welt vergessen lässt. Festspielstaatstheater, wie es sich die Festspielgründer nicht besser hätten wünschen können."572

Stein inszenierte das Stück unter Bezugnahme auf Reinhardts Aufführung am Deutschen Theater in Berlin 1915, die als Symbol für das vereiste Herz des Rappelkopf die Szene des ersten Aktes vom Frühling in den Winter verlegte. Folgerichtig wurde bei Reinhardt aus dem Messer des Dieners Habakuk, der damit Zichorie schneiden will, ein Küchenbeil. Bei Stein mutierte das Küchenbeil zur Axt. Doch sonst bewegte sich der Regisseur im Ambiente des Biedermeier, vertraute auf die Theatertechnik und ihre Möglichkeiten und betrachtete das Stück auch als Hommage an die spezifisch wienerische Schauspielkunst seiner berühmten Protagonisten. Das Publikum dankte es ihm mit begeisterter Zustimmung, die deutsche Kritik und das deutsche Feuilleton hingegen sahen darin einen weiteren Beweis für Steins Abschied von jeder Innovation, eine Wende zur konservativen Ästhetik der Wirtschaftswunderzeit, eine Metamorphose zum Karajan des Salzburger Schauspiels und eine Konzession an die Tradition und den Publikumsgeschmack: Gerade dieser weitgehend entideologisierte Blick auf das Stück und der Verzicht auf politisch-psychologische Archäologie wurde, neben den schauspielerischen Leistungen und dem gelungenen Bühnenbild, zum Garanten des Publikumserfolges, der sich auch bei der Wiederaufnahme 1997 einstellte.

Franz Grillparzers selten gespielter „Libussa" galt Peter Steins letzte Regiearbeit während seiner Zeit als Schauspieldirektor der Salzburger Festspiele. Das auf verschiedenen Ebenen spielende Stück von der Gründung Prags durch eine einem Sehergeschlecht entstammende Titelheldin gehört zu den historisch-politischen Dramen des Dichters, die stets auch um die Sonderstellung Österreichs als Europas Orient kreisten. Dieses historische Drama ist ein westöstliches Stück und hat zahlreiche Berührungspunkte mit Hugo von Hofmannsthals „Turm" aus dem Jahr 1924, der in einem sagenhaften Königreich Polen spielt. Nur hatte der Jüngere die Tödlichkeit des Kommenden, von der auch Libussa spricht, bereits kennen gelernt. Das 1874 uraufgeführte Stück erfreute sich nie besonderen Zuspruchs, und der Dichter hatte – wohl wegen des mangelnden Zuspruchs – bemerkt, das Manuskript sollte nach seinem Tod verbrannt werden. Wenngleich seiner Aufforderung nicht Folge geleistet wurde, konnte „Libussa" die deutschsprachigen Bühnen kaum erobern. Die komplizierte Handlung, die mehrere Handlungsstränge miteinander verband, sowie der schwere Jamben-Text standen und stehen einem größeren Publikumszuspruch im Wege.

Peter Stein unternahm am Ende seiner Tätigkeit als Schauspieldirektor der Salzburger Festspiele einen künstlerischen Kraftakt, indem er Grillparzers vielschichtiges Stück auf der Perner-Insel mit einem jungen Ensemble inszenierte und den Versuch unternahm, dieses der weitgehenden Vergessenheit eines bloßen Handbuch- und Schulbuch-Wissens zu entreißen. Zu diesem Zweck nahm er leichte Retuschen an der in Jamben einherschreitenden Sprache Grillparzers vor und inszenierte neben der Liebesgeschichte die politische Dimension des Stücks, die Ablösung eines mythischen Matriarchats durch ein Patriarchat, das sich durch die Betonung des Fortschritts und der Machbarkeit, der Industrialisierung und auch Ausbeutung der natürlichen Ressourcen und der damit verbundenen Folgen auszeichnet. Diese Folgen setzte er drastisch in Szene, indem die Errichtung der Stadt Prag mit lauten und zerstörenden Holzsägen symbolisiert wurde. In einem Interview mit der „Presse" erklärte er wenige Tage vor der Premiere: „Das große Problem bei Grillparzer ist doch die Sprache. Man muss eine Analyse der sprachlichen Gegebenheiten machen. Grillparzer hat einen überwältigenden Theaterinstinkt gehabt. Und das entdecken wir an diesem schwierigen Text; auch, dass die Textführung deswegen so kompliziert ist, weil erstens die Themen, die behandelt werden, kompliziert sind, zweitens das Genie von Grillparzer ein widersprüchliches ist, zutiefst zerrissene Ansichten über die Menschheit und die Welt. Genau das lässt sich am besten im Theater ausdrücken. Das sind reine Theaterfindungen, Erfindungen von szenischen Reichtümern und Action! Das wird beim Lesen oft nicht so deutlich. Diese ununterbrochene Brechung des Satzflusses durch einen Halbsatz, der dem vorigen widerspricht. Das enthüllt sich beim genauen Studium als ein Anlass für Schauspieler, schauspielerisch aktiv zu werden und die Texte eben nicht in einer Rhetorik, die uns vollkommen verloren gegangen ist, herunterzubrettern. Wir versuchen, diese Texte ganz leicht und durchsichtig zu sprechen, dass sie eine Organik bekommen aus den Körpern und den Stimmen der Schauspieler heraus und dementsprechend dem Zuschauer nicht ununterbrochen eine verknorkste und verdrehte Satzkonstruktion um den Hals gewunden wird, sodass er Hilfe suchend, sich ergebend geradezu, die Hände hebt und sagt: ‚… bitte, verschone mich!' …

Ich habe nicht das mindeste Interesse, vom Autor abzuweichen. Ich gehöre nicht zu den Leuten, die an Texten kein Interesse haben. Im Gegenteil. Je schwieriger der Autor, umso größer das Interesse."[573]

Grillparzers „Libussa" wurde in der Inszenierung des Salzburger Schauspieldirektors, dem Bühnenbild und den Kostümen von Moidele Bickel und einem jungen Ensemble mit Dörte Lyssewski und Christian Nickel in den Rollen der Libussa und des Primislaus, zum Publikumsmagneten und Kritikererfolg. Hatte der Kartenverkauf zunächst noch gestockt, so waren nach den begeisterten Rezensionen der Premiere und dem begeisterten Publikumszuspruch die restlichen Vorstellungen innerhalb kürzester Zeit restlos ausverkauft. Manfred A. Schmid bemerkte nach der Premiere: „Der scheidende Salzburger Theaterchef führte mit seiner für die Spielmöglichkeiten der Halleiner Perner-Insel maßgeschneiderten Produktion alle Spekulationen ad absurdum, er habe sich in jahrzehntelanger Theaterarbeit verschlissen und verbraucht. Ganz im Gegenteil, diese ‚Libussa' ist frisch und packend umgesetzt – geradezu ein Wunder angesichts ihres Rufes, ein schwieriges, so gut wie unspielbares Werk zu sein."[574] Der Preuße Peter Stein bescherte sich mit einem österreichischen Dichter einen umjubelten und von vielen bedauerten starken Abgang von Salzburg. Otto Schenk, 1997 26 Jahre bei der Salzburger Festspielen als Schauspieler, Regisseur und Direktoriumsmitglied tätig, erklärte Stein zum „Ehrenösterreicher" und streute dem scheidenden Schauspieldirektor unter indirekter Bezugnahme auf seine Raimund- und Grillparzer-Inszenierungen Rosen: „Ein Künstler, der eine große Hilfe für Schauspieler war. Er ließ sich beschenken, er hat uns ermuntert, nicht gegen die Natur zu spielen. Und er hat dafür gesorgt, dass aus unserer Menschendarstellung doch eine Art Stil geworden ist. Es ist ewig schad um ihn."[575]

Wohl zu Recht bezeichnete Karin Kathrein in ihrer Darstellung des Theaters in der Ära Mortier Peter Stein als den „preußischen Reinhardt". „Wem sonst konnte es gelingen, Reinhardts Erbe aufzunehmen und weiterzuführen, als diesem prägenden Regisseur und Theaterleiter? Hatte man ihn in den letzten Jahren nicht wiederholt mit Reinhardt in Beziehung gesetzt? Genauer betrachtet, kann man in ihm vielleicht sogar die ernstere preußische Variante des komödiantischen, sinnlichen Österreichs sehen. Auch geheime Linien, die ihn mit Hofmannsthal verbinden, sind aufzuspüren."[576]

X. 2. 1998 – DAS JAHR DES IVAN NAGEL

In einem Kommentar zum Ausscheiden Peter Steins aus der Funktion des Schauspieldirektors der Salzburger Festspiele bemerkte Peter Vujica: „Peter Stein und mit ihm die ganze Aufwertung des Sprechtheaters wurde zum Opfer einer bemerkenswerten Sorglosigkeit, mit der man diese ins Werk setzte. Die 70 Millionen Schilling, die man Peter Stein für die Finanzierung des Schauspiels jährlich zusicherte, holte man zum Teil aus den Finanzreserven, die Albert Moser als vormaliger Festspielchef angesammelt hatte. Niemand fragte, woher man die 14 Millionen, die aus den Reserven fünf Jahre hindurch dem Budget zuflossen, später einmal nehmen wird.
Dieses Später ist nun bedrückende Gegenwart. Schon in diesem Jahr musste Stein eine partielle budgetäre Demontage hinnehmen. Und der neue Vertrag, den man ihm vorlegte, hätte ebenfalls eine solche bedeutet. Dass er sich dieser widersetzt, spricht für seine Professionalität.
Und wen auch immer Salzburgs Festspielgewaltige als seinen Nachfolger im Auge haben und angeblich am 7. November präsentieren werden: Die Kompetenz dieses Mannes oder dieser Dame wird daran zu messen sein, welche Summe er bzw. sie sich für ihre Salzburger Arbeit sichern kann. ... die Wahrheit der Kunst liegt allzu oft im Budget."577
Die „Wahrheit der Kunst" lag jedoch nicht nur im Budget, sondern auch in den Kompetenzen. Und in diesem Bereich versuchte Gérard Mortier bereits im Vorfeld Pflöcke einzuschlagen. Ohne Konsultation des Direktoriums preschte er zur allgemeinen Überraschung bereits unmittelbar nach der Erklärung Steins, seinen Vertrag nicht mehr zu verlängern, vor und erklärte gegenüber News, er beabsichtige ein vierköpfiges junges Regieteam zu engagieren, das abwechselnd im Schauspiel und dem Musiktheater tätig sein sollte: Deborah Warner, Peter Sellars, Christoph Marthaler und Stefan Bachmann. Dazu werde es in Salzburg auch wiederum einen Schauspielchef geben. Dieser werde jedoch „weder Regisseur noch Schauspieler" sein und solle in Absprache mit ihm und den vier Regisseuren die Planung bis ins nächste Jahrtausend erstellen und auch realisieren. „Das Schauspiel soll auf diese Weise gegenüber der Oper noch aufgewertet werden. Es wird mehr Produktionen geben als jetzt, aber sie sollen nicht so groß und teuer sein. Wichtig sind mir Uraufführungen, die derzeit kaum stattfinden." Zusätzlich sollte jeden Sommer ein Theaterschriftsteller als „Dichter zu Gast" ebenso eingeladen werden wie berühmte Regisseure wie Peter Zadek, Claus Peymann und Jürgen Flimm. „Stein ist im neuen Konzept als Regisseur jederzeit willkommen. Von Muti hatte ich nichts anderes erwartet – bei Stein habe ich gehofft, dass es anders endet. Ich begreife, dass er emotionell reagiert, aber meine Bewunderung bleibt ihm. Ich hoffe, dass ich sie ihm einmal beweisen kann."578
Trotz dieser offen bekundeten Wertschätzung Steins wies Mortier in mehreren Erklärungen auch auf die Differenzen mit dem noch amtierenden Schauspieldirektor hin. „Ich habe keinerlei künstlerische Kritik an Peter Stein, aber es ist für die nächsten Jahre im Sektor Schauspiel eine Evolution nötig."579 Unter Evolution verstand er eine Abkehr von der Felsenreitschule als Sprechbühne und eine Beschränkung auf die kleineren Spielstätten, an denen er vor allem auch mit Hinweis auf die zahlreichen fremdsprachigen Festspielbesucher vermehrt fremdsprachige Produktionen präsentieren wollte. Dies würde zu erheblichen Kosteneinsparungen führen. So hätten die Dekorationen für die Stein-Inszenierung von Raimunds „Der Alpenkönig und der Menschenfeind" mehr gekostet als die Bühnenbilder von „Elektra" und „Fidelio" zusammen. Dies sei in Zukunft vor allem aus Gründen der geforderten Sparsamkeit nicht mehr tolerierbar.
Bereits am 23. August gab Mortier den ersten Erfolg seiner neuen Dramaturgie bekannt. Peter Zadek werde aus Anlass des 100. Geburtstages von Bertolt Brecht die Eröffnungspremiere des Festspielsommers 1998, die Brecht/Weill-Oper „Aufstieg und Fall der Stadt Mahagonny" inszenieren. Am gleichen Tag meldete das „Hamburger Abendblatt", Mortier habe dem Intendanten des Deutschen Schauspielhauses Hamburg, dem 50-jährigen Frank Baumbauer, die Übernahme des Schauspielbereichs in Salzburg angeboten. Als mögliche neue Schauspielchefs in Salzburg seien auch der frühere Hamburger Schauspielhaus-Intendant Ivan Nagel und der Berliner Regisseur Michael Eberth im Gespräch. Frank Baumbauer verhandelte zu diesem Zeitpunkt um eine Verlängerung seines bis 1998 laufenden Vertrages, wobei er sich wiederholt gegen die vom Hamburger Senat geplante drastische Subventionskürzung um 2,6 Millionen

Bühnenbild von Ferdinand Wögerbauer zu Ferdinand Raimunds „Der Alpenkönig und der Menschenfeind" im Landestheater 1996.

Dörte Lyssewski (Libussa) und Christian Nickel (Primislaus) in der Peter Stein-Inszenierung von Franz Grillparzers „Libussa" auf der Perner-Insel 1997.

Mark ausgesprochen hatte. Er werde aber als Betriebsdirektor sicherlich nicht nach Salzburg gehen. Bevor er das Salzburger Angebot prüfe, müsse er seine Hamburger Situation klären. Erst wenn diese geklärt sei, werde er sich zu Salzburg äußern.[580] Der Vorschlag Mortiers stieß im Direktorium auf Zustimmung. So erklärte Präsidentin Rabl-Stadler, sie hielte Baumbauer für einen „guten Kandidaten", während die von Mortier auch ins Spiel gebrachte kollektive Führung durch vier Regisseure „problematisch" sei.[581]

Mitte September einigte sich Frank Baumbauer mit der Hamburger Kulturbehörde auf die Verlängerung seines Vertrages als Intendant des Deutschen Schauspielhauses, und sechs Wochen später konnte Ivan Nagel, Theaterkritiker, Schauspielintendant und Professor für Ästhetik und Geschichte der darstellenden Kunst an der Berliner Hochschule der Künste, als Nachfolger Peter Steins ab 1997 präsentiert werden. Nagel hatte bei Theodor W. Adorno und Max Horkheimer studiert, arbeitete als Chefdramaturg unter August Everding an den Münchner Kammerspielen, war Kulturkorrespondent der „Frankfurter Allgemeinen Zeitung" in New York und Kritiker der „Süddeutschen Zeitung", schrieb ein heftig diskutiertes Buch über die Opern Mozarts und leitete als Intendant die Schauspielhäuser in Hamburg und Stuttgart, wo Frank Baumbauer mit ihm zusammenarbeitete. Als deklarierter „Nicht-Regisseur" entsprach er den Vorstellungen Mortiers, der für die Inszenierungen mit den von ihm genannten jungen Regisseuren verantwortlich zeichnen wollte. Nagel sollte mit den vage gehaltenen Beschreibungen „Spielplangestaltung" und „Weichenstellung" für das auf Grund der Finanzlage mit geringeren Mitteln ausgestattete Schauspiel als intellektueller Programmdenker und Organisator mit gegenüber Stein deutlich eingeschränkten Kompetenzen zuständig sein und mit den Vorstellungen Mortiers konform gehen. Er bestätigte dies nach dem Beschluss des Kuratoriums am 7. November, das Direktorium zu Vertragsverhandlungen zu ermächtigen, mit der Bemerkung: „Mortier und ich haben einen ähnlichen Geschmack."[582] Und obwohl Nagel mit 65 Jahren bereits das Rentenalter erreicht hatte, dem 59-jährigen Stein somit kein Jüngerer nachfolgte, sei er, so Mortier mit deutlicher Spitze gegen Stein, sehr nahe am Puls der Zeit.

Als Nagel die Nachfolge Steins antrat, wollte er sein Theaterkonzept mit Regisseuren wie Peter Zadek, Peter Sellars, Christoph Marthaler, Robert Wilson und Stefan Bachmann verwirklichen. In ihnen sah er, in Übereinstimmung mit Mortier, die Garanten seiner radikalen Utopie eines offenen und modernen Welttheaters durch eine Radikalisierung der Ästhetik und des Menschenbildes. Dem entsprach der selbstbewusste und jakobinische Anspruch aller Revolutionäre, die Welt nach den eigenen Vorstellungen zu gestalten. Man werde sich sein Publikum machen, d. h. „erziehen". Das Theater, vor allem auch der Regisseur, habe sich nicht nach den Wünschen des Publikums zu richten, sondern an dessen Neugier und Innovationsfreudigkeit zu appellieren. Nagel präsentierte, sehr zur Freude Mortiers, das Gegenprogramm zu Stein. Mit ihm schienen die Festspiele auch im Schauspiel wiederum auf dem von Mortier verfochtenen progressiven Kurs.

Nagels Handschrift wurde 1998, dem Jahr seiner Verantwortlichkeit für das Schauspiel, deutlich sichtbar. Er verzichtete auf die Felsenreitschule als Spielstätte, forcierte neben dem Landestheater die alternativen Spielstätten auf der Perner-Insel, im Stadtkino und der Elisabethbühne, wobei es sich, abgesehen von Hofmannsthals „Jedermann" und der Uraufführung von Hal Hartleys „Soon", einem Auftragswerk der Salzburger Festspiele, ausschließlich um Koproduktionen mit anderen Theatern oder Gastspiele handelte.

Kurze Zeit nach der Bekanntgabe des Schauspielprogramms für den Festspielsommer 1998 meldete Siegbert Stronegger am 2. März 1998 in der ORF-Sendung „Salzburg aktuell", die Salzburger Festspiele würden sich aller Wahrscheinlichkeit bereits Ende des kommenden Festspielsommers von Ivan Nagel trennen. Der 67-jährige Nachfolger Steins kämpfe mit gesundheitlichen Problemen und arbeite zudem meistens von seinem Berliner Büro aus, was in Salzburg erhebliche organisatorische Probleme verursache.

Die Entfremdung zwischen Nagel und dem Direktorium hatte wenige Wochen nach der Berufung Nagels eingesetzt, als deutlich wurde, dass der neue Schauspielchef den ihm zur Verfügung stehenden Budgetrahmen von 40 Millionen Schilling deutlich überschreiten würde. Um der vom Kuratorium massiv geforderten Sparsamkeit zu entsprechen, war man um Schadensbegrenzung bemüht, wobei die Frage der Streichung von besonderen Defizit-Verursachern wie der in Zusammenarbeit mit dem Deutschen Schauspielhaus Hamburg geplanten Uraufführung des Robert Walser gewidmeten Jelinek-Stücks „er nicht als er" diskutiert wurde. Nagel protestierte schriftlich am 19. Februar 1998 gegen diese mögliche Einsparungsvariante heftig. Zudem hatte er im August 1997 die Zusicherung einer Halbtagskraft und später von Hans Landesmann telefonisch die einer Ganztags-Mitarbeiterin in Salzburg erhalten. Schließlich unterbreitete Nagel mit Hinweis auf seinen angegriffenen Gesundheitszustand den Vorschlag der Bestellung eines Co-Direktors. Am 26. Februar 1998 schrieb Mortier im Namen des Direktoriums in einem Fax an Nagel, man habe seinen Brief am 25. Februar eingehend diskutiert und beschlossen, „damit ein Zeichen gesetzt wird, dass es keinen Grund gibt, das Direktorium als Feindbild zu betrachten, ... das Schauspielprogramm 1998, wie von Ihnen geplant, inklusive der Uraufführung von Jelineks ,er nicht als er', trotz eines globalen Defizits von 5,6 Millionen Schilling, durchzuziehen. Ich habe dementsprechend Herrn Baumbauer die Koproduktion umgehend zugesagt ..." Das Direktorium bitte ihn zur notwendigen Klärung der organisatorischen Fragen am 16. März zu einem Gespräch. Man sei jedoch nicht der Meinung, „dass die von Ihnen vorgeschlagene erste Lösung (Anstellung eines Co-Direktors) durchführbar ist ..." Zudem wolle man über die nach wie vor ungelöste Frage des Salzburger Sekretariats sprechen. Nagel antwortete umgehend, er interpretiere den unausgesprochenen Sinn des Fax und des diesem folgenden Telefonats Mortiers, dass man in Salzburg bezüglich seiner Person offensichtlich zwei Varianten besprochen habe: „1. Nagel kann länger als August 1998 bleiben, wenn er unbedingt will – aber ohne den ihn entlastenden Stellvertreter (den er im Wesentlichen von seinem eigenen Gehalt bezahlen will). 2. Nagel soll mindestens bis Ende der Spielzeit 1998 durchhalten – aber ohne die helfende Kraft in seinem Büro, die er arbeits- und gesundheitsmäßig seit sechs Monaten vermisst und für unentbehrlich hält." Er bestehe jedoch auf der ihm gegebenen Zusage einer „Ganztag-Mitarbeiterin meiner Wahl mit Büro- und Theaterkenntnissen ... spätestens fünf Tage vor meiner Rückkehr an den Salzburger Arbeitsplatz. Sonst muss ich, nicht erst im August, kapitulieren."[583]

Das Gespräch am 16. März konnte die aufgetretenen Differenzen nicht beseitigen und endete mit der einvernehmlichen Vertragsauflösung zum 31. Dezember 1998. Nagel garantierte „die Durchführung des bestehenden Spielplanes, wobei das Direktorium z. Zt. ein Defizit von öS 5,3 Millionen zur Kenntnis nimmt, aber darauf drängt, alles zu tun, um dieses Defizit zu verringern. Für die Festspiele 1999 wird Prof. Nagel beratend für die Schauspielprogramme zur Verfügung stehen. Im Herbst wird entschieden, wie die künstlerische Leitung des Schauspiels in Zukunft gehandhabt werden soll."[584] Zwei Tage später bestätigte das Kuratorium die getroffene Vereinbarung sowie die offizielle Presseerklärung, in der der angegriffene Gesundheitszustand Nagels als Grund für die vorzeitige Vertragsauflösung bezeichnet wurde.[585]

Trotz der offiziellen Presseerklärung, dass ausschließlich gesundheitliche Gründe für das vorzeitige Ausscheiden Ivan Nagels aus seiner Funktion aus Schauspielchef der Salzburger Festspiele verantwortlich seien, wurden von mehreren Tageszeitungen noch eine Reihe anderer, letztlich entscheidender Gründe genannt: das über 5 Millionen Schilling betragende Schauspieldefizit sowie die geplanten Einsparungen im Bereich der schwer defizitären Produktionen wie etwa der Jelinek-Uraufführung. Nagel sah sich daher am 19. März zu einer öffentlichen Stellungnahme veranlasst, in der er indirekt eingestand, dass nicht nur die gesundheitlichen Probleme seinen Rückzug veranlasst hätten. Das in der Presse kolportierte Defizit im Schauspielbereich von etwas mehr als 5 Millionen Schilling betrage lediglich ein Drittel des Gesamtdefizits. Zudem wurde vom Kuratorium das Budget des Schauspiels von 1997 auf 1998 von 70 auf 40 Millionen Schilling gekürzt. Diese beinahe 50-prozentige Reduktion sei jedoch nicht praktikabel, wenn man das Schauspiel auf einem hohen Niveau halten wolle. Dennoch sei das Schauspielprogramm 1998 mit 60 Vorstellungen – gegenüber 44 im Vorjahr – das umfangreichste in der Geschichte der Festspiele. Es habe den Vorschlag einer Streichung der Uraufführung von Jelineks „er nicht als er" und der von ihm initiierten Serie „Dichter zu Gast" gegeben, dem jedoch weder das Direktorium noch das Kuratorium gefolgt sei.[586]

Am Ende seiner einzigen Schauspielsaison in Salzburg zog Ivan Nagel Bilanz und nahm auch nochmals zu seinem Weggang aus Salzburg Stellung. Programmatisch sei es ihm darum gegangen, für das Schauspiel den „ästhetischen Vorsprung des Musiktheaters" einzuholen, die Offenheit und Vielgestaltigkeit heutigen Theaters zu zeigen. „Warum sollte in einer Zeit der Vielfalt ausgerechnet die Kunst – als Ort der Neugier – in einem Einheitsstil sprechen?" Deshalb sei ihm auch „der Klassizismus" Peter Steins „angesichts der vielen Sprachen heute etwas fremd" gewesen. Er habe versucht, „die Festspiele auf das menschliche Maß zurückzuführen", weshalb er in deutlichem Gegensatz zu seinem Vorgänger auch kein Schauspiel in der Felsenreitschule gemacht habe. Und mit nochmals deutlichem Seitenhieb auf Stein: „Ich habe versucht, ehrlich zu sein, und nicht Massen- als Elitekultur zu verkaufen." Der wahre Grund für sein vorzeitiges Ausscheiden sei der „Morbus salisburgensis", eine „sehr seltsame Krankheit, die Schauspieldirektoren betrifft". Für den jeweiligen Schauspieldirektor sei nämlich im Direktorium kein Platz vorgesehen, wodurch dieser von den Entscheidungen ausgeschlossen sei. Dies bedeute für den jeweiligen Schauspieldirektor „eine quälend lange Art des Selbstmordes, den man freilich jederzeit selbst abbrechen kann"[587].

Nagels einzige Saison als Schauspieldirektor brachte neben dem traditionellen „Jedermann" mit der österreichischen Erstaufführung des Musical Play „Soon" von Hal Hartley, eines Auftragswerks der Salzburger Festspiele, Georg Büchners „Dantons Tod", Elfriede Jelineks „er nicht als er", Else Lasker-Schülers „Die Reise nach Jerusalem", Robert Lepages „Geometry of Miracles" und William Shakespeares „Troilus und Cressida" sechs Koproduktionen. Die professionelle Kritik sprach vom zunehmenden „Supermarktcharakter" des Schauspiels und dem Verlust der Salzburger Dramaturgie.

Georg Büchner, 1813 in Darmstadt geboren, schloss sich im vormärzlichen Deutschland als Student dem Burschenschafter Karl Follen an, der – auch er ein Kind des Hambacher Burgfestes 1832, bei dem der französische Liberalismus, der im Juli 1830 in Paris den Sieg davongetragen zu haben schien, gefeiert wurde – die Devise des deutschen Volkstribunen Philipp Jakob Siebenpfeiffer „Nur eine Farbe und ein Vaterland" ebenso wie dieser im republikanischen Sinn interpretierte. 1834 schrieb er im „Hessischen Landboten", die deutschen Fürsten seien keine rechtmäßige Obrigkeit, hätten das deutsche Vaterland zerrissen und das Reich der Finsternis errichtet. Doch dieses neige sich seinem Ende zu. Es werde ein demokratischer Freistaat mit einer vom Volk gewählten Obrigkeit entstehen. In biblischer Diktion – „… und bis der Herr euch ruft durch seine Boten und Zeichen, wachet und rüstet euch im Geiste und betet ihr selbst und lehrt eure Kinder beten: ‚Herr, zerbrich den Stecken unserer Treiber und lass dein Reich zu uns kommen – das Reich der Gerechtigkeit. Amen." – rüttelte er an den Thronen der Fürsten und erhoffte ein Reich der gesellschaftlichen Gleichheit und Gerechtigkeit auf Erden. Gleichzeitig beschäftigte er sich intensiv und mit erstaunlich kritischer Haltung mit der Französischen Revolution und in nur fünf Wochen „Dantons Tod", seine oft bruchstückhaft anmutende Auseinandersetzung mit der Entartung der Französischen Revolution im jakobinischen Terror, dem selbst die radikalsten deutschen Republikaner ablehnend gegenüberstanden. Es ist erstaunlich, welch dichte Darstellung Büchner unter Verwendung von Originalzitaten dem Kern des Dramas gibt: dem Verlust des revolutionären Ideals, das im kalten Prinzip des Tugendterrors im Blut ertrinkt. Das Resümee seines Blicks auf die dramatischen Ereignisse der frühen neunziger Jahre des 18. Jahrhunderts, von denen sich viele die Morgenröte des Zeitalters des freien und selbstbestimmten Individuums erwarteten: „Puppen sind wir, von unbekannten Gewalten am Draht gezogen, nichts, nicht wir selbst!"

Es überraschte, dass Robert Wilson mit der Inszenierung dieses Stücks betraut worden war. Wilson hatte das Stück vor 15 Jahren gelesen und es dem Direktor des „American Repertory Theatre" in Boston zur Aufführung empfohlen. Dieser lehnte jedoch ab und Wilson inszenierte das Stück einige Jahre später in Houston. Sein Traum war es jedoch, obwohl er kein Wort Deutsch sprach, das Stück einmal mit deutschen Schauspielern zu inszenieren. In einem Interview mit Karin Kathrein bemerkte er vor der Salzburger Premiere: „Die Herausforderung, gerade dieses Stück zu inszenieren, war für mich schon ein spezieller Reiz. Die Leute kennen meine Arbeit als Theater der Bilder und Metaphern. ‚Dantons Tod' aber ist ein klassisches Werk mit viel Text und einer faszinierenden Sprache. Viele trauen mir nicht zu, dass ich das inszenieren kann." In Salzburg bekam Wilson die

Chance, seinen Traum mit einer hochrangigen deutschsprachigen Besetzung – u. a. Martin Wuttke in der Titelrolle, Sylvester Groth als Robespierre, Wolfgang Maria Bauer als Saint-Just, Hans-Michael Rehberg als Thomas Payne, Hermann Lause in den Rollen des Simon, des Henkers und des Fuhrmanns sowie Imogen Kogge als Julie, Annette Paulmann als Lucile und Edith Clever als Marion – zu verwirklichen. Zum Stück und seiner Salzburger Arbeit erklärte er: „Ich mag dieses Werk sehr, die Art, wie es konstruiert ist, die klassische Form und Struktur. Und ich glaube, es eignet sich sehr für meine Arbeit. Wenn ich ‚Die Katze auf dem heißen Blechdach' inszenieren würde, wäre das für mich viel schwieriger, weil diese Art von naturalistischem Theater nicht zu meiner Art passt. ... Die größte Herausforderung ist für mich, den Text so zu präsentieren, dass man zuhören kann und dass man ihn versteht. Alle Aufführungen, die ich bisher gesehen habe, waren zu stark psychologisierend und so gespielt, dass es schwierig war, dem phantastischen Text zu folgen. Das hängt natürlich auch von dem ab, was man sieht."[588]

1981 hatte Rudolf Noelte mit einem ebenfalls hochkarätigen Ensemble im Landestheater eine psychologisierende Sicht auf Büchners Drama geboten, nunmehr bot Wilson als Regisseur, Bühnenbildner und Beleuchter mit Mitgliedern des Berliner Ensembles in den Kostümen von Frida Parmeggiani auf derselben Bühne seine Sicht, die sich von jener Noeltes grundlegend unterschied. Wilsons Inszenierung war letztlich die konsequente Umsetzung von Büchners Diktum über das Puppenhafte des menschlichen Agierens im Strom der Geschichte.

Die Aufführung wurde vom Publikum durchaus zwiespältig, vom Großteil der Kritik jedoch mit Zustimmung und sogar Begeisterung aufgenommen. Ein Jahr nach „Hamlet" schrieb William Shakespeare mit „Troilus und Cressida" seinen bitter-sarkastischen Blick auf den Mythos des Trojanischen Krieges. Die Liebesgeschichte zwischen Troilus, dem jüngsten Sohn des trojanischen Königs Priamus, und Cressida, der Tochter des Priesters Kalchas, wird Opfer des bereits acht Jahre dauernden Krieges um Troja. Shakespeare zeichnet die Figuren nackt, d. h. ihres homerischen Heldenmythos beraubt, zwischen Realpolitik und triebhaften Ausschweifungen schwankend und damit ihr Innerstes nach außen kehrend. Das Ideal von Liebe, Tapferkeit und Heldenmut war ein Mythos, der der Wirklichkeit Hohn spottete. Verbittert lässt Shakespeare den Spötter Thersites im Lager der Griechen rufen: „Nichts als Krieg und Hurerei."

Ivan Nagel hatte die Regie dieses schwierigen Stückes zwischen Bitterkeit und Komik, Historie und Parodie dem 31-jährigen Schweizer Jungstar unter den Regisseuren und künftigen Basler Theaterchef, Stefan Bachmann, übertragen. Die Inszenierung im Stadtkino übersiedelte anschließend als Eröffnungspremiere des neuen Schauspielchefs nach Basel. Er wolle den Stoff erzählen und das sei schwer genug, erklärte Bachmann am Vorabend der Premiere in einem Interview. „Ich hab da gar keine Lust, das Publikum vor den Kopf zu stoßen. Ich möchte mich einfach dem Werk mit allen seinen Schwierigkeiten stellen. Da begreife ich eine bestimmte Form von Konventionalität auch als Chance. Natürlich passe ich sehr auf, nicht in alte Klischees zu verfallen, denn in dem Stück geht es ja auch darum, dass sich Klischees, Konstrukte und Illusionen immer wieder als Seifenblasen erweisen und zerplatzen." An Shakespeares Stück sei „die Gleichzeitigkeit von Erhabenem und Trivialem, von Tragischem und Komischem, Lächerlichem und Grauenhaftem" faszinierend. Dies sei ein Erzählmodus, „der der Realität der Gegenwart durchaus entspreche, in der die Grenzen zwischen Gut und Böse zu verschwinden drohen"[589].

Der viel gelobte Jungstar der deutschsprachigen Regieszene vermochte mit seinem Salzburger Debüt die Kritik kaum zu überzeugen. Die modische Interpretation des Stückes als Konfrontation von großmäuligen und kraftmeierischen Footballspielern (Trojaner) mit einem geschwätzigen und zynischen Establishment, dessen Reden bewusst Assoziationen mit deutschen Bundespolitikern hervorrufen sollten, habe, so Reinhard Kriechbaum, den „Charme einer freien Theaterproduktion. Aber nicht mehr."[590]

Als in den Augen des Großteils der Kritik letztlich auch nicht festspielreif und -würdig erwies sich das mit viel Spannung und hoher Erwartung verbundene Gastspiel der kanadischen Schauspieltruppe Ex Machina des 41-jährigen Frankokanadiers Robert Lepage. Von seinen Verehrern wurde er als der bedeutendste zeitgenössische Theatererneuerer gefeiert und zur Begründung auf dessen „Drachentrilogie" und „The Seven Streams of the River Ota" verwiesen. Lepage präsentierte mit seiner Gruppe Ex

Sylvester Groth (Robespierre) und Martin Wuttke (Danton) in der Robert Wilson-Inszenierung von Georg Büchners „Dantons Tod" im Landestheater 1998.

Machina auf der Perner-Insel in englischer Sprache die österreichische Erstaufführung seiner Theaterperformance „Geometry of Miracles" über das Leben des amerikanischen Architekten Frank Lloyd Wright in Auseinandersetzung mit den Ideen des russischen Sektierers und Philosophen George I. Gurdjieff. Gurdjieff gründete 1922 in Fontainebleau ein „Institut zur Harmonischen Entwicklung des Menschen", in dem er seine Schüler, vorwiegend russische Emigranten und reiche Engländer, mit seinem geheimen Wissen bekannt machte. Zu diesen gehörte auch die Schönheit Olgivanna, die hier lernte, wie man Einfluss auf andere Menschen gewinnt. Sie heiratete Wright und hatte in der Folgezeit erheblichen Einfluss auf ihn und seine Studenten. 1934 besuchte Gurdjieff den berühmten amerikanischen Architekten, der von dem kaukasischen Mystiker tief beeindruckt war. Olgivanna war glücklich über die Einigung der beiden, dass Gurdjieff für die Philosophie so bedeutend sei wie Wright für die Architektur. Peter Brook verfilmte 1979 die Autobiographie Gurdjieffs und wurde seither von dessen Anhängern als einer der Ihren vereinnahmt. Lepage unternahm nun den Versuch, die auf den ersten Blick scheinenden Unvereinbarkeiten der beiden Männer in Form des von ihm geschaffenen neuen Theaters aufzuheben.

Was jedoch das erwartungsvolle Publikum auf der Perner-Insel zu sehen bekam, war, so Gerhard Jörder, „ganz gewiss weder die ‚Neubegründung des Theaters aus dem Geist der Romantik' noch die ‚Kreation visionärer Text- und Bildlandschaften', sondern … stocktrockene Stationen-Chronologie, Szenen, die fad und unfertig wirken … Die vielen Defizite dieser zweieinhalb Stunden addieren sich zuletzt zur herben Enttäuschung."[591]

Sie war eine der schillernden Persönlichkeiten ihrer Zeit. Zu ihrem Freundeskreis gehörten Gottfried Benn, Georg Trakl, Franz Marc und Karl Kraus, der in der „Fackel" Gedichte von ihr veröffentlichte und über sie 1910 bemerkte, sie sei „die stärkste, unwegsamste lyrische Erscheinung des modernen Deutschland". 56 Jahre später bemerkte Friedrich Dürrenmatt: „Man nannte sie Kaffeehausliteratin und trieb sie in die Wüste; sie war ein so großer Phantast, dass sie aus der Wupper einen Nil machte, doch gerade so gewann sie auf eine geheimnisvolle Weise die Wirklichkeit." Gemeint war die deutsche Schriftstellerin Else Lasker-Schüler, 1869 in Elbersfeld geboren, doch änderte sie später das Geburtsjahr eigenmächtig auf 1876. Sie besaß eine wilde Phantasie, gab sich den Namen Prinz Jussuf von Theben, erklärte ihren Vater zum Oberrabbiner von Westfalen, war eine exzentrisch orientalische Erscheinung der Berliner Kulturwelt der zwanziger Jahre, erhielt 1932 den Kleist-Preis und musste im folgenden Jahr über Zürich nach Jerusalem emigrieren, wo sie schließlich 1945 starb, ohne angekommen zu sein.

Ivan Nagel hatte in Berlin die der Schriftstellerin Else Laske-Schüler gewidmete Produktion „Die Reise nach Jerusalem" des Berliner Ensembles mit Angela Winkler mehrmals gesehen und lud die Schauspielerin und Regisseurin Brigitte Landes, die auch die Texteinrichtung besorgt hatte, ein, in Salzburg an drei Abenden eine aufgefrischte Version dieses Theaterabends zu präsentieren. Der Soloabend im Landestheater wurde auf Grund der berührenden Texte der Berliner Schriftstellerin und der hervorragenden Leistung Angela Winklers zu einem bewegenden Theatererlebnis.

X. 3. DAS SCHAUSPIEL UNTER FRANK BAUMBAUER 1999–2001

Nach dem Bekanntwerden von Ivan Nagels Rückzug aus Salzburg bemerkte C. Bernd Sucher, er bange „um die Zukunft des Schauspiels in Salzburg nach Nagel. Der – wie vor ihm Peter Stein – hat diese Festspiele der Musikfreunde bereichert durch ein großes und oft großartiges Schauspielprogramm, hat Salzburg im Sinne Max Reinhardts wieder aufgewertet zu einem Fest aller Künste. Die Arbeit dieser Schauspielleiter muss fortgesetzt werden. Das heißt: Mortier sollte diese Aufgabe nicht zusätzlich übernehmen, sondern einer Persönlichkeit anvertrauen, die erfahren und fähig, dem Sprechtheater eine gesicherte Zukunft bereiten kann."[592] Die von Sucher erhobene Forderung sollte mit der Ernennung Frank Baumbauers am 28. August 1998 zum Konsulenten für das Schauspiel vom 1. Oktober 1998 bis 31. August 2001 nicht in Erfüllung gehen. Der kurze Zeitraum wurde von Präsidentin Helga Rabl-Stadler mit dem Hinweis auf die 2001 auslaufenden Verträge des Direktoriums und das Vermeiden von möglichen personellen Präjudizierungen eines neuen Führungsteams der Festspiele begründet. Baumbauer, dessen Vertrag als

Intendant des Deutschen Schauspielhauses Hamburg noch bis 2000 lief, hatte zuvor erklärt, er werde keinesfalls als Nachfolger Steins und Nagels nach Salzburg gehen, d. h. nicht die Funktion eines Schauspielchefs übernehmen, sondern lediglich jene eines Beraters, die mit seinem noch laufenden Hamburger Vertrag vereinbar sei.

Frank Baumbauer, seit 1993 Intendant des Deutschen Schauspielhauses Hamburg und 1997 Kandidat für die Nachfolge Claus Peymanns am Wiener Burgtheater, hatte anlässlich eines Gastspiels seines Theaters mit Ödön von Horváths „Kasimir und Karoline" bei den Wiener Festwochen am 25. Juni 1998 erklärt, er werde seinen in Hamburg bis 2000 laufenden Vertrag nicht mehr verlängern. Die Sparpläne des Hamburger Senats im Kulturbereich seien nicht der ausschlaggebende Grund. Diese seien zwar „ermüdend und frustrierend", doch „um ein Haus wie das Hamburger Schauspielhaus zu führen, braucht man Spannung und Erotik, die über profilierte Arbeit hinausreicht. Sieben Jahre sind eine gute Zeit, die Leute sollen sagen: Schade, dass er geht – und nicht Gott sei Dank, dass er weg ist." Er werde sich aber sicherlich nicht zurückziehen, sondern „sicher wieder ein Haus übernehmen"[593].

Baumbauers Erklärung löste Spekulationen über dieses Haus, d. h. seine neue Intendanz, aus. So bemerkte Ralph Hammerthaler: „Natürlich redet Frank Baumbauer momentan nicht gerne über seine Zukunft; und natürlich interessiert nichts so sehr wie eben die Zukunft des Frank Baumbauer. Denn er ist, noch bis zum Jahr 2000 als Intendant am Hamburger Schauspielhaus unter Vertrag, einer der erfolgreichsten Theaterleiter der Republik. In den Jahren 1994, 1995 und 1997 wurde seine Bühne zum ‚Theater des Jahres' gewählt – von den durch die Zeitschrift Theater heute befragten Kritikern der deutschsprachigen Szene. ... Kaum dass er den Abschied von der Hansestadt angekündigt hat, wird schon über seine nächste Station spekuliert. Dabei kommen eigentlich nur zwei Häuser in Frage: das Deutsche Theater in Berlin und die Münchner Kammerspiele.

Aus zwei Gründen: Zum einen gibt es in der Oberliga des deutschen Sprechtheaters nicht allzu viele Alternativen, zum anderen läuft im Jahr 2001 sowohl der Vertrag von Thomas Langhoff in Berlin als auch der Vertrag von Dieter Dorn in München aus."[594]

Zunächst band sich Baumbauer bis 2001 als Berater für das Schauspiel an Salzburg, wo er mit Regisseuren wie Frank Castorf, Christoph Marthaler, Matthias Hartmann, Jossi Wieler, Martin Kušej, Luk Perceval, Thomas Ostermeier und Stefan Bachmann sein sich vor allem am Neuen orientierendes, das Publikum oftmals irritierendes Programm vor allem auf den kleinen Bühnen des Stadtkinos und der Perner-Insel verwirklichte. Dabei setzte er vor allem auf die Philosophie des „work in progress" sowohl bei den mitwirkenden Künstlern wie auch bei den Regisseuren. Salzburg sollte zur Tribüne des Neuen werden, irritieren, provozieren und neugierig machen. Dies betraf auch, in bewusstem Kontrast zu Stein, die österreichischen Dichter ebenso wie Shakespeare und Goethe, die nach wie vor einen wichtigen Teil des Programms repräsentierten.

X. 3.1. RADIKAL UND NEU. DIE FESTSPIELWELT AUS DEN FUGEN. DAS SCHAUSPIELPROGRAMM 1999–2001

Drei Linien bestimmten Baumbauers Schauspiel-Programm, bei dem das Ensembletheater dominierte. Es sei seine „grundsätzliche Entscheidung für Salzburg", so betonte er, „dass wir auf eine starke Ensemblesituation Wert legen. Nicht Stars, das Zusammenspiel der Schauspieler soll die Kraft des Abends sein."[595] Zudem sollten für Salzburg neue Künstler vorgestellt werden: Shakespeare in der radikal neuen Interpretation von Regisseuren der mittleren Generation – Luk Perceval, Martin Kušej, Christoph Marthaler und Calixto Bieito. In einem zweiten Schwerpunkt sollte das Publikum im Landestheater, dem traditionellen Ort des Salzburger Schauspiels, mit neuen Namen und neuen Herangehensweisen an traditionelle Stücke sowie mit Uraufführungen bekannt gemacht werden. So Marthalers Sicht auf Horváths „Zur schönen Aussicht", Castorfs Interpretation von Tennessee Williams' „Endstation Sehnsucht" und Claus Peymanns Inszenierungen der Uraufführungen von Christoph Ransmayrs „Die Unsichtbare". Den dritten Schwerpunkt bildete die Begegnung mit den Kulturen anderer Länder, für die bereits das von Mortier vorbereitete Gastspiel der katalanischen Truppe „La Fura dels Baus" die Ouvertüre bildete, begleitet vom „Théâtre de Complicité". 2000 folgten der Norweger Jon Fosse mit der

Ödön von Horvaths „Zur schönen Aussicht" in der Regie von Christoph Marthaler im Landestheater 1999. Stephan Bissmeier (Müller), Jean-Pierre Cornu (Freiherr von Stetten), André Jung (Strasser), Susanne Düllmann (Ada Freifrau von Stetten), Jürg Kienberger (Ein Mitteleuropäer), Matthias Matschke (Max) und Ueli Jäggi (Karl).

deutschsprachigen Erstaufführung seines Stücks „Der Name" und der Flame Alain Platel mit „Jedermann ist ein Indianer" und 2001 Marc von Henning mit seiner Gruppe „primitive science" mit der Uraufführung von „The Invisible College" sowie die holländische Gruppe „Zuidelijk Toneel Hollandia" mit ihrer Adaption von Luchino Viscontis „Der Fall der Götter."

Baumbauer wandte sich, wie bereits vor ihm Nagel, vom Anspruch Salzburgs als des Treffpunkts der großen deutschsprachigen Schauspieler ab. Die Jahre 1999 bis 2001 präsentierten den bewussten Gegenentwurf zur Idee der Festspielgründer und Peter Steins. Die engagierten Regisseure wie Marthaler, Castorf, Ostermeier oder Kušej inszenierten mit ihren jeweils eigenen Ensembles. Salzburg wurde zur Bühne der Präsentation des Neuen, das zum Programm erhoben wurde, zur den deutschsprachigen Raum überschreitenden europäischen Theatermesse mit unterschiedlichen und auch mangelhaften schauspielerischen Leistungen sowie teilweise nicht festspielwürdigen Theaterstücken.

Ein weiterer Bruch mit der Festspielprogrammatik und -philosophie erfolgte mit dem Zurückdrängen und Ausblenden der Klassiker der österreichischen Theaterliteratur wie Grillparzer, Schnitzler, Nestroy oder Raimund. Abgesehen von Hofmannsthals „Jedermann" war die österreichische Dichtung zwischen 1999 und 2001 lediglich mit Ödön von Horváths „Zur schönen Aussicht" in der Regie von Christoph Marthaler und der Ausstattung von Anna Viebrock im Landestheater, einer Koproduktion mit dem Schauspielhaus Zürich (1999), vertreten. Sehr wohl aber dominierte sie mit Elfriede Jelineks Robert-Walser-Stück „er nicht als er" (1998) und Christoph Ransmayers Souffleusendrama „Die Unsichtbare" (2001) den Bereich der Uraufführungen.

Entsprechend Baumbauers Programmphilosophie warfen 1999 Christoph Marthaler und die von ihm bevorzugte Bühnenbildnerin Anna Viebrock einen neuen Blick auf Ödön von Horváths 1927 entstandene schwarze Komödie „Zur schönen Aussicht". Das Team Marthaler/Viebrock hatte 1997 am Hamburger Schauspielhaus mit Horváths „Kasimir und Karoline" einen Sensationserfolg gelandet. Für Frank Baumbauer war es daher naheliegend, dem so erfolgreichen Team in Salzburg Horváths Jugendwerk anzuvertrauen.

Horváths Blick auf eine heruntergekomme Belegschaft eines ebenso heruntergekommenen Hotels im bayerischen Murnau in den zwanziger Jahren erlebte erst 1969 in Graz seine Uraufführung. Die in Koproduktion mit dem Schauspielhaus Zürich erfolgte Neuinszenierung bei den Salzburger Festspielen im Landestheater stieß auf zurückhaltende Reaktionen des Publikums und völlig divergente der Kritik. Die Premiere verzeichnete nach etwas mehr als drei Stunden Spielzeit bei bereits gelichteten Zuschauerreihen lediglich zwei Vorhänge, und das – geographisch sowie den kulturpolitischen Lagern nicht zuordenbare – Urteil der Kritik reichte von „zerstörerischen Mätzchen"[596] und „langatmiger Abend"[597] bis „Geniestreich"[598].

Die Interpretation sowie die Bearbeitung der Königsdramen Shakespeares durch Tom Lanoyes und Luk Perceval, deren einen ganzen Tag umfassende Collage der Rosenkriege „Schlachten!" war radikal, bediente sich oftmals bewusst der extensiven Verfremdung der Sprache, weidete sich in Obszönitäten und Gewaltorgien. Beinahe dreißig Jahre zuvor hatte Giorgio Strehlers Bearbeitung der Königsdramen – „Das Spiel der Mächtigen" – in der Felsenreitschule mit einem Großaufgebot prominenter Schauspieler des deutschsprachigen Theaters für Furore gesorgt. Nunmehr erfolgte auf der Perner-Insel ein neuerlicher Zugriff auf Shakespeares „Rosenkriege"-Königsdramen durch Tom Lanoye und Luk Perceval, deren Bearbeitung in Flämisch ein Jahr zuvor in Gent Premiere hatte, mit dem Ensemble des Schauspielhauses Hamburg. Dabei spielten 13 Schauspieler 50 Rollen einer dreiteiligen Geschichte, die am Beispiel von Shakespeares Königsdramen den Bogen vom Mittelalter bis in die Gegenwart spannte. In einer sprachlichen und stilistischen Reise durch die Jahrhunderte – von archaisch-statischer Ausdrucksweise bis zur modernen europäisch-amerikanischen Art der Kommunikation – behandelte der erste Teil die Themen Brudermord und Vater-Sohn-Konflikt, der zweite jene von Frauen und Sexualität und der dritte die gegenwärtige Todessehnsucht.

Lanoye/Perceval verdichteten und bearbeiteten insgesamt acht Shakespeare-Dramen – Richard II., Heinrich IV. (zwei Dramen), Heinrich V. (drei Dramen), Heinrich VI. und Richard III. – und sahen in Richard III. nicht den von Shakespeare gezeichneten Bösewicht, sondern einen gütigen und allseits beliebten König. Ursprünglich plante Perceval lediglich für die von ihm gegründete Theatergruppe „Blauwe Maandag Compagnie" („Blauer Montag Kompanie"), womit die Flamen einen Grünschnabel bezeichnen, eine Inszenierung von Richard III., kam jedoch bei der Suche nach der Erklärung des Bösen immer weiter zurück in den Königsdramen bis zu „Richard II.". „Dabei entdeckte ich, dass sich mit jedem Krieg die Umgebung der Könige und die Atmosphäre änderten. Tom Lanoye und ich wollten zeigen, wie es zu Richard III. kam, wie sich über die Rezeption des Königtums die Gesellschaft ändert. Shakespeares nationale Propaganda interessiert mich nicht, aber sein unerbittlicher Kommentar zur Macht."[599] In dem von Lanoye und ihm bearbeiteten und inszenierten Text „geschehen viele schreckliche Dinge im Laufe dieser zwölf Stunden. Aber gerade die Intensität und Konzentration verleiht dem Stück eine kathartische Wirkung."[600]

Auf Grund der kursierenden Gerüchte über Obszönitäten und unnötige Grausamkeiten berichteten die „Salzburger Nachrichten" nach der Generalprobe der „Schlachten!" am 23. Juli: „Das große Entsetzen blieb aus. Die als skandalös kolportierten Sex-Szenen in der Festspielaufführung von ‚Schlachten!' sorgten bei der Generalprobe am Freitag kaum für Aufregung. ... Freilich, wer es wirklich als schlimm empfinden sollte, wenn ein Mann an eines anderen Penis zieht, das Wörtchen ‚Fuck' und Oral-Sex, wenn auch scheinbar nur angedeutet, als ekelig empfindet, der wird bei ‚Schlachten!' einige Male Augen und Ohren schließen müssen – und damit einiges versäumen."[601] Die Abteilung für soziale Kinder- und Jugendarbeit des Amtes der Salzburger Landesregierung sah dies freilich anders.

Das von der Kritik unterschiedlich aufgenommene Mammut-Projekt von insgesamt 12 Stunden, davon 9 Stunden Aufführungsdauer und 3 Stunden Pause, erfreute sich durch das am 26. Juli vom Land Salzburg, Abteilung soziale Kinder- und Jugendarbeit, wegen der zahlreichen als bedenklich empfundenen Szenen ausgesprochene Jugendverbot bis 16 Jahre erheblicher öffentlicher Aufmerksamkeit und Publizität. Erregte Gemüter orteten in diesem Verbot nach der für Aufsehen sorgenden Rede von Bundespräsident Thomas Klestil ein neuerliches Anzeichen einer sichtbar werdenden faschistischen Mentalität. Um der Erregung gegenzusteuern, hob Landeshauptmann-Stellvertreter Gerhard Buchleitner mit einer mündlichen Weisung am 2. August das Verbot wieder auf. Es sei nicht davon auszugehen, dass sich Kinder und Jugendliche unter 16 Jahren alleine und aus freien Stücken für den Besuch dieser äußerst schwierigen zwölfstündigen Theateraufführung entscheiden. Gerhard Stadelmaier kommentierte das Jugendverbot mit der Bemerkung, dieses sei ein „unverdienter Segen" für die Sparte Schauspiel der Salzburger Festspiele. „Eben hatte man dort über zwölf lange weilende Stunden Shakespeares Königsdramen unter dem bieder schreienden Titel ‚Schlachten!' mit brüllender Harmlosigkeit in den spießig dampfenden Blutsand gesetzt ..., da klopft prompt das Glück an die Tür des Schauspielchefs Baumbauer: in Form der Salzburger Sozial- und Wohlfahrtsbehörde. ... Nichts macht Theaterleute so glücklich, wie wenn Behörden Verbote gegen sie erlassen. Denn dann setzt die Behörde die Theaterleute ins Recht. ... Nun kommt uns nach Betrachtung der ‚Schlachten!' die Vermutung absurd vor, jemand könnte Kinder unter 16 Jahren oder überhaupt jemanden mit in diese Aufführung nehmen wollen. Ganz abgesehen davon, dass schon allein die Dauer von zwölf ‚Schlachten!'-Stunden eigentlich ein Fall für die Menschenrechte und Folterkommission des Europarates wäre." Die gezeigten Kopulationen, Menstruationen sowie Genitalien rechtfertigten angesichts der Tatsache, dass Zwölfjährige in „Bravo" ganz andere Sachen lesen, kein Verbot. Das Verbot sei eine „Salzburger Behörden-Heuchelei. Dazu aber geradezu zwingend die Gegenheuchelei, das übliche Pawlowsche Maskenspiel mit den Gespenstern der Vergangenheit: Festspielchef Mortier, der den österreichischen Bundespräsidenten wegen dessen Hofmannsthal-Zitaten zur Festivaleröffnung schon flott einen Reaktionär schimpfte, sieht die Behörde naturgemäß sofort in ‚Faschismus-Nähe'."[602]

Der Methode des literarischen „Steinbruchs" bedienten sich auch die katalanischen Theater-Revolutionäre und -Provokateure „La Fura dels Baus" mit ihrer „F@ust Version 3.0", die sie in katalanischer Sprache auf der Perner-Insel präsentierten. Der Name des katalanischen Actiontheaters stand in den achtziger Jahren für eine Ästhetik der Gewalt, der Grausamkeit und des Horrors, dessen Mittel Kettensägen, Feuer, Wasser und Schwermetall-Rock waren. Nunmehr produzierten die vom harten Actiontheater zum

Sprechtheater und der Oper gewechselten und in die Jahre gekommenen einstigen Provokateure in Salzburg ihre Sicht auf den Faust-Stoff: Neben Hector Berlioz' „La Damnation de Faust" in der Felsenreitschule am 11. August auf dem Gaisberg anlässlich der Sonnenfinsternis ein kosmologisches Spektakel mit acht Monitoren, auf denen Verse von Internetsurfern aus aller Welt zu lesen waren, einer auf einem Kran baumelnden 8 Meter großen Puppe (Margarethe), die ihren Kopf nach der Begegnung mit Faust verliert. Der Mond, der sich vor die Sonne schob, symbolisierte Faust, der die Seele Margarethes verfinsterte und deren Leib mit Fackeln entzündet wurde. Auf einem menschenförmigen Rost wurden 50 Kilo rohes Fleisch gebraten, während der Chor Orléon Donastiarra aus der Faust-Oper von Berlioz das Finale sang. Den Abschluss bildete auf der Perner-Insel ihre Sicht auf „Faust" im Internet-Zeitalter, das den mittelalterlichen Sinn-Suchenden nicht mit Unwissenheit, sondern mit Überinformation konfrontiert und bedroht. Die entfremdeten Schauplätze der auf 90 Minuten gekürzten Handlung von Faust I und II bildeten eine Badewanne, in der Faust und Mephisto gemeinsam baden, eine Disco und ein als Käfig fungierendes Krankenbett, in dem Faust als vereinsamter Computer-Freak seine triebhaften, oft in der Nähe einer Sado-Maso-Show angesiedelten Wiedergeburtsphantasien auslebt. Goethes Dichtung bildete nur mehr das Handlungsgerüst für eine sich aller möglichen Effekte bedienenden Show. Die Reaktionen der Kritik umfassten die ganze Skala der Werturteile: von „kleines Theaterwunder"[603] bis „kläglich gescheitert"[604].

Die Bühne war ein Eisblock, und die Geschichte, die erzählt wurde, befand sich in ihm. Simon McBurney, Sohn einer Archäologin, Schauspieler, Regisseur und Leiter der 1983 gegründeten britischen Kulttruppe „Théâtre de Complicité", war durch den Fund von „Ötzi" zu seinem neuen Stück „Mnemonic", eine Weiterentwicklung des Theaterprojekts „A Vertical Line", inspiriert worden, in dem sich eine junge Frau in Mutmaßungen über dessen Geschichte auf die Suche nach ihrem unbekannten Vater macht. „Mnemonic" war ein „work in progress", ein poetisches Stück über das Vergessen und Erinnern, dargestellt mit einfachen Mitteln eines Pantomime- und Requisitentheaters, ein Theater der Veränderung, in dem in Sekundenschnelle Bilder wechselten und ineinander flossen, die Rollen und Requisiten ihre Bedeutung wechselten und unerwartete Begegnungen über die Zeiten hinweg stattfanden. Das Publikum feierte die Uraufführung dieses Stücks über eine komplizierte Erinnerungsarbeit, in der Fragen über Fragen gestellt werden, als Großtat des zeitgenössischen Theaters. Das „Théâtr de Complicité" wurde seinem Ruf als eine der interessantesten Avantgarde-Reisetruppen gerecht. „Mnemonic" wurde im März 2000 der begehrte „Critics' circle Award" der englischen Theaterkritik für das beste neue Theaterstück Großbritanniens verliehen.

Er galt seit „Sekretärinnen", „Männer" und „Komm, süßer Tod …" als Spezialist und Neuerfinder der „Schauspieler singen"-Abende: Franz Wittenbrink. Das musikalische Multitalent, Grenzgänger zwischen E- und U-Musik, begann seine Theaterkarriere in Mannheim und wechselte schließlich nach Stuttgart, wo er Frank Baumbauer kennen lernte. Diesem folgte er nach Basel und schließlich 1993 nach Hamburg als musikalischer Leiter des Hamburger Schauspielhauses, wo seine raffiniert doppeldeutigen Liederabende, in denen er virtuos mit der Musik als Verführungsmittel operierte, Kultstatus erlangten. Wittenbrink war der bedeutendste Protagonist des Versuchs einer Wiederbelebung des von Brecht und Weill geprägten literarischen Musiktheaters der dreißiger Jahre und versuchte durch einen Brückenschlag zwischen Populär- und Hochkultur sowie eine Verbindung von Literatur und Musik eine neue Hochkultur zu kreieren. In seinen Produktionen bevorzugte er die Arbeit mit Schauspielern vor jener mit Opernsängern. „Mich faszinieren das vielfältige darstellerische Können der Schauspieler und die breit gefächerten Einsatzmöglichkeiten der Stimmen, die weitaus flexibler sind als diejenigen der Opernsänger. Ein Soulstück können die nicht überzeugend wiedergeben."[605]

Als Epilog zum Brecht/Weill-Schwerpunkt des Festspielsommers 1998 brachte ihn nun Frank Baumbauer mit einem spezifischen Salzburg-Programm unter dem Nietzsche-Motto „Denn alle Lust will Ewigkeit" in die Festspielstadt. In dem um Tod und Eros kreisenden Programm im Residenzhof präsentierten die Schauspielerinnen Anne Weber und Caroline Ebner vom Hamburger Schauspielhaus, Wiebke Puls vom Schauspielhaus Hannover und Gusti Wolf, die große alte Dame des Burgtheaters, von Franz Wittenbrink

Luk Perceval bei der Probe zu „Schlachten!" auf der Perner-Insel 1999.

Andreas Grothgar (Northumberland), Nina Kunzendorf (Cathérine), Max Hopp (York) und Oliver Masucci (Scroop) in „Schlachten!".

Kathrin Angerer (Stella Kowalski), Silvia Rieger (Blanche DuBois), Brigitte Cuvelier (Eunice Hubbel) und Matthias Matschke (Steve Hubbel) in Frank Castorfs Inszenierung von Tennessee Williams' „Endstation Sehnsucht" im Landestheater 2000.

am Klavier und Friedrich Paravicini am Violoncello begleitet, Lieder und Songs, die den Bogen über die Jahrhunderte spannten und vom mit Speis und Trank bewirteten Publikum mit Begeisterung aufgenommen wurden.

Karin Kathrein bemerkte zur ersten Salzburger Schauspielsaison unter Frank Baumbauer, dieser habe ein beachtliches, ästhetisch interessantes und diskussionswürdiges Theater präsentiert, mit dem er in Hamburg sicherlich für Furore gesorgt hätte. „Ob sein Programm aber auch für die Salzburger Festspiele vorbildlich ist, erscheint mir fraglich. Es sieht so aus, als hätte Baumbauer die ‚Schmuddelecke' aktiviert, die Peter Stein jungen Regisseuren in Salzburg eingerichtet hat. Sie war als Alternative zu den glanzvollen Produktionen gedacht, die Stein mit Shakespeare in der Felsenreitschule, mit Grillparzer und Pirandello auf der Perner-Insel und mit Raimund und Tschechow im Landestheater herausbrachte. ... Baumbauers Angebot scheint nun die Schmuddelecke als Hauptschauplatz installiert zu haben."[606]

Bei der Vorstellung des Schauspielprogramms 2000 legte Frank Baumbauer ein Bekenntnis zur subjektiven Handschrift der mittleren Generation der Regisseure wie der Salzburg-Debütanten Martin Kušej, Thomas Ostermeier und Frank Castorf ab. Der politisierenden und verfremdenden Ästhetik der neunziger Jahre folgend, inszenierte Martin Kušej 2000 Shakespeares „Hamlet" als Lebenskrise eines amerikanischen mittleren Unternehmers und Frank Castorf Tennessee Williams' „Endstation Sehnsucht" als Milieustudie einer zu Depressionen neigenden „Big Brother"-Gesellschaft, in der sich Sexualität in einer Welt der verschwindenden Wertesysteme durch ein Zuviel auflöst.

„Es muss ja was Neues passieren", erklärte der 39-jährige gebürtige Kärntner Martin Kušej, einer der gefragtesten Theaterregisseure des deutschsprachigen Raums zu seiner Interpretation von Shakespeares „Hamlet", den in Salzburg vor dreißig Jahren Oskar Werner in Personalunion des Titelhelden und Regisseurs im Landestheater gegeben hatte. „Meine Aufgabe verstehe ich nicht, hier auf der Perner-Insel ‚Hamlet' wie auch immer kulinarisch zu zeigen. Mir macht eine Inszenierung nur Spaß, wenn sie wirklich eine Herausforderung ist. Ich versuche immer, Texte sehr subjektiv und auf das, was mich umgibt, zu lesen." Er habe im Heiner-Müller-Text einiges umgestellt, gekürzt und ergänzt, die Figur des Yorick erfunden und versuche, „verschiedene Momente anders zu verstehen, die Essenz aber beizubehalten". In seiner Lesart war Hamlet ein „Terrorist der Utopie. Da ist einer, der glaubt, für Wahrheit, Glück, einen moralischen Wert kämpfen zu müssen – und einen Leichenberg zurücklässt. ... Das heißt: Es geht alles kaputt, obwohl jemand eigentlich nur Positives will."[607] Kušej und sein Bühnenbildner Martin Zehetgruber nahmen den Satz des Dänenprinzen, die Welt sei ein wüster Garten, der ins Kraut schießt, beim Wort und fokussierten die Handlung nicht in der Burg von Helsingör, sondern einem Gewächshaus als Symbol des Duftigen und Durchlässigen, das etwas behütet, das genau so kalt und unwirtlich ist wie die Burg Helsingör.

Und es durften natürlich auch die politischen Anspielungen auf die Lage in Österreich nach der Bildung der Regierung Schüssel nicht fehlen. Kušej stellte unter Hinweis auf den Hamlet-Satz „Es ist etwas faul im Staate Dänemark" eine direkte Beziehung zwischen dem Theaterstück und dem Aufstieg Jörg Haiders her, sah in seiner erotischen Machtinszenierung des Königs und seiner mafiosen Schranzen das historische Spiegelbild des Heraufdämmerns eines schick hergerichteten Faschismus und thematisierte am Beispiel des Titelhelden die Frage des Widerstandes. Der politische Kontext prägte die Inszenierung. So erklang nach viereinhalb Stunden, als der gesamte Hochadel Dänemarks im eigenen Blute lag, der Kaiserwalzer aus den Lautsprechern und evozierte im Publikum laute Buhs und tapfere Bravo-Rufe und bei der Kritik widersprüchliche und teilweise ratlose Reaktionen. Vom erhofften Theaterereignis konnte, trotz aller eindrucksvollen Einzelszenen, keine Rede sein, und auch die schauspielerischen Leistungen vermochten die Kritik nicht zu überzeugen.

Frank Castorf, Intendant der Berliner Volksbühne am Rosa-Luxemburg-Platz und mit dem Ruf des „Stückezertrümmerers" behaftet, gab in einer Koproduktion mit dem von ihm geleiteten Theater sein Salzburg-Debüt mit Tennessee Williams' 1947 uraufgeführtem Südstaatendrama „Endstation Sehnsucht". Tennessee Williams gehörte zusammen mit Arthur Miller zu den wichtigsten Vertretern des amerikanischen Nachkriegstheaters. Er errang 1945 mit der „Glasmenagerie" seinen ersten Bühnenerfolg, dem

1947 „Endstation Sehnsucht" folgte, in der die Hauptfigur Blanche DuBois als neurasthenische Tochter eines Plantagenbesitzers mit Vergangenheit mit ihrem völlig unsensiblen Schwager, dem polnisch-stämmigen Stanley Kowalski, schläft, ehe sie in die Nervenheilanstalt eingeliefert wird. Ähnlich wie in der „Glasmenagerie" leben die Figuren in „Endstation Sehnsucht", allesamt Außenseiter, zum Untergang bestimmte Gestalten, in einer Traumwelt, in der sie um ihre eigene Identität ringen und sich die Erfüllung ihrer Wünsche und Sehnsüchte ereignet.

Castorf entwickelte in der von ihm geleiteten „Volksbühne" seit zehn Jahren eine Theaterform, die mit den Mitteln der Destruktion und Assoziation von Theatertexten den Versuch unternahm, auf gesellschaftliche Veränderungen zu reagieren. Die „Volksbühne" hatte den Wendeschmerz zur Betriebsideologie ausgerufen, und vor allem das Ost-Berliner Publikum goutierte in Bestärkung seiner Distanz und Ablehnung der bestehenden Verhältnisse diese Form des politischen Theaters. Getreu dieser Methode verlegte Castorf die Südstaaten-Handlung aus den späten vierziger Jahren in die deutsche Gegenwart, präsentierte drei Familien, zwei existierende und eine mögliche, und stattete diese mit jeweils modifizierten Biografien aus. Aus dem polnisch-stämmigen Amerikaner Kowalski, dessen Interpretation durch Marlon Brando in der Verfilmung von Elia Kazan zur Legende wurde, wurde bei Castorf ein ehemaliger Arbeiter der Danziger Werft. Er war vor seiner Auswanderung fünf Jahre lang inhaftierter Angehöriger der „Solidarność", träumt von seinen Zeiten mit seinem Kumpel Lech Walesa und hält sich nunmehr im Affenkostüm für eine Kaugummi-Werbung und mit Schmuggeln und Falschspielen über Wasser. Das Drama der unterschiedlichen Schwestern Stella und Blanche im Südstaaten-Milieu verlegte Castorf unter Verfremdung der Schwestern zu Barbie-Puppen in eine Zweizimmer-Wohnung mit dem Charme der ehemaligen DDR sowie Anleihen bei „Big Brother". Im Bad, in das sich die frustrierten, alkoholgeschwängerten und sich in sexuellen Eskapaden ergehenden Ehepaare flüchten, wenn das Leben nicht mehr auszuhalten ist, war eine Fernsehkamera installiert, die auch diesen Intimbereich mitverfolgen ließ. Nichts ist mehr privat, alles wird öffentlich und desavouiert. An Stelle der von Tennessee Williams so eindrucksvoll thematisierten seelischen Leere und Sehnsüchte der Personen inszenierte Castorf, wenn auch furios, die umstrittene Dekonstruktion des Textes von Tennessee Williams, bei dem Oberflächlichkeiten und Klischees sowie der übliche Sex nicht fehlen durften. Castorf benutzte Tennessee Williams für mehr oder weniger subtile (politische) Verfremdungen, rückte den amerikanischen Dramatiker in die Nähe Brechts und konzipierte Labsal für die ehemalige DDR-Seele. Die Reaktionen des Publikums auf die ohne Pause gespielte beinahe dreistündige Vorstellung waren gespalten. Ein Teil empfing den Regisseur und seinen Ausstatter Bert Neumann nach der Vorstellung bei der Verbeugung mit einem heftigen Buhkonzert, und auch bei der Kritik überwogen die negativen Rezensionen.

Der 1959 geborene und in Bergen lebende Schriftsteller Jan Fosse schrieb innerhalb von fünf Jahren zehn Stücke, galt in seiner norwegischen Heimat als würdiger Nachfolger eines Ibsen und Hamsun und in der europäischen Kennerszene als kommender Star der Theaterszene, der dem Thomas Bernhardschen Wiederholungszwang fröne. In Salzburg erlebte im Festspielsommer 2000 in einer Koproduktion mit der Berliner Schaubühne sein in Bergen 1995 uraufgeführtes und mit dem Ibsen-Preis ausgezeichnetes Stück „Der Name" im Stadtkino in der Regie des Salzburg-Debütanten Thomas Ostermeier seine deutschsprachige Erstaufführung. Das Stück widmete sich dem Lieblingsthema des Schriftstellers, emotionalen Situationen und der sich daraus ergebenden Dynamik und Energie zwischen den handelnden Personen, in diesem Fall eines schwangeren Mädchens, dessen Begegnung mit der eigenen Familie in Sprachlosigkeit endet. Das Herz wird auf Grund der Unfähigkeit zur Artikulation zur Mördergrube der abgetöteten Gefühle.

Peter Michalzik bemerkte zu den Stücken Fosses, diese seien beim Lesen „interpunktionslose, handlungsarme, um einen diskursiv nicht fassbaren Kern rotierende Oratorien, voller Wiederholungen und Abbrüche mitten im Satz. Sie schrauben sich langsam in einen vielleicht mystischen, vielleicht religiösen, in jedem Fall gottverlassenen Bezirk, wo alle sehr, sehr einsam dastehen. Dabei sind es keine Kunstfiguren, sondern ziemlich normale Menschen, nur reden sie eben nicht so, wie wir das im Alltag tun. Ihre Hilflosigkeit beim Herstellen von Nähe und Berührung ist schwerlich zu überbieten. …. (…) Welche Krankheit haben diese Menschen? Fragt man Fosse, ist die Sache klar. Einer seiner Romane heißt ‚Melancholie I + II', jenes uferlose Gefühl zwischen Trübsinn und endloser Depression. ‚Herrlich ist es, in einer unendlichen Einsamkeit am Meeresufer unter trübem Himmel, auf eine unbegrenzte Wasserwüste hinauszuschauen', hat Kleist einmal über Caspar David Friedrich geschrieben. Genauso einsam stehen die Häuser Fosses am unendlichen Meer im endlos fallenden Regen, und vereinzelt wie Friedrichs Mönch am Meer leben die Menschen darin."608 Fosses Figuren sind, so Gerhard Stadelmaier, „Minimalisten des sprachlosen Unglücks, Protagonisten einer neuen nordischen Lakonie, die alles an Dramatik, an Geschichten und Katastrophen nicht den Worten aufhalst, sondern den Pausen zwischen den Worten. Sie haben sich nichts zu sagen, aber sind trotzdem zueinander verdammt."609

Das Stück mit vielen stummen Szenen, den Andeutungen, Abbrüchen und Wiederholungen wurde in der von der Kritik widersprüchlich aufgenommenen minutiös realistischen Regie von Thomas Ostermeier und der schauspielerischen Realisierung durch das Schaubühne-Ensemble – Anja Marlene Korpiun, Jens Harzer, Jule Böwe, Stephanie Eidt, Hans Fleischmann und Tilo Werner – vom Publikum lediglich mit höflichem Applaus aufgenommen. Ein Durchbruch gelang Fosse in Salzburg nicht.

Mit Alain Platel und Arne Sierens und deren Stück „Jedermann ist ein Indianer" setzte Frank Baumbauer nach Luk Perceval seine Erkundung des Theaters der Benelux-Länder fort. Mit „Moeder & Kind" und „Bernadetje" hatten Platel und Sierens eine spezifische Theatersprache entwickelt, die ihnen eine treue Anhängerschaft sicherte. Mit „Jedermann ist ein Indianer", ihrer dritten gemeinsamen Arbeit, erweiterten sie ihren Stil, der in seiner nichtlinearen Erzählweise und speziellen Ästhetik den frühen Arbeiten von Jérôme Savary, Richard Foreman und des Theaters von Reza Abdoh ebenso verwandt war wie Jérôme Deschamps und Macha Makeïeffs Erkundungen des alltäglichen Wahnsinns. Wenngleich Platel und Sierens in Belgien noch nicht jene Bekanntheit erreicht hatten wie Deschamps und Makeïeff in Frankreich, so entwickelten sie eine spezifische Form eines dokumentarisch-fantastischen Theaters der Simultanität, in dem die Figuren sehr präzise in den jeweiligen Lebenswelten angesiedelt waren, andererseits jedoch dem Fantastischen frönten und auf Hausdächer kletterten oder durch Wohnzimmer segelten.

In „Jedermann ist ein Indianer" agierten sieben Schauspieler und vier Jugendliche, unter ihnen ein spastischer Schwachsinniger, der ständig mit einer Federkrone à la Winnetou herumläuft, im Ambiente zweier benachbarter Häuser in einem heruntergekommenen Vorort einer flämischen Stadt. Die Fenster haben in Flandern, eine Folge der puritanischen Reformation mit ihrer Gemeinde der Frommen und Gerechten vor Gott, keine Vorhänge, damit die Frommen voreinander nichts verbergen können. Der Blick in die Privatsphäre und damit auch in die menschliche Mülltonne ist jederzeit gesichert. Der Titel des Stücks bezog sich nicht nur auf das Erscheinungsbild des schwachsinnigen Jugendlichen, der eingesperrt in seiner Welt wie die Indianer in seinem Reservat lebt, sondern auch auf die übrigen Bewohner der beiden Häuser.

Die im Stadtkino laufende Koproduktion mit dem von Alain Platel geleiteten „Victoria & Les Ballets C. de la B." in Gent erfreute sich nur geringen Publikumszuspruchs, jedoch großer Zustimmung der Kritik. Der Arbeit der beiden Autoren und Regisseure wurde übereinstimmend hohe choreographische Virtuosität bescheinigt, die in veristischer Manier die einander überschneidenden Handlungsabläufe zu einem Ganzen formte. Hinzu traten die hervorragenden schauspielerischen Leistungen des Ensembles. Frank Baumbauer hatte zweifellos Recht, als er erklärte, ihn habe diese Produktion fasziniert und er wollte sie deshalb unbedingt nach Salzburg bringen. Das Publikum folgte allerdings seiner Begeisterung nur verhalten. Die Sitzreihen blieben auch nach der Premiere zur Hälfte leer.

Baumbauers Programm wurde in seinem zweiten Salzburger Jahr mit zunehmender Publikumsverweigerung konfrontiert. Das Regietheater, die Provokation und Verfremdung des Textes stieß auf eine sich immer deutlicher manifestierende Ablehnung des (zahlenden) Publikums.

Die in deutlichem Gegensatz zum Feuilleton und der professionellen Kritik auch in Salzburg auf zunehmende Ablehnung stoßenden Auswüchse des deutschen Regietheaters veranlassten Gerhard Jörder zu einer Zustandsbeschreibung und Diagnose der um sich greifenden Publikumsverweigerung. „Es ist schon eigenartig mit dem Theaterpublikum. Ist es da, interessiert sich keiner dafür. Bleibt es weg, sprechen alle von ihm. Erst wenn es sich verweigert, ist es wieder wer. ... Jetzt ist es wieder wer." Im deutschsprachigen Theater mussten sich „neue Namen ... durchsetzen – und wurden heftig bekämpft; neue Stile, neue Spielformen wurden enthusiastisch gefeiert – oder verhöhnt. Im polemisch und libidinös besetzten Dreieck Kunst–Kritik–Publikum waren die beiden ersten Partner so stark miteinander beschäftigt, so heftig ineinander verkrallt, dass sie den Dritten im Bunde aus dem Auge verloren. Irgendwann muss der sich, müde von den Schaukämpfen der großen Selbstdarsteller und vermeintlichen Rivalen, überflüssig gefühlt haben. Und ausgeschlossen. Er wollte nicht mehr mitspielen – und hat sich still davongemacht.

Man muss kein Theaterpopulist sein, um ganz unaufgeregt festzustellen: Das Publikum, längst auch in anderen Lebensbereichen als ‚demokratische Verbraucher' neu legitimiert, ist drauf und dran, sich zu emanzipieren. Es emanzipiert sich von den Bevormundungen einer Bühne, die zwar mit nimmermüder Rhetorik von einem ‚Theater für diese Stadt' redet, in Wahrheit aber die Auseinandersetzung mit dem eigenen Milieu, den Ingroups, den Anschluss ans überregionale Feuilleton oder ans jeweils nächste Berliner Theatertreffen im Sinn hat. Es emanzipiert sich aber auch von einer Kritik, die den Versuch, zwischen Kunst und Publikum zu vermitteln, längst nicht mehr als zumutbare Aufgabe, sondern als mediokres didaktisches Geschäft – ‚Volkshochschule' – empfindet und im anschwellenden Mediengetöse vor allem das eigene unverwechselbare Profil pflegt." Das nunmehr allgemein mit Sorge und Betroffenheit diagnostizierte Fernbleiben des Publikums habe sich seit längerem abgezeichnet, nur sei diese Entwicklung sowohl von den sich progressiv gebenden Theaterleitern und der sich als Speerspitze einer ästhetischen Avantgarde gerierenden Kritik ignoriert worden. „Jetzt aber wird die Lage ernst, jetzt geht es nicht mehr nur um das Ritual von Provokation und Reaktion. Statt ‚Publikumsbelehrung' und ‚Publikumsbeschimpfung', den Rennern früherer Jahrzehnte, statt ‚Publikumsverarschung' und ‚Publikumsüberforderung', den aktuellen Hits, steht auffällig oft das Stück ‚Publikumsverweigerung' auf dem Spielplan." Das Beispiel zahlreicher Bühnen im deutschen Sprachraum zeigt „das Dilemma des zeitgenössischen Theatermachens: zwischen Feuilletonecho und Publikumsresonanz klafft eine enorme, immer größer werdende Lücke"[610].

Ute Nyssen bemerkte zur allgemein konstatierten deutschen Theaterkrise, das Publikum glaube offensichtlich „den Versprechungen der Theatermacher so wenig wie die wachsende Zahl der Nichtwähler denen der Politiker". Eine der Ursachen für das Fernbleiben des Publikums sei der Umstand, dass sich das deutsche Regietheater in den letzten dreißig Jahren in einer zunehmend „verächtlichen Hintanstellung des Textes" ergehe. „Für ältere Zuschauer macht sie sich am unerträglichsten als eigenmächtige, ungeduldige, rechthaberische Veränderung der Klassikertexte bemerkbar, moderne Klassiker einbezogen ... Die Veränderungswut gegenüber dem Text, ja schon die jahrzehntelange Bevorzugung von Klassikern, hatte allzu oft in der Habgier der Regisseure ihren Grund. Sie konnten sich mit Übersetzungen – und erstaunlich, wer alles Russisch, Italienisch, Norwegisch, Englisch beherrschte – und ‚Bearbeitungen' zusätzlich zur Gage noch eine Tantieme ergattern. ... (...)

Die Machtposition des Regisseurs im deutschen Theater datiert aus den 68er Jahren, als an den Bühnen die Mitbestimmungsdebatte an Bedeutung gewann. Diese ging von den Schauspielern aus und richtete sich gegen das autoritäre Intendanten- und Startheater. Den Star hat dieser Aufstand vertrieben, damit wurde Geld frei. An die Position des Stars trat der Regisseur ... Schnell bekam der Regisseur immer mehr Macht und Geld; ... Die Gier wuchs. Es schlug die Stunde der Klassikerinszenierung in eigener ‚Übersetzung'." Ein weiterer Grund für das Fernbleiben des Publikums seien die in zunehmender Zahl organisierten „Projekte". „Auch für Projekte braucht man keinen Autor, die veranstaltet der Dramaturg. Zum Tagesthema gab es Textaneinanderreihungen, Revuen und viele schöne Liederabende. Projekte sind eine andere Spielart der unverbindlichen Klassikerdekonstruktion."[611]

Um eine Klassikerdekonstruktion und -inszenierung der besonderen Art handelte es sich auch bei der „Macbeth"-Inszenierung des Katalanen Calixto Bieito 2001 im Bühnenbild von Barbara Ehnes und den Kostümen von Mercè Paloma auf der Perner-Insel. Calixto Bieito stand mit seinen Inszenierungen für Kontroverse und Konfrontation. Er wolle Provokationen eigentlich nicht, erklärte er am Vorabend der

Salzburger „Macbeth"-Premiere, um im nächsten Satz einen Vergleich zwischen dem Stierkampf und dem Theater zu ziehen. „Ich will ‚Macbeth' so emotional gefährlich zeigen wie einen Stierkampf. Das 20. Jahrhundert war beherrscht von Killern. Es war gewiss das grausamste Jahrhundert, überall Mörder – solche Images habe ich im Kopf."[612] Und er wolle Sex auf der Bühne und verstehe die Aufregung des Publikums nicht. „Im Kino haben die Leute kein Problem mit Sex oder Gewalt, sehr wohl aber auf der Bühne. Das finde ich falsch. Mir geht es nicht um Provokationen, sondern um Emotionen."[613]

Der 38-jährige Katalane wurde auch in Salzburg seinem Ruf als Skandalregisseur gerecht. Das Publikum reagierte auf die von Bieito inszenierten, alle Tabus ignorierenden Sex- und Mordexzesse mit Empörung, zahlreiche Besucher verließen während der Aufführung unter Protest das Theater.

Frank Baumbauer verteidigte die Sicht Bieitos mit der Feststellung, man habe damit rechnen müssen, „dass der subjektive Zugriff und die Emotionalität von Calixto die Zuschauer polarisieren würden". Er finde, in deutlichem Gegensatz zum Großteil des Publikums, dass die Szene, als der Mörder drohte, sich an der Leiche von Macduff zu vergehen, „sogar eine große Zärtlichkeit hat. Der Schauspieler hat das ganz wunderbar gespielt. Die Reaktion im Publikum trat ja eigentlich nur auf Grund des Verdachts auf, der Mörder könnte sich jetzt an der Leiche vergehen. Das heißt: Die Spannung war bereits so groß, dass sie Vorstellungen im Kopf auslöste. Im Grunde ist das eine Verdrängung von all den Dingen, die nur 250 Kilometer Luftlinie entfernt von hier tatsächlich geschehen und zum Beispiel im Kosovo-Krieg an der Tagesordnung waren." Die Inszenierung habe keineswegs Grenzen überschritten und sei nicht zu weit gegangen, wie dies zahlreiche Zuschauer behaupteten. „Es ging nicht zu weit. Das Publikum hat seine eigenen Bilder im Kopf und wird im Theater mit der Verdrängung dieser Bilder nicht alleine gelassen. Wir zwingen es sozusagen dazu, sich selbst nicht auszukommen. Das ist ein legitimer Vorgang. Dafür ist Theater ein wunderbarer Raum …" Die damit intendierte psychisch-politische Katharsis des Publikums erfolge aus einer Sicht auf Shakespeares Drama, die zu Diskussionen Anlass geben sollte.[614]

Auch in Christoph Marthalers Inszenierung von Shakespeares „Was ihr wollt", ein Gastspiel des Schauspielhauses Zürich im Landestheater, floss der Alkohol in Strömen. Der Zürcher Schauspielchef verlagerte die Handlung von Shakespeares wehmütig-melancholischer Komödie über die durch einen Schiffbruch getrennten Zwillinge Viola und Sebastian, den Herzog Orsino und die schöne Olivia von Illyrien in den Bauch eines (Narren-)Schiffes, den Bühnenbildnerin Anna Viebrock als Verlängerung und Spiegelung des Zuschauerraums des Zürcher Schauspielhauses entworfen hatte. Dieser Wartesaal, ein irrealer Ort der menschlichen Begierden, war voll mit den Figuren der Shakespeareschen Komödie, die sich jedoch in geschmacklosen Kostümen der 70er Jahre des 20. Jahrhunderts durch ständigen übermäßigen Alkoholkonsum in ein Traumland begaben. In Marthalers Sicht wurde aus Shakespeares Illyrien, dem verlorenen Paradies, dem Reich der Sehnsüchte und verwirrten Gefühle, ein alkoholgetränktes Nebelreich menschlichen Scheiterns, verlor die Komödie ihre Berechtigung, blieb der Humor ausgespart.

Trotz der teilweise hervorragenden schauspielerischen Leistungen von Edith Engels (Viola), André Jung (Orsino), Karin Pfammatter (Olivia), Markus Wolff (Sebastian), Ueli Jäggi (Malvolio), Josef Ostendorf (Sir Toby), Oliver Mallison (Sir Andrew Bleichenwang) und Olivia Grigolli (Marie) reagierte ein Teil des Premierenpublikums auf die von Marthaler/Viebrock praktizierte Ästhetik des Unästhetischen mit dem vorzeitigen Verlassen des Theaters. Am Schluss der Vorstellung herrschte Parität im Zuschauerraum, hielten sich Buhs und Bravos die Waage. Gert Gilewe berichtete über die wütenden Reaktionen eines Teils des Premierenpublikums: „Zum Schluss ein brüllender Skandal. Wenn feine Damen im großen Schwarzen auf zwei Fingern pfeifen, dann ist die Festspiel-Welt aus den Fugen, und Regisseur Christoph Marthaler kann sich auf der Bühne des Salzburger Landestheaters freuen, dass er mit seiner Inszenierung von Shakespeares Komödie ‚Was ihr wollt' noch provozieren konnte."[615] Und Werner Thuswaldner beschloss seine Rezension mit der Bemerkung, zu verstehen seien „alle, die mit Begeisterung und bedingungslos den Skurrilitäten Marthalers folgen, die nicht genug davon kriegen können, aber auch jene, die sich fragen: Wie viel Marthaler verträgt der Mensch?"[616]

An Shakespeares Dramen wie „Macbeth" sowie Thomas Manns „Buddenbrooks" orientierte sich auch Luchino Visconti in seinem 1969 entstandenen Film „Die Verdammten", in dem in einer faszinierenden dekadenten Ästhetik mit Schauspielern wie Helmut Berger, Ingrid Thulin, Dirk Bogarde und Helmut Griem die Geschichte der Industriellenfamilie Essenbeck und ihrer Machterhaltung in der NS-Ära behandelt wurde. Darüber hinaus thematisierte Visconti die politische Rolle der Firma Krupp vor und während des Zweiten Weltkrieges sowie die zunehmende Rolle des Nationalsozialismus in der Firmenpolitik.

Das „Zuidelijk Toneel Hollandia", eine 1985 aus dem Zusammenschluss zweier Theaterensembles entstandene experimentelle Theatergruppe unter der künstlerischen Leitung des Regisseurs Johan Simons und des Komponisten Paul Koek, präsentierte im Rahmen eines Gastspiels auf der Perner-Insel in deutscher Sprache eine Theaterbearbeitung des Visconti-Films unter dem Titel „Der Fall der Götter". Die zweieinhalbstündige Theaterfassung griff auf die Filmschnitt-Technik zurück, verwendete Überblendungen von Licht und Musik, ineinander greifende Bilder und ließ die sechs Schauspieler mehrere Rollen spielen, wobei Simons/Koek von der konkreten Visconti-Geschichte abgingen und die Industriellenfamilie Essenbeck als Parabel für das Streben nach Macht verwendeten.

Publikum und Kritik reagierten auf das mit minimalistischen Mitteln auskommende ambitionierte Unternehmen zustimmend bis begeistert.

X. 4. DER LITERARISCHE „COMPOSER IN RESIDENCE" – DICHTER ZU GAST

Mit der dem Else-Lasker-Schüler-Abend verwandten Idee „Dichter zu Gast" sollte Ivan Nagel bleibende Spuren in der Programmatik der Festspiele hinterlassen. Mit diesem Literaturprogramm durch den Kopf eines Dichters, bei dem ein Dichter/eine Dichterin im Mittelpunkt von etwa sechs Abenden stehen sollte, wurden die bisherigen Dichterlesungen abgelöst. Den Anfang machte Elfriede Jelinek, gefolgt von Hans Magnus Enzensberger, Christoph Ransmayr, Péter Esterházy, Imre Kertész und Péter Nádas.

Elfriede Jelinek, die schwierige und umstrittene österreichische Dichterin, gehörte zu den von Ivan Nagel besonders Geschätzten, weshalb sie der Schauspieldirektor der Festspiele einlud, 1998 als Dichterin zu Gast mehrere Abende zu gestalten. Sie akzeptierte und gestaltete unter dem Titel „Jelineks Wahl" zwischen 9. und 30. August im Salzburger Landestheater vier Abende, in denen Walter Schmidinger, Martin Schwab, Hans-Michael Rehberg, Angela Winkler und Martin Wuttke Texte von Außenseitern, Vereinsamten und Verkannten der Literatur – Robert Walser, Friedrich Glauser, Friedrich Hölderlin, Georg Trakl, Werner Schwab, Ernst Herbeck, Paul Celan, Imre Kertész, Danilo Kiš, Unica Zürn, Konrad Bayer, Sylvia Plath und Walter Serner – lasen. Eröffnet wurde die Serie zu Ehren Elfriede Jelineks am 26. Juli mit einer von Therese Affolter, Annemarie Düringer, Annette Paulmann, Ivan Nagel, Einar Schleef, Peter Turrini und Markus Hinterhäuser im Landestheater gestalteten „Hommage an Elfriede Jelinek", der am 2. August die 12-stündige Mammutveranstaltung „Reise durch Jelineks Kopf" im Landestheater, den Kammerspielen, dem Ballettsaal und dem Marionettentheater folgte. Zwischen beiden Veranstaltungen erfolgte in der Elisabethbühne die Uraufführung von Jelineks Robert Walser gewidmetem Text „er nicht als er".

Bei seiner Rede anlässlich der „Hommage an Elfriede Jelinek" erklärte Ivan Nagel, er habe vor einheinhalb Jahren die Dichterin gebeten, „als ‚Dichterin zu Gast' das Literaturprogramm der Salzburger Festspiele 1998 zu bestimmen: den Gesamtentwurf wie jeden einzelnen Text. Sie hat darin den Auftrag entdeckt, über Dichtung als Rede mit fremder Stimme, als Rede einer zutiefst eigenen und denkenden fremden Stimme nachzudenken: ‚ich nicht als ich'.

Meine Überlegung war simpler. In diesem Sommer sollte Literatur nicht als Bildung oder gar Erbauung zwischen zwei Opernabenden erscheinen, sondern als Kunst, die überrascht, erschreckt und erhellt. Nicht die Erlebnis-Auswahl von sechs Schauspielern, nicht die Gelehrten-Auswahl eines Dramaturgen sollte über die Form und die Texte der Lesungen entscheiden. Sondern ein Dichter, eine Dichterin von heute würde eingeladen, uns mitzuteilen, wer in der Dichtung seine, ihre Ahnen, Geschwister, Kinder sind. Das Gelesene sollte von den Dichtern, die es erdacht, und von der Dichterin, die es ausgewählt hat, im gleichen Atemzug zeugen. So dachte ich's.

Doch Elfriede Jelineks poetischer Blick auf die Poesie ist ein Sprechen mit fremder Stimme im doppelten Sinne geworden. Nicht nur spricht sie mit und aus denen, deren Wort sie herbeizitiert, heraufbeschwört. Sondern bei diesen Dichtern und Dichterinnen selbst … entsteigt die Sprache zugleich den Winkeln des tiefsten Ich und den Mächten eines Anderen, Fremden. Jelinek fragt: ‚Wer ist schon zu Hause bei sich, wer ist denn schon sein eigener Herr? Wir können dieses Fremde im Eigenen Poesie nennen; die erschrockenen Zeitgenossen Hölderlins, Walters, Glausers nannten es Wahnsinn."[617]

Diesem Wahnsinn galt wenige Tage später die Uraufführung von Jelineks Text „er nicht als er" über den Schweizer Schriftsteller Robert Walser.

Am der umjubelten Premiere in der Elisabethbühne folgenden Morgen begann im Landestheater und dessen sämtlichen Nebenräumen die zwölfstündige „Reise durch Jelineks Kopf". Doch im Gegensatz zur gefeierten Premiere ihres Textes über Robert Walser vermochte dieses Mammutprojekt, bestehend aus Lesungen, Szenen, Filmen, Musik, Performance und einer Modenschau auf Grund der Gleichzeitigkeit des Gebotenen und des immanenten Erschöpfungscharakters den Erfolg des Vorabends nicht zu wiederholen. So bemerkte Ulrich Weinzierl: „Wie jeder Marathon mündet auch diese Parforcetour – noch bei glimpflichstem Ausgang – zumindest in Totalerschöpfung. Was auf dem Papier … Spannung verheißt, der Zusammenprall von Horrorfilmen, Lesungen, Performances und einer feministischen Modenschau, zwingt dank Gleichzeitigkeit zur Unart des leibhaftigen Zappens. Das stört die Künstler und macht auch das Publikum nervös. Ausgelassene anarchische Feststimmung will durchaus nicht aufkommen. Eher erinnert der leicht bürokratisch angehauchte Ablauf an die dionysische Beschwingtheit eines weiland DDR-Stadttheaters am Tag der offenen Tür."[618]

Am 9. August begann die vier Abende umfassende Serie „Jelineks Wahl", die Dichterinnen und Dichtern gewidmet war, deren gesellschaftliches Außenseitertum sich in ihrem unsicheren und gefährdeten Ich, der Gebrochenheit ihrer Beziehung zur Umwelt, manifestierte, mit einer Lesung Walter Schmidingers aus Texten der Schweizer Friedrich Glauser und Robert Walser. Auch Glauser, der Erfinder des Wachtmeisters Studer in seinen unterhaltsamen Kriminalromanen, hatte als Morphinist die Qualen der Sucht und die Einweisung in Anstalten kennen gelernt. Beide, Glauser und Walser, waren als Internierte in Nervenheilanstalten „Verlierer", der eine, wenngleich noch lange lebend, früh verstummt, der andere früh verstorben. Der nicht zuletzt auch wegen der Vortragskunst Schmidingers beeindruckende Abend stand unter dem Motto „wer ist denn schon bei sich zu haus", einer Zeile aus einem Gedicht von Elfriede Gerstl. Am zweiten Abend las Burgschauspieler Martin Schwab unter dem Motto „wer ist denn schon bei sich" Texte von Georg Trakl und Friedrich Hölderlin, am dritten Hans-Michael Rehberg unter dem Motto „wer ist denn schon zu hause" Texte von Paul Celan, Imre Kertész, Danilo Kiš und Binjamin Wilkomirski. Außer Celan handelte es sich um Texte, die um den Holocaust kreisen: Den letzten Abend widmete Jelinek unter dem Motto „wer denn dann?" dem beziehungsunfähigen Dandy. Angela Winkler und Martin Wuttke lasen einen fiktiven Briefwechsel über eine delikate Liebesgeschichte von Unica Zürn, aus Konrad Bayers Roman „Der sechste Sinn" über einen zwanghaften, seinen Tag und seine Lebensgewohnheiten klar strukturierenden Helden, aus Sylvia Plaths Romans „Glasglocke" ihre Entzauberung des schönen Scheins von New York und aus Walter Serners Roman „Tigerin", einer Beziehungsgeschichte in der Pariser Halbwelt zwischen einem Hochstapler und der Heldin der Handlung.

Das ambitionierte Unternehmen wurde zur Veranstaltung der Kulturpublizisten, nicht des Festspielpublikums. Trotz hervorragender Schauspieler und durchaus interessanter Texte hielt sich der Publikumszuspruch in Grenzen.

Mit Hans Magnus Enzensberger war 1999 wiederum ein streitbarer Schriftsteller „Dichter zu Gast". Wenngleich Enzensberger im Vorfeld der Festspiele scherzhaft erklärte, er habe noch nie Provokation als seine Arbeitsplatzbeschreibung aufgefasst, so hatte er – allerdings ohne sein Zutun – wenige Monate zuvor in Frankreich eben für eine solche gesorgt. Am 1. April legte Innenminister Jean-Pierre Chevènement bei der wöchentlichen Kabinettssitzung als Zeichen seines Protestes gegen den NATO-Einsatz in Serbien einen Text des deutschen Schriftstellers aus dem Jahr 1992 mit dem Titel „Aussichten auf den Bürgerkrieg" auf den Tisch und bemerkte, er sage nichts über den Kosovo, sondern verteile lediglich einen

Text, der seine Meinung wiedergebe. In dem Text hatte sich Enzensberger gegen eine universelle Zuständigkeit bei ethnischen Konflikten ausgesprochen. So sei der Bosnienkrieg ein Bürgerkrieg, aus dem keine westliche Interventionspflicht abzuleiten sei. Chevènements Vorgehen rief in Frankreich heftige ablehnende Reaktionen hervor. Auch Enzensberger meldete sich zu Wort und erklärte, er sehe sich auf eine heimtückische Art falsch interpretiert. Sein Text aus dem Jahr 1992 beziehe sich auf den Einsatz der USA in Somalia. Im Kosovo hingegen seien die Europäer zu einem Einsatz gezwungen.[619]

Zu Sommerbeginn hatten sich die Turbulenzen gelegt, und Hans Magnus Enzensberger stellte Anfang Juli das von ihm erstellte siebenteilige Programm auf der Perner-Insel mit launigen Worten vor. „Normalerweise werden ja Dichter nur wie eine Art Lorbeerbäumchen eingeladen." In Salzburg aber herrsche für ihn „Freiheit total". Da ihm Selbstdarstellung gar nicht liege, habe er dies anderen Personen übertragen. „Ich sehe mich mehr als Drahtzieher." Er habe daher als „Beiboot zum Riesendampfer" Festspiele ein Kontrastprogramm unter dem Motto „Ich mache Unterhaltung" entworfen. Man habe ihn sanft gezwungen, an einem Abend aus seinem neuen Gedichtband zu lesen, die übrigen Abende aber sollten seinem Unterhaltungsbedürfnis dienen. „Natürlich werden manche sagen: Warum haut der nicht auf den Putz? Soll er doch dort politischen Krach machen. Aber ich lege es nicht darauf an, die Leute auf die Palme zu bringen. Vielleicht verbirgt sich ja in den ‚Unterhaltungen' doch etwas Stacheliges."[620] Enzensberger wollte das Publikum teilhaben lassen nicht nur an dem von ihm Geschriebenen, sondern auch an seinen Lese-Entdeckungen, die er u. a. in der von ihm edierten „Anderen Bibliothek" herausbrachte. „Unterhaltung" bedeutete für ihn die „Kultur des Gesprächs" des Publikums mit ihm und anderen Schriftstellern.

Der Lesung aus seinem neuesten Gedichtband „Leichter als Luft" mit einer tiefgründigen und humorvollen Laudatio des Dichters von Robert Gernhardt folgte im ORF-Landesstudio die Uraufführung von Enzensbergers „Totengespräch", ein sich an Lukian orientierender Dialog zwischen einem Banker und einem Terroristen in einem Militärcamp in Malaysia, gesprochen von Ulrich Wildgruber und Felix von Manteuffel. Der dritte Abend im Residenzhof unter dem Titel „Kompletter Nonsens mit Musik" wandte sich an Kinder von fünf bis elf Jahren und ihre Begleiter. Zu diesem Zweck hatte Enzensberger Texte der englischen Schriftsteller Hilaire Joseph-Pierre Belloc und Edward Lear übersetzt und nachgedichtet. Die ungewöhnliche Aufführung wurde von den Schauspielern Caroline Ebner, Anne Weber, André Jung und Stefan Merki, begleitet von Friedrich Paravicini (Violoncello) und Franz Wittenbrink (Klavier), gestaltet. Ebenfalls im Residenzhof wurde der vierte Abend von Thomas Thieme, begleitet von dem Lautisten Hermann Platzer, unter dem Titel „Das truncken Gespräch" gegeben. Thieme las aus Johann Fischarts „Affentheurlich Naupengeheuerliche Geschichtklitterung". Der Text des ehemals bekannten und heute weitgehend vergessenen deutschen Renaissancedichters war 1997 in der von Enzensberger herausgegebenen „Anderen Bibliothek" erschienen. Es folgten im Landestheater die Aufführung von Enzensbergers berühmtem Theater-Text „Der Untergang der Titanic", eine Unterhaltung auf einem sinkenden Schiff mit Judith Engel, Dörte Lyssewski, Sunnyi Melles, Christine Ostermayer und Ulrich Tukur, sowie das „Gipfeltreffen der Poesie", so die Bezeichnung Enzensbergers, die Autorenlesung von Christoph Ransmayr, Lars Gustafsson, W. G. Sebald und Charles Simic. Den Abschluss bildete eine Liebeserklärung an seine alte Liebe Kuba, eine Unterhaltung mit Musik, Bewirtung und Tanz im Residenzhof unter dem Titel „Ein cubanischer Ball".

Im Festspielsommer 2000 begab sich Christoph Ransmayr in insgesamt sieben Abenden in verschiedenen Spielformen des Erzählens auf eine Reise nach Babylon, begleitet von Hermann Beil als künstlerischer Weggefährte. Der Lehrbauhof, das Stadtkino, das Landestheater, Das Kino, der Hörsaal 230 im Kapitelhaus, die Felsenreitschule und der Residenzhof fungierten als Stationen des Erzählers. Der 1954 in Wels geborene Schriftsteller war durch seine Werke „Schrecken des Eises und der Finsternis", eine dichterische Fassung der Aufzeichnungen der k. u. k. Antarktisexpedition von 1872 bis 1874, und „Die letzte Welt", ein Roman um den Dichter Ovid, der, in Ungnade gefallen, ans Schwarze Meer verbannt wurde, bekannt geworden. Nach einer Pause von sieben Jahren folgte sein mystischer (Nach-)Kriegsroman „Morbus Kitahara". Frank Baumbauer und Claus Peymann hatten den zurückgezogen lebenden

Schriftsteller und Festspielredner des Jahres 1997 für ein Theaterstück für Salzburg gewinnen können. Die Premiere von „Die Unsichtbare" war für 2000 als Teil der von Ransmayr gestalteten Serie „Dichter zu Gast" geplant. Doch der – nach eigenen Worten – „langsame" Autor finalisierte den Text nicht rechtzeitig, sodass die Uraufführung auf 2001 verschoben werden musste. Baumbauer konnte den als publikumsscheu geltenden Autor zudem als Gestalter einer siebenteiligen literarischen Erkundung im Rahmen der Serie „Dichter zu Gast" gewinnen. Ransmayr unterbrach nach einer Bedenkzeit aus Neugier für dieses Vorhaben seine Arbeit an seinem neuesten Roman. „Natürlich hatte ich Zweifel, schließlich ist es eine Sache, eine Geschichte, einen Roman zu schreiben, und eine andere, erzählerische Arbeit auch persönlich zu präsentieren. Der öffentliche Auftritt ist etwas, womit ich grundsätzlich Probleme habe – Lesungen in stillen, dunklen und möglichst kühlen Sälen ausgenommen. Für die Konzeption und Vorbereitung der sieben Veranstaltungen meines Aufenthaltes in Salzburg musste ich jedenfalls meine Arbeit an einem Roman für ein Jahr unterbrechen, weil ich mich immer nur einer Sache widmen kann – und will. Die Zusammenarbeit mit Schauspielern, Musikern und Dramaturgen wurde für mich jedenfalls zur Lehrzeit und abenteuerlichen Expedition zugleich."[621]

Ransmayrs literarische Erkundung des Wegs nach Babylon begann am 10. August im Lehrbauhof mit einer „Floßfahrt", gleichsam als Arche Noah der Kunst, auf der – umgeben von Kunstwerken von Herbert Brandl, Georgia Creimer, Hubert Scheibl und Manfred Wakolbinger – Dörte Lyssewski, Christine Ostermayer, Julia von Sell, Wolf Bachofner, Robert Meyer, Branko Samarovski, Otto Sander und Thomas Thieme von Ransmayr ausgewählte Texte lasen und die Mezzosopranistin Elisabeth von Magnus, die Pianisten Anthony Spiri und Markus Hinterhäuser sowie der Geiger Rainer Schmidt Musik von Antonio Caldara, Georg Friedrich Händel, Arvo Pärt und John Cage interpretierten. Ransmayr selber blieb, seiner Scheu vor öffentlichen Auftritten treu bleibend, am Boden des schwarz verhängten Raums sitzend, bis zum Schluss verborgen. Er blieb es auch am folgenden Tag der „Landgänge", von Assoziationsketten geprägten Reisebeschreibungen des Schriftstellers, die im Stadtkino von Susanne Lothar, Sunnyi Melles, Johanna Wokalek, Ulrich Mühe, Martin Schwab und Ernst Stötzner vorgetragen wurden, unterbrochen vom akustisch virtuos illustrierenden Stimmhorn Balthasar Streiffs und beendet durch den Arnold Schoenberg Chor mit dem „Babylonischen Kanon" aus Ransmayrs „Die letzte Welt". Am nächsten Abend trat der Dichter persönlich auf. Er las, ohne Bühnenbild und Musik, im ausverkauften Landestheater aus eigenen Werken und machte sein gebannt lauschendes Publikum mit den erschreckenden Seiten der Welt, ihren mehr oder weniger kleinen Grausamkeiten bekannt. Der Erzählung des Dichters folgte in „Das Kino" die filmische als „Erzählung des Lichts" – Alain Tanners „Lightyears away" aus dem Jahr 1981, eine Illustration des Traums vom Fliegen, Terrence Malicks „Days of Heaven" aus dem Jahr 1978 mit dem jungen Richard Gere und John Hustons Klassiker „Fat City", eine Boxergeschichte mit Jeff Bridges und Stacey Keach aus dem Jahr 1972.

Die sieben Tage umfassende biblische Erzählung von der Erschaffung der Welt diente Ransmayr als Vorlage für den von ihm gestalteten siebenteiligen Veranstaltungszyklus über den Weg nach Babylon. Ursprünglich hatte er für den fünften Abend im Hörsaal 230 im Kapitelhaus die Uraufführung eines Theatermonologs geplant, doch dieses Vorhaben schließlich wieder verschoben und durch eine theatergerechte Lesung aus seinem 1982 entstandenen Text „Strahlender Untergang" durch Michael Maertens ersetzt. Maertens' virtuose Lesung des Monologs eines Wissenschafters, der in der Wüste die Menschheit durch ihr Verglühen in der Wüstensonne auslöschen möchte, wurde zum Ereignis. Hatte das Qualitätsgefälle der lesenden Schauspieler bisher die Kritik auch zu einschränkenden Kommentaren veranlasst, so wurde Maertens' Lesung übereinstimmend als Höhepunkt des Zyklus bezeichnet.

Einem Ereignis der besonderen Art war der sechste Teil der Reise unter dem Titel „Bericht am Feuer" gewidmet. Auf der Bühne der Felsenreitschule war eine Insel aufgebaut, auf der ein Feuer brannte und Reinhold Messner in einem Lichtbildervortrag die Geschichte von Sir Ernest Shackleton erzählte. Dieser war 1914 mit 27 Männern zu einer Antarktis-Durchquerung aufgebrochen. Ihr Schiff, die „Endurance", wurde jedoch vom Packeis eingeschlossen und zerstört, womit für die Mannschaft ein zehnmonatiger Überlebenskampf im arktischen Winter

Christoph Ransmayr, der „Dichter zu Gast" 10. August 2000.

„Bericht am Feuer" mit Reinhold Messner und Martin Schwab am 17. August 2000 in der Felsenreitschule.

begann, den der sich an Bord befindende australische Fotograf Frank Hurley mit künstlerisch hochwertigen Aufnahmen dokumentierte. Ransmayr schrieb für diesen Abend die „Ballade von der glücklichen Rückkehr", die Burgschauspieler Martin Schwab in einer Kletter-Ausrüstung rezitierte, als er sich von den Arkaden der Felsenreitschule abseilte. Nach einer Reise durch die Welt der Abenteuer und Schrecken, der Eroberungen und des Scheiterns, aber auch der Poesie und der Musik, gelangte Ransmayr am siebten Abend mit einer „Großen Nachtmusik" an sein Ziel. Sein programmatischer Kommentar zu diesem letzten Abend im Residenzhof: „Und jetzt, endlich, können auch die Unterschiede zwischen Erzählern und Zuhörern, Dichtern und ihrem Publikum wieder verschwinden und kann jeder werden, was auch die Erzähler einmal waren und immer wieder werden müssen: Zuhörer …" Der letzte Abend war eine „Geschichte ohne Worte", eine Demonstration der Vielstimmigkeit von Ransmayrs Erzählungen, gestaltet von dem britischen Saxophonisten John Surman, dem Ensemble „Langue Muette", dem tunesischen, vor elf Jahren nach Wien emigrierten Oud-Spieler und Sänger Dhafer Youssef, dem Perkussionisten Mino Cinelu, dem Gitarristen Wolfgang Muthspiel und dem Kontrabassisten Dieter Ilg. Ziel sei es, so Ransmayr, die „Zuhörer, aufmerksame, stille Menschen", in das Innere „einer großen Nachtmusik, die Geschichten vergangener Tage hinabsinken" zu lassen und damit bereit und hellhörig zu machen „für neue Geschichten, neue Stimmen im Rauschen der Zeit."[622]

Dramaturg Hermann Beil lud für 2001 mit Péter Esterházy, Imre Kertész und Péter Nádas drei ungarische Autoren als „Dichter zu Gast" ein. Die Reihe „Dichter zu Gast" müsse über den deutschsprachigen Raum hinausgehen und auch eine europäische Dimension haben, begründete er die Wahl. „Dabei geht es nicht um das Thema Ungarn, diese drei sind keine ungarischen Repräsentanten, sondern einfach tolle, sehr eigenständige Autoren."[623] Und Péter Esterházy erklärte 1999 in seiner Eröffnungsrede des Ungarn-Schwerpunktes der Frankfurter Buchmesse, Ungarn sei eine literarische Großmacht, doch die Sprache sei ihr Kerker. Alle drei nach Salzburg eingeladenen Dichter sprachen daher deutsch, zwei der Eingeladenen – Péter Esterházy und Péter Nádas – waren Träger des „Österreichischen Staatspreises für europäische Literatur", der höchsten Auszeichnung, die Österreich für ausländische Literaten zu vergeben hat.

Der 1950 in Budapest geborene Péter Esterházy studierte Mathematik und arbeitete zunächst als Informatiker, ehe er als freier Schriftsteller durch Jochen Jung zum Salzburger Residenz Verlag gebracht und im deutschsprachigen Raum mit Büchern wie „Wer haftet für die Sicherheit der Lady?", „Das Buch Hrabals" oder „Donau abwärts" bekannt wurde. 2000 war in Ungarn sein großer, 1.000 Seiten starker Familienroman „Harmonia Caelestis" erschienen. Über seine Beziehung zu den Salzburger Festspielen bemerkte er, diese sei „eine Sehnsucht aus der Ferne. Ich war zwar für Lesungen häufig in Salzburg, aber noch nie bei den Festspielen. Imre Kertész aber ist ein fanatischer Festspielbesucher. Sie zählen auch für Ungarn zu den wichtigsten kulturellen Ereignissen in Europa."[624] Eine prominente Besetzung – Wolf Bachofner, André Jung, Jürg Kienberger, Johannes Krisch, Robert Meyer, Michael Rastl, Branko Samarovski, Ernst Stötzner, Thomas Thieme, Ulrich Tukur und Christine Schäfer – las, sprach und sang am 15. August im Landestheater aus seinem 1996 erschienenen Buch „Eine Frau. 97 Variationen über das Thema ‚Es gibt eine Frau. Sie liebt mich. Es gibt eine Frau. Sie hasst mich'." Und am 18. August las Esterházy, begleitet von dem Saxophonisten László Dés, aus seinem erst im Herbst auf Deutsch erscheinenden neuen Roman „Harmonia Caelestis".

Péter Nádas, geboren 1942, stieß erst nach einer Tätigkeit als Fotoreporter und Journalist zur Literatur und publizierte 1986 mit seinem Opus magnum „Buch der Erinnerung" einen Meilenstein der zeitgenössischen europäischen Prosa. Den Auftakt zur Veranstaltungsreihe bildeten am 13. August die Präsentation seiner neuen halluzinatorischen Novelle „Die schöne Geschichte der Fotografie" im Kunst-Raum, gelesen von Julia Stemberger und Max Hopp, sowie eine Ausstellung von 500 Fotos im Rupertinum unter dem Titel „Jahresbericht von einen Baum". Am 17. August lasen im Salzburger Landestheater Péter Nádas, Michael Maertens und Otto Sander aus dem „Buch der Erinnerung".

Der 1929 geborene Imre Kertész wurde als 15-Jähriger mit einem Transport ungarischer Juden nach Auschwitz und Birkenau gebracht, überlebte die Konzentrationslager und arbeitete seine Erlebnisse literarisch – vor allem mit dem 1975 erschienenen Buch „Roman eines Schicksalslosen" – auf, der autobiographischen Geschichte eines Jugendlichen, der ins KZ kommt und nichts, was um ihn herum geschieht, versteht, aus der Wirklichkeit flieht und sie schönredet. Über die folgende Zeit der kommunistischen Diktatur berichtete er in seinem „Galeerentagebuch". Mit „Ich – ein anderer" dokumentierte er die Zeit nach dem Zusammenbruch des Kommunismus 1989. Kertész erhielt für sein Werk 2002 den Nobelpreis für Literatur. Dieses steht, so die Begründung, „für die Zeugnisliteratur, in deren Mittelpunkt die Absicht steht, Zeugnis abzulegen über ein Geschehen, an das die Erinnerung nicht verloren gehen darf"[625].

Kertész war der zweite Abend im Landestheater am 14. August mit einer Lesung des Autors aus seinem „Galeerentagebuch" und von Johanna Wokalek aus seinem ersten Roman gewidmet. Am vierten Abend am 16. August im Landestheater las Kertész aus seinem Roman „Ich – ein anderer", umrahmt von der Musik von György Ligeti, gespielt von Pierre-Laurent Aimard.

Den Abschluss bildete am 19. August im Landestheater ein gemeinsamer Abend aller drei Autoren mit prominenten Gästen wie Márta und György Kurtág, Amadinda Percussion Group und Katalin Károlyi, New Music Studio, Michael Maertens, Sunnyi Melles u. a.

X. 5. URAUFFÜHRUNGEN

Den Deutschen in der Bundesrepublik fehle das sentimental-sehnsüchtige Herz, sie besäßen nur das brutal-vitale, meinte Botho Strauß. Sie sehnten sich jedoch nach dem zweiten Herzen, und dieses Sehnen verursache Phantomschmerzen. An diesen leiden vor allem seine Frauengestalten, von Susanne in „Trilogie des Wiedersehens" (1977) nach dem Herzen der Kunst über Titania im „Park" (1984) nach dem Herzen des Mythos bis Anita im „Schlusschor" (1991) nach dem wilden Herzen des Reichsadlers. Auch in seinem Auftragswerk der Salzburger Festspiele, „Das Gleichgewicht", sehnt sich Lilly nach einem zu ihr passenden Mann, dem Rock-Sänger Jacques Le Cœur, Symbol der sinnlichen Urkraft.

Die Veltener Straße ist eine fiktive Straße, in keinem Berliner Stadtplan lokalisierbar. Sie ist allerdings entworfen nach einer realen Straße, der Keithstraße, in der Botho Strauß 17 Jahre bis zum Sommer 1992 wohnte. Sie diente ihm zur Illustration des Wandels in Deutschland, vor allem Berlin, seit dem Fall der Mauer. Für viele geriet die Welt, in der man sich eingerichtet hatte, aus den Fugen, verlor das Lebensgefühl, das Gleichgewicht. Botho Strauß schrieb mit seinem Stück „Das Gleichgewicht" *auch* ein politisches Zeitstück, das sich den dramatischen Änderungen im wiedervereinten Deutschland, der deutschen Befindlichkeit in Ost und West, widmete. Doch er verfasste kein politisches Zeitstück im Stil eines dokumentarischen Dramatikers, sondern präsentierte Stimmungen und Befindlichkeiten, betätigte sich als Seismograf der Psyche. Der Titel des Stücks bezog sich daher vor allem auf das innere Gleichgewicht, das Gleichgewicht von Körper und Seele. Dieses ist schwer zu erreichen, oft noch schwieriger zu zweit. Die Uraufführung im Landestheater am 26. Juli 1993 wurde vor dem Hintergrund der erheblichen publizistischen Turbulenzen infolge des von Botho Strauß im „Spiegel" Anfang 1993 veröffentlichten Essays „Anschwellender Bocksgesang" (Tragödie), in dem er einen Blick auf die deutsche Revolution des Jahres 1989 und deren Folgen warf, mit besonderem Interesse erwartet. Die Reaktionen auf den Text waren überwiegend zurückhaltend bis ablehnend, während die Inszenierung Luc Bondys und das Bühnenbild Karl-Ernst Herrmanns gelobt wurden.

Der 1954 in einem Vorort von Long Island geborene Hal Hartley galt nach seinem ersten Kurzfilm „Verdacht auf Liebe" 1988 als aufstrebender Stern der amerikanischen Filmszene, als vielleicht bedeutendster Filmemacher seiner Generation. Zwischen 1989 und 1998 drehte er sechs international beachtete, bei den Film-Festivals in Cannes, Tokio, New York und Toronto gezeigte und ausgezeichnete Spiel- und Kurzfilme sowie Musikvideos. Hal Hartley entsprach, ebenso wie Robert Lepage, Ivan Nagels und Gérard Mortiers Programmphilosophie der verstärkten Berücksichtigung der neuesten internationalen Entwicklungen im Schauspiel- und Filmbereich, wobei vor allem bereits arrivierte Vertreter der jüngeren Generation präsentiert werden sollten.

Die Einladung an Hal Hartley hatte Mortier in seiner Eigenschaft als für die Oper verantwortliches Direktoriumsmitglied vor der Berufung Nagels zum Schauspieldirektor ausgesprochen. Somit fiel sie nicht in die direkte Kompetenz Nagels und konnte auch nicht seiner Programmentscheidung direkt zugeordnet werden. Dennoch schien Hartleys Musical Play nicht zu Unrecht unter der Sparte „Schauspiel" auf, da es sich dabei um weitgehend gesprochene Texte handelte, die wie im Film mit Musik Hartleys und Jim Colemans unterlegt wurden. In dem von Hartley für Salzburg geschriebenen und auch hier inszenierten Musical Play „Soon" standen fünf Generationen einer religiösen Gemeinschaft im Mittelpunkt, die sich auf der ständigen Suche nach einem erleuchteten Propheten ihres Glaubens befanden. Die Handlung kulminiert schließlich in der tödlichen Konfrontation der Gemeinschaft mit dem Gesetz nach dem Muster der tragischen Ereignisse im texanischen Waco 1993, wo der Sektengründer David Koresh und seine Jünger vom „Stamm Davids" in der gewaltsamen Konfrontation mit der Staatsmacht den Tod fanden. Im Juni 1997 erklärte Hartley in New York über die Grundidee seines Stückes, dessen Titel „Soon" sich auf die apokalyptische Endzeiterwartung von Koreshs „Davidianer" bezog: „Ich versuche, zwischen meinem Respekt gegenüber religiösen Empfindungen und meiner Verwunderung über die Kühnheit vieler prophetischer Behauptungen abzuwägen. Ich nähere mich dem Thema mit Ernsthaftigkeit und Bereitschaft zu verstehen. Trotzdem ist das Spiel oft komisch, manchmal respektlos und gelegentlich – wenn unvermeidbar – psychedelisch. So ist das Christentum im Land der unbegrenzten Möglichkeiten. ... Es scheint, dass, zumindest in Amerika, charismatische Religion der kreativen Avantgarde angehört. Das Bedürfnis nach Glaube ist für Menschen niedrigerer Bildung und geringerer Rechte ein wirksamer Weg, politische und wirtschaftliche Bedeutung zu erlangen."[626]

Die Uraufführung von Hartleys Stück 1998, letztlich kein Musical Play, sondern eher ein Tanztheater, auf der Perner-Insel erfolgte unter erheblicher internationaler Aufmerksamkeit. Die Aufführung in hoch ästhetisch arrangierten und brillant ausgeleuchteten Bildern à la Wilson vermochte jedoch dem selbst erhobenen Anspruch, eine Antwort auf das Phänomen des christlichen Fundamentalismus zu geben, nicht gerecht zu werden. Sie wurde vom Publikum mit vielen Buhs und von der Kritik mit überwiegend negativen Kommentaren versehen. Hartley, der bisher noch nie für das Theater gearbeitet hatte, sollte nicht an einem Ort wie Salzburg seine ersten Gehversuche in diesem Genre machen, beschieden die meisten Kritiker.

Dem Wahnsinn galt auch die Uraufführung von Jelineks Text „er nicht als er" über den Schweizer Schriftsteller Robert Walser. Der Schweizer Regisseur Jossi Wieler, Jelinek- und Spezialist für vermeintlich Unspielbares, bearbeitete das 26 Seiten umfassende Manuskript eines Monologs für eine Spielhandlung, für die Anna Viebrock das Bühnenbild schuf. In einem Interview bemerkte er zu dem Text, das Paradoxon von Jelineks Stück sei, dass es von einer Abwesenheit handle. „Es geht um den Dichter, den eine namhafte zeitgenössische Dichterin in einem imaginären Totenreich besucht: im Reich des Schweigens." Dabei bediene sie sich der Sprache von vier nicht näher definierten Stimmen (Schauspieler). „Es handelt sich um eine Annäherung an einen Seelenverwandten. Das tut sie aber in dem Wissen, dass sie ihn nur bedingt finden kann. Er schweigt weiter! Jelinek versucht, dem Rätsel des Verstummens und Dahindämmerns, des ‚literarischen', nicht des biologischen Sterbens, auf den Grund zu gehen."[627]

51-jährig wurde Robert Walser, dessen Werk in der Gesamtausgabe 12 Bände umfasst, 1929 in die psychiatrische Anstalt Waldau eingeliefert und schließlich nach Herisau überwiesen, wo er bis zu seinem Tod 1956 lebte, ohne je wiederum eine Zeile zu schreiben. Elfriede Jelineks Text galt dem Lebensende des Verfassers der „Geschwister Tanner", des „Gehülfen" und des „Jakob von Gunten", der in seiner Kammer sitzt und über Gott und die Welt, sich selber, über das Schreiben und die Poesie, über Mozart und die Musik sowie den Tod philosophiert und dabei einen Text spricht, der zahlreiche autobiographische Elemente der Dichterin enthält. Die nahtlos ineinander übergehenden Sätze Jelineks und Walsers waren letztlich Sprachspiegelungen der Befindlichkeiten, Verzweiflungen und Hoffnungen der Dichterin. In der Ich-Suche Robert Walsers ging Elfriede Jelinek auch ihrer eigenen Identität nach, die teilweise virtuosen Sprachspielereien waren Mittel eines Selbstfindungsprozesses. Diesem Umstand trug die Regie und Theaterbearbeitung Jossi Wielers Rechnung, in der drei Frauen – Marlen Diekhoff, Ilse Ritter, Lore Stefanek – als dreigeteilte Jelinek (selbdritt) Robert Walser in Herisau besuchen und versuchen,

Uraufführung von Elfriede Jelineks „er nicht als er" am 1. August 1998 in der Elisabethbühne mit Ilse Ritter, Lore Stefanek, André Jung (Er) und Marlen Diekhoff (Sie).

sein Innerstes zu erkunden. Der von André Jung virtuos gespielte Schriftsteller verweigert sich lange, um schließlich doch über sich zu sprechen, und schließlich monologisierend über Gott, den Tod und die Kunst den Faden verliert.

Der Text Jelineks war nicht zornig, wütend und polemisch, sondern nachdenklich und liebevoll, in Zuneigung zu Robert Walser sogar durchaus männerfreundlich und wurde in der Theaterbearbeitung und Regie Jossi Wielers, nicht zuletzt dank der hervorragenden Schauspieler, vom Publikum und der Kritik gefeiert.

Sie ist vom Theater besessen, die Bretter, die angeblich die Welt bedeuten, waren tatsächlich ihre Welt, und dennoch lebt sie am Rande dieser Welt, unbeachtet, in der Versenkung des Souffleurkastens, Frau Stern, die Heldin in Christoph Ransmayrs erstem, für die Salzburger Festspiele geschriebenen Theaterstück „Die Unsichtbare". Claus Peymann, der die Uraufführung im Salzburger Landestheater inszenierte, hatte den Schriftsteller dazu überredet, sich an ein Theaterstück zu wagen. Um dies zu erreichen, ging er mit dem Schriftsteller sogar in die Berge. „Ich habe nicht locker gelassen und waghalsig manchen Dreitausender erklommen, einige Male sogar auch noch mit Messner. Ich als Flachland-Germane mit diesen beiden Gipfelstürmern." Seine Bemühungen waren schließlich von Erfolg gekrönt, und Ransmayr schuf in der Meinung von Peymann „ein Stück ganz gegen die Zeit … Es ist kompliziert, poetisch, musikalisch, sentimental, manchmal sogar ein bisschen kitschig. Ein Stück gegen das Theater mit einer Souffleuse im Mittelpunkt, die das Theater hasst und es trotzdem vorwärts bewegt. Eine ferne, poetischere Schwester von Bernhards ‚Theatermacher'."[628]

Ransmayrs Heldin hasst das Theater mit seinem allabendlichen Geschrei, den Hängern der Schauspieler und liebt das Kino als Gegenentwurf eines wunderbaren Spiels von Licht und Schatten. Sie war Bibliothekarin, ehe sie eine Reisebekanntschaft überredete, zum Theater zu gehen, wo sie, die alle Rollen auswendig kann, nun ihr Leben fristet und nach einer sechsstündigen Vorstellung in der Phantasie an drei Stränden, die sie in Urlaubsreisen tatsächlich besuchte, endlich Theater spielt, Liebe und Tragik erfährt, ehe sie ein Feuerpolizist in die Wirklichkeit und auf deren harten Boden zurückholt.

Ransmayr erklärte zum Wagnis des Romanciers, ein Theaterstück zu schreiben: „Für einen Erzähler ist jeder Versuch riskant, etwas zur Sprache zu bringen und zur Geschichte zu machen. Aber Roman und Stück sind nicht so verschieden, wie es zunächst scheint. Erzählen ist für mich auch in dieser Hinsicht unteilbar. Auch in diesem Stück erzählt ja die Frau Stern, die Unsichtbare, eine Souffleuse, ihre Geschichte, und erst indem sie von Figuren ihrer Erinnerung, ihrer Zuneigung oder ihres Hasses spricht, werden diese Gestalten lebendig und erscheinen sogar auf der Bühne. Sie erzählt ihre Gestalten sozusagen ins Leben. Und diese Verwandlung geschieht eher im Tonfall der Prosa als in dramatischen Dialogen. Die Grundfrage bleibt doch, ob einer erfundenen, erzählenden Figur zu einer Art von Wirklichkeit verholfen werden kann und ob Gestalten innerhalb einer Geschichte für Zuhörer, Zuschauer oder Leser plausibel werden, glaubwürdig. Denn gleichgültig, wie irreal, anachronistisch oder phantastisch die Dinge sind, die ein Erzähler seinen Figuren zumutet – wenn sie innerhalb eines Erzählraumes, den er allein bestimmt, plausibel erscheinen, dann ist nicht nur jeder Lebenslauf und jedes Schicksal, dann ist alles möglich."[629]

Die Kritik stimmte darin überein, dass Ransmayr, der gefeierte Schriftsteller, in seinem ersten Theaterstück die Qualität der Sprache seiner Prosa nicht erreichte. Den Erfolg des Abends sicherten schließlich Kirsten Dene in der Rolle der Frau Stein und ein stets mehrere Rollen spielendes Ensemble, u. a. Hans Kremer (Herr Carl/Chor), Gerd Kunath (Professor Rose/Bühnentechniker/Urlauber/Chor), Ursula Höpfner (Lady O'Shea/Urlauberin/Chor), Oliver Stern (Herr Schreier/Captain Beecher, Urlauber/ Chor) und Otto Sander (Sankt Florian).

Im Zuge der von Frank Baumbauer forcierten Präsentation von internationalen Theatergruppen mit unkonventionellen Arbeitsweisen präsentierte im Festspielsommer 2001 die 1995 von dem Avantgarde-Star Marc von Henning gegründete britische Off-Truppe „primitive science" im Stadtkino die in Zusammenarbeit mit dem Londoner Royal National Theatre produzierte Uraufführung ihres Stücks „The invisible college" in englischer Sprache. Die gefeierte britische Avantgarde-Theatergruppe ohne fest angestellte Schauspieler suchte sich die Schauplätze für die Realisierung des von Marc von Henning in Anlehnung an Kafka und Borges entwickelten visuellen

Erzähltheaters abseits der etablierten Bühnen und arbeitete dabei stets auch mit Hilfe von Licht und Musik, mit Assoziationen und Emotionen. Dabei pflegte sie das Image des Geheimnisvollen. Zu manchen ihrer Vorstellungen lud sie ausgewählte Personen per Post ein, ohne Absender und ohne Erklärung, allein der Ort der Aufführung wurde bekannt gegeben. Im Briefumschlag befand sich manchmal ein kleines Objekt, das der phantasiebegabte Empfänger metaphorisch deuten konnte und damit bereits – bewusst oder unbewusst – Teil des Projekts wurde. Produktionen wie „Imperfect Librarian", „Vagabondage", „Icarus Falling" oder „Theatre Dream" spielten in einem Schlachthaus, einem Büro, einem Nachtklub und einer alten Markthalle. Mit dieser Methode schuf sich die Theatergruppe in London eine stets wachsende Fan-Gemeinde. Auch die künstlerische Aufmerksamkeit über London hinaus ließ nicht lange auf sich warten. 1999 erhielt die Gruppe den „Time Out Live Award" und 2000 folgte eine Einladung zur Expo nach Hannover.

In dem in Salzburg auf der Basis von drei Erzählungen des argentinischen Schriftstellers Jorge Luis Borges – „Die Lotterie von Babylon", „Die Rose des Paracelsus", „Blaue Tiger" – basierenden Stück „The invisible college" begab sich eine Gruppe von Forschern auf einer von einer beeindruckenden Salzlandschaft geprägten Bühne auf eine Expedition, um die angeblich glücklichen Anfänge der Menschheit zu erkunden. Dabei entstand, unterstützt von einer raffinierten Bewegungs- und Lichtchoreografie, eine der für Henning typischen poetischen Bild-Kreationen mit ihren die Regeln des linearen Erzähltheaters sprengenden, teilweise stummen und zeitlupenhaften Szenen, in denen sich die sechs Schauspieler bewegten. Marc von Henning erklärte zu dem von ihm kreierten Stil des „Visual storytelling", der auch die Salzburger Uraufführung prägte: „Wir zeigen bewegliche Bilder. Ich mag es, wenn Sachen nicht gleich verständlich, aber fesselnd sind. Wenn sie zuerst die Imagination ansprechen, aber das Versprechen eines intellektuellen Unterleibs tragen."[630] Was das Stück zu bedeuten hatte, blieb vor seiner Uraufführung geheim – Marc von Henning erklärte programmatisch: „Wir haben nichts zu verschweigen. Wir haben nur nichts zu sagen",[631] und verursachte beim Publikum und der Kritik letztlich Ratlosigkeit. Die in den Bildern immer wieder sichtbar werdende Gedankenwelt von Jorge Luis Borges wie die universelle Gültigkeit der Lotterie als Leitmotiv des Lebens oder das Geheimnis des Paracelsus, der sich weigert, einem reichen, wissbegierigen Schüler das Wiederauferstehen einer Rose aus der Asche zu demonstrieren, sowie die Methode Hennings, die Zuschauer an Hand des ihnen vor der Vorstellung ausgehändigten Zettelkastens mit historischen Persönlichkeiten (Peter Henlein, Friedrich V. von der Pfalz, Charles Darwin, Eric Satie, Franz Kafka) zu ermutigen, mit Hilfe ihrer eigenen Phantasie eine Handlung zu erfinden, vermochten nicht die intendierte Wirkung zu erzielen.

Die Intention blieb – nicht zuletzt auch auf Grund des nicht bekannten englischen Textes – auf halber Strecke stecken. Lothar Sträter bemerkte sichtlich ratlos und irritiert: „Man wartete, betrachtete das Treiben im wandlungsfähigen Salzgebirge, dachte daran, dass vor der Uraufführung von Erzählungen des Jorge Luis Borges die Rede gewesen war, irgendeine Geschichte über Lotterien wurde genannt. Aber die Phantasie der Zuschauer sprang nicht an. Sie waren dann nur noch neugierig, ob sich draußen im Freien die Hitze etwas gelegt haben würde."[632]

X. 6. EIN RITTERSCHLAG FÜR JEDEN SCHAUSPIELER – DER „JEDERMANN"

70 Jahre, nachdem die Salzburger Festspiele mit „Jedermann" eröffnet wurden, erfolgte am 29. Juli 1990 eine Neueinstudierung in der Regie von Gernot Friedel, dem langjährigen Assistenten Ernst Haeussermanns, der die Haeussermann-Inszenierung 1984 bis 1989 betraut hatte, dem Bühnenbild von Imre Vincze, den Kostümen von Jorge Jara, der Choreographie Elizabeth Clarkes und einem großteils neuen Ensemble. Helmuth Lohner, der Tod und Teufel vergangener Aufführungen, übernahm von Klaus Maria Brandauer die Titelrolle, Sunnyi Melles war seine neue Buhlschaft. 389mal war bisher der „Jedermann" in Salzburg gespielt worden, elf prominente Schauspieler verkörperten den reichen Mann, acht Regisseure hatten Reinhardts Regiekonzept weitergeführt. Die Neuinszenierung betonte die Zeitlosigkeit des Stücks, dessen Grundelemente nicht angetastet wurden, „denn nur etwas auf den Kopf zu stellen, dadurch wird es nicht besser", erklärte Gernot Frie-

del. Es gehe vielmehr darum, „die Auseinandersetzung des Jedermann mit seinem Glauben, Tod, Lust, Liebe und Zuneigung zum inneren Dialog mit den Partnern zu einer Einheit zu führen." Das Stück vom Sterben des reichen Mannes habe neu durchdacht und optische Ideen haben eingebracht werden müssen. Dabei versuche man, „das Stück lebendig zu halten und von seiner Starrheit zu befreien, die eine Zeit lang den ‚Jedermann' gekennzeichnet hat"633.
Die Skeptiker wurden überrascht. Lothar Sträter berichtete, in Salzburg sei das Unerwartete geschehen. „Ausgerechnet diesem von Tradition und Routine belasteten Gernot Friedel gelang der Ausbruch. Just er stellte – ohne den totalen Umsturz anzustreben – ein neues Konzept in den alten Rahmen. …
Der Rahmen … stimmte, war behutsam erneuert, aber durchaus wieder zu erkennen. Was wirklich neu war, erkannte man beim Auftritt Lohners: ein eleganter, reifer Yuppie im hellen Sommeranzug, selbstbewusst, selbstsicher. Erstaunlich gut vertrug sich das moderne Gewand mit dem altertümlichen Sprachkostüm des Hofmannsthalschen Textes."634 Norbert Tschulik bescheinigte Friedel, er sei nun „nicht mehr Sachwalter anderer Inszenierungen", sondern habe „die Darstellung in ein ganz neues Ansehen gestellt, die Tradition der Aufführungen in manchem verändert, aber keineswegs gebrochen oder gar verfremdet." … Durchwegs positive Kritiken erhielten Helmut Lohners und Sunnyi Melles' Interpretation des Jedermann und der Buhlschaft.
Als Sunnyi Melles 1994 ein Kind erwartete und die zunächst als Ersatz genannte Isabelle Adjani nicht zur Verfügung stand, schlug Regisseur Gernot Friedel die italienische Schauspielerin Maddalena Crippa, die Lebensgefährtin von Peter Stein, als Einspringerin für die Rolle der Buhlschaft vor. Sie sei eine „Idealbesetzung, … eine hochdramatische Schauspielerin mit großem Körpereinsatz". Die sprachlichen Probleme seien hier eine Quantité négligeable, würden sich bei der Rolle der Buhlschaft in Grenzen halten, solange sie, und davon sei er überzeugt, „mit Hofmannsthals Text umgehen kann"635. Crippa hatte ihre schauspielerische Karriere bei Giorgio Strehler begonnen, der ihr die Rolle der Lucietta in Goldonis „Il campiello" gab, und ihre künstlerische Heimat im „Teatro Stabile di Parma", dessen Spezifikum darin bestand, dass Regisseure, Schauspieler und Bühnenbildner gemeinsam Projekte entwickelten. Stein riet von dieser Wahl ab, und Maddalena Crippa bemerkte mit Bezugnahme auf die auf sie gefallene Wahl, es sei keineswegs so, dass der Schauspieldirektor seine Lebensgefährtin in den „Jedermann" reklamiert habe. Er habe vielmehr immer wieder gesagt: „Versucht es mit Österreicherinnen, mit Deutschen! Sie haben viele gefragt, diese und diese und diese, sehr Berühmte und Bekannte! Niemand war frei. Ich bin die letzte." Sicherlich gebe es wegen ihres mangelhaften Deutsch eine Sprachbarriere. Das Publikum kenne aber das Stück und könne daher der Handlung leicht folgen. Zudem stehe „die Buhlschaft … zwar viel auf der Bühne, hat aber nur 20 Zeilen Text zu sprechen. Und die in Versen, in einer altertümlichen Sprache. Das kann man besser lernen. Die Verse sind eine Straße, der ich folge."636
Während Maddalena Crippa „Jedermann" probte, erklärte Peter Stein, er wünsche sich Gert Voss als Jedermann für die erneut von Gernot Friedel besorgte Neuinszenierung im Jubiläumsjahr 1995. Gernot Friedel wurde nach den Absagen von Peter Zadek, Jürgen Flimm, Giorgio Strehler, Thomas Langhoff und Otto Schenk sein eigener Nachfolger. Und Peter Stein, der ursprünglich Peter Handke um eine Neubearbeitung des Stoffes ersucht, von diesem jedoch schließlich mit dem Hinweis, er wüsste nach einem Besuch einer Aufführung keine bessere Bearbeitung als jene Hofmannsthals, eine Absage erhalten hatte, kam im Sommer 1994 nach seinem Studium des Stücks mit Maddalena Crippa zu dem Schluss: „Jetzt, wo ich doch mit der Ersatzbuhlschaft das Stück durchgehe, weiß ich's noch besser. Das Thema ist genial und müsste jeden Theatermann reizen. Hofmannsthals Version ist flach und befriedigt niemanden ernsthaft. Und was es da am Domplatz gibt, ist zutiefst österreichisch und wird deshalb am besten gar nicht angerührt."637
1994 spielte Helmuth Lohner zum letzten Mal die Titelrolle. Insgesamt 10 Jahre spielte er auf dem Domplatz: vier Jahre als Teufel, eines als Tod und fünf als Jedermann. Nun wolle er die Plage einem anderen überlassen, erklärte er gegenüber Karin Kathrein. Er habe sich in den letzten Jahren gefühlt, als würde er lediglich ein Nebenprodukt liefern. Denn das Stück sei, so sein zutreffender Befund, ein ungeliebtes Kind von Peter Stein und ein „besonders ungeliebtes" von Gérard Mortier. „Es ist nicht ange-

nehm, wenn man im ‚Spiegel' ein Bild von sich sieht und darunter steht: ‚Einfach schrecklich' – als Zitat von Mortier."⁶³⁸ Doch Peter Stein hatte sich zu diesem Zeitpunkt bereits von seiner Ankündigung, der „Jedermann" werde 1995 anlässlich des 75-Jahr-Jubiläums der Festspiele „ganz anders" aussehen und nichts mehr von dem Pathos und den abstrusen Versen beinhalten, verabschiedet. Ein neuer „Jedermann" war nach der Absage von Peter Handke weit und breit nicht in Sicht, die Akzeptanz und Attraktivität der Hofmannsthal-Fassung beim Publikum ungebrochen, sodass Stein und Mortier kapitulierten und sich für eine Neuinszenierung durch Gernot Friedel entschlossen. Friedel war Routinier, hatte die Festspiele als Regieassistent bei Heinz Hilpert, Leopold Lindtberg, Fritz Kortner und Ernst Haeusserman kennen gelernt, den „Jedermann" 1984 nach dem Tode Haeussermanns übernommen und Jahr für Jahr aufgefrischt. 1990 präsentierte er erstmals seine eigene, durchaus zeitgemäße Interpretation mit Helmut Lohner als Jedermann im modischen Straßenanzug. Im Jubiläumsjahr, so ließ er wissen, wolle er wiederum das Stück in das historische Ambiente versetzen, die zeitlose Dimension des Textes stark betonen.

Seit der ersten Aufführung auf dem Domplatz verzeichneten die Annalen 12 Darsteller der Titelrolle. Im Jubiläumsjahr 1995 sollte die Neuinszenierung einen neuen attraktiven, den 13. „Jedermann" präsentieren. Dieser war in der Zwischenzeit gefunden: Ex-Burgtheater-Liebling Gert Voss. Voss hatte zuvor die Rolle zweimal in Salzburg abgelehnt, ehe er von Peter Stein zur Zusage überredet wurde. In einem „Spiegel"-Interview erklärte er seinen Schwenk mit der Erklärung, er habe „das Stück intensiv gelesen und viele Sachen entdeckt", die er aufregend fand. „… erstens ist es ein wunderbares Spielstück und nicht nur eins zum Deklamieren. Und dann ist diese Geschichte vom Sterben des reichen Mannes sehr berührend. Dieser Clown, der denkt, dass sein Geld ihm jede Freiheit verschafft und ihn zum Gott macht, muss lernen, dass es noch eine Übermacht gibt, die ihm ein Stoppschild entgegenhält. … Dieser Jedermann, der wie ein Don Quichotte gegen sein Schicksal ankämpft, lernt ja erst ganz am Ende, dass er den letzten Kampf – den gegen den Tod – nicht gewinnen kann und dass Gott verzeiht und nicht straft. Und ich finde, es gibt nichts Berührenderes und Einsameres als Menschen, die gegen den Tod kämpfen."⁶³⁹ Vor der Premiere bemerkte er über die Aura des Domplatzes: „Wenn man dort oben steht, ist es einem, als ob man einen Marathonlauf vor sich hätte und sähe aus einem Hubschrauber die ganze ungeheure Strecke, die man laufen muss. Es ist wahrlich ein bezwingender Raum mit einer ungeheuerlichen Suggestion. Aber man muss natürlich ganz anders spielen als auf einer Guckkastenbühne. Körperlicher, gestischer. …

Diese Vermischung von südländischem Barock, Unheimlichkeit, Helligkeit, Todesnähe und Hitze. Dann das Spiel der Sonne. Wenn wir anfangen, steht die Sonne horizontal neben dem Kirchturm, auf den man blickt, wenn man den Dom im Rücken hat. Da stehst du wie unter einem Brennglas, fünfzig Grad Hitze, die Sonne scheint dir frontal in die Augen, nach zwei Minuten bist du schweißüberströmt und hast schmale Katzenaugen. Und dann verschwindet die Sonne für kurze Dauer hinter dem Turm, und die Schatten fangen an zu wandern, es entstehen Figuren durch das Licht, durch den Himmel und durch die Reflexion auf der weißen Dommauer. Das sind magische Momente. Und dann kommt dieser Augenblick, da der Tod in Jedermanns Leben tritt. Jeden Menschen berührt das, weil er von diesem Moment schon tausendmal geträumt hat."⁶⁴⁰

Seine Buhlschaft hingegen war bis Jahresbeginn 1995 noch unbekannt. Im Februar 1995 wurde bekannt gegeben, dass Maddalena Crippa nun doch die Buhlschaft an der Seite des neuen Jedermann Gert Voss in der Jubiläums-Neuinszenierung Gernot Friedels sein werde.

Maddalena Crippa hatte 1994, wie sie glaubte, ein einmaliges, durchaus erfolgreiches Gastspiel gegeben. Sie sei eine Gespielin Jedermanns „so ganz nach dem Geschmack des Publikums", berichtete Maria Rennhofer, „eine Frau voll warmer Sinnlichkeit und Erotik, die nicht nur stimmlich mühelos den weiten Domplatz füllt und die Hürden der für sie fremden Sprache meistert, sondern auch recht treffsicher das Gleichgewicht hält zwischen Natürlichkeit und jenem Pathos, das der Rolle entspricht."⁶⁴¹ Die 1994 lediglich als Einspringerin für die Rolle der Buhlschaft fungierende italienische Schauspielerin blieb schließlich vier Festspielsommer. Mit dem Weggang Peter Steins nach den Festspielen 1997 verließ auch sie die Bretterbühne vor der Domfassade.

Die mit viel Spannung erwartete Premiere der Neuinszenierung mit einem – mit Ausnahme von Maddalena Crippa – völlig neuen Ensemble wurde von der Kritik zwiespältig aufgenommen. Weder die Inszenierung noch das Ensemble, vor allem jedoch Gert Voss, erhielten einhellige Zustimmung.

Maddalena Crippa blieb bis 1997 Salzburgs Buhlschaft, Gert Voss bis 1998 Jedermann. Voss hatte in dem Film „Dr. Knock" Sophie Rois, Star an Frank Castorfs Berliner „Volksbühne" am Berliner Rosa-Luxemburg-Platz, zur Partnerin und empfahl dem Salzburger Schauspielchef Ivan Nagel die gebürtige Oberösterreicherin als seine Partnerin in seinem letzten Jedermann-Sommer. Die Besetzung erregte allgemeines Aufsehen, galt doch die 37-jährige Schauspielerin mit der rauchigen Stimme nicht als Verkörperung des Idealtyps einer Buhlschaft. Es gehöre viel Mut dazu, so Rois in einem Interview, „eine so flachbrüstige und permanent heisere Person als Buhlschaft zu besetzen"[642]. Unter Hinweis auf ihre bisherige Karriere fügte sie hinzu, „Jedermann" firmiere für sie unter Exotik. Sie habe so etwas noch nie gemacht und werde es auch nicht mehr machen. Die Tochter eines Lebensmittelhändlers aus Ottensheim bei Linz absolvierte das Reinhardt-Seminar, hatte verschiedene Engagements an Berliner Bühnen und war Sängerin bei der Band „Baby Sunshine & die 1000 km", ehe sie Frank Castorf 1993 an die „Schaubühne" holte, wo sie u. a. das verführerische Weibsbild in Castorfs „Stadt der Frauen", die Titelrolle in Johann Kresniks Tanztheater „Rosa Luxemburg" und in Christoph Schlingensiefs Anarcho-Stücken u. a. Rudi Dutschke spielte. Rollen aus dem klassischen Repertoire zierten nicht ihre Theater-Vita. Im Rückblick auf ihr einmaliges Salzburg-Gastspiel bemerkte sie, sie habe gewusst, was beim „Jedermann" auf sie zukomme, „eine Fronleichnamsprozession, ein Passionsspiel, naives, schönes Volkstheater. Ich hätte gern gezeigt, wie sich der alternde Jedermann viagramäßig an der Jungen totläuft. Aber das Stück ist halt sehr holzschnittartig. Und viel Blabla verträgt die Rolle sowieso nicht." Bei einer zweiten Aufführungsserie würde sie einschlafen.[643] Die „Frankfurter Rundschau" bemerkte unter Bezugnahme auf ihre politische und Theatervergangenheit, durch sie komme „ein proletarischer Zug in die fromm tönende Feierstunde"[644].

Die Zustimmung des Publikums und der Kritik zu ihrem „Jedermann"-Ausflug war endenwollend. Wenngleich die Premiere wegen Regens in das Festspielhaus verlegt werden musste und damit die Vorstellung an Wirkung verlor, waren die Kritiken weder am Premierenabend noch bei den folgenden Vorstellungen auf dem Domplatz euphorisch.

Sophie Rois war jedoch nicht die einzige Neubesetzung im Festspielsommer 1998. Branko Samarovski spielte statt Ulrich Mühe den Teufel, Hans-Michael Rehberg lieh an Stelle der Bandeinspielung Rolf Boysen seine Stimme dem Herrn, Michael Degen sprang für Martin Benrath als Teufel ein, und Ulrich Wildgruber war nach einer Pause wiederum als Mammon auf dem Domplatz zu sehen.

Nachdem Sophie Rois als Buhlschaft nur für den Festspielsommer 1998 zur Verfügung stand, erfolgte durch eine allgemein überraschende Erklärung von Gert Voss im September auch die Notwendigkeit einer Neubesetzung der Titelpartie für 1999. Der Salzburger Publikumsmagnet ließ wissen, er werde im kommenden Sommer einen Film über den Medienunternehmer Axel Springer drehen und daher für den Salzburger „Jedermann" nicht mehr zur Verfügung stehen. Frank Baumbauer, neuer Schauspiel-Konsulent der Festspiele, kommentierte die Entscheidung des Schauspielers mit der Bemerkung, er bedaure diese sehr, „akzeptiere aber, dass sich die Situation geändert hat. Die Situation bietet jetzt die Möglichkeit, dass sich beim ‚Jedermann' ein Generationenwechsel vollzieht."[645] Und Regisseur Gernot Friedel ergänzte, dass ein de facto neuer „Jedermann" erheblich mehr Probenzeit beanspruchen werde. „Der Domplatz bleibt. Und auch die Pawlatschen. Aber sonst werden wir unter diesen Umständen viel verändern. Viel an der Besetzung und wahrscheinlich auch einiges am Text. Schließlich hat sich die Zeit seit Hofmannsthal und Reinhardt doch verändert." Es werde keineswegs die Rückkehr eines bereits einmal aktiven „Jedermann" geben. Er werde sich bemühen, aus dem Verlust von Voss einen Anstoß für eine neue Deutung zu bekommen.[646]

Zu Festspielbeginn 1999 schrieb die Münchner „Tageszeitung", der „Jedermann" sei und bleibe die „Signatur der Salzburger Festspiele. Die Domfassade, die schräge Sonne (wenn sie denn will), der furchtbar hallende ‚Jedermann'-Ruf – dagegen können fein gehäkelte ästhetische Bedenken wider den kunstgewerblichen Text nichts ausrichten. Und entsprechend empfindet es jeder Schauspieler als Ritterschlag, wenn er die illustre Reihe der Jedermänner oder Buhlschaften fortsetzen darf."⁶⁴⁷ Und Sabine Dultz bemerkte zur Faszination des Stückes und des Aufführungsortes für alle Schauspieler und Schauspielerinnen unter Hinweis auf die neue Buhlschaft Dörte Lyssewski: „Hier hat bisher noch jede der Ruhm ereilt: auf den Stufen des Salzburger Domes. Denn es ist die sprichwörtliche Schönheit, die die Darstellerin der Buhlschaft in die vordersten Reihen der Popularität katapultiert. Da kann eine bei den Salzburger Festspielen schon in Tschechows ‚Kirschgarten' oder gar als Grillparzers Libussa künstlerisch für Aufsehen gesorgt haben – ganz Salzburg und damit der Welt gehört sie erst, wenn sie an Jedermanns Tafel Platz genommen hat. In diesem Sommer wird Dörte Lyssewski diese Erfahrung machen."⁶⁴⁸

Neben Dörte Lyssewski als neue Buhlschaft erhielt Ulrich Tukur als neuer Jedermann im Festspielsommer 1999 den Ritterschlag in Gernot Friedels Inszenierung, umgeben von einem teilweise neuen Ensemble: Christine Ostermayer als Jedermanns Mutter, Kitty Speiser als Glaube, Maria Bill als die Guten Werke, Gustav Peter Wöhler als Guter Gesell und Robert Meyer als Dünner Vetter. Die personellen Konstanten repräsentierten u. a. Fritz Muliar als armer Nachbar, Ulrich Wildgruber als Mammon und Branko Samarovski als Teufel.

In einem Interview bestätigte Dörte Lyssewski die Faszination der Rolle der Buhlschaft für jede Schauspielerin. „Es ist einfach ein phantastisches Stück. Der Text bietet alles, was man als Schauspieler an einem guten Drama schätzt." Hinzu komme der Reiz, dass man auf dem Domplatz ganz anders spielen müsse als auf einer geschlossenen Bühne. „Im Freien muss alles wie auf einen Sockel, einen Kothurn gestellt werden. Diejenigen, die das hier immer so belächeln, die liegen ganz falsch. Dieses Stück erfordert eine ganz bestimmte Form, alles muss vergrößert, auch verlangsamt werden, die Sprache, jede Geste, jeder Blick, damit es auch bis in die letzte Reihe des Domplatzes wahrnehmbar ist. Für mich ist das eine besondere Herausforderung. Ich habe vor diesem Stück und dieser Aufführung große Hochachtung. Es hat schon seine Richtigkeit, dass der ‚Jedermann' seit mehr als siebzig Jahren in Salzburg gespielt wird. Wenn das Stück unzeitgemäß wäre, fände es nicht immer wieder so viele Zuschauer." Und zu ihrer Auffassung der Buhlschaft: „Der Typus Frau ist mir durchaus bekannt und jedem, der nicht ganz hinterm Mond lebt. Sie ist keine Kurtisane. Sie ist, um das schöne alte deutsche Wort zu gebrauchen, ein Weib, das am Leben interessiert ist. Sie will leben und zwar gut; von den Schattenseiten des Daseins will sie nichts wissen. Sie hat den reichsten Mann der Stadt, aber wenn es zu irgendeiner Form von Endlichkeit kommt, weigert sie sich, darüber zu reden. Etwa nach dem Motto: Ach, mein Freund hat Aids? Da such' ich mir einen anderen.

Man muss kein schlechter Mensch sein, um so zu sein. Ich kann die Buhlschaft genauso verstehen, ihr Verhalten genauso nachvollziehen, wie ich es bei der Lady Macbeth kann. Die Buhlschaft ist doch weiß Gott keine grausame Figur. Es steht mir nicht zu, sie zu verurteilen."⁶⁴⁹

Ähnlich bemerkte Ulrich Tukur: „Ich war einigermaßen überrascht, aber das ist, wie es im ‚Paten' heißt, ein ‚Angebot, das man nicht abschlagen kann'. Weil es eine Art Ritterschlag bedeutet, plötzlich in einer Reihe mit all den Koryphäen zu stehen, die bereits in dieser Rolle zu sehen waren. ... Ich weiß, dass viele das Stück für verstaubt halten. Für mich hingegen ist es hochaktuell – in unserer irrsinnig dynamischen Gesellschaft, in der Krankheit und Tod total tabuisiert sind."⁶⁵⁰ Er habe „mit allen deutschen Theaterzerstörern gearbeitet, und von diesen Revolutionen sind nur Fadesse und die Verachtung des Publikums geblieben. Auf mich wirkt die archaische Form des ‚Jedermann' fast exotisch. Das Stück behandelt das letzte große Tabu unserer Gesellschaft, den Tod. Jedermanns Macht ist in seinem Geld begründet, und er versucht, den irdischen Mammon gegen den göttlichen Tod zu setzen. Sein Lebenskampf und seine fürchterliche Einsamkeit im Angesicht des Todes gehören zu den großen Augenblicken des Theaters, vergleichbar mit Shakespeare oder Tschechow. Er ist ein Kapitalist, ein Hedonist, der Frauen liebt und Liebestempel baut. Seine Fehler sind schrecklich, aber ich werde ihn sympathisch spielen, menschlich, farbig, sinnlich. Er liebt seine Mutter, das ist die große Liebesgeschichte des Stücks, er ist ein großer Junge, fast wie Peer Gynt – auch ein Kapitalist, der sich dem Tod widersetzt."⁶⁵¹ Wenngleich Protestant, liebe er zudem das katholische Zeremoniell. „Es hat etwas. Eine Magie. Für mich hatte die katholische Kirche immer etwas Faszinierendes, und ich hab' nie genau verstanden, was es war."⁶⁵²

Das vor allem von der Kritik mit viel Spannung erwartete „Jedermann"-Debüt Ulrich Tukurs erhielt vorwiegend zurückhaltende bis negative Rezensionen, während Dörte Lyssewski wie auch die übrigen Neubesetzungen als Gewinn für eine bereits in die Jahre gekommene Inszenierung bezeichnet wurden. Trotz nach wie vor ausverkaufter Vorstellungen wäre jedoch eine Neuinszenierung des Salzburger Klassikers dringend geboten.

Zunächst waren allerdings Neubesetzungen wichtiger Rollen erforderlich. Durch den Freitod Ulrich Wildgrubers und das Ableben von Martin Benrath wurden die Rollen des Mammon und des Todes vakant. Thomas Thieme, der Richard II. im Shakespeare-Marathon „Schlachten!", ersetzte Ulrich Wildgruber, Otto Sander, der Zettel in der Leander-Haußmann-Inszenierung von Shakespeares „Sommernachtstraum", übernahm die Rolle des Todes.

Die von vielen Kritikern als dringend notwendig bezeichnete Neuinszenierung des „Jedermann" sollte 2002, dem ersten Jahr der Intendanz von Peter Ruzicka, erfolgen.

Helmuth Lohner (Jedermann) und Sunnyi Melles (Buhlschaft) 1992.

Helmuth Lohner (Jedermann), Maddalena Crippa (Buhlschaft) und Tischgesellschaft 1994.

Maddalena Crippa (Buhlschaft) und Gert Voss (Jedermann) 1995.

Sophie Rois (Buhlschaft) und Gert Voss (Jedermann) 1998.

XI. Die Festspiele als Wirtschaftsfaktor

Die Handelskammer Salzburg gab zu Festspielbeginn 1990 die Ergebnisse ihrer neuesten Studie über die Umwegrentabilität der Festspiele bekannt, nach der diese für einen zusätzlichen Umsatz der Salzburger Wirtschaft in der Höhe von 2 Milliarden Schilling sorgten. Rund 300.000 zusätzliche Nächtigungen und 520 Millionen Schilling allein im Bereich der Gastronomie trugen zu diesem Ergebnis bei.

Die Bilanz der Festspiele fiel 1990 beeindruckend aus. 230.100 Besucher waren für einen Kartenerlös von 217,5 Millionen Schilling verantwortlich, eine Steigerung gegenüber dem Vorjahr um 5 Prozent. 43,9 Prozent der Karten wurden im Ausland verkauft, weitere 10 Prozent von Österreichern für Besucher aus dem Ausland erworben. Die Anzahl der Gäste aus Frankreich stieg um 16, jene aus den USA um 7, jene aus Japan um 2,5 Prozent. Neun Produktionen wurden für das Fernsehen aufgezeichnet und von 15 TV-Stationen ausgestrahlt, der ORF-Hörfunk übernahm 43 Veranstaltungen, die weltweit angeboten wurden.[653]

Das altersmäßige Besucherprofil der Festspiele ergab in den frühen neunziger Jahren eine deutliche Dominanz der 18- bis 30-Jährigen sowie der Gruppe der 40- bis 60-Jährigen.

Altersstruktur der Festspielbesucher 1992/93:[654]

Alter	In Prozent
18 bis 30	19,1
31 bis 40	16,7
41 bis 50	24,2
51 bis 60	21,7
61 bis 70	13,5
Über 70	4,8

Zwei Drittel der Befragten besuchten die Stadt Salzburg im Rahmen ihres Festspielbesuchs. Etwas mehr als 60 Prozent der Festspielbesucher übernachteten in der Stadt Salzburg, 20 Prozent in der Umgebung, der Rest waren Tagestouristen, d. h. sie reisten nur zu einer Veranstaltung an, um am selben Tag wiederum in ihren Wohnort zurückzukehren. Ohne Tagestouristen betrug die durchschnittliche Verweildauer 9,7 Tage, wobei sich die durchschnittlichen Ausgaben für Einkäufe während dieses Aufenthalts auf 2.881 Schilling beliefen.[655]

Während des Festspielsommers 1992 waren die Festspiele der größte Arbeitgeber im Land. Insgesamt 3.800 Personen waren vor, auf und hinter den Bühnen beschäftigt. Zu dem Budget von 481,9 Millionen Schilling trugen der Bund, Land und Stadt Salzburg 92,3 Millionen (19,1%) bei. Der Fremdenverkehrsförderungsfonds war mit 23,1 Millionen (4,8%), die drei Großsponsoren Nestle, ABB und Allianz-Versicherung mit 42,3 Millionen (8,8%) beteiligt. Die Freunde und Förderer der Festspiele gaben 22 Millionen (4,6%), sonstige Festspielerträge wie Mieten, Schallplattenmitschnitte usw. brachten 82,9 Millionen. Der Kartenverkauf bildete mit 219,3 Millionen Schilling (45,5%) den Löwenanteil. Die Festspiele konnten nicht ohne Stolz auf eine Selbstfinanzierungsquote von 70 Prozent verweisen, während diese in Bayreuth 50 und an der Wiener Staatsoper 20 Prozent betrug. Der bundesweite wirtschaftliche Effekt (Umwegrentabilität) wurde von der Salzburger Handelskammer mit 2,2 Milliarden Schilling (direkte Mehrumsätze in Salzburg in der Höhe von 700 Millionen Schilling) veranschlagt. Hinzu kam noch der unbezahlbare weltweite Werbeeffekt. Die erheblichen Steuer- und Abgabenleistungen der Festspiele betrugen 1991 115 Millionen Schilling und übertrafen damit die Subventionen erheblich.[656]

1993 kam eine Studie des Instituts für Wirtschaftswissenschaften der Universität Salzburg über die wirtschaftliche Bedeutung der Festspiele zu dem Ergebnis, dass jeder ganzjährige Arbeitsplatz bei den Festspielen drei weitere außerhalb des Festspielbetriebs nach sich ziehe. 800 Arbeitsplätze wurden durch das „Unternehmen" Festspiele geschaffen, allein die Betriebsausgaben leisteten einen Bruttowertschöpfungsbetrag von 672 Millionen Schilling. Stellte man der von den Festspielen bewirkten Bruttowertschöpfung die Zuwendungen der öffentlichen Hand 1990/91 in der Höhe von 113,1 Millionen Schilling gegenüber, so ergab sich ein Einkommensmultiplikator von 5,9, d. h. jede der ständig diskutierten Subventionsmillionen war keineswegs ein verlorener Zuschuss, sondern bewirkte rund 6 Millionen Gesamteinkommen. In diese Berechnung fanden nur jene wirtschaftlichen Effekte Eingang, die durch die Ausgaben des Unternehmens Salzburger Festspiele getätigt wurden. Die Ausgaben des Festspielpublikums durch Übernachtungen, Restaurantbesuche, Einkäufe usw. wurden nicht berücksichtigt. Diese Umwegrentabilität wurde mit rund 2 Milliarden Schilling geschätzt.[657] 1994 stieg die Umwegrentabilität für Österreich insgesamt auf 2,4 Milliarden Schilling, wovon 0,8 Milliarden Schilling durch direkte und 1,2 Milliarden Schilling durch indirekte Umsätze in Salzburg erfolgten. Den gesamten Zuwendungen in der Höhe von 105 Millionen Schilling standen allein 121 Millionen Schilling an abgeführten Steuern und Beiträgen gegenüber.

Am 7. April 1998 präsentierte Festspielpräsidentin Helga Rabl-Stadler die neueste von Bernd Gaubinger, dem Leiter der Wirtschaftspolitischen Abteilung der Salzburger Wirtschaftskammer, erstellte Studie über die wirtschaftliche Bedeutung der Salzburger Festspiele mit der stolzen Erklärung: „Die Salzburger Festspiele sind kultureller und wirtschaftlicher Motor in Salzburg." Sie hätten „für die Wirtschaft der Region Salzburg, insbesondere für den Tourismus und Handel, eine fundamentale wirtschaftliche Bedeutung". Die Studie zeige deutlich, dass sich die „Salzburger Festspiele im Grunde ihre Subventionen selbst" zahlen.[658]

Aus dem Betrieb der Salzburger Festspiele ergaben sich insgesamt direkte nachfragewirksame Effekte in der Höhe von 293 Millionen Schilling. Hinzu kam nach dem Herausrechnen der Mehrwertsteuer aus den Ausgaben der auswärtigen Festspielbesucher ein direkter nachfragewirksamer Gesamtzusatzeffekt von 725 Millionen Schilling, von denen allein 538 Millionen Schilling auf den Hotellerie- und Gastronomiebereich entfielen. Neben diesen direkten Wirkungen in der Höhe von insgesamt 1,018 Milliarden Schilling ergaben sich noch indirekte Wirkungen in der Höhe von ca. 1,113 Milliarden Schilling, die in zahlreichen vorgelagerten Branchen des Dienstleistungs- und Produktionssektors der österreichischen Wirtschaft ausgelöst wurden. Daraus resultierte ein gesamtwirtschaftlicher Produktions- bzw. Umsatzeffekt von über 2,1 Milliarden Schilling (dieser stieg 1999 auf 2,2 Milliarden Schilling), von denen sich etwa 80 Prozent auf die Wirtschaft des Landes Salzburg, vor allem des Zentralraums, konzentrierten. Hinzu trat der österreichweite Beschäftigungseffekt von rund 2.000 bis 2.200 Arbeitsplätzen, davon rund 1.600 bis 1.750 in der Salzburger Wirtschaft.

Bemerkenswert war der hohe Anteil der Stammgäste. Rund zwei Drittel der auswärtigen Besucher konnten als solche bezeichnet werden. Im Schnitt hatte jeder auswärtige Besucher die Festspiele bereits 14 Mal besucht. Die wirtschaftliche Bedeutung der Festspiele resultierte auch aus dem hohen Ausgabenniveau ihrer Besucher für Beherbergung, Verpflegung, Einkäufe usw. Die Ausgaben beliefen sich 1997 pro Besucher auf 2.540 Schilling pro Tag. Hinzu traten noch durchschnittlich 7.678 Schilling pro Besucher für den Kauf von Festspielkarten.

Salzburgs Landeshauptmann Wilfried Haslauer hatte bereits in den späten siebziger Jahren sein landespolitisches Credo in den Punkten (Bewahrung der) Natur, Kultur, Ausbau der Infrastruktur, Forcierung der Wissensgesellschaft und Schaffung von Technologiezentren zusammengefasst. Kultur, vor allem, jedoch nicht nur die Salzburger Festspiele, war zudem auch ein erheblicher ökonomischer Faktor, der sich mit Technologieunternehmen wie im Falle Sony zu Synergieeffekten verband. Die Kulturindustrie wurde zu einem stets an Bedeutung gewinnenden Wirtschaftszweig, der auch in Salzburg größere Bedeutung erhalten sollte. Die wesentlich durch die Festspiele gegebene Strahlkraft Salzburgs als internationales Kultur- und Kunstzentrum wurde von der Salzburger Wirtschaftspolitik neben der günstigen Verkehrslage, der hohen Lebensqualität und dem hohen Qualifikationsniveau der regionalen Arbeitskräfte als besonderer Standortfaktor erkannt und definiert.[659]

Es lag daher nahe, das Kulturimage und die Kulturkompetenz Salzburgs für kulturindustrielle Unternehmen zu nutzen. Am 9. April 1993 präsentierten Landeshauptmann-Stellvertreter Arno Gasteiger und Festspiel-Intendant Gérard Mortier die von Stefan Jaeger und Richard Schmidjell erarbeitete Konzeption eines „Musikhauses", das – analog zu den bereits existierende Technologiezentren – Klein- und Mittelbetriebe aus der Musikwirtschaft beherbergen sollte. Kern des Musikhauses sollte ein Produktionsstudio bzw. ein Regieraum für Produzenten von Tonträgern sein. Um dieses sollten sich Konzertagenturen, Musikverlage, Versandbuchhandlungen für Musikliteratur, Produzenten von Videos und Instrumentenbauer ansiedeln. Angesichts der ständig wachsenden Bedeutung der Kultur als Wirtschaftsfaktor war zudem mit Unterstützung der Festspiele an die Etablierung eines postgradualen Lehrgangs für Musikmanagement an der Hochschule Mozarteum gedacht, in dessen Rahmen führende Repräsentanten des internationalen Musikmanagements Kurse abhalten sollten. Das Kursangebot sollte von Medienarbeit über Marketing bis Kultursponsoring reichen. Als Vorbild nannte Mortier das Institut an der texanischen Universität von Austin. Die zu erwartenden Synergie-Effekte, so Mortier, seien erheblich. Obwohl dieser Begriff vorwiegend in der Wirtschaft gebräuchlich sei, gelte er nicht nur für diesen, sondern könnte auch auf die Salzburger Kulturszene zutreffen, indem sich die in diesem Musikhaus Arbeitenden von der Stadt und ihrem Charme verführen lassen, ihre Kunst nicht nur für das Medium, sondern vor allem auch für das am Ort ansässige Publikum zu produzieren.

Das Land Salzburg war bereit, für dieses ambitionierte Unternehmen privatwirtschaftlichen Charakters eine finanzielle Starthilfe zu leisten, während die laufenden Kosten durch Mieten gedeckt werden sollten. Zur Realisierung wurde ein Trägerverein unter der Präsidentschaft Mortiers gegründet, der das Projekt bis zur Gründung einer „Musikhaus GmbH" vorantreiben und Firmen als Mieter gewinnen sollte. Das Projekt werde, so Gasteiger, von den Festspielen wesentlich unterstützt und im Herbst 1994 konkretisiert werden.[660]

Am 18. August konnte Landeshauptmann-Stellvertreter Arno Gasteiger in einer Pressekonferenz verkünden, das mit Unterstützung der Festspiele ins Leben gerufene Projekt „Musikhaus" entwickle sich äußerst dynamisch. Die Stadtgemeinde Hallein habe gegen einen Anerkennungspreis dem Vorhaben entsprechende Flächen zur Verfügung gestellt. Ab 1996 würden auf der Perner-Insel rund 3.000 Quadratmeter zur Verfügung stehen, ein Endausbau auf 10.000 Quadratmeter sei möglich. Nicht nur Unternehmen der Musikwirtschaft, sondern auch aus den Bereichen Medien und Multimedia würden in einem solchen Haus willkommen geheißen. Stefan Jaeger, einer der Projektentwickler, ergänzte, dass bereits 1994 drei Unternehmen – eine New Yorker Konzert- und Theateragentur, ein internationaler Buchversand und ein renommierter Geigenbauer – nach Salzburg kommen möchten.

Das Projekt „Musikhaus" bildete einen logischen Schwerpunkt im Bereich der Salzburger Industrieansiedlungspolitik, die sich vor allem auf industrielle Dienstleistungen sowie Neben- und Nischenprodukte mit hohem Know-how-Anteil konzentrierte. Zur Realisierung dieses Konzepts bot die Verbindung von Technologie und Kultur zahlreiche Möglichkeiten. Um dieses ambitionierte Vorhaben zu realisieren, sollte der amerikanische Unternehmensberater Joseph P. Burke in Atlanta rund 800 Unternehmen aus der Computer-, Software- und Multimediabranche mit dem Ziel kontaktieren, Niederlassungen in Salzburg zu errichten. Für die in Frage kommenden US-Firmen war eine Niederlassung in Europa vor allem auf Grund des durch Software-Piraterie entstehenden Schadens in der Höhe von jährlich rund 12 Mrd. Dollar, von denen allein 5,4 Mrd. Dollar auf Europa auf Grund ungeklärter Urheberrechtsfragen entfielen, interessant. Zudem erleichterte eine Ansiedlung in Salzburg den Zugang vor allem zum osteuropäischen Markt.[661]

Und auch der angekündigte Post-graduate-Lehrgang für Musikmanagement schien Realität zu werden. Sollten sich genügend Teilnehmer finden, so Gérard Mortier, werde im Hotel Kasererhof bereits ab Herbst eine zweisemestrige Ausbildung, organisiert vom Internationalen Zentrum für Kultur & Management (ICCM) und der Universität Linz, beginnen, an der er selber u. a. neben August Everding und Justus Frantz unterrichten werde. Der Leiter des ICCM, Herwig Pöschl, gab den Plan bekannt, das seit Jahren leer stehende Franziskischlössl auf dem Kapuzinerberg zum Sitz und Veranstaltungsort seiner Institution auszubauen. Zudem werde es ab Herbst 1993 an der Universität Linz ein Studium irregulare des Kulturmanagements mit dem Abschluss eines „Magisters" geben.[662]

Die Planungen wurden zügig vorangetrieben und am 21. September 1994 die Ergebnisse eines Architektenwettbewerbs für das auf der Perner-Insel zu errichtende Musikhaus im Technologiezentrum der Öffentlichkeit präsentiert. Auf einem Areal von rund 9.000 Quadratmetern waren drei Ausbaustufen geplant, deren erste mit Gesamtkosten in der Höhe von 54 Millionen Schilling im Frühjahr 1995 begonnen und bis Sommer 1996 abgeschlossen werden und zwischen 15 und 20 Betrieben mit insgesamt rund 100 Arbeitsplätzen Platz bieten sollte. Analog zum Salzburger Technologiezentrum, wo rund um einen Superrechner Hochtechnologie-Firmen sowie das Institut für Computerwissenschaften der Universität

Salzburg angesiedelt wurden, sollten im Halleiner Musikhaus rund um ein Post-Production-Studio Unternehmen der Musik- und Medienbranche angesiedelt werden und das Musikhaus durch die zu erwartenden Mieteinnahmen sich weitgehend selber finanzieren. Wenngleich manche Branchenkenner an der Realisierbarkeit dieses Projekts Zweifel hegten, bemerkte Richard Schmidjell, der Geschäftsführer der Tech-Invest-Salzburg, optimistisch: „Die Idee ist so gut, dass es höchste Zeit ist, dass wir entsprechende Möglichkeiten bieten." Landeshauptmann-Stellvertreter Arno Gasteiger sekundierte mit der Bemerkung, für ein solches Projekt gebe es keine Erfolgsgarantie, doch seien in Salzburg vor allem auch auf Grund der Festspiele die Voraussetzungen äußerst günstig. Auch Halleins Bürgermeister Kurz begründete seinen Optimismus mit dem Hinweis auf die Festspiele. Manche hätten ihn bereits bei der Unterzeichnung des Vertrages mit den Salzburger Festspielen über den Umbau und die Benützung der Perner-Insel als neuer Spielstätte für verrückt erklärt. Dort, wo noch einige Jahre zuvor Salz gesotten wurde, seien in der abgelaufenen Festspielsaison Pirandellos „Die Riesen vom Berge" aufgeführt worden und restlos ausverkauft gewesen.[663]

Zwei Tage später löste sich das ambitionierte Unternehmen in Luft auf, als in den „Salzburger Nachrichten" der erste Bericht über die überbordenden Schulden der Stadt Hallein erschien. Sieben Monate später trat Bürgermeister Kurz zurück, und das Projekt „Musikhaus" wurde auf Grund der tristen Finanzlage der Stadt zu Grabe getragen.

Im Sommer 1996 lebte jedoch der Plan, Betriebe der Medienindustrie in Salzburg anzusiedeln, wieder auf. Die Technikkompetenz des Salzburger Technologiezentrums sollte in modifizierter Form für eine Realisierung des Projekts sorgen. Im Technologiezentrum befanden sich zwei Betriebe, die in das Musikhaus hätten übersiedeln sollen: Das „Internationale Zentrum für Kultur und Management" (ICCM) sowie die „Schalle Digital Productions" (SDP). Beide Betriebe waren Beispiele für die Entwicklungsperspektive des Technologiezentrums in Richtung Ausbildung und Multimedia.

Das ICCM bot einen dreijährigen Studienlehrgang, der mit dem Titel eines „Masters in Arts and Media Management" abschloss. In Kooperation mit der Universität Linz und Hochschulen in London, Dijon, Hamburg und Utrecht wurde eine vielseitige Ausbildung im Kulturmanagement angeboten, womit das ICCM die wichtigste Ausbildungsstätte für Kulturmanagement in Österreich war. Zentraler Entwicklungsschwerpunkt des Technologiezentrums war jedoch die neu gegründete und im Wintersemester 1995/96 ihren Betrieb aufnehmende Fachhochschule mit Schwerpunkt Telekommunikation. Im Rahmen dieser neuen Schwerpunktbildung erfolgte 1996 als Focus für Multimedia-Firmen die Einrichtung eines Audio- und Video-Studios im Technologiezentrum, des modernsten zwischen Wien und München. Es wurde u. a. von der Firma „Schalle Digital Productions" genutzt, zu deren Kunden Plattenlabels wie BMG-Classics, Bertelsmann, Warner Classics sowie der digitale Klassik-Fernsehkanal des Kirch-Konzerns zählten.

Während des Sommers 1996 wurden zwei Filme über Beethoven-Interpretationen bei den Salzburger Festspielen sowie einer über die Festspielproduktion „The Rake's Progress" gedreht. Salzburg, so das neue Wirtschaftsleitbild des Landes, sollte sich neben Kultur- und Tourismus- auch als High-Tech-Land vor allem für die Multimedia-Branche positionieren. Diesem Zweck dienten Werbeaktionen des Landes, der Salzburg Agentur und der Salzburger Multimedia-Fachhochschule in Düsseldorf und New York, wobei man sich in der amerikanischen Metropole auch des Werbeeffekts von „Sound of Music" bediente. Salzburg wollte sich Ende der neunziger Jahre neben den Topoi Natur, Lebensqualität, Tourismus und Kultur zu einem Topstandort für die Anwender neuer Medien, d. h. Multimediaproduktionen, entwickeln, wobei mit Natur und Kultur für die Attraktivität des Technologiestandorts geworben wurde. In diesem Kontext wurden die Festspiele zu *dem* sommerlichen Werbeträger der Salzburger Wirtschaft. Zu Sommerbeginn 1998 grüßten an den Landesgrenzen rund 20 Tafeln an den Hauptrouten die Autofahrer mit dem Slogan „Festspiel*Land* Salzburg."

Anmerkungen

1. APA 1. 9. 1990.
2. Václav Havel: Versuch, in der Wahrheit zu leben. – Reinbek bei Hamburg 1990. S. 6f.
3. Vgl. Vladimír Horský: Die sanfte Revolution in der Tschechoslowakei. – In: Rainer Deppe, Helmut Dubiel, Ulrich Rödel: Demokratischer Umbruch in Osteuropa. – Frankfurt am Main 1991. S. 281–300.
4. Tony Judt: Geschichte Europas von 1945 bis zur Gegenwart. – München/Wien 2006. S. 731f.
5. Eric J. Hobsbawm: Das Zeitalter der Extreme. Weltgeschichte des 20. Jahrhunderts. – München/Wien 1995. S. 688f.
6. Francis Fukuyama: Das Ende der Geschichte. Wo stehen wir? – München 1992.
7. Peter Pelinka: Václav – Watzlawik. – In: Salzburger Tagblatt 19. 7. 1990.
8. Zit. bei Salzburger Tagblatt 21. 7. 1990.
9. Die Presse 28./29. 7. 1990.
10. SN 25. 7. 1990.
11. Die Welt 20. 7. 1990.
12. Zit. bei Die Presse 20. 7. 1990.
13. APA 18. 7. 1990.
14. AZ 27. 7. 1990.
15. SN 27. 7. 1990.
16. Frankfurter Rundschau 29. 7. 1990.
17. New York Post 31. 7. 1990.
18. Der ehemalige Bürgerrechtler habe offensichtlich ein gestörtes Verhältnis zur Geschichte. Dies habe sich bereits am 15. März 1990 gezeigt, als er erklärte, „dass Angst vor den Deutschen, weil sie Deutsche seien, dasselbe sei wie Antisemitismus.
    Präsident Havel: Die Angst vor den Deutschen bleibt, da sich die Deutschen des Massenmordes und der Folter schuldig gemacht haben, Handlungen, die so bösartig sind, dass sie noch immer nicht von normal Denkenden begriffen werden können.
    Jahrhunderte lang wurden Juden vom Antisemitismus verfolgt. Wegen des deutschen Antisemitismus wurden sie zu Millionen abgeschlachtet. Außer es zu wagen, zu leben, hatten sie keine Verbrechen begangen. Sie hinterließen kein Erbe des Mordes, um Angst für die Deutschen zu schaffen ...
    Präsident Havel: Muss man Ihnen wirklich den Unterschied zwischen der Angst der Juden vor Deutschland und dem Antisemitismus erklären?
    Warum hat er diesen Besuch bei Herrn Waldheim verbrochen? Es könnte sein, dass er sich nicht mehr darum schert, was die Menschen denken, da er so hingerissen ist von seiner Vision seiner selbst, wie er sich hoch über die europäische Geschichte erhoben hat und überzeugt ist, dass er ein junger Botschafter eines jungen Europa ist, das in einen neuen Tag tanzt ...
    Glücklicherweise muss niemand ein Heiliger sein, um einen guten Präsidenten abzugeben, nicht einmal ein bewunderter Rebell gegen eine Tyrannei. Aber auf der ganzen Welt hoffen nun die Freunde von Herrn Havel, dass er jetzt pausieren wird, um nachzudenken – lange genug, um zu erkennen, dass Geschichte, Philosophie und ehrliche menschliche Werte nicht erst mit seiner Wahl begonnen haben, genauso wenig wie die Erinnerung an die Wahrheit mit ihr endet." (The New York Times 29. 7. 1990.)
19. Michael Gehler: Österreichs Außenpolitik der Zweiten Republik. Von der alliierten Besatzung bis zum Europa des 21. Jahrhunderts. 2 Bde. – Innsbruck/Wien/Bozen 2005. Bd. 2. S. 706ff. Martin Eichtinger, Helmut Wohnout: Alois Mock. Ein Politiker schreibt Geschichte. – Wien/Graz/Klagenfurt 2008. S. 205ff.
20. Kurt Waldheim: Begegnungen mit dem Nachbarn. – In: Ein Jahrzehnt Salzburger Festspiele. Eröffnungsfeiern 1991–2001. Hg. v. d. Internationalen Salzburg Association. – Salzburg o. J. S. 17–20. S. 18f.
21. Klaus Adam: Zaudern auf halbem Wege. – In: Neue Osnabrücker Zeitung 30. 7. 1990.
22. Paul Kruntorad: Griff in die Stilkiste. – In: Nürnberger Nachrichten 30. 7. 1990.
23. Michael Stenger: Ist ein Traum, kann nicht wirklich sein. – In: Westdeutsche Zeitung 11. 8. 1990.
24. Pierre Petit: De voluptueux battements de cœur. – In: Le Figaro 10. 8. 1990.
25. Hannes S. Macher: Ein brillant dargebotenes Gesamtkunstwerk. – In: Dolomiten 7. 8. 1990.
26. Joachim Kaiser: Don Giovanni Besserung. – In: Süddeutsche Zeitung 31. 8. 1990.
27. Alfredo Gasponi: Un mattatore sui podio. – In: Il Messagero 12. 8. 1990.
28. Peter Vujica: Idomeneo und die Lehre des Saint Mortier. – In: Der Standard 30. 7. 1991.
29. Wilhelm Sinkovicz: Salzburgs bestes Stück. – In: Die Presse 30. 7. 1991.
30. Ulrich Baumann: Schmerzloser schöner Schein. – In: Die Welt 31. 7. 1991.
31. Beate Kayser: Ein Mensch in seinem Widerspruch. – In: Tageszeitung 30. 7. 1991.
32. Karlheinz Roschitz: Diese Oper darf nicht verschwinden! – In: Kronen Zeitung 4. 8. 1991.
33. Volker Boser: Dunkle Wolken über des Geliebten Treue. – In: Abendzeitung 5. 8. 1991.
34. Albrecht Roeseler: Sanfte Klänge aus dem Monteverdi-Museum. – In: Süddeutsche Zeitung 1. 8. 1990.
35. Edith Jachimowicz: Spannendstes konzertantes Musiktheater. – In: Die Presse 6. 8. 1990.
36. Wolfgang Schreiber: Reizvolles Problemkind. – In: Süddeutsche Zeitung 17. 8. 1990.
37. Reinhard Kriechbaum: „Oh, welches Grauen! Oh, welches Entsetzen! Oh, welche Blitze! Oh, welche Donner!" – In: SN 16. 8. 1990.
38. Hans-Klaus Jungheinrich: Spätes, unmögliches Glück. – In: Frankfurter Rundschau 1. 9. 1990.
39. Leonardo Pinzauti: Quattro volte „Orfeo": ommagio a Krenek. – In: La Nazione 25. 8. 1990.
40. Wolfgang Schreiber: Der mythische Sänger als Zerstörer. – In: Süddeutsche Zeitung 27. 8. 1990.
41. Franz Endler: Das Cleveland Orchestra: Zukunftsmusik ... – In: Kurier 1. 9. 1990.
42. Herbert Seifert: Selbstmord und Celloballett. – In: Kurier 18. 8. 1990.
43. Thomas Gabler: Nachdenken über den Tod. – In: Kronen Zeitung 18. 8. 1990.
44. Wolfgang Schreiber: Verstörendes Requiem-Wohllaut. – In: Süddeutsche Zeitung 18. 8. 1990.
45. Horst Reischenböck: Serenade zum Vergessen. – In: OÖN 27. 8. 1990.
46. Reinhard Kager: Lukullisches, Kritisches und Verstaubtes. – In: SN 9. 8. 1990.
47. Reinhold Tauber: Die Rückkehr der Romantik. – In: OÖN 16. 8. 1991.
48. Hannes S. Macher: Ein Mozart zum Kugeln – süß und leicht verdaulich. – In: Dolomiten 24./25. 8. 1991.
49. NZZ 22. 8. 1991.
50. Wolfgang Schreiber: Spezialisten fürs Grobe. – In: Süddeutsche Zeitung 20. 8. 1991.
51. Wolfgang Sandner: Kunst und Geld, und Mozart ist auch dabei. – In: FAZ 21. 8. 1991.

52 Neues Volksblatt 31. 7. 1990.
53 Kronen Zeitung 29. 7. 1990.
54 Wiener Zeitung, 7. 8. 1990.
55 APA 28. 7. 1990.
56 Peter Iden: Mörder, Hoffnung der Frauen. – In: Frankfurter Rundschau 13. 8. 1990.
57 Hansjörg Spies: Rahel tanzt in den Tod. – In: Kleine Zeitung 12. 8. 1990.
58 NZZ 30. 7. 1991.
59 Dalai Lama: Menschliches Mitgefühl und universelle Verantwortung: eine Grundlage des Glücks und des Friedens. – In: Ein Jahrzehnt Salzburger Festspiele. S. 41–47. S. 45.
60 Thomas Klestil: Festspiele als geistiges Abenteuer. – In: Ebda. S. 38–40. S. 39.
61 Die Presse 27. 7. 1992.
62 Tobias Gamper: Zentraleuropäische Präsidententreffen. Mitteleuropa mit Klestil am Runden Tisch. – Wien/Köln/Weimar 2007. (Schriftenreihe des Herbert-Batliner-Europainstitutes. Forschungsinstitut für Europäische Politik und Geschichte. Hg v. Herbert Batliner und Erhard Busek. Band 11.)
63 SN 26. 7. 1993.
64 Gerfried Sperl: Starker Mann ahoi? – In: Der Standard 26. 7. 1993.
65 SVZ 27. 7. 1994.
66 Die Presse 27. 7. 1994.
67 Wiener Zeitung 27. 7. 1994.
68 Alexander Schallenberg, Christoph Thun-Hohenstein: Die EU-Präsidentschaft Österreichs. Eine umfassende Analyse und Dokumentation des zweiten Halbjahres 1998. – Wien 1999. (Schriftenreihe des Herbert-Batliner-Europainstituts. Forschungsinstitut für Europäische Politik und Geschichte. Hg. v. Herbert Batliner und Erhard Busek. Band 1)
69 Die Presse 19. 8. 1999.
70 APA 18. 8. 1999.
71 Der Standard 18. 2. 2000.
72 SN 23. 2. 2000.
73 Hamburger Abendblatt 24. 2. 2000.
74 News Nr. 9. 2. 3. 2000. S. 168.
75 Salzburger Landeskorrespondenz 23. 2. 2000.
76 FAZ 20. 4. 2000.
77 Der Standard 20. 7. 2000.
78 Michael P. Steinberg: Ursprung und Ideologie der Salzburger Festspiele 1890–1938. – Salzburg/München 2000.
79 APA 24. 7. 2000.
80 Gerhard Jörder: Im Glashaus. – In: Die Zeit Nr. 32. 3. 8. 2000. S. 40.
81 Kurier 2. 11. 1994.
82 Die Presse 7. 11. 1994.
83 Kronen Zeitung 12. 11. 1994.
84 Herbert Dachs: „Es wird kein Stein auf dem anderen bleiben ...?" Über politische Veränderungen im Land Salzburg 1993–1995. – In: Ders., Roland Floimair (Hg.): Salzburger Jahrbuch für Politik 1995. – Salzburg/Wien 1995. S. 28–53.
85 Wirtschaftswoche Nr. 47. 17. 11. 1994.
86 Ebda.
87 SN 12. 11. 1994.
88 Kurier 31. 11. 1994.
89 Kurier 12. 11. 1994.
90 SN 14. 11. 1994.
91 Der Standard 14. 11. 1994.
92 Peter Vujica: Vorwärts in die Vergangenheit. – In: Der Standard 15. 11. 1994.
93 Werner Thuswaldner: Ehrgeiz allein reicht bei weitem nicht aus. – In: SN 15. 11. 1994.
94 Der Standard 24. 11. 1994.
95 SN 21. 11. 1994.
96 Kurier 2. 12. 1994.
97 Kronen Zeitung 20. 12. 1994.
98 Werner Thuswaldner: „Jedem sein Präsident". – In: SN 20. 12. 1994.
99 Kurier 30. 1. 1995.
100 Kurier 2. 1. 1995.
101 News Nr. 1. 5. 1. 1995. S. 124.
102 Kurier 24. 1. 1995.
103 News Nr. 1. 5. 1. 1995. S. 125.
104 Die Presse 7. 1. 1995.
105 Die Presse 13. 1. 1995.
106 News Nr. 3. 19. 1. 1995.
107 Die Presse 25. 1. 1995.
108 Wilhelm Sinkovicz: Mortier – oder doch nicht Mortier? – In: Die Presse 23. 8. 1995.
109 APA 23. 8. 1995.
110 Der Standard 24. 8. 1995.
111 Die Presse 25. 8. 1995.
112 Kurier 23. 8. 1995.
113 Peter Vujica: Klägliches Festspieltheater. – In: Der Standard 24. 8. 1995.
114 Klaus Umbach: Schluss mit Liebreiz! – In: Der Spiegel Nr. 35. 28. 8. 1995. S. 190–195. S. 192ff.
115 SN 30. 8. 1995
116 Kurier 31. 8. 1995.
117 Die Presse 3. 11. 1995.
118 Protokoll der 172. Sitzung des Kuratoriums des Salzburger Festspielfonds am 7. 11. 1995. S. 10.
119 Der Standard 12. 1. 1996.
120 Archiv der Salzburger Festspiele.
121 News Nr. 29. 18. 7. 1996. S. 99.
122 Der Standard 14. 8. 1996.
123 Der Standard 30. 8. 1996.
124 News Nr. 29. 17. 7. 1997. S. 114.
125 Der Standard 12. 8. 1997.
126 Kronen Zeitung 6. 8. 1998.
127 Der Standard 29. 8. 1998.
128 Die Presse 29. 8. 1998.
129 Werner Thuswaldner: Hätte sie doch besser geschwiegen. – In: SN 29. 8. 1998.
130 SVZ 1. 9. 1998.
131 Der Standard 2. 9. 1998.
132 Die Presse 9. 9. 1998.
133 SN 7. 10. 1998.
134 NEWS Nr. 48. 26. 11. 1998.
135 Kurier 26. 11. 1998.
136 Peter Vujica: Neuer Hut für alte Köpfe. – In: SN 27. 11. 1998.
137 Hans Langwallner: Die Kapriolen der Machtverteilung. – In: Kronen Zeitung 29. 11. 1998.
138 APA 1. 12. 1998.
139 News Nr. 51. 17. 12. 1998. S. 132.
140 News Nr. 10. 11. 3. 1999. S. 142.
141 Kurier 11. 3. 1999.
142 APA 11. 3. 1999.
143 SN 16. 4. 1999.
144 APA 4. 4. 1999.
145 SN 12. 3. 1999.
146 Protokoll der 184. Sitzung des Kuratoriums des Salzburger Festspielfonds am 23. 3. 1999. S. 16: Dr. Mortier führt aus (Schriftliche Erklärung, Anm. d. Verf.): „Als Sie mir im Sommer mitteilten, dass es Interesse gäbe, meinen Vertrag nochmals bis zum Mozartjahr 2006 zu verlängern, habe ich Ihr großzügiges Angebot selbstverständlich sehr sorgfältig überlegt und – wie Sie wissen – Herrn Staatssekretär Wittmann diesbezüglich meine Vorstellungen unter-

breitet. Es schien mir auf Grund der Erfahrungen der letzten Jahre notwendig, für die Zukunft über eine Strukturänderung der Führung der Festspiele nachzudenken, ohne dass meines Erachtens das Festspielgesetz geändert werden sollte. Durch den Präsidentenwechsel und die ständig steigenden Aufgaben des kaufmännischen Leiters als Konzertreferent und Leiter der Pfingstfestspiele hat sich herausgestellt, dass die Leitung der Festspiele, die schon viel komplexer war als zu Karajans Zeiten, in ihrer Entscheidungsgestaltung vereinfacht werden sollte.

Dieser Vorschlag scheint politisch nicht durchführbar und ich habe dafür größtes Verständnis. Ich bitte Sie aber gleichzeitig zu akzeptieren, dass ich daher meinen Vertrag über 2001 hinaus nicht verlängern kann. Selbstverständlich werde ich die nächsten Jahre künstlerisch kompromisslos und mit größter Energie durchführen und bin zuversichtlich, dass wir weiterhin gut zusammenarbeiten werden.

Lassen Sie mich festhalten, dass ich diese Entscheidung nicht getroffen habe, weil ich ein anderes Angebot angenommen hätte. Es war für mich wichtig, vorerst mein Vertragsverhältnis mit den Salzburger Festspielen zu klären, bevor ich gegebenenfalls andere Projekte überlegen würde." (Ebda.)

147 APA 24. 3. 1999.
148 APA 24. 3. 1999.
149 Presseerklärung von Helga Rabl-Stadler und Hans Landesmann vom 25. 3. 1999. Archiv der Salzburger Festspiele.
150 Kurier 29. 3. 1999.
151 Kurier 24. 3. 1999.
152 APA 28. 3. 1999.
153 Der Standard 15. 4. 1999.
154 SN 17. 4. 1999.
155 Akt Kuratoriumsprotokolle 1998/99. Archiv der Salzburger Festspiele.
156 SN 15. 4. 1999.
157 APA 23. 4. 1999.
158 APA 27. 4. 1999.
159 Ebda.
160 Focus 26. 4. 1999. S. 13.
161 APA 27. 4. 1999.
162 News Nr. 18. 5. 5. 1999. S. 166.
163 Protokoll der 185. Sitzung des Kuratoriums des Salzburger Festspielfonds am 20. 5. 1999. S. 19ff.
164 Salzburger Landeskorrespondenz 24. 6. 1999.
165 APA 24. 6. 1999.
166 APA 14. 7. 1999.
167 News Nr. 28. 15. 7. 1999. S. 126.
168 Salzburger Landeskorrespondenz 15. 7. 1999.
169 Karl Löbl: Der logische Mortier-Nachfolger heißt Pereira. – In: Format Nr. 31. 1. 8. 1999. S. 139.
170 News Nr. 31. 9. 8. 1999. S. 109.
171 Protokoll der 186. Sitzung des Kuratoriums des Salzburger Festspielfonds am 2. 12. 1999. S. 3f.
172 APA 22. 7. 2000.
173 APA 14. 7. 2000.
174 ORF ON 18. 7. 2000.
175 APA 19. 7. 2000.
176 Format Nr. 31. 24. 7. 2000. S. 124f.
177 Protokoll der außerordentlichen Sitzung des Kuratoriums des Salzburger Festspielfonds am 31. 7. 2000. S. 4.
178 Die Presse 9. 11. 2000.
179 Amtsblatt der Stadt Salzburg 2. 7. 1990.
180 Kurier 4. 7. 1990.
181 APA 17. 8. 1990.
182 Zit. bei Hanjo Kesting: Auf der Suche nach der Festspielidee. Das Mozart-Jahr, Gérard Mortier und die Zukunft der Salzburger Festspiele. Norddeutscher Rundfunk 3. 9. 1990.
183 Die Presse 13. 7. 1990.
184 Der Standard 11./12. 5. 1991.
185 Protokoll Nr. 112a der Sitzung des Direktoriums des Salzburger Festspielfonds am 4. 10. 1990. S. 2.
186 Die Presse 3. 9. 1990.
187 Die Presse 1./2. 9. 1990.
188 SN 30. 8. 1990.
189 Franz Endler: Warten, nicht fürchten. Die neue Zeit kommt 1992. – In: Kurier 16. 8. 1990.
190 Kleine Zeitung 30. 7. 1991.
191 Salzburger Fenster 31. 7. 1991.
192 Franz Endler: Salzburg ändert sich mit Maßen. – In: Kurier 30. 7. 1991.
193 Marianne Reißinger: Wird Salzburg wirklich anders? – In: Abendzeitung 30. 7. 1991.
194 Albrecht Roeseler: Wendejahre für Salzburg. – In: Süddeutsche Zeitung 26. 7. 1991.
195 Carl-Heinz Mann: Lösung aus den Verkrustungen der Vergangenheit. – In: Hamburger Abendblatt 31. 7. 1991.
196 Werner Thuswaldner: Neue Sinnstiftung für die Festspiele. – In: SN 27. 7. 1991.
197 Wilhelm Sinkovicz: Gott, Cäsar und die neue Weltordnung. – In: Die Presse 30. 7. 1991.
198 Gerhard Ritschel: Abwarten! – In: OÖN 31. 7. 1991.
199 Michael Wise: A pinch of salt. – In: The Independent 1. 8. 1991.
200 Rheinischer Merkur 27. 4. 1990.
201 Gérard Mortier: „Ombra Felice". – In: Karin Kathrein (Hg.): Salzburger Festspiele 1992–2001. Oper/Schauspiel. – Wien 2001. S. 9–21. S. 9.
202 Kronen Zeitung 2. 7. 1990.
203 Westdeutsche Allgemeine Zeitung 8. 8. 1990.
204 Protokoll Nr. 107 der Sitzung des Direktoriums des Salzburger Festspielfonds am 23. 4. 1990. S. 2.
205 Protokoll Nr. 118 der Sitzung des Direktoriums des Salzburger Festspielfonds am 6. 5. 1991. S. 5.
206 Die Presse 29. 6. 1990.
207 Kirche intern 2/1992. S. 47.
208 Peter Vujica: Weder Messias noch Musen-Schreck. – In: Der Standard 27. 8. 1993.
209 Corriere della Sera 1. 8. 2000.
210 Werner Thuswaldner: Das alte und das neue Salzburg. – In: SN 21. 7. 1992.
211 Süddeutscher Rundfunk 22. 7. 1992.
212 Der Standard 21. 7. 1992.
213 SN 23. 7. 1992.
214 Die Presse 25. 7. 1992.
215 Salzburger Landeskorrespondenz 26. 7. 1992.
216 Werner Thuswaldner: Wahrlich keine Himmelsstürmer. – In: SN 31. 7. 1992.
217 Rolf Hemke: Die Revolution war ein Aufbruch zur Normalität. – In: Saarbrücker Zeitung 1. 9. 1992.
218 Hanjo Kesting: Salzburger Sommertheater. Zum Streit um Gérard Mortier und die Festspiele. NDR 11. 8. 1992.
219 Profil Nr. 49. 30. 11. 1992. S. 88.
220 Tiroler Tageszeitung 3. 4. 1993.
221 NZZ 1. 3. 1993.
222 Focus 8/1994. S. 97.
223 Wolfgang Schreiber: Salzburger Festspiele auf Erfolgskurs. – In: Süddeutsche Zeitung 23. 8. 1994.
224 Thomas Wördehoff: Die Wende ist perfekt. – In: Weltwoche 25. 8. 1994.
225 SVZ 22. 8. 1994.
226 OÖN 21. 7. 1995. Der Fürst in Tomasi di Lampedusas Roman sagt, es müsse manches geändert werden, damit alles so bleibt, wie es ist.
227 SN 22. 7. 1995. Festspielbeilage S. III.

228 Kurier 28. 1. 1996.
229 Der Standard 29. 1. 1996.
230 Die Weltwoche 6./8. 2. 1996.
231 Kurier 3. 3. 1996.
232 Protokoll der Sitzung des Direktoriums des Salzburger Festspielfonds am 1. 4. 1997. S. 2.
233 Münchner Merkur 17./18. 8. 1996.
234 Der Standard 26. 8. 1996.
235 Süddeutsche Zeitung 22. 8. 1996.
236 SN 10. 7. 1997.
237 APA 12. 8. 1997.
238 Franz Endler: Schausberger wildert in einem fremden Revier. – In: Kurier 14. 8. 1997.
239 Werner Thuswaldner: Blamieren ist hier nicht Privatsache. – In: SN 13. 8. 1997.
240 APA 12. 8. 1997.
241 Die Presse 14. 8. 1997.
242 Andrew Clark: The bad boy of Salzburg comes good. – In: Financial Times 11. 8. 1997.
243 Der Standard 20. 8. 1998.
244 Salzburger Fenster 26. 8. 1998.
245 Peter Vujica: Ein Sitzenbleiber an der Salzach. – In: Der Standard 28. 8. 1998.
246 Detlef Brandenburg: Salzburg oblige. – In: Die Deutsche Bühne 9/1998. S. 10–14. S. 10.
247 Sigrid Löffler: Hybride. – In: Die Zeit Nr. 34. 13. 8. 1998.
248 Peter Cossé: Supermarkt mit Seminarabteilung. – In: Das Orchester 11/1998. S. 37.
249 Kurier 9. 4. 1999.
250 Alex Ross: Austrian Nights. Musical spendor and theatrical squalor in Salzburg. – In: The New Yorker 23. 8. 1999.
251 Wiener Zeitung 26. 7. 1999.
252 APA 28. 7. 1999.
253 Werner Thuswaldner: Salzburger Festspiele: Vorwärts, wir müssen zurück! – In: SN 31. 7. 1999.
254 Format Nr. 31. 2. 8. 1999. S. 136.
255 Profil Nr. 31. 2. 8. 1999. S. 129f.
256 APA 12. 12. 2000.
257 Profil Nr. 33. 13. 8. 2001. S. 104.
258 News Nr. 34. 23. 8. 2001. S. 88.
259 Bernard Holland: A Pugnacious Innovator Looks to a Lively Future. – In: The New York Times 22. 7. 2001.
260 Kurier 24. 12. 2000.
261 Joachim Riedl: Glücklich ist, wer vergisst. – In: FORMAT Nr. 35. 27. 8. 2001. S. 103f.
262 Gerhard R. Koch: Mortiers Salzburger Erfolge. – In: FAZ 11. 8. 2001.
263 Wolfgang Schreiber: Così mit Cage. – In: Süddeutsche Zeitung 18. 8. 2001.
264 Axel Brüggemann: Keine Kugel für Mozart. – In: Welt am Sonntag 29. 7. 2001.
265 SN 30. 7. 2001.
266 ORF Kultur 4. 8. 2001.
267 Der Standard Album 21. 7. 2001.
268 Profil Nr. 33. 13. 8. 2001. S. 112.
269 Zitat nach Redemanuskript. Archiv der Salzburger Festspiele.
270 Klaus Umbach: Große Worte, kleine Semmeln. – In: Der Spiegel Nr. 35. 27. 8. 2001. S. 198–201. S. 200f.
271 Wilhelm Sinkovicz: Kunst-Bilanz eines Umstrittenen. – In: Die Presse 21. 7. 2001.
272 Tischvorlage zu TO Nr. 6 der 164. Sitzung des Kuratoriums des Salzburger Festspielfonds am 3. 5. 1994.
273 Der Standard 18. 5. 1994.
274 Kurier 6. 4. 1992.
275 SVZ 25. 3. 1993.
276 Der Standard 18. 5. 1994.
277 Kurier 15. 6. 1994.
278 Werner Thuswaldner: Die Fortsetzung der Festspielreform braucht außer Wohlwollen auch eine geeignete finanzielle Basis. – In: SN 12. 8. 1994.
279 Werner Thuswaldner: Viel ist gelungen, vieles bleibt zu tun. – In: SN 16. 8. 1994.
280 Andrew Clark: The innovative spirit of Salzburg. – In: Financial Times 13. 8. 1994.
281 Kronen Zeitung 17. 8. 1994.
282 Der Standard 17. 8. 1994.
283 SVZ 31. 8. 1994.
284 Kronen Zeitung 22. 11. 1994.
285 Kurier 30. 1. 1995.
286 Der Standard 25./26. 3. 1995.
287 APA 9. 1. 1996.
288 Der Standard 10. 1. 1996.
289 News Nr. 2. 11. 1. 1996. S. 100.
290 Protokoll der 181. Sitzung des Kuratoriums des Salzburger Festspielfonds am 8. 6. 1998. S. 8.
291 Protokoll der 182. Sitzung des Kuratoriums des Salzburger Festspielfonds am 22. 7. 1998. S. 4f.
292 Ebda. S. 8f.
293 Protokoll der 183. Sitzung des Kuratoriums des Salzburger Festspielfonds am 10. 11. 1998. S. 6.
294 Anlage 2 zum Protokoll der Sitzung des Direktoriums des Salzburger Festspielfonds am 27. 10. 1998.
295 Protokoll der Sitzung des Direktoriums des Salzburger Festspielfonds am 5. 1. 1999. S. 1.
296 Protokoll der 184. Sitzung des Kuratoriums des Salzburger Festspielfonds am 23. 3. 1999. S. 3ff.
297 Protokoll der 185. Sitzung des Kuratoriums des Salzburger Festspielfonds am 20. 5. 1999. S. 4ff.
298 Bericht betreffend die Verwirklichung des Jahresvoranschlages 1998/99 vom 22. 11. 1999. S. 8f.
299 Ebda. S. 10.
300 Bericht der Internen Revision vom 10. 3. 2000 zum Rechnungsabschluss per 30. 9. 1999. S. 13f.
301 Protokoll der 186. Sitzung des Kuratoriums des Salzburger Festspielfonds am 2. 12. 1999. S. 8.
302 Kurier 17. 3. 2000.
303 APA 17. 3. 2000.
304 APA 18. 3. 2000.
305 Protokoll der 188. Sitzung des Kuratoriums des Salzburger Festspielfonds am 12. 5. 2000. S. 12.
306 Protokoll der 189. Sitzung des Kuratoriums des Salzburger Festspielfonds am 3. 11. 2000. S. 3.
307 Bericht der Internen Revision betreffend die Verwirklichung des Jahresvoranschlages 1999/2000 vom 21. 3. 2001.
308 Protokoll der 150. Sitzung des Kuratoriums des Salzburger Festspielfonds am 20. 10. 1989. S. 19ff.
309 Kurier 28. 8. 1992.
310 Die Presse 14./15./16. 8. 1992.
311 Die Presse 26. 8. 1992.
312 Kronen Zeitung 26. 8. 1992.
313 Ebda. S. 18f.
314 Protokoll der 161. Sitzung des Kuratoriums des Salzburger Festspielfonds am 24. 3. 1993. S. 10.
315 Rheinischer Merkur 16. 7. 1993.
316 NZZ 28. 8. 1993.
317 News Nr. 29. 22. 7. 1993. S. 89f.
318 Der Standard 27. 7. 1993.
319 SN 27. 8. 1993.
320 Kronen Zeitung 8. 3. 1994.
321 Kurier 15. 3. 1994.

322 Die Presse 31. 3. 1994.
323 News Nr. 17. 21. 4. 1994. S. 155.
324 Die Presse 19. 5. 1994.
325 Protokoll der 164. Sitzung des Kuratoriums des Salzburger Festspielfonds am 3. 5. 1994. S. 32f.
326 Zit. bei Neues Volksblatt 30. 7. 1994.
327 Der Standard 30. 8. 1994.
328 Kurier 29. 7. 1994.
329 Kronen Zeitung 16. 4. 1995.
330 Kronen Zeitung 6. 3. 1996.
331 Kurier 26. 1. 1998.
332 SN 30. 1. 1998.
333 Die Presse 3. 2. 1998.
334 Protokoll der Sitzung des Direktoriums des Salzburger Festspielfonds am 11. 2. 1998. S. 3.
335 Kurier 25. 2. 1998.
336 Protokoll der Sitzung des Direktoriums des Salzburger Festspielfonds am 16. 3. 1998. S. 1.
337 Protokoll der 180. Sitzung des Kuratoriums des Salzburger Festspielfonds am 18. 3. 1998. S. 18f.
338 Salzburger Landeskorrespondenz 4. 8. 1998.
339 SN 5. 8. 1998.
340 Protokoll der Sitzung des Direktoriums des Salzburger Festspielfonds am 18. 1. 1999. S. 3.
341 Protokoll der 185. Sitzung des Kuratoriums des Salzburger Festspielfonds am 20. 5. 1999. S. 23.
342 APA 1. 1. 2000.
343 APA 2. 1. 2000.
344 APA 6. 1. 2000.
345 Wolfgang Schreiber: Geschiedene Leute. – In: Süddeutsche Zeitung 8./9. 1. 2000.
346 Kleine Zeitung 11. 8. 1990.
347 Süddeutsche Zeitung 31. 7. 1993.
348 Kläre Warnecke: Salzburg 1993: Mit Muti durch die Schlangengrube. – In: Die Welt 4. 8. 1993.
349 Profil Nr. 49. 6. 12. 1993. S. 75.
350 FAZ 27. 11. 1993.
351 SN 27. 11. 1993.
352 Die Presse 1. 12. 1993.
353 Die Presse 30. 11. 1993.
354 SN 29. 11. 1993.
355 SN 7. 12. 1993.
356 Der Standard 2. 12. 1993.
357 Kurier 30. 11. 1993.
358 FAZ 1. 12. 1993.
359 SN 27. 11. 1993.
360 Der Standard 1. 12. 1993.
361 Kurier 28. 12. 1993.
362 Peter Cossé: Raueres Kulturklima in Österreich. – In: NZZ 18. 12. 1993.
363 Kronen Zeitung 4. 12. 1993.
364 Salzburger Landeszeitung 1/1994.
365 News Nr. 1. 3. 1. 1994. S. 103.
366 Kronen Zeitung 11. 1. 1994.
367 APA 27. 7. 1994.
368 Kurier 1. 2. 1996.
369 Kurier 27. 4. 1996.
370 News Nr. 29. 15. 7. 1996. S. 80f.
371 Die Welt 31. 7. 1996.
372 Kronen Zeitung 31. 7. 1996.
373 Kurier 31. 7. 1996.
374 Kurier 31. 8. 1996.
375 Der Standard 14. 11. 1996.
376 Kurier 14. 11. 1996.
377 News Nr. 46. 14. 11. 1996.
378 Der Standard 6. 12. 1996.
379 Der Standard 3. 2. 1997.
380 Der Standard 7./8. 12. 1996.
381 SN 21. 12. 1996.
382 Peter Cossé: Hampes „Figaro": Schöne Altlasten. – In: Neue Zeit 18. 8. 1992.
383 Edith Jachimowicz: Unterhaltsamer Mozart: In: Die Presse 18. 8. 1992.
384 Karlheinz Roschitz: Das Auslaufmodell. – In: Kronen Zeitung 16. 8. 1992.
385 Abendzeitung 12. 7. 1993.
386 Kultur nach eins, Bayern 2. 30. 7. 1993.
387 Wolfgang Schreiber: Altes, Neues, Verbrauchtes. – In: Süddeutsche Zeitung 5. 8. 1993.
388 Mirko Weber: Die süßeste aller Traumgeliebten. – In: Stuttgarter Zeitung 3. 8. 1993.
389 Wolfgang Goertz: Verdoppelter Komtur. – In: Rheinische Post 30. 7. 1994.
390 Joachim Kaiser: Don Giovanni ohne Hölle. – In: Süddeutsche Zeitung 16. 8. 1995.
391 Paul Blaha: Le Nozze di Figaro. – In: Das Opernglas. Oktober 1995.
392 Der Standard 22./23. 7. 1995.
393 Wolfgang Goertz: Depressiv und witzlos. – In: Rheinische Post 2. 8. 1995.
394 Lothar Sträter: Ein ungewöhnlicher Mozart fern allem Rokoko-Getändel. – In: Berliner Morgenpost 27. 7. 1995.
395 Penelope Turing: Le Nozze di Figaro. – In: Opera Review 19. 9. 1996.
396 Hans Jansen: Neues vom Jahrmarkt der Eitelkeiten. – In: WAZ 3. 8. 1996.
397 Hans-Klaus Jungheinrich: Heimliches, unheimliches Arabien. - In: Frankfurter Rundschau 29. 7. 1997.
398 Kläre Wernicke: Strategien wie aus 1001 Nacht. – In: Die Welt 28. 7. 1997.
399 Der Standard 14. 8. 1998.
400 Kurier 7. 7. 1999.
401 Stefan Musik: Teures Hallenspiel mit Mozart. – In: Die Presse 30. 7. 1999.
402 Der Tagesspiegel 25. 2. 2000.
403 Format Nr. 30. 24. 7. 2000. S. 126.
404 Kurier 29. 7. 2000.
405 Focus Nr. 31. 31. 7. 2000. S. 86.
406 Format Nr. 30. 24. 7. 2000. S. 126.
407 NZZ 9. 6. 2000.
408 Andrew Clark: „Figaro" survives the modern office. – In: Financial Times 3. 8. 2001.
409 Peter Uehling: Ohne Herrschaft geht's auch nicht. – In: Berliner Zeitung 8. 8. 2001.
410 SN 22. 1. 1993.
411 Gerhard Rohde: Seelendurchblicke, fotografisch geschärft. – In: Süddeutsche Zeitung 26. 1. 1993.
412 Lothar Sträter: Jeder Zoll kein Römer. – In: Schwäbische Zeitung 26. 1. 1993.
413 Wilhelm Sinkovicz: Klein Mozarts arge Tricks. – In: Die Presse 9. 8. 1997.
414 Protokoll Nr. 112a der Sitzung des Direktoriums des Salzburger Festspielfonds am 4. 10. 1990. S. 2.
415 Rainer Wagner: Kurz vor der Pensionierung. – In: Hannoversche Allgemeine Zeitung 6. 8. 1992.
416 Edward Rothstein: Janáček at Salzburg: Sign of Changing Times. – In: The New York Times 1. 8. 1992.
417 Ulrich Schreiber: Daß es einem die Seele davonträgt. – In: Süddeutsche Zeitung 19. 8. 1992.
418 John Rockwell: Some Foreigners Steal the Show in Salzburg. – In: The New York Times 19. 8. 1992.
419 SN 17. 8. 1994.

420 Heinz W. Koch: Und die Kristallträne senkt sich von der Bühnendecke hernieder. – In: Badische Zeitung 26. 8. 1995.
421 Der Standard 10. 8. 1996.
422 Gerhard Ritschel: Im Raum der Verdammten. – In: OÖN 13. 8. 1996.
423 Peter Baier: Auf der Waage Walzer tanzen. – In: Münchner Merkur 13. 8. 1996.
424 Gerhard Rohde: Drama der Sprachlosigkeit. – In: FAZ 30. 8. 1996.
425 Der Spiegel Nr. 32. 4. 8. 1997. S. 152f.
426 Kurier 14. 7. 1998.
427 Kurier 15. 7. 1998.
428 Egon Bezold: Ein packendes Endspiel. – In: WAZ 4. 8. 1999.
429 Wolfram Goertz: Die toten Augen von Wittenberg. – In: Rheinische Post 3. 8. 1999.
430 APA 20. 7. 2001.
431 Salzburger Fenster 1. 8. 2001.
432 Joachim Kaiser: Wie Geigen zu Kupplern werden. – In: Süddeutsche Zeitung 7. 8. 1992.
433 Thomas Wördehoff: Oh, Last der Geschichte! – In: Profil Nr. 32. 7. 8. 1995. S. 64.
434 Das Opernglas Nr. 10. Oktober 1996. S. 31.
435 Dieter Kölmel: Altbackene Lemuren im Legoland. – In: Stuttgarter Nachrichten 24. 8. 1996.
436 Frieder Reininghaus: Elektra im Disney-Park. – In: Saarbrückener Zeitung 13. 8. 1996.
437 Süddeutsche Zeitung 18. 8. 2001.
438 News Nr. 32. 9. 8. 2001. S. 91.
439 APA 18. 8. 2001.
440 Andrew Clark: Salzburg pays the price. – In: Financial Times 11. 8. 1995.
441 Joachim Kaiser: Mattes Schach. – In: Süddeutsche Zeitung 10. 8. 1998.
442 Peter Cossé: Österliche Spätherbst-Klänge. – In: Der Standard 9. 4. 2001.
443 László Molnár: Ein großer Gewinn und eine Investition in die Zukunft. – In: SN 9. 8. 1994.
444 Joachim Kaiser: Ist „Oberon" noch zu retten? – In: Süddeutsche Zeitung 27. 7. 1996.
445 SN 30. 11. 1999.
446 Karl Harb: In die Seele geleuchtet. – In: SN 18. 8. 2000.
447 Gerhard Ritschel: Dieser Poppea muss man verfallen. – In: OÖN 26. 7. 1993.
448 Peter Hagmann: Morgenröte und finsterer Tag. – In: NZZ 25. 5. 1999. Manuel Brug: Was Rameau wagte, gewinnt Rattle. – In: Die Welt 25. 5. 1999. Markus Thiel: Erhellende Phantasie. – In: Münchner Merkur 25. 5. 1999.
449 Der Standard 17. 8. 2001.
450 Wiener Zeitung 20. 8. 2001.
451 News Nr. 14. 21. 8. 2001. S. 88.
452 Kronen Zeitung 23. 8. 2001.
453 APA 31. 5. 1999.
454 Profil Nr. 29. 19. 7. 1999. S. 110.
455 La Republica 25. 7. 1999.
456 Kurier 15. 8. 2000.
457 Kronen Zeitung 30. 7. 1992.
458 Joachim Kaiser: Wird Harnoncourt Salzburgs Maestro? – In: Süddeutsche Zeitung 28. 7. 1992.
459 Karlheinz Roschitz: Das Publikum im Sturm erobert. – In: Kronen Zeitung 3. 8. 1992.
460 Franz Endler: Den echten Mahler, bitte. – In: Kurier 3. 8. 1992.
461 Peter Vujica: Die Begegnung zweier Galaxien. – In: Der Standard 31. 8. 1992.
462 Reinhard Kriechbaum: Ein zu voreiliges Festspiel-Debüt. – In: SN 2. 8. 1993.
463 Franz Endler: Er ist schon auf dem Weg. – In: Kurier 14. 8. 1993.
464 Edith Jachimowicz: Jugend in Salzburg: stürmisch. – In: Die Presse 30. 7. 1994.
465 Franz Endler: Gidon Kremer, jetzt genial. – In: Kurier 1. 8. 1994.
466 Karl Harb: Programmmusik in Dienste eines subjektiven Dramas. – In: SN 10. 8. 1994.
467 Edith Jachimowicz: Gemeinsam versetzen sie Berge. – In: Die Presse 29. 8. 1994.
468 Peter Vujica: Epochaler Aufbruch ins Meer der Geheimnisse. – In: Der Standard 29. 8. 1994.
469 Claus Spahn: Musik, die erschreckt. – In: Süddeutsche Zeitung 3. 8. 1994.
470 Bewegendes Klangereignis. – In: SN 20. 8. 1994.
471 Bernd Feuchtner: Geliebte Musterschüler. – In: Tagesspiegel 30. 7. 1995.
472 Sophia Willems: Ein Bildhauer, der Musik modelliert. – In: WAZ 24. 8. 1995.
473 Attila Csampai: Master of the Symphony. – In: NZZ 31. 7. 1996.
474 ÖMZ 8/1997. S. 32.
475 Peter Vujica: Bestsortierter KREMERladen. – In: Der Standard 12. 8. 1997.
476 Franz Endler: Es gibt ja auch Mendelssohn. – In: Kurier 17. 8. 1997.
477 Gerhard Rohde: Die Stadt, der Tod und die Musik. – In: FAZ 1. 9. 1998.
478 Hans Langwallner: Beethoven berauschend. – In: Kronen Zeitung 19. 8. 1998.
479 Wolfgang Schreiber: Das Alte aufmischen. – In: Süddeutsche Zeitung 19. 8. 1998.
480 Der Standard 29. 8. 1992.
481 Wolfgang Schreiber: Pierre Boulez im Zentrum der Tradition. – In: Süddeutsche Zeitung 24. 8. 1992.
482 Duilio Courir: Boulez a Salisburgo: trionfa dopo 32 anni. – In: Corriere della Sera 20. 8. 1992. Dino Villatico: Torna Boulez (dopo 32 anni) ed e un grande successo. – In: La Repubblica 19. 8. 1992.
483 Reinhard Kannonier: Salzburg bejubelt das Neue. – In: Der Standard 20. 8. 1992.
484 Peter Hagmann: Das Neue schlägt durch. – In: NZZ 14. 8. 1993.
485 Helmut Mauró: Musik der Sprachlosigkeit. – In: Süddeutsche Zeitung 13. 8. 1993.
486 Franz Endler: Herrlich für Salzburg. – In: Kurier 28. 7. 1993.
487 SN 26. 8. 1994.
488 Der Standard 9. 8. 1995.
489 SN 9. 8. 1995.
490 Kronen Zeitung 8. 8. 1995.
491 Die Presse 21. 8. 1996.
492 Der Standard 7. 8. 1996.
493 Karlheinz Roschitz: Ein baltischer Traum. – In: Kronen Zeitung 12. 8. 1997.
494 Reinhard Kriechbaum: Klangsinn und Raumdenken. – In: Präsent 14. 8. 1997.
495 Winfried Wild: Die Plauderlust der Oboe. – In: Schwäbische Zeitung 15. 8. 1997.
496 Gerhard Rohde: Das Lied von der Trommel. – In: FAZ 3. 9. 1999.
497 Münchner Merkur 5. 8. 1998.
498 Frankfurter Rundschau 27. 8. 1998.
499 Der Standard 17. 8. 1999.
500 Karl Harb: An-Klänge und Auf-Takte. – In: SN 19. 8. 1999.
501 H. G. Pribil: Gadenstätter-Uraufführung von Berio spielend übertroffen. – In: Wiener Zeitung 19. 8. 1999.
502 Gabriele Luster: Rauschen, surren, scharren. – In: Münchner Merkur 19. 8. 1999.
503 Süddeutsche Zeitung 24. 7. 1999.
504 Peter Cossé: „Progetto"-Finale als Zukunftsverpflichtung. – In: Der Standard 28. 8. 1999.
505 Reinhard J. Brembeck: Pädagoge, Mahner, Visionär. – In: Süddeutsche Zeitung 28. 8. 1999.
506 Die Presse 11. 3. 2000.

507 SN 10. 8. 2001.
508 Hans Langwallner: Geschmeide des Goldgräbers. – In: Kronen Zeitung 24. 8. 2001.
509 Peter Vujica: Besungene Lebensgefühle aus der Neuen Welt. – In: Der Standard 24. 8. 2001.
510 APA 27. 7. 1992.
511 Bernd Feuchtner: Die leiseste Musik wider den lautesten Lärm. – In: Der Tagesspiegel 14. 8. 1993.
512 Hans Langwallner: Die Tiefe der Stille. – In: Kronen Zeitung 25. 8. 1993.
513 APA 21. 7. 1994.
514 SN 2. 8. 1994.
515 SN 19. 8. 1994.
516 Der Standard 14. 1. 1995.
517 Peter Vujica: Verdi als Neutöner. – In: Der Standard 14. 1. 1995.
518 Kurier 12. 4. 1995.
519 APA 3. 8. 1995.
520 Peter Hagmann: Das Gegenmodell zur „Rosenkavalier"-Ästhetik. – In: NZZ 5. 7. 1995.
521 László Molnár: Keine bürgerliche Gedenksache. – In: Stuttgarter Zeitung 17. 8. 1995.
522 Reinhard Kager: Im Dickicht der Gewalt. – In: Profil Nr. 34. 21. 8. 1995. S. 74.
523 Tomas Zierhofer-Kin, Markus Hinterhäuser: Zeitfluss 99 – Theater der Klänge. Pressemitteilung. Archiv der Salzburger Festspiele.
524 Die Welt 15. 3. 2001.
525 Kronen Zeitung 14. 6. 2001.
526 Karl-Markus Gauß: Von den leisesten und den lautesten Stimmen. – In: Landesmann, Rohde (Hg.): Die Salzburger Festspiele 1992 bis 2001. Konzert. S. 164–166. S. 166.
527 Christof Siemes: Nur auf Durchreise. – In: Die Zeit Nr. 33. 9. 8. 2001. S. 36.
528 Karlheinz Roschitz: Auf dem Weg nach oben. – In: Kronen Zeitung 29. 8. 1997.
529 Profil Nr. 32. 3. 8. 1998. S. 128.
530 Der Standard 27. 7. 1999.
531 Protokoll der 154. Sitzung des Kuratoriums des Salzburger Festspielfonds am 18. 12. 1990. S. 17f.
532 Ebda. S. 19f.
533 Protokoll Nr. 116 der Sitzung des Direktoriums des Salzburger Festspielfonds am 29. 1. 1991. S. 1.
534 Protokoll der 155. Sitzung des Kuratoriums des Salzburger Festspielfonds am 26. 3. 1991. S. 5ff.
535 Bühne Nr. 6. Juni 1991. S. 12f.
536 Zit. bei Karin Kathrein: Wer leben will, muss sich verwandeln. – In: Kathrein, Mortier (Hg.): Salzburger Festspiele 1992–2001. Oper/Schauspiel. S. 174–199. S. 177.
537 Tages-Anzeiger 24. 2. 1993.
538 Kurier 25. 2. 1992.
539 NZZ 26. 2. 1992.
540 Der Standard 25. 2. 1992.
541 Kathrein, Mortier (Hg.): Salzburger Festspiele 1992–2001. Oper/Schauspiel. S. 131.
542 Ebda. S. 136.
543 FAZ 29. 10. 1994.
544 Bühne Nr. 3. März 1994. S. 15.
545 News Nr. 7. 16. 2. 1995. S. 122.
546 Ebda. S. 123.
547 Diese Zusicherung war allerdings mit der Auflage verbunden, den negativen Deckungsbeitrag von 10 Millionen Schilling nicht zu überschreiten. Um die Finanzierung des Schauspiels zu gewährleisten, musste die Oper 1996 einen positiven Deckungsbeitrag von 8 Millionen Schilling, das Konzert einen von 11 Millionen Schilling realisieren.
548 Der Standard 4. 4. 1995.
549 Kurier 9. 7. 1995.
550 Die Presse 18. 7. 1995.
551 Tiroler Tageszeitung 24. 7. 1995.
552 Rolf Michaelis: Unser ungereimtes Leben. – In: Die Zeit 28. 7. 1995. S. 38.
553 Kronen Zeitung 24. 11. 1995.
554 Kurier 28. 1. 1996.
555 Karin Kathrein: Steins Qual der Wahl: Entweder und oder? – In: Kurier 6. 2. 1996.
556 Protokoll der Sitzung des Direktoriums des Salzburger Festspielfonds am 9. und 29. 1. 1996. S. 6.
557 Protokoll der Sitzung des Direktoriums des Salzburger Festspielfonds am 18. 3. 1996. S. 4.
558 Archiv der Salzburger Festspiele.
559 Archiv der Salzburger Festspiele.
560 News Nr. 29. 18. 7. 1996. S. 98.
561 News Nr. 28. 11. 7. 1996. S. 102f.
562 Kurier 9. 8. 1996.
563 FAZ 21. 11. 1996.
564 Peter Iden: Unterwegs zu einem Höhengrab des Theaters. – In: Frankfurter Rundschau 28. 7. 1992.
565 C. Bernd Sucher: Nun marschieren sie wieder. – In: Süddeutsche Zeitung 11. 8. 1993.
566 Kronen Zeitung 11. 12. 1993.
567 Aischylos' „Sieben gegen Theben" basiert auf der Ödipus-Sage. Die Götter hatten Laios, den König von Theben, gewarnt. Nur kinderlos sterbend, würde er Haus und Stadt retten. Doch der König missachtete den Rat der Götter, heiratete und zeugte einen Sohn: Ödipus. Der Fluch der Götter war die Folge, der von ihnen in Unwissenheit gelassene Ödipus erschlug seinen Vater, heiratete seine Mutter und blendete sich schließlich selber. Der Fluch der Götter war damit jedoch noch nicht beendet und reichte bis in die dritte Generation.
Eteokles und Polyneikos, die beiden Söhne aus der inzestuösen Beziehung zwischen Ödipus und seiner Mutter, streiten um die Herrschaft in Theben. Polyneikos wird vertrieben, kehrt schließlich mit einem gewaltigen Heer, geführt von sieben Helden, zurück und belagert die Stadt und deren sieben Tore. Die beiden feindlichen Brüder stehen schließlich einander vor dem siebten Stadttor gegenüber und töten einander im Zweikampf. Mit dem Tod des Polyneikos ist jedoch Theben gerettet, da sein Heer nunmehr führerlos ist und zerfällt.
Hier beginnt Sophokles' „Antigone". Die Leiche des Polyneikos liegt vor der Stadt, doch verbietet Kreon, der neue König Thebens, deren Beerdigung. Trotz dieses Verbotes beerdigt Antigone, die Schwester des Polyneikos und Verlobte von Kreons Sohn Haimon, den Leichnam ihres Lieblingsbruders. Kreon verurteilt sie zum Tode. Um der Hinrichtung zuvorzukommen, erhängt sich Antigone, und Haimon ersticht sich aus Verzweiflung neben der Toten.
568 Rolf Michaelis: Unser ungereimtes Leben. – In: Die Zeit 28. 7. 1995. S. 38.
569 Der Standard 22. 7. 1996.
570 Die Presse 29./30. 6. 1996.
571 Kurier 15. 7. 1996.
572 Wolfgang Reiter: Blutsbrüder der Kunst. – In: Profil Nr. 30. 22. 7. 1996. S. 62–64. S. 62.
573 Die Presse. Schaufenster Nr. 30. 18. 7. 1997. S. 4ff.
574 Manfred A. Schmid: Grillparzers Spiel von Liebe und Macht. – In: Wiener Zeitung 26. 7. 1997.
575 Kurier 17. 8. 1997.
576 Kathrein: Wer leben will, muss sich verwandeln. S. 175.
577 Peter Vucija: Hehre Kunst, schnöder Mammon. – In: Der Standard 13. 8. 1996.
578 News Nr. 33. 15. 8. 1996. S. 96.

579 Süddeutsche Zeitung 22. 8. 1996.
580 Hamburger Abendblatt 23. 8. 1996.
581 Die Presse 30. 8. 1996.
582 Kronen Zeitung 8. 11. 1996.
583 Anlage 3 zum Protokoll Nr. 7-97/98 der Sitzung des Direktoriums des Salzburger Festspielfonds am 25. 2. 1998.
584 Protokoll der Sitzung des Direktoriums des Salzburger Festspielfonds am 16. 3. 1998. S. 1.
585 Protokoll der 180. Sitzung des Kuratoriums des Salzburger Festspielfonds am 18. 3. 1998. S. 9ff.
586 Der Standard 20. 3. 1998.
587 Luxemburger Wort 2. 9. 1998.
588 Kurier 23. 7. 1998.
589 Kurier 18. 8. 1998.
590 Reinhard Kriechbaum: Kleinkarierter Zank vor Troja. – In: Handelsblatt 21. 8. 1998.
591 Gerhard Jörder: Alles oder nichts. – In: Die Zeit Nr. 36. 27. 8. 1998. S. 45.
592 C. Bernd Schuster: Mortiers Kampf. – In: Süddeutsche Zeitung 24. 7. 1998.
593 Die Presse 26. 6. 1998.
594 Ralph Hammerthaler: Ein Mann für alle Fälle. – In: Süddeutsche Zeitung 2. 7. 1998.
595 Kurier 8. 7. 2000.
596 Lothar Sträter: Marthalers zerstörerische Mätzchen. – In: Saarbrücker Zeitung 30. 7. 1999.
597 Ulrich Baumann: Kunst-Stück mit Schnulzen-Tunke. – In: Generalanzeiger für Bonn 29. 7. 1999.
598 Hans-Dieter Schütt: In der Zimmerflucht erschossen. – In: Neues Deutschland 9. 8. 1999.
599 Abendzeitung 21. 7. 1999.
600 Der Standard 6. 7. 1999.
601 SN 26. 7. 1999.
602 Gerhard Stadelmaier: Schlachtenlärm. – In: FAZ 2. 8. 1999.
603 Ronald Pohl: Gretchen im Cyber-Himmel. – In: Der Standard 27. 8. 1999.
604 Frido Hütter: Wenn das Wort-Virus wütet. – In: Kleine Zeitung 27. 8. 1999.
605 Münchner Merkur 13. 8. 1999.
606 Karin Kathrein: Aus der „Schmuddelecke". – In: Kurier 31. 8. 1999.
607 Kurier 26. 7. 2000.
608 Peter Michalzik: Das ferne Land hinter den Fensterscheiben. – In: Frankfurter Rundschau 8. 8. 2000.
609 Gerhard Stadelmaier: Ja, ja – So, so – Mh, mh. – In: FAZ 8. 8. 2000.
610 Gerhard Jörder: Publikumsverweigerung. – In: Die Zeit Nr. 12. 15. 3. 2001.
611 Ute Nyssen: Ehret die Dichter! – In: Die Zeit Nr. 23. 23. 5. 2001.
612 Süddeutsche Zeitung 24. 7. 2001.
613 Kultur-Spiegel Juli 2001. S. 30.
614 Süddeutsche Zeitung 31. 7. 2001.
615 Gert Gilewe: Der rasende Wahnsinn. – In: Abendzeitung 25. 8. 2001.
616 Werner Thuswaldner: Komödie mit starkem Seegang. – In: SN 25. 8. 2001.
617 Zit. nach Redemanuskript. Archiv der Salzburger Festspiele.
618 Ulrich Weinzierl: Tischleindeckdich vorm Blechspind. – In: FAZ 4. 8. 1998.
619 Hans Magnus Enzensberger: Zehn Auffälligkeiten. – In: FAZ 14. 4. 1999.
620 Kurier 6. 7. 1999.
621 News Nr. 29. 20. 7. 2000. S. 120.
622 SN 18. 8. 2000.
623 Die Welt 15. 8. 2001.
624 APA 4. 8. 2001.
625 Zit. bei SN 11. 10. 2002.
626 Archiv der Salzburger Festspiele.
627 Der Standard 29. 7. 1998.
628 Kurier 20. 7. 2001.
629 Die Welt 21. 7. 2001.
630 Die Tageszeitung 16. 8. 2001.
631 Kleine Zeitung 21. 8. 2001.
632 Lothar Sträter: Salz ist ein besonderer Sand. – In: Mannheimer Morgen 18. 8. 2001.
633 APA 27. 7. 1990.
634 Lothar Sträter: Ein reifer Yuppie. – In: Rheinische Post 30. 7. 1990.
635 Profil Nr. 20. 16. 5. 1994.
636 News Nr. 20. 19. 5. 1994. S. 215f.
637 Kurier Festspielbeilage 23. 7. 1994.
638 Kurier 25. 8. 1994.
639 Der Spiegel Nr. 29. 17. 7. 1995. S. 160.
640 News Nr. 29. 23. 7. 1995. S. 90.
641 Maria Rennhofer: Warme Sinnlichkeit. – In: Tiroler Tageszeitung 1. 8. 1994.
642 Kleine Zeitung 29. 7. 1998.
643 News Nr. 37. 10. 9. 1998. S. 224.
644 Frankfurter Rundschau 21. 8. 1998.
645 Kurier 18. 9. 1998.
646 Kurier 18. 9. 1998.
647 Tageszeitung 24. 7. 1999.
648 Sabine Dultz: Vielleicht gibt's mal die „Jederfrau". – In: Münchner Merkur 22. 7. 1999.
649 Münchner Merkur 22. 7. 1999.
650 OÖN-Magazin 24. 7. 1999.
651 Format Nr. 27. 20. 7. 1999.
652 Der Standard 21. 7. 1999.
653 AZ 1. 9. 1990.
654 Alfred W. Kyrer, Michael Populorum: Strukturen einer Festspielstadt. Das Besucherprofil der Salzburger Festspiele in den Jahren 1992 und 1993. – Regensburg 1995. S. 15. (Schriftenreihe des Instituts für Wirtschaftswissenschaften der Rechtswissenschaftlichen Fakultät der Universität Salzburg. Band 11.)
655 Ebda. S. 101.
656 Salzburger Wirtschaft 23. 7. 1992.
657 Die Presse 9. 7. 1993.
658 APA 7. 4. 1998.
659 Bernd Gaubinger: Die Wirtschaftspolitik des Landes Salzburg in den achtziger und neunziger Jahren aus der Sicht der Wirtschaftskammer Salzburg. – In: Robert Kriechbaumer, Franz Schausberger (Hg.): Fast eine Insel der Seligen. Handlungsspielräume regionaler Finanz- und Wirtschaftspolitik am Ende des 20. Jahrhunderts am Beispiel Salzburgs. Wien/Köln/Weimar 2002. S. 111–126. S. 113. Vgl. dazu auch Christian Dirninger: Wirtschaftsbezogene Modernisierungsstrategien. Strukturpolitik – Betriebsansiedlung – Technologieförderung im Bundesland Salzburg von 1958 bis 1998. Unter Mitarbeit von Richard Schmidjell. – Wien/Köln/Weimar 1998. Christian Dirninger, Walter Scherrer: Salzburgs Wirtschaft und Wirtschaftspolitik – Wieder zurück auf dem Weg zur Spitze? – In: Herbert Dachs, Roland Floimair (Hg.): Salzburger Jahrbuch für Politik 1999. – Salzburg/Wien 1999. S. 93–117.
660 SN 10. 4. 1993.
661 SN 19. 8. 1993.
662 SN 20. 8. 1993.
663 SN 22. 9. 1994.

Quellen-, Foto- und Literaturnachweis

ARCHIVE

Archiv der Salzburger Festspiele
Archiv des Forschungsinstituts für politisch-historische Studien/
  Dr.-Wilfried-Haslauer-Bibliothek
Salzburger Landesarchiv
Privatarchiv des Verfassers

PERIODIKA

Österreichisches Jahrbuch für Politik (ÖJP)
Salzburger Jahrbuch für Politik

WOCHENZEITUNGEN/MAGAZINE/ZEITSCHRIFTEN

Amtsblatt der Stadt Salzburg
Das Opernglas
Das Orchester
Der Spiegel
Die Bühne
Die Deutsche Bühne
Die Weltwoche
Die Zeit
Focus
Format
Kirche intern
News
Österreichische Musikzeitschrift (ÖMZ)
Opera Review
Präsent
Profil
Salzburger Fenster
Salzburger Wirtschaft
The Independent
The New Yorker
Wirtschaftswoche

TAGESZEITUNGEN

Österreichische Tageszeitungen

Austria Presse Agentur (APA)
Die Presse
Der Standard
Kleine Zeitung
Kronen Zeitung
Kurier
Neues Volksblatt
Oberösterreichische Nachrichten (OÖN)
Salzburger Landeskorrespondenz
Salzburger Nachrichten (SN)
Salzburger Tagblatt
Salzburger Volkszeitung (SVZ)
Tiroler Tageszeitung
Wiener Zeitung

Ausländische deutschsprachige Tageszeitungen

Abendzeitung
Badische Zeitung
Berliner Zeitung
Berliner Morgenpost
Die Welt
Dolomiten
Frankfurter Allgemeine Zeitung (FAZ)
Frankfurter Rundschau
Generalanzeiger
Hamburger Abendblatt
Handelsblatt
Hannoversche Allgemeine Zeitung
Luxemburger Wort
Mannheimer Morgen
Münchner Merkur
Neue Osnabrücker Zeitung
Neue Zeit
Neue Zürcher Zeitung (NZZ)
Neues Deutschland
Nürnberger Nachrichten
Reuters
Rheinischer Merkur
Rheinische Post
Saarbrücker Zeitung
Schwäbische Zeitung
Stuttgarter Zeitung
Süddeutsche Zeitung
Tages-Anzeiger
Tagesspiegel
Tageszeitung
Westdeutsche Allgemeine Zeitung (WAZ)
Westdeutsche Zeitung

Tageszeitungen des nichtdeutschsprachigen Auslands

Corriere della Sera
Financial Times
Il Giornale
Il Messagero
La Nazione
La Republica
Le Figaro
New York Post
The Independent
The New York Times

LITERATURNACHWEIS

Deppe, Rainer, Dubiel, Helmut; Rödel, Ulrich (Hg.): Demokratischer
  Umbruch in Osteuropa. – Frankfurt am Main 1991.
Dirninger, Christian: Wirtschaftsbezogene Modernisierungsstrategien.
  Strukturpolitik – Betriebsansiedlung – Technologieförderung im
  Bundesland Salzburg von 1958 bis 1998. Unter Mitarbeit von
  Richard Schmidjell. – Wien/Köln/Weimar 1998.
Eichtinger, Martin; Wohnout, Helmut: Alois Mock. Ein Politiker
  schreibt Geschichte. – Wien/Graz/Klagenfurt 2008.

Ein Jahrzehnt Salzburger Festspiele. Eröffnungsreden 1991–2001. Hg. v. d. Internationalen Salzburg Association. – Salzburg o. J.

Fukuyama, Francis: Das Ende der Geschichte. Wo stehen wir? – München 1992.

Gamper, Tobias: Zentraleuropäische Präsidententreffen. Mitteleuropa mit Klestil am Runden Tisch. – Wien/Köln/Weimar 2007. (Schriftenreihe des Herbert-Batliner-Europainstitutes. Forschungsinstitut für Europäische Politik und Geschichte. Hg. v. Herbert Batliner und Erhard Busek. Band 11.) Gehler, Michael: Österreichs Außenpolitik der Zweiten Republik. Von der alliierten Besatzung zum Europa des 21. Jahrhunderts. 2 Bde. – Innsbruck/Wien/Bozen 2005.

Ders.: Vom Marshall-Plan bis zur EU. Österreich und die europäische Integration von 1945 bis zur Gegenwart. – Innsbruck/Wien/Bozen 2006.

Havel, Václav: Versuch, in der Wahrheit zu leben. – Reinbek bei Hamburg 1990.

Hobsbawm, Eric J.: Das Zeitalter der Extreme. Weltgeschichte des 20. Jahrhunderts. – München/Wien 1995.

Judt, Tony: Geschichte Europas von 1945 bis zur Gegenwart. – München/Wien 2006.

Kathrein, Karin; Mortier, Gérard (Hg.): Salzburger Festspiele 1992 bis 2001. Oper/Schauspiel. – Wien 2001.

Kriechbaumer, Robert; Schausberger, Franz (Hg.): Fast eine Insel der Seligen. Handlungsspielräume regionaler Finanz- und Wirtschaftspolitik am Ende des 20. Jahrhunderts am Beispiel Salzburgs. – Wien/Köln/Weimar 2002.

Kyrer, Alfred W.; Populorum, Michael: Strukturen einer Festspielstadt. Das Besucherprofil der Salzburger Festspiele in den Jahren 1992 und 1993. – Regensburg 1995. (Schriftenreihe des Instituts für Wirtschaftswissenschaften der Rechtswissenschaftlichen Fakultät der Universität Salzburg. Band 11.)

Landesmann, Hans; Rohde, Gerhard (Hg.): Salzburger Festspiele 1992–2001. Konzert. – Wien 2001.

Landesmann, Hans: Ohne Musik wäre das Leben ein Irrtum. Erinnerungen. Aufgezeichnet von Karl Harb. – Wien 2011.

Schallenberg, Alexander; Thun-Hohenstein, Christoph: Die EU-Präsidentschaft Österreichs. Eine umfassende Analyse und Dokumentation des zweiten Halbjahres 1998. – Wien 1999. (Schriftenreihe des Herbert-Batliner-Europainstitutes. Forschungsinstitut für Europäische Politik und Geschichte. Hg. v. Herbert Batliner und Erhard Busek. Band 1.)

FOTONACHWEIS

Franz Neumayr: 50, 53, 58, 186

Archiv der Salzburger Festspiele: 21, 32, 65, 66, 170 unten, 183 (Photo Schaffler), 22, 83, 84, 85 (unbekannt), 26, 28, 29, 35, 44, 201, 333 oben (Harry Weber), 39 (Felicitas Timpe), 102,155 (Hermann und Clärchen Baus), 122, 156, 166, 178, 182, 184, 185, 191, 197, 204, 211, 276, 277, 279, 287, 305, 325 (Ruth Walz), 154, 170 oben, 171, 179, 207, 278, 285, 289 (Abisag Tüllmann), 157, 158, 159 (Monika Rittershaus), 160, 309 beide (Matthias Horn), 165, 168, 192, 202, 280, 290, 296, 297 (Bernd Uhlig), 173, 174 (Klaus Lefebvre),187 (Roswitha Hecke), 208, 334 (Oskar Anrather), 223 oben, unten (Mara Eggert), 239 (Charlotte Oswald), 259 (Pier Paolo Mariotti), 260 (Antti Mannermaa), 269 (Rudolf Oscar), 214, 302 (David Baltzer), 310 (Sebastian Hoppe), 321, 322 (Clemens Scharre), 333 unten (Karl Forster), 335 (Winfried Rabanus).

PERSONENREGISTER

Kursiv gesetzte Zahlen verweisen auf Bildlegenden

Aartsen, Jozias van 54
Abbado, Claudio 36 f., 80, 86, 93, 95 f., 101, *122*, 123, 125 ff., 142, 144 f., 153, 167, 189, 196, 198, 203, 205 f., 213, 215, 226, 228 f., 232, 234 f., 237, 242, 253 f.
Abdoh, Reza 313
Abou Salem, François 92, 149 ff.
Accardo, Salvatore 242
Adam, Theo 34, 176, 243
Adjani, Isabelle 328
Adler, Sam 252
Adorno, Theodor W. 10, 106, 251, 298
Afanassiev, Valery 233
Affolter, Therese 316
Aggermann, Lorenz *223*
Aicher, Gretl 210
Aikin, Laura 247
Aimard, Pierre-Laurent 41, 244, 249, 262, 323
Ainsley, John Mark 216
Aischylos 172, 286, *287*, 288
Alagna, Roberto 133, 203
Aler, John 167
Alesi, Ralph 261
al-Halladsch, Mansur 150
Allen, Thomas 30
Altenburger, Christian 236
Altmann, Roland 144
Álvarez, Carlos 133
Ammer, Andreas 256
Anday, Rosette 222
Andersen, Hans Christian 176
Angerer, Kathrin *310*
Angyan, Thomas 70
Annan, Kofi 59
d'Annunzio, Gabriele 205
Araiza, Francisco *29*, 30
Ardam, Elzbieta 176
Arden, Annabel 209
Arditti, Irvine 255
Argerich, Martha 40
Arroyo, Eduardo 167, *168*, 215
Asari, Keita 127, 198 f.
Ashkenazy, Vladimir 235
Auletta, Robert 288

Bacelli, Monica 220, 248
Bach, Franz 233
Bach, Johann Sebastian 175, 194, 219, 233, 243, 248, 251, 262
Bacher, Gerd 61
Bachler, Klaus 142
Bachmann, Ingeborg 257, 263
Bachmann, Stefan 73, 103, 295, 298, 301, 304
Bachofner, Wolf 319, 322
Bacon, Ernest 252
Badea, Alexandru 222
Bair-Ivenz, Monika 262
Balász, Béla 177
Baltsa, Agnes 169

Banlaky, Akos 167
Banse, Juliane 237, 251
Bantzer, Christoph 209
Barbirolli, John 235
Barenboim, Daniel 36, 86, 129, 147 f., 230 f.
Bartók, Béla 40, 92, 128, 145, 169, 176 f., *178*, 188, 195, 227 f., 231 f., 234, 238, 240, 243, 249 f.
Bartoli, Cecilia 147
Baselitz, Georg 175
Batjer, Margaret 242
Battistelli, Giorgio 258
Baudelaire, Charles 100
Bauer, Michael 218
Bauer, Vincent 247
Bauer, Wolfgang Maria 301
Baumbauer, Frank 55 f., 76, *85*, 295, 298 f., 303 f., 306 ff., 311, 313, 315, 318 f., 326, 330
Bayer, Konrad 316 f.
Bayo, María 152, *159*, 161
Beale, Simon Russell *280*, 283
Beaumarchais, Pierre Augustin Caron de 149
Beaumont, Antony 193
Bechtler, Hildegard 281
Bechtolf, Sven-Eric *290*, 291
Beckett, Samuel 188, 199, 257
Beethoven, Ludwig van 34, *35*, 36 f., 40, 136, 145, 153, 177, 181, 203, 205 f., 209, 220, 226 f., 229 f., 232, 234 f., 237, 240, 242, 244, 246, 248, 250, 291, 339
Begley, Kim 200, 209
Behrens, Hildegard 194, 198 f., 224
Beil, Hermann 215, 255, 318, 322
Béjart, Maurice 205
Bell, Joshua 233
Belloc, Hilaire Joseph-Pierre 318
Beňačková, Gabriela 34
Benelli, Ugo 30, 162
Benjamin, George 234, 242, 244, 249 f.
Benjamin, Walter 251
Benn, Gottfried 303
Bennent, Anne 43
Benrath, Martin 209, 270, *276 f.*, 330, 332
Berg, Alban 33, 36, 38, 40, 69, 92, 114, 126, 128, 130, 176 f., *179, 185*, 189, 205, 210, 226, 229 f., 236, 242 f., 247, 249, 263
Berger, Helmut 316
Berger, Jean 252
Berghaus, Ruth 135, 198
Bergman, Ingmar 149
Berio, Luciano 78, 106, 109, 117, 119 f., 152, 217, 224 f., 227, 234, 244, 248
Berlioz, Hector 36, 120, 145, 152, 205, 210, *211*, 212 f., *214*, 215, 221, 236, 308
Berndl, Christa 270
Bernhard, Thomas 312, 326
Bernstein, Leonard 215 f., 226, 252 f.
Beronesi, Debora 151
Best, Jonathan 175
Best, Matthew 209

Beuys, Joseph 175, 263
Bickel, Moidele 133, 180, 189, 288, 291
Bieito, Calixto 304, 314 f.
Bik, Annette 233
Bill, Maria 331
Bingen, Hildegard von 167
Birtwistle, Harrison 234, 235
Bischof, Rainer 38
Bißmeier, Joachim 288, *289*
Bissmeier, Stephan *305*
Bizet, Georges 205
Black, Jim 261
Blochwitz, Hans-Peter 234
Blomstedt, Herbert 36 f., 216
Blovsky, Walter 136, 138 f., 143
Blow, John 264
Böhm, Karl 10, 34, 105, 196, 205, 226, 228, 291
Böwe, Jule 313
Boffard, Florent 247, 249
Bogarde, Dirk 316
Bohm, Uwe 43
Boito, Arrigo 205
Bolton, Ivor 218
Bonaparte, Napoleon 206, 209
Bond, Edward 266
Bondy, Luc 56, 69, 91 f., 98, 100 f., 105, 111, 147 ff., 151, *156*, 196, *197*, 198, 240, 271, 275, 323
Bonney, Barbara 195, 221, 253
Boreyko, Andrej 172
Borges, Jorge Luis 224, 326 f.
Borodina, Olga 213
Botha, Johan 203
Boulez, Pierre 40, 55, 100, 126, 144 f., 147, 167, 175, 180 f., *183*, 210, 226 f., 229 ff., 236 ff., *239*, 241 f., 244 ff., 249 f., 255, 262 f.
Bowie, David 264
Boysen, Rolf 330
Brahms, Johannes 36, 145, 232 f., 237, 242
Brandauer, Klaus Maria 327
Brandl, Herbert 319
Brando, Marlon 312
Brauer, Charles 43
Braun, Matthias 288
Braun, Russell 221, 242
Braun, Victor 222
Brecht, Bertolt 189 f., 245, 254, 295, 308, 312
Breitfuß, Gottfried 172
Brendel, Alfred 145, 228, 232
Brenner, Peter 27, 30, 34, 205
Breschnew, Leonid 38
Breth, Andrea 271
Bridges, Jeff 319
Brittan, Leon 51
Britten, Benjamin 234, 236, 244, 252 f.
Brod, Max 193
Bröcheler, John 176, 200
Broek, Hans van den 54

Brook, Peter 286, 303
Brosz, Wilhelm 252
Bruch, Max 234
Bruckner, Anton 36 f., 145, 234, 237
Brüggen, Frans 95
Bruguière, Dominique 151
Buchbinder, Rudolf 234, 237
Buchleitner, Gerhard 20, 64, 307
Büchner, Eberhard 34
Büchner, Georg 270, 300 f., *302*
Bumbry, Grace 175, 181
Burchhard, Beate 123 ff., 128
Burke, Joseph P. 338
Burroughs, William S. 265
Burt, Robert 209
Burtscher, Christian 63
Burwik, Peter 40
Busek, Erhard 17 f., 24, 51, 61 f., 88
Busoni, Ferruccio 106, 193, 210, 249
Busse, Peter 205
Bussotti, Sylvano 248
Byron, Don 261

Cacciari, Massimo 54, 254, 257
Cage, John 244, 254 ff., 261 f., 263, 319
Cahusac, Louis de 220
Caine, Uri 261
Caldara, Antonio 319
Callas, Maria 215, 264
Cambreling, Frédérique 247
Cambreling, Sylvain 56, 91, 95, 103, 141, 150, 162 f., 175, 188, 205, 210, 212 f., 230, 234, 236, 238, 245, 251 f.
Cameron, Sandra 237
Campell, Colin 209
Canonica, Sibylle 43, *44*
Canonici, Luca 200
Capuder, Andrej 24
Carpani, Giuseppe 217
Carreras, José 15
Carter, Elliott 247
Cascioli, Gianluca 249
Castello, Dario 219
Castorf, Frank 304, 306, *310*, 311 f., 330
Castro, Fidel 254
Caussé, Gérard 233
Cavaco Silva, Aníbal 51
Cavalieri, Emilio de' 31, *218*
Celan, Paul 224, 316 f.
Celibidache, Sergiu 235, 265
Cerha, Friedrich 40, 69, 176 f., 227, 231, 234, 236, 242 f., 249 f., 252, 262 f.
Cerutti, Michel 247
Ceausescu, Nicolae 286
Chaignaud, Jean-Luc 176
Chailly, Riccardo 95, 234 f., 242
Charpentier, Marc-Antoine 219
Chéreau, Patrice 69, 91 f., 98, 101, 105, 147 f., 256, 270, 281, 291
Chernov, Wladimir 200
Cherrier, Sophie 249
Cherubini, Luigi 213, 215 f.
Chevènement, Jean-Pierre 317 f.

Chlebnikov, Velimir 265
Chopin, Frederic 190
Christiansen, Christian 216
Christie, William 218
Christoff, Boris 216
Ciampolini, Daniel 247
Cimarosa, Domenico 217
Cinelu, Mino 322
Clark, Graham 188
Clarke, Elizabeth 327
Claudel, Paul 195
Claycomb, Laura 188
Clementi, Aldo 248
Clever, Edith 209, 282, 301
Clinton, Hillary 186
Coburn, Pamela 30 f.
Cocteau, Jean 175 f.
Coleman, Jim 324
Cominati, Roberto 248
Coni, Paolo 203
Contilli, Gino 251
Copland, Aaron 252 f.
Cornu, Jean-Pierre *305*
Corsi, Jacopo 219
Creimer, Georgia 319
Crippa, Maddalena 328 ff., *333 f.*
Croft, Dwayne 225
Cruz, Juana Inés de la 167
Cuvelier, Brigitte *310*

Dahrendorf, Ralf 18
Dalai Lama 49, *50*
Dalayman, Katarina 193
Dalbavie, Marc-André 241
Dale, Laurence 162, 220, 236
Dallapiccola, Luigi 92, 169, 172, 177, 181, 231
Dam, José van 167, *170 f.*, 200, *201*, 210
Damiani, Luciano 203
Damiens, Alain 242
Daniluk, Pavel 176
Dante Alighieri 172
Darwin, Charles 327
Davis, Andrew 234
Davis, Colin 30, 37
Davison, Peter J. 163, *166*
Dawson, Lynn 31
Debussy, Claude 37, 92, 181, 205, 225 ff., 229 ff., 234, 238, 243, 247, 249 f.
De Carolis, Natale 26
Dechant, Josef 62, 78, 113
Dedecius, Karl 286
Degen, Michael 330
Deiber, Paul-Émile 195
Deleuze, Gilles 265
Dene, Kirsten 326
Denoke, Angela 162, 189 f., *191*, 215
Derevianko, Viktor 232, 243
Dés, László 322
Deschamps, Jérôme 313
Desprez, Josquin 248
Dessay, Natalie 150, 200
Dessi, Daniela 146
Desyatnikov, Leonid 232, 243

Dewitte, Michael 133
DeYoung, Michelle 236
Diappi, Carlo 30, 41
Dickinson, Emily 252
Diderot, Denis 258
Diekhoff, Marlen 324, *325*
Dierksen, Uwe 252
El Din, Hamza 288
Dodin, Lew 126, 198 f.
Dohmen, Albert 133, *185*
Dohnányi, Christoph von 36 f., 93, 95, 128 f., 141 f., 147, 150, 177, 196, *197*, 198, 200, 205, 231, 243, 262
Dolberg, Kirsten 210
Domingo, Plácido 15, *21*, 31, 96, 129 f., 210, 215 f., 231
Donatoni, Franco 248, 251
Donnella, Declan 203
Donizetti, Gaetano 146, 217
Dorn, Dieter 288, 304
Dostojewski, Fjodor 164, 167
Doufexis, Stella 237, 251
Dubuffet, Jean 261
Dudley, William 34
Düllmann, Susanne *305*
Düringer, Annemarie 316
Dürrenmatt, Friedrich 303
Duesing, Dale 162, 222, *223*
Duiverman, Robby 209
Dulack, Mathias 180
Dutschke, Rudi 330

Eaglen, Jane *208*, 210
Eberth, Michael 295
Ebner, Caroline 308, 318
Eco, Umberto 108
Eder, Boris 43
Eder, Helmut 40, 244
Ehlert, Sibylle *184*
Ehnes, Barbara 314
Eidt, Stephanie 313
Einem, Gottfried von 10, 64, 189, 243
Eisenstein, Sergej 281
Eisler, Hanns 245
Elgar, Edward 38, 235
Elias, Buddy 222
Eliot, T. S. 234
Engel, Judith 318
Engels, Edith 315
Enzensberger, Hans Magnus 316 ff.
Eötvös, Peter 120, 236 ff., 247, 249 f., 256
Erskine, Peter 257
Essl, Karlheinz 263
Esterházy, Péter 316, 322
Euripides 286
Everding, August 205, 267, 298, 338

Fabbriciani, Roberto 262
Fabbricini, Tiziana 203
Fachberg, Peter 286
Faithfull, Marianne 245
Farkas, Ferenc 188
Fartacek, Herbert 91, 266

Fedosejew, Wladimir 36
Feldman, Morton 254 ff., 262
Ferneyhough, Brian 251
Ferrero-Waldner, Benita 59
Feuchter, Hermann 172
Filippini, Rocco 242
Fink, Bernarda 176
Fischart, Johann 318
Fischer, Adam 169
Fischer, Edwin 243
Fischer, Iván 195, 228, 234, 249
Fischer, Joschka *53*
Fischer, Michael 54
Fischer, Otto W. 43, 45
Fischer-Dieskau, Dietrich 210
Fleischmann, Hans 313
Flimm, Jürgen 10, 43, 45, 80, 219, 295, 328
Förster, Lutz 221
Follen, Karl 300
Ford, Bruce 163
Foreman, Richard 313
Formanek, Michael 261
Formenti, Marino 251, 263
Fosse, Jon 304, 312 f.
Fox, Tom 176
Francis, Jeffrey 221, 236
Frantz, Justus 338
Franz II./I. von Österreich 206
Freeman, Betty 118, 225, 245, 262 f.
Freire, Nelson 40
Frescobaldi, Girolamo 247 f.
Freyer, Achim 92, 105, 149 ff., *157*
Frick, Gottlob 210
Fricsay, Ferenc 235
Fried, Erich 18
Friedel, Gernot 327, 329 ff.
Friedrich V. von der Pfalz 327
Friedrich, Caspar David 313
Friedrich, Daniel *290*, 291
Friedrich, Götz 126, 196
Frigerio, Ezio 148
Frischenschlager, Friedhelm 63
Frittoli, Barbara 152
Fritz, Peter 255
Frost, Robert 252
Fuhrmann, Wilhelm 252
Furlanetto, Ferruccio 30
Furrer, Beat 242, 255, 262
Furrer, Eva 180
Furtwängler, Wilhelm 9 f., 105, 195, 200

Gabrieli, Giovanni 255
Gadenstätter, Clemens 245
Gaius Petronius 41
Galas, Diamanda 258
Galinski, Heinz 20
Gambill, Robert 176, *179*, *208*, 210
Gandhi, Mahatma 246
Ganz, Bruno 256, 258, 278, 281
García, Manuel 41
Gardiner, John Eliot 31, 142, 194, 209, 221, 231 f., 243
Garrett, David 234

Gasser, Wolfgang 43
Gasteiger, Arno 124, 337 ff.
Gaubinger, Bernd 337
Gehmacher, Wolfgang 64
George, Heinrich 15
Gere, Richard 319
Gergiev, Valery 135, 144 f., 150, 152 f., 194, 205, 210, 212, 215 f., 237
Geringas, David 233
Gerlach, Robert 193
Gernhardt, Robert 318
Gerstl, Elfriede 317
Gesualdo, Carlo 241 f., 247
Ghelderode, Michel de 188
Gheorghiu, Angela 133
Giacometti, Alberto 263
Gibran, Kalil 150
Gielen, Michael 38, *39*, 95, 141 f., 150, 153, 161, 176 f., 205, 228 f., 242, 256 f.
Giotto di Bondone 169
Giraud, Albert 180
Glass, Philip 245 f.
Glauser, Friedrich 316 f.
Glittenberg, Marianne 27, 147, 152, 196, 219
Glittenberg, Rolf 27, 147, 196, 219
Glorvigen, Per Arne 233
Gluck, Christoph Willibald 31, 98, 146, 213, 215, 217, 258
Goebbels, Heiner 256 f.
Göncz, Árpád 51
Goerne, Matthias 150, *157*
Goethe, Johann Wolfgang von 212, 251, 266 f., 270, 273, 304, 308
Gold, Ernest 252
Goldoni, Carlo 328
Goodman, Paul 252
Gorbatschow, Michail 206
Gorki, Maxim 254
Gosch, Jürgen 271
Graf, Hans 38, 41
Graf, Herbert 27, 150, 218
Graham, Susan 164, 200, 218, 220, 253
Granić, Mate 52
Grant Murphy, Heidi 163, 221
Greenaway, Peter 257
Greggory, Pascal 291
Grieg, Edvard 36, 195
Griem, Helmut 316
Griffes, Charles 252
Grigolli, Olivia 315
Grigorian, Gregam 213
Grillparzer, Franz 43, *44*, 270, 293 f., *297*, 306, 311, 331
Grisey, Gérard 252
Groth, Sylvester 301, *302*
Grothgar, Andreas *309*
Groves, Paul *211*, 212, 218
Gruber, Heinz Karl 244 f.
Gruberova, Edita 164, 217
Grüber, Klaus Michael 69, *122*, 167, *168*, 177, 205, 215
Gründgens, Gustav 203
Grundheber, Franz 27, 210

Guanieri, Adriano 248
Gubaidulina, Sofia 232, 243
Gubisch, Nora 222
Günderrode, Karoline von 250 f.
Güra, Werner 234
Guevara, Che 251, 254
Guggeis, Edgar 233
Gulyás, Dénes 40
Gunter, John 30
Gurdjieff, George I. 303
Gustafsson, Lars 318
Guth, Claus 218, 225

Haage, Ulrike 256
Haas, Georg Friedrich 264
Habá, Alois 264
Hackl, Karlheinz 43, 45
Hadley, Jerry 151, 175, 190, 194
Händel, Georg Friedrich 37, 92, 100, 175, 218, 233, 319
Häupl, Michael 142
Haeusserman, Ernst 270, 327, 329
Haider, Jörg 59, 61 f., 311
Haigermoser, Helmut 63
Haitink, Bernard 30, 147, 169, 228 f., 237, 251
Hale, Robert 34, 177, *178*, 196, 216
Halévy, Ludovic 221
Hallé, Charles 235
Halley jr., Ben *287*
Hamilton, Ronald 33, *170 f.*
Hamilton, Susan 167, 234
Hampe, Michael 25, 27, 30, 146
Hampson, Thomas 193, 218, 234, 251 ff.
Hamsun, Knut 312
Handke, Peter 20, *183*, 328 f.
Harding, Daniel 237
Harewood, David *280*, 283
Harnoncourt, Nikolaus 27, 72 f., 86, 95 f., 100 f., *102*, 103 ff., 135 f., 144 f., 148 f., 151 f., 219 f., 226 ff.
Hartinger, Dorothee *290*, 291
Hartley, Hal 298, 300, 323 f.
Hartmann, Karl Amadeus 36, 38, 253
Hartmann Matthias 304
Harzer, Jens 313
Haslauer, Wilfried 337
Haslinger, Adolf 60
Hatziano, Markella 177
Haubold, Ingrid 38
Haugland, Aage 189
Hauptmann, Elisabeth 189
Haußmann, Leander 270, *279*, 282 f., 286, 288, 332
Havel, Václav 16 ff., *21*, 23 f., 49, 51
Hawlata, Franz *159*, 161, 209
Haydn, Joseph 31, 33, 36, 145, 230, 234, 236, 240
Heilmann, Uwe 31
Heinisch, Thomas 249 f.
Heinrich IV. von Frankreich 219
Hellekant, Charlotte 188
Hellsberg, Clemens 86, 105, 109, 143 f.
Henlein, Peter 327

Henning, Marc von 306, 326 f.
Henschel, Jane 181
Henze, Hans Werner 40, 69, 230 f., 237, 252, 256, 263, 265
Heppner, Ben 146, 215
Herbeck, Ernst 316
Herreweghe, Philippe 218 f., 234
Herrmann, Karl-Ernst 91 f., 96 ff., 100, 143, 146 ff., 151, 161 ff., *165*, 180, 200, 221, 291, 323
Herrmann, Ursel 92, 96 f., 143, 146 ff., 151, 161 ff., *165*, 200, 221
Hindemith, Paul 92, 230, 242, 252 f.
Hinterhäuser, Markus 10, 240, 244, 253 ff., 261, 316, 319
Hirschfeld, René 41
Hitler, Adolf 69
Hochstraate, Lutz 41
Hölderlin, Friedrich 172, 250, 316 f.
Hoelscher, Ulf 250
Hölszky, Adriana 263
Höpfner, Ursula 326
Höß, Rudolf 261 f.
Hoffmann, E. T. A. 193
Hoffmann, Josef 43
Hoffmann, Petra 262
Hoffmann, Toby 242
Hofmannsthal, Hugo von 9 f., 17, 25, 43, 45, 51 f., 54, 75, 96, 106 ff., 110, 196, 198 f., 268, 293 f., 298, 306 f., 328 ff.
Hogwood, Christopher 243
Holender, Ioan 67 f., 71, 86, 107, 142
Holl, Robert 226
Holliger, Heinz 150, 163
Hollweg, Werner 41
Holt, Simon 234 f.
Holtzmann, Thomas 270, *276*
Holzmeister, Clemens 9, 292
Homberger, Christoph *223*
Homer 172
Honeck, Manfred 195, 236
Honegger, Arthur 195
Hopp, Max *309*, 322
Horenstein, Jascha 216
Horkheimer, Max 298
Horne, Marilyn 217
Horváth, Ödön von 304, *305*, 306
Hotter, Hans 210
Hough, Stephen 233
Hoursiangou, Mathilde 263
Hrdlicka, Alfred 57
Huemer, Peter 261
Hughes, Langston 252
Hunt, Swanee 186
Hurd, Douglas 51
Hurley, Frank 322
Husák, Gustav 16
Huston, John 319
Hvorostovsky, Dmitri 152, *159*

Ibsen, Henrik 195, 267, 312
Ilg, Dieter 322
Immendorff, Jörg 175, 181
Ingalls, James F. 225

Innerhofer, Franz 194
Isokoski, Soile 163
Isserlis, Steven 232 f.
Ives, Charles 36, 231, 253, 265

Jacobs, Ken 255
Jacobs, René 95, 219 f.
Jaeger, Stefan 337 f.
Jäggi, Ueli *305*, 315
Järvi, Neeme 195
Janáček, Leoš 40, 92 f., 108, *122*, 151, 164, 167, *168*, 189 f., *191 f.*, 193 ff., 238
Jansons, Mariss 36, 228 f., 234, 236
Jara, Jorge 327
Jarnach, Philipp 193
Jarrell, Michael 252
Jarry, Alfred 188
Jelinek, Elfriede 110, 199, 263 f., 299 f., 306, 316 f., 324, *325*, 326
Jeritza, Maria 222
Jesserer, Gertraud 43, 270, 292
Job, Enrico 30
Jochum, Eugen 243
Jones, Gwyneth 190, 235
Joosten, Guy 147
Jouanneau, Joël 257
Joyce, James 172, 175
Judt, Tony 16
Jung, André 200, *305*, 315, 318, 322, 324, *325*
Jung, Jochen 322
Jungk, Robert 20
Juozapaitis, Vytautas 176

Kafka, Franz 326 f.
Kagen, Sergius 252
Kalaf, Ofer 261
Kallisch, Cornelia 237, 251
Kammer, Salome 251, 265
Kang, Hae-Sun 247
Kantscheli, Gija 232, 243
Kaplan, Gilbert 231
Karajan, Eliette von 127, 131, 133
Karajan, Herbert von 9 f., 15, 25, 27, 30 f., 34, 36 f., 57, 60 f., 63, 69, 73, 86, 91, 94 f., 99 f., 103, 105 ff., 109 ff., 113, 117, 123 ff., 128, 131, 133, 135 f., 146 f., 161, 167, 169, 181, 195 f., 199 f., 203, 205 f., 210, 212, 218, 224, 226 ff., 230, 238, 253, 264, 291, 293
Károlyi, Katalin 323
Kasarova, Vesselina 30, 151, *160*, 161, 163, *166*, 212, 217
Kashkashian, Kim 243, 250
Katharina von Siena 251
Katschthaler, Hans 17 f., 20, 60 ff., *65*, 67, 71 f., 97, 99, 114, 124 f., 139 f., 266, 271
Katzenelson, Jizchak 256
Kavrakos, Dimitri 30
Kazan, Elia 312
Kazarnovskaya, Ljuba 30
Keach, Stacey 319
Keenlyside, Simon 161
Kelemen, Zoltan 210
Keller, Marthe 195

Kempff, Wilhelm 243
Kerschbaumer, Gert 57
Kertész, Imre 316 f., 322 f.
Kienberger, Jürg *305*, 322
Killmayer, Wilhelm 250
Kim, Juli 291
Kiš, Danilo 316 f.
Klaus, Václav 51
Kleiber, Carlos 169, 228, 235
Kleiber, Erich 31, 99, 176
Kleist, Heinrich von 303, 313
Klemperer, Otto 243
Klepsch, Egon 52
Klestil, Thomas 49, 51 f., 106 ff., 307
Klima, Viktor 86, 117
Klink, Matthias 252
Kmentt, Waldemar 41
Knappertsbusch, Hans 10
Knussen, Oliver 234 f.
Kocsis, Zoltán 233
Kodály, Zoltán 169, 188, 228, 238
Koek, Paul 316
Köves, Peter 176
Kogge, Imogen 301
Kohl, Helmut 23, 51 f., 54
Koja, Friedrich 52
Kokoschka, Oskar 27, 33, 150
Koller, Josef 56, 62, 64, 78 f., 88
Koller, Reinhard 167
Kollo, René 210
Koltès, Bernard-Marie 291
Komarek, Hanns 119
Koresh, David 324
Korngold, Erich Wolfgang 93
Korpiun, Anja Marlene 313
Kortner, Fritz 266, 270, 329
Koshnaw, Rizgar 265
Kotscherga, Anatoli 205, 229
Kott, Jan 282
Kowalski, Jochen 220
Kozlowska, Joanna 162
Krakauer, David 262
Krankl, Hans 15
Kraus, Karl 303
Krause, Tom 41, 167
Krauss, Clemens 10, 196
Kremer, Gidon 229, 232 ff., 243 f.
Kremer, Hans 326
Krenek, Ernst 31, *32*, 33, 40, 256
Kresnik, Johann 330
Kretschmer, Klaus 195, 209
Kringelborn, Solveig *155*
Krips, Josef 31, 37
Krisch, Johannes 322
Krischke, Leo *223*
Krön, Peter 60
Kroetz, Franz Xaver 265
Kronlachner, Hubert 43
Kruse, Jürgen 270, 286, 288
Kubelka, Peter 255
Kuebler, David 176, 194
Kühr, Gerd 40, 242, 264 f.
Kuhn, Gustav 97, 146, 148, 150 f.
Kunath, Gerd 326

Kunzendorf, Nina *309*
Kupper, Werner 123 ff., 128 f., 131
Kurtág, György 40, 169, 227, 232, 238, 240, 243, 263, 265, 323
Kurtág, Márta 323
Kurz, Franz 339
Kušej, Martin 218, 304, 306, 311
Kyburz, Hanspeter 265

Lachenmann, Helmut 120 f., 245, 254 f., 263 f.
Lämmerhirt, Martin 172
Lafont, Jean-Philippe 236
Lagerfeld, Karl 43
Lalande, Michel-Richard de 219
Lampe, Jutta 288, *289 f.*, 291
Lampedusa, Giuseppe Tomasi di 99
Landes, Brigitte 303
Landesmann, Hans 15, 56, 60, 63 f., *66*, 67 f., 70, 72 ff., *84*, 86, 89, 91 ff., 95, 99, 101, 103 f., 110, 113, 115, 118, 120, 127 f., 130 ff., 134, 138 f., 142, 144, 152, 169, 205, 217, 220, 224, 226 ff., 240 ff., 244, 251 ff., 261, 266, 273 f., 299
Lang, Bernhard 265
Lang, Jack 16
Langhoff, Thomas 43, *44*, 304, 328
Langridge, Philip 25, 193, 220, 236
Lanoye, Tom 306 f.
Larcher, Thomas 252
Larin, Sergej 133, 203
Larmore, Jennifer *155*
Larsson, Anna 237, 251
Lasker-Schüler, Else 300, 303, 316
Lause, Hermann 301
Lauwers, Joël 151
Lawrence, Douglas 210
Leander, Zarah 264
Lear, Edward 318
Lechner, Hans 110, 126, 266
Lefebvre, Pierre 200
Lehar, Franz 232
Lehnhoff, Nikolaus 25, 27
Lenin, Wladimir Iljitsch 254
Leopold II. 30
Lepage, Robert 300 f., 303, 323
Lepenik, Robert 265
Leskow, Nikolai 194
Lettner, Harald 266
Levine, James 37, 95, 205, 228
Lewis, Keith 210
Lichal, Robert 62
Liebermann, Rolf 167
Ligeti, György 92, 109, 140, 169, *184*, 188 f., 227, 238, 240 f., 262 f., 323
Lindén, Suvi 55
Lindsley, Celina 33
Lindtberg, Leopold 34, 205, 270, 282, 329
Lipovšek, Marjana 176, 196, 200, 220, 226, 234, 242
Liszt, Franz 228, 235, 240
Lloyd, Robert 152
Löbl, Karl 70, 86
Lohner, Helmuth 15, 270, 292 f., 327 ff., *333*
Loidl, Christian 265
Longo, Robert 100, 162 f.
Lonquich, Alexander 233
Loos, Adolf 43
Lopez, George 257 f., *259*
Lorenz, Wolfgang 88
Lothar, Susanne 43, *44*, 319
Lott, Felicity 236
Lubbe, Marinus van der 251
Lubbers, Ruud 52
Lucier, Alvin 258, 261, 264
Ludwig XV. von Frankreich 220
Ludwig, Christa 210
Ludwig, Rolf 43
Lüpertz, Markus 175
Lukian 318
Lully, Jean-Baptiste 220
Luperi, Mario 200
Lutoslawski, Witold 36 f., 190, 236
Lyssewski, Dörte 195, 213, *290*, 291, 294, *297*, 318 f., 331 f.

Maalouf, Amin 225
Maazel, Lorin 34, 103, 126 f., 129, 131, 135, 138 f., 142, 144, 152, 172, 196, 198 f., 203, 205, 215, 227 f., 231, 235 ff.
MacDowell, Edward 252
Machado, Antonio 247
Machaut, Guillaume de 248
Machiavelli, Niccolò 219
Mackerras, Charles 144, 150 ff., 167, 194, 215
Maderna, Bruno 41, 243, 248, 254
Maertens, Michael 319, 322 f.
Maeterlinck, Maurice 181, 284
Maffei, Peter 162
Magnani, Anna 176
Magnus, Elisabeth von 319
Mahler, Gustav 36, 38, 132, 145, 228, 230 ff., 237, 243, 246 f., 250 f., 261
Mahler-Werfel, Alma 33
Mailath-Pokorny, Andreas 86
Maisky, Mischa 40
Major, Malvina 162
Makeïeff, Macha 313
Malfitano, Catherine 190, 198, 245
Malick, Terrence 319
Malipiero, Gian Francsco 254
Mallarmé, Stéphane 247
Mallison, Oliver 315
Malmberg, Urban 167
Malraux, André 16
Malta, Alexander 30
Manelli, Francesco 219
Mann, Thomas 251, 315
Mannion, Rosa 231, 234
Manson, Anne 205
Manteuffel, Felix von 318
Manzoni, Giacomo 248 f., 251
Marasco, Michele 248
Marc, Franz 303
Marcoaldi, Franco 249
Marenzio, Luca 247 f.
Margiono, Charlotte 30

Margulis, Vitalij 40
Maria Theresia 9, 198
Markert, Annette 234
Márta, István 40
Marthaler, Christoph 73, 103, 108, 161 f., 177, 180, 189 f., 295, 298, 304, *305*, 315
Martinpelto, Hillevi 209
Martinů, Bohuslav 40
Marton, Eva 169, 196
Marx, Karl 245, 254
Marzot, Vera 200
Maschkow, Wladimir 291
Massary, Fritzi 222
Masucci, Oliver *309*
Masur, Kurt 34
Matejko, Jan 284
Matschke, Matthias *305, 310*
Matthews, Colin 234 f.
Mattila, Karita 152, *160*, 161, *192*, 194
Mauser, Siegfried 250
Mayer, Stefan 189
Mayr, Hans 137
McBurney, Simon 308
McNair, Sylvia 25, 30 f., 150, *158*, 175, 181, 220
Medici, Maria de' 219
Mehta, Zubin 37, 145, 181, 230 f.
Mei, Eva 226
Meier, Waltraud 210, 215, 231
Meilhac, Henri 221
Meisel, Kurt *276*
Melles, Sunnyi 318 f., 323, 327 f., *333*
Melville, Herman 252, 257
Mendelssohn, Fanny 233
Mendelssohn Bartholdy, Felix 226, 230, 232 ff., 237
Mendes, Sam 270, *280*, 283
Mengelberg, Willem 243
Mentzer, Susanne *26*, 30
Menuhin, Yehudi 228
Mercier, Jacques 240
Merkatz, Karl 43
Merki, Stefan 318
Merritt, Chris 180 f., *182*, 193, *208*, 210
Mescheriakova, Marina 133
Mesguich, Daniel 236
Messiaen, Olivier 40, 92, 109, 116, 145, 164, 167, 169, *170 f.*, 177, 180, 189, 225, 227, 231 f., 234 f., 238, 240, 242 ff., 256
Messiaen, Yvonne *170*
Messner, Reinhold 319, *321*, 326
Metastasio, Gamerra 163
Metzger, Klaus 209
Metzmacher, Ingo 40, 254
Meyer, Robert 319, 322, 331
Meyerbeer, Giacomo 153, 205
Mickiewicz, Adam 286
Miert, Karel van 52
Mikolajczyk, Jadwiga 284
Milhaud, Darius 240
Miller, Arthur 311
Miller, Jonathan 92, 105, 163, *166*
Millöcker, Carl 221
Minder, Robert 128, 130 f.

Minkiewicz, Ryszard 193
Minkowski, Marc 150 f., 234
Miricioiu, Nelly 217
Mitterer, Wolfgang 262
Mnouchkine, Ariane 150
Mock, Alois 18, 23, 51 f.
Mölich-Zebhauser, Andreas 161
Moffat, Julie 252
Moissi, Alexander 15
Molière 292
Mondrian, Piet 177
Montague, Diana 25
La Monte Young 246
Monteux, Pierre 37, 195
Monteverdi, Claudio 31, *102*, 169, 175, 219 f., 230, 241 f., 248, 252
Morabito, Sergio 199 f.
Morak, Franz 71, 120
Mori, Hanae 198
Moritz, Herbert 63 f., 113, 266
Morrison, Jim 283
Mortellari, Michele 163
Mortier, Gérard 10, 15, 34, 37, 54 ff., 59 f., 63 f., *66*, 67 ff., *83*, 86, 89, 91 ff., 103 ff., 113 ff., 123 f., 126 ff., 134 ff., 139 ff., 146 ff., 152, 161 f., 164, 167, 169, *170*, 172, 176, 188 f., 193, 196, 198 ff., 205 f., 210, 213, 217, 220 ff., 224 ff., 236, 238, 244, 256, 261, 266, *269*, 271 ff., 292 ff., 298 f., 303 f., 307, 323, 328 f., 337 f.
Moscheles, Ignaz 233
Mosebach, Martin 209 f.
Moser, Albert 15, *32*, 92, 95, 295
Moser, Hans 222
Moser, Ingrid 87
Moser, Thomas 34, 196, 216
Moss, David 222
Mossé, Mireille 163
Mozart, Wolfgang Amadeus 9 f., 15, 24 f., 27, *28 f.*, 30, 34, 36 ff., 40 f., 68 ff., 74 f., 91 ff., 96 ff., 100 f., 105 ff., 110 ff., 120, 123, 133 ff., 140 ff., 146 ff., *154 ff.*, *160*, 161 f., 164, *165 f.*, 169, 175, 190, 196, 198, 200, 205 f., 210, 213, 217 f., 220, 226, 230, 232, 234 ff., 244, 248, 291, 298, 324
Mühe, Ulrich 43, *44*, 215, 319, 330
Müller, Florian 180
Müller, Heiner 250, 275, 311
Muliar, Fritz 331
Mullova, Viktoria 237
Mundel, Barbara 172
Murail, Tristan 264
Murat, Joachim 206
Murray, Ann 146
Musil, Robert 106
Mussbach, Peter 55, 92, 101, *154*, 162 ff., *174*, 175 ff., 181, *191*, 193, 195
Mussolini, Benito 108
Mussorgski, Modest P. 123, 126, 205, 212, 229
Muthspiel, Wolfgang 322
Muti, Riccardo 25, 30 f., 37, 72 f., 93, 95 ff., 103 f., 128 f., 135 f., 138, 140 f., 145 ff., 200, *202*, 203, 217, 228, 231 f., 236, 295

Nádas, Péter 316, 322
Naef, Yvonne 236
Nagano, Hideki 247
Nagano, Kent 193, 195, 225, 231 f., 235 ff., 244, 247, 251, 263
Nagel, Ivan 275, 295, 298 ff., 303 f., 306, 316, 323, 330
Nars, François 108
Nes, Jard van *184*, 188
Nestroy, Johann 43, 306
Neuenfels, Hans 108, 135, 153, 161, 199, 222, *223*
Neumann, Bert *279*, 283, 312
Neunecker, Marie-Luise 40, 236
Neuwirth, Harald 263
Neuwirth, Olga 249, 263 f.
Neveux, Georges 40
Newport, Vivienne 221
Nickel, Christian 294, *297*
Nielsen, Carl 195, 216
Nielsen, Inga 216
Nietzsche, Friedrich 193, 261, 308
Noelte, Rudolf 270, 301
Nomi, Klaus 264
Nono, Luigi 116, 228, 234, 241 f., 247 f., 250, 254 ff., 261 ff.
Nono, Nuria 254
Norberg Schulz, Elizabeth 146, 200
Norman, Jessye 68, 95 f., 98, 164, 177
Norrington, Roger 144 f., 150, 163 f., 232, 234, 236 f.
Norup, Bent 216
Nussbaumer, Heinz 108

Obolensky, Chloe 281
Ockeghem, Johannes 248, 262
Oehring, Helmut 257 f.
Oelze, Christiane 162 f., *166*, 209
Ofenbauer, Christian 242
Offenbach, Jacques 205, 213, 221
Ognovenko, Vladimir 213
Ollé, Àlex 212
Olsen, Frode 188 f.
Orff, Carl 69, 205
Orgonášová, Luba 34, 176
Ormerod, Nick 203
Ormiston, Linda 175
Ostendorf, Josef 315
Ostermayer, Christine 195, 318 f., 331
Ostermeier, Thomas 304, 306, 311 ff.
Ostrowski, Alexander N. 189 f.
Otter, Anne Sofie von 162, 210
Otto III. 291
Otto, Teo 175
Ovid 318
Owen, Wilfred 234
Ozawa, Seiji 25, 27, 36 f., 167, 169, 210, 228, 232, 236

Pabst, Peter 27
Pace, Enrico 249
Paderewski, Ignacy 16
Padrissa, Carlus 212
Pärt, Arvo 232, 243, 319

Pagano, Mauro 25, 27
Palestrina, Giovanni Pierluigi da 248
Palli, Margherita 152, 200, 288
Palm, Siegfried 38
Paloma, Mercè 314
Pangalos, Theodoros 52
Papandreou, Giorgos 54
Pape, René 27, 34, 150, 203
Pappano, Antonio 153
Pappas, Dimitri 15
Pappenheim, Marie 177
Paracelsus 327
Paravicini, Friedrich 308, 318
Parmeggiani, Frida 163, 301
Parrott, Andrew 243
Pasqual, Lluis 143, 203
Paulmann, Annette 301, 316
Paumgartner, Bernhard 31, 218
Pavarotti, Luciano 68, 95, 164, 198
Pecha, Peter 144
Pecker, Talia 224
Pecková, Dagmar *191, 208*, 225
Pecoraro, Herwig 176
Pederson, Monte 175
Peduzzi, Richard 148, 190
Penck, A. R. 175
Penderecki, Krzysztof 69
Peper, Uwe 34
Perceval, Luk 304, 306, *309*, 313
Pereira, Alexander 70, 80, 86
Pergamenschikow, Boris 233
Pergolesi, Giovanni Battista 217, 220
Peri, Jacopo 219
Perón, Evita 222
Persico, Benito 30
Peterle, Lojze 24, 51
Petitjean, Stéphane 222
Peymann, Claus 266, 282, 295, 304, 318, 326
Pfammatter, Karin 315
Piazzolla, Astor 232, 243
Picker, Johanna 38
Pilip, Ivan 52
Pinnock, Trevor 243
Pintscher, Matthias 120, 243 f., 262
Piplits, Erwin 147, *155*
Pirandello, Luigi 114, 270, 288, *289*, 311, 339
Piranesi, Giovanni Battista 163
Pistoletto, Michelangelo 257
Pittmann-Jennings, David 180 f.
Plaschka, Katia 262
Platel, Alain 306, 313
Plath, Sylvia 251, 316 f.
Platon 150 f.
Platzer, Hermann 318
Plensa, Jaume 212
Poe, Edgar Allan 252
Pöcklhofer, Herbert 15
Pöschl, Herwig 338
Polaski, Deborah 189, 200, 213, *214*, 215
Polgár, László 193
Polisoidis, Dimitrios 265
Pollet, Françoise 176

Pollini, Daniele 249
Pollini, Maurizio 234, 241 ff., 247 ff., 251, 254, 256
Pompadour, Madame de 220
Pompidou, Georges 238
Ponnelle, Jean-Pierre 25, 27, 69, 150, 180, 205, 219
Ponte, Lorenzo Da 41, 93, 140, 161
Popp, Lucia 40
Posch, Alois 233
Poulenc, Francis 37, 176
Pozzi, Antonia 251
Prantl, Karl 252
Prawy, Marcel 224
Prégardien, Christoph 237, 250 f.
Preissová, Gabriela 194
Prêtre, Georges 37, 205
Previn, André 37, 231
Prokofjew, Sergei Sergejewitsch 145, 229, 231, 237
Proust, Marcel 172
Przybyszewski, Stanislaw 284
Puccini, Giacomo 198, 205
Puls, Wiebke 308
Purcell, Henry 219
Puschkin, Alexander 216

Qa'ani, Mirza 150

Rabinovitch, Alexandre 40
Rabl, Peter 62, 69 f.
Rabl-Stadler, Helga 10, 61 ff., *66*, 69, 72 ff., 81 f., 86 ff., 99, 104, 107, 115, 118 ff., 124, 135, 143 f., 272 f., 275, 298, 303, 337
Raboni, Giovanni 248
Racine, Jean 100
Radel, Peter 87 f.
Ragin, Derek Lee 31
Raimondi, Ruggero 205
Raimund, Ferdinand 43, 209, 292 ff., *296*, 306
Rameau, Jean-Philippe 92, 117, 219 f.
Ramey, Samuel 169, 203, 205, 236
Ramicova, Dunya 167, 188
Ransmayr, Christoph 304, 306, 316, 318 f., *320*, 322, 326
Rapf, Kurt 38
Rappé, Jadwiga 193
Rasching, Susanne 196
Rastl, Michael 322
Rattle, Simon 141, 144 f., 153, 193, 216, 221, 226 ff., 232, 234 ff.
Raus, Othmar 20, 70, 74 f., 80, 255
Ravel, Maurice 37, 212, 229, 231, 234, 243, 248 f.
Ray, Man 255
Redl, Wolf *289*
Regazzo, Lorenzo 151, 162, 221
Reger, Max 232
Rehberg, Hans-Michael 270, *276*, 281 f., 301, 316 f., 330
Rehm, Werner *179*
Reich, Steve 40, 246
Reinhardt, Max 9 f., 17, 27, 51, 73, 99, 110, 172, 268, 270, 272, 281, 283, 292 ff., 327, 330

Reinisch, Ricarda 15
Rennert, Günther 34, 69, 205
Reschen, Josef 64, 79 ff., 117 f., 132
Rescigno, Nicola 215
Resel, Werner 129, 136 f., 139 ff., 226 f.
Resmark, Susanne 216
Ricci, Ruggiero 40
Richard II., König von England 283, 332
Richard, André 257, 262
Riefenstahl, Leni 281
Riegel, Kenneth 198
Rieger, Silvia *310*
Rihm, Wolfgang 24, 36, 38, *39*, 234, 236, 250 f., 265
Riley, Terry 246, 262
Rilling, Helmuth 31, 37, 237, 251
Rimski-Korsakow, Nikolai 216
Rinuccini, Ottavio 219
Ritter, Ilse 324, *325*
Rivinius, Gustav 250
Robertson, David 247
Robespierre, Maximilien de 251, 301
Robinson, Edwin Arlington 252
Röschmann, Dorothea 151, *156*, 161
Roethke, Theodore 252
Rois, Sophie 330, *335*
Rolfe Johnson, Anthony 31, 226
Roller, Alfred 198
Roloff-Momin, Ulrich 271 f.
Romig, Karin 172, *173*
Ronconi, Luca 97, 125 ff., 143, 152, 200, 270, 288
Rorem, Ned 252
Rosales, Paco 172
Rose, Jürgen 43
Rose, Peter 175, 210
Rosendorfer, Herbert 40 f.
Roshdestvensky, Gennadi 216
Rosselli, Amelia 251
Rossi, Francesco 176
Rossini, Gioachino 146, 217
Rost, Andrea 196, 220
Roth, Detlef 152, *159*
Rouillon, Philippe 218
Roussel, Albert 37
Rubinstein, Ida 195
Rudakova, Larissa 163
Rudel, Jaufré 225
Rudner, Sara 167
Rudolf II. 265
Rundel, Peter 254, 256 f.
Runnicles, Donald 103, 149 f.
Russell Davies, Dennis 190, 236, 244 ff., 252 f.
Ruzicka, Peter 10, 56, 87 ff., 120 f., 218, 332
Rydel, Lucjan 284
Rydl, Kurt 34
Rysanek, Leonie 198

Saariaho, Kaija 213, 225, 231, 251, 262
Sacca, Roberto 176
Sadlo, Peter 233
Saito, Hideo 36

Sakharov, Vadim 233
Sallaberger, Oswald 258
Salminen, Matti 210, 231
Salonen, Esa-Pekka 167, 188 f., 227, 262
Salzmann, Franz 87
Samarovski, Branko *277*, *290*, 291, 319, 322, 330 f.
Sandburg, Carl 252
Sander, Otto 319, 322, 326, 332
Santer, Jacques 51, 54
Satie, Eric 327
Savall, Jordi 235
Savary, Jérôme 313
Sawada, Yuji 198
Sawallisch, Wolfgang 144
Sayn-Wittgenstein, Carolyne 213
Sayn-Wittgenstein, Marianne 213
Scala, Franco 249
Scarponi, Ciro 262
Scelsi, Giacinto 234, 242, 244, 255 f., 264
Schaaf, Johannes 25, 27, 34, 147
Schade, Michael 150, 163, 209, 242
Schaden, Heinz 56, 79, 82, 86 ff., 120 f.
Schäfer, Christine 162, 176, *179*, 322
Schalaeva, Olga 150
Schalk, Franz 206
Scharinger, Anton 27
Schausberger, Franz 56 f., 75, 77 ff., 86 ff., 104, 107, 117 ff., 124, 131 ff., 143 f.
Scheibl, Hubert 319
Scheich, Manfred 52
Schellenberger, Hansjörg 244
Schenk, Otto 43, 270, 292 ff., 328
Scherchen, Hermann 181, 254
Schiff, András 240, 243
Schiff, Heinrich 38
Schiller, Friedrich von 266 f., 273
Schiphorst, Iris ter 258
Schippers, Thomas 215
Schirmer, Ulf 40
Schleef, Einar 258, 261, 316
Schlesinger, John 34
Schlingensief, Christoph 330
Schmid, Benjamin 172, *173*, 180
Schmid-Lienbacher, Edith 27
Schmidinger, Walter 288, 292 f., 316 f.
Schmidjell, Richard 337, 339
Schmidt, Andreas 237, 251
Schmidt, Christian 218
Schmidt-Futterer, Andrea 176, 193
Schmidt, Gerhard 86
Schmidt, Heide 62
Schmidt, Rainer 319
Schmied, Claudia 120
Schnabel, Arthur 243
Schneider-Siemssen, Günther 34
Schnell, Karl 61
Schnittke, Alfred 38, 145, 227, 232, 243
Schnittke, Irina 38, 242
Schnitzler, Arthur 306
Schönbeck, Uwe 175
Schönberg, Arnold 36 f., 92, 96, 111, 126, 128, 145, 172, 175 ff., 180 f., *182*, 189, 222, 228, 230 f., 235 ff., 241 f., 245, 247 ff., 254

Schöne, Wolfgang 34
Schonwandt, Michael 216
Scholten, Rudolf 61 f., 64, 67, 71, 73, 113, 115, 143, 266, 271
Schonthal, Ruth 252
Schostakowitsch, Dmitri 108, 194 f., 212, 229 f., 232, 234 f., 237, 241, 250
Schreibmayer, Kurt 193
Schreker, Franz 33, 264
Schubert, Franz 101, 220, 230, 232 ff., 240 ff., 251, 264
Schüssel, Wolfgang 52, 54 f., 57, 59, 71
Schulhoff, Erwin 40
Schulkowsky, Robyn 240, 258, 261, 264
Schulz, Wolfgang 38
Schumann, Patricia 151
Schumann, Robert 145, 226, 231, 233, 248, 250
Schuster, Wolfgang 138
Schwab, Martin 316 f., 319, *321*, 322
Schwab, Werner 316
Schwaighofer, Gerbert 88 f.
Schwarz, Hanna 198
Schweiger, Elfi 99
Schwertsik, Kurt 244
Sciarrino, Salvatore 242, 248 f., 258
Scimone, Claudio 218
Scofield, John 257
Scott, Walter 230
Sculthorpe, Peter 40
Sebald, W. G. 318
Selig, Franz-Joseph 210
Sell, Julia von 319
Sellars, Peter 73, 92 f., 100 f., 103, 105, 111, 167, 169, *170*, 175 f., *184*, 188 f., 225, 240, 286, *287*, 288, 295, 298
Sellner, Rudolf 205
Semprún, Jorge 16
Seneca 286
Senghor, Léopold Sédar 16
Sequi, Sandro 169
Serageldin, Ismail 55
Serban, Andrei 286
Serner, Walter 316 f.
Serra, Luciana 27, 200
Sertl, Otto 86
Sexton, Anne 251
Shackleton, Ernest 319
Shakespeare, William 94, 153, 162, 205, 209, 267, 270 f., 273, 275, *276 ff.*, 281 ff., 286, 292, 300 f., 304, 306 f., 311, 315, 331 f.
Shaw, Fiona 283
Sibelius, Jean 36, 195, 237, 243, 250
Siebenpfeiffer, Philipp Jakob 300
Sieden, Cyndia 31, 163, *166*
Sierens, Arne 313
Silja, Anja 177
Simic, Charles 318
Simonischek, Peter *290*, 291
Simons, Johan 316
Sinopoli, Giuseppe 36 f., 68, 86, 95, 127
Sirviö, Petri 261
Skinner, Claire 283
Skovhus, Bo 195

Skrjabin, Alexander 249
Sloterdijk, Peter 55
Slowacki, Juliusz 286
Smetana, Friedrich 193
Smits, Geert 209
Söderström, Elisabeth 216
Soffel, Doris 231
Solti, Georg 22, 27, 34, 37, 95, 123, 125 f., 129, 131, 142, 147, 196, 200, 205 f., 210, 231
Sophokles 175 f., 282 f., 286, 288
Soudant, Hubert 195, 234, 243
Spängler, Heinrich *85*
Spagnoli, Pietro 146
Speiser, Kitty 43, 331
Spence, Toby 163, 236
Spiel, Hilde 18, 20
Spiri, Anthony 319
Springer, Axel 330
Springer, Georg 86
Stacher, Ulrich 52
Staches, Thomas 172
Stade, Frederica von 210
Staege, Roswitha 252
Stalin, Josef 194
Stanford, Charles Villiers 252
Stefanek, Lore *324*, *325*
Stein, Horst 27, 34
Stein, Peter 70, 72 f., 92 ff., 96, 101, 104, 113 f., 116, 126, 130, 133 ff., 180 f., *182*, *185*, 189, 205, 266 ff., *269*, 270 ff., *277*, 281 ff., 286, 288, *290*, 291 ff., *297*, 298, 300, 303 f., 306, 311, 328 f.
Steinberg, Michael P. 57
Steinberg, Pinchas 31, *32*, 33, 40, 176, 217
Steinböck, Rudolf 43
Steinhauer, Erwin 261 f.
Stemberger, Julia 43, 322
Stern, Oliver 326
Stingl, Alfred 88
Stockhausen, Karlheinz 188, 240, 242, 249 f., 263
Stösslowa, Kamila 190
Stötzner, Ernst 195, 319, 322
Stokowski, Leopold 231
Strauß, Botho 147, 281 f., 323
Strauß, Johann 9, 108 f., 221 f., *223*, 236
Strauß Sohn, Johann 236
Strauss, Richard 10, 15, 33 f., 36, 38, 40, 92, 105, 108 f., 126 f., 136, 146, 164, 169, 196, *197*, 198 f., 205, 209, 236 f., 250
Strawinsky, Igor 36, 92, 115, 145, 148, 172, *173 f.*, 175, 177, 181, 188, 212, 227, 229, 231, 234, 238, 241, 243, 245, 250
Strehler, Giorgio 69, 126, 148, 203, 270, 288, 292, 306, 328
Streiff, Balthasar 319
Strindberg, August 284
Stroppa, Marco 231, 262
Studer, Cheryl 25, 196
Sturm, Dieter 270 f.
Suppé, Franz von 221
Surman, John 322
Swaim, Bob *192*

Szell, George 36 f.
Szmytka, Elzbieta 147, 162 f., 193
Szymanowski, Karol 36, 190, 193, 216

Tabakow, Oleg 291
Tabori, George 41
Tachezi, Herwig 180
Takacs, Klara 30
Takada, Ichiro 198
Takemitsu, Toru 36
Talich, Václav 40
Tamayo, Arturo 240
Tamusuza, Justinian 40
Tanner, Alain 319
Tarkowskij, Andrej 257
Tasso, Torquato 258
Tauber, Richard 222
Taverner, John 235
Taylor, Cecil 257
Te Kanawa, Kiri 210
Tenney, James 264
Tennstedt, Klaus 228
Terfel, Bryn *156*, 196, 198, 203, *204*, 205
Terwin, Johanna 15
Thannen, Reinhard von der 153
Thieme, Thomas 318 f., 322, 332
Thimig, Helene 15
Thomson, Virgil 252
Thulin, Ingrid 316
Tillawi, Akram 150
Tilson Thomas, Michael 36
Todd 265
Toffolutti, Ezio 25, 27
Tomlinson, John 30
Tomowa-Sintow, Anna 34
Toscanini, Arturo 9 f., 27, 105, 200, 205, 293
Trakl, Georg 250, 303, 316 f.
Trissenaar, Elisabeth 288
Trost, Rainer 161
Tschaikowsky, Peter Iljitsch 36, 96, 205, 213, 216, 229
Tschechow, Anton 149, 272, 288, 290, 291, 293, 311, 331
Tsuchiya, Shigeaki 198
Tsypin, George 167, 169, *184*, 188, 225
Tucholsky, Kurt 245
Tüür, Erkki-Sven 232, 243
Tukur, Ulrich 318, 322, 331 f.
Turchetta, Sonia 258
Turnage, Mark-Anthony 234 f., 257, 265
Turrini, Peter 20, 265, 316

Upshaw, Dawn 30, 167, 181, 188, 225, 262
Urban, Friedrich 91
Urbanová, Eva 234
Ustwolskaja, Galina 244, 257, 264

Vacchi, Fabio 249
Valentine, Graham F. 180
Vaneev, Vladimir 213
Varèse, Edgard 234, 238, 250, 255 f., 262, 264

Vasks, Peteris 232, 243
Vassilakis, Dimitri 247
Vavrovsky, Karl-Ludwig 79, 81
Végh, Sándor 148, 230, 236, 238, 240
Vejzovic, Dunja 33
Venosa, Gesualdo da 248, 258
Verdi, Giuseppe 15, 34, 59, 92, 108, 114, 126, 128 ff., 133 ff., 146, 169, 175, 188, 200, *201 f.*, 203, *204*, 205, 216 f.
Veress, Sándor 188
Vergil 213
Vermillion, Iris 237, 251
Viebrock, Anna 161, 190, *191*, 199, 306, 315, 324
Vilar, Alberto 111, 118, 194 f., 245
Villars, Jon 213
Vincenzo II. Gonzaga 219
Vinci, Leonardo da 150
Vincze, Imre 327
Viola, Bill 256
Vis, Lucas 240
Visconti, Luchino 109, 306, 316
Visse, Dominique 222
Vivier, Claude 265
Volkert, Veit 172
Vollebæk, Knut 54
Voltaire 220
Voss, Gert *276*, 328 ff., *334 f.*
Voynich, Wilfrid M. 265
Vranitzky, Franz 20, 23, 51 f., 61, 266

Waart, Edo de 103, 149 f.
Wagner, Manfred 79
Wagner, Richard 27, 92, 96, 131, 133 ff., 167, 205, 210, 213, 215 f., 231, 235, 284
Wagner, Winfried 81
Wagner, Wolfgang 215
Waigel, Theo 51
Wajda, Andrzej 270, 284, 286
Wakolbinger, Manfred 319
Waldheim, Kurt 17 ff., 23 f., 51 f., 55, 57
Walesa, Lech 312
Walser, Robert 299, 306, 316 f., 324, 326
Walt, Deon van der 27
Walter, Bruno 10, 31, 222, 245, 317
Warhol, Andy 255
Warner, Deborah 73, 103, 270, *278*, 281 ff., 295
Weber, Anne 308, 318

Weber, Carl Maria von *208*, 209 f.
Weber, David 245
Weber, Max Maria von 209
Webern, Anton von 33, 36, 40, 175, 229, 232, 236, 238, 242, 246, 249, 254, 263 ff.
Wedekind, Frank 107
Weigel, Helene 189
Weill, Kurt *187*, 189 f., 245, 252 f., 295, 308
Weingarten, Elmar 132
Weiss, Ari 20
Weiss, Peter 255, 267
Weizsäcker, Richard von 20, *22*, 51
Welser-Möst, Franz 106, 144, 228, 230, 234, 236
Werner, Oskar 311
Werner, Tilo 313
Wernicke, Herbert 69, 91 f., 98, 101, 125 f., 135, 198, 203, 205 f., *207*, 213, 219 ff.
West, Jon Frederic 215
White, Willard 188, *211*, 212
Whitman, Walt 252 f.
Widmer, Oliver 163
Widrich, Hans 86
Wieler, Jossi 108, 199 f., 304, 324, 326
Wiesmüller, Heinrich 10, 15, 60 ff., *66*, 69, 79 ff., 86, 91, 99, 115, 127, 138, 140, 255, 266
Wilde, Oscar 41, 100
Wildgruber, Ulrich 318, 330 ff.
Wilkomirska, Wanda 40
Wilkormirski, Binjamin 317
Williams, Ralph Vaughan 252 f.
Williams, Robin 253
Williams, Tennessee 304, 311 f.
Willnauer, Franz 15, 31
Wilson, Robert 92, 96, 105, 128, 177, *178*, 181, 188, 205, 298, 300 f., *302*, 324
Wilson-Johnson, David 221
Wimberger, Andreas 43
Wimberger, Gerhard 15, 86, 234, 244
Wimmer, Maria 270
Winbergh, Gösta 215
Winkler, Angela 303, 316 f.
Winkler, Gerhard E. 254 f.
Wittbrink, Franz 308, 318
Wittmann, Peter 75 ff., 79 ff., 86, 106, 119
Wögerbauer, Ferdinand 194, *296*
Wöhler, Gustav Peter 331
Wörle, Robert 150

Wörner, Manfred 51
Wokalek, Johanna 319, 323
Wolf, Gusti 308
Wolff, Markus 315
Wonder, Erich 43, 193, 196
Wondratschek, Wolfgang 38
Workman, Charles 221
Wright, Frank Lloyd 303
Wright, Olgivanna 303
Wussow, Klausjürgen 195
Wuttke, Martin 301, *302*, 316 f.
Wyschnegradsky, Iwan 264
Wyspiański, Stanisław 116, 270, 284, *285*, 286
Wyttenbach, Jürg 257

Xenakis, Iannis 256, 264
Xerxes 288

Young, Thomas 167
Youssef, Dhafer 322
Yun, Isang 252

Zachhuber, Bernhard 180
Zadek, Peter 187, 189 f., 275, 281 f., 295, 298, 328
Zagrosek, Lothar 135, 144, 150, 153, 161, 193, 215
Zangarini, Carlo 215
Zappa, Frank 258
Zednik, Heinz 27, 34
Zeffirelli, Franco 68
Zehelein, Klaus 80, 199
Zehetgruber, Martin 311
Zehne, Albertine 180
Zemlinsky, Alexander 41
Zender, Hans 40, 169, 240, 242, 251 f., 263
Ziegler, Delores 30
Zierhofer-Kin, Tomas 253 ff.
Ziesak, Ruth 27
Zilk, Helmut 137, 142
Zimmermann, Bernd Alois 36, 38, 40, 242, 256
Zimmermann, Tabea 233
Zimmermann, Udo 41, 80
Zorn, John 40, 256 f.
Zürn, Unica 316 f.
Zwetajewa, Marina 224, 251

ROBERT KRIECHBAUMER
Geboren 1948 in Wels, ist Professor für Neuere Österreichische Geschichte an der Universität Salzburg. Zahlreiche Publikationen zur österreichischen Zeitgeschichte.